Daniel Kazmaier, Florian Weber (Hg.)
Universität in der Pandemie / L'Université en temps de pandémie

Jahrbuch des Frankreichzentrums | Band 19

Editorial

Das Jahrbuch wird herausgegeben vom Kollegium des Frankreichzentrums der Universität des Saarlandes.
Unter Mitarbeit der Geschäftsführung.

Daniel Kazmaier (Dr. phil.) ist Juniorprofessor für deutsch-französische Kulturwissenschaft und Border Studies mit einem Schwerpunkt auf Literatur an der Université de Lorraine (Metz).
Florian Weber (Dipl.-Geogr.) forscht und lehrt als Juniorprofessor für Europastudien mit Schwerpunkten auf Westeuropa und Grenzräume an der Universität des Saarlandes (Saarbrücken).

Daniel Kazmaier, Florian Weber (Hg.)
**Universität in der Pandemie /
L'Université en temps de pandémie**

[transcript]

Das Frankreichzentrum und die Herausgeber danken der Universität des Saarlandes, dem Ministerium der Finanzen und für Wissenschaft und der Staatskanzlei des Saarlandes sowie dem Centre d'Etudes Germaniques Interculturelles de Lorraine (CEGIL) der Université de Lorraine für die großzügige Unterstützung dieser Publikation.

Frankreichzentrum der Universität des Saarlandes
Leiterin: Romana Weiershausen
Geschäftsführung: Sandra Duhem, Judith Lamberty
Postfach 15 11 50 / 66041 Saarbrücken
frankreichzentrum@uni-saarland.de / http://www.uni-saarland.de/fz

Bibliografische Information der Deutschen Nationalbibliothek
Die Deutsche Nationalbibliothek verzeichnet diese Publikation in der Deutschen Nationalbibliografie; detaillierte bibliografische Daten sind im Internet über http://dnb.d-nb.de abrufbar.

Dieses Werk ist lizenziert unter der Creative Commons Attribution 4.0 Lizenz (BY). Diese Lizenz erlaubt unter Voraussetzung der Namensnennung des Urhebers die Bearbeitung, Vervielfältigung und Verbreitung des Materials in jedem Format oder Medium für beliebige Zwecke, auch kommerziell.
Die Bedingungen der Creative-Commons-Lizenz gelten nur für Originalmaterial. Die Wiederverwendung von Material aus anderen Quellen (gekennzeichnet mit Quellenangabe) wie z.B. Schaubilder, Abbildungen, Fotos und Textauszüge erfordert ggf. weitere Nutzungsgenehmigungen durch den jeweiligen Rechteinhaber.

Erschienen 2023 im transcript Verlag, Bielefeld
© Daniel Kazmaier, Florian Weber (Hg.)

Umschlagkonzept: Kordula Röckenhaus, Bielefeld
Lektorat: Perrine Kaya-Häfner, Julia Keule, Saarbrücken
Korrektorat: Perrine Kaya-Häfner, Julia Keule, Philipp Wild, Saarbrücken
Druck: Majuskel Medienproduktion GmbH, Wetzlar
https://doi.org/10.14361/9783839467893
Print-ISBN: 978-3-8376-6789-9
PDF-ISBN: 978-3-8394-6789-3
Buchreihen-ISSN: 2566-5626
Buchreihen-eISSN: 2751-322X

Gedruckt auf alterungsbeständigem Papier mit chlorfrei gebleichtem Zellstoff.

Inhalt

1. Themenschwerpunkt:
Die Universität in der Pandemie/
L'Université en temps de pandémie

Einleitung

Geleitwort – Jahrbuch 19 Frankreich-Forum „Universität in der Pandemie"
Manfred Schmitt 13

Das einschneidende Ereignis ‚Covid-19'
Perspektiven auf die Pandemie
Daniel Kazmaier und Florian Weber 19

Medizin, Ethik, Alltag –
Herausforderungen der Pandemie aus Forschungsperspektive

Covid-19 in Deutschland und Frankreich
Gemeinsamkeiten, Unterschiede und ein Zwischenfazit
Jürgen Rissland 41

Betrieb von chemischen Laboratorien in der Covid-19-Pandemie
Carsten Präsang und David Scheschkewitz 67

Ethische Perspektiven des gesellschaftspolitischen Managements zur Bekämpfung der Corona-Pandemie
Udo Lehmann 83

Du peu d'autorité des philosophes en contexte de crise sanitaire
Claire Crignon 99

Concilier vie personnelle et vie professionnelle pendant les confinements
Une épreuve pour soi et pour autrui
Jean-Marc Stébé et Hervé Marchal 119

„Nous sommes en guerre"
Auswirkungen der Corona-Pandemie auf das Konsumentenverhalten in Deutschland und Frankreich nach zwei Krisenjahren
Andrea Gröppel-Klein und Kenya-Maria Kirsch 135

Fuck Corona
Pop, Pulps und Pornografien in der Pandemie
Jonas Nesselhauf 165

Grenzerfahrungen – Forschungszugänge zur Zäsur verstärkter Grenzkontrollen

Grenzschließungen und Grenzkontrollen als Achillesferse der Großregion
Dominik Brodowski 191

Die Covid-19-Pandemie als Zäsur für die Großregion
Eine Einordnung aus der Perspektive der Grenzraumforschung
Florian Weber und Julia Dittel 207

Pandemiekommunikation aus vergleichender Perspektive
Eine exemplarische Studie aus der Großregion
Claudia Polzin-Haumann und Christina Reissner 229

Die Rückkehr der ‚Grenzen in den Köpfen'
Erfahrungen von Studierenden an der deutsch-französischen Grenze
Birte Wassenberg 247

Die Institution Universität in der Pandemie

Von Florenz über Corona nach Florenz
Vom Erleben universitären Lebens in der Pandemie –
eine nicht immer unironische Reflexion
Olaf Kühne 268

Lehren aus dem leeren Lehrsaal
Deutsche Hochschulen in der Pandemie
Sonja Sälzle, Linda Vogt, Jennifer Blank, André Bleicher und Renate Stratmann 281

Die Pandemie als Herausforderung für grenzüberschreitende Studiengänge
Empirische Ergebnisse aus der Großregion
Ines Funk 295

2. Berichte:
Gastdozentur des Frankreichzentrums:
Theaterarbeit transnational –
Prof. Dr. Florence Baillet (Sommersemester 2021)

« Le théâtre en contexte transnational » : bilan d'un semestre d'enseignement et
de recherche à l'Université de la Sarre (du 1er avril 2021 au 30 septembre 2021)
Florence Baillet 313

Theatergeschichte in transnationaler Perspektive
Florence Baillet 325

3. 25 Jahre Frankreichzentrum
der Universität des Saarlandes/
Les 25 ans du Pôle France de l'Université de la Sarre

Introduction
Sandra Duhem 345

„Et plus si affinités."
Historische Einblicke in deutsch-französische Dynamiken
Festvortrag, Saarbrücken, 06.10.2021, 25 Jahre Frankreichzentrum
Hélène Miard-Delacroix 349

Impulsvorträge

„Europäische Kulturen aus deutscher und französischer Perspektive"
am Centre Ernst Robert Curtius in Bonn
Michael Bernsen (Centre Ernst Robert Curtius, Universität Bonn) 365

Etudes françaises et francophonie extra-européenne
*Véronique Porra (Zentrum für Frankreich- und Frankophoniestudien Mainz/Johannes
Gutenberg-Universität Mainz)* 373

Von der Kulturtransferforschung zur Untersuchung globaler Dynamiken
Deutsch-französische Forschungskooperationen in den Geistes- und
Sozialwissenschaften am Beginn der 2020er-Jahre
Matthias Middell (Frankreichzentrum Leipzig) 387

Steckbriefe

**Frankreich- und Frankophoniezentren in Berlin, Bonn, Dresden, Freiburg, Leipzig,
Mainz, Mannheim, Münster und Saarbrücken** 401

4. Rezensionen

Rezensionen 417

5. Anhang

Autoren- und Autorinnenverzeichnis 463

Abbildungsverzeichnis 475

1. **Themenschwerpunkt:**
Die Universität in der Pandemie/
L'Université en temps de pandémie

Einleitung

Geleitwort – Jahrbuch 19 Frankreich-Forum „Universität in der Pandemie"

Manfred Schmitt

In jüngster Vergangenheit wurde Realität, was zuvor wohl kaum jemand für möglich gehalten hätte: Eine Pandemie hält mit ihren Wellen die ganze Welt in Atem. Und: wieder Krieg in Europa. Russlands Angriffskrieg auf die Ukraine mit vielen Opfern, Millionen Menschen auf der Flucht und seine nicht abzusehenden Folgen in allen Bereichen erschüttern unsere Gesellschaft zutiefst. Zusammen mit den Vorboten des Klimawandels, der immer spürbarer wird, führen die Ereignisse eindrücklich vor Augen: Unsere ‚Normalität' – unser gewohntes Zusammenleben und unsere Art zu leben – sind nicht selbstverständlich. Auch auf den Errungenschaften unserer europäischen Werte dürfen wir uns nicht ausruhen. Der enge Bund befreundeter Staaten, ein geeintes, friedliches Europa mit offenen Grenzen, ein freies und unbefangenes Miteinander mit direktem Austausch und persönlichem Kontakt – all dies ist nicht selbstverständlich. Es handelt sich um ein unendlich wertvolles, kostbares, zugleich aber auch verletzliches Gut, an dessen Erhalt wir ohne Unterlass arbeiten und für das wir uns stets einsetzen müssen.

Corona traf auch unsere Universität wie aus dem Nichts heraus. Unsere Campus-Standorte in Saarbrücken und Homburg waren zeitweise nahezu menschenleer. Wie an allen Hochschulen musste das Universitätspräsidium in enger Abstimmung mit der Landesregierung, den Universitätsgremien und den Fakultäten Entscheidungen treffen – Entscheidungen, von denen wir nie gedacht hätten, sie je treffen zu müssen. Die Menschen und ihre Gesundheit haben für unsere Universität oberste Priorität, daher war ihr Schutz von besonderer Bedeutung für alle Überlegungen. Und so befand sich die Universität von heute auf morgen im Notbetrieb.

Es kamen nicht wie gewohnt junge Menschen aus aller Welt zusammen, um die Universität zu erleben, zu diskutieren, gemeinsam zu lernen, zu forschen, kreative Ideen zu entwickeln. Ungewohnte Leere herrschte in Hörsälen, Bibliotheken, an den Lehrstühlen und in den Forschungslaboren. Es herrschte Stille, statt des vertrauten lebendigen internationalen Stimmenmeeres, das unsere Universität mit ihren französischen Wurzeln und ihrem europäischen Geist so entscheidend ausmacht.

Unsere internationalen Studierenden, vor allem von außerhalb der Europäischen Union, konnten wegen Reisebeschränkungen ihr Studium bei uns zunächst nicht antreten. Dies betraf eine stattliche Anzahl junger Menschen: Die Universität des Saarlandes ist eine sehr international geprägte Institution, wir sind weltweit vernetzt und die Zahl unserer internationalen Studierenden ist mit rund 20 Prozent im bundesweiten Vergleich überdurchschnittlich hoch. Auch unsere Studierenden konnten in der ersten Zeit ihre Auslandsaufenthalte nicht antreten. Unsere Wissenschaftlerinnen und Wissenschaftler, vor allem der wissenschaftliche Nachwuchs, konnte nicht wie gewohnt zum gemeinsamen Forschen oder zu Kongressen in alle Welt reisen – nicht einmal über die Grenze zu unseren nächsten Nachbarn.

Die Pandemie traf unsere Universität in ihren Grundfesten. Gerade dort, wo die besonderen Stärken der Universität liegen, lag plötzlich unsere besondere Verletzlichkeit: in unserer gelebten Internationalität, unserer starken fächerübergreifenden Zusammenarbeit, unserer familiären Atmosphäre mit kurzen Wegen von Fach zu Fach und von Mensch zu Mensch auf dem Campus.

Unsere Universität wurde 1948 unter der Patenschaft Frankreichs als ‚europäische Universität' und ‚Brücke zwischen Frankreich und Deutschland' gegründet. Die engen Beziehungen zu Frankreich und der Europa-Schwerpunkt sind unser prägendes Markenzeichen, welches sich nicht nur in den 35 grenzüberschreitenden und internationalen Studiengängen unserer rund 150 Studienfächer zeigt – es durchdringt vielmehr alle unserer sechs Fakultäten. Grenzen zu überwinden, seien es die von Ländern oder die zwischen Kulturen oder Disziplinen ist seit unserer Gründung unsere Stärke. Durch die Zusammenarbeit der Disziplinen, ist auf unseren Campus-Standorten viel Innovatives entstanden. Unsere Hochschulverbünde, darunter die Universität der Großregion mit sechs Partneruniversitäten und die EU-geförderte Europäische Hochschule Transform4Europe mit künftig neun Partnerhochschulen, stehen für eine neue Generation junger Europäerinnen und Europäer, die fachübergreifend zusammenarbeiten. All dies bekam in den Pandemietagen nun eine völlig neue Dimension. Plötzlich wurden Ländergrenzen, die im geeinten Europa als überwunden schienen, wieder spürbar, Inzidenzen rückten in den Vordergrund. Von heute auf morgen fielen Schlagbäume. Und ausgerechnet ihre traditionellen Stärken machten unsere Universität zu einem besonders verletzlichen Ort. Die Pandemie stellte uns Hochschulen in der Großregion vor große Herausforderungen und legte uns gleichzeitig auch eine besondere Verantwortung auf.

Dabei zeigte Corona zugleich, wie wichtig der enge Zusammenhalt in der Großregion ist. Gerade etwa auch in der Medizin: Als am Universitätsklinikum in Homburg Patientinnen und Patienten grenzübergreifend aufgenommen wurden, weil andernorts die Kapazitäten knapp wurden, war dies gelebter Zusammenhalt, der zusammenschweißt und der die Freundschaft vertieft. Unsere Großregion ist zusammengewachsen. Sie kann vieles leisten: gerade durch Zusammenarbeit, bei der man sich gemeinsam stark macht. Nicht abgestimmte nationale Insellösungen, Grenzkontrollen und Grenzschließungen hingegen haben sich als wenig sinnvoll erwiesen – auch und insbesondere, wenn es um die Bekämpfung einer Virusinfektion geht, die keine Ländergrenzen kennt.

Aus den Grenzerfahrungen dieser Pandemiezeit können wir für die Zukunft nur lernen. Wir bekennen uns als Universität des Saarlandes klar zu einer grenzenlosen, zu einer offenen und internationalen Zusammenarbeit, zu einem engen europäischen Zusammenhalt, auch und insbesondere in unserer Großregion mit unseren langjährigen, vertrauten Partnern und Freunden in Frankreich, Luxemburg und Belgien.

Für mich als Universitätspräsident war es überaus beeindruckend zu erleben, wie es uns in dieser außergewöhnlichen und hochdynamischen Situation immer wieder gelungen ist, die Krise zu bewältigen und gemeinsam Lösungen für die Universität zu finden.

Auch gänzlich neue Formen der Kommunikation und des virtuellen Zusammentreffens hielten Einzug. Die Digitalisierung in der Lehre und im Wissenschaftsalltag bekam einen gewaltigen Schub. In atemberaubender Geschwindigkeit gelang es, die virtuelle Lehre praktisch aus dem Stand heraus flächendeckend auszurollen. Die Technik wurde installiert, eine zentrale Lehr- und Lernplattform bereitgestellt, organisatorische Lösungen wurden gefunden und das Homeoffice wurde zum Regelfall. Unterstützungsangebote und Schulungen wurden auf die Beine gestellt. Die Dozentinnen und Dozenten brachten mit großem Einsatz ihre Lehrinhalte in den virtuellen Hörsaal. Nahezu selbstverständlich fanden nun Vorlesungen, Seminare, Praktika, Kongresse und weitere Veranstaltungen virtuell statt, später auch in hybriden Formaten.

Digitale Lehre und Homeoffice bewiesen sich schnell flächendeckend als Weg, den Universitätsbetrieb aufrechtzuerhalten. Dies alles war nur dank des großartigen Engagements aller beteiligten Universitätsmitglieder in allen Bereichen, das heißt in den Dezernaten, im Digitalisierungsteam, im Hochschul-IT-Zentrum, in den Fakultäten, Lehrstühlen, den Einrichtungen, im Krisenstab, in Gremien, im Präsidium möglich – alle zogen an einem Strang, um Universität in dieser Ausnahmesituation möglich zu machen. Und natürlich und insbesondere auch dank unserer Studierenden, die sich offen, konstruktiv und schnell auf die neue Situation einstellten.

Die Rückmeldungen von Studierenden und Lehrenden waren sehr erfreulich. Die digitale Lehre funktionierte an unserer Universität sehr gut. Aber sie offenbarte auch ihre Nachteile. Mit der Zeit wurde allen Beteiligten an der Universität deutlich, wie wertvoll der direkte und persönliche Kontakt ist. Dem rein digitalen Lehren und Lernen, den Teamkonferenzen vor dem Bildschirm fehlt es am zwischenmenschlichen, direkten Austausch und am sozialen Miteinander. Es fehlt das so wichtige Flair des universitären Campus-Lebens. Die Lehrenden hingegen vermissten die unmittelbare Rückmeldung und Reaktion ihrer Studentinnen und Studenten. Die Studierenden meldeten zurück, dass es ihnen zunehmend schwerfiel, ihre Motivation dauerhaft hoch zu halten. Das Gefühl kam auf, in den heimischen vier Wänden isoliert zu sein, hinzu kam die erschwerte Interaktion in den virtuellen Seminaren und Vorlesungen, die wiederum den Dozierenden zu schaffen machte.

Klar ist: Digitale Lehrangebote sind ein Gewinn. Die neuen Formen des Lehrens und Lernens können auch nach der Pandemie sinnvoll die Lehre ergänzen und im Studium unterstützen. Die digitalen Werkzeuge bieten in Präsenzzeiten die Möglichkeit, Service und Studienqualität weiter zu erhöhen und die Lehre flexibler für alle Beteiligten zu gestalten. Hier liegt die Chance, mit den Praxiserfahrungen aus Pandemiezeiten die digitalen Lehr- und Lernwerkzeuge weiterzuentwickeln. Aber ein komplett gleichwertiger Ersatz für die Präsenzlehre – dies hat die Corona-Zeit gezeigt – können sie nicht sein. Präsenz ist an der Universität durch nichts zu ersetzen.

Für die Studierenden war es eine entbehrungsreiche Zeit. Die Gesellschaft verlangte ihnen viel ab. Die Studienzeit sollte die Zeit sein, Neues zu erleben, Erfahrungen zu sammeln, auf dem Campus zu feiern, sich begeistern zu lassen und die Welt kennen zu lernen. Daher war es für uns als Universitätsleitung besonders wichtig, so viel Präsenz wie verantwortbar zu ermöglichen – aber gleichwohl mussten zwei Semester nahezu komplett virtuell bleiben, zwei weitere liefen in großen Teilen mit Einschränkungen der Präsenz.

Vor allem für diejenigen, die ihr Studium bei uns begannen, war es nicht einfach. Die Erstsemester standen daher in unserem besonderen Fokus, um ihnen einen unter diesen Umständen bestmöglichen Start zu bieten und sie, wo immer möglich, zu unterstützen. Wir versuchten ihnen möglichst viele Veranstaltungen vor Ort anzubieten. Und doch hatten viele von ihnen die Universität in den ersten Semestern nur selten live erleben können.

Vieles hat mich als Universitätspräsident in dieser Pandemiezeit beeindruckt. So etwa das Engagement zahlreicher Studierender, die sich für andere einsetzten, beispielsweise auch im Mentorenprogramm der Zentralen Studienberatung für Erstsemester, das – teils auch virtuell – weiterlief. Auch wie viele Studentinnen und Studenten in der ersten, noch unklaren Corona-Lage, in der niemand genau wusste, was auf uns zukommt, meinem Aufruf gefolgt sind, und unser Universitätsklinikum in Homburg und auch andere Gesundheitseinrichtungen im Land unterstützten: ein starkes und großartiges Zeichen der Solidarität.

Beeindruckt hat mich ebenso, wie viele unserer Wissenschaftlerinnen und Wissenschaftler sich aus der Perspektive ihres jeweiligen Faches gegen die Corona-Wellen stemmten und mit ihrer Forschung versuchten, Antworten zu finden auf die für die Gesellschaft relevanten Fragen in einer außergewöhnlichen Krise. So schlimm die Auswirkungen der Corona-Pandemie auch heute sind – noch in den 1980er- oder 1990er-Jahren, einer Zeit der Disketten und der Faxgeräte, wäre die Bewältigung weitaus schwieriger gewesen. Mit Wissenschaft und Forschung hat unsere Gesellschaft – anders als in früheren Zeiten – etwas entgegenzusetzen. Sie kann die Entwicklung einer Pandemie mit wissenschaftlichen Methoden in verschiedenen Szenarien modellieren und hieraus Maßnahmen ableiten, um die Folgen zumindest abzuschwächen. Sie ist dadurch in der Lage, sich besser und gezielter gegen künftige Krisen zu wappnen, um den entscheidenden Schritt voraus zu sein, flexibel zu reagieren, kreative Lösungen zu finden und resilient zu werden. Hiervon hängt ab, ob unsere Gesellschaft auch künftige Krisen bewältigen kann, vielleicht am Ende sogar gestärkt aus ihnen hervorgeht.

Die Wissenschaftlerinnen und Wissenschaftler unserer Universität arbeiten in den verschiedensten Fachrichtungen hieran und sie halfen und helfen mit ihrer wissenschaftlichen Expertise und Forschung. Nach wie vor retten sie in vorderster Linie am Universitätsklinikum Menschenleben und erforschen in der Medizinischen Fakultät, in den Lebenswissenschaften und der Pharmazie sowie der (Bio-)Informatik neue Diagnoseverfahren, Behandlungsmethoden, Impfwirkungen und Wirkstoffe. Einige von ihnen stehen und standen unermüdlich bundesweit wie regional Politik und Bevölkerung mit ihrer Expertise zur Seite. Aus zahlreichen Fächern brachten und bringen sie ihr wichtiges Wissen aus der Perspektive ihrer jeweiligen Wissenschaftsdisziplin ein, um die Pandemie, ihre Auswirkungen auf die Gesellschaft und Veränderungen in der Welt zu verstehen, einzuordnen, die Wucht abzufangen und angemessen zu reagieren – sei es die Psychologie, die etwa die Auswirkungen auf die Menschen, vor allem auf die junge Generation, ergründet, seien es die Geistes- und Kulturwissenschaften, die Grenzerfahrungen hinterfragen und die besondere Relevanz der Grenzraumforschung in Zeiten von Corona vor Augen führen, seien es die Europaforschung, die Rechts- und Bildungswissenschaften, die Wirtschaftswissenschaft – um nur einige wenige Beispiele zu nennen. Alle machen aus der Perspektive ihres Faches sichtbar, wie bedeutend Wissenschaft, Forschung und Lehre für unsere Gesellschaft sind, um neben Corona auch die weiteren weltweiten Herausforderungen der Zukunft bestehen zu können.

Im Folgenden können Sie sich selbst einen Eindruck von einigen dieser Beiträge unserer Wissenschaftlerinnen und Wissenschaftler verschaffen.

Unsere Universität hielt der Pandemie stand. Kein Semester war verloren. An unseren Campus-Standorten gab es bis dato keine größeren Ausbrüche, auch nicht, nachdem wir wieder schrittweise den Präsenzbetrieb verstärkten. Für mich ist dies ein klares Zeichen, dass die Gemeinschaft an unserer Universität funktioniert. In Präsidium und Krisenstab wägen wir sorgfältig und in enger Abstimmung mit Politik und Gremien ab und versuchen, der jeweiligen Lage mit dem richtigen Augenmaß zu begegnen, und den Verantwortlichen in den Fächern auch den notwendigen Spielraum zu belassen. Auch haben wir Strukturen und Prozesse verbessert oder teils auch neu geschaffen, mit denen wir vergleichbaren Situationen künftig gut vorbereitet begegnen können.

Zudem konnten wir in der Pandemiezeit unsere ambitionierten Ziele weiterverfolgen und erfolgreich unsere Schwerpunkte auf internationalem Niveau weiterentwickeln, die Universität mit ihrer Fächervielfalt voranbringen und überaus erfolgreich Forschungsgelder einwerben: Hiervon zeugen Millionenförderungen für unsere Forschungsprojekte wie auch zahlreiche hochkarätige Preise. Der aktuelle Förderatlas der Deutschen Forschungsgemeinschaft (DFG) zählt unsere Universität abermals zu den bundesweit forschungsstärksten Hochschulen und das Hochschulranking „U-Multirank" bestätigte dies auch mehrfach international: In den Hauptfeldern „Forschung", „Wissenstransfer" und „Internationale Orientierung" belegen wir weiter Spitzenpositionen. Und im Verbund unserer internationalen Allianzen etablieren wir unsere Universität zu einer führenden Adresse der Europaforschung in Deutschland.

Corona hat uns zwar gezwungen, unser Gewohntes zu verlassen, aber es fordert uns auch heraus, neue Wege und Lösungen zu finden, von denen wir künftig profitieren.

Ich denke, ich spreche für die allermeisten Mitglieder unserer Universität, wenn ich sage: Wir wissen seit Corona unsere Universität, unser Miteinander auf unseren schönen Campus-Standorten Saarbrücken und Homburg heute mehr denn je zu schätzen – und wir wissen, wie viel uns ‚Universität' wirklich bedeutet.

Den Leserinnen und Lesern dieses Bandes wünsche ich viel Freude beim Lesen und erkenntnisreiche Einblicke aus den unterschiedlichsten Perspektiven verschiedener Fächer in unsere Universität in der Pandemie.

Ihr Manfred Schmitt
Universitätspräsident der Universität des Saarlandes

Das einschneidende Ereignis ‚Covid-19'
Perspektiven auf die Pandemie

Daniel Kazmaier und Florian Weber

1. Das Ereignis Covid-19 – einführende Bemerkungen

Ein Ereignis ist – nach dem Philosophen Jacques Derrida – etwas, das „jeden von einer Konventionalität beherrschbaren Kontext *unterbricht*"[1]. Seit den ersten Berichten über ein neuartiges Virus Ende 2019/Anfang 2020 brachen und brechen konventionalisierte Kontexte, die helfen, Geschehnisse einzuordnen und Entscheidungen abzusichern, immer wieder weg. In Anlehnung an Derrida verstehen wir daher die Covid-19-Pandemie als Ereignis. Covid-19 wirkte und wirkt als markante gesellschaftliche Zäsur. Dies wird mit dem wachsenden Abstand seit dem Beginn der Pandemie immer deutlicher. Politisches, wirtschaftliches und alltägliches Handeln fand im Modus des Konditionalis statt. Die Wenn-dann-Berechnungen, anhand derer Menschen im Alltag, aber auch politische Akteure ihre Entscheidungen und Handlungen überprüfen und begründen, die sonst eher diskret im Hintergrund unseres alltäglichen Lebens ablaufen, sind mit dem Auftreten des pandemischen Virus in den Vordergrund getreten. Sie bestimmen temporär in ausgeprägter Form die öffentlichen Debatten, da es nicht mehr ‚nur' um zukünftig mögliche bzw. zu erwartende Entwicklungen geht, wie zum Beispiel die globale Erderwärmung, sondern weil plötzlich deutlich und gegenwärtig wurde, welche lebensbedrohlichen Auswirkungen sich ganz akut ergaben. Die Bedingungen und Grundlagen für Entscheidungen wurden in der Pandemie durch ihre so unmittelbar wie unabschätzbar auftretenden Konsequenzen immer wieder schnell obsolet. Die drängende Zeit nahm den Verantwortlichen dadurch eine berechenbare Grundlage für tiefergehend abgewogene Entscheidungen.[2]

Eine kurze Rückschau als Chronologie kann diese ‚schwindelerregende' Dynamik anschaulich machen: Ende 2019 erkrankten immer mehr Personen im

---

1 Derrida, Jacques: *Die unbedingte Universität*, Frankfurt/M. 2001 (Edition Suhrkamp 2238), 72.
2 Die drängende Zeit ist im Übrigen auch ein Argument, mit dem Jacques Derrida in seinem Text *Force de loi* ganz abstrakt über Gerechtigkeit nachdenkt. Auf diesen Text verweist er auch in der Einleitung von *Die unbedingte Universität*, 20.

chinesischen Wuhan (Provinz Hubei, rund 11 Millionen Einwohner*innen) an Lungenentzündungen, teilweise mit schwerem Verlauf. Über diese ‚mysteriöse Lungenkrankheit' wurde allerdings aus der Volksrepublik China erst am 31. Dezember 2019 erstmals offiziell ohne größere Aufregung berichtet. Im Januar 2020 wurde der Erreger als Teil der Familie der Coronaviren identifiziert und der Ausbruch von Expert*innen auf den Seafood-Markt in Wuhan zurückgeführt. Bereits am 13. Januar 2020 ließ sich der erste nachgewiesene Fall außerhalb Chinas rückverfolgen. Zehn Tage später, am 23. Januar, wurde Wuhan unter Quarantäne gestellt, sämtliche Aussowie Einreisen wurden unterbunden. Einen Tag später sicherten die Verantwortlichen die Provinzgrenzen Hubeis, was allerdings rasant ansteigenden Fällen in China nicht mehr entgegenwirken konnte. Trotz der weitreichenden Maßnahmen blieb die Krankheitswelle kein ‚chinesisches Problem', sondern entfaltete eine globale Reichweite. Die Lungenerkrankung wurde als Covid-19 (*Corona virus disease* – Jahr des Auftretens) benannt, das Virus erhielt den Namen SARS-CoV-2 (*severe acute respiratory syndrome coronavirus - 2*). Schließlich erklärte die Weltgesundheitsorganisation am 11. März die Krankheit zur Pandemie.[3] Damit einher ging in den nächsten Monaten eine neue Familiarisierung mit spezifischen Benennungen wie z. B. 7-Tage-Inzidenz, Social Distancing, Virus-Variante, Maskenpflicht, AHA(L)-Regeln, 2G bzw. 3G, Lockdown etc., die mit konkreten Handlungsmodifikationen verbunden waren.

Alle diese Benennungen entwickelten sich aus der Notlage heraus, der plötzlich weltweit präsenten Gefahr zu begegnen, an einer potenziell tödlich verlaufenden Infektion zu erkranken. Die gewählten Begriffe beschreiben den Versuch eines stabilisierenden Umgangs mit dem unsichtbaren und ungewohnten bzw. unerwarteten Ereignis. Die Bemühungen, auf diskursiver Ebene einen Umgang herzustellen, gipfelten handlungsbezogen in der Erklärung von Covid-19/SARS-CoV-2 zur Pandemie durch die WHO. Damit vollzog sie einen Sprechakt. Mit dieser Einordnung beziehen wir uns auf den Sprachphilosophen John Langshaw Austin, der in seinen Vorlesungen, die als Buch unter dem Titel *How to do things with words* erschienen sind,[4] die Theorie der Sprechakte entwickelte. Sprache, so die zentrale These von Austin, beschreibt nicht nur Tatsachen und Sachverhalte, sondern Menschen ‚handeln', indem sie sprechen. Das heißt, sie schaffen aktiv Ereignisse. Dass das Sprechen zum Handeln werden kann, hängt von gewissen Voraussetzungen, institutionellen Bedingungen und Äußerungskontexten ab. Wenn die WHO nun Covid-19/SARS-CoV-2

---

3   World Health Organization: *WHO Director-General's Opening Remarks at the Media Briefing on COVID-19 – 11 March 2020*, 11.03.2020, https://www.who.int/director-general/speeches/detail/who-director-general-s-opening-remarks-at-the-media-briefing-on-covid-19---11-march-2020 [03.03.2022].

4   Vgl. Austin, John Langshaw: *Zur Theorie der Sprechakte (How to do things with words)*, Stuttgart 2002 [engl. Original 1962].

zur Pandemie erklärt, dann stellt das Erklären deshalb eine Handlung dar, weil Menschen als Funktionsträger*innen einer Institution, deren Aufgabe es ist, über den Gesundheitszustand der Menschen auf der ganzen Welt zu wachen, eine deklarative Aussage treffen. Diese Aussage schafft eine neue Wirklichkeit, weil sie aus dieser Institution kommt. Unsere neue Wirklichkeit ‚in der Pandemie' verdankt sich zu einem wichtigen Teil dem Umstand, dass Menschen Institutionen eingerichtet haben, die Wirklichkeiten organisieren. Wenn wir mit Derrida die Covid-19-Pandemie als ein Ereignis bezeichnen, dann liegt der Bezug zu den Sprechhandlungen, den performativen Sprechakten, nahe. Schließlich bezieht er sich in seinem Text ganz explizit auf den Philosophen Austin.[5] Aber das Ereignis der Pandemie hat alle performativen Versuche, Kontexte zu stabilisieren, immer wieder durchkreuzt. Wir nennen auch gerade deshalb die Pandemie ein Ereignis, weil Derrida selbst – auf abstrakter Ebene versteht sich – das Ereignis von den performativen Akten entkoppelt.

> Daß der Performativ das Ereignis, von dem er spricht, hervorbringt, haben wir oft genug gehört. Man muß sich umgekehrt vor Augen führen, daß, wo immer es einen Performativ gibt, kein Ereignis, das dieses Namens würdig wäre, stattfinden kann.[6]

Entgegen der herkömmlichen Annahme, die das Ereignis als das Ergebnis des Sprechens auffasst, dreht Derrida den Begründungszusammenhang zwischen performativem Akt und Ereignis um. Nicht das Sprechen – als (soziales) Handeln verstanden – produziert ein Ereignis, sondern das Sprechen als soziales Handeln reagiert auf ein Ereignis. Kurz und bündig bringt er seine Umkehrung auf den Punkt: „Die Kraft eines Ereignisses ist stets stärker als die Kraft eines Performativs."[7] Wenn wir hier zunächst grob die Erklärung von Covid-19 zur Pandemie und die vielen Neologismen in ihrer Stabilisierungsfunktion als Performative skizziert haben, dann sind all diese Handlungen eben Reaktionen auf das Ereignis Covid-19. Aus diesem Grund geht es jetzt darum, den chronologischen Faden wieder aufzunehmen und anhand einer weiteren Rekonstruktion der Ereignisse vor Augen zu führen, wie das Ereignis der Pandemie alle performativen Versuche, Kontexte zu stabilisieren, immer wieder durchkreuzt hat. Für die weitere Erzählung der Chronologie wenden wir uns hier dem europäischen und speziell dem deutsch-französischen Kontext zu und werfen dann einen besonderen Blick auf die Universität als Ort und Institution – so wie es der Titel des Jahrbuchs des Frankreichzentrums darstellt: Universität in der Pandemie.

Am 24. Januar 2020 wurden erste Covid-19-Fälle in Frankreich gemeldet, am 27./28. Januar wurde auch der erste Fall in Deutschland publik. Zum 1. Februar

---

5   Vgl. vor allem Derrida: *Die unbedingte Universität*, 22.
6   Derrida: *Die unbedingte Universität*, 73.
7   Derrida: *Die unbedingte Universität*, 74.

kehrten deutsche Staatsbürger*innen aus Wuhan zurück und mussten in einer rheinland-pfälzischen Kaserne in Quarantäne gehen, um mögliche Infektionen zu kontrollieren – eine Differenzierung zwischen Gesunden und potentiell Erkrankten. Ab der zweiten Februarhälfte spitzte sich die Lage in Norditalien dramatisch zu. Es fehlten Beatmungsgeräte und passende Behandlungsmethoden, die Konsequenz waren viele zu beklagende Todesfälle. Die Bilder aus Bergamo mit den Militärlastwagen im Stau vor den Krematorien gingen um die Welt und wurden zum Synonym für den Horror und die Heimtücke des Virus. In Deutschland häuften sich zunächst die Fälle im Kreis Heinsberg (Nordrhein-Westfalen). Der Ernst der Lage in Europa wurde im März immer sichtbarer.[8] Am 12. März, einen Tag nachdem die WHO das Krankheitsgeschehen um das Virus zur Pandemie erklärt hatte, verkündete Frankreichs Präsident Emmanuel Macron die umzusetzende Schließung von Schulen und Hochschulen.[9] Deutschland zog am 16. März nach: Es kam auch hierzulande zu drastischen Einschränkungen, um soziale Kontakte zu reduzieren und so die Virusausbreitung zu hemmen, womit sich quasi automatisch auch Auswirkungen auf Schulen sowie Hochschulen ergaben.[10] Am gleichen Abend verkündete der französische Präsident Emmanuel Macron in einer Fernsehansprache: „Nous sommes en guerre"[11] und verhängte mit sofortiger Wirkung ab 17. März ein *confinement* mit landesweiter Ausgangssperre. Bundeskanzlerin Angela Merkel wiederum äußerte am 18. März – ebenfalls in einer Fernsehansprache: „Es ist ernst. Nehmen Sie es auch ernst."[12]

Bereits am 16. März hatte Deutschland verstärkte Grenzkontrollen zu mehreren Nachbarländern eingeführt, darunter Frankreich, wobei gerade auf regionaler und

---

8   Vgl. Weber, Florian/Wille, Christian: Grenzgeographien der COVID-19-Pandemie, in: Weber, Florian [u. a.] (Hg.): *Geographien der Grenzen. Räume – Ordnungen – Verflechtungen*, Wiesbaden 2020, 191–223; ZDF: *Wie Corona die Welt infizierte*, Mainz, 25.03.2022, https://zdfheute-stories-scroll.zdf.de/corona/coronavirus/chronik/ausbruch/ [19.05.2022].

9   Vgl. SciencesPo/CNRS/Institut de recherche en gestion: *Face au Covid-19. Les établissements d'enseignement supérieur et de recherche face à la crise sanitaire*, Paris 2022, 13, https://www.sciencespo.fr/cso/sites/sciencespo.fr.cso/files/Rapport%20Face%20au%20Covid-19.pdf [31.05.2022].

10 Zu letzterem Aspekt u. a. Neuber, Katharina/Göbel, Kerstin: Zuhause statt Hörsaal. Erfahrungen und Einschätzungen von Hochschulangehörigen zur Umstellung der Lehre im ersten pandemie-bedingten Lockdown der Universitäten, in: *MedienPädagogik: Zeitschrift für Theorie und Praxis der Medienbildung* 40 (2021), 56–76, hier 57.

11 Wieder, Thomas: France/Allemagne deux cultures politiques face à la COVID-19, in: Weber, Florian/Theis, Roland/Terrollion, Karl (Hg.): *Grenzerfahrungen/Expériences transfrontalières. COVID-19 und die deutsch-französischen Beziehungen/Les relations franco-allemandes à l'heure de la COVID-19*, Wiesbaden 2021, 285–294, hier 287.

12 Merkel, Angela: *Fernsehansprache von Bundeskanzlerin Angela Merkel*, Berlin 2020, https://www.bundesregierung.de/resource/blob/975232/1732182/d4af29ba76f62f61f1320c32d39a7383/fernsehansprache-von-bundeskanzlerin-angela-merkel-data.pdf [19.05.2022].

lokaler Ebene viel Unmut aufkam.¹³ Zudem schlug EU-Kommissionspräsidentin Ursula von der Leyen vor, einen 30-Tage Einreisestopp in die EU zu verhängen, der bereits einen Tag später umgesetzt wurde. Ab dem 19. März wurden Grenzübertritte nur noch an ausgewählten Grenzübergängen gestattet. Das sogenannte *covidfencing*¹⁴ schränkte den grenzüberschreitenden Wirtschafts- und Lebensalltag massiv ein, da viele keine ‚triftigen' Gründe zum Grenzübertritt vorlegen konnten. Aber selbst Menschen, die in systemrelevanten Berufen arbeiteten (wie beispielsweise 160 Mitarbeiter*innen des Klinikums Saarbrücken, die aus Frankreich einpendeln)¹⁵, sahen sich beim Grenzübertritt mit großen Herausforderungen konfrontiert. Diese Phase kann in einem ersten Rückblick als einschneidende Zäsur für die grenzüberschreitende Kooperation im deutsch-französischen Verhältnis, aber auch darüber hinaus angesehen werden.¹⁶ Gleichzeitig zeigten sich auch positive Facetten dieses gewachsenen Verhältnisses, wie z. B. die Aufnahme erkrankter Covid-19-Patient*innen aus Frankreich, die ab dem dritten Märzwochenende verstärkt u. a. in deutschen Kliniken untergebracht wurden, da Kapazitäten auf der französischen Seite an ihr Limit gekommen waren.¹⁷ Darüber hinaus zeugten Bekundungen über Videos, Spruchbänder, Demonstrationen rund um den Europa-Tag am 9. Mai von einer grenzüberschreitenden europäischen Solidarität.¹⁸

Trotz der zeitweisen Lockerungen und Erleichterungen in Verbindung mit den schnell entwickelten und ab dem Jahr 2021 zunehmend zur Verfügung stehenden Impfstoffen erweist sich, dass kein schnelles ‚nach Corona' erreicht wird. Mehrere Wellen mit unterschiedlichen Virusvarianten bestimmten und bestimmen das gesellschaftliche Leben. Auch Anfang des Jahres 2023 zeigen sich drastische Auswirkungen der Corona-Pandemie: Eine deutlich größere Welle von Infektionen, verbunden mit einer Arzneimittelknappheit, stellt die Gesellschaft weiter vor große Herausforderungen.

---

13   Vgl. Weber, Florian: Cross-Border Cooperation in the Border Region of Germany, France, and Luxembourg in Times of Covid-19, in: *European Societies* (2022), 1–28.
14   Vgl. Medeiros, Eduardo [u. a.]: Covidfencing effects on cross-border deterritorialism: the case of Europe, in: *European Planning Studies* 29 (2021), 962–982.
15   Vgl. Braun, Christian: Beherztes Handeln auf dem Winterberg: ALLE FÜR ALLE, in: Weber/Theis/Terrollion (Hg.): *Grenzerfahrungen/Expériences transfrontalières*, 207–216, hier 209.
16   Vgl. Brodowski, Dominik/Nesselhauf, Jonas/Weber, Florian (Hg.): *Pandemisches Virus – nationales Handeln. Covid-19 und die europäische Idee*, Wiesbaden 2023; Weber/Theis/Terrollion (Hg.): *Grenzerfahrungen/Expériences transfrontalières*.
17   Vgl. Freitag-Carteron, Susanne: Deutschland, Frankreich, COVID-19 – das Virus und die Grenzregion, in: Weber/Theis/Terrollion (Hg.): *Grenzerfahrungen/Expériences transfrontalières*, 295–308.
18   Vgl. Wille, Christian: European Border Region Studies in Times of Borderization, in: *BorderObs*, 20.06.2021, http://cbs.uni-gr.eu/en/resources/borderobs [24.11.2021].

Wir nehmen nunmehr eine zwischenzeitliche Standortbestimmung vor: Im Folgenden diskutieren wir zunächst politische Stabilisierungsversuche und diskursive Einordnungen um das Ereignis Covid-19 und wenden uns im Anschluss speziell der Universität als Forschungsinstitution um das Pandemiegeschehen, aber auch als Institution, die selbst einen Umgang mit der durch das Coronavirus ausgelösten Pandemie finden musste, zu. Schließlich skizzieren wir Kernaspekte der Beiträge, die im vorliegenden Jahrbuch des Frankreichzentrums versammelt sind.

2. Politische Stabilisierungsversuche und diskursive Einordnungen des ‚Ereignisses'

Die skizzenhafte Chronologie zeigt eindrücklich: Die gefühlte Sicherheit schwand, Ungewissheit wuchs und ein Gefühl von Schutzlosigkeit machte sich breit.[19] Diese ausgeprägte Verunsicherung führte zunächst dazu, dass die Maßnahmen im Frühjahr 2020 vielfach parteiübergreifend und gesamtgesellschaftlich mitgetragen wurden – trotz der starken Eingriffe bis ins Private und Persönliche hinein. Die Covid-19-Pandemie wirkte und wirkt damit von der individuellen Subjektebene bis hin zu den globalen Verflechtungen und Abhängigkeiten. Sich dem Ereignis Covid-19 zu entziehen war und ist nahezu unmöglich: Sei es dadurch, dass man selbst erkrankt und das Virus am/im eigenen Körper erfährt, sei es durch die Erfahrung mit Homeoffice und den damit verbundenen Videokonferenzen, Homeschooling, Besuchsverboten in Alten- und Pflegeheimen oder Krankenhäusern, Quarantäne, Ausgangssperren, seien es die Auswirkungen durch die Definition von Risikogebieten, Verhängen von Einreisestopps, Sicherung der USA- oder der EU-Außengrenzen.[20] Die Antwort auf die pandemische Lage hatte eine ‚Disziplinierung des Sozialen' zum Schutz der Gesundheit zur Folge.

Mit der Zeit schwand die Einmütigkeit der Verfahrensweisen mit dem Virus. Der gesamtgesellschaftliche Umgang mit Corona fiel und fällt schwer. Exemplarisch sei hier auf die Debatte zwischen dem italienischen Philosophen Giorgio Agamben und dem französischen Philosophen Jean-Luc Nancy verwiesen, die paradigmatisch für die Schwierigkeit steht, das Virus diskursiv einzuordnen.[21]

---

19 Konzeptuell in Anschluss an Bauman, Zygmunt: *Die Krise der Politik. Fluch und Chance einer neuen Öffentlichkeit*, Hamburg 2000, 31.

20 Vgl. Mellinger, Lukas: *Corona-Zeiten, Corona-Räume. Alltägliche Raumkonstruktion vor dem Hintergrund der Eindämmung der Covid-19-Pandemie im Saarland*, Trier 2020 (UniGR-CBS Working Paper 10); Volkmer, Michael/Werner, Karin (Hg.): *Die Corona-Gesellschaft. Analysen zur Lage und Perspektiven für die Zukunft*, Bielefeld 2020; Weber/Wille: Grenzgeographien der COVID-19-Pandemie.

21 Giorgio Agamben veröffentlichte dazu bereits einen Artikel: Agamben, Girogio: L'invenzione di un'epidemia, in: *Quodlibet*, 26.02.2020, https://www.quodlibet.it/giorgio-agamben-l-inve

Weitere Beispiele sind die Bildung von Gruppierungen, die unter anderem als Querdenker*innen bekannt geworden sind, oder die politischen und gesellschaftlichen Debatten – nach dem ersten gemeinsamen Schock – um weitere Lockdowns bzw. *confinements* und (Wieder-)Öffnung oder um das Impfen. Die Literaturwissenschaftler Carsten Gansel und José Fernández Pérez sprechen vom *Störfall Pandemie und seine[n] grenzüberschreitenden Wirkungen*.[22] Sie gehen von störungstheoretischen Überlegungen aus, die an die Systemtheorie Niklas Luhmanns anschließen und fragen, wie die jeweiligen Teilsysteme der Gesellschaft auf die Ausnahmesituation der Pandemie reagieren. Andere kulturwissenschaftliche Analysen widmen sich dem *Sinn in der Krise*[23] und fragen nach den „(Re-)Konstruktionen von Sinn und Sinndeutungen in der Pandemie"[24]. Michael Volkmer und Karin Werner fragen bereits im Sommer 2020 danach, „was Wissenschaft, hier präziser: die Sozial- und Kulturwissenschaften, in der Aktualität dieser Pandemie-Krise, quasi in Echtzeit, leisten kann."[25] Bernd Kortmann und Günther Schulze wagen mit ihrem Band *Jenseits von Corona. Unsere Welt nach der Pandemie – Perspektiven aus der Wissenschaft* tatsächlich bereits im Herbst 2020 einen Blick in die Zukunft. Mit der programmatischen Perspektivänderung weg vom Hier und Jetzt und hin auf die Zukunft artikulieren sie ein Zutrauen in die Wissenschaft, die im gesamtgesellschaftlichen Diskurs durchaus ambivalent bewertet worden ist. Ihr selbstbewusstes Credo lautet: „Wir glauben, dass jahrelange Beschäftigung in der Wissenschaft den Blick für solche Entwicklungslinien schärfen kann."[26] Martina Stemberger ordnet Corona aus einer Perspektive der *longue durée* in den Kontext einer *Literaturgeschichte der*

---

nzione-di-un-epidemia [27.02.2023]. Dort stellt er die biopolitischen Maßnahmen so sehr ins Zentrum seiner Überlegungen, dass er darüber die Auswirkungen von Covid-19 verharmlost. Daraufhin veröffentlichte Jean-Luc Nancy bereits einen Tag später eine Antwort auf Italienisch und Französisch: Nancy, Jean-Luc: Paradoxia Epidemica, Eccezione virale, in: *Antinomie Scritture e Immagini*, 27.02.2020, https://antinomie.it/index.php/2020/02/27/eccezione-virale/ [27.02.2023]. Er spielt auf ein für Agamben zentrales Konzept, das des Ausnahmezustands, an, und mahnt angesichts einer Notsituation, die konzeptuelle nicht mit der konkreten Handlungsebene zu verwechseln. Aus diesen Überlegungen entsteht Nancys letztes Buch (er ist im Sommer 2021 verstorben): Nancy, Jean-Luc: *Un trop humain virus*, Paris 2020.

22 Gansel, Carsten/Pérez, José Fernández (Hg.): *Störfall Pandemie und seine grenzüberschreitenden Wirkungen. Literatur- und kulturwissenschaftliche Aspekte*, Göttingen 2022.

23 Vgl. Beuerbach, Jan [u. a.] (Hg.): *Covid-19: Sinn in der Krise. Kulturwissenschaftliche Analysen der Corona-Pandemie*, Berlin 2022.

24 Beuerbach [u. a.]: *Covid 19: Sinn in der Krise*, Vorwort, V.

25 Volkmer, Michael/Werner, Karin: Vorwort. Über Corona schreiben? – Das „Making-of" dieses Buches, in: dies. (Hg.): *Die Corona-Gesellschaft*, 11–14, 12.

26 Kortmann, Bernd/Schulze, Günther G.: Einleitung: Die Welt nach Corona, in: dies. (Hg.): *Jenseits von Corona. Unsere Welt nach der Pandemie – Perspektiven aus der Wissenschaft*, Bielefeld 2020, 10.

Pandemie ein.²⁷ Eine Vielzahl weiterer Veröffentlichungen wandte und wendet sich spezifischen Teilaspekten der Pandemie zu.

Egal ob Störung, Krise oder Ansteckung: Alle diese Stichwörter weisen einen Ereignischarakter auf, dem die angeführten Autor*innen mit Kontextualisierung begegnen. Etwas Unkontrolliertes, das sich dem planbaren Zugriff entzieht, provoziert Kontextualisierungsreaktionen. Diese Kontextualisierungsreaktionen können Sprechakte sein oder ganz konkrete Handlungen. Um Handlungen – welcher Natur auch immer, sprachlicher oder körperlicher – als Reaktionen auf Ereignisse in dem umfassenden Sinn, wie wir es mit Derrida verstehen, zu beschreiben, lässt sich auf die Unterscheidung zwischen Strategie und Taktik zurückgreifen, die der Kulturtheoretiker Michel de Certeau vornimmt. Strategie heißt für ihn die Möglichkeit, „ein mit Willen und Macht versehenes Subjekt (ein Unternehmen, eine Armee, eine Stadt oder eine wissenschaftliche Institution)"²⁸ identifizieren zu können. Diese „setzt *einen Ort* voraus, der als etwas *Eigenes* beschrieben werden kann und somit als Basis für die Organisierung von Beziehungen zu einer *Exteriorität* dienen kann".²⁹ Spricht man also von Strategie, dann spricht man automatisch auch von einem selbstgewissen und sich transparenten Subjekt, das vollkommene Handlungsmacht über sein Umfeld hat. Demgegenüber stellt der Begriff der Taktik bei Certeau diese Selbstgewissheit in Frage. Der Zustand des Subjekts ist „durch das Fehlen von etwas Eigenem bestimmt"³⁰. Handeln kann man nur innerhalb von Parametern, die durch die Umwelt und das Umfeld vorgegeben sind, sich aber der eigenen Verfügungsgewalt entziehen. Taktik ist nämlich in diesem Fall „ein Handeln aus Berechnung, das durch das Fehlen von etwas Eigenem bestimmt ist. Keine Abgrenzung einer Exteriorität liefert ihr also die Bedingungen einer Autonomie"³¹. Certeau denkt hier die Grundlage von Macht räumlich und Macht wiederum als Konstitutionsbedingung von Wissen. Das Modell für die Unterscheidung in Strategie und Taktik „ist militärisch gewesen, bevor es ‚wissenschaftlich' wurde"³².

Emmanuel Macrons Sprechakt „Nous sommes en guerre" in seiner Ansprache an die Nation vom 16. März 2020, in der er den ersten *confinement* verkündet, soll beispielhaft für die Verschränkung von Ereignis und Reaktionshandlungen analysiert werden. Auf der Basis der skizzierten Unterscheidung Certeaus kann man Emmanuel Macrons Ausspruch „Nous sommes en guerre" neu beschreiben. Denn

---

27 Vgl. Stemberger, Martina: *Corona im Kontext: Zur Literaturgeschichte der Pandemie*, Tübingen 2021.
28 Certeau, Michel de: *Kunst des Handelns*, Berlin 1988, 87.
29 Certeau: *Kunst des Handelns*, 87.
30 Certeau: *Kunst des Handelns*, 89.
31 Certeau: *Kunst des Handelns*, 89.
32 Certeau: *Kunst des Handelns*, 91.

sein Sprechakt, den er in der Fernsehansprache an die Nation vollzieht, ist zumindest doppeldeutig. Einerseits spricht er als Président de la République, der zugleich Oberbefehlshaber der Armee ist, andererseits als kreatürlicher Mensch, der ebenso wie alle Bevölkerungsgruppen erkranken kann. Als Präsident und Staatschef steht es ihm zu, den Krieg zu erklären (ebenso wie die WHO eine Pandemie ausrufen kann), aber er kann ihn nicht zu den institutionellen Bedingungen erklären, die zu einem Oberbefehlshaber der Armee passen, weil der ‚Feind' die Bedingungen nicht erfüllt, dass man ihm strategisch – im Sinne Certeaus, also von einem ‚eigenen' abgrenzbaren Ort aus – begegnen könnte. Wenn Macron in seiner Ansprache nun dem Virus den Krieg erklärt, dann zeigt sich darin vor allem eine Diskrepanz zwischen der unmittelbaren Bedrohung von Menschenleben und der Einsicht, dass es für ein solches Ereignis kein Protokoll und kein konventionalisiertes Vorgehen gibt. Er antwortet schließlich in einer Rhetorik, die ganz andere Vorstellungen von Kampf und Verteidigung hervorruft. In der ersten Phase der Unklarheit über die Ansteckungswege kam schließlich der Verlust des abgrenzbaren Raumes zum Tragen, denn das Virus hielt sich nicht an Grenzen – weder zwischen Mensch und Tier noch zwischen Staaten und Ländern. Die Semantiken des französischen *confinement* und des englischen *Lockdown* weisen jedoch auf das Grenzen ziehen bzw. das Abschließen eines Raums oder Ortes hin. Die ersten Handlungen und Maßnahmen, die getroffen wurden, hatten zum Ziel, Orte abzugrenzen, um über Distanzierung die Infektionen beherrschbar zu machen. Die nationalstaatlichen Reflexe, Grenzen zu kontrollieren und teilweise zu schließen, kann man darüber hinaus gehend auch als eine Antwort auf ein Ereignis erklären, das *ex negativo* anzeigte, wie sehr (Kultur-)Räume verflochten sind.

Macrons Kriegserklärung steht paradigmatisch für viele der Begründungen und Maßnahmen zur Eindämmung des pandemischen Geschehens. Indem sie sich des Kriegsvokabulars bedient, lässt sie sich als eine pseudostrategische Handlung verstehen. Sie vollzieht einen Sprechakt, aber zu den Bedingungen, die Certeau taktisch nennen würde. Ereignissen, in dem emphatischen Sinn, wie Derrida sie versteht, kann man nur im Modus der Taktik begegnen. Aufgrund der weltweiten Verflechtung der Räume hatte niemand dem Ereignis Covid-19 gegenüber Autonomie. Die Metapher der ‚Kette' spielte hier eine zentrale Rolle. Einerseits galt die Losung, Infektionsketten zu unterbrechen, indem man sich testete, distanzierte bzw. in Quarantäne begab. Andererseits machte die Bundesregierung bereits in ihrer ersten Erklärung vom 12. März, nachdem Covid-19 zur Pandemie erklärt wurde, deutlich, dass mit den Maßnahmen gegen die Ausbreitung des Virus auch Lieferketten unterbrochen werden. „Nachfrageausfälle, unterbrochene Lieferketten und Produktionsstörungen treffen viele Branchen ebenso hart wie die in Deutschland zur Eindämmung der Ausbreitung des Virus zu ergreifenden Maßnahmen."[33] Überdeutlich wurde diese Verflechtung bzw. Verkettung der globalisierten Welt auch im März 2021 als das Containerschiff *EverGiven* Schlagzeilen machte, weil es im Suezkanal feststeckte und so die Lieferketten des Welthandels unterbrach. Die Verflechtung des Raums und die Abstimmung der Zeit funktionierten nicht mehr. Steuerungsversuche können entsprechend immer wieder an Grenzen kommen – gerade in verketteten Abhängigkeiten und bei unerwarteten Ereignissen wie eben Covid-19.

3. Universitäre Forschung und die Institution Universität in der Pandemie

Bisher haben wir in Anschluss an Jacques Derrida das Ereignis Covid-19 beleuchtet, uns aber noch nicht näher der Universität in der Pandemie zugewandt, wie der Titel des Jahrbuchs des Frankreichzentrums mit deutsch-französischer Schwerpunktsetzung evoziert. Wie ging und wie geht die Universität – als Forschungs- und Lehreinrichtung – mit diesem Ereignis Pandemie um? Den Impuls, die Universität in der Pandemie in den Mittelpunkt zu stellen, gab der Titel von Derrida, in dem er sein Denken über das Ereignis darstellt: *Die unbedingte Universität* soll, laut Derrida, selbst ein Ereignis sein. Er stellt seinem Text die These voran, „daß die moderne Universität eine *unbedingte*, daß sie *bedingungslos*, von jeder einschränkenden Bedingung frei sein *sollte*."[34] Vor dem Hintergrund der skizzierten Einschränkungen und Bedingungen möchten wir aus Derridas abstraktem philosophischem Zugriff eine pragmatische Bestandsaufnahme machen und fragen, wie die beiden Ereignisse, Covid-19 und Universität in einen Zusammenhang gestellt werden können.

Universität ist derjenige Ort, der prädestiniert ist, Wissen herzustellen und Orientierung zu geben. Als wissenschaftliche Institution ist sie zugleich ein Ort der Wissensproduktion wie auch ein Ort, der ermöglichen soll, Wissensbestände und -kontexte infrage zu stellen. Damit die Universität ein Ereignis sein kann, muss sie sich derjenigen performativen Logik widersetzen, die das hervorbringt, von dem sie spricht. Als Institution muss sie eine Haltung verkörpern, die Erkenntnis möglich machen soll, die nicht von vornherein innerhalb von institutionell versicherten Machtstrukturen erwirtschaftet wird, für die die Universität schließlich auch stehen kann. Solcherart von vornherein prästabilierter und kanalisierter Erkenntnis misstraut Derrida und plädiert dafür, sich „an jenen Ort" zu versetzen, an dem sich die

---

33 Die Bundesregierung: *Besprechung der Bundeskanzlerin mit den Regierungschefinnen und Regierungschefs der Länder am 12. März 2020*, 12.03.2020, https://www.bundesregierung.de/breg-d e/themen/coronavirus/beschluss-zu-corona-1730292 [27.02.2023].
34 Derrida: *Die unbedingte Universität*, 9.

Kontexte „nicht mehr sättigen, abgrenzen, erschöpfend bestimmen" lassen.³⁵ Jener Ort ist ein abstraktes Verständnis von Universität, dem keine tatsächliche Institution jemals gerecht werden kann. Klar wird aber auch, dass die Unbedingtheit, die er der Idee Universität zuschreibt, in der Sache immer auf die Bedingung der gesellschaftlichen, politischen und öffentlichen Aushandlung trifft. Den „Bezug auf den öffentlichen Raum"³⁶ vergisst Derrida nicht, in seine Überlegungen mit aufzunehmen. Deshalb stellt er auch schließlich die entscheidende Frage nach dem Tun: „Was tut man, wenn man, performativ, etwas öffentlich erklärt oder sich zu etwas bekennt, aber auch dann, wenn man einen Beruf, und insbesondere einen Lehrberuf, die Profession eines Professors ausübt?"³⁷

Von den konkreten Erfahrungen des Ereignisses der Covid-19-Pandemie ausgehend, wirft dieser Band anhand von Fallbeispielen und Studien Schlaglichter auf konkrete universitäre Agency oder Profession in der Pandemie. Die Universität in der Pandemie in den Mittelpunkt der Überlegungen zu stellen, bedeutet damit, die abstrakten Überlegungen zu Ereignis und Kontextualisierung sowie zur Unbedingtheit des Forschens und Kommunizierens anschaulich werden zu lassen. Dies meint damit auch die aktive Rolle der Wissenschaft im Pandemieverlauf. Manfred Schmitt, Präsident der Universität des Saarlandes, erinnert sich an die enge Bindung und Abstimmung zwischen Wissenschaft und Politik:

> Ich persönlich kann mich nicht erinnern, dass die Politik jemals einen so engen Austausch mit der Wissenschaft gesucht und gepflegt hat. Hierdurch hat die Wissenschaft letztlich auch innerhalb der Gesellschaft enorm an Bedeutung gewonnen – in dem Sinne, dass sie entscheidend dazu beiträgt, zu beraten und zu helfen, selbst wenn die Wissenschaft nicht immer einer Meinung ist.³⁸

In der Pandemie rückte und rückt die Wissenschaft auch in ihrer Unübersichtlichkeit stark in den Fokus der Öffentlichkeit.

Medial verbreitete Studien zu Übertragungs- und Ansteckungswegen wurden zu Gesprächsthemen am Stamm- oder zeitweise genauer gesagt Küchentisch bzw. bei Videokonferenzen. Die Suche nach einem Impfstoff wurde medial mit quasi täglichen ‚Wasserstandsmeldungen' begleitet. Während der Hochphase der Pandemie, als ein immenser Bedarf an Aufklärung über das Virus bestand, hatten Wissenschaftler*innen, in Deutschland allen voran die Mediziner*innen Christian Drosten (Charité Universitätsmedizin Berlin) und später Sandra Ciesek (Johann

---

35 Derrida: *Die unbedingte Universität*, 76.
36 Derrida: *Die unbedingte Universität*, 14.
37 Derrida: *Die unbedingte Universität*, 22.
38 Schmitt, Manfred: Hochschulen in Zeiten der Corona-Pandemie. Herausforderungen, Krisenmanagement und Chancen, in: Weber/Theis/Terrollion (Hg.): *Grenzerfahrungen/Expériences transfrontalières*, 343–353, hier 352.

Wolfgang Goethe-Universität Frankfurt), Alexander Kekulé (Universitätsklinikum Halle (Saale), Hendrik Streeck (Universitätsklinikum Bonn) und weitere eine starke Medienpräsenz. So stieg beispielsweise der Podcast von Christian Drosten zum vielgehörten Pandemieerklärungsinstrument auf. Der Covid-Simulator von Thorsten Lehr von der Universität des Saarlandes erhielt eine deutschlandweite Resonanz, im Saarland war Jürgen Rissland vom Universitätsklinikum des Saarlandes als ‚Pandemieerklärer' insbesondere im Saarländischen Rundfunk und in der Saarbrücker Zeitung gefragt. Auch Tanja Michael erklärte früh in den Medien die psychischen Folgen, die für die einzelnen Menschen, aus dem Pandemiegeschehen, den dagegen getroffenen Maßnahmen und den daraus folgenden Konsequenzen (wie beispielsweise Vereinzelung und Virtualisierung) entstehen konnten. Der Medizin kam also ganz ohne Frage zentrale Bedeutung zu. Hier konnte die Gesellschaft in Echtzeit die Forschungsarbeit verfolgen, die sich in den Inzidenzdiagrammen der Tagesschau, den Berichten über die Entwicklung der Impfstoffe und den Darstellungen der Übertragungswege niederschlagen. Gleichzeitig aber ergab sich durch die gesamtgesellschaftliche Reichweite eine neue Forschungsrelevanz für ganz unterschiedliche Disziplinen: von BWL/VWL, Soziologie, Politikwissenschaft, Geographie über Psychologie und Ethik bis hin zu den Kunst- und Kulturwissenschaften – und diese Aufzählung ließe sich leicht fortführen.

Die Hochschulen als Bildungseinrichtungen wurden wiederum von der politischen Öffentlichkeit zumindest zeitweise eher wenig beachtet. Es mussten 13 Monate Pandemie vergehen, bis sich der deutsche Bundespräsident Frank-Walter Steinmeier am 12. April 2021, zum Beginn des zweiten Sommersemesters unter Pandemie-Bedingungen, in einer Rede direkt an die Studierenden wandte.[39] Zu diesem Zeitpunkt hatten die Hochschulen bereits viele Herausforderungen gemeistert.[40] Der Blick auf die Hochschullandschaft zu beiden Seiten des Rheins wiederum zeigt leichte Unterschiede: Manfred Schmitt, Präsident der Universität des Saarlandes, stellte der Kommunikation ein gutes Zeugnis aus. Frühzeitig zu Beginn der Pandemie stand die saarländische Hochschulleitung in engem Austausch mit der damaligen Landesregierung: „Wir hatten quasi eine Standleitung, um uns abzustimmen."[41] Die Maßnahmen wurden schnell getroffen und kommuniziert: Aufstellen eines Pandemieplans, Umsetzen eines bis dato nicht gekannten

---

39 Vgl. Steinmeier, Frank-Walter: *Rede an die Studierenden in Deutschland*, 12.04.2021, https://www.bundespraesident.de/SharedDocs/Berichte/DE/Frank-Walter-Steinmeier/2021/04/210412-Semesterbeginn.html [27.02.2023].

40 Vgl. u. a. Berghoff, Sonja [u. a.]: *Studium und Lehre in Zeiten der Corona-Pandemie. Die Sicht von Studierenden und Lehrenden*, Gütersloh 2021, https://www.che.de/download/studium-lehre-corona/?wpdmdl=16864&refresh=628b59259c4cd1653299493 [23.05.2022]; Neuber/Göbel: Zuhause statt Hörsaal.

41 Schmitt: Hochschulen in Zeiten der Corona-Pandemie, 345.

Notbetriebs, Homeoffice, Einrichten eines Krisenstabs. Dank einer starken Universitätsautonomie konnten die Hochschulen zielgerichtete Maßnahmen ergreifen. So wurde den Hochschulen in Umfragen insgesamt ein gutes Krisenmanagement attestiert.[42] In Frankreich waren die Ermessensspielräume für die Hochschulen im Vergleich deutlich geringer, da vieles von Paris aus zentral gesteuert wurde.[43]

> Le confinement commence le mardi 17 mars à midi. Il a été annoncé la veille au soir. Les universités savent depuis le jeudi soir précédent qu'elles devront assurer les cours à distance dès lundi, mais pas que les personnels devront eux aussi travailler à distance et que la vie entière serait chamboulée par un confinement strict et généralisé de toute la population, pour au moins deux semaines dans un premier temps. Dès le 27 mars, ce confinement est prolongé jusqu'au 15 avril ; le 13 avril, le gouvernement annonce une ultime prolongation jusqu'au 11 mai. En revanche, les cours, dans l'enseignement supérieur, ne reprendront pas en présentiel avant l'été.[44]

Für den Verbund der Universität der Großregion mit Hochschulen in Belgien, Deutschland, Frankreich und Luxemburg, zu der auch die Université de Lorraine und die Universität des Saarlandes gehören, war dies eine Herausforderung, weil gerade hier die Zahl an Studiengängen, die mindestens binational sind, hoch ist und diese beide Hochschulsysteme involvieren, die in Pandemiezeiten mitunter unterschiedlich ‚gemanagt' wurden. In engem Austausch über Videokonferenzen wurden die Herausforderungen für Beschäftige und Studierende in den Nachbarländern diskutiert. So herrschten auch hier anfangs besonders hohe Unsicherheiten, wie man in Zeiten der verstärkten Grenzkontrollen und Einschränkungen ins jeweils andere Land kommen konnte, um dort dem Studium oder der Arbeit nachzugehen. Auslandsstudium und Auslandspraktika kamen zeitweise zum Erliegen. In der Hochphase der Pandemie trat noch die Problematik zeitweise geschlossener Infrastruktur wie Lehrräume und Bibliotheken hinzu. Es herrschten große (rechtliche) Unsicherheiten bei der Umstellung von Präsenz- auf Digitalprüfungen mit entsprechenden Konsequenzen wie *Open Book*-Lösungen u. ä.,[45] sowohl in Deutschland als auch in Frankreich:

> La gestion des examens : un casse-tête avant l'été […] quel format adopter, comment garantir la qualité et la validité d'épreuves en ligne, que faire en cas de bug technique. Les questions qui se posent sont toutefois un peu différentes selon qu'il s'agit de concours – qui ont été tenus en présentiel – ou d'examens – qui ont en revanche été organisés à distance, ce qui suscite beaucoup d'interrogations sur l'or-

---

42 Vgl. Berghoff [u. a.]: *Studium und Lehre in Zeiten der Corona-Pandemie*, 3.
43 Vgl. Schmitt: Hochschulen in Zeiten der Corona-Pandemie, 347.
44 SciencesPo/CNRS/Institut de recherche en gestion: *Face au Covid-19*, 19.
45 Vgl. Berghoff [u. a.]: *Studium und Lehre in Zeiten der Corona-Pandemie*, 7–8.

ganisation, la télésurveillance, la capacité technique des serveurs, et a entraîné une certaine bienveillance de la part des évaluateurs·trices.[46]

Hinzu kommt der Verlust an Präsenzeffekten zwischen Studierenden untereinander sowie der Kontakt zu den Lehrenden, der in seiner Dramatik nicht zu unterschätzen ist: „Die Studierenden erleben einen erschwerten Kontakt zu Studierenden und Lehrenden, aber auch die individuelle Lernsituation gestaltet sich schwieriger als im Vorsemester"[47] vor der Pandemie. Diese Unsicherheiten ebenso wie die ausbleibenden Sozialkontakte brachten psychische Belastungen für Studierende mit sich. In Deutschland wurde ein Corona-Notfonds eingerichtet, der als Ergänzung zu den staatlichen Überbrückungshilfen für Studierende dienen soll, denen Einnahmen im Lockdown wegbrachen.[48] In einem Beitrag vom April 2022 zeichnen Michelle Boden und Pia Stendera in den *Blättern für deutsche und internationale Politik* allerdings ein eher düsteres Bild der Lage:

> Im Falle der Studierenden offenbarte sich ein ganz grundlegendes Dilemma: Es gab und gibt keine aktuellen Daten zu Finanzierungs- und Lebensbedingungen, die als Grundlage politischer Entscheidungen herhalten können. Hilfen waren so konzipiert, dass mit ihnen beängstigende Bedingungen verknüpft sind. Während Querdenker den öffentlichen und politischen Diskurs über Monate prägten, rutschten Studierende, die in der Pandemie ihr gesamtes Leben umgestellt hatten, ungesehen in eine Abwärtsspirale. Diese Geschichte der Studierenden in Deutschland verdeutlicht einmal mehr ein Prinzip, das sich durch diese Pandemie zu manifestieren droht: Wer sich zurücknimmt, wird übersehen.[49]

Bei allen Problemlagen, die sich ergaben, hatte die Pandemie als positiven Effekt einen Digitalisierungsschub zur Folge. So wurde in kürzester Zeit Online-Lehre ermöglicht, was davor eher zur Ausnahme gehörte (Zoom, Microsoft Teams, Big Blue Button, Webex, etc.). So entstand ab dem Sommersemester 2020 ein gigantisches „Reallabor der digitalen Lehre"[50]. In dieser Hinsicht bescheinigen Studierende den Hochschulen in Deutschland einen sehr guten bzw. guten Umgang mit der

---

46 SciencesPo/CNRS/Institut de recherche en gestion: *Face au Covid-19*, 40.
47 Marczuk, Anna/Multrus, Frank/Lörz, Markus: *Die Studiensituation in der Corona-Pandemie. Auswirkungen der Digitalisierung auf die Lern- und Kontaktsituation von Studierenden*, Hannover 2021, https://www.dzhw.eu/pdf/pub_brief/dzhw_brief_01_2021.pdf, 9 [31.05.2022].
48 Vgl. Berghoff [u. a.]: *Studium und Lehre in Zeiten der Corona-Pandemie*, 8.
49 Boden, Michelle/Stendera, Pia: Einsam und verstummt: Studierende in der Pandemie, in: *Blätter* 4 (2022), 37–40.
50 Sälzle, Sonja [u. a.]: *Entwicklungspfade für Hochschule und Lehre nach der Corona-Pandemie. Eine qualitative Studie mit Hochschulleitungen, Lehrenden und Studierenden*, Baden-Baden 2021, 13; dazu auch Marczuk/Multrus/Lörz: *Die Studiensituation in der Corona-Pandemie*; Neuber/Göbel: *Zuhause statt Hörsaal*.

Covid-19-Pandemie – mit gewissen fächerbezogenen Unterschieden.[51] Es „zeigt sich, dass in Lehrveranstaltungen mit hochgeladenen Videos und vor allem mit Videokonferenzen die Studierenden mit dem erreichten Wissen und Können am zufriedensten sind."[52] Auch auf Seiten der Lehrenden sind positive Einschätzungen dieses Digitalisierungsschubs zu verzeichnen, wobei nichtsdestoweniger weiterer Handlungsbedarf zur grundlegenden Verbesserung der Rahmenbedingungen für eine gute digitale Lehre angeführt wird.[53] Zudem sei ein weiterer Ausbau der Kompetenzen der Lehrenden erforderlich, damit aus den Laborbedingungen Normalbedingungen werden können.[54] Auch wenn digitale Anteile zum festen Bestand in der Lehre werden, kann die digitale Lehre den Wunsch nach Präsenz und Austausch nicht ersetzen. Dazu haben sich die Vor- ebenso wie die Nachteile des Digitalen in Bezug auf den intersubjektiven Austausch zu deutlich gezeigt. Die Universität in der Pandemie hat hier Chancen, steht aber auch künftig vor großen Herausforderungen.

Universität ist als konkreter (Lern-)Ort in Teilen prekärer geworden. Als Ort der geteilten Präsenz ist sie nicht mehr in dem Maße selbstverständlich wie vor dem Beginn der Pandemie. Das gute Funktionieren der Digitalisierung hat dies zutage gebracht. Aber diese prekäre Situation ist ihr von vornherein eingeschrieben. Dies machen Derridas Ausführungen deutlich. Die Pandemie hat diese Bedingungen nur viel klarer werden lassen. Die Universität als ein „privilegierte[r] Ort [der] Präsentation, [der] Bekundung und Darstellung"[55] von akademischem Wissen kann – und das zeigte das Ereignis Pandemie – nicht ohne „eine übernommene Verantwortung"[56] als dieser privilegierte Ort gedacht werden. Dazu gehört auch der geteilte Raum des Austauschs. Dort, wo es gelingt, Wissen und Verantwortung miteinander zu verknüpfen, kann ein Ereignis wie die Pandemie auch ein Ereignis wie die Universität sein.

4. Ein Überblick über die Beiträge im Jahrbuch des Frankreichzentrums

Welchen Stellenwert nimmt die Universität in der von der Pandemie geprägten Gesellschaft ein? Welche Rolle spielt und welche Aufgabe hat sie oder sollte sie haben? Welchen Beitrag leisten die unterschiedlichen Disziplinen zur Einordnung und zum

---

51 Vgl. Berghoff [u. a.]: *Studium und Lehre in Zeiten der Corona-Pandemie*, 13.
52 Marczuk/Multrus/Lörz: *Die Studiensituation in der Corona-Pandemie*, 9.
53 Vgl. Berghoff [u. a.]: *Studium und Lehre in Zeiten der Corona-Pandemie*, 20–22.
54 Vgl. Neuber/Göbel: *Zuhause statt Hörsaal*, 69.
55 Derrida: *Die unbedingte Universität*, 21.
56 Derrida: *Die unbedingte Universität*, 22.

Umgang mit der Pandemie? Von Bestandsaufnahmen und Einschätzungen zu einzelnen Aspekten des Lebens mit und unter Corona aus der Universität heraus bis zu Reflexionen über den grundsätzlichen Auftrag der Universität als Institution gibt der Band vielfältige Antworten auf die Frage nach dem Ort der Universität in der Pandemie und wirft gleichzeitig weitere zu beantwortende Fragen auf. Besonders in deutsch-französischer Hinsicht rücken die unterschiedlichen Beiträge im Jahrbuch des Frankreichzentrums die Universität in der Pandemie damit ins zentrale Sichtfeld der gesellschaftlichen Aushandlung.

Zu Beginn stehen Beiträge, die Herausforderungen der Covid-19-Pandemie aus medizinischer, ethischer und alltagsorientierter Forschungsperspektive beleuchten: Auf einen deutsch-französischen Vergleich des Pandemiegeschehens durch Jürgen Rissland folgt ein Einblick in den Betrieb chemischer Laboratorien unter Covid-19-Bedingungen, für den Carsten Präsang und David Scheschkewitz verantwortlich zeichnen. Wie diffizil ethische Bewertungen des gesellschaftlichen und politischen Managements zur Pandemie-Bekämpfung ausfallen, arbeitet Udo Lehmann heraus. Die Macht des Ereignisses Covid-19 wird im Beitrag von Claire Crignon deutlich, die zeigt, dass Philosophen und Philosophinnen in dieser Zeit über wenig öffentliche Autorität verfügten und die Gründe dieses ‚Verlusts' analysiert. Spezifische Folgen der Pandemie werden zudem in den drei sich anschließenden Artikeln manifest: Jean-Marc Stébé und Hervé Marchal leuchten die Individualisierung im privaten und beruflichen Leben im Zuge der erfahrenen Einschränkungen aus. Andrea Gröppel-Klein und Kenya Maria Kirsch wenden sich dem Verhalten der Konsument*innen in Deutschland und Frankreich zu und Jonas Nesselhauf zeigt, wie im populärkulturellen Bereich die Pandemie rasante Berücksichtigung fand, ob in Kurzromanen oder im Feld der Pornographie.

Die vier sich anschließenden Artikel nähern sich dezidiert ‚Grenzerfahrungen' im grenzüberschreitenden deutsch-französischen Kontext an: Dominik Brodowski beleuchtet dabei zunächst Grenzschließungen und -kontrollen als eine ‚Achillesferse' im grenzregionalen Kontext und ordnet diese aus juristischer Perspektive ein. Florian Weber und Julia Dittel zeigen für die Großregion, welche Auswirkungen das nationalstaatliche Agieren über Grenzmanagementmaßnahmen entfaltete und welche Herausforderungen, aber auch Chancen damit einhergehen. Mit sprachwissenschaftlicher Ausrichtung beleuchten im Anschluss Claudia Polzin-Haumann und Christina Reissner die Pandemiekommunikation – dies ebenfalls mit einer räumlichen Schwerpunktsetzung auf die Großregion. Zur Erweiterung rückt schließlich die deutsch-französische Grenzregion rund um Straßburg in den Fokus: Birte Wassenberg macht deutlich, wie Studierende von den unerwarteten Grenzschließungen beeinflusst wurden.

Im letzten Themenblock wird die Institution der Universität in der Pandemie in den Mittelpunkt der Betrachtungen gerückt. Olaf Kühne verdeutlicht anhand eigener Erwartungen, wie bizarr nationalstaatlich unterschiedliche und sich ständig wandelnde Regulierungen an Universitäten ausfielen und wie schwierig es wurde, mit diesen produktiv umzugehen. Sonja Sälze, Linda Vogt, Jennifer Blank, André Bleicher und Renate Stratmann illustrieren in ihrem Beitrag wiederum eindrücklich, wie Hochschulen in Deutschland auf die sich wandelnden Bedingungen reagierten und welche Lehren für die Hochschullehre gezogen werden können. Zum Abschluss illustriert Ines Funk anhand grenzüberschreitender Studiengänge spezifische Problemlagen von Studierenden, die bereits im Zuge unserer Einleitung angeklungen sind und die anhand von Zitaten eine noch deutlichere Plastizität erlangen.

In der Gesamtschau ergibt sich so ein vielschichtiges Mosaik, das unterschiedliche Kontexte und Bereiche der universitären Forschung und der Universität als Institution in den Blick nimmt und spezifische Facetten ausleuchtet. Sie alle nehmen entweder inhaltlich oder kontextuell auf die Pandemie Bezug und zeigen, wie Universität in der Pandemie gehandelt hat, handeln konnte oder Handeln einordnet.

Literaturverzeichnis

Agamben, Giorgio: L'invenzione di un'epidemia, in: *Quodlibet*, 26.02.2020, https://www.quodlibet.it/giorgio-agamben-l-invenzione-di-un-epidemia [27.02.2023].

Austin, John Langshaw: *Zur Theorie der Sprechakte (How to do things with words)*, Stuttgart 2002 [engl. Original 1962].

Bauman, Zygmunt: *Die Krise der Politik. Fluch und Chance einer neuen Öffentlichkeit*, Hamburg 2000.

Berghoff, Sonja [u. a.]: *Studium und Lehre in Zeiten der Corona-Pandemie. Die Sicht von Studierenden und Lehrenden*, Gütersloh 2021, https://www.che.de/download/studium-lehre-corona/?wpdmdl=16864&refresh=628b59259c4cd1653299493 [23.05.2022].

Beuerbach, Jan [u. a.] (Hg.): *Covid-19: Sinn in der Krise. Kulturwissenschaftliche Analysen der Corona-Pandemie*, Berlin 2022.

Boden, Michelle/Stendera, Pia: Einsam und verstummt: Studierende in der Pandemie, in: *Blätter* 4 (2022), 37–40.

Braun, Christian: Beherztes Handeln auf dem Winterberg: ALLE FÜR ALLE, in: Weber/Theis/Terrollion (Hg.): *Grenzerfahrungen/Expériences transfrontalières*, 207–216.

Brodowski, Dominik/Nesselhauf, Jonas/Weber, Florian (Hg.): *Pandemisches Virus – nationales Handeln. Covid-19 und die europäische Idee*, Wiesbaden 2023.

Certeau, Michel de: *Kunst des Handelns*, Berlin 1988.

Derrida, Jacques: *Die unbedingte Universität*, Frankfurt/M. 2001 (Edition Suhrkamp 2238).

Die Bundesregierung: *Besprechung der Bundeskanzlerin mit den Regierungschefinnen und Regierungschefs der Länder am 12. März 2020*, 12.03.2020, https://www.bundesregierung.de/breg-de/themen/coronavirus/beschluss-zu-corona-1730292 [27.02.2023].

Freitag-Carteron, Susanne: Deutschland, Frankreich, COVID-19 – das Virus und die Grenzregion, in: Weber/Theis/Terrollion (Hg.): *Grenzerfahrungen/Expériences transfrontalières*, 295–308.

Gansel, Carsten/Pérez, José Fernández (Hg.): *Störfall Pandemie und seine grenzüberschreitenden Wirkungen. Literatur- und kulturwissenschaftliche Aspekte*, Göttingen 2022.

Kortmann, Bernd/Schulze, Günther G.: Einleitung: Die Welt nach Corona, in: dies. (Hg.): *Jenseits von Corona. Unsere Welt nach der Pandemie – Perspektiven aus der Wissenschaft*, Bielefeld 2020.

Marczuk, Anna/Multrus, Frank/Lörz, Markus: *Die Studiensituation in der Corona-Pandemie. Auswirkungen der Digitalisierung auf die Lern- und Kontaktsituation von Studierenden*, Hannover 2021, https://www.dzhw.eu/pdf/pub_brief/dzhw_brief_01_2021.pdf [31.05.2022].

Medeiros, Eduardo [u. a.].: Covidfencing Effects on Cross-Border Deterritorialism: the Case of Europe, in: *European Planning Studies* 29 (2021), 962–982.

Mellinger, Lukas: *Corona-Zeiten, Corona-Räume. Alltägliche Raumkonstruktion vor dem Hintergrund der Eindämmung der Covid-19-Pandemie im Saarland*, Trier 2020 (UniGR-CBS Working Paper 10).

Merkel, Angela: *Fernsehansprache von Bundeskanzlerin Angela Merkel*, Berlin, 2020, https://www.bundesregierung.de/resource/blob/975232/1732182/d4af29ba76f62f61f1320c32d39a7383/fernsehansprache-von-bundeskanzlerin-angela-merkel-data.pdf [19.05.2022].

Nancy, Jean-Luc: Paradoxia Epidemica, Eccezione virale, in: *Antinomie Scritture e Immagini*, 27.02.2020, https://antinomie.it/index.php/2020/02/27/eccezione-virale/ [27.02.2023].

Nancy, Jean-Luc: *Un trop humain virus*, Paris 2020.

Neuber, Katharina/Göbel, Kerstin: Zuhause statt Hörsaal. Erfahrungen und Einschätzungen von Hochschulangehörigen zur Umstellung der Lehre im ersten pandemie-bedingten Lockdown der Universitäten, in: *MedienPädagogik: Zeitschrift für Theorie und Praxis der Medienbildung* 40 (2021), 56–76.

Sälzle, Sonja [u. a.]: *Entwicklungspfade für Hochschule und Lehre nach der Corona-Pandemie. Eine qualitative Studie mit Hochschulleitungen, Lehrenden und Studierenden*, Baden-Baden 2021.

Schmitt, Manfred: Hochschulen in Zeiten der Corona-Pandemie. Herausforderungen, Krisenmanagement und Chancen, in: Weber/Theis/Terrollion (Hg.): *Grenzerfahrungen/Expériences transfrontalières*, 343–353.

SciencesPo/CNRS/Institut de recherche en gestion. *Face au Covid 19. Les établissements d'enseignement supérieur et de recherche face à la crise sanitaire*, Paris, 2022, https://www.sciencespo.fr/cso/sites/sciencespo.fr.cso/files/Rapport%20Face%20au%20Covid-19.pdf [31.05.2022].

Steinmeier, Frank-Walter: *Rede an die Studierenden in Deutschland*, 12.04.2021, https://www.bundespraesident.de/SharedDocs/Berichte/DE/Frank-Walter-Steinmeier/2021/04/210412-Semesterbeginn.html [27.02.2023].

Stemberger, Martina: *Corona im Kontext: Zur Literaturgeschichte der Pandemie*, Tübingen 2021.

Volkmer, Michael/Werner, Karin (Hg.): *Die Corona-Gesellschaft. Analysen zur Lage und Perspektiven für die Zukunft*, Bielefeld 2020.

Volkmer, Michael/Werner, Karin: Vorwort. Über Corona schreiben? – Das „Making-of" dieses Buches, in: dies. (Hg.): *Die Corona-Gesellschaft*, 11–14.

Weber, Florian/Wille, Christian: Grenzgeographien der COVID-19-Pandemie, in: Weber, Florian [u. a.] (Hg.): *Geographien der Grenzen. Räume – Ordnungen – Verflechtungen*, Wiesbaden 2020, 191–223.

Weber, Florian/Theis, Roland/Terrollion, Karl (Hg.): Grenzerfahrungen/Expériences transfrontalières. COVID-19 und die deutsch-französischen Beziehungen/Les relations franco-allemandes à l'heure de la COVID-19, Wiesbaden 2021.

Weber, Florian: Cross-Border Cooperation in the Border Region of Germany, France, and Luxembourg in Times of Covid-19, in: *European Societies* (2022), 1–28.

Wieder, Thomas: France/Allemagne deux cultures politiques face à la COVID-19, in Weber/Theis/Terrollion (Hg.): *Grenzerfahrungen/Expériences transfrontalières*, 285–294.

Wille, Christian: European Border Region Studies in Times of Borderization, in: *BorderObs*, 20.06.2021, http://cbs.uni-gr.eu/en/resources/borderobs [24.11.2021].

World Health Organization: *WHO Director-General's opening remarks at the media briefing on COVID-19 – 11 March 2020*, 11.03.2020, https://www.who.int/director-general/speeches/detail/who-director-general-s-opening-remarks-at-the-media-briefing-on-covid-19---11-march-2020 [03.03.2022].

ZDF: *Wie Corona die Welt infizierte*, Mainz, 25.03.2022, https://zdfheute-stories-scroll.zdf.de/corona/coronavirus/chronik/ausbruch/ [19.05.2022].

Medizin, Ethik, Alltag –
Herausforderungen der Pandemie aus Forschungsperspektive

Covid-19 in Deutschland und Frankreich
Gemeinsamkeiten, Unterschiede und ein Zwischenfazit

Jürgen Rissland

Abstract: Depuis 2020, la pandémie de la Covid-19 tient le monde en haleine. L'Allemagne et la France ont été surprises par la soudaine dynamique infectieuse de la première vague de la pandémie et ont alors réagi avec fermeté pour éviter que leurs systèmes de santé ne soient surchargés. Puis, au cours de la pandémie, les deux pays se sont distingués tant par leurs taux d'infections, d'hospitalisations et de décès, que par leur manière de gérer la situation sanitaire et par les pertes économiques et sociales qui en découlèrent – notamment en raison d'une organisation distincte des systèmes politiques et de santé de chacun des pays. Il en va de même pour la réaction de la population à la crise de part d'autre du Rhin : si les citoyens approuvaient au départ les décisions des gouvernements, ils manifestent à mesure que la pandémie évolue de plus en plus de mécontentement concernant la gestion de la pandémie par les responsables politiques. A l'heure actuelle, il semble clair que l'avenir en Europe, et aussi dans les pays voisins que sont l'Allemagne et la France, dépendra essentiellement des caractéristiques des nouveaux variants du SARS-CoV-2, notamment en matière de virulence et de contagion, mais aussi de la capacité des vaccins, jusqu'alors développés contre la Covid-19, à nous protéger. Il ne reste plus qu'à espérer que cette tendance à apprendre de l'autre et à se soutenir mutuellement perdurera, et que l'entente entre les gouvernements français et allemand en cette période de crise contribuera au succès d'une gestion commune de la pandémie avec les autres pays membres de l'Union Européenne.

1. Einführung

Der nachfolgende Beitrag basiert auf Zahlen, Daten und Fakten, die bis Anfang Juni 2022 vorlagen. Er verfolgt daher nicht das Ziel einer vollständigen Analyse des erst Anfang Mai 2023 von der Weltgesundheitsorganisation beendeten Corona-Notstandes.

Mehr als zweieinhalb Jahre sind seit Beginn der Covid-19-Pandemie vergangen. Weltweit wurden bislang (Stand: 31.05.2022) nach den offiziellen Meldezahlen mehr als 500 Millionen Menschen mit SARS-CoV-2 (*Severe acute respiratory syndrome coro-*

navirus type 2) infiziert, nach neuesten Schätzungen der Weltgesundheitsorganisation (WHO) starben rund 15 Millionen direkt oder indirekt an einer Covid-19-Erkrankung.[1] In Frankreich kam es im gleichen Zeitraum zu rund 29 Millionen Infektionen und ca. 150 000 Toten, während in Deutschland etwa 26 Millionen Infizierte und knapp 140 000 Tote verzeichnet wurden (Stand: 05.06.2022).[2]

Eindrücklicher als die Absolutzahlen belegen die Infektions- und Todesraten Unterschiede zwischen Frankreich und Deutschland. In Frankreich mit rund 67 Millionen Einwohner*innen[3] (Stand: 2019) beträgt die kumulative Infektionsrate etwa 440 000 Personen und die kumulative Todesrate 2 200 Personen jeweils pro einer Million Einwohner*innen. Deutschland liegt mit seinen ca. 83 Millionen Einwohner*innen[4] (Stand: 2019) dabei in beiden Dimensionen mit rund 316 000 Infizierten und 1 700 Toten pro einer Million Einwohner deutlich darunter.[5]

Neben dem akuten Verlauf ist die Covid-19-Pandemie auch durch das Auftreten von Langzeitfolgen gekennzeichnet. Etwa 10 bis 20 % der erwachsenen Infizierten weisen Symptome von 12 und mehr Wochen auf, bei Kindern liegt die Häufigkeit bei ca. 1 bis 2 %.[6]

Die Bandbreite der Maßnahmen reichte vom Maskentragen, Absagen von Veranstaltungen, Besuchsverboten, Ausgehbeschränkungen bis zum kompletten gesellschaftlichen Lockdown. Es ist also kein Wunder, dass sowohl die Bevölkerung als Ganzes, aber auch Regierungen und insbesondere das Gesundheitspersonal von den Herausforderungen der Pandemiebekämpfung erschöpft sind (siehe dazu unter anderem auch den Einleitungsbeitrag in diesem Band).

Das derzeitige Abflauen der sechsten Pandemiewelle, die durch die Omikron-Variante des SARS-CoV-2 ausgelöst wurde, stellt daher einen guten Zeitpunkt dar, das Geschehen Revue passieren zu lassen und ein Zwischenfazit zum Umgang mit der Covid-19-Pandemie in den beiden Ländern zu ziehen.

---

1 Vgl. World Health Organization: *Global Excess Deaths Associated with COVID-19, January 2020–December 2021. A Comprehensive View of Global Deaths Directly and Indirectly Associated with the COVID-19 Pandemic*, https://www.who.int/data/stories/global-excess-deaths-associated-with-covid-19-january-2020-december-2021[31.05.2020].
2 Vgl. Richtie, Hannah [u. a.]: *Coronavirus Pandemic (COVID-19)*, 05.06.2022, https://ourworldindata.org/coronavirus [06.06.2022].
3 Vgl. N.B.: Frankreich, in: *Wikipedia. Die freie Enzyklopädie*, https://de.wikipedia.org/wiki/Frankreich [28.05.2022].
4 Vgl. N.B.: Deutschland, in: *Wikipedia. Die freie Enzyklopädie*, https://de.wikipedia.org/wiki/Deutschland [28.05.2022].
5 Vgl. Richtie [u. a.]: *Coronavirus Pandemic*.
6 Vgl. Rembert Koczulla, Andreas/Ankermann, Tobias/Behrends, Uta [u. a]: *S1-Leitlinie Post-COVID/Long-COVID*, https://www.awmf.org/uploads/tx_szleitlinien/020-027l_S1_Post_COVID_Long_COVID_2021-07.pdf. [12.07.2021]. Siehe auch Radtke, Thomas [u. a.]: Long-term Symptoms After SARS-CoV-2 Infection in Children and Adolescents, in: *JAMA* 326/9 (2021), 869–871, https://jamanetwork.com/journals/jama/fullarticle/2782164 [07.09.2021].

2. Verlauf der ersten sechs Pandemiewellen

2.1 Infektionszahlen

In Frankreich wurden die ersten SARS-CoV-2 Infektionen im Januar 2020 registriert. Während der Januar und Februar in Frankreich bereits eine (für die damaligen Verhältnisse) hohe Dynamik aufwiesen, war der Beginn in Deutschland etwas verhaltener. Beispielsweise wurde die erste SARS-Cov-2 Infektion im Saarland erst am 1. März 2020 gemeldet.

Auch im weiteren Verlauf waren teilweise deutliche Unterschiede bei der Infektionsdynamik zu beobachten. Im Regelfall lag Frankreich bei dem zeitlichen Beginn der Pandemiewellen zwei bis fünf, die durch die bedeutsamen SARS-CoV-2-Varianten (Variant of Concern, VOC) Alpha, Beta, Gamma und Delta hervorgerufen wurden, vor Deutschland, und die Meldezahlen waren deutlich höher. Lediglich die durch die VOC Omikron bedingte sechste Pandemiewelle verlief zeitlich annähernd synchron, wobei hier die höhere Meldedynamik in Deutschland beobachtet wurde (vgl. Abb. 1).

Abb. 1: Anzahl der neu bestätigten COVID-19-Fälle in Deutschland und Frankreich im 7-Tage-rollenden Durchschnitt

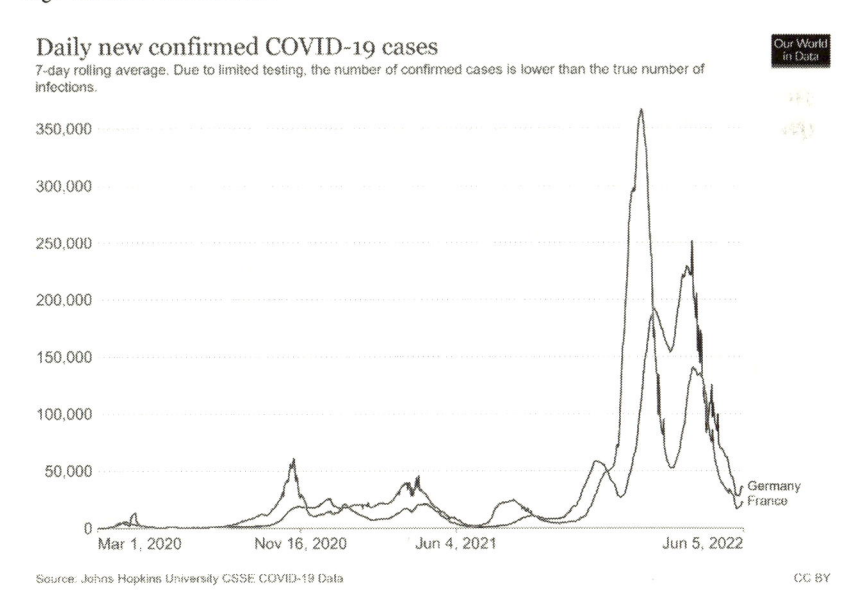

Quelle: Our World in Data (Stand: 05.06.2022)

Zu den gemeldeten Fallzahlen muss ergänzend darauf hingewiesen werden, dass diese nur einen Teil der wirklichen Infektionen abbilden. In Deutschland wie auch in Frankreich werden nur ‚laborbestätigte' Covid-19-Fälle, bei denen der Nukleinsäure-Amplifikationstest oder eine Virusisolierung positiv ausfallen, in die offiziellen Statistiken aufgenommen. Aufgrund verschiedener Umstände (z. B. asymptomatische oder milde Verläufe, die nicht zu einem Arztbesuch und einer Laboruntersuchung führen) ist jedoch bekannt, dass es Lücken bei der Vollständigkeit der Erfassung gibt. Um die sogenannte ‚Dunkelziffer' abzuschätzen, eignen sich Antikörperstudien mit Zufallsstichproben der Allgemeinbevölkerung (seroepidemiologische Studien). Dadurch kann der Anteil der Personen geschätzt werden, die tatsächlich eine Infektion durchgemacht haben. Solche seroepidemiologischen SARS-CoV-2 Studien wurden in Deutschland in der ersten Covid-19-Welle und im Sommer 2020 vor allem in Hotspots, d. h. in Orten oder Regionen mit hoher Inzidenz durchgeführt. Sie zeigten eine Untererfassung der Fälle zu Beginn der Pandemie um den Faktor 4 bis 5. Allerdings konnte dadurch ebenfalls belegt werden, dass die Untererfassung im Pandemieverlauf auf etwa den Faktor 2 abgesunken ist.[7] Da der Grad der Untererfassung neben dem klinischen Verlauf der Infektion auch vom Zusammenwirken der Teststrategie, dem Gesundheitswesen und dem öffentlichen Gesundheitsdienst beeinflusst wird, steht zu erwarten, dass sich die Dunkelziffer bei der sechsten Pandemiewelle wieder erhöht hat.

Französische Studien zu diesem Thema kommen prinzipiell zu einer höheren Dunkelziffer. So beschreibt eine landesweite serologische Studie, dass lediglich eine von 24 kumulativen Infektionen auch als offizieller Fall gemeldet wurde.[8] In einem systematischen Review und einer Metaanalyse zur globalen SARS-CoV-2 Seroprävalenz wird ein Unterschied um den Faktor 5 bis 10 bei den Antikörpernachweisen zwischen Deutschland und Frankreich dargestellt.[9] Demnach müssten sich die kumulativen Infektionsraten (s. Abschnitt 1. Einführung), die die offiziell gemeldeten Fälle abbilden, noch sehr viel deutlicher unterscheiden. Die französischen Analysen nehmen aber auch weitere Aspekte in den Blick. So wurde bei einer seroepidemiologischen Studie bei Obdachlosen herausgefunden, dass diese vulnerable Gruppe hohe Expositions- bzw. positive Seroprävalenzraten bei weitgehend asymptomatischen Verläufen aufwies, und dass das Leben unter ‚überfüllten' Bedingungen (z. B.

---

7   Vgl. Neuhauser, Hannelore [u. a.]: Seroepidemiologische Studien zu SARS-CoV-2 in Stichproben der Allgemeinbevölkerung und bei Blutspenderinnen und Blutspendern in Deutschland – Ergebnisse bis August 2021, in: *Epidemiologisches Bulletin* 37/3 (2021), 3–12.
8   Vgl. Le Vu, Stéphane [u. a.]: Prevalence of SARS-CoV-2 Antibodies in France: Results from Nationwide Serological Surveillance, in: *Nature Communications* 3025/12 (2021), 1–7, https://www.nature.com/articles/s41467-021-23233-6.pdf [21.10.2020].
9   Vgl. Bobrovitz, Niklas [u. a.]: Global Seroprevalence of SARS-CoV-2 Antibodies: A Systematic Review and Meta-Analysis, in: *PLoS ONE* 16/6 (2021), https://journals.plos.org/plosone/article?id=10.1371/journal.pone.0252617 [31.05.2022].

in Arbeiterwohnheimen oder Notunterkünften) den stärksten Einfluss auf die Kontaktwahrscheinlichkeit zu SARS-CoV-2 während der ersten Phasen der Pandemie hatte.[10]

2.2 Stationäre Behandlung

Ähnlich unterschiedlich wie die Infektionsdynamik war der Verlauf der stationären Aufnahme- und Behandlungszahlen in beiden Ländern. Während in Frankreich nahezu durchgehend höhere wöchentliche Neuaufnahmen registriert wurden, lag Deutschland sowohl bei den Absolutzahlen als auch bei den Hospitalisierungsraten jeweils deutlich hinter Frankreich (vgl. Abb. 2 und 3).

Abb. 2: Anzahl der wöchentlichen Neuaufnahmen von COVID-19- Patienten und Patientinnen in Krankenhäusern von Deutschland und Frankreich

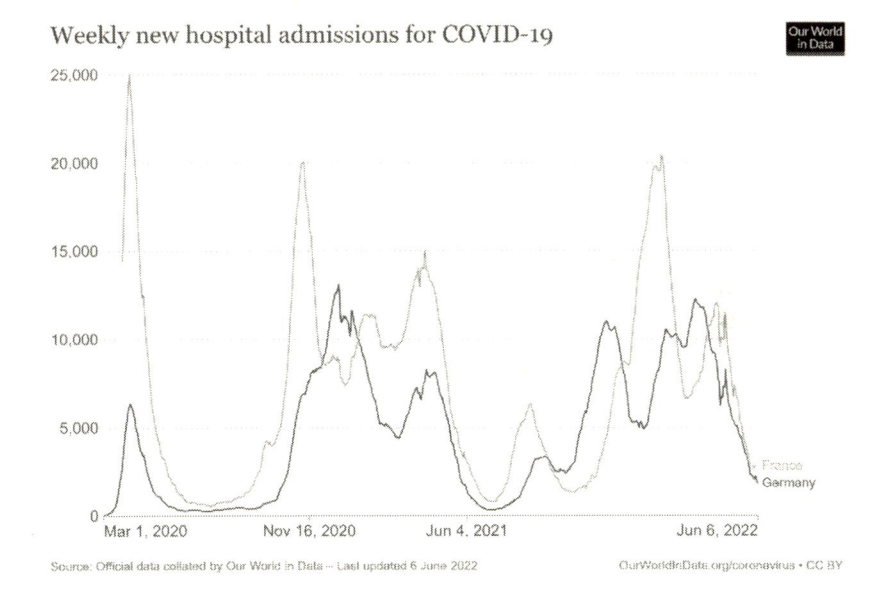

Quelle: Our World in Data (Stand: 06.06.2022)

---

10 Vgl. Roederer, Thomas [u. a.]: Seroprevalence and Risk Factors of Exposure to COVID-19 in Homeless People in Paris, France: a Cross-Sectional Study, in: *Lancet Public Health* 6/4 (2021), 202–209 https://www.thelancet.com/action/showPdf?pii=S2468-2667%2821%2900001-3 [31.05.2022].

Abb. 3: Rate der wöchentlichen Neuaufnahmen von COVID-19-Patienten und Patientinnen pro Million Einwohner*innen in Krankenhäusern von Deutschland und Frankreich

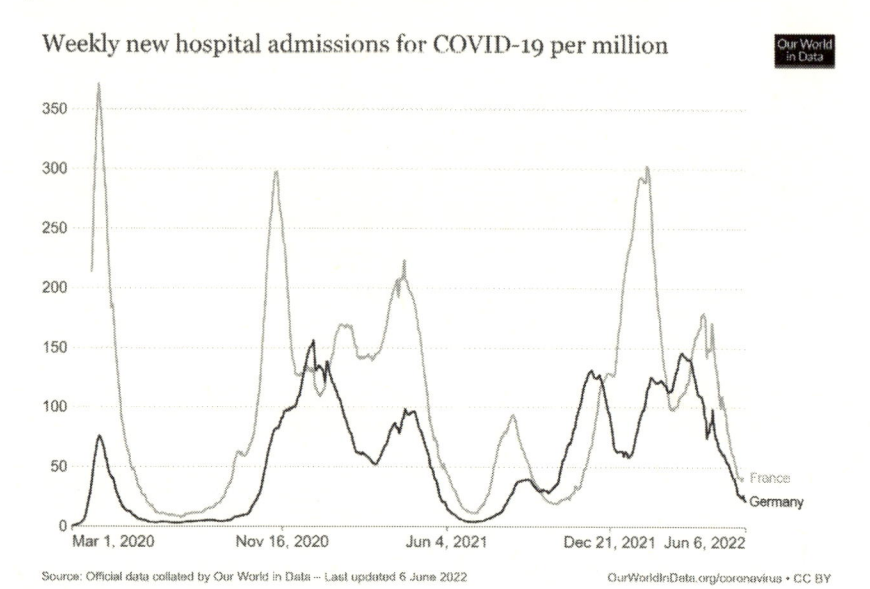

Quelle: Our World in Data (Stand: 06.06.2022)

Auch für die Belegungszahlen der Intensivstationen zeigt sich ein ähnliches Bild. Hier war in Frankreich in den ersten Wochen eine rasante Steigerung der intensivmedizinischen Behandlungen zu beobachten, die in Deutschland nicht auftrat, aber insbesondere in der Fachöffentlichkeit großes Aufsehen hervorrief (vgl. Abb. 4 und 5). Gründe für die hohe Aufmerksamkeit und nachfolgende Sorge in Deutschland waren zum einen der teilweise dramatische Mangel an intensivmedizinischen Bettenkapazitäten auf französischer Seite, verstärkt durch den Umstand, dass die Engpasssituation auch wichtige Verbrauchsgüter (wie z. B. Schlauchmaterial für Beatmungsgeräte) betraf.

Abb. 4: Anzahl der COVID-19- Patienten und Patientinnen auf Intensivstationen in Deutschland und Frankreich

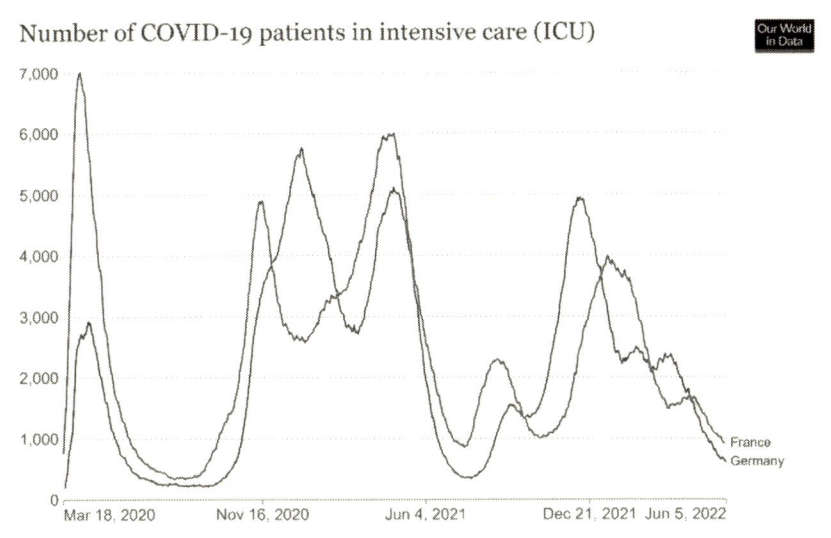

Number of COVID-19 patients in intensive care (ICU)

Quelle: Our World in Data (Stand: 06.06.2022)

In der Folge kam es gerade in grenznahen Regionen (z. B. im Saarland und Elsass-Lothringen) zu Patientenübernahmen nach Deutschland sowie zu Sachmittellieferungen bei den Verbrauchsgütern in Richtung Frankreich. Auch während der Folgewellen waren unverändert deutliche Unterschiede bei den Behandlungsraten auf Normal- und Intensivstationen zu beobachten, die sich erst während der sechsten Pandemiewelle anglichen (s. noch einmal Abb. 5).

Abb. 5: Rate der COVID-19-Patienten und Patientinnen auf Intensivstationen pro Million Einwohner*innen in Deutschland und Frankreich

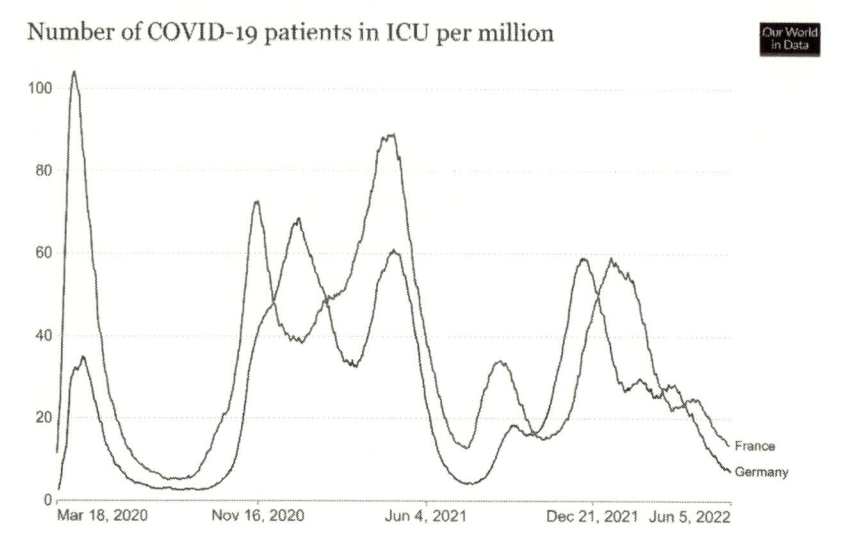

Quelle: Our World in Data (Stand: 06.06.2022)

3. Nicht pharmakologische Maßnahmen

Die rasante Ausbreitung von Covid-19 weltweit hat zu einer außerordentlichen Spannweite von Regierungsreaktionen geführt. Während diese in den ersten Monaten der Pandemie einen vergleichsweise hohen Grad an Gemeinsamkeit hatten, zeigten sich im weiteren Verlauf größere Unterschiede und Abweichungen.[11] Um die Handlungen der Regierungen auf die einzelnen Pandemiewellen und -ereignisse in vergleichbarer Form darzustellen, wurde der sogenannte *Oxford Coronavirus Government Response Tracker* (OxCGRT) entwickelt.[12] Er kalkuliert einen Stringenz-Index, der sich aus neun einzelnen Komponenten zusammensetzt. Dazu gehören:

1. Schulschließungen
2. Arbeitsplatzschließungen
3. Absage öffentlicher Veranstaltungen

---

[11] Vgl. Hale, Thomas [u. a.]: A Global Panel Database of Pandemic Policies (Oxford COVID-19 Government Response Tracker), in: *Nature Human Behaviour* 5 (2021), 529–538.

[12] Vgl. Hale [u. a.]: A Global Panel Database of Pandemic Policies.

4. Restriktionen bei öffentlichen Versammlungen
5. Einstellen des öffentlichen Verkehrs
6. Ausgangssperren
7. öffentliche Informationskampagnen
8. Restriktionen der internen Bewegungsfreiheiten
9. internationale Reisekontrollen.

Der Index jedes einzelnen Tages wird als Durchschnittswert der neun Komponenten kalkuliert, wobei jeder Wert zwischen 0 und 100 liegt. Ein hoher Wert beschreibt dabei ein strikteres Maß (z. B. 100 = strikteste Maßnahme). In den nachfolgenden Abbildungen wird teilweise zusätzlich der Impfstatus berücksichtigt, der Auswirkungen auf das Regierungshandeln haben kann. Entsprechend werden Stringenz-Indices für drei Kategorien kalkuliert: geimpfte Personen, ungeimpfte Personen und ein nationaler Mittelwert, der den Anteil der Geimpften an der Bevölkerung als Gewichtungskomponente enthält. Wichtig ist, dass der Stringenz-Index auch bei Unterschieden auf subnationalem Level immer das Niveau der striktesten Subregion abbildet.

Vergleicht man die Reaktionen der französischen Regierung mit der deutschen Bundesregierung, so fällt auch hier eine weitgehende Übereinstimmung in den frühen Phasen der Pandemie auf (vgl. Abb. 6, hier mit Abbildung der Reaktion im Vereinigten Königreich England). Allerdings wird auch deutlich, dass die Stringenz der Maßnahmen zwischen den einzelnen Staaten im weiteren Verlauf deutliche Unterschiede aufweist. Deutschland befindet sich dabei im Regelfall zwischen den Indexwerten von Frankreich und Großbritannien.

Abb. 6: COVID-19-Stringency Index in Deutschland, Frankreich und Großbritannien von Januar 2020 bis 2. Oktober 2021, Oxford Coronavirus Government Response Tracker (OxC-GRT)

COVID-19: Stringency Index

This is a composite measure based on nine response indicators including school closures, workplace closures, and travel bans, rescaled to a value from 0 to 100 (100 = strictest). If policies vary at the subnational level, the index is shown as the response level of the strictest sub-region.

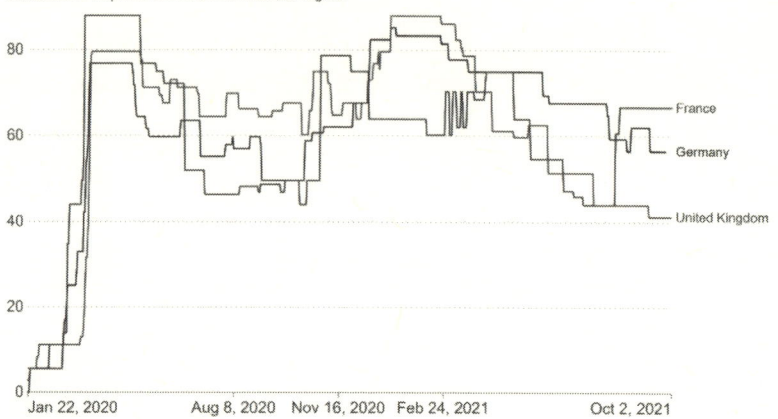

Source: Oxford COVID-19 Government Response Tracker, Blavatnik School of Government, University of Oxford – Last updated 6 October 2021, 14:50 (London time)
OurWorldInData.org/coronavirus • CC BY

Quelle: Our World in Data (Stand: 06.10.2021)

Die Abweichungen zwischen Deutschland und Frankreich sind auch bei genauer Betrachtung des Zeitraumes ab Beginn 2022 ersichtlich. Hier bestehen signifikante Unterschiede bei der Stringenz, sowohl zwischen den beiden Ländern als auch speziell in Frankreich mit Blick auf die Gruppen der Geimpften und Nichtgeimpften (vgl. Abb. 7).

Abb. 7: COVID-19-Stringency Index in Deutschland und Frankreich vom 1. Januar 2022 bis 31. Mai 2022 mit Unterscheidung zwischen geimpften und nicht-geimpften Personen, Oxford Coronavirus Government Response Tracker (OxCGRT)

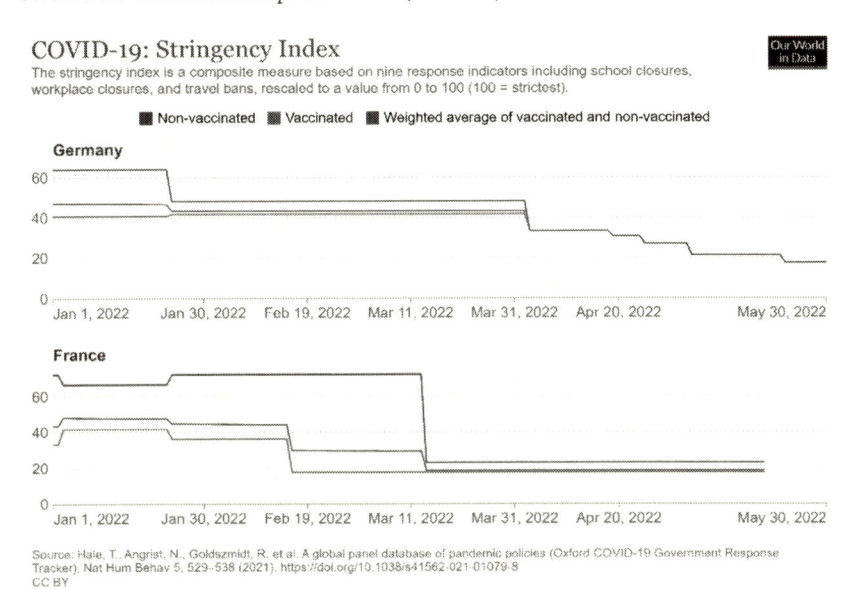

Quelle: Our World in Data (Stand: 31.05.2022)

Ein weiterer Unterschied zwischen Frankreich und Deutschland liegt in der Art, aber auch im Zusammenkommen der Maßnahmen. Da der Stringenz-Index nur eine zusammengefasste Übersicht über die Strenge der Maßnahmen gibt, kann daraus kein Rückschluss auf den Stellenwert, die Angemessenheit oder Effektivität der einzelnen Maßnahmen gezogen werden. Auch ist ein höherer Indexwert nicht mit einer ‚besseren' Reaktion des Einzelstaates gleichzusetzen. Allein am Stringenz-Index kann daher nicht festgemacht werden, welchen Anteil die ergriffenen nicht-pharmakologischen Maßnahmen an der Eindämmung des Infektionsgeschehens hatten.

Frankreich war, gemessen an dem *Covid-19 Preparedness and Response Strategic Plan* der WHO, der am 3. Februar 2020 veröffentlicht und in der Folge mehrfach aktualisiert wurde,[13] das erste Land, das auf nationaler Ebene massive Ausgehsperren und im Verlauf teilweise reduzierte Bewegungskreise um den Wohnort (z. B. maximale Entfernung vom Wohnhaus 1,5 km) für die Bevölkerung verhängt hat. Eine ähnlich drastische Einschränkung der öffentlichen Bewegungsfreiheit wurde dagegen

---

13 Vgl. World Health Organization: *COVID-19 Strategic Preparedness and Response Plan*, https://www.who.int/publications/i/item/WHO-WHE-2021.02 [31.05.2022].

in Deutschland nie verfügt. Deutschland wiederum war das erste Land, das Massentestungen der Bevölkerung als Teil des Pandemiemanagements etabliert hat.

Das politische System sowie die Organisation des Gesundheitswesens haben Anteil an den Unterschieden im Pandemiemanagement. Während Deutschland politisch eine föderale Gliederung mit den drei Ebenen Bund, Land und Kommunen sowie ein Gesundheitssystem auf der Basis eines Versicherungsmodells (Bismarck-Modell) und einem hohen Anteil an Selbstverwaltung besitzt, hat Frankreich eine Republik mit einem semipräsidentiellen Regierungstyp und einem zentral gesteuerten Gesundheitswesen.[14] Dementsprechend agierte Frankreich von Anfang an mit einer zentralistisch geprägten Managementstrategie, während in Deutschland nur bestimmte Elemente wie z. B. verstärkte Grenzkontrollen und teilweise Grenzschließungen sowie Reisebeschränkungen durch die nationale Regierung auf der Grundlage des Infektionsschutzgesetzes ausgesprochen wurden.[15] Viele weitere Maßnahmen waren Aufgaben der einzelnen Landesregierungen, so z. B. Schließungen von Bildungseinrichtungen wie Kindergärten, Schulen und Universitäten oder auch Einschränkungen des Geschäftslebens. Diese dezentrale Anpassungsfähigkeit an die Bedürfnisse des regionalen und lokalen Levels werden als Vorteil des deutschen Systems im Vergleich zu Frankreich eingeschätzt.[16] Auch Didier Pittet und seine Co-Autoren und Autorinnen sehen in der exzessiven Zentralisation und der Komplexität der Führung im französischen Staatswesen einen wesentlichen Grund für die anfänglichen Managementdefizite[17] (vgl. Abschnitt 4. Evaluation). Dabei muss jedoch berücksichtigt werden, dass die Anpassungsfähigkeit in Deutschland teilweise auch zu einem ‚Wettbewerb' zwischen den Bundesländern mit nicht immer fachlich begründeten Entscheidungen geführt hat (z. B. in Bezug auf den Zeitpunkt von Eskalations- bzw. Deeskalationsmaßnahmen). Zudem sind nach der Bundestagswahl im Herbst 2021, der damit verbundenen Änderung bei der politischen Risikobewertung und dem Entfallen der Epidemischen Lage von nationaler Tragweite mit den jüngsten Änderungen des Infektionsschutzgesetzes (Ausgangssperren, flächendeckende Schließung von Schulen, Kitas, Gastronomie oder des

---

14 Vgl. Bundesministerium für Gesundheit: *Gesundheitswesen*, https://www.bundesgesundhei tsministerium.de/themen/gesundheitswesen.html [30.04.2022]. Siehe auch Laffett, Khouloud [u. a.]: The Early Stage of the COVID-19 Outbreak in Tunisia, France, and Germany: A Systematic Mapping Review of the Different National Strategies, in: *Environmental Research and Public Health* 18/8633 (2021), 1–20, https://www.mdpi.com/1660-4601/18/16/8622 [31.05.2022].

15 Vgl. Gesetz zum Schutz der Bevölkerung bei einer epidemischen Lage von nationaler Tragweite vom 27. März 2020.

16 Vgl. Laffet [u. a.]: The Early Stage of the COVID-19 Outbreak in Tunisia, France, and Germany.

17 Vgl. Pittet, Didier [u. a.]: *RAPPORT FINAL: Mission indépendante nationale sur l'évaluation de la gestion de la crise Covid-19 et sur l'anticipation des risques pandémiques*, https://www.vie-publiqu e.fr/sites/default/files/rapport/pdf/279851.pdf [30.04.2022].

Einzelhandels, flachendeckendes Verbot von Gottesdiensten, Versammlungen, Sportausübung sowie Untersagung von Reisen und Übernachtungsangeboten) die dezentralen Handlungsmöglichkeiten deutlich eingeschränkt worden.

4. Evaluation

In einer nationalen epidemiologischen Studie wurden in Frankreich die Covid-19-Inzidenz, Morbidität, Mortalität und weitere Faktoren, die mit der ersten Pandemiewelle verbunden waren, analysiert.[18] Für die Autoren und Autorinnen der Analyse konnte Frankreich ‚den Schock absorbieren, dank eines starken Krankenhaussystems und eines nationalen Lockdowns'[19].

Zusätzlich wurde bereits im ersten Pandemiejahr eine kritische Evaluation vom französischen Staatspräsidenten in Auftrag gegeben, die die Vorbereitung des Landes auf eine Pandemie, das Krisenmanagement (Chronologie der Entscheidungen, Führung und Kommunikation) sowie einen Vergleich der gesundheitlichen, ökonomischen und sozialen Folgen mit denen anderer Nationen zum Gegenstand hatte. Die Besonderheit an dieser Untersuchung war, dass sie unter der Leitung des Schweizer Präventionsmediziners und Epidemiologen Didier Pittet (Universitätsklinik Genf) und damit von einer unabhängigen Drittperson durchgeführt wurde.[20] Bereits in dem Zwischenreport, den Pittet mit seiner Kommission im Herbst 2020 vorlegte, wurden strukturelle Schwächen in Bezug auf die Führung, aber auch Defizite bei Antizipation, der Vorbereitung und beim Management der Pandemie benannt. In dem finalen Dokument, das im März 2021 veröffentlicht wurde,[21] finden sich insgesamt 40 Empfehlungen für Verbesserungen in der Zukunft, darunter auch eine Stärkung des öffentlichen Gesundheitswesens (Empfehlung 12), seiner wissenschaftlichen Verankerung (Empfehlung 20) sowie seiner Aufgabenwahrnehmung der Bevölkerungsmedizin (Empfehlung 22). Allerdings bleibt im weiteren Verlauf offen, welche Empfehlungen in Frankreich befolgt und realisiert werden.

Eine vergleichbare nationale Evaluation liegt in Deutschland bislang nicht vor. Lediglich wurden durch Befassungen von Bundestag und Bundesrat mit Anpassungen des Infektionsschutzgesetzes auf nationaler Ebene sowie Anhörungen von Ex-

---

18 Vgl. Gaudart, Jean [u. a.]: Factors Associated with the Spatial Heterogeneity of the First Wave of COVID-19 in France: a Nationwide Geo-Epidemiological Study, in: *Lancet Public Health* 6/4 (2021), 222–231, https://www.thelancet.com/action/showPdf?pii=S2468-2667%2821%2900006-2 [31.05.2022].
19 „[France] could absorb the shock, thanks to a strong hospital system and a national lockdown.", Gaudart [u. a.]: Factors Associated with the Spatial Heterogeneity of the First Wave of COVID-19 in France, 231.
20 Vgl. Pittet [u. a.]: *RAPPORT FINAL*.
21 Vgl. Pittet [u. a.]: *RAPPORT FINAL*.

pertinnen und Experten in verschiedenen Gremien der Länderparlamente Ansatzpunkte für eine Verbesserung des Pandemiemanagements zusammengetragen. Die bislang konkreteste Maßnahme bezieht sich dabei auf den Pakt für den Öffentlichen Gesundheitsdienst, in dem sich Bund und Länder im September 2020 auf eine personelle Aufstockung, Modernisierung und Vernetzung des öffentlichen Gesundheitsdienstes verständigt haben. Diese Maßnahme soll mit Bundesmitteln in Höhe von vier Milliarden Euro bis 2026 umgesetzt werden.

5. Impfkampagne/-strategie

5.1 Impfraten

Abb. 8: Prozentanteil der Personen an der Gesamtbevölkerung mit kompletter Grundimmunisierung in Deutschland und Frankreich

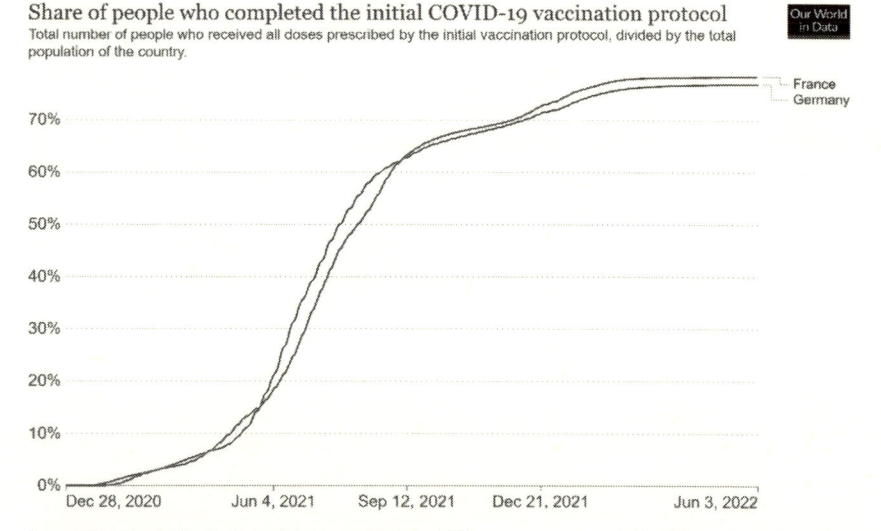

Share of people who completed the initial COVID-19 vaccination protocol
Total number of people who received all doses prescribed by the initial vaccination protocol, divided by the total population of the country.

Source: Official data collated by Our World in Data – Last updated 6 June 2022
Note: Alternative definitions of a full vaccination, e.g. having been infected with SARS-CoV-2 and having 1 dose of a 2-dose protocol, are ignored to maximize comparability between countries.
OurWorldInData.org/coronavirus • CC BY

Quelle: Our World in Data (Stand: 06.06.2022)

Deutschland und Frankreich weisen seit dem Beginn der Covid-19-Impfkampagne Ende 2020 einen ähnlichen Verlauf bei den Impfraten auf. Diese parallele Entwicklung hält bis in die jüngste Gegenwart an, in der Frankreich eine Rate an vollständig Grundimmunisierten von 78,4 % aufweist und damit leicht vor Deutschland mit 76,9 % liegt (vgl. Abb. 8, Stand: 02.06.2022). Zum Vergleich: Die weltweit höchste Impfquote erreichen die Vereinigten Arabischen Emirate mit 97,1 %.[22]

Auch bei den Boosterimpfungen zeigt sich ein zunächst relativ ähnlicher Verlauf bei den beiden Ländern, allerdings ist hier seit dem Spätsommer 2021 eine zunehmende Diskrepanz zugunsten von Deutschland zu registrieren (vgl. Abb. 9).

Abb. 9: Rate der pro 100 Personen verabreichten COVID-19-Booster-Impfungen in Deutschland und Frankreich

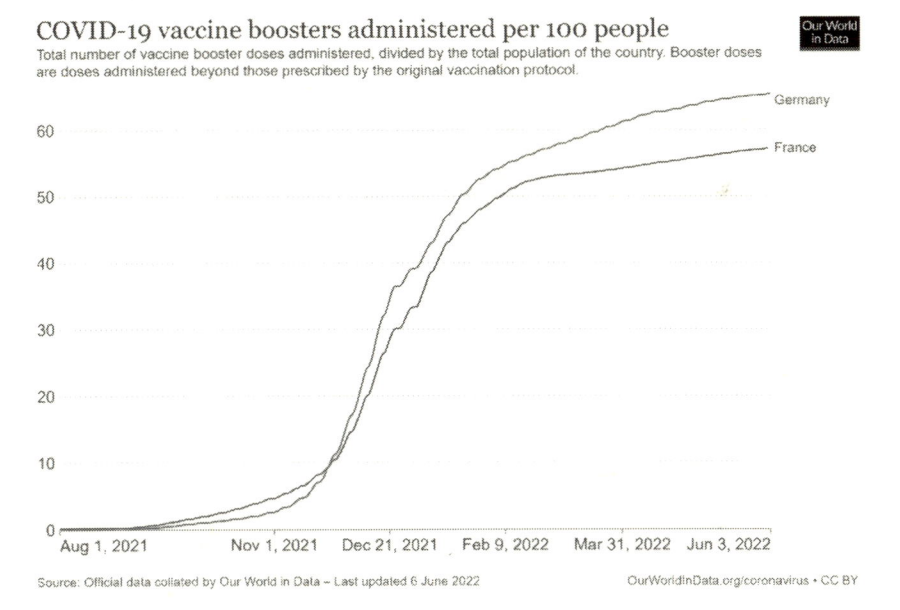

COVID-19 vaccine boosters administered per 100 people

Total number of vaccine booster doses administered, divided by the total population of the country. Booster doses are doses administered beyond those prescribed by the original vaccination protocol.

Source: Official data collated by Our World in Data – Last updated 6 June 2022
OurWorldInData.org/coronavirus • CC BY

Quelle: Our World in Data (Stand: 06.06.2022)

Die in den Diagrammen abgebildeten Impfraten beziehen sich jedoch nur auf die durchschnittlichen Impfquoten auf nationaler Ebene. Bei einem Vergleich der französischen Regionen mit den deutschen Bundesländern fällt auf, dass die Spannweite der vollständig Geimpften in Frankreich zwischen 30,5 % (Guyane) und 83,7 % (Bretagne) variiert (Stand: 17.05.2022)[23]. Mit Datenstand zum 17. Mai 2022 unterschieden sich die entsprechenden Impfquoten der Bundesländer in Deutschland le-

---

22 Our Word in Data, Stand: 01.06.2022.
23 Data.gouv.fr: *Données relatives aux personnes vaccinées contre la Covid-19*, https://www.data.gouv.fr/fr/datasets/donnees-relatives-aux-personnes-vaccinees-contre-la-covid-19-1/ [31.05.2022].

diglich um 23 Prozentpunkte, wobei der höchste Wert mit 87,1 % in Bremen und der niedrigste Wert mit 64,5 % in Sachsen registriert wurde.[24]

Leichte, aber statistisch nicht relevante Unterschiede lassen sich auch in der Impfbereitschaft der erwachsenen Bevölkerung zwischen beiden Ländern feststellen. Demnach ist die Rate der unvollständig geimpften, aber für eine Vervollständigung der Grundimmunisierung bereiten Personen in Deutschland etwas höher als in Frankreich. Gleiches gilt allerdings auch für den Anteil der Impfskeptiker*innen bzw. Impfverweiger*innen (vgl. Abb. 10).

Abb. 10: Bereitschaft zur Impfung gegen COVID-19 in verschiedenen Gruppen (geimpft mit einer Dosis, ungeimpft und bereit zur Impfung, ungeimpft und unsicher wegen der Impfung, Ungeimpft und nicht bereit zur Impfung) von Deutschland und Frankreich

Willingness to get vaccinated against COVID-19, Feb 15, 2022

Share of the total population who has not received a vaccine dose and who are willing vs. unwilling vs. uncertain if they would get a vaccine this week if it was available to them. Also shown is the share who have already received at least one dose.

- Vaccinated (with at least one dose)
- Unvaccinated and willing to get vaccinated
- Unvaccinated and uncertain if willing to get vaccinated
- Unvaccinated and not willing to get vaccinated

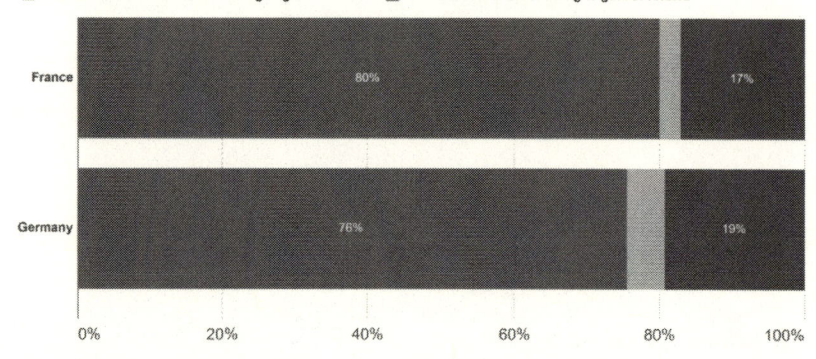

France: 80% / 17%
Germany: 78% / 19%

Source: Imperial College London YouGov Covid 19 Behaviour Tracker Data Hub – Last updated 15 March 2022, 09:00 (London time)
Note: Months containing fewer than 100 survey respondents are excluded. We infer willingness to get vaccinated in a country's population from survey responses of people aged 18 years and above, which may not be representative of the entire population. Nevertheless, we expect such differences to be small.
OurWorldInData.org/coronavirus • CC BY

Quelle: Our World in Data (Stand: 15.02.2022)

---

24 Vgl. Robert Koch-Institut: *Digitales Impfmonitoring*, https://www.rki.de/DE/Content/InfAZ/N/Neuartiges_Coronavirus/Daten/Impfquoten-Tab.html;jsessionid=AF56AD41054B72281F36B13DCCC59F4E.internet061 [31.05.2022].

Bei Gesundheitsfachpersonal liegt die Rate der vollständig Grundimmunisierten in Frankreich bei 83 %.[25] In Deutschland sind vergleichbare Angaben noch nicht für alle Bereiche des Gesundheitswesens verfügbar. Hinweise aus dem Monitoring von Impfdaten in Langzeitpflegeeinrichtungen belegen eine Impfrate von 92,5 % bei den Beschäftigten.[26] Da Pflegeeinrichtungen tendenziell niedrigere Impfquoten im Vergleich zu Akuteinrichtungen und -versorgern aufweisen, lässt sich daraus schließen, dass die Impfquote im Gesundheitsbereich in Deutschland einen höheren Wert als in Frankreich erreicht.

5.2 Impfstrategie

Während zu Beginn der Impfkampagne aufgrund der begrenzten Impfstoffmengen ähnliche Priorisierungen in beiden Staaten erfolgten (nach Alter, Vorerkrankungen etc.), wich das weitere Vorgehen im Verlauf der Pandemie zunehmend voneinander ab. Einer der wesentlichen Unterschiede zwischen Deutschland und Frankreich liegt in der Organisation des Impfwesens begründet. Frankreich ist eines von mehreren Ländern in der Europäischen Union, die in jüngerer Vergangenheit beschlossen haben, ihre Durchimpfungsraten durch Einführung einer allgemeinen Impfpflicht verbessern zu wollen. Dort gilt seit 2017 ein rigides Anreiz- und Sanktionsmodell, das bei Nichtbefolgen von Impfempfehlungen u. a. die Aufnahme von Kindern in Kindertageseinrichtungen verhindert (*No Jab, No Play*)[27]. Vor diesem Hintergrund war Frankreich eines der ersten Länder, das ab September 2021 eine Impfpflicht für Mitarbeiter*innen des Gesundheitswesens gesetzlich geregelt hat. Das Anreiz- und Sanktionsmodell sieht dabei vor, dass für Impfverweiger*innen die Lohnfortzahlung entfällt. Bestrebungen zur Etablierung einer Impfpflicht gegen Covid-19 für alle Bürger*innen ab Januar 2022 wurden bislang nicht umgesetzt. Dagegen etablierte die französische Regierung zu Beginn 2022 die generelle Pflicht zur Vorlage eines Impfpasses (*pass vaccinal*), der bei Personen ab 16 Jahren den zuvor verwendeten Gesundheitspass (*pass sanitaire*) ersetzte.

Auch in Deutschland wurde eine einrichtungsbezogene Impfpflicht im Gesundheitswesen zum 15. März 2022 eingeführt. In letzter Konsequenz ist dabei aber lediglich ein Tätigkeits- sowie Betretungsverbot für Impfverweiger*innen vorgese-

---

25 Vgl. Ministère des Solidarités et de la Santé: *Le Tableau de bord de la vaccination*, https://solidarites-sante.gouv.fr/grands-dossiers/vaccin-covid-19/article/le-tableau-de-bord-de-la-vaccination [31.05.2022].
26 Vgl. Robert Koch-Institut: *Monitoring von COVID-19 und der Impfsituation in Langzeitpflegeeinrichtungen – Stand der Erhebung September 2021 bis März 2022*, 02.06.2022, https://www.rki.de/DE/Content/Infekt/Impfen/ImpfungenAZ/COVID-19/Bericht6_Monitoring_COVID-19_Langzeitpflegeeinrichtungen.pdf?__blob=publicationFile [05.06.2022].
27 MacDonald, Noni E. [u. a.]: Mandatory Infant & Childhood Immunization: Rationales, Issues and Knowledge Gaps, in: *Vaccine* 36/39 (2018), 5811–5818.

hen. Zudem endet diese gesetzliche Verpflichtung regulär zum 31. Dezember 2022. Über die Einführung einer allgemeinen Impfpflicht wurde zwar im Bundestag auf der Grundlage verschiedener Modelle diskutiert, allerdings keine Einigung erzielt.

Gemessen an der Zahl der zuvor gezeigten Impfraten scheint fraglich, ob die einzelnen Impfstrategien zu einem wesentlichen Unterschied beim ‚Erfolg' der Impfkampagnen in beiden Ländern geführt haben. Dies gilt im Besonderen für die Impfpflicht im Gesundheitsbereich.

6. Die Reaktion der Bevölkerungen

6.1 Vergleich der Reaktionen

Die Reaktion der Bevölkerungen in Frankreich und Deutschland wurde zwar in regelmäßigen Abständen durch repräsentative Befragungen ermittelt. Allerdings sind zu diesem Thema nur einzelne länderübergreifende Langzeitbeobachtungen publiziert worden. Ein Grund dafür ist der methodische Umstand, dass während der Pandemie persönliche Vor-Ort-Interviews nicht durchgeführt werden konnten und somit lediglich auf computergestützte Telefonbefragungen zurückgegriffen wurde. Hieraus erklärt sich auch, dass dies nur in Ländern mit der entsprechenden Infrastruktur möglich war. Der Großteil der veröffentlichten Analysen bezieht sich auf die Einstellung und Bereitschaft zum Impfen in den einzelnen Nationen. Da die Reaktion der Bevölkerung auf die Covid-19-Impfung sich in den Impfraten und Impfbereitschaften spiegeln (s. Abschnitt 5. Impfkampagne/-strategie), geht es im Folgenden nur um die generelle Zufriedenheit der Bevölkerung mit dem Handeln der jeweiligen Regierungen auf nationaler Ebene.

Eine der wenigen länderübergreifenden Untersuchungen stammt vom PEW Research Center und ist auf den 27. August 2020 datiert.[28] Hier wurden mehr als 14 000 Personen in 14 Staaten mit entwickelten Volkswirtschaften in Europa, Asien, Nordamerika und Australien mittels Telefoninterviews befragt. Eine wesentliche Erkenntnis war, das zum damaligen Zeitpunkt länderübergreifend 73 % der Befragten angaben, dass ihre Länder das Pandemiemanagement gut durchgeführt hätten. Bei genauerer Betrachtung fällt auf, dass die Bevölkerung in Deutschland in höherem Maß als in Frankreich mit dem Regierungshandeln in der ersten Pandemiewelle zufrieden war (88 vs. 59 %).

Eine Folgeuntersuchung in 2021 von den gleichen Autoren des *PEW Research Center* kam zu dem Ergebnis, das die Mehrheit von über 16 000 Befragten in insgesamt

---

28 Devlin, Kat [u. a.]: Most Approve of National Response to COVID-19 in 14 Advanced Economies, in: *Pew Research Center*, 27.08.2020, https://www.pewresearch.org/global/2020/08/27/most-approve-of-national-response-to-covid-19-in-14-advanced-economies/ [30.04.2022].

17 entwickelten Volkswirtschaften (darunter 13, die auch bei der Befragung 2020 beteiligt waren) eine zunehmende Spaltung der Gesellschaft im Vergleich zum Zeitraum vor Beginn der Covid-19-Pandemie angab.[29] In 12 der 13 sowohl 2020 als auch 2021 befragten Staaten stieg das Spaltungsgefühl signifikant, teilweise um mehr als 30 Prozentpunkte.

Hier zeigt der Vergleich zwischen Deutschland und Frankreich, dass der prozentuale Zuwachs von 2020 auf 2021 in beiden Ländern zwar deutlich ist, aber lediglich leichte Unterschiede aufweist (23 zu 19 %). Allerdings ist auch erkennbar, dass der Anteil, der eine zunehmende Spaltung der Gesellschaft empfindet, in Deutschland mit 77 % höher als in Frankreich mit 68 % liegt.

In beiden Ländern, wie auch – mit Ausnahme des Vereinigten Königreiches – in den anderen bereits 2020 befragten Staaten hat sich zudem die Zufriedenheit mit dem Regierungshandeln 2021 verschlechtert. Während in Deutschland nur noch 51 % der Befragten zufrieden waren, (nach 88 % in 2020) lag der Anteil der Zufriedenen in Frankreich bei 53 % und damit nur 6 % unter dem Wert in 2020.

Es muss betont werden, dass die Einschätzung des Pandemiemanagements nicht nur abhängig von dem objektiven Handeln der politischen Entscheider*innen ist (vgl. Abschnitt 3. Nicht pharmakologische Maßnahmen), sondern auch von dem subjektiven Bedrohungsgefühl in der Gesellschaft ist. Insofern stellen die verfügbaren Daten lediglich Momentaufnahmen dar, die nur bedingt eine Korrelation mit den Beweggründen erlaubt.

6.2 Einflussfaktoren

Die bereits erwähnte Befragung des PEW Research Center aus dem Jahr 2021[30] enthält einen wichtigen Hinweis auf einen möglichen Einflussfaktor für die Zufriedenheit der Bevölkerung mit dem Pandemiemanagement in ihrem Land. Demnach scheint in den Ländern eine positivere Einschätzung vorzuherrschen, in denen die Zahl der Covid-19-Todesfälle niedriger lag. Bei dieser Betrachtung muss allerdings berücksichtigt werden, dass der vergleichsweise geringe Abstand zwischen Frankreich und Deutschland sich lediglich auf die Absolutzahl der Todesfälle und nicht auf die kumulative Todesrate pro einer Million Einwohner bezieht (s. Abschnitt 1. Einleitung).

---

29 Vgl. Devlin, Kat [u. a.]: People in Advanced Economies Say Their Society Is More Divided Than Before Pandemic, in: *Pew Research Center*, 23.06.2021, https://www.pewresearch.org/global/2021/06/23/people-in-advanced-economies-say-their-society-is-more-divided-than-before-pandemic/ [30.04.2022].

30 Devlin [u. a.]: People in Advanced Economies Say Their Society Is More Divided Than Before Pandemic.

Zu einem ähnlichen Ergebnis kommt Pittet in seiner unabhängigen Evaluation der Covid-19-Pandemie in Frankreich (s. Abschnitt 4. Evaluation). Auch bei ihm wird der Zusammenhang zwischen den wirtschaftlichen Einbußen am Beispiel des Bruttoinlandproduktes und der Übersterblichkeit in verschiedenen Ländern deutlich. Jedoch muss angesichts der noch laufenden Pandemie und ohne den im Gange befindlichen Analysen vorgreifen zu wollen, darauf hingewiesen werden, dass kausale Beziehungen zwischen verschiedenen Themenfeldern (hier gesellschaftliche Zufriedenheit mit den Bereichen Gesundheit und Wirtschaft) sehr schwer belegbar und in aller Regel multidimensional sind.

7. Auswirkungen der Covid-19-Pandemie auf Wirtschaft und Gesellschaft

7.1 Vorbemerkung

Eine ganzheitliche Betrachtung der Auswirkungen der Covid-19-Pandemie auf Wirtschaft und Gesellschaft in Frankreich und Deutschland liegt aufgrund der Vielzahl an Indikatoren und Perspektiven jenseits der Möglichkeit dieses Beitrags. Vielmehr wird der Versuch unternommen, anhand von seit Jahren im Euroraum verfügbaren und aussagekräftigen Indices ein Streiflicht auf die Folgen in beiden Bereichen zu werfen. Dabei müssen Aspekte, die für eine weitergehende Analyse der beobachteten Unterschiede zu betrachten wären (u. a. der Zusammenhang der Indices mit wirtschaftlichen Kompensationsmaßnahmen wie z. B. der Bewilligung von Kurzarbeitergeld und weiteren finanziellen Ausgleichszahlungen des Staates), außen vor bleiben. Für weitergehende Informationen wird sowohl auf die Internetseiten des Statistischen Bundesamtes als auch auf die Eurostat-Datenbank verwiesen, die entsprechende Informationen der Generaldirektion Wirtschaft und Finanzen (DG ECFIN) enthält (die zugehörigen Links finden sich in den jeweiligen Abschnitten).

7.2 Index des wirtschaftlichen Klimas

Die Covid-19-Pandemie hatte insbesondere im ersten Pandemiejahr deutliche Auswirkungen auf die Wirtschaft in Europa und damit auch in Frankreich sowie Deutschland. Ein Indikator dafür ist der Index des wirtschaftlichen Klimas. Dieser Indikator wird von der Generaldirektion Wirtschaft und Finanzen (DG ECFIN) der Europäischen Kommission berechnet.[31] Der Indikator der wirtschaftlichen Einschätzung setzt sich aus fünf sektoralen Vertrauensindikatoren mit unterschiedlicher Gewichtung zusammen:

- Indikator des Vertrauens in der Industrie,
- Indikator des Vertrauens in Dienstleistungen,
- Indikator des Vertrauens im Baugewerbe,
- Indikator des Vertrauens im Einzelhandel sowie
- Indikator des Vertrauens der Verbraucher*innen

Vertrauensindikatoren sind arithmetische Mittel von saisonbereinigten Bilanzen von Antworten zu ausgewählten Fragen. Der Indikator „Wirtschaftliches Klima" wird über einen festgelegten Erhebungszeitraum als ein Index mit Mittelwert 100 und Standardabweichung 10 berechnet.

Verfolgt man den Verlauf des Index, so ist in allen europäischen Staaten (EU-27) bereits im April 2020 eine Reduktion um ca. ein Drittel auf 67,1 gemessen zum Ausgangswert von 103,2 im Januar 2020 feststellbar. Dieser Einbruch wird dann Zug um Zug in den Folgequartalen kompensiert, und ab April 2021 erreichen die meisten Länder Indices wie vor Pandemiebeginn.

Bei besonderer Betrachtung von Deutschland und Frankreich wird deutlich, dass die Werte in Deutschland mit Ausnahme des November 2021 (Deutschland: 115,8; Frankreich: 116,1) über den gesamten Verlauf der ersten beiden Pandemiejahre über denen von Frankreich liegen. Demzufolge kann daraus abgeleitet werden, dass der Vertrauensverlust in Frankreich größer und damit voraussichtlich auch die wirtschaftlichen Einbußen größer waren.

Dies deckt sich mit Beobachtungen zu weiteren Indikatoren der volkswirtschaftlichen Gesamtrechnungen, wie z. B. des Bruttoinlandprodukts, der Bruttoanlageinvestitionen, der privaten Konsumausgaben, der Konsumausgaben des Staates und der Finanzierungssaldo des Staates (zu den entsprechenden Daten wird auf die Internetseite des Statistischen Bundesamtes verwiesen).[32]

7.3 Vertrauensindikator Verbraucher*innen

Auch mit Blick auf den Vertrauensindikator Verbraucher*innen werden europaweit, aber auch in Deutschland und Frankreich erhebliche Verluste deutlich. So

---

31 Vgl. Statistisches Bundesamt: *Statistik Dossier: Daten zur COVID-19-Pandemie*, Ausgabe 08/2021, https://www.destatis.de/DE/Themen/Querschnitt/Corona/Downloads/dossier-covid-19.html [05.05.2022].
32 Vgl. Statistisches Bundesamt: *Corona-Statistiken*, https://www.destatis.de/DE/Themen/Querschnitt/Corona/_inhalt.html [05.05.2022].

weist die Europäische Gemeinschaft (EU-27) in der Spitze eine Reduktion um 22,0 (April 2020) auf. Dieser Indikator wird ebenfalls von der Generaldirektion Wirtschaft und Finanzen (DG ECFIN) der Europäischen Kommission berechnet.[33] Die Werte ergeben sich aus dem Saldo der positiven und negativen Antworten bei einer europaweit durchgeführten Verbrauchererhebung. Auch hier zeigt sich beim Vergleich zwischen Deutschland und Frankreich, dass die Verluste in Frankreich über den gesamten Zeitraum auf einem höheren Niveau liegen (Maximum Deutschland: -16,3 im April 2020; Maximum Frankreich: -19,0 im April 2020). Weiterführende Informationen sind bei Eurostat zu finden.[34]

8. Fazit und Auswirkungen für die Zukunft

Nach dem jetzigen Stand der wissenschaftlichen Forschung muss davon ausgegangen werden, dass die Covid-19-Pandemie mit dem Abflauen der sechsten Pandemiewelle noch keinen Abschluss gefunden hat und wahrscheinlich ab Herbst 2022 mit einer erneuten Zunahme an Infektions-, aber auch Todesfällen zu rechnen ist. Die Informationen und Fakten der vorangehenden Abschnitte lassen vermuten, dass auch zukünftige Pandemiewellen mit erheblichen Auswirkungen auf den Gesundheitsbereich, aber auch auf Wirtschaft und die Gesellschaft als Ganzes verbunden sein werden.

Sowohl Frankreich als auch Deutschland wurden durch die akute Infektionsdynamik der ersten Pandemiewelle überrascht und haben entsprechend zur Vermeidung einer Überlastung des Gesundheitswesens mit harten Einschnitten reagiert. Die damit verbundenen Verluste in wirtschaftlicher und sozialer Hinsicht wurden von den Bevölkerungen anfangs mitgetragen, stießen aber im weiteren Pandemieverlauf auf zunehmende Unzufriedenheit mit dem Regierungshandeln der politisch Verantwortlichen.

Die Gründe für das mit dem Voranschreiten der Pandemie zunehmend abweichende Management in beiden Staaten liegen höchstwahrscheinlich in dem Aufbau der jeweiligen politischen Systeme sowie der Organisation des Gesundheitswesens begründet. Weitere Einflussfaktoren sind möglich, aber im Rahmen dieser Betrachtung nicht eruierbar. Es bleibt abzuwarten, wie Frankreich die Empfehlungen der unabhängigen Evaluationskommission umsetzen wird und ob Deutschland sich zu einer ähnlich klaren Vorgehensweise entschließen und den eingeschlagenen Weg einer Stärkung des öffentlichen Gesundheitsdienstes nachhaltig verfolgen kann.

---

33 Vgl. Statistisches Bundesamt: *Statistik Dossier: Daten zur COVID-19-Pandemie*
34 Vgl. Eurostat: *Indikatoren der wirtschaftlichen Einschätzung – monatliche Daten*, https://ec.europa.eu/eurostat/databrowser/view/EI_BSSI_M_R2__custom_598098/bookmark/table?lang=de&bookmarkId=5b367244-7258-44ae-a13a-3045e5c3dfcd [05.05.2022].

Der weitere Weg in Europa, aber auch in den beiden unmittelbaren Nachbarländern Deutschland und Frankreich wird aber entscheidend davon abhängen, welche Eigenschaften die zukünftigen Varianten des SARS-CoV-2 mit Blick auf deren Übertragbarkeit und krankmachende Wirkung aufweisen werden bzw. welche Schutzwirkung von den bisher eingesetzten Covid-19-Impfungen ausgehen wird. Es bleibt zu hoffen, dass die Bereitschaft, voneinander zu lernen und sich zu unterstützen, fortbesteht und die Verständigung zwischen der französischen und der deutschen Regierung dazu beiträgt, das Pandemiemanagement gemeinsam mit den anderen Mitgliedsstaaten in Europa erfolgreich zu gestalten.

Literaturverzeichnis

Bobrovitz, Niklas [u. a.]: Global Seroprevalence of SARS-CoV-2 Antibodies: A Systematic Review and Meta-Analysis, in: *PLoS ONE* 16/6 (2021), https://journals.plos.org/plosone/article?id=10.1371/journal.pone.0252617 [31.05.2022].

Bundesministerium für Gesundheit: *Gesundheitswesen*, https://www.bundesgesundheitsministerium.de/themen/gesundheitswesen.html [30.04.2022].

Data.gouv.fr: *Données relatives aux personnes vaccinées contre la Covid-19*, https://www.data.gouv.fr/fr/datasets/donnees-relatives-aux-personnes-vaccinees-contre-la-covid-19-1/ [31.05.2022].

Devlin, Kat [u. a.]: Most Approve of National Response to COVID-19 in 14 Advanced Economies, in: *Pew Research Center*, 27.08.2020, https://www.pewresearch.org/global/2020/08/27/most-approve-of-national-response-to-covid-19-in-14-advanced-economies/ [30.04.2022].

Devlin, Kat [u. a.]: People in Advanced Economies Say Their Society Is More Divided Than Before Pandemic, in: *Pew Research Center*, 23.06.2021, https://www.pewresearch.org/global/2021/06/23/people-in-advanced-economies-say-their-society-is-more-divided-than-before-pandemic/ [30.04.2022].

Eurostat: *Indikatoren der wirtschaftlichen Einschätzung – monatliche Daten*, https://ec.europa.eu/eurostat/databrowser/view/EI_BSSI_M_R2__custom_598098/bookmark/table?lang=de&bookmarkId=5b367244-7258-44ae-a13a-3045e5c3dfcd [05.05.2022].

Gaudart, Jean [u. a.]: Factors Associated with the Spatial Heterogeneity of the First Wave of COVID-19 in France: a Nationwide Geo-Epidemiological Study, in: *Lancet Public Health* 6/4 (2021), 222–231, https://www.thelancet.com/action/showPdf?pii=S2468-2667%2821%2900006-2 [31.05.2022].

Hale, Thomas [u. a.]: A Global Panel Database of Pandemic Policies (Oxford COVID-19 Government Response Tracker), in: *Nature Human Behaviour* 5 (2021), 529–538.

Laffett, Khouloud [u. a.]: The Early Stage of the COVID-19 Outbreak in Tunisia, France, and Germany: A Systematic Mapping Review of the Different National Strategies, in: *Environmental Research and Public Health* 18/8633 (2021), 1–20, https://www.mdpi.com/1660-4601/18/16/8622 [31.05.2022].

Le Vu, Stéphane [u. a.]: Prevalence of SARS-CoV-2 Antibodies in France: Results from Nationwide Serological Surveillance, in: *Nature Communications* 3025/12 (2021), 1–7, https://www.nature.com/articles/s41467-021-23233-6.pdf [21.10.2020].

MacDonald, Noni E. [u. a.]: Mandatory Infant & Childhood Immunization: Rationales, Issues and Knowledge Gaps, in: *Vaccine* 36/39 (2018), 5811–5818.

Ministère des Solidarités et de la Santé: *Le Tableau de bord de la vaccination*, https://solidarites-sante.gouv.fr/grands-dossiers/vaccin-covid-19/article/le-tableau-de-bord-de-la-vaccination [31.05.2022].

N.B.: Deutschland, in: *Wikipedia. Die freie Enzyklopädie*, https://de.wikipedia.org/wiki/Deutschland [28.05.2022].

N.B.: Frankreich, in: *Wikipedia. Die freie Enzyklopädie*, https://de.wikipedia.org/wiki/Frankreich [28.05.2022].

Neuhauser, Hannelore [u. a.]: Seroepidemiologische Studien zu SARS-CoV-2 in Stichproben der Allgemeinbevölkerung und bei Blutspenderinnen und Blutspendern in Deutschland – Ergebnisse bis August 2021, in: *Epidemiologisches Bulletin* 37/3 (2021), 3–12.

Pittet, Didier [u. a.]: *RAPPORT FINAL: Mission indépendante nationale sur l'évaluation de la gestion de la crise Covid-19 et sur l'anticipation des risques pandémiques*, https://www.vie-publique.fr/sites/default/files/rapport/pdf/279851.pdf [30.04.2022].

Radtke, Thomas [u. a.]: Long-term Symptoms After SARS-CoV-2 Infection in Children and Adolescents, in: *JAMA* 326/9 (2021), 869–871, https://jamanetwork.com/journals/jama/fullarticle/2782164 [07.09.2021].

Rembert Koczulla, Andreas [u. a]: *S1-Leitlinie Post-COVID/Long-COVID*, https://www.awmf.org/uploads/tx_szleitlinien/020-027l_S1_Post_COVID_Long_COVID_2021-07.pdf. [12.07.2021].

Richtie, Hannah [u. a.]: *Coronavirus Pandemic (COVID-19)*, 05.06.2022, https://ourworldindata.org/coronavirus [06.06.2022].

Robert Koch-Institut: *Digitales Impfmonitoring*, https://www.rki.de/DE/Content/InfAZ/N/Neuartiges_Coronavirus/Daten/Impfquoten-Tab.html;jsessionid=AF56AD41054B72281F36B13DCCC59F4E.internet061 [31.05.2022].

Robert Koch-Institut: *Monitoring von COVID-19 und der Impfsituation in Langzeitpflegeeinrichtungen – Stand der Erhebung September 2021 bis März 2022*, 02.06.2022, https://www.rki.de/DE/Content/Infekt/Impfen/ImpfungenAZ/COVID-19/Bericht6_Monitoring_COVID-19_Langzeitpflegeeinrichtungen.pdf?__blob=publicationFile [05.06.2022].

Roederer, Thomas: Seroprevalence and Risk Factors of Exposure to COVID-19 in Homeless People in Paris, France: a Cross-Sectional Study, in: *Lancet Public Health* 6/4 (2021), 202–209 https://www.thelancet.com/action/showPdf?pii=S2468-2667%2821%2900001-3 [31.05.2022].

Statistisches Bundesamt: *Corona-Statistiken*, https://www.destatis.de/DE/Themen/Querschnitt/Corona/_inhalt.html [05.05.2022].

Statistisches Bundesamt: *Statistik Dossier: Daten zur COVID-19-Pandemie*, Ausgabe 08/2021, https://www.destatis.de/DE/Themen/Querschnitt/Corona/Downloads/dossier-covid-19.html [05.05.2022].

World Health Organization: *COVID-19 Strategic Preparedness and Response Plan*, https://www.who.int/publications/i/item/WHO-WHE-2021.02 [31.05.2022].

World Health Organization: *Global Excess Deaths Associated with COVID-19, January 2020–December 2021. A Comprehensive View of Global Deaths Directly and Indirectly Associated with the COVID-19 Pandemic*, https://www.who.int/data/stories/global-excess-deaths-associated-with-covid-19-january-2020-december-2021 [31.05.2022].

Betrieb von chemischen Laboratorien in der Covid-19-Pandemie

Carsten Präsang und David Scheschkewitz

Abstract: Lors de la pandémie de Covid-19, de nombreuses mesures ont été décrétées à l'échelle mondiale à partir de mars 2020, conduisant à des restrictions drastiques dans quasiment tous les domaines de la vie privée et publique. Cela a également placé la recherche et de l'enseignement universitaire devant un défi de taille. S'il était encore assez aisé de convertir les conférences et les séminaires en formats en ligne appropriés, les formats pratiques ne pouvant être réalisés qu'en présentiel nécessitaient une planification plus importante. Afin d'assurer la sécurité des étudiant·e·s et enseignant·e·s, il était alors impératif d'examiner les mesures de restriction dans les domaines suivants en fonction de leurs conséquences (parfois involontaires) : a) les mesures administratives telles que la réduction du nombre de participant·e·s et l'optimisation des itinéraires de marche, b) le port d'un masque bucco-nasal, c) les mesures techniques telles que l'installation de cloisons appropriées. L'expérience à l'Université de la Sarre a montré que les laboratoires de chimie dans la recherche et l'enseignement pouvaient fonctionner dans des conditions pandémiques grâce à une combinaison de diverses mesures sans toutefois exposer les participant·e·s à un risque d'infection manifestement accru ni compromettre de manière significative les normes générales de sécurité du laboratoire.

1. Einleitung

Vor dem Hintergrund steigender Fallzahlen außerhalb Chinas, zunächst vor allem in der italienischen Lombardei, später auch im französischen Elsass-Lothringen, erklärte die Weltgesundheitsorganisation den Ausbruch des erstmals im chinesischen Wuhan auffällig gewordenen Covid-19-Virus am 11. März 2020 zur Pandemie.[1] Die politischen Entscheidungsträger in Frankreich und wenig später Deutschland sahen sich am 22. März 2020 veranlasst, das öffentliche und private

---

1 Vgl. https://www.euro.who.int/en/health-topics/health-emergencies/coronavirus-covid-19/novel-coronavirus-2019-ncov [15.03.2021].

Leben drastischen temporären Einschränkungen zu unterwerfen.[2] In allen größeren Einrichtungen des öffentlichen Lebens wurden daher Arbeitsgruppen ('Krisenstäbe') damit betraut, die lokalen amtlichen Verordnungen zur Eindämmung des Covid-19-Infektionsgeschehens durch institutionsspezifische Maßnahmen umzusetzen, so auch an der Universität des Saarlandes. Die Universitätsleitung nahm über den eingesetzten Krisenstab weitreichende Eingriffe in den universitären Alltag vor, mit erheblichen Auswirkungen auf Lehre und Forschung und damit die Kernbereiche der Universität als solcher. Gerade in Grenzregionen wie der deutsch-französischen zeigte sich dabei, dass eine möglichst weitgehende Aufrechterhaltung des universitären Lebens und Arbeitens in Zeiten der Pandemie vor besonderen Herausforderungen steht.

Von großer Tragweite waren die Einschränkungen hinsichtlich der Durchführung von Präsenzveranstaltungen. Während die Umstellung von Vorlesungen und Seminaren auf Online-Formate (trotz technischer wie inhaltlicher Anlaufschwierigkeiten) noch vergleichsweise leicht zu bewerkstelligen war, standen insbesondere die naturwissenschaftlichen und technischen Fächer vor dem Problem, die praktischen Komponenten der Studiengänge so abzubilden, dass sowohl eine Gefährdung von Studierenden und Lehrpersonal durch das Infektionsgeschehen als auch zeitliche und qualitative Einbußen in der Vermittlung relevanter Kompetenzen so weit wie möglich vermieden würden.

Das hier vorgestellte Hygienekonzept für chemische Laboratorien wurde im Bereich der Anorganischen Chemie in Zusammenarbeit mit der Stabstelle Arbeitsschutz und dem Betriebsärztlichen Dienst der Universität des Saarlandes im April und Mai 2020 ersonnen. Grundlage waren dabei die von der Landesregierung des Saarlandes erlassenen infektionsrechtlichen Verordnungen zur Bekämpfung der Corona-Pandemie sowie die zur Verfügung stehenden Informationen zur Übertragbarkeit des Covid-19-Virus. Das Konzept wurde mit dem Bekanntwerden von zunehmend präziseren Informationen zu Übertragungswegen im Laufe des Jahres 2020 kontinuierlich weiterentwickelt. Die vorgestellten Prinzipien fanden Eingang in die Handreichungen der Universität des Saarlandes zum Betrieb von Laboratorien unter den Rahmenbedingungen der anhaltenden Covid-19-Pandemie.

Circa 60 Mitarbeiter*innen der Universität des Saarlandes waren im Bereich der Anorganischen Chemie direkt von den im Hygienekonzept festgelegten Maßnahmen betroffen. Bei etwa der Hälfte handelte es sich um Dissertanden und Dissertandinnen, die abgesehen von ihren Tätigkeiten in der Betreuung von Studierenden

---

2 Vgl. Die Bundesregierung: *Besprechung der Bundeskanzlerin mit den Regierungschefinnen und Regierungschefs der Länder vom 22.03.2020*, 22.03.2020, https://www.bundesregierung.de/breg-de/themen/coronavirus/besprechung-der-bundeskanzlerin-mit-den-regierungschefinnen-und-regierungschefs-der-laender-vom-22-03-2020-1733248 [15.03.2021].

in Praxisformaten den wesentlichen Teil ihrer Arbeitszeit in den Forschungslaboratorien der Anorganischen Chemie verbringen. Längere Unterbrechungen der Forschungstätigkeit führen zwangsläufig zu Verzögerungen beim Abschluss der Promotion und hätten, abgesehen von Problemen bei einer möglichen Vertragsverlängerung (z. B. bei befristeten Drittmittel-Projekten), letztlich auch sehr ernste Auswirkungen auf eine spätere Stellensuche der Absolventen und Absolventinnen. Daneben werden allein für die Studierenden im Bachelor und den Master-Studiengängen der Chemie und Lehramt Chemie pro Studienjahr etwa 300 Plätze in Praktika benötigt. Tatsächlich hätte aber eine pandemiebedingte Aussetzung der Praktika Auswirkungen auf praktisch alle Studierenden der Chemie im Haupt- oder Nebenfach, da zwangsläufig ein erheblicher Rückstau bei den Pflichtveranstaltungen entstehen und damit die Studiendauer unnötig verlängert würde.

Im Folgenden stellen wir neben allgemeinen Maßnahmen zur Aufrechterhaltung der Lehre und des Laborbetriebes insbesondere auf die jeweils individuellen Gegebenheiten einzelner Forschungs- und Praktika-Laboratorien angepasste Maßnahmen vor. Letztere untergliedern sich in Maßnahmen, die die Organisation, das Tragen eines Mund-Nasen-Schutzes und Technische Gegebenheiten betreffen.

2. Allgemeine Maßnahmen zur Infektionsvermeidung

Nach anfänglicher Unsicherheit über die Übertragbarkeit des Covid-19-Erregers von Mensch zu Mensch wurde sehr schnell klar, dass nur Infektionen über Tröpfchen und/oder Aerosole die Dynamik des weltweiten Geschehens erklären konnte. Die Übertragung durch Schmierinfektion über Kontaktflächen schien demgegenüber zwar von untergeordneter Bedeutung zu sein, dennoch wurde auch diesem möglichen Übertragungsweg, vor allem durch allgemein-gültige Hygienemaßnahmen wie regelmäßigem Händewaschen Rechnung getragen. Als oberstes Gebot der Pandemiekontrolle gilt aber eine möglichst weitgehende Reduzierung nicht zwingend notwendiger Tätigkeiten, die zwischenmenschliche Begegnungen erfordern. Als zwingend notwendig wurden z. B. der Einkauf von Lebensmitteln sowie andere zur Lebens(er)haltung erforderliche Verrichtungen wie der Besuch von Mitarbeitenden des Gesundheitswesens oder Therapeuten und Therapeutinnen definiert. Die Verminderung der Zahl der Kontakte wurde im Verlauf der Pandemie auf dem Verordnungsweg durchgesetzt, was im Fall der Universität des Saarlandes zur Aussetzung des Präsenzbetriebes von Ende März bis Anfang Mai 2020 führte. Ab dem 04. Mai 2020 fand ein schrittweiser Übergang in den sogenannten eingeschränkten Funktionsbetrieb statt.

Um bei zwingend notwendigen Begegnungen das Ansteckungsrisiko zu minimieren, entwickelte sich im Verlauf der Pandemie ein Satz an Verhaltensregeln, der mit dem Akronym AHA zusammengefasst wurde: (1) Abstand halten, (2) Hygieneregeln beachten und (3) Alltagsmasken verwenden. Unter anderem im Einzelhandel und öffentlichem Nahverkehr wurden in diesem Zusammenhang Hygienekonzepte entwickelt. Es galt beispielsweise ab April 2020 durchgehend die Pflicht zum Tragen einer Alltagsmaske bzw. einer medizinischen OP- oder FFP2-Maske ab Januar 2021. Auch an der Universität des Saarlandes wurde das Tragen von Mund-Nase-Bedeckungen im Verlauf der Pandemie in Gebäuden (außer am Arbeitsplatz) zur Pflicht gemacht.

Das Übertragungsrisiko des Erregers durch Aerosole ist naturgemäß in schlecht durchlüfteten geschlossenen Räumen besonders hoch, so dass bei längerem Aufenthalt die zur Infektion erforderliche Virenlast selbst bei sorgfältiger Einhaltung der gebotenen Mindestabstände zwischen Personen erreicht werden kann. In den Schulen wurde insbesondere das häufige Lüften der Klassenräume propagiert, ersatzweise die provisorische Aufstellung von Luftfilteranlagen.

Im Folgenden sollen die einzelnen Maßnahmen in Hinblick auf ihre Relevanz für den Infektionsschutz in Laboratorien diskutiert werden. Das sich daraus ableitende Hygienekonzept ermöglichte an der Universität des Saarlandes die schrittweise Wiederaufnahme der Forschung und Praktika mit dem Übergang in den erwähnten eingeschränkten Funktionsbetrieb.

3. Angepasste Maßnahmen im Laboratorium

Ein wichtiger Grundsatz bei den Überlegungen zu den Hygienekonzepten in Forschungs- und Laborpraktika ist die übergeordnete Gültigkeit der Abstandsregel zwischen Teilnehmer*innen und Assistenten und Assistentinnen und dem technischen Personal. Hierbei ruht das Augenmerk vor allem auf der Vermeidung eines dauerhaften Unterschreitens des vorgegebenen Mindestabstands von 1,50 Meter, auch wenn alle Maßnahmen zweifellos auch die Minimierung kurzzeitiger Kontakte zum Ziel haben. Obwohl der Verbreitung des Corona-Virus durch Schmierinfektion keine bedeutende Rolle zugerechnet wird, erscheinen verschiedene organisatorische Maßnahmen sinnvoll, um auch dieses mögliche Risiko zu reduzieren. Tatsächlich führen wesentliche organisatorische Maßnahmen, die primär auf eine Vermeidung der Unterschreitung des Mindestabstands von 1,50 Meter abzielen, gleichzeitig zu einer Reduzierung potenzieller Quellen einer Übertragung des Corona-Virus durch Kontaktflächen. Ein wesentlicher Baustein für die erfolgreiche Umsetzung aller organisatorischen Maßnahmen ist zweifelsohne die eingehende Schulung von Mitarbeiter*innen, Betreuer*innen und Teilnehmer*innen an praktischen Ausbildungsformaten. Hierbei spielt die eindeutige Kennzeichnung der verschiedenen Bereiche innerhalb der Laboratorien und das Zugänglichmachen der für den betreffenden Bereich gültigen Regeln eine wichtige Rolle. Auch eine mögliche Anpassung der getroffenen Maßnahmen aufgrund von praktischen

Erfahrungen im eigenen Anwendungsbereich, veränderten Vorgaben seitens der Universität des Saarlandes, neuen Erkenntnissen zur Übertragung des Corona-Virus oder Informationen zur Umsetzung vergleichbarer Maßnahmen in anderen Laboratorien bleibt stets im Blickpunkt.

3.1 Organisatorische Maßnahmen

Die Planung der organisatorischen Maßnahmen erfolgte unter Berücksichtigung der SARS-CoV-2-Arbeitsschutzverordnung und der entsprechenden Arbeitsschutzregel, nach denen bei mehrfach belegten Räumen eine Mindestfläche von zehn Quadratmetern pro Person bzw. ein Mindestabstand von 1,50 m eingehalten werden sollte. Die Verordnung bzw. Regel trat zum 22. Mai 2022 außer Kraft.[3]

3.1.1 Verringerung der Belegung von Forschungs- und Ausbildungslaboratorien

Durch einen koordinierten Wechsel (z. B. tage- oder wochenweise) der Mitarbeiter*innen zwischen Labor- und Büroarbeitsplätzen bzw. Homeoffice wird eine deutliche Reduzierung der Belegung in Forschungslaboratorien erreicht. In der Praxis unterliegt diese Maßnahme allerdings verschiedenen Einschränkungen, da z. B. der erfolgreiche Abschluss eines Forschungsvorhabens im Bereich der präparativen Chemie einen hohen Anteil experimenteller Arbeiten erfordert und somit ein Wechsel des Arbeitsplatzes nicht nach Belieben möglich ist. Zusätzlich schränken bauliche Gegebenheiten unter Beachtung der Mindestfläche von zehn Quadratmetern pro Person die Zahl der maximal zur Verfügung stehenden Büroarbeitsplätze stärker ein, als das bei Laborarbeitsplätzen der Fall ist. In der Tat stehen in modernen Forschungslaboratorien jedem bzw. jeder Mitarbeiter*in deutlich mehr als zehn Quadratmeter zur Verfügung, so dass hier die Anordnung der Arbeitsplätze bzw. Digestorien die bestimmenden Faktoren sind (siehe auch: 3.3 Technische Maßnahmen) und eine weitergehende Verringerung der Belegung hier im Hinblick auf die dadurch zu erreichende, weitgehende Verhinderung von Unterschreitungen des Mindestabstandes geschieht.

Für in den Praktikumslaboren durchgeführte Praxisformate ist ein Wechsel zwischen Laboratorium und Büroplatz oder Homeoffice organisatorisch kaum zu bewältigen. Auch hier begrenzt im Wesentlichen die räumliche Anordnung der Arbeitsplätze bzw. Digestorien die maximale Anzahl von Teilnehmer*innen pro Kurs.

---

3   Vgl. Bundesanstalt für Arbeitsschutz und Arbeitsmedizin: *SARS-CoV-2-Arbeitsschutzregel (aufgehoben)*, https://www.baua.de/DE/Angebote/Rechtstexte-und-Technische-Regeln/Regelwerk/AR-CoV-2/AR-CoV-2.html [17.12.2021]; Bundesministerium für Arbeit und Soziales: *SARS-CoV-2-Arbeitsschutzverordnung*, https://www.bmas.de/DE/Service/Gesetze-und-Gesetzesvorhaben/sars-cov-2-arbeitsschutzverordnung.html [16.10.2022].

So würde exemplarisch ein Praktikumssaal mit einer Grundfläche von 200 m² ausreichen, den gleichzeitigen Aufenthalt von bis zu 20 Personen zu erlauben (siehe Tab. 1). Da die Anzahl der nutzbaren Digestorien aufgrund des Mindestabstandes von 1,5 m aber nur neun beträgt, könnten auch nur neun Studierende am Kurs teilnehmen. Um trotzdem allen Studierenden einen Platz in diesem Praxisformat im selben Semester anbieten zu können, wurde a) das entsprechende Praktikum mit kleineren Studierendenzahlen mehrfach nacheinander durchgeführt und b) die Anzahl zulässiger Teilnehmer*innen durch zusätzliche bauliche und organisatorische Maßnahmen erhöht. Tatsächlich war es in einigen Fällen sogar möglich, zusätzliche Räumlichkeiten auszustatten und so die Anzahl der parallel angebotenen Kurse zu erhöhen. Hierdurch konnte auch der Verzicht auf die sonst in manchen Praktika üblichen Zweiergruppen kompensiert werden, so dass jeder Studierende auch während des eingeschränkten Funktionsbetriebs unter Beachtung aller gültigen Hygieneregeln die Möglichkeit hatte, an allen Praxisformaten teilzunehmen.

Tab. 1: Zulässige Belegung eines Praktikumslabors mit 32 Arbeitsplätzen (Grundfläche 200 m²)

	Normalbetrieb	Betrieb unter Beachtung der Grundfläche und des Mindestabstandes	
		a) ohne weitere Maßnahmen	b) mit baulichen und organisatorischen Maßnahmen
zulässige Belegung gemäß Grundfläche/Ausstattung	32	20	20
zulässige Personen im Saal:			
a) Betreuer*innen[#]	6	6	6
b) Studierende	32	14	14
nutzbare Digestorien	14	9	14
maximal zulässige Zahl der Teilnehmenden	32	9	14

[#] Erfahrungswert aus vergangenen Semestern zur maximalen gleichzeitigen Anwesenheit von Betreuer*innen im Praktikumssaal

3.1.2 Einsatz digitaler Formate

Durch den vermehrten Einsatz digitaler Formate wurde die über einen langen Zeitraum nicht mögliche Durchführung von Präsenzveranstaltungen an der Universität des Saarlandes zumindest teilweise kompensiert. Für die Durchführung von Praxisformaten betrifft dies u. a. die begleitenden, obligatorischen Seminare, ein digitales Kursmanagementsystem und die Versuchsprotokolle und deren Korrektur. Die Nutzung von Plattformen wie MS Teams für Seminare ist generell unproblematisch und erfordert seitens der Teilnehmer*innen nicht viel mehr als entsprechende Hardware und eine Internetverbindung. Die Mehrzahl der Praktika nutzte auch schon vor der Covid-19-Pandemie das Kursmanagementsystem Moodle zur Anmeldung, sowie zur Verwaltung von Teilnehmenden und Bereitstellung von Lehrinhalten, so dass hier keine Neuorganisation notwendig war und das Angebot lediglich erweitert wurde.

3.1.3 Anpassung von Experimenten in Praxisformaten

Durch die Anpassung bestimmter Experimente kann ein zeitweises Unterschreiten des Mindestabstandes weiter reduziert werden. Zum einen betrifft dies Gruppenversuche, die so organisiert werden, dass die Teilnehmer*innen nie gleichzeitig dieses Experiment bearbeiten. Alternativ könnte das betreffende Experiment auch durch inhaltlich ähnliche Einzelversuche ersetzt werden. Zum anderen kommen vermehrt Versuche zum Einsatz, die außerhalb des Digestoriums durchgeführt werden können. Hierdurch werden Begegnungen zwischen Teilnehmenden reduziert, da grundsätzlich zwischen Digestorien und Arbeitsplätzen (Geräteschränken) Laufwege existieren. Die großzügige Beschaffung zusätzlicher Gerätschaften für die Praktikumslabore in der Vorbereitungszeit zum eingeschränkten Funktionsbetrieb ermöglichte in Kombination mit den verringerten Teilnehmendenzahlen eine deutliche Reduktion der Verwendung gemeinsam genutzter Gerätschaften.

3.1.4 Zuordnung von Arbeitsplätzen

Während in Forschungslaboratorien die Mitarbeiter*innen in der Regel über eine feste Kombination aus Digestorium, Labortischen und Geräteschränken in räumlicher Nähe verfügen können, ist das in Praktika typischerweise nicht der Fall. Hier sind die Digestorien häufig nebeneinander angeordnet und werden je nach gegenwärtigen Platzverhältnissen von wechselnden Teilnehmer*innen genutzt, die sich zum Teil auch noch die Labortische und Geräteschränke teilen müssen. Zur Verbesserung dieser Situation hinsichtlich der pandemiebedingten Abstandsregeln erfolgt eine feste Zuordnung, sowohl der Digestorien (jeweils Einzelbelegung), als auch der Labortisch-Geräteschrank-Kombinationen, wobei diese Kombinationen natürlich noch unter Beachtung des Mindestabstandes entsprechend räumlich voneinander getrennt für die einzelnen Teilnehmer*innen ausgewählt werden. Die Anzahl der nach den Abstandsregeln zulässigen Digestorien begrenzt automatisch die Teilnehmer*innenzahl im Praxisformat (siehe auch: Tab. 1).

3.1.5 Minimierung von Begegnungen durch Optimierung der Laufwege

Ein entscheidendes Werkzeug zur Verringerung naher Kontakte, d. h. zum durchgehenden Einhalten des Mindestabstandes von 1,5 m, ist eine Optimierung der Laufwege in den Laboratorien. Offensichtlich sind Wege, die komplett wegfallen, die optimale Lösung. Hierbei spielen gleich mehrere Faktoren eine wichtige Rolle, die durch verschiedene Maßnahmen gesteuert werden können.

Außer der bereits beschriebenen Nutzung fester Zuordnungen von Digestorium, Labortisch und Geräteschrank sollten sich diese drei Elemente zusätzlich in räumlicher Nähe befinden, die Kombinationen der verschiedenen Teilnehmer*innen aber gleichzeitig optimal über den vorhandenen Raum verteilt sein. Hierbei gilt es insbesondere, sich überschneidende Laufwege zwischen Labortischen und Digestorien zu vermeiden. Hierdurch entsteht für Mitarbeiter*innen und Studierende quasi ein ‚persönlicher Bereich', der nur in Ausnahmefällen von anderen Personen betreten werden muss. Da sich in der Praxis gewisse Überschneidungen der Laufwege nicht vermeiden lassen, liegt es auch in der Eigenverantwortung der Mitarbeiter*innen und Studierenden, wie vollständig kurzfristige Unterschreitungen des Mindestabstandes vermieden werden können.

Alle Teile der Laboratorien, die genutzt werden müssen, um sich zwischen den ‚persönlichen Bereichen' und den Ausgängen, Messinstrumenten und den Lagerorten für Geräte und Verbrauchsmaterialien zu bewegen, werden hier als ‚gemeinsam genutzter Bereich' definiert. In anderen ‚gemeinsam genutzten Bereichen', in denen sich z. B. Messinstrumente oder Anlagen zur Aufbereitung von Lösungsmitteln befinden, darf sich abgesehen von sehr kurzfristigen Begegnungen zu allen Zeiten maximal eine Person aufhalten. Alle verbleibenden Bereiche der Laboratorien müssen während des Normalbetriebs nicht betreten werden und sind als ‚gesperrter Bereich' festgelegt. Diese Bereiche dienen in Notfällen als Fluchtweg und können beispielsweise mit lose befestigtem Absperrband kenntlich gemacht werden. Zur Orientierung der Mitarbeiter*innen und Studierenden werden entsprechend markierte Stockwerkspläne (Abb. 1) im Labor und Bürobereich ausgehängt.

Abb. 1. Vereinfachter Grundriss des Laborbereichs einer Forschungsgruppe bestehend aus einem Syntheselabor (rechts) und zwei Messräumen (links). Die durchgehenden Spritzschutzwände der Arbeitsplätze im Syntheselabor sind zum Schutz von auf gegenüberliegenden Seiten arbeitenden Mitarbeiter*innen herstellerseitig installiert und gesetzlich vorgeschrieben.

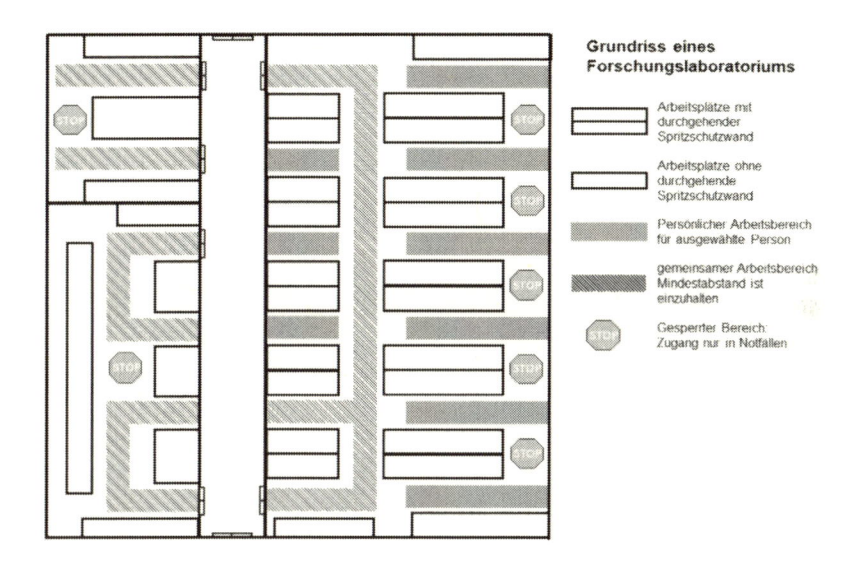

Grundriss eines Forschungslaboratoriums

- Arbeitsplätze mit durchgehender Spritzschutzwand
- Arbeitsplätze ohne durchgehende Spritzschutzwand
- Persönlicher Arbeitsbereich für ausgewählte Person
- gemeinsamer Arbeitsbereich Mindestabstand ist einzuhalten
- Gesperrter Bereich: Zugang nur in Notfällen

Quelle: eigene Darstellung

Die Erfahrung aus vergangenen Praxisformaten und den Arbeitsabläufen in den Forschungslaboren zeigt, dass an erster Stelle die gemeinsam genutzten Geräte und Verbrauchsmaterialien für einen wesentlichen Teil der Bewegungen von Personen in den Laboratorien und somit nahen Begegnungen verantwortlich sind. Um die Situation diesbezüglich zu verbessern, bieten sich verschiedene Maßnahmen an, die dann auch so in den Forschungs- und Praktikumslaboratorien umgesetzt wurden.

i. Alle gemeinsam genutzten Geräte, die in ausreichender Zahl vorhanden sind oder noch kurzfristig beschafft werden können, werden dauerhaft dem Gerätesatz der Mitarbeiter*innen bzw. Studierenden hinzugefügt und verbleiben somit im persönlichen Bereich. Die insgesamt kleineren Kurse erleichtern hierbei die Umsetzung der Maßnahme.

ii. Gemeinsam genutzte Geräte bzw. Reinigungsbäder, die nicht in ausreichender Zahl vorhanden sind oder sich kurzfristig beschaffen lassen, werden an möglichst vielen, strategisch gewählten Plätzen im gemeinsam genutzten Bereich im Laboratorium zur Verfügung gestellt. Auf das sonst in Praktika übliche Führen von Leihlisten wird dabei verzichtet.

iii. Ein sinnvoll erscheinender Vorrat an Verbrauchsmaterialien wird jedem Arbeitsplatz und somit dem persönlichen Bereich hinzugefügt. Falls zulässige Lagermöglichkeiten vorhanden sind, schließt dies auch typische Lösungsmittel zur Reinigung von Glasgeräten mit ein.

iv. Zusätzliche Verbrauchsmaterialien werden an verschiedenen, strategisch gewählten Plätzen im gemeinsam genutzten Bereich platziert. Lösungsmittel und Hilfsstoffe werden ebenfalls an geeigneten Plätzen zur Verfügung gestellt.

v. Gebinde zum Sammeln von Lösungsmittelabfällen und Feststoffen, sowie Dewar-Gefäße zur Lagerung von flüssigem Stickstoff oder Trockeneis werden ebenfalls in größerer Zahl und über den gemeinsam genutzten Bereich verteilt angeboten.

3.1.6 Hygienemaßnahmen

Obwohl zahlreiche wissenschaftliche Studien zeigen,[4] dass der Covid-19-Erreger im Wesentlichen durch Tröpfcheninfektion übertragen wird, wurde im Rahmen der Planung der organisatorischen Maßnahmen auch einer möglichen Übertragung des Erregers durch Schmierinfektion Rechnung getragen. Als Teil des häufig als AHA-Formel (Abstand halten – Hygiene beachten – im Alltag Maske tragen) bezeichneten Akronyms für einen Satz von Verhaltensregeln in Zeiten der Corona-Pandemie spielten gerade die Hygienemaßnahmen im Frühling und Sommer 2020 eine in der Öffentlichkeit deutlich sichtbare Rolle bei den flächendeckend angewendeten Maßnahmen zur Eindämmung des Infektionsgeschehens. Tatsächlich kam es in dieser Zeit zu erheblichen Lieferengpässen und deutlichen Preissteigerungen bei Desinfektionsmitteln, Hygieneartikeln und auch deren Komponenten wie z. B. Alkoholen. Diese und andere Artikel wie Handpflegecremes wurden im Einzelhandel zusätzlich noch kontingentiert.

Da bis zum Neustart der Tätigkeiten in den Forschungs- und Praktikumslaboratorien im Sommer 2020 Hygieneartikel in ausreichender Menge beschafft werden konnten, wurde eine Reihe von Hygieneregeln implementiert, die eine mögliche Übertragung von Covid-19 über kontaminierte Flächen weitestgehend verhindern sollten. Hierbei kamen sowohl Lösungen für die Handdesinfektion als auch Desinfektionstücher zum Einsatz.

i. An den Ein- und Ausgängen zu Laboratorien sowie an Waschbecken in den Laboratorien werden Handdesinfektionsmittel zur Verfügung gestellt. Den Mitar-

---

4 Vgl. Oh, Djin-Ye/Böttcher, Sindy/Kröger, Stefan [u. a.]: SARS-CoV-2-Übertragungswege und Implikationen für den Selbst- und Fremdschutz, in: *Bundesgesundheitsblatt* 64 (2021), 1050–1057.

beiter*innen werden zusätzlich personalisierte Handschutz- und Handpflegecremes ausgehändigt.
ii. An Flächen, die sich in gemeinsam genutzten Bereichen befinden, stehen Flächendesinfektionstücher zur Verfügung, die am Ende der Tätigkeit in diesem Bereich zur Desinfektion potenziell kontaminierter Flächen und Geräte genutzt werden sollen.
iii. Zur Desinfektion der Handschuhe von Gloveboxen, der Tastaturen von Messinstrumenten und generell mobiler Ausrüstung stehen ebenfalls Flächendesinfektionstücher zur Verfügung.

3.2 Tragen von Mund-Nase-Schutz (Alltagsmaske, OP-Maske, FFP2)

Die respiratorische Aufnahme virushaltiger Partikel über die Atemluft ist der Hauptübertragungsweg für SARS-CoV-2.[5] Obwohl zum Zeitpunkt der Planung zum Betrieb von Laboratorien an der Universität des Saarlandes unter pandemischen Bedingungen hierüber nur wenige gesicherte Erkenntnisse vorlagen, spielte die Vermeidung des Kontakts mit möglicherweise infektiösen Aerosolen eine zentrale Rolle. Mit Beginn des eingeschränkten Funktionsbetriebs im Mai 2020 wurde das Tragen eines Mund-Nase-Schutzes (MNS) im Begegnungsverkehr dringend empfohlen. Aufgrund der unzureichenden Verfügbarkeit von OP- und FFP2-Masken am Markt war anfangs auch die Nutzung sog. Alltags- oder Behelfsmasken verbreitet. Für Präsenzveranstaltungen wurde eine allgemeine Maskenpflicht (OP- oder FFP2-Maske) angeordnet. Ausgenommen hiervon waren Dozierende während ihrer Lehrtätigkeit in den entsprechenden Räumlichkeiten. Für Praxisformate und Forschungslaboratorien wurde das durchgehende Tragen eines Mund-Nase-Schutzes ausgeschlossen. Stattdessen sollten die Schutzmasken immer nur dann zum Einsatz kommen, wenn die Gefahr einer Unterschreitung des Mindestabstandes von 1,5 m bestand, da Tätigkeiten mit Gefahrstoffen/Chemikalien, Biostoffen, gentechnisch veränderten Organismen und/oder im Strahlenschutzbereich zu erhöhten Gefährdungen führen können:

Durch Spritzer von Gefahr- oder Biostoffen, Zupfen an der Maske oder auch durch den Kontakt mit kontaminierten Fingern oder Handschuhen könnte die Maske kontaminiert werden. Würde sie nun während des gesamten Aufenthalts in den Laboratorien getragen, bestünde die Gefahr einer längeren und intensiven Exposition gegenüber Gefahr- oder Biostoffen über die kontaminierte Maske.

Viele Menschen, die eine Brille tragen, machten die Erfahrung, dass diese beim Tragen ihrer Masken beschlug. In Laboratorien müssen alle Personen ständig ei-

---

5 Vgl. Robert Koch Institut: *Epidemiologischer Steckbrief zu SARS-CoV-2 und COVID-19*, 26.11.2021, https://www.rki.de/DE/Content/InfAZ/N/Neuartiges_Coronavirus/Steckbrief.html [17.12.2021].

ne Gestellbrille mit ausreichendem Seitenschutz (Schutzbrille) tragen, die natürlich auch beschlagen kann. Je nach ausgeführter Tätigkeit mit z. B. entzündbaren oder auch ätzenden Gefahrstoffen, mit Apparaturen oder Geräten muss mit einer erhöhten Unfallgefahr gerechnet werden.

Insbesondere das Maskenmaterial der ‚Alltagsmasken' war nicht definiert. Stattdessen wurden sie aus handelsüblichen Stoffen in unterschiedlichsten Variationen oft selbst genäht oder von verschiedenen Firmen, wie Textilherstellern, produziert. Somit konnten auch Gefährdungen durch mögliche Wechselwirkungen des Maskenmaterials mit Gefahrstoffen/Chemikalien nicht ausgeschlossen werden.

Diese und mögliche weitere Gefährdungen mussten im Rahmen einer Gefährdungsbeurteilung sicher ausgeschlossen werden. Hilfestellung bot die Handreichung der Stabsstelle Arbeitsschutz zum eingeschränkten Laborbetrieb. Die darin aufgeführten Punkte mussten zur Kenntnis genommen und umgesetzt werden:

i. MNS möglichst enganliegend tragen: geringere Gefahr, dass die Schutzbrille beschlägt
ii. Reaktion des MNS-Materials mit den verwendeten Stoffen sicher ausschließen: Beachten möglicher Wechselwirkungen z. B. mit Gefahrstoffen/Chemikalien
iii. MNS sofort wechseln: bei Durchfeuchtung MNS erkennbar oder vermutlich mit Gefahr-/Biostoffen kontaminiert
iv. Verschleppen von Kontaminationen aus dem Labor sicher ausschließen: MNS nach Gebrauch direkt im Labor fachgerecht entsorgen
v. Benutzte MNS nicht in der Tasche des Labormantels, sondern an geeigneter Stelle aufbewahren: z. B. Plastiktüte oder Behälter
vi. Ständiges An- und Ablegen der MNS vermeiden: in der Regel keine geeigneten Ablagemöglichkeiten vorhanden. Gefahr einer Kontamination wird erhöht
vii. Gefährdung durch Brände sicher ausschließen: MNS-Material ist brennbar. Nicht in der Nähe von offenen Flammen (z. B. Bunsenbrenner) tragen
viii. Gesichtsschilde sind kein MNS-Ersatz. Sie schließen nicht dicht ab. Fremdschutz ist nicht gewährleistet. Ausnahme: Bei Gefährdung durch Spritzer oder Splitter ggf. zusätzlich Gesichtsschild über MNS und Schutzbrille tragen.

3.3 Technische Maßnahmen

Die Raumlufttechnischen Anlagen moderner Laboratorien gewährleisten einen achtfachen Austausch der Raumluft pro Stunde. Hierdurch sind Maßnahmen zur Verringerung potentiell infektiöser Aerosol-Konzentrationen wie beispielsweise stoßweises oder kontinuierliches Lüften oder auch das Betreiben von Hepa-Luftreinigern und Aerosolfiltern überflüssig. Da die Abluft fast ausschließlich über die Digestorien abgeführt wird, ist die Bildung hoher Aerosolkonzentrationen vor den Digestorien – d. h. im hauptsächlich genutzten, persönlichen Arbeitsbereich – praktisch ausgeschlossen. Um der 1,5-Meter-Abstandsregel Rechnung zu tragen, müssten in Abhängigkeit von der Breite der installierten Digestorien jeweils ein oder zwei dauerhaft ungenutzt bleiben. Durch den Einbau geeigneter Trennwände (,Spuckschutz') lässt sich diese Einschränkung umgehen und eine Nutzung aller Digestorien wird dadurch möglich. In Abhängigkeit von den räumlichen Gegebenheiten wurden zwei unterschiedliche Lösungen in der Praxis umgesetzt:

Abb. 2: Feste Stellwände und Folien-,Spuckschutz', installiert in Praktikums- und Forschungslaboratorien

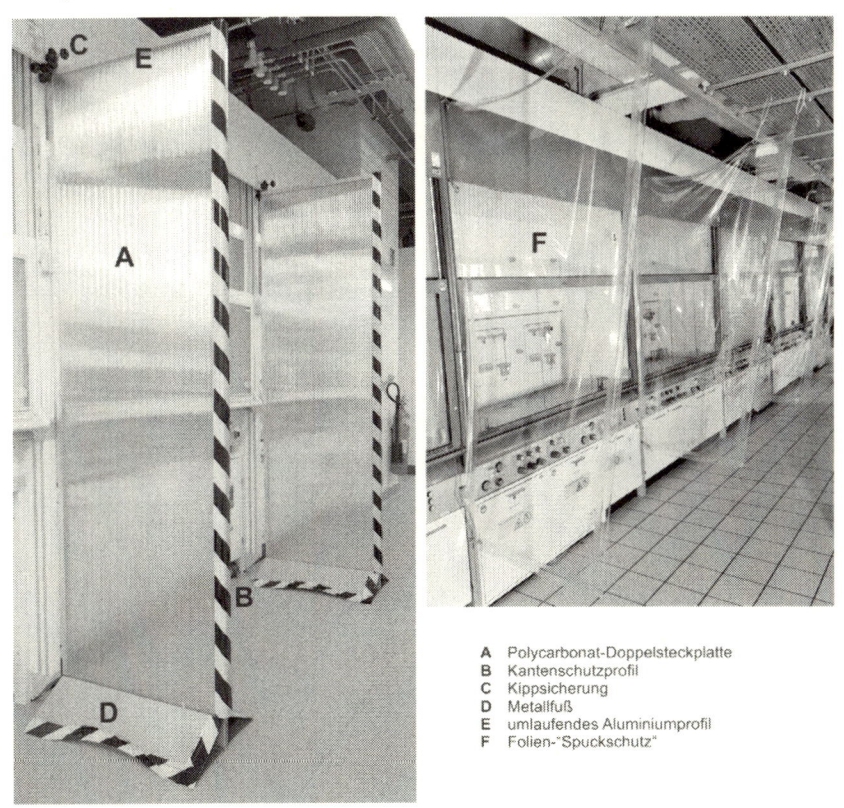

A Polycarbonat-Doppelsteckplatte
B Kantenschutzprofil
C Kippsicherung
D Metallfuß
E umlaufendes Aluminiumprofil
F Folien-"Spuckschutz"

Quelle: © Carsten Präsang

A. Feste Stellwände
Diese Stellwände bestehen aus einer Doppelstegplatte aus Polycarbonat (Brandklasse B1 nach DIN 4102), die an den Seiten und oben durch Aluminium-

U-Profile verstärkt ist (Abb. 2). Ein mit Warnklebeband versehener schwerer Metallfuß mit ausreichend großer Stellfläche sorgt für einen sicheren Stand. Ein ebenfalls mit Warnklebeband markiertes Kantenschutzprofil auf der Durchgangsseite dient dem Schutz von Mitarbeiter*innen und Studierenden. Ein mit der Wartungsklappe verschraubter Kippschutz verhindert ein mögliches Umfallen der Trennwand. Die Breite der Trennwände ist so gewählt, dass zu den Labormöbeln eine lichte Breite von mindestens 80 cm für den Fluchtweg verbleibt.

B. Folien-‚Spuckschutz'

Die maßgefertigten Folien bestehen aus schwerentflammbarer Folie (Brandklasse B1 nach DIN 4102). Zur Erhöhung der Steifigkeit sind sie an den Kanten einmal umgeschlagen und verklebt. Die Befestigung erfolgt über Metallösen mittels Karabinerhaken, Permanentmagneten und Kabelbindern.

4. Fazit

Durch die beschriebenen Maßnahmen war in Abstimmung mit dem Krisenstab der Universität des Saarlandes eine Wiederaufnahme der Forschungstätigkeit und die Durchführung von Praxisformaten zum Wintersemester 2020/2021 möglich. Durch die Reduzierung der Teilnehmer*innenzahlen in den Laboratorien war es notwendig, alle Praxisformate doppelt so oft durchzuführen, um allen Studierenden die Teilnahme zu ermöglichen. Dies führte entsprechend zu einer deutlichen Mehrbelastung aller mit Betreuungsaufgaben betrauten Mitarbeiter*innen. Bei aller organisatorischer Detailplanung und sorgfältiger Umsetzung der ersonnenen Maßnahmen wurde nichtsdestoweniger offenkundig, dass letztlich die Eigenverantwortung aller Beteiligten ein wichtiger, wenn auch formal nur schwer zu erfassender Bestandteil der Infektionsvermeidung gewesen sein dürfte. Die Frage, ob diese Beobachtung allgemeine Rückschlüsse auf die Gesellschaft zulässt, muss gegenwärtig leider unbeantwortet im Raum stehen bleiben. Erfreulicherweise kam es nach unserer Kenntnis im Wintersemester 2020/2021 zu keinem Fall angeordneter Quarantäne in den Praxisformaten.

Literaturverzeichnis

Bundesanstalt für Arbeitsschutz und Arbeitsmedizin: *SARS-CoV-2-Arbeitsschutzregel (aufgehoben)*, https://www.baua.de/DE/Angebote/Rechtstexte-und-Technische-Regeln/Regelwerk/AR-CoV-2/AR-CoV-2.html [17.12.2021].

Bundesministerium für Arbeit und Soziales: *SARS-CoV-2-Arbeitsschutzverordnung*, https://www.bmas.de/DE/Service/Gesetze-und-Gesetzesvorhaben/sars-cov-2-arbeitsschutzverordnung.html [16.10.2022].

Die Bundesregierung: *Besprechung der Bundeskanzlerin mit den Regierungschefinnen und Regierungschefs der Länder vom 22.03.2020*, 22.03.2020, https://www.bundesregierung.de/breg-de/themen/coronavirus/besprechung-der-bundeskanzlerin-mit-den-regierungschefinnen-und-regierungschefs-der-laender-vom-22-03-2020-1733248 [15.03.2021].

Oh, Djin-Ye [u. a.]: SARS-CoV-2-Übertragungswege und Implikationen für den Selbst- und Fremdschutz, in: *Bundesgesundheitsblatt* 64 (2021), 1050–1057.

Robert Koch Institut: *Epidemiologischer Steckbrief zu SARS-CoV-2 und COVID-19*, 26.11.2021, https://www.rki.de/DE/Content/InfAZ/N/Neuartiges_Coronavirus/Steckbrief.html [17.12.2021].

Ethische Perspektiven des gesellschaftspolitischen Managements zur Bekämpfung der Corona-Pandemie

Udo Lehmann

Abstract: La pandémie de covid-19 et la lutte engagée contre le virus ont propulsé des virologues mais aussi des éthiciennes et éthiciens sur le devant de la scène. Il semblerait que l'on ait pris conscience du fait qu'une pandémie soulève des questions normatives qui dépassent le cadre purement descriptif des sciences naturelles. C'est le cas de l'évaluation des mesures d'endiguement qui demeure un sujet controversé. Ce débat s'étend à toute l'Europe et même au-delà. Jusqu'à présent, les dispositifs de contrôle lors des pics de la pandémie en Allemagne et en France étaient comparables. Concrètement, dans les régions frontalières comme la Sarre et la Lorraine, ces mesures concernaient les travailleur·euse·s et les étudiant·e·s faisant la navette, de sorte que les universités ont dû également passer en mode 'gestion de crise'. Les questions normatives et éthiques soulevées dans cet article vont bien au-delà des défis actuels rencontrés en temps de pandémie ; elles font écho à des réflexions fondamentales, comme par exemple à la question du fondement moral des interventions de l'Etat visant à la prévention des risques, ou à celle du degré de la sévérité avec lequel doivent s'appliquer les restrictions. Contrairement aux attentes de l'opinion publique, les éthicien·ne·s n'apportent généralement pas de solutions directement applicables. Comprise comme une réflexion systématique sur des problèmes moraux, l'éthique permet de structurer les débats, de dégager des aspects méritant réflexion et d'ouvrir de nouvelles pistes de réflexion normative.

1. Ethik als Reflexion moralischer Praxis

Eine ethische Position zu vertreten, bedeutet nicht lediglich ‚eine Meinung' zu haben. In der praktischen (also auf moralische Praxis bezogenen) Ethik geht es um vernunftgeleitete, intersubjektiv vermittelbare Begründungen, vor allem dann, wenn mit einer ethischen Position gesellschaftliche Geltungsansprüche verbunden werden. Dies bereits an dieser Stelle hervorzuheben, ist angesichts des teils abstrusen Verschwörungsdenkens angezeigt. Wer inkohärenten Begründungslogiken oder der überwältigenden Mehrheit fachlicher Expertise widersprechenden Argumenten folgt, wird es schwer haben, für entsprechende Positionen allgemeine

Gültigkeit zu beanspruchen.[1] Das heißt nicht, Mehrheiten verträten generell das Richtige und dort gäbe es keinen Irrtum. Im Fokus steht vielmehr die Rückfrage nach kohärenter, je nach Gegenstand auch evidenzbasierter, Begründungspraxis und die Bereitschaft, das eigene oder kollektive Urteil nicht ideologisch abzuschotten, sondern diskurs-, entwicklungs- und letztlich revisionsoffen zu halten.

Zwei weitere Bemerkungen sollen an dieser Stelle vorausgeschickt werden: Die eine betrifft das Verhältnis von Ethik und Recht, die andere, jenes von moralischer Geltung und praktischer Durchführbarkeit. Was das Verhältnis von Ethik und Recht betrifft, so können freie und faire ethische Diskurse zu demokratisch legitimierten Gesetzen und – darin aufgehoben – entsprechenden Normen führen. Zudem begleiten ethische Diskurse die Rechtspraxis, um gegebenenfalls Veränderungen vorzuschlagen, wenn z. B. Inkonsistenzen oder Ungerechtigkeitserfahrungen zutage treten. Recht kann in der Regel mit Staatsgewalt durchgesetzt werden, Ethik bedarf hingegen noch vielmehr der Stärke und Überzeugungskraft des Arguments. Und tendenziell gilt: Nicht alles, was ethisch wünschenswert ist, wird auch rechtlich verbindlich und nicht alles, was rechtlich verbindlich ist, ist per se auch ethisch uneingeschränkt wünschenswert.[2] Zwischen Recht und Ethik besteht also ein produktives, dynamisches Spannungsverhältnis, das sich im besten Fall in einer freiheitlich-demokratischen Gesellschaft gegenseitig herausfordert und entwickelt. So werden Empfehlungen z. B. des Ethikrates nicht sogleich in Gesetzgebungsverfahren überführt und Infektionsschutzverordnungen können im Detail ethisch problematisch sein. Die zweite Bemerkung betrifft das Verhältnis von moralischer Geltung und praktischer Durchführbarkeit. Hier besteht keine zwingende Entsprechung. Es ist aber in der angewandten Ethik klug, auch die konkrete Umsetzbarkeit mitzubedenken, vor allem, wenn in der Formulierung von Normen (also Sollensforderungen) handlungspraktisch auf gesellschaftliche Kooperation abgehoben wird. Daher sollen die ethischen Überlegungen dieses Beitrags an geeigneter Stelle auf ihre alltagspraktischen Umsetzungspotentiale hin befragt werden. Freilich wäre es im Rahmen gesellschaftlicher Kooperation zur kollektiven Sicherstellung der Gesundheitsvorsorge wünschenswert, dass alle Menschen möglichst vollständig informiert sind und sich intrinsisch motiviert verantwortungsvoll dem jeweiligen Risiko entsprechend verhalten. Dies kann nach den gängigen Erfahrungen in Pandemiezeiten allerdings nicht vorausgesetzt werden. Führt man sich ganz grundsätzlich einige der in Zusammenhang mit dem Pandemie-Management zu verhandelnden Gü-

---

1 Amlinger und Nachtwey haben dieses Phänomen kontextualisiert: Amlinger, Carolin/Nachtwey, Oliver: Sozialer Wandel, Sozialcharakter und Verschwörungsdenken in der Spätmoderne, in: *APuZ* 35–36 (2021), 13–19.
2 Zum Hintergrund eines solchen Verständnisses vgl. etwa: Kühl, Kristian: Recht und Moral, in: Düwell, Marcus/Hübenthal, Christoph/Werner, Micha H. (Hg.): *Handbuch Ethik*, Stuttgart 2006, 486–493.

ter vor Augen – Gesundheitsschutz, Lebens- und Bildungschancen, ökonomische Existenzen, Freiheit usw. – wird deutlich, mit welch großer Sorgfalt hier nachzudenken ist. Um den Beitrag einzugrenzen, wird auf spezifische ethische Probleme zu Triagierung und Impflicht nicht eingegangen. Im Fokus stehen konkrete, teils kontroverse Eindämmungsmaßnahmen, die aus verschiedenen ethisch-systematischen Perspektiven diskutiert werden.

2. Die bleibende Aktualität des ‚Trolley-Problems'

Kai Spanke hat in der *Frankfurter Allgemeinen Zeitung* angesichts der Pandemie auf die bleibende Aktualität des sogenannten ‚Trolley-Problems' aufmerksam gemacht.[3] Worum es beim Trolley-Problem geht, wird in immer wieder neuen Modulationen beschrieben. Bekannt ist möglicherweise das folgende Beispiel, welches sich am Harvard-Philosophen Michael Sandel orientiert.[4] Darauf einzugehen ist auch deshalb lohnend, da es eine ganze Reihe von – manchmal widersprüchlichen – moralischen Intuitionen offenlegt. Diese Intuitionen spielen auch in der ethischen Debatte um die Corona-Thematik eine wichtige Rolle. Folgende Vorstellung liegt dem Trolley-Problem zugrunde: Ein Mensch befindet sich in einer Lok, die ein Gleis entlangrast. Plötzlich wird am Ende des Gleises eine Gruppe von fünf Männern erkennbar, die dort arbeiten und nicht wegkommen. Der Versuch zu bremsen, scheitert. Die Lok rast also unaufhaltsam auf diese Männer zu. Überraschend ergibt sich die Möglichkeit, die Lok auf ein abzweigendes Nebengleis zu lenken. Dazu müsste ein Hebel in der Lok umgelegt werden. Bedauerlicherweise befindet sich am Ende des Nebengleises ein weiterer Mann, der dort ebenfalls arbeitet und nicht fliehen kann. Wie soll sich der Mensch in der Lok verhalten, was ist in dieser Situation das Richtige? Sollte der Hebel bedient werden, um die Lok auf das Gleis mit nur einer Person umzuleiten? Die Antworten der Studierenden aus den Ethik-Seminaren des Verfassers sind meist so, dass eine Vielzahl hier den Hebel umlegen und die Lok auf das Nebengleis lenken würde. Andere würden sich für Nichts-Tun entscheiden, sozusagen, dem ‚Schicksal' freien Lauf lassen. Allerdings liegt dieser Option die problematische Auffassung zugrunde, es gebe ein ethisch irrelevantes Nichts-Tun. Im Falle gegebener Alternativen gibt es aber offenbar kein neutrales Nichts-Tun oder automatisch rechtfertigendes ‚Geschehen-lassen'. Die Entscheidung nichts zu tun, ist eine rechtfertigungsbedürftige und nicht per se zu entschuldigende Entscheidung, nur weil physisch keine aktive Handlung vollzogen

---

3   Spanke, Kai: Über das Trolley-Problem. Darf man einen Menschen opfern, um mehrere zu retten?, in: *FAZ*, 10.10.2020, https://www.faz.net/aktuell/feuilleton/debatten/zur-aktualitaet-des-trolley-problems-16987898.html?premium [17.06.2022].
4   Vgl. Sandel, Michael J.: *Gerechtigkeit. Wie wir das Richtige tun*, Berlin 2013, 34–37.

wurde. Einer bewussten Positionierung, die dann auch zu verantworten ist, lässt sich mithin nicht ausweichen. Beträchtlich spannungsreicher wird es, wenn die Trolley-Situation leicht modifiziert wird, und zwar in folgender Weise: Der besagte Mensch befindet sich nicht in der Lok selbst, sondern steht auf einer Brücke, die über die Schienen führt. Die bedrohliche Situation, dass die Lok (aus welchen Gründen auch immer) nicht bremsen kann, wird sofort erkannt. Es gibt in diesem Fall jedoch kein potentielles Nebengleis, sondern der Weg führt geradeaus in Richtung der fünf Männer. Erst jetzt wird ein unglaublich dicker Mann, der sich, das Drama verfolgend, genau an der richtigen Stelle über das Brückengeländer beugt, erblickt. Sofort wird klar: Das immense Gewicht des Mannes kann die Lok zum Stehen bringen. Wie soll sich der Mensch auf der Brücke verhalten? Wäre es richtig oder falsch, den dicken Mann auf die Gleise zu schubsen, um die fünf Männer zu retten? Die Verunsicherung der moralischen Intuition wird hier deutlich. Diese zeigt sich meist in der Reaktion jener Studentinnen und Studenten, die im ersten Szenario noch bereit waren, den Hebel der Lok zu bedienen und die Lok auf das Nebengleis zu lenken. Die meisten wären nicht bereit, den Mann auf die Gleise zu schubsen, obgleich das mathematische Verhältnis das gleiche ist: ein Leben gegen fünf Leben! Möglicherweise hat das damit zu tun, dass Schubsen weit mehr als aktive Tötung empfunden wird, das Umlegen des Gleises hingegen als eine Art unausweichliche Notwehrreaktion. Der deontologische Handlungsgrundsatz, Töten zu unterlassen, wird daher besonders stark spürbar. Bei genauerem Hinsehen lässt sich diese Differenzierung nicht ohne Weiteres aufrechterhalten. Möglicherweise wird vorgebracht, dass Schubsen noch viel mehr emotionaler und körperlicher Überwindung als das Umstellen eines Hebels bedarf. Diejenigen, die dieses Argument anführen, könnte man fragen, wie es denn wäre, wenn der dicke Mann auf einer Klappe zur Befüllung von Waggons unterhalb der Brücke steht, die sich durch einen griffbereiten Hebel öffnen lässt und den Mann an die richtige Stelle fallen lassen würde. Dann wäre es physisch sogar die gleiche Handlung wie im ersten Szenario. Und trotzdem würden immer noch viele sagen: Es ist eine andere Situation als in der Lok zu sein und den Hebel zum Wechsel des Gleises umzustellen. Die Grundrechnung bleibt gleichwohl identisch: Eins gegen Fünf! Während viele sich in der ersten Situation für eine mehr nutzenorientierte bzw. schadensbegrenzende, also utilitaristisch fundierte Handlung entscheiden, schwenken einige im Kontext des zweiten Szenarios auf eine mehr deontologisch, tabuorientierte Haltung um, und spüren deutlicher die Verpflichtung, nicht töten zu dürfen.

Kai Spanke verdichtet seine Überlegungen am Ende seines Artikels, indem er die letztlich unbeantwortet bleibende Frage stellt, wie denn die moralische Intuition sei, wenn sich auf dem Nebengleis eine Mutter von mehreren Kindern und auf dem Hauptgleis mehrere „herzkranke Covid-19-Patienten im Rentenalter" befänden.⁵ Oder – um dies aus der oben zugespitzten Variation des Trolley-Problems zu ergänzen – der dicke Mann auf der Brücke ein multimorbider adipöser Covid-Erkrankter wäre. Die Diskussion über Corona-Maßnahmen bis hin zur Triagierung im Falle überlasteter Intensivstationen bewegt sich auf einem Kontinuum zwischen Nutzenerwägungen und gesellschaftlich verankerten Tabus sowie deren entsprechenden Grundhaltungen, Rechten und komplementären Pflichten. Jenseits erster moralischer Intuitionen hat ethische Reflexion den Grundkonflikt und die komplementären Güter und Werte systematisch zuzuordnen.

3. Drei zentrale ethische Herangehensweisen

Im weiteren Verlauf soll das Corona-Management anhand von drei zentralen ethischen Grundtheorien betrachtet werden, die in unterschiedlichen Schwerpunktsetzungen auch der öffentlichen Diskussion zugrunde liegen, wovon zwei bereits zur Sprache kamen: aus Sicht des Utilitarismus, also eines hauptsächlich nutzenorientierten Ansatzes, aus Sicht deontologischer Ethik, welche Pflichten, Rechte und Handlungsgrundsätze stark macht, und aus einer tugendethischen Sicht, die vor allem auf die Motivation, die guten Absichten der Menschen fokussiert.

3.1 Nutzen- versus pflichtenorientierte Herangehensweise

Zunächst nun der Blick darauf, was es bedeuten könnte, das Corona-Management nach dem Grundsatz des allgemeinen Nutzens bzw. der Nutzen-Schadensbilanz zu organisieren. Das kann (muss aber nicht) im Extremfall zu der Entscheidung führen, mehr unmittelbare Corona-Erkrankte oder sogar Corona-Tote in Kauf zu nehmen, um etwa das weitere Abgleiten in eine wirtschaftliche Rezession und andere mutmaßliche Übel zu verhindern, die man in der Werthierarchie weiter oben ansetzt. Entscheidend in der utilitaristischen Abwägung ist dann, wieviel Leid vermieden und wieviel Glück bzw. Nutzen geschaffen wird. Freilich ist eine solche Quantifizierbarkeit höchst komplex und somit möglicherweise gar nicht durchführbar, wie bereits in Zusammenhang mit dem Trolley-Problem deutlich wurde. Um hier Kriterien zu generieren, könnte in der öffentlichen Diskussion darauf verwiesen werden, dass Todesopfer einer SARS-CoV-2-Infektion in der Regel eher ältere, multimorbide Menschen seien, die oft sowieso eine überschaubare Lebenserwartung hätten.⁶ Allerdings würde hier ein Tabu gebrochen, dass nämlich jedem Leben grund-

---

5   Vgl. Spanke, Kai: Über das Trolley-Problem.
6   So z. B. die möglicherweise missverständliche Äußerung des Oberbürgermeisters von Tübingen Boris Palmer, vgl. dazu etwa Klusmann, Steffen: Grüne wollen Palmer nicht mehr unterstützen, in: *Der Spiegel*, 04.05.2020, https://www.spiegel.de/politik/deutschland/die-g

sätzlich der gleiche Wert zukommen solle. Oder es wird auf allgemeine hinzunehmende Lebensrisiken, etwa zu erkranken, aufmerksam gemacht. Ein harter Lockdown sei in diesem Sinne nicht verhältnismäßig und würde mehr Übel als Nutzen schaffen. Begleitet werden könnte eine solche Argumentation mit dem vergleichenden Hinweis, man stelle ja auch nicht den Straßenverkehr ein, um Unfallopfer zu vermeiden oder man fahre in der Grippesaison nicht das öffentliche Leben herunter, um die doch in jedem Jahr beträchtlichen Grippetoten zu reduzieren, folge also letztlich utilitaristischen Erwägungen. Auf den ersten Blick mutet dies argumentativ überzeugend an. Hier ist jedoch nachzuhaken, denn die Vergleiche lassen sich nicht konsistent auf eine bedrohliche Pandemielage übertragen. Das logische Scharnier des Vergleiches scheint ethisch nicht zu funktionieren. Im Blick auf den Straßenverkehr ist es doch so, dass dieser durch strafbewährte Verkehrsregeln geregelt und eingeschränkt wird, um Gefahren abzuwenden und sicheres Teilnehmen zu ermöglichen. Nun bleibt bedauerlicherweise ein Restrisiko, was im Einzelfall z. B. von mutwilligen Übertretungen von Tempolimits oder von oft tragischen Unaufmerksamkeiten ausgeht. Auch in der Pandemie-Bekämpfung wurde bisher nicht das gesamte öffentliche Leben eingestellt, sondern nur Teilbereiche. Gleichwohl wird um diese Teilbereiche und die Intensität der Eingriffe zurecht gerungen. Dieses Ringen ist etwa mit der Frage nach der Mittelwahl an kritischen Verkehrsstellen vergleichbar: Soll an dieser Stelle eine Ampel installiert werden, die bei Rot den Autoverkehr stoppt, oder reicht ein Zebrastreifen, gleichsam als milderes Mittel zur Herstellung von Verkehrssicherheit? Unerlässlich ist es in der ethischen Abwägung zunächst, das Risiko und noch mehr, den Faktor der Ungewissheit in der Sachlage zu gewichten. Es ist einigermaßen bekannt, wie sicherer Straßenverkehr funktioniert und es stehen erprobte Maßnahmen bereit, die nach Eintritt von Unfällen eingeleitet werden können, angefangen von Notfallmanagement bis hin zu chirurgischen Operationsmethoden. Oder auf Grippeerkrankungen bezogen: Herkömmliche Grippeviren sind bekannt, auch wenn diese sich von Saison zu Saison verändern. Es bestehen langjährige Erfahrungen mit Grippeerkrankungen und es stehen erprobte Therapien und Impfungen zu Verfügung. Dies ist ein nicht unwesentlicher Unterschied zum Umgang mit der Corona-Pandemie. Hier ist der in der Sachlage begründete Unsicherheitsfaktor, der sich aus Komponenten des Wissens und Nichtwissens ergibt, als hoch zu bewerten: Das Virus ist, zumindest Stand heute, noch immer nicht vollständig verstanden und verändert sich zudem. Bekannt ist, dass es verhältnismäßig leicht zu Ansteckungen und, je nach Variante, zu hoher Sterblichkeit führt. Erst langsam kommen covid-spezifische Medikamente zum Einsatz. Bekannt ist zudem, dass Kontaktreduzierungen zur Eindämmung beitragen und dass

---

ruenen-wollen-boris-palmer-nicht-mehr-unterstuetzen-a-ef3488b1-5a51-4e01-a71f-567e459c5e2d [22.06.2022].

Impfstoffe gegen die Infektion wirken bzw. das Risiko schwer zu erkranken, senken. Aber gerade der hohe Ungewissheitsfaktor, verbunden mit einer erheblichen Gefährdung für Gesundheit und Leben der Menschen, ist in der ethischen Diskussion rund um die Corona-Pandemie und auch zukünftigen, ähnlich gelagerten Szenarien, unbedingt zu berücksichtigen. So scheint die Forderung – wenn man diese Unsicherheitsbedingungen berücksichtigt –, die Politik habe sich bei der Etablierung von Maßnahmen zurückzuhalten mit der dann zu erwartenden hohen Anzahl von Schwerstkranken oder Toten, mindestens fragwürdig. Der Staat tut gut daran, nicht den Eindruck zu erwecken, zur Aufrechterhaltung des öffentlichen Lebens ein Risikospiel mit der Gesundheit und dem Leben seiner Bürgerinnen und Bürger zu betreiben. Hier liegt allerdings eine gewisse Dilemmasituation vor, da die Nebenfolgen einschneidender Maßnahmen ebenfalls Opfer fordern können. Die Grundstruktur der ethischen Herausforderung ist hier jedoch noch einmal deutlich zu konturieren: Aus welcher Grundperspektive ist zu systematisieren? Zweck der staatlichen Handlung ist die Eindämmung der Corona-Pandemie, welche eine substanzielle Gefahr für das Leben der Menschen darstellt. Leben umfassender verstanden als gutes, freies und sicheres Leben für alle, das bei nahezu ungebremster Ausbreitung von SARS-CoV-2 wohl kaum möglich wäre. Die eingesetzten Mittel, z. B. Kontaktreduzierung durch Ausgangsbeschränkungen und Geschäftsschließungen, führen ebenfalls zu Nebenfolgen, die zwar nicht-intendiert sind, mit denen gleichwohl aber gerechnet werden muss. In der öffentlichen Kritik an diesem Vorgehen sieht es zuweilen so aus, als ob Zweck, Mittel und Nebenfolgen neu konfiguriert werden: Die Vermeidung der Nebenfolgen rückt in den Mittelpunkt der Handlung, also an die Stelle des Zwecks, Mittel sind dann etwa geringere, weniger durchgreifende Maßnahmen. Der vormalige primäre Handlungszweck wird dann zu einer Art Nebenfolge, die gleichwohl gering zu halten ist. Die ethische Herausforderung besteht jedoch in erster Linie in der Bekämpfung der Pandemie. Von hier aus sind Mittel und Nebenfolgen, die möglichst gering zu halten sind, zu gewichten und freilich auch zu rechtfertigen.[7] Bei gegebenem Risiko und hohem Ungewissheitsfaktor, hier die Bedrohung durch das SARS-CoV-2-Virus, sollte politisches Handeln den Eindruck vermeiden, eine Art Roulettespiel mit dem Leben der Bürgerinnen und Bürger zu betreiben und zu hoffen, dass es schon irgendwie gutgeht. Das hieße zudem, Leben für fremdnützige Zwecke, etwa für die Stabilität der Wirtschaft, bewusst zu riskieren. Dabei darf der Staat freilich keinen Unterschied machen zwischen denen, die unmittelbar durch das Virus sterben oder Schaden nehmen und denen, die mittelbar, z. B. durch ökonomischen Existenzverlust in Not geraten und im schlimmsten Fall Suizid begehen. Deshalb ist es gleichermaßen irreführend zu behaupten,

---

7 Zur Systematik von Ziel, Mittel, Nebenfolge vgl. Hübner, Dietmar: Aspekte von Handlungen, in: Fuchs, Michael/Heinemann, Thomas/Heinrichs, Bert [u. a.] (Hg.): *Forschungsethik. Eine Einführung*, Stuttgart 2010, 22–31.

Menschen und Existenzen würden für den Gesundheitsschutz geopfert als auch Covid-Erkrankte oder -Tote würden für die Öffnung des öffentlichen Lebens und der Ökonomie bewusst hingenommen. Ein solches grundsätzliches Ins-Verhältnis-Setzen stünde dem Staat überhaupt nicht zu. Der Grundsatz staatlicher Lebenswertindifferenz ist ein hohes Gut. Im Nachgang der Attentate vom 11. September 2001 in New York City wurde in Deutschland öffentlich darüber diskutiert, ob es staatlichen Stellen erlaubt sein solle, ein gekapertes Flugzeug mit unschuldigen Passagieren an Bord abzuschießen, wenn dadurch weitere Katastrophen, wie etwa das Hineinfliegen in einen Wolkenkratzer oder ein Stadion mit vielen Menschen abzuwenden. Das Bundesverfassungsgericht hat die Legitimität eines solchen Handelns verneint. Im Kern geht es darum, dass der Staat unschuldige Menschen nicht für ein fremdnütziges Ziel instrumentalisieren darf.[8] Dieses Instrumentalisierungsverbot ist ein Tabu, welches aus dem Kern des deontologischen Denkansatzes hervorgeht und in dieser Lesart auch vor dem Hintergrund erdrückender positiver quantitativer Bilanz nicht außer Kraft gesetzt werden darf. Eine Utilitaristin oder ein Utilitarist hätte es in der quantitativen Bilanz und deren Handlungskonsequenzen leichter. Dies heißt nun im Rahmen des Umgangs mit der Corona-Pandemie nicht, dem Lebens- oder Gesundheitsschutz sei alles andere strikt unterzuordnen. Dahingehend hat der damalige Bundestagspräsident Wolfgang Schäuble zu Recht darauf hingewiesen, dass es nicht sein könne, dem Lebensschutz per se alles andere unterzuordnen, Leben sozusagen als absolutes Gut zu betrachten.[9] Leben kann als fundamentales Gut definiert werden, da es Voraussetzung z. B. für Freiheit und Selbstentfaltung ist, aber eben kein absolutes.[10] Ohne gewisse hinnehmbare Lebensrisiken zuzulassen, wäre öffentliches Leben und Freiheit nicht möglich. Lebens- und Gesundheitsschutz sind daher fundamentale Güter, deren Sicherung sich in einem vernünftigen, übliche Lebensrisiken einschließenden politischen Handeln ereignet. An diesem Gedanken entzündet sich freilich wiederum eine Diskussion, inwieweit nämlich eine Corona-Infektion bzw. eine Covid-Erkrankung zu den hinzunehmenden Lebensrisiken gehöre, bzw. welches politische Handeln im Rahmen des Corona-Managements daraus abzuleiten sei. Eine ethische, auch aus der Rechtsprechung bekannte,

---

8   Vgl. Pressestatement des Bundesverfassungsgerichts zum Urteil 1 BvR 357/05: Schellenberg, Pascal: *Abschussermächtigung im Luftsicherheitsgesetz nichtig*, 15.02.2006, https://www.bundesverfassungsgericht.de/SharedDocs/Pressemitteilungen/DE/2006/bvg06-011.html [22.6.2022].

9   Vgl. Interview mit Wolfgang Schäuble: Birnbaum, Robert/Ismar, Georg: Schäuble will dem Schutz des Lebens nicht alles unterordnen, in: *Der Tagesspiegel*, 26.04.2020, https://www.tagesspiegel.de/politik/bundestagspraesident-zur-corona-krise-schaeuble-will-dem-schutz-des-lebens-nicht-alles-unterordnen/25770466.html [22.06.2022].

10 Vgl. zu einem solchen Verständnis des Guten Lebens: Fenner, Dagmar: *Ethik. Wie soll ich handeln?*, Tübingen, Basel 2008, 178–182.

dreistufige Fragestellung ist zur weiteren Differenzierung hilfreich. Es ist die Prüfung, ob eine Maßnahme geeignet, erforderlich und angemessen bzw. im engeren Sinne verhältnismäßig ist.[11] Die Frage nach der Eignung ist selbstverständlich die Grundfrage, die, wenn sie mit ‚Nein' zu beantworten wäre, weitere Prüfungen unsinnig machte. Die Maßnahme ‚einschneidende Kontaktreduzierung' soll als Beispiel dienen.

Hier ist bekannt, dass diese geeignet ist, das Infektionsgeschehen einzudämmen. Die nächste Prüfung betrifft die Erforderlichkeit. Diese Frage ist sozusagen jene nach milderen Alternativen, also nach vielleicht weniger durchgreifenden Kontaktbeschränkungen oder anderen Maßnahmen. Geht man nun davon aus, weitgehende Kontaktbeschränkungen als erforderlich zu erachten, schließt sich die Frage nach der Verhältnismäßigkeit an. Spätestens hier wird es dann in der ethischen Abwägung anstrengend. Hier müssen nämlich gleiche und/oder verschiedene Güter miteinander abgewogen werden. Handelt es sich um gleichrangige Güter, wie etwa das Gut des Lebens als solches, scheint es vergleichsweise einfach zu sein, was es aber selbst dann nicht ist, wie das Trolley-Beispiel gezeigt hat. Dessen ungeachtet könnte nun eine Rechnung aufgemacht werden, wie viele Corona-Tote vermieden werden können, in ein Verhältnis gesetzt mit den zu erwartenden Todesfällen etwa durch Suizid aufgrund wirtschaftlichen Existenzverlustes, Einsamkeit, abgesagter Operationen oder nicht in Anspruch genommener Vorsorgeuntersuchungen. Solche hauptsächlich quantitativen, utilitaristischen Abwägungen bergen viele Gefahren, insbesondere die Gefahr indirekter, versteckter Lebenswertzuschreibungen, wie sie bereits problematisiert wurde. Zudem begibt man sich wieder in die Nähe des deontologisch als problematisch zu erachtenden Instrumentalisierungsverbotes. Berücksichtigt werden sollte – wie erwähnt – in jedem Fall die unterschiedlichen Risikoprofile bzw. der Unsicherheitsfaktor und die möglichen flankierenden Maßnahmen. Werden also weitgehende Kontaktbeschränkungen beschlossen, wissend um die unerwünschten Nebenfolgen, müssen die nicht-intendierten Nebenfolgen geringgehalten werden. Es muss also alles, was möglich ist, getan werden, um verzweifelte Suizide, verschleppte Krankheitsdiagnosen usw. zu verhindern. Dem könnte entsprochen werden, etwa durch schnell wirksame wirtschaftliche Kompensationen, ansteckungssichere Untersuchungsangebote, Hilfetelefone und Präventionsmaßnahmen für Einsame oder von häuslicher Gewalt Betroffene. Auf der anderen Seite der Güterabwägung steht das Infektionsrisiko durch ein bedrohliches Virus, über das zunächst wenig bekannt war, welches mutiert und gegen das es bis zuletzt immer noch keine standardisierten, lange erprobten Medikamente gibt. Es wäre fahrlässig, dieses problematische Risikoprofil mehr oder weniger laufen zu lassen, um z. B. ökonomische Schäden gering zu halten.

---

11 Vgl. Ernst, Stephan: *Grundfragen theologischer Ethik. Eine Einführung*, München 2009, 207–209.

Nichts oder sehr wenig zu tun, bedeutete, so jedenfalls die Einschätzung der meisten Expertinnen und Experten, ins exponentielle Wachstum zu gehen, verbunden mit Risiken des Kontrollverlusts oder der Überlastung des Gesundheitssystems.[12] Vor diesem Hintergrund sei sogar auf eine potenzielle Selbstwidersprüchlichkeit hingewiesen: Die Forderung, keine oder weniger grundrechtssensible Mittel zur Eindämmung der Pandemie zu ergreifen, ist möglicherweise kontra-produktiv und logisch inkohärent. Wenn vorgeschlagen wird, nichts oder nur wenig gesetzlich Geregeltes gegen die Pandemie zu unternehmen, geschieht dies in der Regel, um das öffentliche Leben möglichst vollumfänglich aufrechtzuerhalten und damit z. B. Freiräume und wirtschaftliche Existenzen abzusichern. Allerdings, so ist zu entgegnen, würde ein Hineinlaufen in ein entsprechendes exponentielles Wachstum wohl genau diese, eigentlich intendierten Ziele, zunichtemachen. Die meisten Menschen würden wahrscheinlich immer weniger am öffentlichen Leben teilnehmen aus Sorge, sich anzustecken. Die ökonomischen Folgen wären erheblich. Ganz abgesehen davon, dass viele Tote und Langzeitgeschädigte zu erwarten wären. Ein Handeln bzw. ein Mittel – hier weitgehendes Laufenlassen oder weniger wirksame Regelungen –, welches im Widerspruch zum angestrebten Ziel steht – hier öffentliches Leben aufrechtzuerhalten, Freiheitsräume zu sichern usw. –, ist daher selbstwidersprüchlich.[13]

Wenn die vorhin getroffene Unterscheidung der dreistufigen Prüfung von Mitteln – geeignet, erforderlich, angemessen – in Erinnerung gerufen wird, so dürfte ein kontraproduktives Mittel bereits auf der ersten Stufe ausscheiden. Allerdings zeigt sich hier abermals eine Problematik der gesamten Diskussion: Es gab bisher keinen gesellschaftlich ungeteilten Konsens über die zugrundeliegende Gefährdungslage. Dies betrifft nicht lediglich sogenannte Corona-Leugnerinnen oder -Leugner oder Verschwörungstheoretikerinnen oder -theoretiker. Es bestand und besteht kein Konsens über die Beurteilung der Corona-Pandemie als Bedrohung insgesamt. In der Systematik angewandter Ethik haben die einschlägigen Schritte, ‚Sehen', ‚Urteilen', ‚Handeln', große Bedeutung. Das heißt auf die Corona-Pandemie bezogen: es besteht bereits bei dem grundlegenden Schritt „Sehen", in dessen Rahmen die Faktenlage analysiert wird, kein Einvernehmen, sodass die darauf aufbauenden Schritte des ethischen Urteils und der Handlungskonsequenzen zum Teil kaum miteinander ins Gespräch zu bringen sind. Daher ist Fehlinformation,

---

12 So etwa der Saarbrücker Forscher Thomas Lehr und sein Team: Coester, Christiane/Kolesniczenko, Kamila: *Covid-19-Simulation: Forscher der Saar-Universität fordern raschen und harten Lockdown*, 11.12.2020, https://www.uni-saarland.de/aktuell/covid-19-simulation-zu-einzelnen-bundeslaendern-forscher-empfehlen-raschen-und-harten-lockdown-22748.html [22.06.2022].

13 Vgl. zur Kontra-Produktivität allgemein: Knauer, Peter: *Handlungsnetze. Über das Grundprinzip der Ethik*, Frankfurt/M. 2002, 34–68.

etwa auf Social-Media-Plattformen, so weit wie möglich entgegenzuwirken und niederschwellig wissenschaftliche Expertise verfügbar zu machen.

3.2 Tugendorientierte Herangehensweise

Bis hierhin wurden schon zwei der drei ethischen Grundpositionen auf den Diskurs rund um die Corona-Pandemie und ihre Bekämpfung übertragen. Die deontologische, die für eine starke Orientierung an Gütern wie Gesundheits- und Lebensschutz steht und die nicht zuletzt den Staat in die Pflicht nimmt, dies durch effektive Gesetze zu sichern. Dann die utilitaristische, die sich mehr an Nutzensummen orientiert, die dem akkumulierten Nutzen (auch im Sinne quantitativer Leidreduzierung) entscheidende Bedeutung beimisst.

Tendenziell lässt sich zudem vermuten, dass die (hier freilich nur holzschnittartig dargestellte) utilitaristische Herangehensweise bereit ist, im Rahmen von Risiko-Nutzenbilanzen, mehr Unsicherheit zuzulassen als die doch stärker an grundlegenden Rechten und Gütern orientierte deontologische Herangehensweise, die vergleichsweise strengere rote Linien zieht. Bisher wurde noch keine Zuordnung für die dritte Herangehensweise, die tugendethische, diskutiert. Vielleicht überrascht es ein wenig: Sehr deutlich tritt eine tugendethische Position im Umfeld liberaler Kontextualisierungen in den Vordergrund. Das zeigt sich in Aussagen wie: Der Staat solle die Menschen nicht wie Kinder behandeln, die Menschen wüssten schon, wie sie sich verhalten sollen. Mehr Eigenverantwortung in der Corona-Krise ist dann das programmatische Stichwort.[14] Damit tritt die Motivation der Menschen in den Mittelpunkt der Betrachtung. Eine tugendethische Argumentation beurteilt eine moralische Frage in erster Linie aus Sicht der Motivation der Handelnden. Das klingt erfreulicherweise nach Freiheit und Autonomie. Allerdings bedarf Freiheit, die sich mit der Freiheit aller anderen vermitteln muss, vielfältiger entgegenkommender Grundhaltungen, kann mitunter eine fordernde, anstrengende Freiheit sein. Es ist zu bezweifeln, dass die Steuerung der Corona-Krise hauptsächlich über die Motivation und die Tugenden der Menschen durchschlagend sein kann. Dies hat mehrere Gründe. Zum einen erfordert kollektives, tugendhaftes Handeln, ein hinreichendes großes Fundament an gemeinsam geteiltem Fakten-Wissen, was allerdings über die ganze Bandbreite der Bevölkerung erfahrungsgemäß nicht vorausgesetzt werden kann. Es besteht also kein hinreichender Konsens über die Pandemie- und Risikolage als solche. Zum anderen lohnt ein Blick auf die Psychologie und Soziologie. Corona-Management im Sinne der

---

14   In diese Richtung ging ein Debattenbeitrag der FDP: Zimmermann, Michael: *Ein Neustart in der Pandemie-Politik ist nötig und möglich*, 07.04.2021, https://www.liberale.de/content/ein-ne ustart-der-pandemie-politik-ist-noetig-und-moeglich [22.06.2022].

Prävention gelingt nur, wenn eine kollektiv in der Gesellschaft verwurzelte Kooperationsbereitschaft besteht. Dies lediglich individualethisch zu verstehen, hieße die Besonderheiten kollektiven Handelns zu vernachlässigen. Kollektives Handeln birgt immer auch ein gewisses Potential, dass sich Einzelne aus der solidarischen Zielverwirklichungsstrategie ausklinken. Ein solches Verhalten muss moralisch noch nicht einmal grundsätzlich verwerflich sein. Es liegt zuweilen an einer verzerrten Risikowahrnehmung. Wie einige Expertinnen und Experten feststellen, kommt es häufig zu Corona-Ausbrüchen im privaten Umfeld.[15] Dahinter kann einmal das Phänomen stehen, dass Menschen im eigenen, engeren Umfeld, Risiken oft geringer einschätzen. Also wenn die Einschätzung vertreten wird: „Unser Onkel hat gewiss kein Corona, der ist doch immer so vorsichtig" oder Menschen sagen sich: „Ja, eigentlich ist uns Corona-Schutz wichtig. Und wir sind ja im Allgemeinen auch motiviert, uns an die Regeln zu halten. Aber wenn nur wir hier, in unserem privaten Nahumfeld, die Regeln dieses eine Mal, wo wir Omas 100. Geburtstag feiern, nicht ganz so genau beachten, dann ist das wohl nicht so schlimm". Wenn das jedoch hinreichend viele machen, erwächst daraus ein gesamtgesellschaftliches Problem. Aus vielen, individuell vielleicht nachvollziehbaren Fehleinschätzungen entwickelt sich eine kollektive Selbstschädigung. Deshalb muss offenbar der Tugendhaftigkeit zuweilen etwas unter die Arme gegriffen werden. An dieser Stelle ist dann eine – eigentlich deontologische – Überlegung von Bedeutung. So ist die in bester kantischer Tradition stehende selbstreflektierende Universalisierungsfrage nützlich (übrigens in vielen alltagsethischen Situationen): Kann ich konsequenterweise wollen, dass alle so handeln oder alle so unterlassen wie ich? In diesem Fall: die Regeln nicht so restriktiv einzuhalten? Das führt rasch zu der Erkenntnis, dass dies vernünftigerweise nicht gewollt werden kann. Defektieren (im Sinne von nicht-kooperieren) funktioniert nur so lange, wie hinreichend viele andere kooperieren. Das betrifft z. B. auch die Impfbereitschaft. Darüber hinaus ist noch etwas anderes im Rahmen tugendethischer Herangehensweisen zu kalkulieren: die Opportunitätskosten, die für tugendhaftes Handeln anfallen können. Der Begriff der Opportunitätskosten stammt aus den Wirtschaftswissenschaften. Er lässt sich aber auch verwenden, um ethisch relevante Handlungen zu modellieren. Ein Beispiel: Viele Menschen sagen wahrscheinlich von sich selbst, dass sie in Bezug auf umweltgerechtes Handeln tugendhaft sein wollen. Sie wollen verantwortlich sein und z. B. den Müll trennen. Nun gehen diese Menschen mit einer größeren Verpackung zum Müllplatz in ihrem Mehrfamilienhaus und müssen feststellen,

---

15 So etwa der Direktor des Robert Koch-Instituts Lothar Wieler in einem Interview mit der Welt: Heinemann, Pia/Hollersen, Wiebke: „Man kann zwei Wochen vor Weihnachten versuchen, weniger andere Leute zu treffen", 27.09.2020, in: Welt, https://www.welt.de/gesundheit/plus216670476/Coronavirus-RKI-Chef-Wieler-ueber-die-Fallzahlen-im-Herbst.html [22.06.2022].

dass die blaue Tonne schon maßlos überfüllt ist. Bereits an dieser Stelle, so ist zu vermuten, kommen sie in eine ethische Stresssituation, ihre Tugendhaftigkeit gerät ins Wanken und ihre Opportunitätskosten beginnen zu steigen. Vielleicht sind sie noch bereit, im Nachbarhaus zu schauen, ob da noch Platz ist. Aber viel weiter würden sie wahrscheinlich nicht gehen, denn ihre Opportunitätskosten, gemessen an Zeitverlust und Unannehmlichkeit, erscheinen ihnen zunehmend unverhältnismäßig. Schließlich werden die Kartons im Restmüll entsorgt, da dort noch Platz ist, und schon hat sich, bei ursprünglich bestem Willen, deren Tugendhaftigkeit erschöpft. Es sollte sich daher nicht der Hoffnung hingegeben werden, Tugend sei gesellschaftlich unbegrenzt verfügbar und beliebig reproduzierbar. Vielmehr scheint Tugend ein eher knappes Gut zu sein, eine empfindliche gesellschaftliche Ressource. Dies muss im Rahmen politischer Maßnahmen zum Corona-Management bedacht werden. Also selbst wenn genügend Menschen motiviert wären, sich an Corona-Auflagen zu halten, so würde die Kooperationsbereitschaft über die lange Zeit der Pandemie wohl nachlassen. Die steigenden Opportunitätskosten, gemessen an einem eher abstrakten Risiko zu erkranken, würden die kollektive Tugendanstrengung, selbst gutwilliger Menschen, wohl erodieren lassen. Freilich kann ein Kollektiv eine gewisse Anzahl an Menschen, die sich nicht an die Regeln halten oder nicht kooperieren, tolerieren. Ab einer kritischen Anzahl sind zur Gefahrenabwehr dann jedoch bindende Gesetze und restriktive Kontrollen notwendig. Ein Corona-Management hauptsächlich über die Motivation, die Tugenden der Menschen bzw. der Bevölkerung insgesamt zu steuern, scheint daher schon aus den genannten Gründen nicht sehr aussichtsreich, insbesondere über eine so lange Zeit. Ein verlässlicher Gesundheitsschutz ließe sich jedenfalls nicht ohne Weiteres etablieren.

3.3 Unterscheidung von Aufbringungsgerechtigkeit und Ausgleichsgerechtigkeit

Eine weitere, mehr aus der deontologischen Perspektive kommende Dimension im Rahmen des Corona-Managements, betrifft die Gerechtigkeit. Im öffentlichen Diskurs taucht sie zuweilen auf, wenn es um die gerechte Verteilung von Lasten in der Pandemie geht. Eine gängige Anfrage ist etwa: Warum darf ein Restaurant mit Hygienekonzept nicht öffnen, während die Menschen eng beieinander in den Bussen fahren? Oder: Warum werden Theater geschlossen, während Baumärkte offen sind? Die dahinterstehenden politischen Entscheidungen scheinen, gemessen an der potenziell zugrundeliegenden Infektionsgefahr, nicht immer allein medizinisch indiziert. Dass z. B. Schulen und Kitas möglichst offengehalten werden, muss nicht per se bedeuten, dass es hier grundsätzlich ungefährlicher sei als etwa im Theater. Theater und Restaurants leisten gegebenenfalls einen Beitrag, damit Schulen und Kitas zum Wohl der Kinder offengehalten werden können und die Infektionsbilanz auf das kumulierte Infektionsgeschehen bezogen, positiv beeinflusst wird. Um das gerechtigkeitstheoretisch präziser zu formulieren, kann zwischen Aufbringungsgerechtigkeit und Ausgleichsgerechtigkeit unterschieden werden. Unter Aufbringungsgerechtigkeit, die von Betroffenen zuweilen als Aufbringungs*un*gerechtigkeit empfunden wird, ist z. B. das zu fassen, was Einzelne, Gruppen oder Branchen an Infektionsvermeidung und Kontaktreduzierung beitragen und als Ausgleichsgerechtigkeit das, was gesamtgesellschaftlich als Kompensation für die entsprechend geleisteten Beiträge bereitgestellt wird. Konkret hieße dies, Bereiche oder Menschen, die viel zur Corona-Bekämpfung beigetragen haben oder die übermäßig in Mitleidenschaft gezogen wurden, erhalten entsprechende Hilfen als Ausgleich für ihren ihnen von der Gesellschaft zugemuteten Beitrag zur kollektiven Eindämmung der Pandemie. Nicht nur materieller Ausgleich für Selbstständige, Künstler*innen usw. kommt in dieser Hinsicht in den Blick, sondern auch immaterieller Ausgleich, wie etwa zusätzliche pädagogische Unterstützung von Schülerinnen und Schülern aus bildungsfernen Schichten, die unter Lockdown-Maßnahmen verhältnismäßig größere Nachteile haben als Angehörige wohlhabenderer Schichten, die schon allein räumlich und ausstattungsmäßig ein besseres häusliches Lernumfeld organisieren können. Um breite Zustimmung zum Pandemie-Management aufrecht zu erhalten, bedarf es eines effektiven und gut kommunizierten Ineinanders von Aufbringungs- und Ausgleichsgerechtigkeit, was im Übrigen dem Eindruck entgegentreten würde, die politischen Maßnahmen stünden in Verbindung mit mangelnder Wertschätzung bestimmten gesellschaftlichen Teilbereichen gegenüber.

4. Fazit

Es wurde argumentiert, die Unsicherheits- und Risikofaktoren im Rahmen des Pandemie-Managements hoch zu gewichten. Das heißt, die weitreichende Ungewissheit angesichts einer neuen Virusbedrohung bei gleichzeitig tiefgreifender Gefährdung der Menschen lässt weitreichende Maßnahmen, die allerdings immer wieder der Prüfung der Verhältnismäßigkeit unterzogen werden müssen, aus ethischer Sicht gerechtfertigt erscheinen, oft sogar geboten. Eine Neubewertung der Verhältnismäßigkeit gilt in besonderer Weise dann als angezeigt, wenn die epidemiologischen und medizinischen Erkenntnisse über Virus und Erkrankung konkreter werden, der Ungewissheitsfaktor also abnimmt und Risiken, etwa durch Impfungen, tendenziell beherrschbarer werden. Im öffentlichen Diskurs wird im Nachgang der bisherigen Hochphasen der Pandemie gerade über die Verhältnismäßigkeit der Maßnahmen gestritten. Ein der demokratischen Verständigung angemessener öffentlicher Diskurs ist also von großer Bedeutung. In diesem Sinne hat der Deutsche Ethikrat unter dem Titel *Vulnerabilität und Resilienz in der Krise.*

Ethische Kriterien für Entscheidungen in einer Pandemie grundsätzliche Überlegungen zum politisch-gesellschaftlichen Handeln in vergleichbaren Krisen veröffentlicht und in einer Art Rück- und Vorausschau über den Tag hinausgehende Reflexionen angeregt.[16] Es wird insbesondere die beständige Prüfung von Maßnahmen unter multifokalen Perspektiven empfohlen und eine verdichtete Fokussierung auf die Situation vulnerabler Gruppen gefordert.

Für Bildungsorganisationen wie Universitäten und Schulen stellt sich über die aktuellen Pandemiefragen hinaus ganz grundsätzlich die Herausforderung, Bereitschaft und Fähigkeit zu systematischer ethischer Reflexion, diskursiver Auseinandersetzung und zur Berücksichtigung wissenschaftlich fundierter Informationen zu fördern.

Literaturverzeichnis

Amlinger, Carolin/Nachtwey, Oliver: Sozialer Wandel, Sozialcharakter und Verschwörungsdenken in der Spätmoderne, in: *APuZ* 35–36 (2021), 13–19.

Birnbaum, Robert/Ismar, Georg: Schäuble will dem Schutz des Lebens nicht alles unterordnen, in: *Der Tagesspiegel*, 26.04.2020, https://www.tagesspiegel.de/politik/bundestagspraesident-zur-corona-krise-schaeuble-will-dem-schutz-des-lebens-nicht-alles-unterordnen/25770466.html [22.06.2022].

Coester, Christiane/Kolesniczenko, Kamila: *Covid-19-Simulation: Forscher der Saar-Universität fordern raschen und harten Lockdown*, 11.12.2020, https://www.uni-saarland.de/aktuell/covid-19-simulation-zu-einzelnen-bundeslaendern-forscher-empfehlen-raschen-und-harten-lockdown-22748.html [22.06.2022].

Deutscher Ethikrat (Hg.): *Vulnerabilität und Resilienz in der Krise – Ethische Kriterien für Entscheidungen in einer Pandemie*, Berlin 2022.

Ernst, Stephan: *Grundfragen theologischer Ethik. Eine Einführung*, München 2009.

Fenner, Dagmar: *Ethik. Wie soll ich handeln?*, Tübingen/Basel 2008.

Heinemann, Pia/Hollersen, Wiebke: „Man kann zwei Wochen vor Weihnachten versuchen, weniger andere Leute zu treffen", 27.09.2020, in: Welt, https://www.welt.de/gesundheit/plus216670476/Coronavirus-RKI-Chef-Wieler-ueber-die-Fallzahlen-im-Herbst.html [22.06.2022].

Hübner, Dietmar: Aspekte von Handlungen, in: Fuchs, Michael/Heinemann, Thomas/Heinrichs, Bert [u. a] (Hg.): *Forschungsethik. Eine Einführung*, Stuttgart 2010, 22–31.

Klusmann, Steffen: Grüne wollen Palmer nicht mehr unterstützen, in: *Der Spiegel*, 04.05.2020, https://www.spiegel.de/politik/deutschland/die-gruenen-wollen-

---

16 Deutscher Ethikrat (Hg.): *Vulnerabilität und Resilienz in der Krise – Ethische Kriterien für Entscheidungen in einer Pandemie*, Berlin 2022.

boris-palmer-nicht-mehr-unterstuetzen-a-ef3488b1-5a51-4e01-a71f-567e459c5 e2d [22.06.2022].

Knauer, Peter: *Handlungsnetze. Über das Grundprinzip der Ethik*, Frankfurt/M. 2002.

Kühl, Kristian: Recht und Moral, in: Düwell, Marcus/Hübenthal, Christoph/Werner, Micha H. (Hg.): *Handbuch Ethik*, Stuttgart 2006, 486–493.

Sandel, Michael J.: *Gerechtigkeit. Wie wir das Richtige tun*, Berlin 2013.

Schellenberg, Pascal: *Abschussermächtigung im Luftsicherheitsgesetz nichtig*, 15.02.2006, https://www.bundesverfassungsgericht.de/SharedDocs/Pressemitteilungen/DE/2006/bvg06-011.html [22.6.2022].

Spanke, Kai: Über das Trolley-Problem. Darf man einen Menschen opfern, um mehrere zu retten?, in: *FAZ*, 10.10.2020, https://www.faz.net/aktuell/feuilleton/debatten/zur-aktualitaet-des-trolley-problems-16987898.html?premium [17.06.2022].

Zimmermann, Michael: *Ein Neustart in der Pandemie-Politik ist nötig und möglich*, 07.04.2021, https://www.liberale.de/content/ein-neustart-der-pandemie-politik-ist-noetig-und-moeglich [22.06.2022].

Du peu d'autorité des philosophes en contexte de crise sanitaire

Claire Crignon

Abstract: *Der Artikel versucht die Gründe zu eruieren, aus denen der philosophische Diskurs während der Covid-19-Krise relativ unhörbar geblieben bzw. wenig glaubwürdig aufgetreten ist. Man kann an dieser Art von Ereignis ein Beispiel für das Auftauchen des Unvermuteten, Unerwarteten oder Ungewöhnlichen sehen, das die Philosophie herausfordern müsste, insofern sich ihre Rolle nicht auf ein rein spekulatives Nachdenken beschränkt, sondern sie auch etwas zu Ereignissen zu sagen hat, die das individuelle, soziale und kulturelle Leben der Menschen erschüttern. Dennoch gibt es tiefere, aber auch eher mutmaßliche Gründe für das scheinbare Schweigen der Philosophie in der öffentlichen Meinungsbildung. Diese Gründe analysiert der Artikel, indem er in Erinnerung ruft, dass der Gebrauch bzw. Einsatz der Philosophie im Kontext der Gesundheitskrise darin besteht, eine historische und kritische Analyse der Beziehung vorzuschlagen, die Gesellschaften und Menschen zu Risiko und zu Krankheit unterhalten. Gleichzeitig befragt er die sozialen, anthropologischen, politischen und religiösen Dimensionen dessen, was als ein Übel betrachtet werden kann, das sich nicht auf seine biologische oder medizinische Dimension reduzieren lässt.*

1. Que peut-on attendre de la philosophie dans un contexte de crise sanitaire ? Un état des lieux contrasté

Quel peut-être le rôle de la philosophie et du·de la philosophe dans un contexte de crise sanitaire ? Et plus précisément quel peut-être le poids de la prise de parole académique relativement aux interventions médiatiques, par définition beaucoup plus visibles et accessibles à la population ?[1]

---

[1] Précisons que nous poserons ici cette question en nous limitant à l'exemple de la France. Il conviendrait bien entendu d'engager des études comparatives avec d'autres pays en Europe ou au-delà.

A cette question, il n'est pas évident de répondre de manière consensuelle. La première pourrait consister à souligner qu'une prise de parole 'à chaud', en contexte d'urgence et de crise, n'est pas nécessairement compatible avec le temps de l'analyse et de la réflexion philosophique qui implique un certain recul sur l'évènement. Le·la philosophe est plutôt celui·celle qui livre des considérations « inactuelles » ou « intempestives »[2], celui·celle qui pense l'actuel à contre-courant et de manière critique. Or l'objet à penser – l'émergence d'une maladie infectieuse et les risques sanitaires qui l'accompagnent – suppose une compréhension minimale de domaines scientifiques extrêmement spécialisés (virologie, immunologie, épidémiologie etc.) qui peuvent sembler échapper à la compétence d'un·une philosophe. En outre, le caractère inédit de cette crise (et les décisions de confinement de la population qui l'ont accompagnée) a produit un effet de sidération qui a pu conduire certain·e·s intellectuel·le·s à mettre en avant la « faiblesse de toute parole, qu'elle soit technoscientifique, politique, philosophique ou morale ». C'est le cas en particulier du philosophe Jean-Luc Nancy qui a affirmé que devant ce type d'événement, « il n'y [avait] pas de savoir assuré, pas de programme d'action ou de pensée disponible »[3]. La « philosophie est d'abord la reconnaissance que le réel échappe à toute prise »[4]. Proposer une réflexion philosophique, ce n'est pas offrir des solutions ou des modes d'emploi pour sortir d'une crise. C'est bien plutôt tenter de prendre la mesure de la complexité des situations auxquelles les humains sont confrontés et des décisions ou choix à envisager. Cette première position n'exprime pas seulement un désarroi. Elle envisage avec prudence les tentatives visant à donner sens à un événement qui vient bouleverser nos certitudes. Elle rejoint les mises en garde des historien·ne·s. contre la tentation de tirer des 'leçons de l'histoire' en construisant des analogies entre cette crise sanitaire et d'autres épisodes pandémiques qui ont pu marquer l'histoire de l'humanité.[5] Si on généralise ces mises en garde, on peut aller jusqu'à considérer qu'il est

> du devoir des sciences sociales de savoir résister à l'absorption de toute l'économie de l'attention par une actualité, aussi importante et spectaculaire soit-elle, qu'il

---

2   Nietzsche, Friedrich : *Seconde considération intempestive : de l'utilité et des inconvénients des études historiques pour la vie*, trad. H. Albert, Paris 1988.
3   Nancy, Jean-Luc : *Un trop humain virus*, Paris 2020, chap. III, 60.
4   Nancy : *Un trop humain virus*, 170.
5   Cf. Boucheron, Patrick : « En quoi aujourd'hui diffère d'hier », ds. : *Mediapart*, http ://histoire-geo.ac-amiens.fr/IMG/pdf/patrick_boucheron_mediapart.pdf [23/06/2023] ; Lachenal, Guillaume/Thomas, Gaëtan : *Covid 19 : When History Has no Lessons*, 30/03/2020, https ://www.historyworkshop.org.uk/covid-19-when-history-has-no-lessons/comment-page-1 / [09/05/2020] ; Moulin, Anne Marie/De Facci, Damiano : Peut-on tirer des leçons de l'histoire pour la crise du Covid-19 ?, La leçon d'hier : le VIH, ds : *Questions de santé publique* 41 (2021),7, https ://iresp.net/wp-content/uploads/2022/11/IRSP_41_2021041.pdf [23/06/2023].

s'agisse d'un attentat terroriste, d'une élection présidentielle ou d'une pandémie inédite.[6]

Il y a d'abord ici un soupçon de 'présentisme' ou même d'"opportunisme' qui s'exprime.

Une seconde position s'est exprimée publiquement, que l'on pourrait qualifier de beaucoup moins prudente et de beaucoup plus polémique. Elle a rassemblé des intellectuel·le·s qui ont dénoncé une « obsession de la vie nue » et un oubli des dimensions sociales, politiques mais aussi émotionnelles de la vie humaine. C'est le cas en particulier du philosophe italien Giorgio Agamben qui a présenté l'épidémie de Covid comme une « invention » et un prétexte permettant non seulement de justifier des mesures d'exception mais aussi pour « les étendre au-delà de toute limite ».[7] En France, certain·e·s philosophes médiatiques ont convoqué l'autorité de Montaigne pour nous recommander de ne pas avoir peur et d'apprendre à vivre avec le virus et ont vu dans les mesures de confinement prises par les différents gouvernements le signe de l'avènement de sociétés refusant de considérer que la maladie et la mort font partie de la vie.[8]

Dans ce débat, le public aura certainement plus volontiers retenu les propos de ceux·celles que le philosophe et historien des sciences Jean-Pierre Dupuy a appelé des « covid-sceptiques », plutôt que ceux·celles qui appelaient à la prudence ou considéraient que la nature même de l'événement pouvait susciter un certain trouble et s'accompagner d'une forme de suspension du jugement. Pourtant, ces prises de parole dans le feu de l'actualité sur un sujet complexe ont exposé leurs auteur·trice·s à des critiques justifiées : n'importe qui ne s'improvise pas épidémiologiste ou infectiologue. Est-ce une raison pour incriminer, comme le fait Jean-

---

6   Fassin, Didier : *Les Mondes de la santé publique. Excursions anthropologiques, cours au Collège de France 2020–2021*, Paris 2021 (Lectures de la pandémie), 300.

7   Agamben, Giorgio : L'invenzione di un'epidemia, ds. : *Quodlibet*, https://www.quodlibet.it/giorgio-agamben-l-invenzione-di-un-epidemia [23/06/2023] et reproduit dans Castrillón, Fernando/Marchevsky, Thomas (dir.) : *Coronavirus, Psychoanalysis and Philosophy*, London, New York 2021.

8   André Comte-Sponville a de nombreuses fois convoqué publiquement la pensée de Montaigne dans le contexte de la crise Covid. Par exemple dans cet entretien Chédotal, Florence : André Comte-Sponville : « Montaigne nous dirait : 'n'ayez pas peur !' », ds. : *La Montagne*, 30/09/2020, https://www.lamontagne.fr/paris-75000/loisirs/andre-comte-sponville-montaigne-nous-dirait-nayez-pas-peur_13844802/ [15/09/2020] ; De son côté, le philosophe Bernard-Henri Levy a dénoncé dans les médias un « virus qui rend fou », une confiance aveugle faite aux médecins et un abus d'autorité, par exemple dans N.N : Coronavirus. « On s'est fait avoir... », estime le philosophe Bernard-Henri Lévy, ds. : *Ouest-France*, 07/06/2020, https://www.ouest-france.fr/politique/coronavirus-s-est-fait-avoir-estime-le-philosophe-bernard-henri-levy-6860620 [15/09/2022].

Pierre Dupuy, le défaut de formation scientifique des philosophes ou des intellectuel·le·s en général ? : « ces intellectuels covid-sceptiques » sont « exclusivement de formation littéraire. C'est un handicap ».[9] Ce type de déclaration présuppose que la réflexion sur les limites de la rationalité en médecine serait réservée aux seul·e·s scientifiques, une position que l'on peut qualifier de scientiste. Pourtant, nombreuses sont les questions posées par l'incertitude des connaissances sur un virus en constante évolution, sur les bienfaits et les limites du recours à la vaccination, ou encore sur les avantages de méthodes préventives de lutte contre la pandémie relativement à des méthodes curatives. Ces interrogations concernent tout·e citoyen·ne et peuvent aussi requérir les lumières d'un·e anthropologue, d'un·e sociologue, d'un·e historien·ne, d'un·e écrivain·e ou d'un·e philosophe. La réflexion sur le vivant en santé et malade ne concerne pas que les biologistes et les médecins : elle intéresse l'ensemble de la société.

Or c'est précisément l'un des points sur lesquels les épidémiologistes, les chercheur·euse·s en santé publique, les médecins réanimateur·trice·s ont attiré l'attention lorsqu'ils·elles ont publié des tribunes,[10] alerté les politiques ou l'opinion sur les problèmes posés par la crise sanitaire. Les questions d'accès des personnes âgées à la réanimation, de tri entre les patient·e·s en situation d'urgence, d'égalité d'accès aux soins entre malades aigus et chroniques ne peuvent pas reposer uniquement sur les épaules des médecins. Elles doivent être posées non seulement à l'échelle d'une société, mais aussi à l'échelle européenne et mondiale. Les différences de situation sociale, politique, économique, le rapport culturel à la maladie, les représentations sociales et anthropologiques de la santé doivent être intégrés dans la réflexion.

Ces questions peuvent par ailleurs mobiliser la réflexion de spécialistes d'épistémologie des sciences médicales, de philosophes de la biologie ou de la médecine, ou encore de philosophie morale et politique. On a cependant très peu entendu ces derniers au cours de la crise sanitaire. Arrêtons-nous sur le premier domaine. Il existe des débats sur la nature de la contribution que la philosophie peut prétendre apporter à la médecine et à la biologie : pour certain·e·s une réflexion historique et critique, pour d'autres un véritablement infléchissement des connaissances biologiques et

---

9   Rossignol, Lorraine : Covid : « Comment expliquer que certains de nos intellectuels aient à ce point déraillé ? », ds. : *Télérama*, 15/05/2021, https ://www.telerama.fr/debats-reportages/covid-comment-expliquer-que-certains-de-nos-intellectuels-aient-a-ce-point-deraille-6874810.php [15/09/2022].

10 Voir les tribunes publiées par le Pr. Bertrand Guidet, chef de service de réanimation à l'hôpital Saint-Antoine à Paris : Béguin, François/Hecketsweiler, Chloé : Covid-19 : « Il y a des malades qui ne seront pas pris en réanimation. On s'y prépare », ds. : *Le Monde*, 07/10/2020, https ://www.lemonde.fr/planete/article/2020/11/07/covid-19-des-malades-ne-seront-pas-pris-en-reanimation-on-s-y-prepare_6058859_3244.html [30/09/2022].

médicales.[11] Dans ce dernier cas, les philosophes de la biologie ou de la médecine sont souvent des chercheur·euse·s qui ont suivi une double formation ou qui sont même parfois tout autant médecins que philosophes. Dire que les intellectuel·le·s en général sont dépourvu·e·s de connaissances scientifiques apparaît donc comme une exagération qui ne fait pas justice à ce qui apparaît aujourd'hui comme l'un des domaines les plus dynamiques de la recherche et de l'enseignement universitaires. Par ailleurs, on peut se demander en quoi une 'formation exclusivement littéraire' constituerait un handicap pour aborder les questions liées à la survenue d'une épidémie. C'est là méconnaître le fait que de nombreux·ses hommes et femmes de lettres ont, par le passé, écrit sur l'expérience de la maladie et sur l'art médical. C'est aussi négliger la longue tradition des philosophes médecins ou des médecins philosophes et la « pensée médicale » qui s'exprime dans leurs écrits.[12] Etudier cette pensée permet précisément de se convaincre que penser la maladie ne se réduit pas à la capacité d'expliquer scientifiquement ce qu'est un risque infectieux mais englobe bien d'autres aspects au-delà de la réalité biomédicale du phénomène considéré : en particulier les dimensions sociales, anthropologiques, politiques ou religieuses de la survenue d'un mal, tout comme son inscription dans une histoire du rapport des sociétés au risque et à la maladie, autrement-dit toutes les dimensions que Giorgio Agamben estime délaissées dans le traitement de la crise sanitaire.

Précisément, c'est là le second domaine dans lequel on a pu attendre que les philosophes aient quelque chose à dire au sujet d'un événement tel qu'une pandémie, un évènement qui par définition ne concerne pas seulement un individu mais des collectivités et qui pose des questions de nature morale ou éthique mais aussi politique. On peut contester la pertinence de l'usage du terme de 'pandémie' et lui préférer celui de 'syndémie' pour des raisons qui tiennent à la prise en considération de facteurs économiques, sociaux et politiques dans l'exposition des populations au risque de maladie, sans pour autant tomber dans la catégorie des 'covid-scep-

---

11   Cf. Laplane, Lucie [u. a.] : Why Science Needs Philosophy, ds. : *Proceedings of the National Academy of Sciences* 116/10 (2019), 3948–3952, https ://www.pnas.org/doi/10.1073/pnas.1900357116 [15/09/2022] ; Voir aussi Crignon, Claire/Lefebvre, David : Le temps long du dialogue entre médecins et philosophes, ds. : *Médecine/Sciences* 36/11 (2020), 524–529.

12   « […] l'histoire de la pensée médicale fait partie de notre culture, et n'est pas réservée aux médecins ». Pigeaud, Jackie : *Poétiques du corps, Aux origines de la médecine*, Paris 2008. Voir aussi Crignon, Claire/Lefebvre, David (dir.) : *Médecins et philosophes, une histoire*, Paris 2019.

tiques'.¹³ On peut aussi soutenir, comme le fait la philosophe Valérie Gerard, qu'il n'est pas nécessaire d'être scientifique pour se positionner dans les débats qui entourent la question de la vaccination, puisque ce qui est en jeu ici, ce n'est pas tant la connaissance scientifique d'un médicament et de ses effets à long terme, que la défense de la santé comme bien commun et le choix d'une position solidaire vis-à-vis des personnes les plus vulnérables au sein d'une société. Toutefois, ces positions se sont exprimées à travers des textes courts, des essais, des pamphlets des tracts ou des recueils collectifs dont la diffusion est restée limitée au milieu académique.¹⁴

2. Les voix inaudibles des philosophes

Comment expliquer alors que l'on ait si peu entendu la voix des philosophes au sens académique du terme, qu'ils·elles soient enseignant·e·s au lycée, enseignant·e·s-chercheur·euse·s en université ou dans des institutions de recherche ? On peut rappeler qu'en France, au moment où le ministère de la santé a constitué un comité de veille scientifique présidé par le professeur Jean-François Delfraissy, aucun·e philosophe (que ce soit dans le champ de l'épistémologie de la médecine ou de l'éthique médicale d'ailleurs) n'a été sollicité·e.¹⁵ Dans un contexte où les croyances et les passions se sont déchaînées, on peut s'interroger sur le caractère très peu audible des analyses philosophiques, en dehors des deux positions relativement médiatiques que nous avons mentionnées pour débuter notre analyse. On pourrait ici reprendre

---

13   Barbara Stiegler (*De la démocratie en pandémie. Santé, recherche éducation*, Paris 2021 (Collection Tractes 23) et Maru Mormina (Knowledge and Expertise during and after COVID-19, ds. : *Search of Epistemic Justice in Science Advice for Post-Normal Times*, 11/06/2021, https://ssrn.com/abstract=3903279 ou http://dx.doi.org/10.2139/ssrn.3903279 [23/06/2023]) renvoient ici à la position exprimée par le rédacteur en chef du *Lancet* Richard Horton le 26 septembre 2020, Offline : COVID-19 is Not a Pandemic , ds. : *The Lancet* 10255/396 (2020), 874, https://www.sciencedirect.com/science/article/pii/S0140673620320006?via%3Dihub [15/09/2022].

14   Sans prétendre aucunement à l'exhaustivité, mentionnons ici quelques exemples de ces écrits : Stiegler : *De la démocratie en pandémie* ; Stiegler, Barbara/Alla, François : *Santé publique, année zéro*, Paris 2022 ; Gérard, Valérie : *Tracer des lignes. Sur la mobilisation contre le pass sanitaire*, Paris 2021 ; Fernando Castrillon et Thomas Marchesky ont par ailleurs édité les débats entre Nancy et Agamben ainsi que d'autres prises de position dans Castrillón/Marchevsky (dir.) : *Coronavirus, Psychoanalysis and Philosophy*.

15   Cf. Ministère de la santé et de la prévention, Ministère des solidarités, de l'autonomie et des personnes handicapées : *Olivier Véran installe un conseil scientifique*, 11/03/2020, https://solidarites-sante.gouv.fr/archives/archives-presse/archives-communiques-de-presse/article/olivier-veran-installe-un-conseil-scientifique [07/09/2022]. Ce comité comprenait des médecins, infectiologues, virologues, épidémiologistes et deux représentant.e.s des sciences humaines et sociales : en sociologie et anthropologie. En revanche, philosophes, psychologiques et économistes sont laissés de côté.

la question que le philosophe Pierre Bayle posait à la fin du 17ᵉ siècle au moment du passage de la comète de Halley, un épisode de l'histoire qui s'est accompagné d'une profusion de croyances et de rumeurs : dans ce type de contexte, propice à l'irrationalité, « pourquoi ne parle-t-on point de l'autorité des philosophes » ?[16]

Plusieurs facteurs peuvent ici être mentionnés. Rappelons qu'en France, au moment de la crise sanitaire, les enseignant·e·s-chercheur·euse·s en sciences humaines et sociales qui alertaient, tout comme les chercheur·euse·s en sciences biologiques et médicales et les soignant·e·s d'ailleurs, sur la suppression des postes et la détérioration de leurs conditions de travail, se sont vu·e·s accuser de nourrir un courant qualifié d' 'islamo-gauchiste' par leur ministre de tutelle.[17] Les sciences humaines et sociales sont apparues dans le débat public et à la une des journaux, non pas comme des disciplines susceptibles de venir apporter un éclairage réflexif et critique sur l'actualité, mais plutôt comme des formes idéologiques de discours, soupçonnées d'apporter une caution intellectuelle à des formes de radicalités religieuses et politiques conduisant au terrorisme. Un tel contexte est davantage propice à une crispation des débats et à des dérives polémiques qu'à un échange argumentatif et délibératif dépassionné permettant d'interroger le rapport que les êtres humains entretiennent à leur corps, aux maladies, à la vieillesse et à la mort.

On peut ensuite faire remarquer qu'entre la perception qu'a le grand public ou les médias de ce qu'est la philosophie ou de ce qu'est un·e philosophe et la profession d'enseignant·e chercheur·euse en philosophie, l'écart peut être assez important. Les enseignant·e·s chercheur·euse·s travaillant dans les domaines de l'histoire et la philosophie des sciences biologiques et médicales ne dissertent pas sur le sens de la souffrance ni sur le caractère inexorable de la mort. Ils·elles ne prononcent pas de 'leçons de sagesse'. Ils·elles posent des questions, proposent des outils conceptuels pour tenter d'y voir un peu plus clair ou de mieux mesurer les enjeux de tel ou tel problème. Un·e philosophe de la médecine trouvera par exemple dans la crise sanitaire des éléments conduisant à réinterroger la démarcation entre le sain et le pathologique. Réfléchir au statut des patient·e·s asymptomatiques et à la manière de sensibiliser au risque dans une situation où tout individu peut potentiellement être considéré comme malade et porteur·euse du virus sans pour autant qu'il ne se sente souffrant, interroger le passage d'une pathologie aiguë à un mal endémique avec lequel la population est amenée à cohabiter, s'arrêter sur l'incertitude propre à un savoir médical confronté à une pathologie évolutive et complexe dont l'origine n'est pas

---

16 Bayle, Pierre : *Pensées diverses sur la comète*, édition par Joyce et Hubert Bost, Paris 2007, 73.
17 Le Nevé, Soazig : Frédérique Vidal lance une enquête sur « l'islamo-gauchisme » à l'université, ds. : *Le Monde*, 16/02/2021., https ://www.lemonde.fr/societe/article/2021/02/16/frederique-vidal-lance-une-enquete-sur-l-islamo-gauchisme-a-l-universite_6070195_3224.html [18/10/2021].

claire ou interroger la valeur épistémologique et les limites des modèles épidémiologiques de prédiction, voilà quelques exemples de ce que l'on peut attendre d'un·e spécialiste de ce domaine.

Proposer ce type de réflexion nécessite du temps. Or le traitement de la crise sanitaire a été marqué par l'urgence, par la rapidité de la diffusion des informations, par une surexposition des positions les plus provocatrices. On notera au passage que les philosophes covid-sceptiques mentionnés par J-P. Dupuy ont parfois fait le choix de se placer sous la bannière des 'humanités' pour dénoncer une société de plus en plus dominée par la science et la technique, pour critiquer une médecine qui mobilise de plus en plus largement les outils numériques, faisant usage des *big data*, de l'intelligence artificielle. Ils·elles considèrent que la défense d'une vie purement « biologique » conduirait à perdre de vue le sens « humain » de l'existence.[18] Ils·elles ont été rejoint·e·s dans leur critique par un certain nombre de médecins qui se sont opposé·e·s aux mesures de confinement, qui ont parfois nié la gravité de la pandémie ou qui ont remis en cause l'efficacité des vaccins, en faisant ainsi le choix d'une position dissidente au sein de la profession médicale.[19] Certain·e·s ont ainsi dénoncé le risque de politiques sanitaires oublieuses d'autres formes de soin, reposant sur la prévention, le recours aux plantes, s'inscrivant dans une longue tradition diététique permettant à chaque individu d'être son propre médecin,[20] plus soucieuse de respect de l'environnement que les grandes industries pharmaceutiques. Cette position n'est pas nouvelle : « chaque époque », souligne le philosophe de la médecine François Dagognet, « loue ses propres moyens de guérison ».[21] La recherche d'un traitement ou d'un remède est propice à des manifestations d'engouement pour des remèdes miracles ou pour l'expression de croyances dont l'analyse relève autant de la philosophie que de la sociologie.

Mais il reste à se demander comment la bannière des 'humanités' a pu en venir à nourrir l'opposition entre le domaine des sciences et techniques d'une part, celui

---

18　Cette opposition est empruntée à Agamben, Giorgio : *Homo sacer. Le pouvoir souverain et la vie nue*, Paris 1997. Pour une critique de cette position voir Bratton, Benjamin : How Philosophy Failed the Pandemic, Or : When Did Agamben Become Alex Jones, ds. : *Literary Hub*, 02/08/2021, https ://lithub.com/how-philosophy-failed-the-pandemic-or-when-did-agamben-become-alex-jones/ [07/09/2022].

19　C'est le cas en particulier en France de Didier Raoult ou de médecins comme Louis Fouché. Ce dernier a publié une synthèse des réflexions qu'il livre sur le site *Reinfocovid* (collectif de soignant·e·s, médecins, scientifiques questionnant la politique et les mesures mises en place au moment de la crise sanitaire en France) dans Fouché, Louis : *Tous résistants dans l'âme – Eclairons le monde de demain !*, Paris 2021.

20　Cette tradition est analysée par Aziza-Shuster, Evelyne : *Le Médecin de soi-même*, Paris 1972.

21　Dagognet, François : *La Raison et ses remèdes. Essai sur l'imaginaire et le réel dans la thérapeutique contemporaine*, Paris 1964, introduction, 21.

de la réflexion sur la science et sur les pratiques d'autre part. N'y a-t-il pas ici un contresens sur ce qu'on nomme 'les humanités' ?

3. Le temps long du rapport entre médecine et philosophie et l'émergence des humanités médicales

Dans le sillage d'un courant initié dans les pays anglo-saxons qui a mis plus de temps à s'implanter en Europe et plus particulièrement en France, un certain nombre de formations pédagogiques et de projets de recherche se retrouvent aujourd'hui classés dans le domaine de ce que l'on nomme les 'humanités médicales' ou 'biomédicales'.[22] Cette appellation n'est pas dénuée d'ambivalence. D'abord parce que son apparition récente peut laisser entendre que le dialogue entre sciences biologiques et médicales et 'humanités' serait quelque chose de récent, alors qu'il a une très longue histoire. Les travaux de l'historien des idées, médecin psychiatre et théoricien littéraire Jean Starobinski en Suisse, tout comme ceux du spécialiste de médecine antique Jackie Pigeaud en France démontrent tout l'intérêt de se pencher sur cette pensée et écriture qui s'est déployée de l'intérieur des écrits médicaux à une époque où le partage des disciplines rendait la question du dialogue superflue : si l'on peut repérer des moments ou des textes dans lesquels la médecine a déclaré vouloir se séparer de la philosophie, la médecine a très longtemps fait partie de ce que l'on nommait alors la 'philosophie naturelle', c'est-à-dire de l'enquête concernant la connaissance des phénomènes naturels et vivants. Certes le champ des 'humanités médicales' est aujourd'hui traversé par des discussions et parfois aussi des divergences sur la signification à accorder à ce dialogue ainsi que sur ses modalités pratiques. Pour certain·e·s, il s'agit d'abord de mobiliser les ressources des disciplines relevant de la littérature, de l'histoire, de la sociologie, de l'anthropologie, de la philosophie et des arts pour proposer une réflexion historique et critique sur les sciences biomédicales et sur les pratiques de soin. D'autres insistent plutôt sur la nécessité d'une réflexion engagée sur le terrain, partant de l'engagement dans les services et de la présence d'enseignant·e·s de sciences humaines et sociales dans les programmes de formation en médecine ou en biologie.[23] Mais en aucun cas on entend ici par 'humanités' le fait de 'rendre humains' des savoirs ou des pratiques qui, parce qu'elles relèvent des sciences et des techniques, auraient perdu de vue le sens de l'humain. Ce serait là

---

22 Nous nous permettons de renvoyer ici à la formation de master que nous avons lancée en 2020 ainsi qu'aux projets menés au sein de l'initiative Humanités Biomédicales de Sorbonne Université. Voir Sorbonne Université : *Initiative Humanités Biomédicales*, https ://humanites-b iomedicales.sorbonne-universite.fr/ [23/06/2023].

23 Cf. Lefève, Céline/Thoreau, François/Zimmer, Alexis : Situer les humanités médicales, ds. : Lefève, Celine/Kipman, Simon-Daniel/Pachoud, Bernard : *Les Humanités médicales. L'engagement des sciences humaines et sociales en médecine*, Paris 2020, 3–18.

en effet adopter une position normative et surplombante sur les savoirs biologiques et médicaux, en prétendant dire aux biologistes et aux médecins ce qu'il convient de faire.[24] Il reste que cette manière de comprendre la notion d'« humanités », en oubliant le pluriel (qui indique bien que l'on parle ici de la tradition philosophique, littéraire, artistique ou des lettres au sens large et non de la valeur morale de l' « humanité » ou de l'« empathie ») est assez fréquente.[25] Elle conduit à un certain nombre de quiproquos qu'il est important de dissiper : les disciplines historiques et littéraires n'ont pas vocation à apporter un supplément d'âme à une médecine obsédée par la recherche des preuves et par l'efficacité thérapeutique, par nature oublieuse de l'histoire des patient·e·s ou du sens de la maladie que seul le récit historique, le récit autobiographique ou la narration littéraire seraient à même de nous livrer.[26] Céder à cette tentation conduirait à faire courir le risque de transformer cette riche tradition en alliée de « l'antiscience et de la superstition ». Sa fonction est bien plutôt de « mettre en lumière la valeur propre de la démarche scientifique »[27] en distinguant par exemple ce qui relève de la science et de l'opinion ou de la croyance, sans exclure donc les opinions, les erreurs ou les croyances de la réflexion critique sur la médecine.

4. Quel apport de la philosophie pour penser les limites de la médecine et pour faire de la santé un objet commun ?

Revenons à notre question de départ : quel peut-être le rôle de la philosophie comme discipline académique, c'est-à-dire comme pratique pédagogique et de recherche, dans la réflexion sur les enjeux d'une crise sanitaire ? A cette question, nous pouvons en ajouter une seconde : comment l'expérience et le regard de médecins confronté·e·s au quotidien à la lutte contre une épidémie peut-il en retour permettre à la réflexion des chercheur·euse·s en sciences humaines et sociales d'être davantage informée et éclairée ? Comment peut-elle surtout leur permettre d'éviter de manquer de prudence en sortant de leur domaine de compétence ?

---

24 Un type de position contre lequel le philosophe des sciences médicales Georges Canguilhem a constamment mis en garde, voir par exemple Canguilhem, Georges : *Le Normal et le Pathologique, introduction*, Paris 2006, 8.

25 On renverra sur ces questions au numéro dirigé par Ferry-Danini, Juliette/Giroux, Elodie : La médecine et ses humanismes, Avant-propos, ds. : *Archives de philosophie* 83/4 (2020), 5–12.

26 Pour cette manière de définir les humanités médicales, voir Lambrichs, Louise : La médecine occidentale en quête d'humanité(s), ds. : Fantini, Bernard/Lambrichs, Louise (dir.) : *Histoire de la pensée médicale contemporaine – évolutions, découvertes, controverses*, Paris 2014, chap. 26, 455–472.

27 Starobinski, Jean : Plaidoyer pour les humanités médicales, ds. : *Littérature et médecine ou les pouvoirs du récit*, Paris 2000, 1–2.

Nous proposons ici deux pistes, qui sont bien évidemment loin de prétendre épuiser les réponses à ces questions. La première consiste à rappeler à quel titre la philosophie peut être concernée pour penser les limites et les incertitudes du savoir médical. La seconde vise à mobiliser plus largement une approche historique et plus largement culturelle des maladies qui permettrait de mieux cerner les enjeux de l'évolution des attentes de la population à l'égard de la médecine. Ces deux pistes convergeront pour montrer que l'histoire et la philosophie des sciences médicales ont un rôle important à jouer et gagneraient à se faire entendre au-delà des cercles universitaires et académiques.

Premièrement, rappelons que la réflexion analytique et critique sur le savoir et les pratiques médicales ne se réduit ni à l'éthique ni à la bioéthique.[28] Sans sous-estimer l'importance et le dynamisme de cette approche, d'autres approches peuvent être convoquées pour penser les défis auxquels nous confronte l'évolution des maladies. La première de ces approches relève de ce que la philosophe de la médecine Anne Fagot-Largeault appelle la « philosophie implicite de l'acte médical »[29]. On a souvent opposé au cours de cette crise, la recherche médicale à la dimension thérapeutique du soin[30] (en reprochant aux épidémiologistes par exemple de perdre du temps dans les essais cliniques au lieu de se concentrer sur la recherche de remèdes efficaces). Pourtant, c'est dans la capacité à articuler « obligation de recherche » et « obligation de soin » que l'on peut évaluer « l'engagement philosophique » du médecin.[31] C'est justement parce que les médecins sont confrontés à une demande de soin, et en l'occurrence ici une demande urgente pouvant conduire à des situations périlleuses (manque de lits en réanimation, augmentation exponentielle des cas, débordement du système hospitalier) que la recherche doit être menée de la manière la plus rigoureuse et méthodique possible, même lorsque l'on ne possède aucune certitude sur le fait qu'elle aboutira au succès escompté. Ce que Anne Fagot-Largeault appelait aussi de ses vœux en parlant de « philosophie de l'acte médical », c'était aussi la nécessité de penser ensemble, et non séparément, les différentes dimensions de l'activité médicale, qu'elles concernent la recherche ou le soin. Penser ensemble par exemple les dimensions métaphysiques, épistémologiques et morales des maladies. Les maladies nous rappellent qu'« il y a du mal dans le monde » (métaphysique), qu'il « faut y porter remède » (morale) et que même si les efforts pour porter remède ne

---

28 On pourra ici renvoyer par exemple à Hirsch, Emmanuel : *Une éthique pour temps de crise*, Paris 2022.
29 Fagot-Largeault, Anne : *Médecine et Philosophie*, Paris 2010, 3.
30 Cf. Raoult, Didier : « L'éthique du traitement contre l'éthique de la recherche », le Pr Didier Raoult critique les « dérives » de la méthodologie, ds. : *Le Quotidien du médecin*, 02/04/2020, https://www.lequotidiendumedecin.fr/specialites/infectiologie/lethique-du-traitement-contre-lethique-de-la-recherche-le-pr-didier-raoult-critique-les-derives-de [15/09/2022].
31 Fagot-Largeault : *Philosophie des sciences biologiques et médicales*, 12–16.

sont pas garantis de rencontrer le succès, il convient de les poursuivre « pour l'honneur » : autrement dit de mettre en œuvre tous les moyens rationnels permettant à la recherche d'avancer en cheminant non pas au hasard mais en suivant le fil d'une méthode sûre. Dénoncer le zèle intempestif de médecins obsédé·e·s par la méthode en science pour vanter à l'inverse l'humanité de ceux·celles qui se préoccupent d'offrir des remèdes à leurs patient·e·s, sans s'être assuré·e·s de mettre à l'épreuve les moyens par lesquels ils·elles sont arrivé·e·s à un résultat prometteur, ce n'est donc pas se placer du côté de cette philosophie de l'acte médical dont Anne Fagot-Largeault nous rappelle la longue histoire en commentant l'aphorisme extrait du traité hippocratique *De la Bienséance* : « Il faut transporter la philosophie dans la médecine et la médecine dans la philosophie. »[32] La philosophie n'est pas un discours thérapeutique auquel on pourrait faire appel en temps de crise, c'est en revanche un appel à examiner les choses en faisant usage de sa raison et de son esprit critique. Le traitement émotionnel et tragique de la crise sanitaire, les grands discours sur la 'résilience' ou sur l'empathie à l'égard des plus vulnérables semblent rencontrer plus de succès que l'exercice rigoureux de la critique et du jugement.[33] On pourra justement se demander quel rôle jouent les émotions dans ce type de situation et comment il est possible de tenir compte de leur présence sans se laisser submerger par elles. La seconde partie de la phrase d'Hippocrate renvoie à ce que Anne Fagot-Largeaut nomme la « philosophie de l'acte médical ». Elle renvoie aussi pour nous au fait d'accepter que le·la philosophe puisse apprendre quelque chose du·de la médecin, ou plus précisément que la confrontation avec cette « matière étrangère »[34] que constitue les maladies et les virus puisse être considérée comme féconde sur le plan de la réflexion philosophique. Comme le remarque Pascal Engel dans son *Manuel rationaliste de survie*, « l'ignorance et le mépris de la raison », le « mysticisme, le romantisme, le culte de l'intuition et de l'émotion » s'accompagnant souvent d'un retour à de « grandes métaphysiques spéculatives », et à des « philosophies de la vie ».[35] Pourtant la philosophie plonge aussi ses racines dans des questionnements très pratiques qui sont liés à ce que l'on appelle 'les affaires humaines' ou la 'conduite de la vie'. Pour ne prendre qu'un exemple, celui du philosophe américain John Dewey, représentant du courant pragmatisme, on peut défendre la thèse que « la philosophie devrait [...]

---

32 Hippocrate : *De la Bienséance (Peri euschèmosunès)*, ds : *Connaître, aimer, soigner. Le serment et autres textes*, Paris 1999, 42.
33 Engel, Pascal : *Manuel rationaliste de survie*, Marseille 2020. A ces appels à la 'résilience' ont succédé des recommandations de 'sobriété' qui tendent à faire porter le poids des conséquences de la crise sur les individus, via un discours moralisateur.
34 Canguilhem définissait la philosophie comme « cette activité pour laquelle toute bonne matière doit être étrangère ». Voir Canguilhem : *Le Normal et le Pathologique*, introduction, 7.
35 Engel : *Manuel rationaliste de survie*, « Introduction. Bersaudés de raison », en particulier 7–12.

être attentive aux crises et aux tensions dans la conduite des affaires humaines ».[36] La fonction de la philosophie n'est peut-être pas uniquement de statuer sur ce qui est immuable et éternel, elle peut avoir des choses à dire qui intéressent la société, sans pour autant être réduite à un moyen, ou accusée de se laisser instrumentaliser. En refusant d'aller dans cette direction et en choisissant de ne se préoccuper que de ce qui est éternel, la philosophie risque de susciter au mieux un certain désintérêt, au pire de la défiance : « en ce qui concerne la philosophie, en professant de fonctionner à partir de l'éternel et de l'immuable, elle se condamne à une fonction et à une matière qui, plus que toute autre chose, font que le public lui retire de plus en plus son estime et se méfie de ses prétentions. »[37]

Deuxièmement, il nous semble important de répondre au reproche de présentisme adressé aux philosophes et aux intellectuel·le·s qui s'emparent des questions débattues dans l'actualité. S'il est périlleux de prétendre tirer des 'leçons de l'histoire' et d'établir des analogies entre les différentes épidémies qui ont ponctué l'histoire de l'humanité, on peut en revanche faire appel à l'histoire pour étudier l'évolution du rapport des populations à ce qui est vécu comme un mal venant les frapper de manière inattendue. Les épidémies, comme les guerres, suscitent des émotions fortes au sein des populations. Si l'on reprend l'étymologie du terme *epi-demos*, une épidémie est littéralement « ce qui tombe sur le peuple », « ce qui arrive en même temps à un grand nombre de gens en un temps et en un lieu donnés »[38] : 'ce qui tombe sur' ici, ce n'est pas seulement un évènement pathologique au sens biologique du terme : les affects, les opinions, les préjugés, les croyances, les rumeurs font tout autant partie du *pathos* que les symptômes physiques du mal. Dans ses *Réflexions sur les fausses nouvelles de la guerre* (1921)[39], l'historien Marc Bloch proposait de faire de ces croyances et de ces émotions des objets pour l'historien·ne : les étudier, c'est aussi tenir compte du fait qu'un évènement traumatique comme une guerre ou une épidémie s'accompagne d'émotions et de passions qui circulent au sein des populations en constituant progressivement un imaginaire du mal. Intégrer la manière dont les populations perçoivent et ressentent un évènement tel qu'une crise sanitaire dans notre réflexion

---

36 Dewey, John : *Reconstruction en philosophie*, ds. : *Oeuvres philosophiques*, éd. Jean-Pierre Cometti, Pau 2003, 22.

37 Dewey : *Reconstruction en philosophie*, 22. Faire de l'expérience de la maladie une manière de venir mettre à l'épreuve la conceptualité philosophique, c'est là ce que proposent des auteurs aussi différents que Malherbe, Michel : *Alzheimer, la vie, la mort, la reconnaissance*, Paris 2015 ; ou encore Carel, Havi : *La Maladie, le cri de la chair*, trad. Thomas Bonnin, Paris 2022.

38 Galien : *Commentaire aux Epidémies* III, III, 20, éd. E. Wenkerbach, Leipzig, Berlin 1939, cité par Boudon-Millot, Véronique : Controverses antiques. Sur une maladie nouvelle : Quand un mal inconnu frappait l'empire romain, ds. : Clement, Annick/Chauvin, Pierre-Marie (dir.) : *Sorbonnavirus. Regards sur la crise du coronavirus*, Paris 2021, 29–39, 30.

39 Bloch, Marc : Réflexions d'un historien sur les fausses nouvelles de la guerre, ds. : *Revue de synthèse historique* 7(1921), 13–35.

sur les politiques sanitaires c'est certainement se donner des outils permettant de penser la santé comme un objet commun au lieu de considérer qu'elle constituerait le domaine réservé des expert·e·s scientifiques ou de ceux·celles qui sont en position de prendre des décisions au sein d'une société.

5. Bilan : Analyses holistiques des styles de comportement face à la situation pandémique : quelle place donner à l'enseignement de l'histoire et de la philosophie des sciences médicales ?

L'histoire culturelle des maladies permet précisément d'étudier la manière dont les sociétés se représentent les maladies, de centrer l'attention sur les croyances et les émotions qui circulent au sein des populations confrontées à une épidémie, dans des circonstances propres à chaque époque et à chaque territoire géographique. Une telle histoire permet de ne pas réduire les maladies à leur dimension biomédicale en comprenant comment elles se constituent dans le même temps comme des « phénomènes culturels historiquement déterminés »[40]. Ce type d'approche permet de prendre en considération l'observation des affects et des croyances non seulement du côté de la population ou du 'profane', mais aussi du côté des savant·e·s ou de ceux·celles qui sont considéré·e·s comme des 'expert·e·s' et qui n'observent jamais d'une manière totalement neutre ou objective, mais à partir d'un ensemble complexe de 'prédispositions mentales', d''habitudes de pensée' ou de ce que le médecin et biologiste Ludwig Fleck appelle un « style de pensée »[41]. Comme le rappellent Anne Marie Moulin et Damiano de Facci dans un article consacré aux éventuelles leçons à tirer de l'épidémie de VIH pour l'épidémie de Covid,

> il n'est pas de solution aux épidémies contemporaines, qui ne doive passer par l'exposé des griefs, des besoins et des controverses scientifiques, dans tous les lieux où la société peut s'exprimer, partager et proposer des expériences et en un mot prendre part à l'action.[42]

C'est la raison pour laquelle l'histoire joue un rôle essentiel. Non seulement pour étudier les désaccords et les controverses qui accompagnent toute crise sanitaire et plus généralement toute discussion autour de la nature et de l'origine des maladies,

---

40 Coste, Joël : *Représentations et comportements en temps d'épidémie dans la littérature imprimée de peste (1490–1725)*, Paris 2006, introduction, 14. Joël Coste renvoie aux travaux de Yves-Marie Bercé, de Mirko Grmek sur le sida, de Patrice Bourdelais et de Jean-Yves Raulot ou encore de François Delaporte sur le choléra. Mentionnons aussi Sendrail, Marcel : *Histoire culturelle de la maladie*, Toulouse 1980.
41 Fleck, Ludwik : Observation scientifique et perception en général, ds. : *L'Histoire des sciences. Méthodes, styles et controverses*, éd. Jean-François Braunstein, Paris 2008, 245–272.
42 Moulin/De Facci : Peut-on tirer des leçons de l'Histoire pour la crise du Covid-19 ?, 7.

mais aussi pour ne pas accentuer le prétendu fossé entre l'opinion et la science[43] et pour remettre en question la représentation courante d'une guerre qui opposerait un peuple ignorant et guidé par la crédulité à une communauté de savant·e·s et d'expert·e·s mu·e·s par la recherche de l'objectivité et de la rationalité.[44] L'histoire est indispensable pour permettre à la médecine de ne pas réduire les croyances ni les émotions qui s'expriment lors de controverses et de disputes sur une maladie à une histoire des erreurs et pour les prendre en considération.[45] Comme le soulignait Mirko Grmek dans son *Histoire du sida* en 1983, il ne s'agit pas de faire preuve de naïveté en prétendant que « au moment même où une pandémie est encore en pleine expansion », on pourrait « aborder son histoire avec la sérénité et les connaissances que seule nous offre la distance des faits accomplis ».[46] En revanche, on peut avoir « l'audace de croire que, dès ce moment, le regard en arrière d'un médecin rompu aux études historiques peut rendre des services ».[47] C'est de cette manière qu'il sera possible de répondre à ce que l'on qualifie de 'défiance' à l'égard du savoir médical. Ni en tirant des leçons du passé, ni en occultant le déchaînement des passions qui accompagne les controverses médicales, mais en réfléchissant au rôle que peuvent jouer les conflits et les épreuves d'incertitude dans l'acceptation ou le refus de mesures sanitaires.

Aujourd'hui pourtant, dans les universités françaises, l'histoire de la médecine est peu présente, cantonnée aux quelques départements d'histoire qui comprennent des spécialistes de ce domaine, et elle reste très peu associée à la réflexion des philosophes de la médecine, lesquel·le·s ont parfois tendance à considérer que l'approche analytique n'autorise qu'un usage cosmétique de l'histoire des sciences. Ces dernier·ère·s débutent souvent leur réflexion et leurs écrits par de 'petites histoires', qu'il s'agisse de comprendre comment l'on est passé de la mélancolie à la dépression, ou de montrer comment la défiance à l'égard de la médecine est passée du scepticisme au nihilisme médical.[48] Mieux articuler des approches analytiques et critiques avec

---

43 Cf. Bensaude-Vincent, Bernadette : *La Science contre l'opinion. Histoire d'un divorce*, Paris 2003.
44 Pour une remise en cause de ces oppositions, voir Goldenberg, Maya J. : *Vaccine Hesitancy*, Pittsburgh 2021 et aussi Monnais, Laurence : *Vaccinations. Le mythe du refus*, Montréal 2019.
45 Sur la tendance de la science médicale à ramener l'historique au « réceptacle de croyances vaines qui ont perdu le droit d'exister à l'intérieur de la science », voir Starobinski, Jean : *Le Corps et ses raisons*, Paris 2020, 171.
46 Grmek, Mirko Drazen : *Histoire du sida : début et origine d'une pandémie actuelle*, Paris 1995², chap. 1, « Une maladie étrange est dénoncée », 25.
47 Grmek : *Histoire du sida*, préface à la seconde édition, 17.
48 Dans *Tristesse ou Dépression. Comment la psychiatrie a médicalisé nos tristesses* (trad. F. Parot, Bruxelles 2010), Jérôme C. C. Wakefield et Allan V. Horwitz brossent en une vingtaine de pages une histoire de la dépression de l'Antiquité au XIXe siècle. Cette tendance est encore plus nette dans l'ouvrage de Jacob Stegenga *Nihilisme médical* (trad. M. Lemoine, Paris 2020, 49–55), qui propose une « brève histoire du nihilisme médical » allant de l'Antiquité au XXe siècle en ... 5 pages.

un travail historique d'envergure, partir d'une étude rigoureuse des sources manuscrites pour cerner la spécificité des questions qui se posent dans un contexte et à une époque donnée, au lieu d'instrumentaliser l'histoire ou de la réduire au rôle d'illustration anecdotique, voilà qui fait partie des tâches qu'un·e historien·ne et philosophe des sciences médicales peut se donner pour démontrer que les universitaires et les chercheur·euse·s en sciences humaines et sociales ont un rôle à jouer dans un contexte de crise sanitaire.

Bibliographie

Agamben, Giorgio : L'invenzione di un'epidemia, ds. : *Quodlibet*, https://www.quodlibet.it/giorgio-agamben-l-invenzione-di-un-epidemia [23/06/2023].

Aziza-Shuster, E. : *Le Médecin de soi-même*, Paris 1972. Agamben, Giorgio : *Homo sacer. Le pouvoir souverain et la vie nue*, Paris 1997.

Bayle, Pierre : *Pensées diverses sur la comète*, édition par Joyce et Hubert Bost, Paris 2007.

Béguin, François/Hecketsweiler, Chloé : Covid-19 : « Il y a des malades qui ne seront pas pris en réanimation. On s'y prépare », ds. : *Le Monde*, 07/10/2020, https://www.lemonde.fr/planete/article/2020/11/07/covid-19-des-malades-ne-seront-pas-pris-en-reanimation-on-s-y-prepare_6058859_3244.html [30/09/2022].

Bensaude-Vincent, Bernadette : *La Science contre l'opinion. Histoire d'un divorce*, Paris 2003.

Boucheron, Patrick : « En quoi aujourd'hui diffère d'hier », ds. : *Mediapart*, http://histoire-geo.ac-amiens.fr/IMG/pdf/patrick_boucheron_mediapart.pdf [23.06.2023].

Boudon-Millot, Véronique : Controverses antiques. Sur une maladie nouvelle : Quand un mal inconnu frappait l'empire romain, ds. : Clement, Annick/Chauvin, Pierre-Marie (dir.) : *Sorbonnavirus. Regards sur la crise du coronavirus*, Paris 2021, 29–39.

Bratton, Benjamin : How Philosophy Failed the Pandemic, Or : When Did Agamben Become Alex Jones, ds. : *Literary Hub*, 02/08/2021, https://lithub.com/how-philosophy-failed-the-pandemic-or-when-did-agamben-become-alex-jones/ [07/09/2022].

Canguilhem, Georges : *Le Normal et le Pathologique, introduction*, Paris 2006.

Carel, Havi : *La Maladie, le cri de la chair*, trad. Thomas Bonnin, Paris 2022.

Castrillón, Fernando/Marchevsky, Thomas (dir.) : *Coronavirus, Psychoanalysis and Philosophy*, London, New York 2021.

Chédotal, Florence : André Comte-Sponville : « Montaigne nous dirait : 'n'ayez pas peur !' », ds. : *La Montagne*, 30/09/2020, https://www.lamontagne.fr/paris-750

oo/loisirs/andre-comte-sponville-montaigne-nous-dirait-nayez-pas-peur_138 44802/ [15/09/2020].

Coste, Joël : *Représentations et comportements en temps d'épidémie dans la littérature imprimée de peste (1490–1725)*, Paris 2006.

Crignon, Claire/Lefebvre, David (dir.) : *Médecins et philosophes, une histoire*, Paris 2019.

Crignon, Claire/Lefebvre, David : Le temps long du dialogue entre médecins et philosophes, ds. : *Médecine/Sciences* 36/11 (2020), 524–529.

Dagognet, François : *La Raison et ses remèdes. Essai sur l'imaginaire et le réel dans la thérapeutique contemporaine*, Paris 1964.

Dewey, John : *Reconstruction en philosophie*, ds. : *Oeuvres philosophiques*, éd. Jean-Pierre Cometti, Pau 2003.

Engel, Pascal : *Manuel rationaliste de survie*, Marseille 2020.

Fagot-Largeault, Anne : *Médecine et Philosophie*, Paris 2010.

Fassin, Didier : *Les Mondes de la santé publique. Excursions anthropologiques, cours au Collège de France 2020–2021*, Paris 2021.

Ferry-Danini, Juliette/Giroux, Elodie : La médecine et ses humanismes, Avant-propos, ds. : *Archives de philosophie* 83/4 (2020), 5–12.

Fleck, Ludwik : Observation scientifique et perception en général, ds. : *L'Histoire des sciences. Méthodes, styles et controverses*, éd. Jean-François Braunstein, Paris 2008, 245–272.

Fouché, Louis : *Tous résistants dans l'âme – Eclairons le monde de demain !*, Paris 2021.

Galien : *Commentaire aux Epidémies* III, III, 20, éd. E. Wenkerbach, Leibzig, Berlin 1939.

Gérard, Valérie : *Tracer des lignes. Sur la mobilisation contre le pass sanitaire*, Paris 2021.

Goldenberg, Maya J. : *Vaccine Hesitancy*, Pittsburgh 2021.

Grmek, Mirko Drazen : *Histoire du sida : début et origine d'une pandémie actuelle*, Paris 1995².

Hippocrate : *Connaître, aimer, soigner. Le serment et autres textes*, Paris 1999.

Hirsch, Emmanuel : *Une éthique pour temps de crise*, Paris 2022.

Horton, Richard : Offline : COVID-19 is not a Pandemic, ds. : *The Lancet* 10255/396 (2020), 874, https://www.sciencedirect.com/science/article/pii/S 0140673620320006?via%3Dihub [15/09/2022].

Lachenal, Guillaume/Thomas, Gaëtan : Covid 19 : When History Has no Lessons, 30/03/2020, https://www.historyworkshop.org.uk/covid-19-when-history-has-no-lessons/comment-page-1/ [09/05/2020].

Lambrichs, Louise : La médecine occidentale en quête d'humanité(s), ds. : Fantini, Bernard/Lambrichs, Louise (dir.) : *Histoire de la pensée médicale contemporaine – évolutions, découvertes, controverses*, Paris 2014, chap. 26, 455–472.

Laplane, Lucie [et al.] : Why Science Needs Philosophy, ds. : *Proceedings of the National Academy of Sciences* 116/10 (2019), 3948–3952, https://www.pnas.org/doi/10.1073/pnas.1900357116 [15/09/2022].

Le Nevé, Soazig : Frédérique Vidal lance une enquête sur « l'islamo-gauchisme » à l'université, ds. : *Le Monde*, 16/02/2021., https ://www.lemonde.fr/societe/articl e/2021/02/16/frederique-vidal-lance-une-enquete-sur-l-islamo-gauchisme-a-l -universite_6070195_3224.html [18/10/2021].

Lefève, Céline/Thoreau, François/Zimmer, Alexis : Situer les humanités médicales, ds. : Lefève, Celine/Kipman, Simon-Daniel/Pachoud, Bernard : *Les Humanités médicales. L'engagement des sciences humaines et sociales en médecine*, Paris 2020, 3–18.

Malherbe, Michel : *Alzheimer, la vie, la mort, la reconnaissance*, Paris 2015.

Ministère de la santé et de la prévention, Ministère des solidarités, de l'autonomie et des personnes handicapées : *Olivier Véran installe un conseil scientifique*, 11/03/2020, https ://solidarites-sante.gouv.fr/archives/archives-presse/archive s-communiques-de-presse/article/olivier-veran-installe-un-conseil-scientifiq ue [07/09/2022].

Monnais, Laurence : *Vaccinations. Le mythe du refus*, Montréal 2019.

Mormina, Maru : Knowledge and Expertise during and after COVID-19, ds. : *Search of Epistemic Justice in Science Advice for Post-Normal Times*, 11/06/2021, https://ssrn. com/abstract=3903279 ou http://dx.doi.org/10.2139/ssrn.3903279 [23/06/2023].

Moulin, Anne Marie/De Facci, Damiano : Peut-on tirer des leçons de l'histoire pour la crise du Covid-19 ?, La leçon d'hier : le VIH, ds : *Questions de santé publique* 41 (2021),7, https ://iresp.net/wp-content/uploads/2022/11/IRSP_41_2021041.pd f [23/06/2023].

N.N : Coronavirus. « On s'est fait avoir… », estime le philosophe Bernard-Henri Lévy, ds. : *Ouest-France*, 07/06/2020, https://www.ouest-france.fr/politique/co ronavirus-s-est-fait-avoir-estime-le-philosophe-bernard-henri-levy-6860620 [15/09/2022].

Nancy, Jean-Luc : *Un trop humain virus*, Paris 2020.

Nietzsche, Friedrich : *Seconde considération intempestive : de l'utilité et des inconvénients des études historiques pour la vie*, trad. H. Albert, Paris 1988.

Pigeaud, Jackie : *Poétiques du corps. Aux origines de la médecine*, Paris 2008.

Raoult, Didier : « L'éthique du traitement contre l'éthique de la recherche », le Pr Didier Raoult critique les « dérives » de la méthodologie, ds. : *Le Quotidien du médecin*, 02/04/2020, https://www.lequotidiendumedecin.fr/specialites/infecti ologie/lethique-du-traitement-contre-lethique-de-la-recherche-le-pr-didier-r aoult-critique-les-derives-de [15/09/2022].

Rossignol, Lorraine : Covid : « Comment expliquer que certains de nos intellectuels aient à ce point déraillé ? », ds. : *Télérama*, 15/05/2021, https://www.telerama.fr/ debats-reportages/covid-comment-expliquer-que-certains-de-nos-intellectue ls-aient-a-ce-point-deraille-6874810.php [15/09/2022].

Sendrail, Marcel : *Histoire culturelle de la maladie*, Toulouse 1980.

Sorbonne Université : *Initiative Humanités Biomédicales*, https://humanites-biomedicales.sorbonne-universite.fr/ [23.06.2023].

Starobinski, Jean : *Le Corps et ses raisons*, Paris 2020.

Starobinski, Jean : Plaidoyer pour les humanités médicales, ds. : *Littérature et médecine ou les pouvoirs du récit*, Paris 2000.

Stegenga, Jacob : *Nihilisme médical*, trad. M. Lemoine, Paris 2020.

Stiegler, Barbara : *De la démocratie en pandémie. Santé, recherche éducation*, Paris, 2021 (Collection Tractes 23).

Stiegler, Barbara/Alla, François : *Santé publique, année zéro*, Paris 2022.

Wakefield, Jérôme C. C./Horwitz, Allan V. : *Tristesse ou dépression. Comment la psychiatrie a médicalisé nos tristesses*, trad. F. Parot, Bruxelles 2010.

Concilier vie personnelle et vie professionnelle pendant les confinements
Une épreuve pour soi et pour autrui

Jean-Marc Stébé et Hervé Marchal

Abstract: *Der Beitrag beschäftigt sich mit der Arbeit im Homeoffice während der Covid-19-Pandemie 2020/2021 bzw. der Lockdowns (in Frankreich als confinements bezeichnet). Dabei wird aufgezeigt, wie die Grenzen zwischen Privat- und Arbeitsleben innerhalb der eigenen Wohnung neu gezogen werden. Diese Neudefinition der Beziehungen zwischen Privat- und Berufsleben war insbesondere in Frankreich zu beobachten, da die Teleheimarbeit, die vor der Covid-19-Pandemie 7 % der Beschäftigten betraf, während der Eindämmungsphasen auf 33 % anstieg. Die Zahl der Telearbeiter*innen ist stark gewachsen, so auch die Anzahl der Telearbeitstage pro Person – und das in einem Kontext, in dem 44 % der Telearbeiter*innen zum ersten Mal Erfahrungen mit dieser Arbeitsform machten. Angesichts dieser Zahlen ist es notwendig, die Neudefinition der sich wandelnden Grenzen innerhalb der Wohnung und insbesondere zwischen den privaten Räumen und dem Raum – oder den Räumen – für die Teleheimarbeit genauer zu untersuchen. Darüber hinaus beschäftigt sich dieser Beitrag mit der Frage der Arbeitszeiten im Homeoffice: Inwieweit ist es möglich, von der Arbeit abzuschalten, wenn man zu Hause arbeitet? Ist der individuelle Freiraum im Homeoffice größer? Wie sieht es mit Ungleichheiten innerhalb von Partnerschaften bzw. zwischen den Geschlechtern aus? Schließlich greift die Teleheimarbeit im weiteren Sinne die Frage nach dem eigenen Raum und dem Raum für sich innerhalb der Wohnung erneut auf. In Zeiten des confinement ist letztere zu einer Art ‚Gesamtwohnung' geworden, in der sämtliche alltägliche Aktivitäten verschiedenster Art stattfinden.*

Les trois confinements des années 2020 et 2021 imposés par le gouvernement pour lutter contre la propagation de la pandémie de Covid-19 ont conduit plusieurs millions de Français·e·s à travailler à domicile.[1] Plus d'un an après le début de la crise sanitaire, la Direction de l'animation de la recherche, des études et des statistiques

---

1   Au total la France a connu au cours des années 2020 et 2021 pas moins de 111 jours de confinement strict, 38 jours de confinement assoupli. En outre, 155 soirées de couvre-feu ont été instaurées.

(DARES) observait dans une note[2] que le nombre de télétravailleur·euse·s – à temps partiel ou à plein temps – avait atteint, au cours des périodes de confinement, 8 millions de personnes, soit 33 % des salarié·e·s.[3] Le télétravail, qui concernait environ 7 % des salarié·e·s avant la pandémie de Covid-19, a connu, comme nous le constatons, un essor sans précédent pendant les confinements. Si le nombre de télétravailleur·euse·s s'est accru, il faut noter que le nombre de jours télétravaillés par personne a lui aussi beaucoup augmenté. Un contexte certes exceptionnel durant lequel 44 % des télétravailleur·euse·s expérimentaient cette modalité de travail pour la première fois. Si le nombre de salarié·e·s en télétravail a retrouvé son niveau d'avant la crise sanitaire, le nombre de jours télétravaillés reste lui en revanche nettement supérieur au taux moyen pratiqué avant la pandémie : 3,6 jours par semaine vs 1,6 jour par semaine fin 2019[4].

Comme le souligne l'INSEE[5], toutes les catégories socioprofessionnelles ne sont pas logées à la même enseigne : 58 % des cadres et professions intermédiaires ont par exemple télétravaillé pendant le premier confinement, contre 20 % des employé·e·s et 2 % des ouvrier·ère·s. Ceci s'est traduit par des conditions de travail très différentes lorsque l'on examine le niveau de vie. Ainsi, si l'on divise les salarié·e·s en cinq catégories selon leur niveau de vie (économique), à effectif égal, on note que la majorité (53 %) des salarié·e·s disposant du niveau de vie le plus élevé (dernier quintile) a eu recours au télétravail, contre seulement 21 % pour ceux·celles qui ont le niveau de vie le plus bas (1er quintile). Et bien sûr, les personnes les plus modestes ont davantage continué à se rendre sur leur lieu de travail : ce fut le cas en particulier des ouvrier·ère·s (53 %), mais également des employé·e·s (41 %). Nous pouvons en outre noter que les chefs d'entreprise et les indépendants se sont eux aussi rendus sur leur lieu de travail à hauteur de 40 %.

En fait, le confinement n'a fait qu'accentuer des inégalités déjà observables à l'époque pré-pandémique. Dans une note de 2019, la DARES montre que c'était déjà

---

2   Gouyou, Marie/Grobon, Sébastien/Malard, Louis : *Activités et conditions d'emploi de la main-d'œuvre pendant la crise sanitaire Covid-19*, 29/07/2021, https://dares.travail-emploi.gouv.fr/publication/activite-et-conditions-demploi-de-la-main-doeuvre-pendant-la-crise-sanitaire-covid-19-juin-2021 [22/06/2023].

3   Fin 2020, selon l'enquête emploi de l'Institut national de la statistique et des études économiques (INSEE), la population active au sens du Bureau international du travail (BIT) représentait 29,9 millions de Français·e·s âgé·e·s de 15 à 64 ans dont 2,7 millions de chômeur·euse·s. Les salarié·e·s représentent 87,6 % de la population active.

4   Malakoff Humanis : *Baromètre annuel Télétravail 2021 de Malakoff Humanis*, 09/02/2021, https://newsroom.malakoffhumanis.com/actualites/barometre-annuel-teletravail-2021-de-malakoff-humanis-db57-63a59.html [22/06/2023].

5   Albouy, Valérie/Legleye Stéphane : Conditions de vie pendant le confinement : des écarts selon le niveau de vie et la catégorie socioprofessionnelle, 19/06/2020, https://www.insee.fr/fr/statistiques/4513259 [22/06/2023].

les cadres qui profitaient le plus du télétravail (11 % régulièrement et 15 % occasionnellement) et quasiment pas les ouvrier·ère·s, dont les activités sont souvent impossibles à réaliser à distance.[6] Dans sa note de 2021, la DARES confirme la réalité des modalités possibles de travail : sur les plus de 27 millions d'emplois actuels en France, 18 millions restent incompatibles avec le télétravail : les métiers de l'artisanat et du commerce, les métiers de la santé et de l'aide aux personnes, les professions agricoles et de la sécurité ne peuvent pas prétendre à une quelconque forme de télétravail.[7] La DARES indique aussi que dans ce domaine les disparités géographiques sont patentes : plus un·e salarié·e vit dans une aire urbaine importante, plus ses probabilités d'accès au télétravail sont grandes.

Si les salarié·e·s qui ont goûté au télétravail depuis le début de la pandémie de Covid-19 veulent continuer à travailler ainsi – 86 % des télétravailleur·euse·s le souhaitent[8] –, il n'en demeure pas moins que le travail à domicile lorsqu'il est contraint, comme dans les périodes de confinement que nous avons connues ces deux dernières années, n'est pas appréhendé et vécu de la même manière par tous·toutes. En effet, jusqu'à la crise sanitaire, et même si les « Ordonnances Macron » relatives au télétravail de 2017 distingueront le télétravail 'régulier' du télétravail 'occasionnel', le télétravail était dans une très large mesure 'volontaire'.[9] La pandémie a contraint le gouvernement à prendre des mesures exceptionnelles en vue d'éviter la trop grande circulation du coronavirus, notamment la mise en place de gestes barrières ou encore l'instauration du travail à domicile à grande échelle. « Tous ceux qui peuvent télétravailler doivent télétravailler, c'est impératif », c'est en ces termes que le Premier ministre Edouard Philippe s'exprimait le 17 mars 2020. Le travail à domicile a

---

6   Cf. Hallépée, Sébastien/Mauroux, Amélie : Quels sont les salariés concernés par le télétravail, ds. : *DARES Analyses* 51 (2019), https://dares.travail-emploi.gouv.fr/sites/default/files/pdf/dares_analyses_salaries_teletravail.pdf [22/06/2023].
7   Cf. Gouyou, Marie/Grobon, Sébastien/Malard, Louis : Activités et conditions d'emploi de la main-d'œuvre pendant la crise sanitaire Covid-19, ds. : *DARES*, 29/07/2021, https ://dares.travail-emploi.gouv.fr/publication/activite-et-conditions-demploi-de-la-main-doeuvre-pendant-la-crise-sanitaire-covid-19-juin-2021 [22/06/2023].
8   Cf. Malakoff Humanis : *Baromètre annuel Télétravail 2021 de Malakoff Humanis*.
9   Rappelons que le télétravail est régi, au sein de l'Union Européenne (UE), par un accord cadre : l'Accord cadre européen sur le télétravail conclu le 16 juillet 2002 par les partenaires sociaux européens de manière autonome. L'Accord cadre européen est repris en France en 2005 par l'Accord national interprofessionnel (ANI) du 19 juillet. Celui-ci est le premier à encadrer au niveau national et interprofessionnel le recours et la mise en œuvre du télétravail sur le territoire. En 2017, les « Ordonnances Macron » assoupliront le régime juridique du télétravail dans l'objectif de développer le recours à ce mode d'organisation du travail. Au lendemain du deuxième confinement, fin 2020, un nouveau texte viendra clarifier et assouplir les modalités de recours au télétravail, notamment lorsque le pays ou l'entreprise connaît une situation exceptionnelle, telle qu'une pandémie.

ainsi été imposé à plusieurs millions de personnes qui ne l'avaient pas encore expérimenté ou qui n'en avaient pas forcément envie, et ce d'autant plus que le télétravail a été mis en place par à-coups, dans un volume important – trois, quatre, voire cinq jours par semaine –, et dans un contexte général très incertain. Cette organisation du travail, qui a été décidée rapidement et préparée à la hâte, a révélé, comme nous l'avons signalé plus avant, des inégalités socio-économiques et professionnelles. Mais elle a également mis en exergue des situations sociales et d'habitat très disparates et inégalitaires : certain·e·s ont dû aménager un coin de bureau dans la chambre à coucher, dans le salon..., ou ont travaillé avec un équipement informatique inadapté ou réduit, d'autres ont été contraint·e·s de partager leur espace de travail avec leur conjoint et leurs enfants... Tout le monde n'a donc pas télétravaillé dans les mêmes conditions.

Cette contribution vise à explorer et à comprendre comment les salarié·e·s 'renvoyés chez eux' se sont débrouillé·e·s pour installer leur nouvel espace de travail. Comment les télétravailleur·euse·s ont-ils construit et négocié la frontière entre leur vie privée et leur vie professionnelle ? Autrement dit, comment ont-ils géré et articulé temps de travail, temps de loisirs, temps familiaux, temps de repos ? Par exemple, était-il plus facile de décrocher de son activité professionnelle lorsque l'on travaillait à la maison ? La marge de liberté était-elle plus conséquente quand l'activité professionnelle était exercée dans son lieu de vie ? Enfin, notre propos sera d'examiner et d'appréhender comment les télétravailleur·euse·s ont ré-aménagé leur habitat et re-dessiné – re-configuré – leur espace, notamment leurs espaces privés (intimes) et le nouvel espace professionnel qui est venu s'insérer dans le logis – et qui est devenu en quelque sorte un espace public, notamment lors des visioconférences.

1. Du *domestic system* au télétravail

Au cours des décennies précédentes, quelques sociologues du travail ont montré que le travail à domicile est une organisation ancienne.[10] Celui-ci renvoie à toute une série d'activités salariées ou indépendantes – effectuées pour partie ou en totalité au sein de l'espace domestique. Historiquement, on peut remonter à la protohistoire de l'industrialisation – avant les années 1850–1860 – pour voir le *domestic sys-*

---

10   Cf. Haicault, Monique : *Travail à distance et/ou travail à domicile : le télétravail. Nouvelles formes d'emploi, nouveaux contenus de travail, des logiques contradictoires*, Aix-en-Provence 1998 ; Lallement, Michel : *Des PME en chambre. Travail et travailleurs à domicile d'hier et d'aujourd'hui*, Paris 1990 ; Scott, Joan W. : « L'ouvrière, mot impie, sordide »... Le discours de l'économie politique française sur les ouvrières 1840–1860, ds. : *Actes de la recherche en sciences sociales* 83 (1990), 2–15.

tem dominer. Il s'agit d'un travail majoritairement réalisé à domicile, à temps plus ou moins partiel, mobilisant les hommes comme les femmes, voire parfois toute la famille, pour le compte d'un 'patron'. Au rythme des saisons et des heures de la journée, le travail se répartit entre le champ et le métier. C'est le textile (lin, chanvre, coton, soie, laine) qui mobilise bien sûr le plus de main d'œuvre, mais cela ne doit pas faire oublier pour autant toutes les autres activités (vannerie, scierie, forge…) qui occupent les petits paysans et les ouvriers agricoles pendant la morte saison. La figure idéal-typique du·de la travailleur·euse à domicile au cours du XIXe et du début du XX siècle est, sans aucun doute, celle de la couturière travaillant chez elle et devant se partager entre son activité professionnelle et ses tâches domestiques.[11]

Avec la diffusion des technologies de l'information et de la communication (TIC) et de l'informatique depuis une quarantaine d'années, le travail à domicile s'est transformé de façon croissante en télétravail, ce dernier pouvant être défini, selon l'Accord cadre européen sur le télétravail de 2002, comme une

> forme d'organisation et/ou de réalisation du travail, utilisant les technologies de l'information, dans le cadre d'un contrat ou d'une relation d'emploi, dans laquelle un travail, qui aurait également pu être réalisé dans les locaux de l'employeur, est effectué hors de ces locaux de façon régulière.[12]

L'usage des TIC, au cœur même de l'expansion du télétravail, se généralise dans un contexte où les frontières des entreprises se re-configurent à l'échelle globale (délocalisations, sous-traitances, activités multi-sites…) comme à l'échelle des pratiques des salarié·e·s (enchevêtrement plus grand entre le travail et le hors travail, possibilité accentuée d'exercer son activité professionnelle en dehors des murs de la société…).[13] La diffusion des TIC entérine et banalise ainsi l'incursion du travail dans l'espace privé. Comme nous pouvons l'imaginer, lorsqu'il se déploie à domicile, le télétravail nécessite une ré-organisation de l'espace domestique et malmène les frontières temporelles qui se déplacent, s'ajustent, se négocient.[14] En outre, le télétravail, qui connaît une progression lente mais régulière – avec bien sûr, comme nous l'avons montré plus avant, une accentuation dès le début de la crise sanitaire –, a capté des

---

11 Cf. Lallement : *Des PME en chambre* ; Scott : « L'ouvrière, mot impie, sordide ».
12 Accord-cadre sur le télétravail du 16 juillet 2022, 16/07/2022, erc-online.eu/wp-content-uploads/2014/04/2007-01004-EN.pdf [22/06/2023]
13 Cf. Rey, Claudine/Sitnikoff, Françoise : Télétravail à domicile et nouveaux rapports au travail, ds. : *Revue interventions économiques* 34 (2006), https ://journals.openedition.org/interventionseconomiques/697 [22/06/2023].
14 Cf. Lautier, François : *Ergotopiques. Sur les espaces des lieux de travail*, Toulouse 1999.

populations nouvelles, plus diplômées, plus qualifiées, plus urbaines[15], plutôt masculines.[16]

Ceci étant dit, cette forme d'organisation du travail représente, sans conteste, des enjeux sociaux, politiques et économiques. D'un point de vue environnemental, elle est vue comme une opportunité de réaménagement des territoires en facilitant les délocalisations dans des zones peu ou non-urbanisées et hors des grands pôles d'activité.[17] Dans la même veine écologique, elle est vue également comme un moyen de limiter les déplacements quotidiens et par conséquent de réduire les gaz à effet de serre (GES). Du point de vue des télétravailleurs, cette limitation des déplacements est présentée comme une source d'économie financières, de gain de temps et de réduction du stress : le télétravail permet de concilier plus facilement la vie de famille et la vie professionnelle et de conduire ainsi plus rationnellement les tâches domestiques et les activités de travail.[18]

Pour autant, le travail à domicile pré-industriel et le travail à domicile à l'ère du numérique sont assez peu comparables si on a à l'esprit que, aujourd'hui, une telle façon de travailler ne concerne pas des 'petits' métiers (manuels ou de service). Surtout, elle n'est pas synonyme de vie menée à une échelle micro-locale étant entendu que le travail à l'ère du numérique amène chacune et chacun à évoluer dans un espace rhizomique où la distance ne compte plus et où, en corollaire, le temps supplante de façon radicale l'espace qui apparaît alors lisse, ouvert, indéfini, en mouvement perpétuel.[19] Le télétravail exporte sans cesse l'individu contemporain en dehors de chez soi et, inversement, fait entrer l'extérieur globalisé au cœur du privé. La différence entre travail à domicile pré-industriel et le travail à domicile à l'ère du numérique s'avère donc importante, même si, hier comme aujourd'hui, travailler chez soi rendent vulnérables les frontières entre vie privée et vie professionnelle, d'où des traces du domestique qui émergent dans l'espace de travail et réciproquement comme nous allons le voir.

---

15 Cf. Akyeampong, Ernest B./Nadwodny, Richard : Evolution du lieu de travail : le travail à domicile, ds. : *L'Emploi et le revenu en perspective* 9/2 (2001), 33–46.
16 Cf. Coutrot, Thomas : Le télétravail en France. Premières synthèses, premières informations, ds. : *DARES* 51/3 (2004), 1–4.
17 Cf. Guigou, Jean-Louis : *Télétravail, téléactivités : outils de valorisation des territoires*, Paris 1998.
18 Cf. Laffitte, Pierre/Trégouet, René : *Rapport sur les conséquences de l'évolution scientifique et technique dans le secteur des télécommunications*, Paris 2002.
19 Cf. sur la notion d'« espace rhizomique » : Stébé, Jean-Marc/Marchal, Hervé : *Introduction à la sociologie urbaine*, Paris 2019, chap. 11.

2. Les frontières entre vie privée et vie professionnelle à l'épreuve du télétravail

La diffusion des TIC jouera, comme nous l'avons montré plus avant, un grand rôle dans le brouillage des frontières entre les univers de la vie privé et les univers du travail. Luc Boltanski et Eva Chiapello affirment ainsi que

> dans un monde connexionniste, la distinction de la vie privée et de la vie professionnelle tend à s'effacer sous l'effet d'une double confusion : d'une part entre les qualités de la personne et les propriétés de sa force de travail [...] ; d'autre part entre la possession personnelle, et, au premier chef, la possession de soi, et la propriété sociale, déposée dans l'organisation. Il devient dès lors difficile de faire la distinction entre le temps de la vie privée et le temps de la vie professionnelle, entre les dîners avec des copains et les repas d'affaires, entre les liens affectifs et les relations utiles, etc. L'effacement de la séparation entre vie privée et vie professionnelle va de pair avec un changement des conditions et des rythmes de travail [...].[20]

Nombre de salarié·e·s font de plus en plus l'expérience de l'intrusion du travail dans les coulisses de leur vie privée – pour reprendre une expression chère au sociologue américain Erving Goffman[21] –, et constatent que les limites des territoires du travail sont plus difficiles à poser : les téléphones et les ordinateurs portables, les smartphones et les tablettes permettent à chacun·chacune de transporter son univers professionnel n'importe où. Nous pouvons aisément imaginer que s'il est possible de travailler partout, et à plus forte raison dans son chez-soi, il est possible de travailler tout le temps. Le temps de travail s'entrecroise alors avec d'autres temps sociaux.

Il ne fait aucun doute que dorénavant décrocher du travail lorsque l'on exerce en partie son activité professionnelle à domicile est moins aisé qu'auparavant, d'autant que l'habitat est équipé désormais, dans une large mesure, des technologies de l'information et de la communication (ordinateur, Internet, WiFi...). Jean-François Stich, professeur en ressources humaines,[22] abonde dans ce sens et note justement que le télétravail peut produire un « phénomène d'emprisonnement chez-soi » puisque travail et lieu de vie se retrouvent confondus. Il ajoute que le télétravail peut engendrer un « technostress » lié à l'omniprésence des outils numériques dans les

---

20   Boltanski, Luc/Chiapello, Eva : *Le Nouvel Esprit du capitalisme*, Paris 1999, 237.
21   Cf. Goffman, Erving : *La Mise en scène de la vie quotidienne*, Paris 1973.
22   ICN Business School – Université de Lorraine (France).

logements actuels. Le télétravail peut provoquer, toujours selon Stich, un sentiment d'invasion de la vie privée et en même temps une surcharge mentale liée au travail.[23]

3. Travailler chez-soi et savoir partager les espaces

Les périodes de confinement ont, sans aucun doute, redéfini le périmètre des espaces intimes et les fonctions que l'on attribue au logement. Que nous vivions en appartement, au cœur des métropoles urbaines, ou en pavillon, dans leurs périphéries, les modèles culturels qui dépeignent la manière d'habiter chez-soi sont de trois ordres :

1. ils déterminent la limite entre les univers public et privé,
2. ils établissent notre identité sociale,
3. ils ordonnancent les relations intra-familiales à l'échelle domestique.[24]

La pandémie de Covid-19 avec ses mesures de confinement est venue profondément bousculer toutes ces références. En effet, la confrontation à l'espace public s'amenuise, les interactions au sein de la famille et les rapports entre les hommes et les femmes se transforment dans le logis, de sorte que se dégage une nouvelle définition du foyer.

Nous saisissons bien que le travail réflexif – qui mobilise l'esprit – et le travail concret – qui mobilise tout le corps – empiètent sur l'espace intime, lequel finit peu à peu par se dissiper, remettant sérieusement en cause le cadre du repos et de l'intime, autrement dit 'l'espace de réassurance' des individus en situation hors-travail.[25] Le domicile serait en train de redevenir une unité productive nous dit Djaouidah Séhili : un « trabitat » où les frontières se redessinent et où le travail domestique se mélange avec l'activité professionnelle.[26] Des traces du domestique émergent dans l'espace de travail et réciproquement : une pile de dossiers sur la table de la salle à manger, un

---

23   Cité par Lavocat, Lorène : Heurs et malheurs de la généralisation du télétravail, ds. : *Reporterre, le quotidien de l'écologie*, 17/04/2020, https ://reporterre.net/Heurs-et-malheurs-de-la-g eneralisation-du-teletravail [22/06/2023].

24   Cf. Fijalkow, Yankel/Roudil, Nadine : Le confinement bouscule nos manières d'habiter, ds. : *The Conversation*, 07/04/2020, https ://theconversation.com/le-confinement-bouscule-nos-m anieres-dhabiter-135061 [22/06/2023].

25   Cf. Séhili, Diaouidah : Travailler chez-soi, frontières et porosités, ds. : Leca, Christel : *Métamorphoses du chez-soi ! Plasticité du logement et temps de vie*, Paris 2020, 104–110. Cette contribution est issue d'un rapport *L'Essor multi-situé du travail chez-soi*. Volet 2 rédigé par Tanguy Dufournet, Patrick Rozenblatt, Djaouidah Séhili et Sandra Villet.

26   Séhili : Travailler chez-soi, frontières et porosités, ds. : Leca : *Métamorphoses du chez-soi !*, 104–110

ordinateur portable sur le meuble de la salle de bain voire sur la tablette des toilettes, etc. Comme nous le voyons, il n'est pas aisé de séparer les espaces, encore faut-il en avoir les moyens, car consacrer un espace de la maison au travail signifie, dans bien des cas, réduire l'espace intime.

En outre, la dissolution des frontières entre travail et domicile engendrée par l'expansion du télétravail a, sans aucun doute, des conséquences sur la perception du domicile, domicile qui voit ses fonctions de ressourcement, de repos et d'accueil festif être altérées. Et aussi paradoxal que cela puisse paraître, les membres de la famille doivent s'extraire de leur domicile pour retrouver un semblant d'intimité : 'se faire une toile', ou 'se faire un resto', ou encore 'partir en randonnée' pour se retrouver. Ainsi, lorsque le domicile devient le domaine du travail, c'est à l'extérieur du logis personnel que l'on va chercher détente, épanouissement personnel et intimité partagée. Notons que nos propres recherches ont révélé que l'automobile, pouvant être considérée comme un habitat à part entière,[27] peut être réinvestie le temps d'un trajet en tant qu'espace intime, à soi, où il est possible de se retrouver. Pour certain·e·s, c'est là un moyen de souffler et de répondre à un « désir d'intériorité ».[28]

3.1 Le couple à l'épreuve du télétravail

Pendant les trois confinements que la France a connus, il n'a pas été toujours facile pour les deux époux de partager un même bureau à domicile..., et comme le dit justement Marlène Duretz, en l'absence d'un bureau distinct, télétravailler avec son·sa conjoint·e peut vite « devenir une guerre de tranchées où toute intrusion met les nerfs à vif, lorsqu'elle n'appelle pas à des représailles »[29]. Olga, chercheuse en sciences humaines, une des personnes interviewées par la journaliste du *Monde*, habituée à travailler seule à la maison, avoue que pendant le confinement c'était « l'horreur » de partager son bureau avec Christophe, son compagnon : « Il empiète sans arrêt sur mon espace dit-elle ; il étale ses papiers sur mon bureau sans jamais les ranger ; il passe son temps en réunion et gesticule, marche dans l'appartement avec son portable... J'en peux plus, vivement que ça s'arrête ! » Certains couples rencontrés par Marlène Duretz affirment en revanche vivre « plus sereinement la transformation du logement en espace de coworking. » C'est le cas de Benoît, délégué territorial, en couple depuis 30 ans, qui trouve que le télétravail a eu nombre de bienfaits. Le couple

---

27 Cf. Marchal, Hervé : *Un sociologue au volant*, Paris 2014.
28 Jauréguiberry, Francis : Les technologies de communication : d'une sociologie des usages à celle de l'expérience hypermoderne, ds. : *Cahiers de recherche sociologique* 59–60 (2016), 195–209, ici 206.
29 Duretz, Marlène : Le couple à l'épreuve du télétravail. « Il empiète sans arrêt sur mon espace », ds. : *Le Monde*, 05/06/2020, https://www.lemonde.fr/m-perso/article/2020/06/05/le-couple-a-l-epreuve-du-teletravail-il-empiete-sans-arret-sur-mon-espace_6041889_4497916.html [22/06/2023].

parisien a pu par exemple s'aménager pendant le confinement des espaces distincts pour travailler au calme, se retrouvant à l'heure du déjeuner et chaque soir, « ce qui n'arrive pas toujours en temps normal, du fait de nos fréquents déplacements professionnels en région note Benoît ». Comme nous le voyons, le télétravail n'est pas vécu de la même manière par toutes les familles. La superficie et le nombre de pièces de l'appartement, son agencement, sa disposition, ses prolongements extérieurs, le nombre de personnes qui partagent le logis sont quelques-uns des éléments centraux qui influencent et qui sont déterminants dans la façon dont les occupant·e·s pourront vivre et appréhender le télétravail.

Si de nombreux facteurs influencent la pratique du travail à domicile, et si, d'une façon générale, le télétravail a, comme nous l'avons souligné précédemment, bien été vécu et surtout il a permis aux salarié·e·s d'être moins fatigué·e·s : exercer sa profession à la maison est moins fatiguant qu'en 'présentiel', il n'en reste pas moins qu'au sein des familles, selon une enquête du syndicat CGT-Cadres,[30] le télétravail a souvent causé des turbulences : près de deux télétravailleur·euse·s sur trois notent « avoir rencontré des tensions avec leurs enfants » et 50 % avec leurs conjoint·e·s.

3.2 Les inégalités hommes-femmes pendant le confinement (au sein du foyer)

Pendant le confinement, le télétravail a parfois été présenté comme un privilège protégeant les cadres des risques sanitaires, contrairement aux ouvrier·ère·s et aux employé·e·s du commerce devant rester à leur poste de travail. Pourtant, précise une étude de l'Institut national d'études démographiques (INED)[31], le télétravail a également révélé de nombreuses inégalités au sein du foyer. Hommes et femmes ne sont en effet pas logés à la même enseigne lorsqu'il s'agit de partager le temps, l'espace et les tâches domestiques. Tout d'abord, les femmes ont pu moins s'isoler que les hommes. En moyenne, 25 % des femmes télétravaillaient dans une pièce où elles pouvaient s'isoler contre 41 % des hommes. Chez les cadres, cet écart se

---

30 Cf. Bissuel, Bertrand : Télétravail : un plébiscite des salariés et de nombreux bémols, ds. : *Le Monde*, 07/09/2021, https ://www.lemonde.fr/politique/article/2021/09/07/teletravail-le-plebiscite-des-salaries-assorti-de-nombreux-bemols_6093772_823448.html [22/06/2023]. Cet article du quotidien *Le Monde* reprend quelques-unes de conclusions de l'étude sur le télétravail pendant les périodes de confinement publiée le 6 septembre 2021 par l'Union générale des ingénieurs, cadres et techniciens (UGICT) de la Confédération générale du travail (CGT).

31 Cf. Lambert, Anne [*et al.*] : COronavirus et CONfinement (Coconel) : Enquête Longitudinale. « Logement, travail, voisinage et conditions de vie : ce que le confinement a changé pour les Français », https ://www.ined.fr/fichier/rte/General/ACTUALIT%C3%89S/Covid19/COCONEL-note-synthese-vague-11_Ined.pdf [22/06/2023]. Etude menée par l'INED du 1er au 5 mai 2020 auprès d'un échantillon de 2 003 personnes représentatif de la population française âgées de 18 ans et plus.

creuse : 29 % des femmes disposaient d'une pièce dédiée au travail, contre 47 % des hommes. L'étude de l'Union générale des ingénieurs, cadres et technicien·ne·s de la CGT parvient aux mêmes conclusions : « 44 % des femmes ayant des enfants de moins de 16 ans indiquent ne pas pouvoir travailler au calme, chiffre qui atteint seulement 31 % chez les hommes. »[32]

A côté des inégalités spatiales entre les conjoints, les femmes ont dû redoubler d'efforts pendant les périodes de travail à domicile. En effet, 48 % d'entre elles travaillant à distance vivaient avec un ou plusieurs enfants au moment du confinement, contre 37 % des hommes souligne l'étude COCONEL. Lorsqu'elles vivaient en couple avec leurs enfants, 61 % affirment qu'elles se sont occupées, « seule » ou « en majorité seule », des enfants, tout en accomplissant leurs tâches professionnelles, soit un pourcentage deux fois plus élevé que pour les hommes.[33] Par ailleurs, l'enquête de l'INED montre que parmi les parents d'enfants de moins de 16 ans qui ont continué à travailler à distance, 47 % des femmes et 26 % des hommes disent passer plus de 4 heures supplémentaires par jour à s'occuper de leurs enfants.[34]

Contrairement aux hommes, qui sont parvenus à imposer qu'il ne faut pas les déranger pendant une partie de la journée, les femmes, qui ont la charge des relations au sein de la famille, ne cloisonnent pas. Elles doivent rester disponibles analyse le sociologue François de Singly.[35]

4. Le confinement ou les identités contrariées au sein d'un logement « total »

Comment ne pas souligner que le logement est devenu, durant les périodes de confinement, une sorte d'"habitat total' dans le sens où s'y déploient des activités de natures diverses tendant à recouvrir l'ensemble des occupations quotidiennes. En effet, en temps de confinement, le logement totalise nombre d'activités dorénavant internalisées, bien au-delà des seules activités professionnelles. Par exemple, entre deux visioconférences suivies dans un cadre professionnel, il est possible de faire une demi-heure de sport sans être soutenu par ses amis de la salle de sport, de s'essayer sur sa guitare seul·e et non plus en compagnie de son professeur de musique,

---

32   Bissuel : Télétravail : un plébiscite des salariés et de nombreux bémols.
33   Bissuel : Télétravail : un plébiscite des salariés et de nombreux bémols.
34   Lambert [et al.] : COronavirus et CONfinement (Coconel).
35   Cité par Damgé, Mathilde : L'accroissement des inégalités femmes-hommes pendant le confinement en graphiques, ds. : Le Monde, 09/07/2020, https ://www.lemonde.fr/les-decodeurs/article/2020/07/09/l-accroissement-des-inegalites-femmes-hommes-pendant-le-confinement-en-graphiques_6045739_4355770.html [22/06/2023].

ou de commencer à préparer ses pinceaux pour continuer tant bien que mal à s'exercer à l'art de la peinture sur toile. L'enjeu n'est rien de moins que de se diversifier et de 'souffler' sur le plan existentiel à défaut de pouvoir le faire sur le plan spatial.

Dans cet 'habitat total', plus que jamais multifonctionnel, les identités personnelles et sociales se brouillent de sorte qu'il est possible de parler d'épreuve identitaire puisqu'il revient à chacun et chacune d'organiser méthodiquement son temps et ses activités pour domestiquer un quotidien rétréci spatialement mais intensifié fonctionnellement et organisationnellement. C'est dès lors d'une rigueur personnelle qu'il faut faire preuve pour parvenir à organiser des activités ne relevant pas de la même ontologie, c'est-à-dire de la même nature, peu s'en faut.

Les temps de confinement ont contraint beaucoup d'entre nous à compter avec l'immixtion d'identités sociales traditionnellement vécues à l'extérieur de la maison. Il peut en résulter non seulement une lutte des places lorsque le logement se révèle trop exigu, mais aussi et surtout des conflits de temporalités. Derrière ces derniers se jouent des moments identitaires tantôt compressés – ne pas rater une visioconférence très importante pour son avenir professionnel –, tantôt brouillés – s'occuper de son nourrisson tout en répondant à un appel à projets avec des collègues. Les identités statutaires ont fait leur entrée au cœur de la vie personnelle lors des confinements, si bien que l'autre, avec qui l'on vit pourtant depuis de nombreuses années, s'est donné à voir sous un autre jour : sous un visage qu'on ne connaissait pas puisqu'il était réservé au monde du travail ou du sport par exemple. Car si le logement devient total, ses habitant·e·s le deviennent aussi en quelque sorte, dans le sens où ils·elles expriment au cœur de leur sphère privée la totalité, ou presque, des facettes composant leur personnalité. C'est dès lors les coulisses de soi, celles qu'on réservait à certaines activités plus ou moins secrètes,[36] qui s'offrent au(x) regard(s) des proches. Le confinement nous a rendu davantage transparents aux yeux des autres avec lesquels nous cohabitons.

D'une manière plus générale, les confinements incarnent un moment de défaite de cet espace privé qu'est le logement face aux impératifs professionnels mais également, de façon plus large, face au dictat de la vitesse, aux normes d'épanouissement individuel et aux contraintes de l'instantanéité de la communication. Le logement est devenu très perméable au monde extérieur et à sa pression temporelle et sociale. Or, les recherches menées depuis de nombreuses années en anthropologie de l'espace[37] ont montré l'importance des micro-espaces où il est possible de se poser en dehors des bruits et de la fureur du monde extérieur. C'est que pour prendre le temps de se sentir exister, de 'coller à soi', il faut des coins personnalisés qui sont autant de chez soi dans son chez soi.[38] On entrevoit, là encore, toute l'ampleur des inégalités

---

36   Cf. Simmel, Georg : *Secrets et sociétés secrètes*, Belval 1996.
37   Cf. Segaud, Marion : *Anthropologie de l'espace. Habiter, distribuer, fonder, transformer*, Paris 2010.
38   Cf. Marchal, Hervé/Stébé, Jean-Marc : *La Sociologie urbaine*, Paris 2022.

face au confinement en fonction de la taille et de la configuration des logements habités.

5. Conclusion : Pour des appartements avec des espaces plus modulaires et plus ouverts sur l'extérieur

Compte tenu de ces éléments d'analyse, il n'est pas étonnant que nombre de critiques sur l'inadaptation des logements au télétravail, notamment, se sont fait jour au cours des périodes de confinement. Les critiques des Français·e·s envers leurs appartements remonteront jusqu'aux oreilles des promoteur·rice·s immobiliers et des architectes. C'est ainsi que depuis plus de deux ans les idées fusent dans le secteur de la construction. La question de la modularité des espaces et celle de la multifonctionnalité sont, même si cela reste encore marginale, prises en compte dans les programmes de construction de logements individuels et collectifs. Eric Groven, président de Sogeprom, affirme que pour favoriser le télétravail, sa société de promotion immobilière réfléchit désormais à la réalisation de logements avec des espaces modulaires. Par exemple, en proposant des vitrages rétractables afin d'isoler facilement une partie de la pièce – un salon, une grande chambre... –, et ainsi de la privatiser en espace de travail temporaire durant une partie de la journée, l'appartement retrouvant le soir sa physionomie initiale.[39] Nexity, un autre promoteur immobilier, a décidé de proposer désormais un extérieur à tous leurs appartements (jardins, balcons, loggias ou terrasses). Et les architectes de chez Bouygues Immobilier réfléchissent depuis quelques temps à l'aménagement des séjours pour gagner des mètres carrés, par exemple en supprimant les radiateurs muraux, les couloirs, ou en réalisant des placards intégrés dans les murs. « On arrive, sur certains programmes, à gagner les mètres carrés suffisants pour réaliser une nouvelle pièce consacrée au télétravail, et cela, sans que le logement ne dispose d'une plus grande superficie »[40] assure Lionel Cayre, directeur général chez Bouygues Immobilier.

Comme nous le voyons, les professionnel·le·s de la construction intègrent désormais la question du travail chez-soi, et ce d'autant plus que les métropoles ne vont pas s'effondrer du jour au lendemain, et que nombre d'individus ne souhaitent guère s'éloigner des centres-villes. Les architectes d'intérieur imaginent alors des appartements dans lesquels on peut s'isoler, s'aérer, se distraire, travailler, faire du

---

39 Cité par Clerima, Ludovic : L'immobilier après le Covid-19 : vers des logements plus verts, plus modulables, plus chers ?, ds. : *Le Monde*, 01/07/2021, https://www.lemonde.fr/argent/article/2021/07/01/immobilier-vers-des-logements-resilients-plus-verts-et-modulables_6086462_1657007.html [22/06/2023].

40 Clerima : L'immobilier après le Covid-19.

sport...,[41] ils pensent des logements avec des séparations moins rigides (jour/nuit ; coin détente/coin travail ; chambre/salon ; etc.) et proposent des chez-soi plus aisément appropriables pour de nouveaux usages, en l'occurrence le télétravail. En outre, les promoteur·rice·s, les aménageur·cusc·s, les bailleur·eresse·s sociaux perçoivent bien que le logement ne peut pas répondre à tous les besoins des habitant·e·s. Alors pourquoi ne pas raisonner à l'échelle de l'immeuble en créant un espace partagé dédié au télétravail... Une idée certainement pas facile à faire émerger concrètement, mais qui néanmoins commence à germer dans l'esprit tant des copropriétaires et des locataires que des promoteur·rice·s immobiliers et des architectes.[42]

Bibliographie

Accord-cadre sur le télétravail du 16 juillet 2022, 16/07/2022, erc-online.eu/wp-content-uploads/2014/04/2007-01004-EN.pdf [22/06/2023]

Akyeampong, Ernest B./Nadwodny, Richard : Evolution du lieu de travail : le travail à domicile, ds. : *L'Emploi et le revenu en perspective* 9/2 (2001), 33–46.

Albouy, Valérie/Legleye Stéphane : *Conditions de vie pendant le confinement : des écarts selon le niveau de vie et la catégorie socioprofessionnelle*, 19/06/2020, https://www.insee.fr/fr/statistiques/4513259 [22/06/2023].

Bissuel, Bertrand : Télétravail : un plébiscite des salariés et de nombreux bémols, ds. : *Le Monde*, 07/09/2021, https ://www.lemonde.fr/politique/article/2021/09/07/teletravail-le-plebiscite-des-salaries-assorti-de-nombreux-bemols_6093772_823448.html [22/06/2023].

Boltanski, Luc/Chiapello, Eva : *Le Nouvel Esprit du capitalisme*, Paris 1999.

Cabut, Sandrine/Santi, Pascale : Continuer à bouger, même chez soi au temps du coronavirus, ds. : *Le Monde*, 17/03/2020, https ://www.lemonde.fr/sciences/article/2020/03/17/continuer-a-bouger-meme-chez-soi-au-temps-du-coronavirus_6033462_1650684.html [22/06/2023].

Clerima, Ludovic : L'immobilier après le Covid-19 : vers des logements plus verts, plus modulables, plus chers ?, ds. : *Le Monde*, 01/07/2021, https ://www.lemonde.fr/argent/article/2021/07/01/immobilier-vers-des-logements-resilients-plus-verts-et-modulables_6086462_1657007.html [22/06/2023].

---

41 Cf. Cabut, Sandrine/Santi, Pascale : Continuer à bouger, même chez soi au temps du coronavirus, ds. : *Le Monde*, 17/03/2020, https ://www.lemonde.fr/sciences/article/2020/03/17/continuer-a-bouger-meme-chez-soi-au-temps-du-coronavirus_6033462_1650684.html [22/06/2023].

42 Cf. Vincendon, Sibylle : A la maison, le télétravail a du mal à faire chambre à part, ds. : *Libération*, 29/04/2020, pour les expériences d'aménagement de logement et d'immeubles.

Coutrot, Thomas : Le télétravail en France. Premières synthèses, premières informations, ds. : *DARES* 51/3 (2004), 1–4.

Damgé, Mathilde : L'accroissement des inégalités femmes-hommes pendant le confinement en graphiques, ds. : *Le Monde*, 09/07/2020, https ://www.lemonde.fr/les-decodeurs/article/2020/07/09/l-accroissement-des-inegalites-femmes-hommes-pendant-le-confinement-en-graphiques_6045739_4355770.html [22/06/2023].

Duretz, Marlène : Le couple à l'épreuve du télétravail. « Il empiète sans arrêt sur mon espace », ds. : *Le Monde*, 05/06/2020, https ://www.lemonde.fr/m-perso/article/2020/06/05/le-couple-a-l-epreuve-du-teletravail-il-empiete-sans-arret-sur-mon-espace_6041889_4497916.html [22/06/2023].

Fijalkow, Yankel/Roudil, Nadine : Le confinement bouscule nos manières d'habiter, ds. : *The Conversation*, 07/04/2020, https ://theconversation.com/le-confinement-bouscule-nos-manieres-dhabiter-135061 [22/06/2023].

Goffman, Erving : *La Mise en scène de la vie quotidienne*, Paris 1973.

Gouyou, Marie/Grobon, Sébastien/Malard, Louis : Activités et conditions d'emploi de la main-d'œuvre pendant la crise sanitaire Covid-19, ds. : *DARES*, 29/07/2021, https ://dares.travail-emploi.gouv.fr/publication/activite-et-conditions-demploi-de-la-main-doeuvre-pendant-la-crise-sanitaire-covid-19-juin-2021 [22/06/2023].

Guigou, Jean-Louis : *Télétravail, téléactivités : outils de valorisation des territoires*, Paris 1998.

Haicault, Monique : *Travail à distance et/ou travail à domicile : le télétravail. Nouvelles formes d'emploi, nouveaux contenus de travail, des logiques contradictoires*, Aix-en-Provence 1998.

Hallépée, Sébastien/Mauroux, Amélie : Quels sont les salariés concernés par le télétravail, ds. : *DARES Analyses* 51 (2019), https ://dares.travail-emploi.gouv.fr/sites/default/files/pdf/dares_analyses_salaries_teletravail.pdf [22/06/2023].

Jauréguiberry, Francis : Les technologies de communication : d'une sociologie des usages à celle de l'expérience hypermoderne, ds. : *Cahiers de recherche sociologique* 59–60 (2016), 195–209.

Laffitte, Pierre/Trégouet, René : *Les Conséquences de l'évolution scientifique et technique dans le secteur des télécommunications*, Paris 2002.

Lallement, Michel : *Des PME en chambre. Travail et travailleurs à domicile d'hier et d'aujourd'hui*, Paris 1990.

Lambert, Anne [et al.] : COronavirus et CONfinement (Coconel) : Enquête Longitudinale. « Logement, travail, voisinage et conditions de vie : ce que le confinement a changé pour les Français », https://www.ined.fr/fichier/rte/General/ACTUALIT%C3%89S/Covid19/COCONEL-note-synthese-vague-11_Ined.pdf [22/06/2023].

Lautier, François : *Ergotopiques. Sur les espaces des lieux de travail*, Toulouse 1999.

Lavocat, Lorène : Heurs et malheurs de la généralisation du télétravail, ds. : *Reporterre, le quotidien de l'écologie*, 17/04/2020 https ://reporterre.net/Heurs-et-malheurs-de-la-generalisation-du-teletravail [22/06/2023].

Leca, Christel : *Métamorphoses du chez-soi ! Plasticité du logement et temps de vie*, Paris 2020.

Malakoff Humanis : *Baromètre annuel Télétravail 2021 de Malakoff Humanis*, 09/02/2021, https://newsroom.malakoffhumanis.com/actualites/barometre-annuel-teletravail-2021-de-malakoff-humanis-db57-63a59.html [22/06/2023].

Marchal, Hervé : *Un sociologue au volant*, Paris 2014.

Marchal, Hervé/Stébé, Jean-Marc : *La Sociologie urbaine*, Paris 2022.

Rey, Claudine/Sitnikoff, Françoise : Télétravail à domicile et nouveaux rapports au travail, ds. : *Revue interventions économiques* 34 (2006), https ://journals.openedition.org/interventionseconomiques/697 [22/06/2023].

Scott, Joan W. : « L'ouvrière, mot impie, sordide. »... Le discours de l'économie politique française sur les ouvrières 1840–1860, ds. : *Actes de la recherche en sciences sociales* 83 (1990), 2–15.

Segaud, Marion : *Anthropologie de l'espace. Habiter, distribuer, fonder, transformer*, Paris 2010.

Séhili, Diaouidah : Travailler chez-soi, frontières et porosités, ds. : Leca : *Métamorphoses du chez-soi !*, 104–110.

Simmel, Georg : *Secrets et sociétés secrètes*, Belval 1996.

Stébé, Jean-Marc/Marchal, Hervé : *Introduction à la sociologie urbaine*, Paris 2019.

Vincendon, Sibylle : A la maison, le télétravail a du mal à faire chambre à part, ds. : *Libération*, 29/04/2020 [22/06/2023].

„Nous sommes en guerre"
Auswirkungen der Corona-Pandemie auf das Konsumentenverhalten in Deutschland und Frankreich nach zwei Krisenjahren

Andrea Gröppel-Klein und Kenya-Maria Kirsch

Abstract: *Dans le présent article, nous nous concentrerons sur les impacts de la pandémie de Covid-19 sur le comportement des consommateur·rice·s en poursuivant les questions suivantes : la crise a-t-elle fondamentalement modifié nos habitudes de consommation ? Les schémas comportementaux d'avant la crise se sont-ils dissous au profit de nouvelles tendances de consommation, ou les consommateur·rice·s sont-ils·elles revenu·e·s à leurs anciennes habitudes ? Il s'agira d'analyser, tout particulièrement, l'évolution des motivations d'achat des consommateur·rice·s qu'elles soient hédonistes ou utilitaires, ainsi que leur comportement d'achat en ligne au cours de la pandémie. Seront aussi considérés la tendance à se tourner vers ce qui est durable et les critères selon lesquels ils·elles font leur choix, tels que la qualité et le prix des produits. Nous nous intéresserons également au protocole sanitaire mis en place dans le commerce de détail, que nous examinerons notamment quant à son acceptation auprès de la population. L'article s'inscrit dans une démarche comparative entre la France et l'Allemagne, prenant pour base une enquête en ligne réalisée en avril 2022 auprès de 1 238 personnes (613 en Allemagne et 625 en France).*

1. Einleitung

Der Februar des Jahres 2020 sowie die sich anschließende COVID-19-Pandemie werden sicher allen Menschen dauerhaft im Gedächtnis bleiben. Zunächst eher unbemerkt von der breiten Bevölkerung hielt der Virologe Christian Drosten in der Berliner Charité einen Vortrag, in dem er erklärte, dass sich Deutschland auf eine sehr ernstzunehmende Pandemie einrichten müsse.[1] Während in Deutschland und

---

[1] Schumann, Florian: „Wir müssen uns auf eine Pandemie einstellen", in: *Tagesspiegel*, 13.02.2020, https://www.tagesspiegel.de/wissen/deutscher-coronavirus-experte-wir-muessen-uns-auf-eine-pandemie-einstellen/25542906.html [01.03.2020].

Frankreich noch Karnevals- oder Abiturfeiern stattfanden, lag der Fokus der journalistischen Berichterstattung auf erschreckenden Szenen, welche sich in Italien abspielten: Das Bild der völlig erschöpften Krankenschwester Elena Pagliarini ging um die Welt, und man sah Fotos von völlig überfüllten Kranken- bzw. Intensivstationen.[2] Besonders alarmierend waren zudem Bilder, die zeigten, wie Militärlaster mit hunderten von Särgen durch Norditalien zogen.[3] Den anderen europäischen Ländern wurde bewusst, welch Leid auf ihre Bürger und Bürgerinnen zukam. Im frühzeitig vom Coronavirus betroffenen Land Italien wurde schnell deutlich, dass die Pandemie auch zu dramatischen wirtschaftlichen Auswirkungen führen würde. Es gab erste Medienberichte über Versorgungsengpässe, die kurze Zeit später auch Deutschland betrafen. Die Deutschen hamsterten zu diesem Zeitpunkt in so starkem Ausmaß, dass sogar die französische Presse im Frühjahr 2020 darüber berichtete.[4]

Die Corona-Pandemie hat und hatte gravierende Folgen für das persönliche Wohlergehen unzähliger Menschen. Doch auch verhaltensökonomische Auswirkungen spielen eine wichtige Rolle bei der Krisenbewältigung und sollen daher hier im Vordergrund stehen. Auch der Einfluss eines weiteren kritischen Ereignisses soll berücksichtigt werden, nämlich des Ukrainekriegs, der während des letzten Befragungszeitraums bereits acht Wochen andauerte und diverse pandemiebedingte Verwerfungen (in Deutschland herrschte die fünfte Welle) noch einmal verstärkte. So beobachtete man durch die Kriegssituation erneute Hamsterkäufe: Sowohl in Deutschland als auch in Frankreich kam es zu Engpässen beim Vertrieb und Verkauf von Mehl und Öl.[5]

Zunächst soll in unserem Beitrag anhand ausgewählter Aspekte der Frage nachgegangen werden, ob sich das Verhalten der Konsumenten und Konsumentinnen durch die Coronakrise grundlegend verändert und zu neuen Verhaltensmustern geführt hat oder ob alte Gewohnheiten zurückkehren. Anhand von vier Umfragen in Deutschland (zu unterschiedlichen Zeitpunkten der Pandemie) analysieren wir die

---

2   Vgl. Focus: *Verzweifelt und am Ende ihrer Kräfte: So heftig ist der Krankenhausalltag für Helfer*, https://www.focus.de/panorama/welt/ausnahmezustand-in-italienischen-krankenhaeusern-nach-13-stunden-schicht-krankenhauspersonal-am-ende-der-kraefte-muede-verzweifelt-und-am-ende-ihrer-kraefte_id_11805065.html [29.07.2022].

3   Vgl. Metzdorf, Julie: *Wie eine Foto-Legende entsteht. Der Militärkonvoi aus Bergamo*, 26.10.2021, https://www.br.de/kultur/wieso-das-foto-des-militaerkonvois-in-bergamo-fuer-corona-steht-100.html [29.07.2022].

4   Vgl. Luyssen, Johanna: Coronavirus: l'Allemagne fait ses 'achats de hamster', in: *Libération*, 10.03.2020, https://www.liberation.fr/planete/2020/03/10/l-allemagne-fait-ses-achats-de-hamster_1781213/ [29.07.2022].

5   Vgl. Bosseler, Julien: Huile et farine dans les supermarchés: les restrictions (ou non) enseigne par enseigne, in: *Le Soir*, 21.03.2022, https://www.lesoir.be/431404/article/2022-03-21/huile-et-farine-dans-les-supermarches-les-restrictions-ou-non-enseigne-par.html [29.07.2022].

Auswirkungen auf das Online-Einkaufsverhalten, den Kauf ethischer Produkte sowie die Preisorientierung. Außerdem gehen wir der Frage nach, wie sich – korrespondierend mit den verschiedenen Wellen der Pandemie – der Wunsch nach hedonistischem bzw. utilitaristischem Einkaufen verändert. Bei der vierten Studie wurden zusätzlich Interviews mit französischen Konsumenten und Konsumentinnen durchgeführt. Der Vergleich des Konsumentenverhaltens im April 2022, also zu einem Zeitpunkt als sowohl in Frankreich als auch in Deutschland die Politik ein Auslaufen der Coronaschutzmaßnahmen beschlossen hatte, ist besonders interessant im Hinblick auf Gemeinsamkeiten und Unterschiede der beiden Kulturen.

Während der deutsche Online-Handel während der Pandemie Umsatzsteigerungen erzielen konnte (der absolute Umsatzzuwachs lag 2021 bei + 13,9 Milliarden Euro, im Vergleich: 2020 bei + 13,6 Milliarden Euro und 2019 bei + 5,9 Milliarden Euro)[6], musste der stationäre Handel 2021 hingegen einen weiteren Verlust im Vergleich zum Vorjahr hinnehmen. Der Modehandel verlor dabei 2021 nahezu ein Drittel seiner Umsätze.[7] Auch in Frankreich wuchs der Online-Handel weiter stark.[8] Im internationalen Vergleich liegt Frankreich dabei knapp hinter Deutschland.[9] So liegt z. B. 2021 der Anteil der Online-Käufer*innen von Bekleidung (inkl. Sportbekleidung), Schuhen oder Accessoires in Deutschland bei 48 % und in Frankreich bei 43 %.[10]

---

6   Handelsverband Deutschland: *Online Monitor 2022*, https://einzelhandel.de/index.php?option=com_attachments&task=download&id=10659 [29.07.2022].

7   Vgl. EHI Handelsdaten.de: *Nettoumsatz im stationären Einzelhandel in Deutschland von 2010 bis 2021 mit Prognose für 2022 (in Milliarden Euro)*, https://www.handelsdaten.de/deutschsprachiger-einzelhandel/umsatz-im-stationaeren-einzelhandel-deutschland-zeitreihe#:~:text=Im%20Jahr%202021%20setzte%20der,501%2C1%20Milliarden%20Euro%20zur%C3%BCck. [29.07.2022].

8   Vgl. Statista: *B2C-E-Commerce-Umsätze in Frankreich in den Jahren 2017 bis 2019 sowie eine Prognose bis 2023*, Juni 2020, https://de.statista.com/statistik/daten/studie/73382/umfrage/umsatz-im-online-handel-in-frankreich [29.07.2022]; Liberge, Audrey: *E-commerce France: 12 chiffres à connaître en 2022 [infographie]*, 10.01.2022, https://www.oberlo.fr/blog/ecommerce-france [29.07.2022].

9   Vgl. Meinig, Benjamin: *E-Commerce in Frankreich: Anders als in Deutschland*, 10.05.2022, 10.05.2022, https://www.internetworld.de/e-commerce/e-business/e-commerce-in-frankreich-in-deutschland-2758045.html [29.07.2022].

10 Statista: *Anteil der Online-Käufer von Bekleidung (inkl. Sportbekleidung), Schuhen oder Accessoires in ausgewählten Ländern in Europa im Jahr 2021*, März 2022, https://de.statista.com/statistik/daten/studie/282969/umfrage/kauf-von-kleidung-und-sportartikeln-im-internet-in-europa-laendervergleich [29.07.2022].

2. Mindset-Wechsel durch die COVID-19-Pandemie als kritisches Lebensereignis und deren Einfluss auf das Konsumentenverhalten

Unter dem Begriff ‚Lebensereignis' versteht man in der Regel ein bedeutsames Ereignis, welches einschneidende Veränderungen des persönlichen Lebens hervorruft.[11] Solche Lebensereignisse können in vielfältigen Erscheinungsformen auftreten, von individuellen bis hin zu kollektiven Geschehnissen.[12] Aufgrund der Heterogenität der verschiedensten Formen ist es schwierig, ein vollumfängliches und präzises Begriffsverständnis zu formulieren. Eine reduzierte Definition liefert Filipp. Dabei werden Lebensereignisse als „solche im Leben einer Person auftretende Ereignisse verstanden [...], die durch Veränderungen der (sozialen) Lebenssituation der Person gekennzeichnet sind und die mit entsprechenden Anpassungsleistungen durch die betroffene Person beantwortet werden müssen"[13]. Beispiele hierfür sind die Geburt eines Kindes, ein Umzug, eine Heirat oder Scheidung, der Verlust des Arbeitsplatzes, die Diagnose einer schweren Krankheit oder der Tod eines geliebten Menschen.[14] Studien aus der Konsumentenverhaltensforschung belegen,[15] dass besonders kritische Lebensereignisse das Konsumentenverhalten stark verändern können[16] und Menschen insgesamt offener gegenüber

---

11 Vgl. Kamm, Friederike: *Werbestrategien für Produktneueinführungen im Lebensmittelbereich. Eine Analyse des Einflusses von Lebensereignissen auf die Wirkung von Werbung für neue Produkte*, Wiesbaden 2016.

12 Vgl. Sneath, Julie Z./Lacey, Russell/Kennett-Hensel, Pamela A.: Coping with a Natural Disaster: Losses, Emotions, and Impulsive and Compulsive Buying, in: *Marketing Letters* 20/1 (2009), 45–60.

13 Filipp, Sigrun-Heide: Ein allgemeines Modell für die Analyse kritischer Lebensereignisse, in: dies. (Hg.): *Kritische Lebensereignisse*, Weinheim 1955, 23.

14 Vgl. Kamm: *Werbestrategien für Produktneueinführungen im Lebensmittelbereich*; Koschate-Fischer, Nicole [u. a.]: Do Life Events Always Lead to Change in Purchase? The Mediating Role of Change in Consumer Innovativeness, the Variety Seeking Tendency, and Price Consciousness, in: *Journal of the Academy of Marketing Science* 46/3 (2018), 516–536.

15 Vgl. Wood, Stacy: The Comfort Food Fallacy: Avoiding Old Favorites in Times of Change, in: *Journal of Consumer Research* 36/6 (2010), 950–963; Kamm, Friederike/Gröppel-Klein, Andrea: Life-Changing Events Foster Favorable Responses to New Products, in: Cotte, June/Wood, Stacey (Hg.): *Advances in Consumer Research*, Duluth 2015, 537–538.

16 Vgl. Andreasen, Alan R.: Life Status Changes and Changes in: Consumer Preferences and Satisfaction, in: *Journal of Consumer Research* 11/3 (1984), 784–794; Lee, Euehun/Moschis, George P./Mathur, Anil: A Study of Life Events and Changes in Patronage Preferences, in: *Journal of Business Research* 54/1 (2001), 25–38; Mathur, Anil/Moschis, George P./Lee, Euehun: Life Events and Brand Preference Changes, in: *Journal of Consumer Behaviour: An international research review* 3/2 (2003), 129–141; dies.: A Longitudinal Study of the Effects of Life Status Changes on Changes in Consumer Preferences, in: *Journal of the Academy of Marketing science* 36 (2008), 234–246.

einem Wandel ihrer Konsumgewohnheiten werden.[17] Schon kleinere Veränderungen, wie z. B. das Ausführen einer ungewohnten Aufgabe (beispielsweise wenn ein*e Rechtshänder*in mit der linken Hand schreiben muss), können dazu führen, dass die Konsumenten und Konsumentinnen in der Folge ungewohnte Optionen wählen, wie Eelen, Millet und Warlop in einem Experiment (Nr. 5) zeigen.[18]

Konsumenten und Konsumentinnen greifen in Phasen großer Lebensveränderungen jedoch besonders zu unbekannten oder neuen Produkten, wie insbesondere die Pionierarbeiten von Wood eindrucksvoll belegen. Dies widerspricht der weit verbreiteten Annahme des Volksmundes, dass Konsumenten und Konsumentinnen in Zeiten des Umbruchs vertraute Optionen wählen, um sich an diesen ‚festhalten' zu können. Drastische Veränderungen im Leben eines Konsumenten bzw. einer Konsumentin können somit zu einem „Mindset-Wechsel" führen, anders ausgedrückt: Der/die Konsument*in schaltet um von einem „Alltags-Mindset" in ein „Veränderungs-Mindset".[19] So konnten auch Kamm und Gröppel-Klein zeigen, dass Konsumenten und Konsumentinnen, die ein hohes Maß an Lebensveränderung erfahren haben, eine positive Einstellung gegenüber unbekannten Marken mit neuartigen Produkteigenschaften und somit Offenheit für innovative Angebote zeigen. Darüber hinaus belegen die Autorinnen, dass auch Werbefilme, die solche einschneidenden Ereignisse thematisieren (im Vergleich zu Alltagsfilmen), signifikant stärker in der Lage waren, Innovationsbereitschaft der Konsumenten und Konsumentinnen auszulösen.[20]

Die COVID-19-Pandemie kann eindeutig als ein kritisches Lebensereignis angesehen werden. Die ehemalige deutsche Bundeskanzlerin Angela Merkel bezeichnete die Pandemie als „die größte Herausforderung seit dem Zweiten Weltkrieg"[21]. Der französische Staatspräsident Emmanuel Macron drückte sich noch drastischer aus und erklärte in einer Fernsehansprache am 18. März 2020: „Nous sommes en guerre"; ‚Wir sind im Krieg' gegen einen unsichtbaren Feind. Hiermit wollte er seine

---

17   Vgl. Andreasen: Life Status Changes and Changes; Wood: The Comfort Food Fallacy; Wood, Wendy/Tam, Leona/Guerro Witt Melissa: Changing Circumstances, Disrupting Habits, in: *Journal of Personality and Social Psychology* 88/6 (2005), 918–933.
18   Eelen, Jiska/Millet, Kobe/Warlop, Luk: In the Mood for Special Experiences: The Impact of Day-to-Day Changes on Consumers, in: Gürhan-Canli, Zeynep/Otnes, Cele/Zhu, Rui Juliet (Hg.): *Advances in Consumer Research*, Duluth 2012, 1009–1010.
19   Vgl. Kroeber-Riel, Werner/Gröppel-Klein, Andrea: *Konsumentenverhalten*, München 2019.
20   Vgl. Kamm/Gröppel-Klein: *Life-Changing Events Foster Favorable Responses to New Products*.
21   Bundesregierung: *Fernsehansprache von Bundeskanzlerin Angela Merkel*, https://www.bundesregierung.de/resource/blob/975232/1732182/d4af29ba76f62f61f320c32d39a7383/fernsehansprache-von-bundeskanzlerin-angela-merkel-data.pdf [29.07.2022]; mdr: *Historikerin zu Corona: Krise ohne Vergleich*, 28.03.2020, https://www.mdr.de/zeitreise/historikerin-krise-corona-vergleich-geschichte-100.html [18.02.2021].

Landsleute in Alarmbereitschaft versetzen und den Ausnahmezustand rechtfertigen.

In beiden Ländern wurden während der Pandemie verschiedene Lockdowns verhängt; die stationären Geschäfte (Non-Food) wurden zeitweise geschlossen, sodass die Konsumenten und Konsumentinnen gezwungen waren, bestimmte Produkte online zu kaufen. Nach dem ersten Lockdown (vom 22. März bis 4. Mai 2020) erschien das Einkaufen in den geöffneten Geschäften in Deutschland weitgehend sicher, insbesondere aufgrund vorherrschender Hygieneregeln, der Maskenpflicht und sehr geringer Inzidenzen. Nichtsdestotrotz hatte der stationäre Einzelhandel einen schleppenden Start, und Umsatzeinbußen mussten weiterhin in Kauf genommen werden.[22] Auch unsere Daten (s. u.) zeigen, dass die Konsumenten und Konsumentinnen in dieser Zeit trotz niedriger Inzidenzzahlen nach wie vor besorgt waren und Angst hatten, sich beim Einkaufen mit dem Virus zu infizieren. Der Online-Handel in Deutschland hingegen generierte einen Umsatzzuwachs und erzielte ein zusätzliches Plus von 24,1 % im Jahr 2020 und von 19,1 % im gesamten Jahr 2021.[23] In einigen Ländern wurden noch höhere Zuwachsraten verzeichnet. Dies warf die Frage auf, ob dieser Trend anhalten wird. Roggeveen und Sethuraman vermuteten beispielsweise, dass die Konsumenten und Konsumentinnen neu entdeckte Online-Einkaufsgewohnheiten beibehalten werden, da das Einkaufen im Geschäft weiterhin mit Hygienemaßnahmen und Abstandsregeln assoziiert werden würde.[24] Diese Annahme könnte jedoch auch bedeuten, dass die Konsumenten und Konsumentinnen mit Wegfall der Coronaschutzmaßnahmen zum ‚Offline-Shopping' automatisch zurückkehren müssten. Gröppel-Klein, Kirsch und Spilski können dagegen mit zwei Studien im Mai/Juni 2020 (nach dem 1. Lockdown; n = 985) bzw. Februar/März 2021 (zu diesem Zeitpunkt wurde das Ende des 2. Lockdowns erwartet, die Inzidenzen waren sehr hoch, doch das Impfen hatte begonnen, damit war Hoffnung gegeben; n = 1 341) zeigen, dass sich in diesem Zeitraum das Online-Shopping manifestierte. Die Frage lautet allerdings, ob das Online-Shopping zur neuen Gewohnheit geworden ist. Eine theoretische Erklärung für die Zunahme von Online-Käufen bei wieder geöffneten stationären Geschäften könnte – wie gesagt – die Theorie der kritischen Lebensereignisse sein. Ausgehend von den skizzierten Erkenntnissen zur Wirkung kritischer Ereignisse gehen wir davon aus, dass Konsumenten und Konsumentinnen, die lebensverändernde Ereignisse erleben, anschließend auch ihr Konsumverhalten verändern, in dem Sinne, dass

---

22 Vgl. Destatis: *Kaufhäuser in der Krise: 2,4 % weniger Umsatz im August 2020 gegenüber Vorjahr*, 05.10.2020, https://www.destatis.de/DE/Presse/Pressemitteilungen/2020/10/PD20_N 063_45212 [29.07.2022].
23 Handelsverband Deutschland: *Online Monitor 2022*.
24 Vgl. Roggeveen, Anne L./Sethuraman, Raj: How the COVID-19 Pandemic May Change the World of Retailing, in: *Journal of Retailing* 96/2 (2020), 169–171.

sie sich signifikant stärker als der Durchschnitt dem Online-Shopping zuwenden. Der Vergleich ‚stärker als der Durchschnitt' wurde betrachtet, da natürlich alle Konsumenten und Konsumentinnen aufgrund der Schließungen des stationären Handels mehr Online-Shopping durchführen ‚mussten'; eine überdurchschnittliche Hinwendung zeigt ein neues Einkaufsmuster. Zudem wollen wir prüfen, ob das Online-Shopping zur Selbstverständlichkeit bei Alt und Jung geworden ist.[25] Bei der Theorie über die Wirkung kritischer Ereignisse wird angenommen, dass es sich um einen Mindset-Wechsel handelt, der in der Folge ungewohntes Konsumverhalten auslöst. Der Zusammenhang müsste somit lauten: ‚kritisches Lebensereignis' → Wunsch, Konsumverhalten zu ändern → überdurchschnittliche Präferenz für den neuen Einkaufskanal ‚Online-Shopping'. Diese Mediation sollte sowohl in Deutschland als auch in Frankreich zu beobachten sein, wenn es sich um ein universelles menschliches Phänomen handelt. Unsere erste Hypothese lautet somit:

> H1a: Je mehr Konsumenten und Konsumentinnen das Gefühl haben, dass die Pandemie ein drastisches, lebensveränderndes Ereignis darstellt, desto mehr haben sie den Eindruck, ihr Konsumverhalten ändern zu müssen, und desto mehr wenden sie sich dem Online-Shopping im Vergleich zum Durchschnitt zu. Diese Beziehung gilt sowohl für Deutschland als auch für Frankreich.

Die Pandemie führte ebenfalls zu einer Fokusverlagerung hinsichtlich des eigenen emotionalen sowie physischen Wohlbefindens, und das Thema Gesundheitsbewusstsein gewann an Bedeutung.[26] Im Zuge dessen wurde mehr Zeit mit der Familie verbracht[27] und man beschäftigte sich mehr mit dem Thema Lebensmittel, deren Kauf sowie deren Zubereitung und Verschwendung. Das Verständnis für den richtigen Lebensmittelumgang und das Interesse an regionalen Produkten stieg.[28] Gründe des Konsums können beispielsweise auf gesundheitliche Anliegen

---

25 Vgl. Koch, Julia/Frommeyer, Britta/Schewe, Gerhard: Online Shopping Motives during the COVID-19 Pandemic – Lessons from the Crisis, in: *Sustainability* 12/24 (2020), 1–20.

26 Vgl. De Maria, Maddalena [u. a.]: Development and Psychometric Testing of the Self-Care in COVID-19 (SCOVID) Scale, an Instrument for Measuring Self-Care in the COVID-19 Pandemic, in: *International Journal of Environmental Research and Public Health* 17/21 (2020), 1–12; DiGiulio, Sarah/Millard, Elizabeth/Migala, Jessica: 76 Top Self-Care Tips for Taking Care of You, 06.10.2021, https://www.everydayhealth.com/wellness/top-self-care-tips-for-being-stuck-at-home-during-the-coronavirus-pandemic/ [29.07.2022]; GSK Consumer Healthcare: *Umfrage: Corona-Pandemie fördert das Gesundheitsbewusstsein der Deutschen*, 21.07.2020, https://de.gsk.com/de-de/presse/pressemeldungen/umfrage-corona-pandemie-foerdert-das-gesundheitsbewusstsein-der-deutschen/ [29.07.2022].

27 Vgl. Sandín, Bonifacio [u. a.]: Psychological Impact of the COVID-19 Pandemic: Negative and Positive Effects in Spanish Population during the Mandatory National Quarantine, in: *Journal of Psychopathology and Clinical Psychology* 25/1 (2020), 1–21.

28 Vgl. Amicarelli, Vera/Bux, Christina: Food Waste in Italian Households during the Covid-19 Pandemic: a Self-Reporting Approach, in: *Food Security* 13/1 (2020), 25–37; Ben Hassen, Ta-

in Verbindung mit ökologischen und ethischen Bedenken zurückgeführt werden.[29] Die Covid-19-Pandemie kann daher auch als Treiber in Richtung eines nachhaltigen Konsumverhaltens angesehen werden,[30] doch nur, wenn sie als lebensveränderndes Phänomen erlebt wird. Somit lautet die nächste Hypothese:

> H1b: Der in H1a skizzierte Zusammenhang gilt auch für den Kauf ethischer Produkte, sowohl in Deutschland als auch in Frankreich.

3. Einkaufsmotive und deren Entwicklung im Kontext der Covid-19-Pandemie

„Einkaufsmotive werden als fundamentale, zielorientierte innere Kräfte definiert, die durch Einkaufsaktivitäten befriedigt werden können."[31] Mit dem ‚Wertewandel des Marketing' im letzten Viertel des 20. Jh. kam es zu einem Bedeutungsverlust von Pflicht- und Akzeptanzwerten zugunsten der Selbstverwirklichung.[32] Der ‚Erlebniskonsum' war geboren.[33] Nach Pine und Gilmore[34] möchten sich erlebnisorientierte Konsumenten und Konsumentinnen emotional selbstverwirklichen und legen den Fokus auf die Gegenwart, in der sie ihre Individualität zum Ausdruck bringen möchten. Der Wunsch nach emotionaler Erfahrung ist dabei möglicherweise genetisch programmiert, weshalb es im Laufe der Menschheitsgeschichte immer ein

---

rek/El Bilali, Hamid/Allahyari, Mohammad Sadegh: Impact of COVID-19 on Food Behavior and Consumption in Qatar, in: *Sustainability* 12/17 (2020), 1–18; He, Hongwei/Harris, Lloyd: The Impact of Covid-19 Pandemic on Corporate Social Responsibility and Marketing Philosophy, in: *Journal of Business Research* 116 (2020), 176–182; Jribi, Sarra [u. a.]: COVID-19 Virus Outbreak Lockdown: What Impacts on Household Food Wastage?, in: *Environment, Development and Sustainability* 22/5 (2020), 3939–3955; Qian, Kun/Javadi, Firouzeh/Hiramatsu, Michikazu: Influence of the COVID-19 Pandemic on Household Food Waste Behavior in Japan, in: *Sustainability* 12/23 (2020), 1–15.

29   Vgl. Baldi, Lucia [u. a.]: How Alternative Food Networks Work in a Metropolitan Area? An Analysis of Solidarity Purchase Groups in Northern Italy, in: *Agricultural and Food Economics* 7/20 (2019), 1–21.
30   Vgl. Amicarelli/Bux: Food Waste in Italian households during the Covid-19 Pandemic; Ben Hassen/El Bilali/Allahyari: Impact of COVID-19 on Food Behavior and Consumption in Qatar; Jribi [u. a.]: COVID-19 Virus Outbreak Lockdown.
31   Gröppel-Klein, Andrea: *Wettbewerbsstrategien im Einzelhandel. Chancen und Risiken von Preisführerschaft und Differenzierung*, Wiesbaden 1998, 206.
32   Kroeber-Riel/Gröppel-Klein: *Konsumentenverhalten*.
33   Vgl. Holbrook, Morris B./Hirschman, Elizabeth C.: The Experiential Aspects of Consumption: Consumer Fantasies, Feelings, and Fun, in: *Journal of Consumer Research* 9/2 (1982), 132–140; Weinberg, Peter/Gröppel-Klein, Andrea: Formen und Wirkungen erlebnisorientierter Kommunikation, in: *Marketing: Zeitschrift für Forschung und Praxis* 10/3 (1988), 190–197.
34   Pine, Joseph B./Gilmore, James H.: *The Experience Economy*, Boston 1999.

Bedürfnis nach Abenteuern oder berührenden Ereignissen gegeben hat.[35] Eine Verlagerung dieser Bedürfnisse in die Konsumwelt gelang jedoch erst mit einem gewissen wirtschaftlichen Wohlstand. Für ‚gesättigte' Gesellschaften wird durch den Erlebniskonsum die wahrgenommene Lebensqualität verbessert,[36] anders ausgedrückt: Erlebniskonsum ist das ‚Salz in der Suppe' in unserem alltäglichen Leben.[37]

Geschäfte, die Wert auf die Atmosphäre (beispielsweise eine ungewöhnliche oder faszinierende Gestaltung) legen und insbesondere affektive Reaktionen, wie Freude, Erregung und Dominanz, beim Konsumenten bzw. der Konsumentin auslösen (in Anlehnung an das umweltpsychologische Modell von Mehrabian und Russell[38]), können zur Lebensqualität beitragen – wenn die Grundstimmung unbeschwert oder sorglos ist.[39]

Hinsichtlich der Typologisierung von Einkaufsmotiven gibt es unterschiedliche Ansätze. Folgt man der (hier besonders relevanten) Unterscheidung von Babin, Darden und Griffin, so kann zwischen dem hedonistischen (erlebnisorientierten) Einkaufen, das mehr aus Spaß und Verspieltheit initiiert wird, und dem utilitaristischen, zweckorientierten Einkaufen, das lediglich als Aufgabenerfüllung angesehen wird, differenziert werden. Ersteres spiegelt den besagten emotionalen Aspekt und Unterhaltungswert wider, bedingt aber eine gewisse Sorglosigkeit. Letzteres forciert die geplante und effiziente Gestaltung des Einkaufprozesses.[40] Einkaufen wird als Aufgabe gesehen, die man schnell ‚abarbeiten' möchte. Auch wenn beide

---

35 Vgl. Gerrig, Richard J.: *Psychology and life*, Boston 2013.
36 Vgl. Gilovich, Thomas/Kumar, Amit/Jampol, Lily: A Wonderful Life: Experiential Consumption and the Pursuit of Happiness, in: *Journal of Consumer Psychology* 25/1 (2015), 152–165; Allard, Thomas/Babin, Barry J./Chebat, Jean-Charles: When Income Matters: Customers Evaluation of Shopping Malls' Hedonic and Utilitarian Orientations, in: *Journal of Retailing and Consumer Services* 16/1 (2009), 40–49; Sit, Jason/Merrilees, Bill/Birch, Dawn: Entertainment-Seeking Shopping Centre Patrons: The Missing Segments, in: *International Journal of Retail & Distribution Management* 31/2 (2003), 80–94.
37 Vgl. Gröppel-Klein, Andrea: 30 Jahre „Erlebnismarketing" und „Erlebnisgesellschaft" – Die Entwicklung des Phänomens „Erlebnisorientierung" und State-of-the-Art der Forschung, in: Bruhn, Manfred/Hadwich, Karsten (Hg.): *Customer Experience: Forum Dienstleistungsmanagement*, Wiesbaden 2012, 37–60.
38 Mehrabian, Albert: *Räume des Alltags. Wie die Umwelt unser Verhalten bestimmt*, Frankfurt/M. 1987.
39 Vgl. Gröppel-Klein, Andrea/Kirsch, Kenya-Maria/Spilski, Anja: (Hedonic) Shopping Will Find a Way: The COVID-19 Pandemic and its Impact on Consumer Behavior, in: *Marketing ZFP* 43/1–2 (2021), 95–108.
40 Vgl. Babin, Barry J./Darden, William R./Griffin, Mitch: Work and/or Fun: Measuring Hedonic and Utilitarian Shopping Value, in: *Journal of Consumer Research* 20/4 (1994), 644–656; Yang, Yikai [u. a.]: Consumption Trends during the COVID-19 Crisis: How Awe, Coping, and Social Norms Drive Utilitarian Purchases, in: *Frontiers in Psychology* 11 (2020), 1–10.

Motive für den Online-Kontext relevant sein können,[41] konzentrieren wir uns auf den stationären Handel. Wir gehen davon aus, dass mit Beginn der Pandemie die Verunsicherung besonders hoch war und mit der gefühlten Schwere der Pandemie negativ korrelieren wird.[42] Anders ausgedrückt gehen wir für den deutschen Markt von folgendem, in der nächsten Hypothese formulierten Zusammenhang aus:

> H2: Der Wunsch nach hedonistischem Einkaufen wird durch die Pandemie deutlich reduziert (im Vergleich zur Zeit vor der Pandemie) und kehrt mit dem Gefühl, die Pandemie unter Kontrolle zu haben, zurück, bei utilitaristischem Einkaufen ist es umgekehrt.

Für April 2022 können wir nun auch einen Vergleich zwischen Deutschland und Frankreich durchführen. Aufgrund der kulturellen Unterschiede gehen wir davon aus, dass in Frankreich der Wunsch nach hedonistischem Einkaufen noch stärker ausgeprägt ist. Wie begründen wir diese Annahme? ‚Leben wie Gott in Frankreich' lautet ein geflügeltes Wort. Nach Erkenntnissen von De Barnier, Rodina und Valette-Florence sind Ästhetik, hohe Qualität und Vergnügen an schönen Produkten für Franzosen und Französinnen signifikant wichtiger als für Deutsche, die vor allem auf Funktionalität und technische Perfektion Wert legen.[43] „Developed aesthetic taste is characteristic of French consumers; they highly appreciate elegance, sophistication, and uniqueness", wie Naumova, Bilan und Naumova[44] erklären. Zudem ist Frankreich nach wie vor der bedeutsamste Produzent von Luxusgütern.[45] Die Deutschen haben dagegen das *hard-discounting* erfunden und gelten als Pfennigfuchser*innen.[46] Unter dieser Annahme müsste eine durch die Pandemie ausgelöste Preisorientierung (bereinigt durch das Einkommen als Kovariate) in Deutschland stärker ausgeprägt sein als in Frankreich. Dagegen gehen wir davon aus, dass der Wunsch nach hedonistischem Einkaufen in Frankreich ausgeprägter ist:

---

41 Vgl. Childers, Terry L. [u. a.]: Hedonic and Utilitarian Motivations for Online Retail Shopping Behavior, in: *Journal of Retailing* 77/4 (2001), 511–535.

42 Vgl. Deng, Shichang [u. a.]: Perceived Severity of COVID-19 and Post-Pandemic Consumption Willingness: The Roles of Boredom and Sensation-Seeking, in: *Frontiers in Psychology* 11 (2020), 1–10.

43 Vgl. De Barnier, Virginie/Rodina, Irina/Valette-Florence, Pierre: Which Luxury Perceptions Affect Most Consumer Purchase Behavior? A Cross-Cultural Exploratory Study in France, the United Kingdom and Russia, in: *Proceedings des Congrès Paris Venise des Tendences Marketing* 2/3 (2006), 8–17.

44 Naumova, Olena/Bilan, Svitlana/Naumova, Mariia: Luxury Consumers' Behavior: a Cross-Cultural Aspect, in: *Innovative Marketing* 15/4 (2019), 1–13, hier 10.

45 Vgl. Dies.: Luxury Consumers' Behavior: a Cross-Cultural Aspect.

46 Vgl. Stewart, Rachel: *Sparfüchse, Pfennigfuchser – die Deutschen und das liebe Geld*, 30.01.2019, https://www.dw.com/de/sparf%C3%BCchse-pfennigfuchser-die-deutschen-und-das-liebe-geld/av-47288716 [29.07.2022].

H3: Die Preisorientierung ist bei den Deutschen stärker ausgeprägt als bei den Franzosen und Französinnen.

H4: Der Wunsch nach hedonistischem Einkaufen ist bei den französischen Konsumenten und Konsumentinnen stärker ausgeprägt als bei den deutschen.

4. Die Auswirkung antizipierter Einkommensverluste auf die Einkaufsmotive

Neben gesundheitlichen Aspekten hatte die Pandemie auch ökonomische und gesellschaftliche Auswirkungen. Die Schließung vieler Unternehmen und dienstleistender Firmen bedrohte die Existenz vieler Menschen. So war in Frankreich der Einbruch des Bruttoinlandsprodukts (BIP) im ersten Pandemiejahr (2020) mit -7,99 % besonders stark. 2021 konnte sich das Land mit einem Wachstum von +6,91 % allerdings wieder gut erholen.[47] In Deutschland waren die Schwankungen mit einem Rückgang des BIP im Jahr 2020 von -4,6 % und einem Wachstum 2021 von +2,9 % demgegenüber nicht so drastisch. Insgesamt war der Verlauf jedoch ähnlich zu Frankreich.[48] Auch der Krieg in der Ukraine betrifft beide Länder wirtschaftlich, Deutschland insbesondere wegen der Abhängigkeit von russischem Gas.

Es ist jedoch anzunehmen, dass von der Coronakrise nicht alle Menschen gleichermaßen betroffen sind. Man kann davon ausgehen, dass vor allem Konsumenten und Konsumentinnen, die höhere Einkommenseinbußen antizipieren, der Preisorientierung eine höhere Bedeutung zuschreiben. Gerade der Bedeutungszuwachs der Preisorientierung wird aufgrund obiger Erläuterungen in Deutschland besonders hoch erwartet. Insgesamt gehen wir, aufgrund antizipierter Einkommensverluste und der hohen Inflation, von einer zunehmenden Tendenz der Preisorientierung aus und formulieren folgende These:

H5: Antizipierte Einkommensverluste (bzw. die Geldentwertung) führen zu einer höheren Preisorientierung.

---

47   Statista: *Frankreich: Wachstum des realen Bruttoinlandsprodukts (BIP) von 1980 bis 2021 und Prognosen bis 2027*, April 2022, https://de.statista.com/statistik/daten/studie/14536/umfrage/wachstum-des-bruttoinlandsprodukts-in-frankreich [29.07.2022].

48   Statista: *Veränderung des realen Bruttoinlandsprodukts (BIP) in Deutschland gegenüber dem Vorjahr von 1992 bis 2021*, Mai 2022, https://de.statista.com/statistik/daten/studie/2112/umfrage/veraenderung-des-bruttoinlandprodukts-im-vergleich-zum-vorjahr [29.07.2022].

5. Kulturunterschiede Deutschland – Frankreich nach Hofstede

Versucht man die beiden Länder anhand der Kulturdimensionen von Hofstede[49], einem der führenden, wenn auch nicht unumstrittenen Kulturforscher,[50] zu charakterisieren (vgl. Abb. 1), kann festgestellt werden, dass Frankreich gerade hinsichtlich der Dimensionen Machtdistanz und Unsicherheitsvermeidung deutlich höhere Werte aufweist als Deutschland. Auch der Individualismus ist etwas höher ausgeprägt. Die französische Kultur scheint daher tendenziell etwas individualistischer als die Deutsche zu sein, was bedeutet, dass das eigene Wohlbefinden und das der direkten Familie und Freunde im Mittelpunkt steht. Hierarchische Strukturen scheinen in Frankreich zudem eine hohe Bedeutung zu haben (hohe Machtdistanz). In der französischen Kultur wird daher ein bestimmtes Maß an Ungleichgewicht akzeptiert, und es herrscht eine hohe Akzeptanz gegenüber einer vorherrschenden Autorität in sozialen und gesellschaftlichen Beziehungen. In Deutschland hegen die Menschen tendenziell eher den Wunsch nach Gleichheit. Der Wettbewerb steht zudem bei den Franzosen und Französinnen weniger im Fokus und maskuline Werte, wie Dominanz, treten eher in den Hintergrund (geringe Werte bei Maskulinität), im Vergleich zu Deutschland, welches bei der Maskulinität höhere Werte aufweist und daher eher einer Kultur entspricht, die sich durch einen stärkeren Wettbewerbsgedanken auszeichnet und den Fokus auf Werte wie Leistung und Anerkennung legt.[51] Deutschland ist auch als Land zu sehen, in welchem langfristige Orientierung und Zukunftsplanung fokussiert werden (hohe Werte bei Langzeitorientierung). In Frankreich ist das Gegenteil der Fall (siehe Abb. 1).[52]

---

49 Hofstede, Geert: *Culture's Consequences. International Differences in Work-Related Values*, Beverly Hills 1980.
50 Vgl. Towers, Ian/Peppler, Alexander: Geert Hofstede und die Dimensionen einer Kultur, in: Ternès, Anabel, Towers, Ian (Hg.): *Interkulturelle Kommunikation. Länderporträts – Kulturunterschiede – Unternehmensbeispiel*, Wiesbaden 2017, 15–20.
51 Vgl. Zahl, Eva: Frankreich Vielfalt und Savoir-vivre, in: Ternès/Towers (Hg.): *Interkulturelle Kommunikation*, 65–76.
52 Zahl: Frankreich Vielfalt und Savoir-vivre.

Abb. 1: Kulturdimensionen nach Hofstede: Deutschland vs. Frankreich

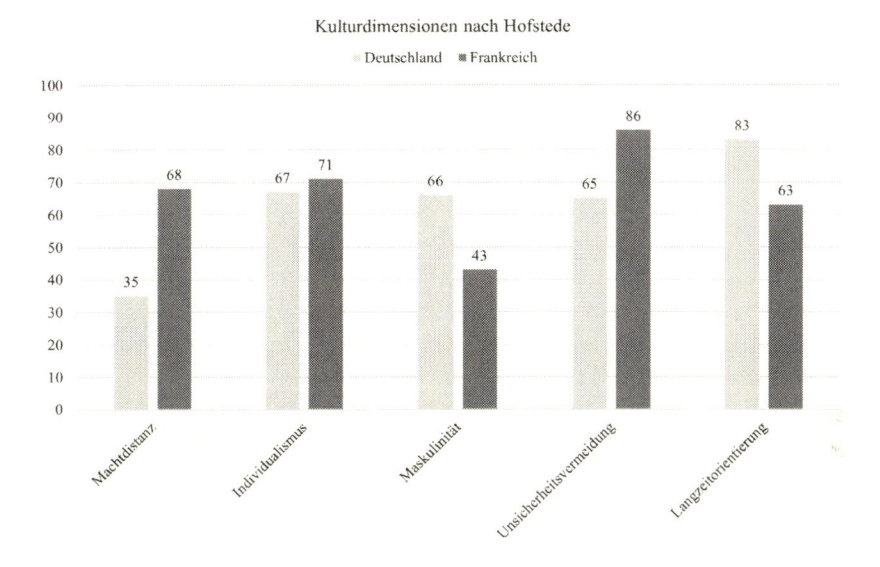

Kulturdimensionen nach Hofstede

Deutschland ■ Frankreich

Dimension	Deutschland	Frankreich
Machtdistanz	35	68
Individualismus	67	71
Maskulinität	66	43
Unsicherheitsvermeidung	65	86
Langzeitorientierung	83	63

Quelle: in Anlehnung an Zahl (2017, 71)

Zudem sind die Deutschen eher ein Volk mit verstärktem Wunsch nach einer sicheren und planbaren Zukunft mit Regeln (hohe Werte bei der Unsicherheitsvermeidung): „Germany is among the uncertainty avoidant countries"[53]. Zwar hat Frankreich noch etwas höhere Werte bei diesem Faktor, doch immer wieder ist in verschiedenen Medien von dem Phänomen „German Angst"[54] zu lesen, die sich nicht nur im Politischen, sondern auch bei früheren Epidemien und Lebensmittelskandalen (z. B. BSE-Skandal) zeigte. Zudem ist – wie oben ausgeführt – in Frankreich der Individualismus etwas stärker ausgeprägt als in Deutschland. Da die Coronamaßnahmen mit Einschränkungen und damit mit geringerer individueller Freiheit einhergehen, gehen wir von Folgendem aus:

H6: In Deutschland werden strengere Coronaschutzmaßnahmen als in Frankreich gefordert bzw. der Wunsch nach Coronaschutzmaßnahmen ist in Deutschland stärker ausgeprägt als in Frankreich.

---

53 Hofstede Insights: *Hofstede Insights: Consulting/Coaching/Certification/Tooling. Germany*, https://www.hofstede-insights.com/country/germany/ [29.07.2022].

54 Focus: *Was bedeutet der Ausdruck ‚German Angst'?*, 12.10.2017, https://www.focus.de/politik/praxistipps/german-angst-was-ist-das-eigentlich_id_7705190.html [29.07.2022].

6. Empirische Untersuchungen

6.1 Einordnung der Studie in den Kontext und Beschreibung der Stichprobe

Wir nutzen die ersten beiden Datensätze der bereits skizzierten Studien von Gröppel-Klein, Kirsch und Spilski[55] sowie die von zwei nachfolgenden Umfragen der Autorinnen. Hierzu haben wir dieselben Konstrukte (angepasst an die jeweilige Pandemie-Welle bzw. in Studie 4 auch an die besondere Situation des Ukrainekrieges und der damit einhergehenden Inflation) verwendet. Die dritte Studie wurde im Oktober/November 2021 durchgeführt, zu einem Zeitpunkt als die vierte Welle ‚Delta' tobte. Die Impfquote (Erst- und Zweitimpfung) lag bei über 70 %, allerdings wurde auch berichtet, dass eine Boosterimpfung notwendig sei, um den Schutz zu erhöhen. Die vierte Umfrage erfolgte im April 2022. Mittlerweile erlebte Europa die fünfte Welle ‚Omikron' (die Impfquote hatte sich laut RKI auf über 77 % in Deutschland gesteigert)[56]. Die französische Impfquote ist mit der in Deutschland vergleichbar.[57] Der Ukrainekrieg dauerte bereits acht Wochen an. Die Inflation schnellte in Deutschland im April 2022 auf 7,4 % hoch, in Frankreich lag sie ‚nur' bei 4,8 %.[58]

Alle Studien fanden online über die Datenerhebungsplattform Qualtrics statt. Die offiziellen Inzidenzzahlen wurden ebenfalls erfasst. Die Akquise fand über soziale Medien und mit der Unterstützung eines Marktforschungsinstituts (Studie 2, 3 und 4) statt. So lagen nach Fallausschlüssen (z. B. Alter < 18 Jahre, DSGVO (Datenschutz-Grundverordnung)-Verneinung) folgende Anzahl gültiger Fragebogen vor:

- Studie 1: 985 Teilnehmer*innen (77,9 % weiblich; M_{Alter} = 41,7; 18–83 Jahre)
- Studie 2: 1 341 Teilnehmer*innen (56 % weiblich; M_{Alter} = 47,2; 18–88 Jahre)
- Studie 3: 1 512 Teilnehmer*innen (48,6 % weiblich; M_{Alter} = 41,7; 18–83 Jahre) und
- Studie 4: 1 238 Teilnehmer*innen.

---

55 Gröppel-Klein/Kirsch/Spilski: (Hedonic) Shopping Will Find a Way.
56 Robert Koch Institut: *Digitales Impfquotenmonitoring zur COVID-19-Impfung*, 29.07.2022, https://www.rki.de/DE/Content/InfAZ/N/Neuartiges_Coronavirus/Daten/Impfquoten-Tab.html;jsessionid=82AE006FB9A48A1DB61CBE54A866C1EB.internet072 [29.07.2022]; Corona-in-Zahlen: *Corona-Zahlen weltweit*, 29.07.2022, https://www.corona-in-zahlen.de/weltweit [29.07.2022].
57 Vgl. John Hopkins University & Medicine: Coronavirus Resource Center, World Countries, FRANCE, Overview, 27.07.2022, https://coronavirus.jhu.edu/region/france [29.07.2022].
58 Statista: *Inflationsrate in Deutschland von Juli 2021 bis Juli 2022*, Juli 2022, https://de.statista.com/statistik/daten/studie/1045/umfrage/inflationsrate-in-deutschland-veraenderung-des-verbraucherpreisindexes-zum-vorjahresmonat/ [29.07.2022]; Statista: *Frankreich: Inflationsrate von Juni 2021 bis Juni 2022*, Juli 2022, https://de.statista.com/statistik/daten/studie/203856/umfrage/monatliche-inflationsrate-in-frankreich [29.07.2022].

In der Stichprobe von Studie 4 waren 613 (48,8 %) Probanden und Probandinnen mit deutscher Staatsangehörigkeit (41,3 % weiblich; M_{Alter} = 53,2; 20–80 Jahre), 625 Probanden und Probandinnen (49,8 %) mit französischer Staatsangehörigkeit (59,7 % weiblich; M_{Alter} = 51,9; 18–79 Jahre) und 17 Probanden und Probandinnen (1,4 %), die angaben, eine andere Staatsangehörigkeit zu besitzen. Diese 17 Probanden und Probandinnen wurden für den Deutschland–Frankreich-Vergleich ausgeschlossen, weshalb die finale Stichprobe 1 238 Probanden und Probandinnen umfasst. In allen Studien wurden Personen unterschiedlicher Bildungs-, Einkommens- und Altersklassen (Studie 4: $M_{Deutschland}$ = 53,24, SD = 14,34, $M_{Frankreich}$ = 51,99, SD = 14,33, n. s.) befragt. Die Teilnehmer*innen kamen somit aus allen Altersgruppen und deckten alle Einkommens- und Berufsklassen ab. Um Vergleiche vornehmen zu können, wiederholten sich die Fragen in den jeweiligen Studien. Die Konsumenten und Konsumentinnen beantworteten Fragen zur Risikowahrnehmung durch Covid-19, zur wahrgenommenen Lebensveränderung und Besorgnis, schätzten die Covid-19-Maßnahmen ein und machten Angaben hinsichtlich ihres Konsumverhaltens (z. B. Einkaufsmotive, Online-Shopping-Verhalten, ethisches Konsumverhalten). Es wurden zudem von Umfrage zu Umfrage weitere theoretische Aspekte ergänzt, um aktuellen Entwicklungen Rechnung tragen zu können (z. B. Innenstadtentwicklung). Der Fokus dieses Beitrags liegt in der Betrachtung der vierten und bisher letzten Studie mit dem Vergleich Deutschland–Frankreich. Es werden Referenzwerte aus den vorangehenden Studien herangezogen.

6.2 Operationalisierung der Konstrukte

Der Inhalt dieses Beitrags ist Teil eines größeren Projektes, welches den Einfluss der Covid-19-Pandemie auf das Konsumverhalten untersucht. Insbesondere die folgenden Konstrukte sind für die in diesem Beitrag genannten Fragen relevant: wahrgenommene Lebensveränderung, wahrgenommene Veränderung des Konsumverhaltens, Veränderungen des Online-Shopping-Verhaltens und des ethischen Konsums, Veränderung hedonistischer und utilitaristischer Einkaufsmotive, Preisorientierung und die antizipierten Einkommensverluste bzw. Prognose der zukünftigen wirtschaftlichen Entwicklung.

Sofern nicht anders angegeben, erfolgte die Messung auf einer 7-stufigen Likert-Skala (von 1: „stimme überhaupt nicht zu" bis 7: „stimme voll und ganz zu"). Bei Konstrukten mit mehreren Items wurden die Skalenwerte (die interne Konsistenz war gegeben, alle Cronbachs Alpha-Werte waren zufriedenstellend), gemittelt und zu einer übergeordneten Dimension zusammengefasst.

Die Messung der „wahrgenommenen Lebensveränderung" wurde in Anlehnung an Wood[59] gemessen (z. B. „In den letzten Monaten gab es in meinem Leben sehr

---

59 Wood: The Comfort Food Fallacy, 954.

viele Veränderungen."). Das „Ausmaß der Besorgnis" wurde mittels drei Items aus dem „consumption emotion descriptor set" (CES) von Richins[60] gemessen: „besorgt", „entmutigt" und „verängstigt". Die Teilnehmer*innen wurden gebeten anzugeben, wie sie sich in den letzten Monaten generell gefühlt haben. Antizipierte Einkommenseinbußen wurden mit einem Item gemessen: „Ich befürchte, dass sich meine Einkommensverhältnisse reduzieren werden und ich daher sehr viel vorsichtiger mit meinen Konsumausgaben sein muss."

In allen Studien wurde die „Veränderung des allgemeinen Konsumverhaltens" durch ein Item in Anlehnung an Baicu [u. a.][61] gemessen: „Mein Konsumverhalten hat sich dauerhaft geändert." Die „Veränderung der Intensität des Online-Shoppings" wurde auf zwei unterschiedliche Weisen operationalisiert:

1. Zunächst wurde das gesteigerte Online-Shopping im Vergleich zum Durchschnitt anhand des Items: „Wie viel Prozent Ihrer anderweitigen Einkäufe (Non-Food, beispielsweise Kleidung) tätigen Sie derzeit ca. online?" berechnet und
2. wurden die Probanden und Probandinnen gebeten, Folgendes anzugeben: „Für mich ist Einkaufen im Internet eine Selbstverständlichkeit geworden, die ich auch in Zukunft häufig durchführen werde."

Die Veränderungen des ethischen Konsums wurden anhand der vier Items von Alexa, Apetrei und Sapena[62] gemessen. Die Probanden und Probandinnen gaben auf einer 7-Punkte-Skala an, ob sie die jeweiligen (regionale, biologische, fair gehandelte und nachhaltige) Produkte „deutlich weniger" (= 1) bis „deutlich mehr" (= 7) im Vergleich zur Zeit vor der Pandemie konsumieren. Die vier Items wurden zu einer Indexvariablen verdichtet.

„Hedonistische und utilitaristische Einkaufsmotive" wurden jeweils mit einer von Gröppel-Klein, Thelen und Antretter[63] angepassten Skala in Anlehnung an Babin, Darden und Griffin[64] gemessen. Mittels Faktorenanalyse (Hauptkomponentenanalyse und Varimax-Rotation) ergab sich eine Zwei-Faktoren-Lösung über die beiden Motive (KMO = 0,740; MSA > 0,5; erklärte Varianz = 56,46 %). Alle folgenden Items des Hedonismus luden dabei auf einen Faktor:

---

60 Richins, Marsha L.: Measuring Emotions in the Consumption Experience, in: *Journal of Consumer Research* 24/2 (1997), 127–146, 134.
61 Baicu, Claudia Gabriela [u. a.]: The Impact of COVID-19 on Consumer Behavior in Retail Banking. Evidence from Romania, in: *Management & Marketing* 15/1 (2020), 534–556.
62 Alexa, Lidia/Apetrei, Andreea/Sapena, Juan: The COVID-19 Lockdown Effect on the Intention to Purchase Sustainable Brands, in: *Sustainability* 13/6 (2021), 1–16.
63 Gröppel-Klein, Andrea/Thelen, Eva/Antretter, Christoph: The Impact of Shopping Motives on Store-Assessment, in: Dubois, Bernard/Lowrey, Tina/Vanhuele, Marc (Hg.): *European Advances in Consumer Research*, 1999, 63–72.
64 Babin/Darden/Griffin: Work and/or Fun: Measuring Hedonic and Utilitarian Shopping Value.

1. Einkaufen ist für mich eine erlebnisorientierte Freizeitbeschäftigung, die ich in der Regel genieße und der ich einfach nur zum Spaß nachgehe,
2. Ich liebe die Reizvielfalt (Menschen, Produkte, Dekorationen, Düfte, musikalische Untermalung, etc.) beim Einkaufen,
3. Ich will beim Einkaufen etwas Neues und Außergewöhnliches erleben und
4. Ich finde es wichtig, wenn ich mich beim Einkaufen mit anderen unterhalten bzw. austauschen kann.

Gleiches gilt für die Items des Faktors des Utilitarismus:

1. Beim Einkaufen kaufe ich nur genau die Artikel, die ich wirklich brauche,
2. Einkaufen ist für mich rein funktional und Mittel zum Zweck,
3. Einkaufen ist eine lästige Pflicht, die ich in der Regel so schnell wie möglich erledigt haben will, und
4. Vor dem Einkaufen mache ich eine Einkaufsliste, die ich dann abarbeite.

Die jeweiligen Items wurden gemittelt und zu einer Variablen verdichtet. Die „Preiswahrnehmung" wurde mit drei Items operationalisiert. In Anlehnung an Gröppel-Klein, Thelen und Antretter[65] wurden folgende drei Items für die Preisorientierung verwendet:

1. Ich achte beim Einkaufen auf möglichst niedrige Preise,
2. Es ist mir wichtig, für die Produkte, die ich kaufe, den besten Preis zu ergattern,
3. Mir ist es egal, ob ich eine bekannte Herstellermarke oder die Hausmarke eines Handelsunternehmens kaufe.

Es wurden mehrere „Kontrollvariablen" erhoben, wie beispielsweise das Alter, das Einkommen und die Bildung. Sofern die Kontrollvariablen signifikant und höher als $r = 0{,}2$ mit der abhängigen Variablen korrelierten, wurden sie als Kovariate berücksichtigt.[66]

6.3 Ergebnisse

Zunächst interessierte die Frage, ob die Pandemie überhaupt als kritisches Lebensereignis wahrgenommen wird und ob sie eine dauerhafte Veränderung des

---

65 Gröppel-Klein/Thelen/Antretter: The Impact of Shopping Motives on Store-Assessment.
66 Vgl. Spilski, Anja/Gröppel-Klein, Andrea/Gierl, Heribert: Avoiding Pitfalls in Experimental Research in Marketing, in: *Marketing ZFP – Journal of Research and Management* 40 (2018), 58–90; Meyvis, Tom/Van Osselaer, Stijn M.: Increasing the Power of Your Study by Increasing the Effect Size, in: *Journal of Consumer Research* 44/5 (2018), 1157–1173.

Konsumverhaltens zur Folge hat bzw. zu ungewohnten Verhaltensmusterns führt. In unserem Falle stellen diese ungewohnten Verhaltensmuster, wie bereits gesagt, das überdurchschnittlich intensivierte Online-Shopping sowie die Zunahme ethischer Produktkäufe dar. Dabei wurde die Hypothese aufgestellt, dass diesbezüglich zwischen Deutschland und Frankreich keine Unterschiede existieren dürften, wenn die dahinterstehende Mindset-Theorie ein universelles menschliches Phänomen beschreibt.

In Bezug auf die vier deutschen Stichproben (Studie 1–4) ist zu vermerken, dass die skizzierten Thesen in allen vier Studien bestätigt werden konnten. Abb. 2 zeigt den Zusammenhang der vierten Befragung im April 2022 für den deutschen Markt. Zur Berechnung verwendeten wir Modell 4 (5.000 Bootstraps) von PROCESS v4.0 für SPSS.[67]

Abb. 2: Erklärung des Online-Shopping-Verhaltens in Deutschland

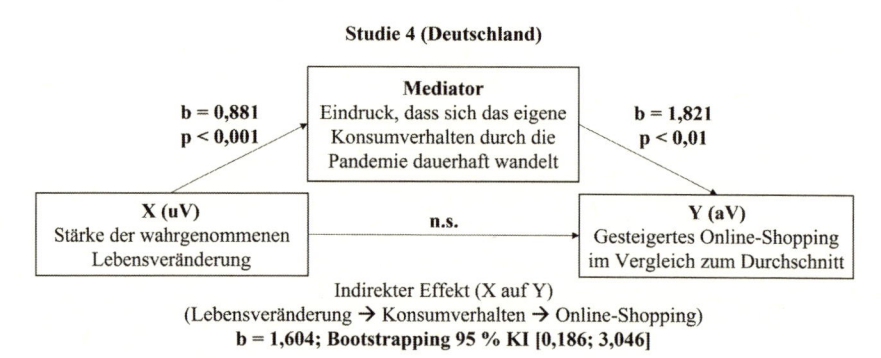

Studie 4 (Deutschland)

$b = 0{,}881$
$p < 0{,}001$

Mediator
Eindruck, dass sich das eigene Konsumverhalten durch die Pandemie dauerhaft wandelt

$b = 1{,}821$
$p < 0{,}01$

X (uV)
Stärke der wahrgenommenen Lebensveränderung

n.s.

Y (aV)
Gesteigertes Online-Shopping im Vergleich zum Durchschnitt

Indirekter Effekt (X auf Y)
(Lebensveränderung → Konsumverhalten → Online-Shopping)
$b = 1{,}604$; Bootstrapping 95 % KI [0,186; 3,046]

Quelle: eigene Darstellung

Dieser Zusammenhang konnte auch für Frankreich bestätigt werden (siehe Abb. 3).

---

67 Vgl. Hayes, Andrew F.: *Introduction to Mediation, Moderation, and Conditional Process Analysis. A Regression-Based Approach*, New York 2018.

Abb. 3: Erklärung des Online-Shopping-Verhaltens in Frankreich

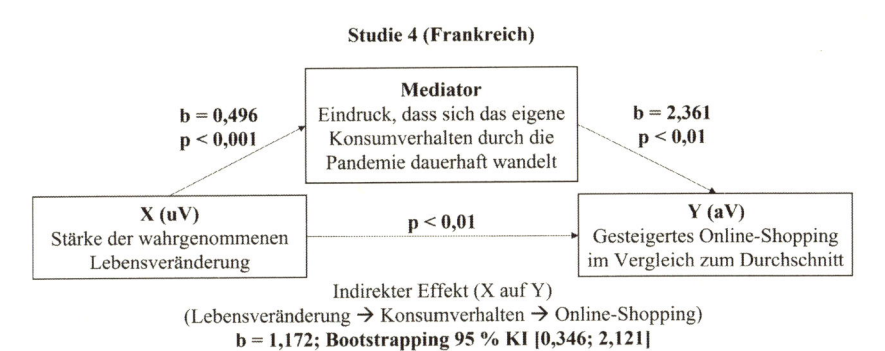

Studie 4 (Frankreich)

```
                    Mediator
  b = 0,496      Eindruck, dass sich das eigene      b = 2,361
  p < 0,001      Konsumverhalten durch die           p < 0,01
                 Pandemie dauerhaft wandelt

   X (uV)                 p < 0,01                   Y (aV)
Stärke der wahrgenommenen ─────────────►     Gesteigertes Online-Shopping
Lebensveränderung                            im Vergleich zum Durchschnitt
```

Indirekter Effekt (X auf Y)
(Lebensveränderung → Konsumverhalten → Online-Shopping)
b = 1,172; Bootstrapping 95 % KI [0,346; 2,121]

Quelle: eigene Darstellung

Betrachtet man zudem das Item: „Für mich ist Einkaufen im Internet eine Selbstverständlichkeit geworden, die ich auch in Zukunft häufig durchführen werde" als abhängige Variable, so konnten diese Effekte ebenfalls gezeigt werden, sowohl für Deutschland als auch für Frankreich (indirekte Effekte: $b_{Deutschland}$ = 0,119; Bootstrapping 95 % KI [0,033; 0,211]; $b_{Frankreich}$ = 0,077; Bootstrapping 95 % KI [0,027; 0,136]).

Hinsichtlich des ethischen Kaufverhaltens erfolgte ebenfalls eine getrennte Berechnung für die beiden Länder. Es zeigten sich auch hier für Deutschland und Frankreich ähnliche Ergebnisse. Die indirekten Effekte sind auch in diesen Berechnungen signifikant, mit b = 0,189; Bootstrapping 95 % KI [0,134; 0,251] für Deutschland bzw. b = 0,098; Bootstrapping 95 % KI [0,059; 0,144] für Frankreich.

Die zweite Hypothese (Entwicklungen des Hedonismus und Utilitarismus) kann über den gesamten Vergleichszeitraum nur für den deutschen Markt überprüft werden, da nur in Deutschland Daten der vier unterschiedlichen Messzeitpunkte vorliegen und nur hier die Effekte über zwei Jahre mehrmals gemessen wurden. An dieser Stelle der Hinweis: Bei unserer Stichprobe handelt es sich nicht um ein Panel mit denselben Teilnehmer*innen, welche viermal befragt wurden. Uns liegen insgesamt vier verschiedene Stichproben vor, die allerdings hinsichtlich der soziodemografischen Variablen sehr ähnlich waren. Betrachten wir die Ergebnisse, lässt sich, wie angenommen, der Verlauf in Wellenbewegungen abbilden (siehe Abb. 4: Hedonismus und Abb. 5: Utilitarismus). Die Abbildungen zeigen die standardisierten Variablen zu unterschiedlichen Zeiträumen der Pandemie. Bei Studie 1 im Frühjahr 2020 sehen wir, dass mit Beginn der Pandemie (auch wenn die Geschäfte wieder geöffnet waren) der Wunsch nach Erlebniseinkauf extrem einbrach. Im Sommer 2021 erholten sich die Werte wieder etwas, um mit der vierten Welle im Herbst erneut im negativen Bereich zu landen. Im April 2022 konnte dann wieder ein positiver Wert erreicht werden (siehe Abb. 4).

Abb. 4: Hedonistisches Konsumverhalten zu fünf unterschiedlichen Zeitpunkten

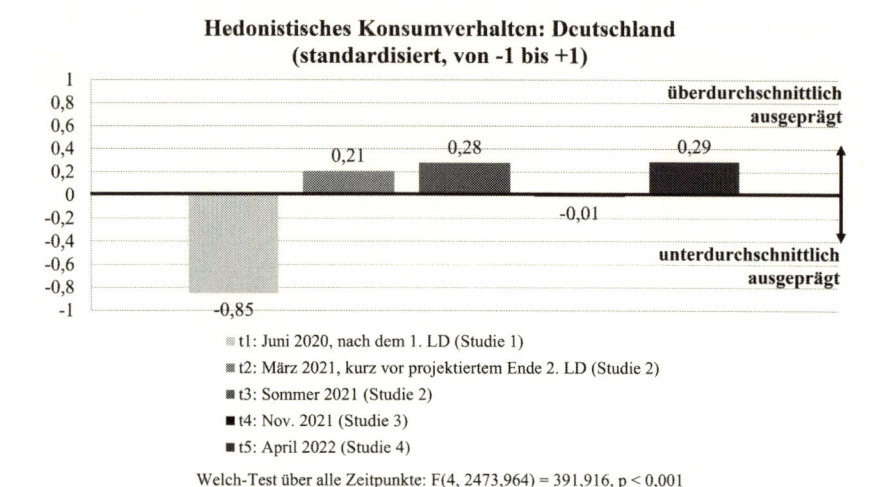

Hedonistisches Konsumverhalten: Deutschland (standardisiert, von -1 bis +1)

t1: Juni 2020, nach dem 1. LD (Studie 1)	-0,85
t2: März 2021, kurz vor projektiertem Ende 2. LD (Studie 2)	0,21
t3: Sommer 2021 (Studie 2)	0,28
t4: Nov. 2021 (Studie 3)	-0,01
t5: April 2022 (Studie 4)	0,29

Welch-Test über alle Zeitpunkte: $F(4, 2473{,}964) = 391{,}916$, $p < 0{,}001$

Quelle: eigene Darstellung

Beim utilitaristischen Einkaufen sind die Entwicklungen dagegen konträr. Das effiziente, aufgabenorientierte Einkaufen nimmt nach dem ersten Pandemieschock im Frühjahr 2020 stark zu, um dann im Sommer 2021 stark an Relevanz zu verlieren. Mit der vierten Welle im Herbst 2021 konnte ein erneuter Anstieg verzeichnet werden. Interessant ist hinsichtlich dieser Entwicklung jedoch insbesondere der Wert für April 2022, der eindeutig im positiven Bereich liegt. Zu diesem Zeitpunkt scheint es also widersprüchliche Empfindungen gegeben zu haben: Der Schrecken der Pandemie ließ nach, das hedonistische Einkaufen wurde ersehnt, doch die Besorgnis auf der anderen Seite durch den Ukrainekrieg ließ auch das utilitaristische Einkaufen wieder relevant werden. 47 % der deutschen Befragten erklärten im April 2022 eine hohe Zustimmung zu dem Item „Einkaufen ist derzeit nicht mehr so unbeschwert wie früher" (im Vergleich Frankreich 40,4 %). Die Korrelation zwischen (mangelnder) Unbeschwertheit und hedonistischem Einkaufsstil ist dabei signifikant und negativ.

Abb. 5: Utilitaristisches Konsumverhalten zu fünf unterschiedlichen Zeitpunkten

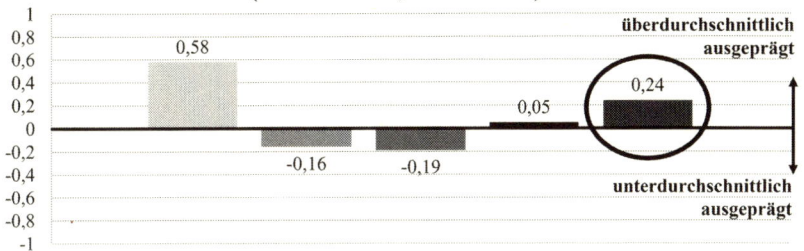

**Utilitaristisches Konsumverhalten: Deutschland
(standardisiert, von -1 bis +1)**

- t1: Juni 2020, nach dem 1. LD (Studie 1)
- t2: März 2021, kurz vor projektiertem Ende 2. LD (Studie 2)
- t3: Sommer 2021 (Studie 2)
- t4: Nov. 2021 (Studie 3)
- t5: April 2022 (Studie 4)

Welch-Test über alle Zeitpunkte: $F(4, 2463,131) = 117,433$, $p < 0,001$

Quelle: eigene Darstellung

Vergleicht man nun die Werte der beiden Länder zum Befragungszeitraum April 2022, zeigen die Ergebnisse, dass – wie angenommen – der Wunsch nach hedonistischem Einkaufen bei den französischen ($M_{Frankreich} = 3,95$, SD = 1,28) Konsumenten und Konsumentinnen im April 2022 signifikant stärker (95 % I [-0,343; -0,028], t(1188,65) = -2,314, p = 0,021) ausgeprägt war als bei den deutschen ($M_{Deutschland} = 3,77$, SD = 1,53). Beim utilitaristischen Konsumverhalten verhält es sich hingegen genau umgekehrt (95 % KI [0,087; 0,354], t(1167,99) = 3,233, p = 0,001). Die Mittelwerte liegen hier für Frankreich bei $M_{Frankreich} = 4,61$ (SD = 1,06) und für Deutschland bei $M_{Deutschland} = 4,83$ (SD = 1,32). Allerdings sind die Effektstärken beider Vergleiche sehr gering, weshalb die Unterschiede nur marginal sind (Hedonismus: d = 0,128; Utilitarismus: d = 0,184).

Der Wunsch nach Preisorientierung war – ebenfalls wie erwartet – bei den deutschen Konsumenten und Konsumentinnen ($M_{Deutschland} = 5,17$, SD = 1,29) signifikant (95 % KI [0,046; 0,314], t(1206,40) = 2,631, p = 0,009) stärker ausgeprägt als bei den französischen ($M_{Frankreich} = 4,99$, SD = 1,12). Damit im Einklang ist folgendes Ergebnis: Die Deutschen (M = 4,63) wollen in der nahen Zukunft vor allem preiswerte Einkaufsstätten aufsuchen (95 % KI [0,146; 0,515], t (1227,52) = 3,517, p < 0,001). Überspitzt formuliert könnte man sagen, dass die hohe Preisorientierung eine typische deutsche Eigenart ist.

Betrachtet man erneut die verschiedenen Zeiträume der Pandemie, konnte zudem beobachtet werden, wie diese Preisorientierung in Deutschland im Laufe der Zeit gestiegen ist (siehe Abb. 6). Die Anzahl der Deutschen, die persönliche Einkommenseinbußen prognostizierten, ist im April 2022 zwar wieder zurück gegangen (siehe Abb. 6), doch ca. 2/3 (66,6 %) der deutschen Stichprobe erwarten wegen des Ukrainekriegs und dessen Folgen eine signifikant schlechtere wirtschaftliche Situation in ihrem Land; gemessen wurde mit dem Item: „Wie schätzen Sie die allgemeine wirtschaftliche Entwicklung in Ihrem Land in den nächsten Monaten ein?", auf einer Skala von 1: „...sehr negativ verlaufen wird" bis 7: „...sehr positiv verlaufen wird.". Bei den Franzosen und Französinnen war das Ergebnis ähnlich, betrachtet man den prozentualen Wert.

Abb. 6: Entwicklung antizipierter Einkommenseinbußen und Preisorientierung in Deutschland

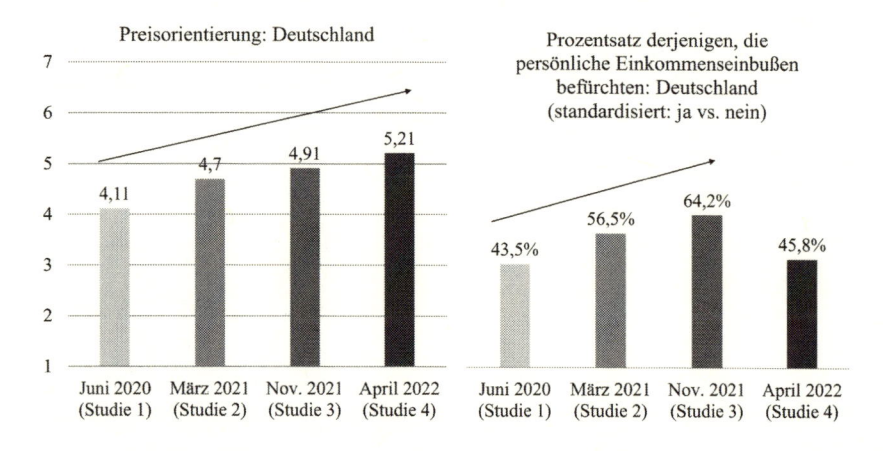

Preisorientierung: Deutschland

	Juni 2020 (Studie 1)	März 2021 (Studie 2)	Nov. 2021 (Studie 3)	April 2022 (Studie 4)
	4,11	4,7	4,91	5,21

Prozentsatz derjenigen, die persönliche Einkommenseinbußen befürchten: Deutschland (standardisiert: ja vs. nein)

	Juni 2020 (Studie 1)	März 2021 (Studie 2)	Nov. 2021 (Studie 3)	April 2022 (Studie 4)
	43,5 %	56,5 %	64,2 %	45,8 %

Quelle: eigene Darstellung

Abschließend war die Akzeptanz der Corona-Schutzmaßnamen noch von besonderem Interesse. Wie erwartet, forderten die Konsumenten und Konsumentinnen aus Deutschland strengere Maßnahmen als die Franzosen und Französinnen, z. B. hinsichtlich der Items: „Die Maskenpflicht in den Geschäften und der Gastronomie sollte auch bis zum Sommer weiterhin gelten" ($M_{Frankreich}$ = 4,71, SD = 2,05; $M_{Deutschland}$ = 5,07, SD = 2,22; p = 0,003) oder „Die 3G-Regel sollte für die Innenräume von Restaurants weiterhin gelten" ($M_{Frankreich}$ = 4,40, SD = 1,80; $M_{Deutschland}$ = 4,65, SD = 2,22; p < 0,05). Alle Items zu den Schutzmaßnahmen (neben den beiden genannten noch folgende zwei Items: „Eine Vielzahl der Covid-19-Maßnahmen in der Gastronomie sollten auch in Zukunft gelten" und „Es ist richtig, wenn jetzt alle Covid-19-Regeln abgeschafft werden") wurden zudem einer Faktorenanalyse unterzogen (KMO = 0,801; MSA > 0,5; erklärte Varianz = 71,61 %) und zu einer Variablen verdichtet. Zu dem übergeordneten Konstrukt konnte ein signifikanter (p = 0,015)

Unterschied zwischen den beiden Ländern festgestellt werden. Es lässt sich zusammenfassen, dass Franzosen ($M_{Frankreich}$ = 4,50, SD = 1,57) im Unterschied zu Deutschen ($M_{Deutschland}$ = 4,74, SD = 2,90) die Coronaschutzmaßnahmen eher aufgeben wollten.

7. Zusammenfassung

Das Online-Shopping (hier im Fokus der Betrachtung: Non-Food) ist in allen Altersgruppen selbstverständlich geworden und hat sich als Gewohnheit etabliert. Besonders stark wurde die neue Gewohnheit von denjenigen Konsumenten und Konsumentinnen angenommen, die die Pandemie als kritisches Lebensereignis aufgefasst haben. Diese Einschätzung führte bei den Konsumenten und Konsumentinnen zu einem Mindset-Wechsel und folglich zu neuen Gewohnheiten, auch beim Konsumverhalten. Ähnliche Ergebnisse zeigten sich bei der Akzeptanz ethischer bzw. nachhaltiger Produkte. Diese Verhaltensmuster offenbarten sich sowohl bei deutschen als auch bei französischen Konsumenten und Konsumentinnen. Es scheint sich somit um ein universelles Phänomen zu handeln, wie von Wood[68] prognostiziert. Anders ausgedrückt: In Zeiten des inneren Aufruhrs bzw. von hoher Besorgnis, ausgelöst durch dramatische Lebensereignisse, greifen die Menschen nicht zu vertrauten Optionen, sondern sie präferieren Ungewohntes.

Wir konnten erkennen, dass der Erlebniseinkauf nur bei einer unbeschwerten Grundstimmung möglich ist. Ist diese Stimmung gelöster, dann ist der Wunsch nach hedonistischem Einkaufsverhalten in den Innenstädten kaum zu bremsen. Dies konnte insbesondere für französische Konsumenten und Konsumentinnen gezeigt werden. Lediglich der Ukrainekrieg und die erwarteten bzw. bereits erlebten Folgen bremsen die (langsame) Erholung von der Pandemie. Wie bereits berichtet, erwarten 66,6 % der Deutschen eine negative wirtschaftliche Entwicklung in ihrem Land, weshalb mehr als die Hälfte (50,8 %) unter anderem aufgrund hoher Energiekosten auf besondere Ausgaben verzichtet. Die Franzosen und Französinnen waren hier ein klein wenig optimistischer.

Die Preisorientierung, welche vor der Pandemie in Deutschland eher rückläufig war, nahm in den vergangenen zwei Jahren insgesamt stark zu. Hier gibt es signifikante Unterschiede zwischen (dem etwas preisorientierteren) Deutschland und Frankreich, auch bezüglich des Aufsuchens preisgünstiger Einkaufsstätten.

Hinsichtlich der Schutzmaßnahmen stellte sich in Deutschland ein noch höheres Sicherheitsbedürfnis heraus. Im April 2022 stimmten die Deutschen eher für die Beibehaltung der Covid-19-Regeln (wie beispielsweise das Beibehalten der Maskenpflicht, der 3G-Regeln) als die Franzosen und Französinnen.

---

68 Wood: The Comfort Food Fallacy.

Alles in allem sehen wir, dass in beiden Ländern die Covid-19-Pandemie sowie der Ukrainekrieg deutliche Spuren hinterlassen und das Konsumverhalten verändert haben. Hofstede[69] hat schon frühzeitig aufgrund seiner Erkenntnisse Deutschland und Frankreich zu verschiedenen Länderclustern klassifiziert. Auch wenn wir in unserer Untersuchung diese Einordnung nicht selbst gemessen haben (was sicherlich ein Manko ist), sondern von unterschiedlichen Werten bei den Hofstede-Kulturdimensionen ausgegangen sind (wie sie in der Literatur zu finden sind), so helfen sie zu erklären, warum es auch Unterschiede zwischen Deutschland und Frankreich bei der Krisenbewältigung gibt. Unsere Ergebnisse müssen sich den Vorwurf gefallen lassen, dass die bloße Staatsangehörigkeit (Deutschland vs. Frankreich) als unabhängige Variable mit dem Problem behaftet ist, dass diese Variable an sich noch nichts über die Werte und Lebensstile der Konsumenten und Konsumentinnen aussagen muss. Es kann natürlich durchaus sein, dass verschiedene Regionen innerhalb Frankreichs hinsichtlich ihrer Mentalität stark variieren und diese eher vergleichbar mit einzelnen Gebieten in Deutschland ist. Doch, dass die Staatsangehörigkeit eine Rolle spielt, hat sich insbesondere auch in der Pandemie gezeigt, beispielsweise bei der Schließung der Staatsgrenzen im Frühjahr 2020.

Literaturverzeichnis

Alexa, Lidia/Apetrei, Andreea/Sapena, Juan: The COVID-19 Lockdown Effect on the Intention to Purchase Sustainable Brands, in: *Sustainability* 13/6 (2021), 1–16.

Allard, Thomas/Babin, Barry J./Chebat, Jean-Charles: When Income Matters: Customers Evaluation of Shopping Malls' Hedonic and Utilitarian Orientations, in: *Journal of Retailing and Consumer Services* 16/1 (2009), 40–49.

Amicarelli, Vera/Bux, Christina: Food Waste in Italian Households during the Covid-19 Pandemic: a Self-Reporting Approach, in: *Food Security* 13/1 (2020), 25–37.

Andreasen, Alan R.: Life Status Changes and Changes in Consumer Preferences and Satisfaction, in: *Journal of Consumer Research* 11/3 (1984), 784–794.

Babin, Barry J./Darden, William R./Griffin, Mitch: Work and/or Fun: Measuring Hedonic and Utilitarian Shopping Value, in: *Journal of Consumer Research* 20/4 (1994), 644–656.

Baicu, Claudia Gabriela [u. a.]: The Impact of COVID-19 on Consumer Behavior in Retail Banking. Evidence from Romania, in: *Management & Marketing* 15/1 (2020), 534–556.

---

69 Hofstede, Geert: *Geert Hofstede Cultural Dimensions*, 2009, http://taylortraining.com/clients/mcc/Hofstede_Cultural_Dimension_Explained(external).pdf [29.07.2022].

Baldi, Lucia [u. a.]: How Alternative Food Networks Work in a Metropolitan Area? An Analysis of Solidarity Purchase Groups in Northern Italy, in: *Agricultural and Food Economics* 7/20 (2019), 1–21.

Ben Hassen, Tarek/El Bilali, Hamid/Allahyari, Mohammad Sadegh: Impact of COVID-19 on Food Behavior and Consumption in Qatar, in: *Sustainability* 12/17 (2020), 1–18.

Bosseler, Julien: Huile et farine dans les supermarchés: Les Restrictions (ou non) enseigne par enseigne, in: *Le Soir*, 21.03.2022, https://www.lesoir.be/431404/art icle/2022-03-21/huile-et-farine-dans-les-supermarches-les-restrictions-ou-no n-enseigne-par.html [29.07.2022].

Bundesregierung: *Fernsehansprache von Bundeskanzlerin Angela Merkel*, https://www .bundesregierung.de/resource/blob/975232/1732182/d4af29ba76f62f61f1320c3 2d39a7383/fernsehansprache-von-bundeskanzlerin-angela-merkel-data.pdf [29.07.2022].

Childers, Terry L. [u. a.]: Hedonic and Utilitarian Motivations for Online Retail Shopping Behavior, in: *Journal of Retailing* 77/4 (2001), 511–535.

Corona-in-Zahlen: *Corona-Zahlen weltweit. Hier finden Sie aktuelle COVID-19 Kennzahlen für über 200 Länder weltweit*, 29.07.2022, https://www.corona-in-zahlen.de/w eltweit [29.07.2022].

De Barnier, Virginie/Rodina, Irina/Valette-Florence, Pierre: Which Luxury Perceptions Affect Most Consumer Purchase Behavior? A Cross-Cultural Exploratory Study in France, the United Kingdom and Russia, in: *Proceedings des Congrès Paris Venise des Tendences Marketing* 2/3 (2006), 8–17.

De Maria, Maddalena [u. a.]: Development and Psychometric Testing of the Self-Care in COVID-19 (SCOVID) Scale, an Instrument for Measuring Self-Care in the COVID-19 Pandemic, in: *International Journal of Environmental Research and Public Health* 17/21 (2020), 1–12.

Deng, Shichang [u. a.]: Perceived Severity of COVID-19 and Post-Pandemic Consumption Willingness: The Roles of Boredom and Sensation-Seeking, in: *Frontiers in Psychology* 11 (2020), 1–10.

Destatis: *Kaufhäuser in der Krise: 2,4 % weniger Umsatz im August 2020 gegenüber Vorjahr*, 05.10.2020, https://www.destatis.de/DE/Presse/Pressemitteilungen/2020 /10/PD20_N063_45212 [29.07.2022].

Deutschlandfunk: *Virologe zum Coronavirus. Geringe Sterblichkeit, überlastetes Gesundheitssystem*, 13.02.2020, https://www.deutschlandfunk.de/virologe-zum-coron avirus-geringe-sterblichkeit-100.html [29.07.2022].

DiGiulio, Sarah/Millard, Elizabeth/Migala, Jessica: *76 Top Self-Care Tips for Taking Care of You*, 06.10.2021, https://www.everydayhealth.com/wellness/top-self-care-tip s-for-being-stuck-at-home-during-the-coronavirus-pandemic/ [29.07.2022].

Eelen, Jiska/Millet, Kobe/Warlop, Luk: In the Mood for Special Experiences: The Impact of Day-to-Day Changes on Consumers, in: Gürhan-Canli, Zeynep/

Otnes, Cele/Zhu, Rui Juliet (Hg.): *Advances in Consumer Research*, Duluth 2012, 1009–1010.

Filipp, Sigrun-Heide: Ein allgemeines Modell für die Analyse kritischer Lebensereignisse, in: dies. (Hg.): *Kritische Lebensereignisse*, Weinheim 1955, 3–52.

Focus: *Verzweifelt und am Ende ihrer Kräfte: So heftig ist der Krankenhausalltag für Helfer*, https://www.focus.de/panorama/welt/ausnahmezustand-in-italienischen-kr ankenhaeusern-nach-13-stunden-schicht-krankenhauspersonal-am-ende-de r-kraefte-muede-verzweifelt-und-am-ende-ihrer-kraefte_id_11805065.html [29.07.2022].

Focus: *Was bedeutet der Ausdruck ‚German Angst'?*, 12.10.2017, https://www.focus.d e/politik/praxistipps/german-angst-was-ist-das-eigentlich_id_7705190.html [29.07.2022].

Gerrig, Richard J.: *Psychology and Life*, Boston 2013.

Gilovich, Thomas/Kumar, Amit/Jampol, Lily: A Wonderful Life: Experiential Consumption and the Pursuit of Happiness, in: *Journal of Consumer Psychology* 25/1 (2015), 152–165.

Gröppel-Klein, Andrea: 30 Jahre „Erlebnismarketing" und „Erlebnisgesellschaft" – Die Entwicklung des Phänomens „Erlebnisorientierung" und State-of-the-Art der Forschung, in: Bruhn, Manfred/Hadwich, Karsten (Hg.): *Customer Experience: Forum Dienstleistungs-management*, Wiesbaden 2012, 37–60.

Gröppel-Klein, Andrea: *Wettbewerbsstrategien im Einzelhandel. Chancen und Risiken von Preisführerschaft und Differenzierung*, Wiesbaden 1998.

Gröppel-Klein, Andrea/Thelen, Eva/Antretter, Christoph: The Impact of Shopping Motives on Store-Assessment, in: Dubois, Bernard/Lowrey, Tina/Vanhuele, Marc (Hg.): *European Advances in Consumer Research*, 1999, 63–72.

Gröppel-Klein, Andrea/Kirsch, Kenya-Maria/Spilski, Anja: (Hedonic) Shopping Will Find a Way: The COVID-19 Pandemic and its Impact on Consumer Behavior, in: *Marketing ZFP* 43/1–2 (2021), 95–108.

GSK Consumer Healthcare: *Umfrage: Corona-Pandemie fördert das Gesundheitsbewusstsein der Deutschen*, 21.07.2020, https://de.gsk.com/de-de/presse/pressemeldun gen/umfrage-corona-pandemie-foerdert-das-gesundheitsbewusstsein-der-de utschen/ [29.07.2022].

Handelsdaten.de: *Nettoumsatz im stationären Einzelhandel in Deutschland von 2010 bis 2021 mit Prognose für 2022 (in Milliarden Euro)*, 2022, https://www.handelsdaten. de/deutschsprachiger-einzelhandel/umsatz-im-stationaeren-einzelhandel-de utschland-zeitreihe#:~:text=Im%20Jahr%202021%20setzte%20oder,501%2C1%2 0Milliarden%20Euro%20zur%C3%BCck. [29.07.2022].

Hayes, Andrew F.: *Introduction to Mediation, Moderation, and Conditional Process Analysis. A Regression-Based Approach*, New York 2018.

HDE Handelsverband Deutschland: *Online Monitor 2022*, https://einzelhandel.de/in dex.php?option=com_attachments&task=download&id=10659 [29.07.2022].

He, Hongwei/Harris, Lloyd: The Impact of Covid-19 Pandemic on Corporate Social Responsibility and Marketing Philosophy, in: *Journal of Business Research* 116 (2020), 176–182.

Hofstede Insights: *Hofstede Insights: Consulting/Coaching/Certification/Tooling. Germany*, https://www.hofstede-insights.com/country/germany/ [29.07.2022].

Hofstede, Geert: *Culture's Consequences. International Differences in Work-Related Values*, Beverly Hills 1980.

Hofstede, Geert: *Geert Hofstede Cultural Dimensions*, 2009, http://taylortraining.com/clients/mcc/Hofstede_Cultural_Dimension_Explained(external).pdf [29.07.2022].

Holbrook, Morris B./Hirschman, Elizabeth C.: The Experiential Aspects of Consumption: Consumer Fantasies, Feelings, and Fun, in: *Journal of Consumer Research* 9/2 (1982), 132–140.

John Hopkins University & Medicine: *Coronavirus Resource Center, World Countries, FRANCE, Overview*, 27.07.2022, https://coronavirus.jhu.edu/region/france [29.07.2022].

Jribi, Sarra [u. a.]: COVID-19 Virus Outbreak Lockdown: What Impacts on Household Food Wastage?, in: *Environment, Development and Sustainability* 22/5 (2020), 3939–3955.

Kamm, Friederike/Gröppel-Klein, Andrea: Life-Changing Events Foster Favorable Responses to New Products, in: Cotte, June/Wood, Stacey (Hg.): *Advances in Consumer Research*, Duluth 2015, 537–538.

Kamm, Friederike: *Werbestrategien für Produktneueinführungen im Lebensmittelbereich. Eine Analyse des Einflusses von Lebensereignissen auf die Wirkung von Werbung für neue Produkte*, Wiesbaden 2016.

Koch, Julia/Frommeyer, Britta/Schewe, Gerhard: Online Shopping Motives during the COVID-19 Pandemic – Lessons from the Crisis, in: *Sustainability* 12/24 (2020), 1–20.

Koschate-Fischer, Nicole/Hoyer, Wayne D./Stokburger-Sauer, Nicola [u. a.]: Do Life Events Always Lead to Change in Purchase? The Mediating Role of Change in Consumer Innovativeness, the Variety Seeking Tendency, and Price Consciousness, in: *Journal of the Academy of Marketing Science* 46/3 (2018), 516–536.

Kroeber-Riel, Werner/Gröppel-Klein, Andrea: *Konsumentenverhalten*, München 2019.

Lee, Euehun/Moschis, George P./Mathur, Anil: A Study of Life Events and Changes in Patronage Preferences, in: *Journal of Business Research* 54/1 (2001), 25–38.

Liberge, Audrey: *E-commerce France: 12 chiffres à connaître en 2022 [infographie]*, 10.01.2022, https://www.oberlo.fr/blog/ecommerce-france [29.07.2022].

Luyssen, Johanna: *Coronavirus: l'Allemagne fait ses „achats de hamster"*, 10.03.2020, https://www.liberation.fr/planete/2020/03/10/l-allemagne-fait-ses-achats-de-hamster_1781213/ [29.07.2022].

Mathur, Anil/Moschis, George P./Lee, Euehun: Life Events and Brand Preference Changes, in: *Journal of Consumer Behaviour: An International Research Review* 3/2 (2003), 129–141.

Mathur, Anil/Moschis, George P./Lee, Euehun: A Longitudinal Study of the Effects of Life Status Changes on Changes in Consumer Preferences, in: *Journal of the Academy of Marketing science* 36 (2008), 234–246.

mdr: *Historikerin zu Corona: Krise ohne Vergleich*, 2020, https://www.mdr.de/zeitreise/historikerin-krise-corona-vergleich-geschichte-100.html, [18.02.2021].

Mehrabian, Albert: *Räume des Alltags. Wie die Umwelt unser Verhalten bestimmt*, Frankfurt/M. 1987.

Meinig, Benjamin: *E-Commerce in Frankreich: Anders als in Deutschland, 2022?*, 10.05.2022, https://www.internetworld.de/e-commerce/e-business/e-commerce-in-frankreich-in-deutschland-2758045.html [29.07.2022].

Metzdorf, Julie: *Wie eine Foto-Legende entsteht. Der Militärkonvoi aus Bergamo*, 26.10.2021, https://www.br.de/kultur/wieso-das-foto-des-militaerkonvois-in-bergamo-fuer-corona-steht-100.html [29.07.2022].

Meyvis, Tom/Van Osselaer, Stijn M.: Increasing the Power of Your Study by Increasing the Effect Size, in: *Journal of Consumer Research* 44/5 (2018), 1157–1173.

Naumova, Olena/Bilan, Svitlana/Naumova, Mariia: Luxury Consumers' Behavior: a Cross-Cultural Aspect, in: *Innovative Marketing* 15/4 (2019), 1–13.

Pine, Joseph B./Gilmore, James H.: *The Experience Economy*, Boston 1999.

Qian, Kun/Javadi, Firouzeh/Hiramatsu, Michikazu: Influence of the COVID-19 Pandemic on Household Food Waste Behavior in Japan, in: *Sustainability* 12/23 (2020), 1–15.

Richins, Marsha L.: Measuring Emotions in the Consumption Experience, in: *Journal of Consumer Research* 24/2 (1997), 127–146.

Robert Koch Institut: *Digitales Impfquotenmonitoring zur COVID-19-Impfung*, 29.07.2022, https://www.rki.de/DE/Content/InfAZ/N/Neuartiges_Coronavirus/Daten/Impfquoten-Tab.html;jsessionid=82AE006FB9A48A1DB61CBE54A866C1EB.internet072 [29.07.2022].

Roggeveen, Anne L./Sethuraman, Raj: How the COVID-19 Pandemic May Change the World of Retailing, in: *Journal of Retailing* 96/2 (2020), 169–171.

Sandín, Bonifacio [u. a.]: Psychological Impact of the COVID-19 Pandemic: Negative and Positive Effects in Spanish Population during the Mandatory National Quarantine, in: *Journal of Psychopathology and Clinical Psychology* 25/1 (2020), 1–21.

Sit, Jason/Merrilees, Bill/Birch, Dawn: Entertainment-Seeking Shopping Centre Patrons: The Missing Segments, in: *International Journal of Retail & Distribution Management* 31/2 (2003), 80–94.

Sneath, Julie Z./Lacey, Russell/Kennett-Hensel, Pamela A.: Coping with a Natural Disaster: Losses, Emotions, and Impulsive and Compulsive Buying, in: *Marketing Letters* 20/1 (2009), 45–60.

Spilski, Anja/Gröppel-Klein, Andrea/Gierl, Heribert: Avoiding Pitfalls in Experimental Research in Marketing, in: *Marketing ZFP – Journal of Research and Management* 40 (2018), 58–90.

Statista: *B2C-E-Commerce-Umsätze in Frankreich in den Jahren 2017 bis 2019 sowie eine Prognose bis 2023*, Juli 2020, https://de.statista.com/statistik/daten/studie/73382/umfrage/umsatz-im-online-handel-in-frankreich [29.07.2022].

Statista: *Anteil der Online-Käufer von Bekleidung (inkl. Sportbekleidung), Schuhen oder Accessoires in ausgewählten Ländern in Europa im Jahr 2021*, März 2022, https://de.statista.com/statistik/daten/studie/282969/umfrage/kauf-von-kleidung-und-sportartikeln-im-internet-in-europa-laendervergleich [29.07.2022].

Statista: *Frankreich: Wachstum des realen Bruttoinlandsprodukts (BIP) von 1980 bis 2021 und Prognosen bis 2027*, April 2022, https://de.statista.com/statistik/daten/studie/14536/umfrage/wachstum-des-bruttoinlandsprodukts-in-frankreich [29.07.2022].

Statista: *Veränderung des realen Bruttoinlandsprodukts (BIP) in Deutschland gegenüber dem Vorjahr von 1992 bis 2021*, Mai 2022, https://de.statista.com/statistik/daten/studie/2112/umfrage/veraenderung-des-bruttoinlandprodukts-im-vergleich-zum-vorjahr [29.07.2022].

Statista: *Frankreich: Inflationsrate von Juni 2021 bis Juni 2022*, Juli 2022, https://de.statista.com/statistik/daten/studie/203856/umfrage/monatliche-inflationsrate-in-frankreich [29.07.2022].

Statista: *Inflationsrate in Deutschland von Juli 2021 bis Juli 2022*, Juli 2022, https://de.statista.com/statistik/daten/studie/1045/umfrage/inflationsrate-in-deutschland-veraenderung-des-verbraucherpreisindexes-zum-vorjahresmonat/ [29.07.2022].

Stewart, Rachel: *Sparfüchse, Pfennigfuchser – die Deutschen und das liebe Geld*, 30.01.2019, https://www.dw.com/de/sparf%C3%BCchse-pfennigfuchser-die-deutschen-und-das-liebe-geld/av-47288716 [29.07.2022].

Towers, Ian/Peppler, Alexander: Geert Hofstede und die Dimensionen einer Kultur, in: Ternès, Anabel, Towers, Ian (Hg.): *Interkulturelle Kommunikation. Länderporträts – Kulturunterschiede – Unternehmensbeispiel*, Wiesbaden 2017, 15–20.

Weinberg, Peter/Gröppel-Klein, Andrea: Formen und Wirkungen erlebnisorientierter Kommunikation, in: *Marketing: Zeitschrift für Forschung und Praxis* 10/3 (1988), 190–197.

Wood, Stacy: The Comfort Food Fallacy: Avoiding Old Favorites in Times of Change, in: *Journal of Consumer Research* 36/6 (2010), 950–963.

Wood, Wendy/Tam, Leona/Guerro Witt Melissa: Changing Circumstances, Disrupting Habits, in: *Journal of Personality and Social Psychology* 88/6 (2005), 918–933.

Yang, Yikai [u. a.]: Consumption Trends during the COVID-19 Crisis: How Awe, Coping, and Social Norms Drive Utilitarian Purchases, in: *Frontiers in Psychology* 11 (2020), 1–10.

Zahl, Eva: Frankreich Vielfalt und Savoir-vivre, in: Ternès/Towers (Hg.): *Interkulturelle Kommunikation*, 65–76.

Fuck Corona
Pop, Pulps und Pornografien in der Pandemie

Jonas Nesselhauf

Abstract: *La pandémie actuelle de covid-19 a des répercussions sur tous les systèmes sociaux et ce, à l'échelle mondiale. Vue à travers le prisme des sciences de la culture médiatique, elle soulève des questions liées à l'utilisation des médias durant le confinement ou au traitement artistique que la crise sanitaire a très rapidement connu à travers les médias. Concernant la première vague de la pandémie, il n'est pas surprenant que les formats vers lesquels il convient de se tourner pour étudier ce phénomène soient pour la plupart des médias dits 'de masse' ou 'schématiques' qui, compte tenu de leurs conditions de production, de distribution et de réception, parviennent à réagir et à traiter plus rapidement l'actualité. A partir de 'pornographies de confinement', d'un roman de gare et d'un projet d'art urbain, il s'agira de montrer en quoi l'étude des logiques médiatiques propres aux formats populaires vient enrichir le débat autour de l'"université en temps de pandémie'.*

Als die Deutsche Presseagentur (dpa) am 31. Dezember 2019 um 10:31 Uhr deutscher Zeit eine Meldung mit dem Titel „Mysteriöse Lungenkrankheit in Zentralchina ausgebrochen" durch den Äther sendet, ist es wohl der bevorstehende Jahreswechsel, der die 271 Wörter umfassende Nachricht des Pekinger Bürochefs Andreas Landwehr zunächst untergehen lässt: Wenige Stunden später feiern Hunderttausende Menschen in Berlin auf der zentralen Party am Brandenburger Tor, Millionen andere Deutsche begrüßen das zweite Jahrzehnt des 21. Jh. mit Familie und Freunden. Und so berichten viele Zeitungen teilweise erst mehrere Tage später erstmals über diese neue Infektionskrankheit, deren Symptome an die SARS-Pandemie erinnern, die 2002/2003 weltweit in gut zwei Dutzend Ländern zu etwa 8 000 Infektionen und offiziell 774 Todesfällen geführt hat.[1]

Ein Jahr später, am 31. Dezember 2020, sehen die Silvesterfeierlichkeiten nicht nur in Deutschland ganz anders aus: Harte Kontaktbeschränkungen sollen eine bereits zweite Welle der inzwischen „Covid-19" benannten und vom Corona-Virus

---

1   Vgl. etwa Mysteriöse Lungenkrankheit in China, in: *Frankfurter Rundschau*, 08.01.2020, 25.

(SARS-CoV-2) ausgelösten Krankheit zurückdrängen; Feiern sind nur im kleinsten Kreis erlaubt, und zur Entlastung von Krankenhäusern werden Böllerverbote erlassen.

In diesem einen Jahr hat sich vieles verändert – die Pandemie ist zu einer kaum vorstellbaren Belastung für die globalen Gesundheitssysteme geworden, hatte Auswirkungen auf alle gesellschaftlichen Systeme, hat medizinische und politische, wirtschaftliche und kulturelle Diskurse bestimmt und nicht zuletzt auch die Forschung und Lehre an Hochschulen und Universitäten herausgefordert. Die Schwierigkeiten hierbei liegen allerdings nicht nur, wie andere Beiträge in diesem Band zeigen, in Distanzunterricht oder Hybridkonferenzen, in geschlossenen Bibliotheken oder Archiven. Aus Perspektive der Medienkulturwissenschaften stellen sich beispielsweise vielmehr Fragen nach lockdownbedingten Veränderungen in der Mediennutzung oder auch nach einer schon zeitnah einsetzenden künstlerischen Auseinandersetzung mit der Pandemiesituation in unterschiedlichen Medien.

1. Pop

Beim Rundgang durch die inzwischen 6. Urban Art Biennale auf dem Gelände des UNESCO-Weltkulturerbes Völklinger Hütte dürfte dieses Werk den Besuchenden wohl bereits alleine durch die Hängung in besonderer Weise auffallen. Denn in der Möllerhalle des ehemaligen Eisenwerks, am Ende eines langen Gangs, befindet sich Exponat Nr. 46: Auf einer Leinwand, umrahmt von einem mächtigen Goldrahmen, zu sehen sind drei unbekleidete Frauen, jeweils eine medizinische Maske haltend. Ist der Bildhintergrund im monochromen schwarz gehalten, erstreckt sich unter den nackten Füßen ein regelrechtes Meer dieser (in der Corona-Pandemie alltäglich gewordenen) bläulich-weißen Schutzmasken, die aus Leinwand und Rahmen in den tatsächlichen Raum zu drängen scheinen. So setzt sich dieser hybride Untergrund auch unter dem Gemälde fort: Drei Masken hängen in der Schwebe, unzählige weitere liegen auf dem Boden davor.[2]

---

2   Der digitale Guide zur Urban Art Biennale lädt die Besuchenden ein, sich eine medizinische Maske als „Souvenir" für die „nächste Maskenpflicht" mitzunehmen (Vgl. Pboy: *The Three Graces*, https://guide.voelklinger-huette.org/de/mediaguide/exponate/exponate/46 [31.05.2022]), allerdings werden dort offenbar auch Masken von den Betrachtenden abgelegt – zumindest lassen sich bei Besuchen in regelmäßigen Abständen beispielsweise auch bunte Masken oder FFP2-Masken auf dem Stapel finden.

Abb. 1: PBOY (lebt und arbeitet in Paris), *Les Trois Grâces* (2022), Acryl auf Leinwand, Masken, 190 × 220 cm

Verwendung mit freundlicher Genehmigung des Künstlers © 2022 http://www.pboy-art.com

Der eher schlichte Titel – *Les Trois Grâces* – verweist auf die mythologische wie ikonographische Referenz: Es handelt sich offenbar um die drei Grazien, die „schönwangigen Chariten",[3] die bereits auf antiken Mosaiken als unbekleidetes Trio dargestellt wurden, wobei die drei nackten Frauen dabei fast immer einen Kreis bilden und sich mit ihren Armen gegenseitig berühren. Und auch hier wirken die jungen, weiblich gelesenen Personen mit ihrem schlanken Körperbau, ihren dynamischen Bewegungen und den unterschiedlichen Frisuren durchaus grazil: Fast naturalistisch in einem detailreichen Kontrast aus Licht und Schatten gemalt, eröffnen ihre verführerischen Posen unterschiedliche Ansichten (Rücken-, Front- und Seitenperspektive),[4] und ihre haarlose Nacktheit entspricht sowohl der kunsthistorischen Bildtradition wie auch dem westlichen Schönheitsideal.

Damit lässt sich die 2022 *in situ* für die Biennale in Völklingen geschaffene Gemälde-Installation des französischen Street-Art-Künstlers PBOY (bürgerlich Pascal

---

3   Hesiod: *Theogonie. Griechisch/Deutsch*, Stuttgart 2018, 69. Hesiods Schrift vom „Ursprung der Götter" (8. Jh. v. Chr.) dürfte dabei wohl eine der frühesten (und zumindest ältesten heute noch überlieferten) Beschreibungen dieser drei Zeus-Töchter Aglaia (die „Glänzende"), Euphrosyne (die „Frohsinnige") und Thalia (die „Blühende") sein. Vgl. dazu einführend Fauth, Wolfgang: Charites, in: Ziegler, Konrat/Sontheimer, Walther (Hg.): *Der Kleine Pauly. Lexikon der Antike*, Bd. 1, München 1979, 1135–1137.

4   Trotz ihres aktiven Posierens erscheinen die drei nackten Frauen als ein voyeuristisches Objekt für den impliziten männlichen Betrachter – wie dies beispielsweise noch deutlicher im ähnlichen Bildmotiv vom „Urteil des Paris" wird, wenn sich Aphrodite, Athene und Hera gar vor einem nun auch auf der Leinwand gespiegelten Zuschauer räkeln. Vgl. dazu auch Berger, John: *Ways of Seeing*, London 2008, 46–64.

Boyart) auf den ersten Blick auch als Weiterentwicklung eines klassischen Bildmotivs – in der europäischen Kunstgeschichte von Sandro Botticelli bis Raffael, von Peter Paul Rubens bis Paul Cezanne kanonisiert – verstehen.[5] Gleichzeitig jedoch stellt es auch ein autonomes, für sich stehendes Kunstwerk dar, das in dieser deutsch-französischen Dimension zu einem postmodernen Pastiche wird und ein vieldeutiges Spiel mit Versatzstücken eröffnet.

Denn die drei Grazien, die eigentlich doch den Menschen als „Inbegriff der Anmut und des körperlichen Liebreizes"[6] stets Sinnlichkeit und Freude bringen sollten, für Kreativität und Schönheit, Fruchtbarkeit und Natur stehen, sind nun wahrlich von der Pandemie gezeichnet: Halten sie eigentlich Äpfel (etwa bei Lucas Cranach oder Raffael), Blumen (bei Jacopo Tintoretto oder Emile Vernon) oder Kunstobjekte (bei Hans Baldung oder Jacques-Louis David) in den Händen, so sind es nun die dreilagigen, medizinischen Einwegmasken, die während der Covid-19-Pandemie doch so alltäglich und geradezu metonymisch geworden sind.

Doch ihre Gestik bleibt uneindeutig: Das grazientypische Berühren kann als ein Festhalten aneinander und damit als verbindende Gemeinschaft in schwierigen Zeiten gedeutet werden; ihre Befreiung von den Masken, die sie fast schon angewidert von sich weghalten, wiederum als eine provokative Ablehnung der Infektionsschutzmaßnahmen. Der Künstler selbst sieht darin „un geste qui, par un élégant et simple mouvement du bras se libère de tout un système de pensée unique afin de s'en échapper"[7], und lässt sich damit nicht politisch vereinnahmen. Und auch ob die aus dem Gemälde scheinbar herausfallenden Masken eine barmherzige Gabe der Grazien sind, die nun von den Besuchenden der Biennale aufgesammelt werden können, oder die regelrechte Flut vielmehr als Kommentar zur Umweltbelastung weggeworfener Einwegmasken zu verstehen ist, bleibt offen.

In jedem Fall stellt dieses Durchbrechen des Bildraums eine spannungsreiche Verbindung zwischen Kunst und Wirklichkeit und damit Objekt und Betrachtenden her: Denn indem sich die Masken als gemaltes Abbild – es drängt sich der Satz: „Ceci n'est pas un masque chirurgical" auf[8] – auch außerhalb der Leinwand materialisie-

---

5   Diese Neuinterpretation von ‚Klassikern' der Kunstgeschichte ist durchaus typisch für PBOY, der beispielsweise 2019 Eugène Delacroix' Historiengemälde *La Liberté guidant le peuple* (1830) vor dem Hintergrund der sogenannten Gelbwesten-Bewegung als überdimensionales Wandbild aktualisierte (und zusätzlich mit einem versteckten Bitcoin-Rätsel versah). Andere Street-Art-Bearbeitungen griffen etwa auf die Gemälde *Stańczyk* (1862) von Jan Matejko oder *Le Désespéré* (1844/1845) von Gustave Courbet sowie ein Selbstporträt von Vincent van Gogh zurück.
6   Fauth: Charites, 1136.
7   PBOY: *The Three Graces*, https://guide.voelklinger-huette.org/de/mediaguide/exponate/exponate/46 [31.05.2022].
8   In Anlehnung an René Magrittes berühmtes Ölgemälde *La Trahison des images* (1929), das eben keine Pfeife *ist*, sondern eine abbildet.

ren, scheint entweder die pandemische Realität in das Bild ein oder umgekehrt heraus zu brechen. Diese regelrechte Interaktion zwischen Raum, Werk und Betrachter*innen ist durchaus typisch für Street Art und Urban Art, die als künstlerische Interventionen in die öffentliche (in der Regel urbane) Umgebung eingreifen. Nicht selten durchaus aktivistisch – Künstler wie Banksy oder JR haben inzwischen eine auch globale Bekanntheit erreicht – werden dabei aktuelle Themen oder kontroverse Debatten mit einer großen Sichtbarkeit[9] aufgegriffen und innovativ verhandelt. Dass es dabei nicht immer um politische oder gesellschaftliche Kritik gehen muss, zeigt sich beispielsweise an Street-Art-Projekten aus dem sogenannten globalen Süden, bei denen ausgerechnet über Graffiti und Wandbilder versucht wurde, ein Bewusstsein für die Schutzmaßnahmen gegen das Corona-Virus zu schaffen.[10]

Und auch wenn sich die Pandemie im Frühjahr 2022 (noch) nicht so einfach mit einer grazienhaften Geste abschütteln lässt, scheinen sowohl Street und Urban Art allgemein wie auch PBOYs *Les Trois Grâces* im Besonderen paradigmatisch für rezente künstlerische Auseinandersetzungen mit der globalen Pandemie zu stehen: Das reflektierte Aufgreifen von unterschiedlichen Versatzstücken versucht die ungewohnte, befremdliche Situation in bekannte Konventionen und Deutungsmuster einzuordnen; die popmoderne Arbeit mit dem – zumindest über medizinische Berufe hinaus – ‚neuen' Material der Einwegmaske greift ein pandemisches Alltagsobjekt als Symbol und Material auf; die Überschreitung künstlerischer (Motivtradition), medialer (Mischtechnik), materieller (Leinwand, Masken) und schließlich kultureller (französischer Künstler, deutsche Ausstellung) Grenzen eröffnet einen fruchtbaren Dialog.[11]

Damit zeigt das Beispiel aber auch: Beim Versuch einer medienkulturwissenschaftlichen Perspektive auf die Covid-19-Pandemie muss die ‚Universität in der Pandemie' unbedingt auch ‚andere' künstlerische Erscheinungen und mediale Nutzungsformen in den Fokus nehmen. Denn die großen und (vermeintlich) hochliterarischen Gesellschaftsromane, die wahrscheinlich schneller in das kulturelle Gedächtnis und einen Pandemie-Kanon aufgenommen werden dürften als die ohnehin ‚vergänglichen' Graffitis an Hauswänden, sind nur ein Aspekt dieses Diskurses.

---

9   Dies betrifft inzwischen natürlich keineswegs nur die öffentliche Sichtbarkeit eines Kunstwerks im Stadtraum, sondern eine (wahrscheinlich noch wichtigere) Verbreitung über die Fotografie – schließlich zeichnen sich Urban Art und Street Art aber auch durch eine regelrechte ‚Instagrammability' aus.

10   Vgl. Piernas, Alberto: Grafitis: cómo mandar mensajes a quienes no saben leer, in: *El País*, 02.06.2020, https://elpais.com/elpais/2020/06/01/planeta_futuro/1591021731_916778.html [31.05.2022]. Vgl. als Übersicht globaler Street Art-Projekte auch Tapies, Xavier (Hg.): *Street Art in the Time of Corona*, Berkeley, CA 2021.

11   Dies entspricht auch der kunstgeschichtlichen Bildtradition; vgl. einführend Mertens, Veronika: *Die drei Grazien. Studien zu einem Bildmotiv in der Kunst der Neuzeit*, Wiesbaden 1994, 347.

Im Folgenden soll daher der Blick mit Pornografien (am Beispiel Frankreichs) und Heftromanen (exemplarisch anhand der deutschen Arztreihe *Dr. Stefan Frank*) dezidiert auf zwei Phänomene des Populären gehen, die durchaus unterschiedlich auf die rezente Corona-Pandemie referieren. Und fast scheint es dabei, als würde gerade diesen schematischen Formaten eine beruhigende Verlässlichkeit innewohnen, an die sich in einer Zeit der Unsicherheit anknüpfen lässt.

2. Pandemie

Am gleichen Tag, als der deutsche Innenminister Horst Seehofer alle Grenzen zu den Nachbarstaaten für Reisende „ohne triftigen Grund" schließen lässt,[12] verkündet der französische Präsident Emmanuel Macron in einer Rede an die Nation: „Nous sommes en guerre."[13] – Was als martialische Gesten in früheren Zeiten leicht als militärischer Konflikt zwischen beiden Ländern gedeutet werden könnte, spiegelt an jenem 16. März 2020 vielmehr die frühe Überforderung im (gesundheits-)politischen Umgang mit einem tödlichen Virus: Das nicht mit den europäischen Partner*innen abgestimmte Schließen von Grenzen[14] und eine nach geeigneten Metaphern suchende Rhetorik[15] stehen symptomatisch für die erste Welle der globalen Covid-19-Pandemie, in der die Einzelstaaten (im Trial-and-Error-Prinzip) nach geeigneten Maßnahmen zur Virus-Eindämmung suchen.

Während im März 2020 so auch in Frankreich die Fall- und Todeszahlen rapide ansteigen, tritt einen Tag nach Macrons Rede eine landesweite Ausgangssperre (*confinement*) in Kraft – und tatsächlich sinken die bestätigten Infektionen nach einem vorläufigen Höhepunkt am 1. April mit dann offiziell 7 500 Meldungen wieder ab (vgl. Abb. 2). Die Schutzmaßnahmen werden daraufhin am 11. Mai landesweit ge-

---

12 Vgl. Bundesministerium des Innern, für Bau und Heimat: *Vorübergehende Grenzkontrollen an den Binnengrenzen zu Österreich, der Schweiz, Frankreich, Luxemburg und Dänemark*, 15.03.2020, https://www.bmi.bund.de/SharedDocs/pressemitteilungen/DE/2020/03/grenzschliessung-corona.html [31.05.2022].
13 Elysée: Adresse aux Français, 16.03.2020, https://www.elysee.fr/emmanuel-macron/2020/03/16/adresse-aux-francais-covid19 [31.05.2022].
14 Vgl. etwa Kießling, Andrea: Grenzüberschreitende Pandemiebekämpfung an den deutschen Binnen- und Außengrenzen, in: Brodowski, Dominik/Nesselhauf, Jonas/Weber, Florian (Hg.): *Pandemisches Virus, nationales Handeln. Covid-19 und die europäische Idee*, Wiesbaden 2022, 67–86, hier 82f.
15 Vgl. etwa Wieder, Thomas: France/Allemagne. Deux cultures politiques face à la COVID-19, in: Weber, Florian/Theis, Roland/Terrollion, Karl (Hg.): *Grenzerfahrungen/Expériences transfrontalières. COVID-19 und die deutsch-französischen Beziehungen/Les Relations franco-allemandes à l'heure de la COVID-19*, Wiesbaden 2021, 285–294, hier 287f.

lockert, und die Zahl der Neuinfektionen nimmt ab Juni einen regelmäßigen Rhythmus ein.[16]

Abb. 2: Tägliche Neuinfektionen und Todesfälle während der ersten Corona-Welle in Frankreich

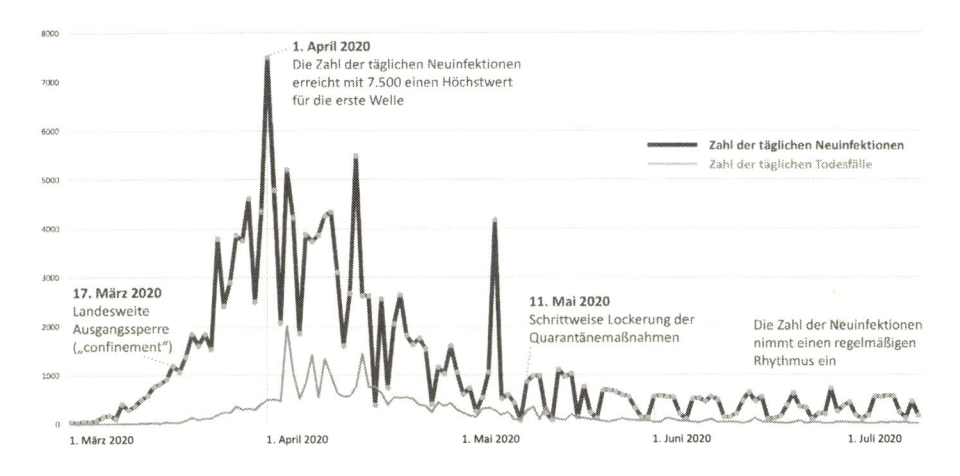

1. April 2020
Die Zahl der täglichen Neuinfektionen erreicht mit 7.500 einen Höchstwert für die erste Welle

— Zahl der täglichen Neuinfektionen
····· Zahl der täglichen Todesfälle

17. März 2020
Landesweite Ausgangssperre („confinement")

11. Mai 2020
Schrittweise Lockerung der Quarantänemaßnahmen

Die Zahl der Neuinfektionen nimmt einen regelmäßigen Rhythmus ein

Quelle: eigene Illustration, Datenquelle: World Health Organization

Das pandemische Wissen wird in diesen ersten Monaten von der Virologie bestimmt und durchdringt – mit Begriffen wie ‚Quarantäne', ‚Inzidenz', ‚Hospitalisierung' und ‚Lockdown' – bereits den Corona-Diskurs, bevor eine künstlerische Auseinandersetzung mit der (in dieser Form beispiellosen)[17] Situation einsetzen kann: Da während der ersten Lockdowns auch das kulturelle System heruntergefahren ist und Film- und Fernsehproduktionen eingestellt werden, erscheinen etwa in Frankreich Spielfilme oder Comics ebenso wie in Deutschland ein Corona-*Tatort* oder ‚große' gesellschaftskritische Romane erst im zweiten Pandemiejahr.[18] Die

---

16 Dieser (wöchentliche) Rhythmus ist u. a. auf das Meldewesen zurückzuführen und findet sich in ähnlicher Weise beispielsweise auch in den Fall- und Inzidenzzahlen für Deutschland.

17 Waren Epidemien und Pandemien – wie etwa die Schwarze Pest, die zur Mitte des 14. Jh. die europäische Bevölkerung um gut ein Drittel dezimierte, oder die sogenannte ‚Spanische Grippe', die ab 1918 mehr Opfer als der Erste Weltkrieg forderte (vgl. Leven, Karl-Heinz: *Geschichte der Medizin. Von der Antike bis zur Gegenwart*, München 2019, 77) – in Europa wohl vor allem als historische Ereignisse bekannt, so handelt es sich bei der rezenten Covid-19-Pandemie um die erste weltweite Gesundheitsnotlage unserer globalisierten und digitalisierten Postmoderne.

18 Vgl. dazu etwa Dany Boons Netflix-Komödie *8 Rue de l'Humanité* (2021) oder den Comic *Postillons: Journal d'une pandémie* (2021) von Félix sowie den Berliner *Tatort Die dritte Haut* (Folge 1.170 mit Erstausstrahlung am 6. Juni 2021) oder den Gesellschaftsroman *Über Menschen* von

Unmittelbarkeit und Ungewissheit des damaligen Geschehens sowie eine damit verbundene ‚Gegenwartsblindheit' verzögern die ästhetische (etwa sprachlich-literarische, visuell-filmische, akustisch-musikalische etc.) Praxis also offenbar – dabei werden eigentlich gerade in Krisenzeiten künstlerische Interventionen gebraucht, sei es um gesellschaftliche Zustände überhaupt erst künstlerisch-medial greifbar zu machen oder sei es zu einer kritischen, gar gegendiskursiven Reflexion.

Es mag daher wenig überraschen, dass etwa mit tagebuchartigen und auf Internet-Blogs veröffentlichten Erzählungen, mit spontanen Performances und Instagram-Kunst ausgerechnet popkulturelle Erzeugnisse zu den frühesten (und noch in der ersten Welle entstandenen und veröffentlichten) Verarbeitungen der Covid-19-Pandemie zählen. Denn neben solchen ‚kleineren'[19] sind es häufig ausgerechnet ‚schematische'[20] Formen, die aufgrund von eingespielten Produktionsprozessen flexibler auf aktuelle Ereignisse reagieren und diese in unterschiedlichem Grad fiktional thematisieren können.

3. Pornografien

Das durch die Lockdowns deutlich eingeschränkte öffentliche Leben bedeutete schließlich auch für kulturelle Institutionen eine drastische Zäsur: Museen, Theater und Konzertsäle mussten ebenso geschlossen bleiben wie auch Kinos, sodass zahlreiche designierte Blockbuster entweder verschoben – von *James Bond* bis zu den *Minions* – oder direkt auf Streaming-Portalen oder als DVD/BluRay veröffentlicht wurden. Wenig überraschend zählten *Video-on-Demand*-Anbieter wie Amazon oder Disney+, Hulu oder HBO Max daher zu den Profiteuren der Corona-Lockdowns: So konnte etwa Netflix allein in der ersten Jahreshälfte 2020 die Zahl der Abonnenten

---

Juli Zeh, der im März 2021 erschien und über mehrere Monate auf den deutschen Bestseller-Listen stand.

19   Gerade den sogenannten ‚einfachen' oder gar ‚vorliterarischen' Formen epischer Kurzprosa wird mit ihren „primären Wirklichkeitseinstellungen", mit ihrer Ausschnitthaftigkeit und einem sprachlichen Realismus klassischerweise eine besondere Fähigkeit zugesprochen, „den Zusammenhang von Literatur und Leben zu veranschaulichen" (Schrader, Monika: *Epische Kurzformen. Theorie und Didaktik*, Königstein 1980, 14).

20   So kann die ‚Trivialliteratur' durch ihre Standardisierung hinsichtlich des (a) Inhalts mit stets gleicher Handlungsabfolge und schematischen Figurentypen, der (b) Produktionsweisen mit anonymen und austauschbaren Autoren und Autorinnen sowie (c) der schnellen Herstellung und raschen Verbrauchbarkeit deutlich einfacher auf aktuelle Ereignisse reagieren und diese thematisieren. Vgl. dazu etwa das Schichtenmodell in Zimmermann, Hans-Dieter: *Schema-Literatur. Ästhetische Norm und literarisches System*, Stuttgart 1979, 22–26.

und Abonnentinnen um zehn Millionen auf weltweit insgesamt 193 Millionen (und damit einen neuen Rekordwert!) steigern.[21]

Aber es waren keineswegs nur populäre Formate wie *Tiger King* oder (Wieder-)Entdeckungen wie *Friends* und *The Office*, die einen merklichen Anstieg des globalen Internet-Traffics zur Folge hatten, der Netflix (nach einem Gespräch mit der Europäischen Union) bereits im März 2020 veranlasste, seinen virtuellen Datentransfer nach Europa um ein Viertel zu reduzieren.[22] Vielmehr führte die Pandemie auch zu einer deutlich gestiegenen Nachfrage an Internetpornografien, die sich zeitlich unmittelbar mit den erlassenen Kontaktbeschränkungen in Verbindung setzen lässt: So verzeichnete etwa PornHub[23] als die weltweit größte Internetplattform am 17. März 2020 einen Anstieg des globalen Datenaufkommens um 11,6 Prozent,[24] am 25. März dann sogar um 24,4 Prozent,[25] nachdem das Portal unter dem Slogan „Let's help flaten the curve" seine Premium-Inhalte für alle User kostenlos freigeschaltet hatte.[26]

Dieses Angebot wurde offenbar auch in Frankreich angenommen – am 17. März steigen die Zugriffszahlen landesweit um fast 40 Prozent, allein in Lyon sogar um 61 Prozent.[27] Dabei nimmt Frankreich auch außerhalb einer Pandemie im weltweiten Vergleich des PornHub-Datenverkehrs bereits den vierten Platz ein.[28] Und mehr noch: Die minutiösen Auswertungen der Plattform zeichnen ein sexuell sehr patriotisches Bild, wenn „française" und „french" auf dem ersten und dritten Platz aller Suchanfragen liegen, gefolgt von „français" (sechster Rang) und „amateur français" (achter Rang).[29] Die User sind dabei zu jeweils einem guten Drittel zwischen 18 und 24 sowie zwischen 25 und 34 Jahren, wobei Frankreich mit 28 Prozent weiblichen

---

21 Vgl. Kafka, Peter: The Pandemic Has Been Great for Netflix, in: *Vox*, 16.07.2020, https://www.vox.com/recode/2020/7/16/21327451/netflix-covid-earnings-subscribers-q2 [31.05.2022].

22 Vgl. Reuters: *Netflix to Cut European Traffic by 25% Due to Coronavirus*, 19.03.2020, https://www.reuters.com/article/us-health-coronavirus-netflix-idUSKBN2163I4 [31.05.2022].

23 PornHub verzeichnet nach eigenen Angaben gut 130 Millionen Aufrufe täglich; vgl. PornHub: *The PornHub Tech Review*, 08.04.2021, https://www.pornhub.com/insights/tech-review [31.05.2022].

24 Vgl. PornHub: *Coronavirus Insights*, 23.03.2020, https://www.pornhub.com/insights/corona-virus [31.05.2022].

25 Vgl. PornHub: *Coronavirus Update*, 14.04.2020, https://www.pornhub.com/insights/coronavirus-update-april-14 [31.05.2022].

26 Vgl. Cerdán Martínez, Víctor/Villa-Gracia, Daniel/Deza, Noelia: PornHub Searches during the Covid-19 Pandemic, in: *Porn Studies* 8/3 (2021), 258–269, hier: 258f.

27 Vgl. PornHub: *France Regional Coronavirus Traffic*, 19.04.2020, https://www.pornhub.com/insights/france-coronavirus [31.05.2022].

28 Vgl. PornHub: *2021 Year in Review*, 14.12.2021, https://www.pornhub.com/insights/yir-2021 [31.05.2022].

29 Vgl. PornHub: *2021 Year in Review*.

Nutzer*innen deutlich unter dem weltweiten Durchschnitt von 35 Prozent liegt.[30] Etwa drei Viertel der Zugriffe erfolgen über Smartphones (vor allem über Android-Geräte),[31] und durchschnittlich verbringen die französischen Besucher*innen 10:02 Minuten auf PornHub,[32] so dass von einem relativ pragmatischen Such- und Auswahlvorgang der dann noch zu rezipierenden Videos auszugehen ist.

Doch in Frankreich findet während des ersten Lockdowns offenbar nicht nur das Angebot einer kostenfreien Nutzung von Premiuminhalten spürbares Interesse – vielmehr wird auch die Pandemie selbst durch Verweise in Titel und/oder Rahmenhandlung zum Thema der pornografischen Videos:[33] Filme mit Titeln wie „Naemyia baisée sur sa table durant le confinement", „Jeune française en levrette pendant le confinement!" oder „Ma salope de colocataire me branle pendant le confinement!!!"[34] verweisen dabei paratextuell auf die Pandemiesituation und geben dem pornografischen Inhalt so einen aktuellen lebensweltlichen Kontext.

Ein solcher ‚Realitätseinbruch' mag dabei keineswegs überraschen, schließlich gehört doch zur medialen Eigenlogik des Pornografischen ohnehin eine Dialektik zwischen Authentizität und Fantasie, zwischen Hyperrealismus und „pornographic imagination".[35] So erzeugen Rückbezüge auf die tatsächliche ‚Wirklichkeit' der Rezipierenden (wie beispielsweise jahreszeitliche Referenzen) zumindest kurzfristige Aufmerksamkeit in einem auf Klicks angelegten Selbstüberbietungswettbewerb der Videos:[36] Ein*e Darsteller*in im Osterhasen- oder Weihnachtsmann-Kostüm hat dabei natürlich keinerlei dramaturgische Funktion, zumal das immer gleiche Schema als genrenormierte Abfolge von Praktiken und Stellungen (von *strip* und *blow job* bis zum *cum shot*) ja erwartungsgemäß gleich bleibt.[37] Doch umgekehrt spielt diese

---

30 Vgl. PornHub: *2021 Year in Review*.
31 Vgl. PornHub: *The PornHub Tech Review*.
32 Vgl. PornHub: *2021 Year in Review*.
33 Vgl. Zattoni, Fabio [u. a.]: The Impact of COVID-19 Pandemic on Pornography Habits. A Global Analysis of Google Trends, in: *International Journal of Impotence Research* 33 (2021), 824–831, hier 828.
34 Auch auf der Subplattform für nicht-heterosexuelle Pornografien, PornHubGay, finden sich Videos mit Titeln wie „Un pote me suce pendant le confinement" oder „Confiné avec un ami".
35 Vgl. Sontag, Susan: The Pornographic Imagination, in: dies. (Hg.): *Styles of Radical Will*, New York 1969, 35–73, hier 37f.
36 Dies umso mehr, als PornHub nach einer Löschung von rund zehn Millionen Videos zum Jahresende 2020 (vor allem Raubkopien sowie Aufnahmen, die Minderjährige oder gegen ihren Willen aufgenommene Personen zeigen) inzwischen fast nur noch Filme von verifizierten Amateuren und Amateurinnen umfasst. Vgl. dazu etwa Borgers, Michael: „Transparenzbericht" von Sex-Portal: *So wenig tut PornHub gegen Missbrauch und Ausbeutung*, 14.04.2021, https://www.deutschlandfunk.de/transparenzbericht-von-sex-portal-so-wenig-tut-pornhub-100.html [31.05.2022].
37 Vgl. einführend Nesselhauf, Jonas: Was Sie schon immer über Pornographie wissen wollten, aber nie zu fragen wagten: Eine Annäherung in sechs Schritten, in: Lennartz, Norbert/ders.

(seit dem ‚Golden Age of Porn' durchaus typische) Selbstironie mit dem Simulacrum des Pornografischen als radikale Übertreibung klischeehafter Geschlechterrollen:[38] Die Filme sind sich metareferenziell ebenso ihrer eigenen stereotypen Schablonenhaftigkeit, ihrer Austauschbarkeit wie auch ihrer zeitlichen Kurzlebigkeit bewusst – denn nach bereits nur wenigen Tagen werden die Clips aus den stets nach ‚Neuestem' sortierten Timelines verschwinden und durch die nächsten Videos ersetzt.

Dementsprechend – wie auch angesichts der durchschnittlichen Nutzungszeit der Website – ist davon auszugehen, dass die hohen Klickzahlen mit teilweise fünf- oder gar sechsstelligen Aufrufen sowohl auf ein schnell gewecktes Interesse beim Durchscrollen der gerade aktuellen Timeline wie auch auf eine einfache Auffindbarkeit bei der Stichwortsuche zurückzuführen sind.[39] Diese eindeutige Benennung der *confinement*-Pornografien scheint aber auch der Bindung von Rezipienten und Rezipientinnen zu dienen: So haben zahlreiche französische Amateure und Amateurinnen regelmäßig und einem Quarantäne-Tagebuch gleich auf ihren Accounts neue Videos mit Referenz auf die Pandemie hochgeladen[40] – so etwa die Kanäle von „Discrete Aliyah"[41], „Juicy Jade"[42] oder von „kinkysolveig"[43], eine der erfolgreichsten französischen Amateure und Amateurinnen.[44]

(Hg.): *Ästhetik(en) der Pornographie. Darstellungen von Sexualitäten im Medienvergleich*, Baden-Baden 2021, 9–73, hier 35f.

38 Die für die heterosexuelle Mainstream-Pornografie typische (respektive erwartbare) Konstellation besteht dabei aus dem stets potenten Mann als aktives Subjekt und der jederzeit willigen Frau als passives Objekt – ein einfältiges wie problematisches Schema. Vgl. dazu etwa Srinivasan, Amia: *The Right to Sex. Feminism in the Twenty-First Century*, London 2021, 57f.

39 Hierfür spricht ebenfalls, dass auch über das Beispiel von Frankreich hinaus bei der Betitelung der Videos (vielleicht wenig überraschend) nicht trennscharf zwischen ‚Quarantäne', ‚Isolation' und ‚Lockdown' als epidemiologische Konzepte unterschieden wird.

40 Dabei ist nicht immer verifizierbar, ob diese Videos tatsächlich auch ‚aktuell' sind, oder es sich um frühere Uploads handelt, die nun lediglich unter neuer Betitelung hochgeladen werden, da sie aufgrund ihrer medialen ‚Halbwertszeit' ja ohnehin aus der Timeline ‚gefallen' sind bzw. die Aufrufzahlen der ursprünglichen Filme nun stagnieren dürften.

41 Vgl. etwa ihr Video „Confinement Jour 37: Pyjama Licorne – Chatte Cremeuse – Defonçage De Cul".

42 Vgl. etwa ihr Video „Coronavirus confinement day 5: Jeune étudiante se touche dans la douche".

43 Vgl. etwa ihr Video „Confinement J39 – Manger, Bouger et Se Branler ^^ Orgasme Pendant le Sport".

44 Auch auf der Subplattform für nicht-heterosexuelle Pornografien, PornHubGay, finden sich ähnliche Videotagebücher, etwa mit Titeln wie „Confinement X-Stories" bei „GaySight" (einer der erfolgreichsten französischen Kanäle) oder mit Filmen wie „(Covid-19) Le journal sexuel de Sylvanus" von „SylvanusXXX".

Doch nicht nur die Mainstream-Plattform PornHub,[45] sondern Internetpornografien generell dürften während den Lockdowns deutlichen Zuwachs bekommen haben (vgl. auch Abb. 3): So berichten auch (Nischen-)Portale, die sich dezidiert auf (post-)feministische und queere Pornografien spezialisiert haben, ebenfalls von einer höheren Nachfrage und einer Steigerung zahlender Kundinnen und Kunden um teilweise 50 oder gar 60 Prozent.[46] Und ohnehin, so scheint es, verlagern die Kontaktbeschränkungen das individuelle Ausleben der Sexualitäten eher in den digitalen Raum. Denn während Apps wie „Tinder", „Grindr" oder „Bumble" zwischenzeitlich Nutzer*innen verlieren, entstehen offenbar neue Formen des Erlebens sexueller Intimität, die experimentell über den physischen Kontakt hinausgehen: „Von Sexting über Nude-Swaps bis hin zu Zoom-Date[s] deklinieren Leute alle möglichen Formate virtueller Sexualität durch."[47]

Abb. 3: Tägliche Zugriffszahlen auf PornHub während der ersten Corona-Welle in Frankreich. Die x-Achse zeigt Veränderungen der durchschnittlichen Zugriffszahlen in Prozent.

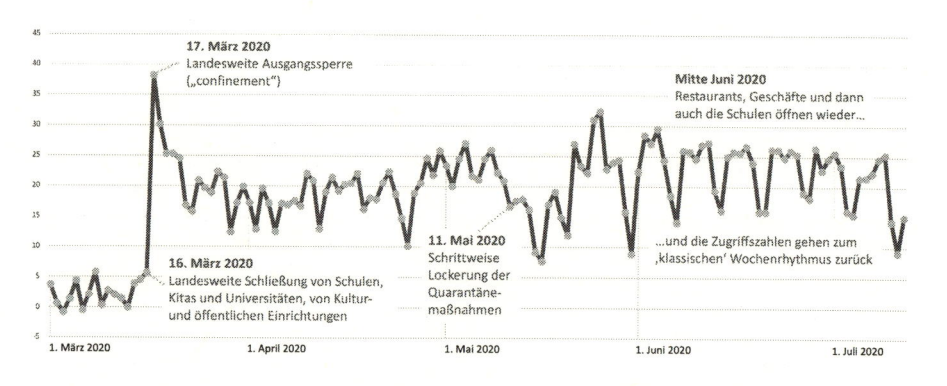

Quelle: eigene Illustration, Datenquelle: PornHub

Ob das Interesse an Pornografien (und ihrer normierten Darstellung von Sexualitäten) damit Ausdruck der gesellschaftlichen Unsicherheit ist, oder einfach nur dem Zeitvertreib während der Lockdowns diente, müsste durch empirisch-soziologische Untersuchungen genauer in den Blick genommen werden. Zumindest jedoch

---

45 Aus den gestiegenen Aufrufstatistiken von PornHub allein lässt sich natürlich nicht ableiten, inwiefern die Nachfrage an Mainstream-Pornografien im Internet generell gestiegen ist, oder ob lediglich diese Plattform deutliche Zuwächse verzeichnet. Vgl. dazu auch Cerdán Martínez/Villa-Gracia/Deza: PornHub Searches During the Covid-19 Pandemic, 265f.
46 Vgl. Ehrenhauser, Astrid: Fucking Corona, in: *Enorm* 3 (2021), 59–61, hier 60.
47 Wreither, Isa: Horny on Main, in: *Missy Magazine* 3 (2020), 75.

lässt sich am Beispiel von Frankreich eine interessante Tendenz aufzeigen: So kann, wie zuvor bereits die Fall- und Todeszahlen, auch der Internet-Traffic von PornHub mit den politischen Maßnahmen in Verbindung gebracht werden. Den höchsten Anstieg verzeichnet die Plattform frankreichweit dabei ausgerechnet am 17. März 2020,[48] und die Zugriffszahlen bleiben auf einem überdurchschnittlich hohen Niveau, nachdem PornHub seine Premium-Inhalte kostenlos freischaltet. Erst nach der schrittweisen Lockerung der Maßnahmen geht der Datenverkehr – wenn auch weiterhin deutlich erhöht – dann im Juni 2020 wieder auf den ‚klassischen' (außerpandemischen) Wochenrhythmus der Internetpornografien zurück.[49]

4. Pulps

Die ‚Liebe in den Zeiten der Pandemie' – um auf den ebenfalls vielfach (wieder-)entdeckten, verlagsseitig neu aufgelegten und in Schaufenstern von Buchhandlungen präsentierten Roman *El amor en los tiempos del cólera* (1985) von Gabriel García Márquez zu verweisen – scheint also keine einfache Angelegenheit zu sein. Doch mindestens so stark wie Pornografien von ‚realen' partnerschaftlichen Sexualitäten entfernt sind, so sehr werden romantische Beziehungen in kitschigen Liebesgeschichten verklärt. Denn auch vor diesem populären Format macht Corona nicht halt – und im Juli 2020 erscheint unter dem Titel *Unsichtbare Gegner. Der Kampf gegen ein gefährliches Virus verlangt Dr. Frank alles ab* der erste deutschsprachige Arztroman zur Pandemie als Heft 2 559 (Abb. 4) der Reihe *Dr. Stefan Frank*.[50]

Wie andere populäre Heftserien – etwa *Der Bergdoktor*, *Chefarzt Dr. Norden* oder *Notärztin Andrea Bergen* – auch, stehen die monatlich erscheinenden Geschichten vom „Arzt, dem die Frauen vertrauen" (so der Untertitel)[51] in der Tradition des „Groschenromans":[52] Jedes Heft hat dabei die gleiche Form, sowohl den Inhalt betref-

---

48 Der frankreichweit fast 40 Prozent höhere Traffic liegt damit klar über dem bereits zuvor erwähnten globalen Anstieg von etwa 11 Prozent im gleichen Zeitraum.
49 Ähnlich wie bei den Corona-Fallzahlen zuvor findet sich auch hier auffälligerweise ein wöchentlicher Rhythmus – dieser ist allerdings nicht auf die Meldesituation zurückzuführen, als vielmehr über die Struktur von Fernbeziehungen, Unternehmungen oder Betreuungspflichten am Wochenende, das Pendeln zur Familie etc. zu erklären. Vgl. PornHub: *2021 Year in Review*.
50 Vgl. dazu auch Nesselhauf, Jonas: Viral Narrations: Aesthetic Knowledge and the Co-presences of a Pandemic, in: Brodowski/ders./Weber (Hg.): *Pandemisches Virus*, 331–351.
51 Von 1995 bis 2001 liefen bei RTL mehr als 100 Episoden einer auf die Romanreihe zurückgehenden Fernsehserie unter dem Titel *Dr. Stefan Frank – Der Arzt, dem die Frauen vertrauen*; die titelgebende Hauptrolle spielte dabei Sigmar Solbach.
52 Vgl. dazu historisch Smith, Erin A.: Pulp Sensations, in: Glover, David/McCracken, Scott (Hg.): *The Cambridge Companion to Popular Fiction*, Cambridge 2012, 141–158, hier: 145f.

fend, mit einem Spannungsbogen, der stets den jeweiligen „case of the week"[53] zum sicheren und so erwartbaren *happy ending* führen wird, wie auch hinsichtlich des Layouts (außen farbiges Titelbild, innen 64 Seiten zweispaltig bedrucktes Zeitungspapier).[54]

Doch trotz dieser Standardisierung[55] – viele der Heftromane verwenden noch die alte Rechtschreibung oder streuen behutsam dialektale Ausdrücke ein[56] – und auch wenn die Auflagen seit den späten 1980er-Jahren sinken,[57] funktioniert das Grundrezept offenbar weiterhin: Die großen Verlage wie Bastei[58] oder Kelter[59] bringen pro Jahr „Tausende unterschiedliche Titel an Kioske und Bahnhofsbuchhandlungen – für 1,80 Euro aufwärts, jede Woche erscheinen an die hundert neue Hefte […], dazu Neuauflagen und Sammelbände"[60].

---

53 Vgl. Schleich, Markus/Nesselhauf, Jonas: *Fernsehserien. Geschichte, Theorie, Narration*, Tübingen 2016, 133f.

54 Dies erklärt auch den Namen der *pulp magazines* bzw. der *pulp fiction*: So wurden bereits die Groschenhefte des 19. Jh. auf billiger Pulpe gedruckt (vgl. McCracken, Scott: *Pulp. Reading Popular Fiction*, Manchester 1998, 21), schließlich war eine Archivierung nicht vorgesehen, und die nächste Ausgabe folgte schon bald.

55 Dazu gehört auch eine kollektive Autorschaft, wobei einige Heftromane dafür wohlklingende Pseudonyme verwenden: So ‚schreibt' Andreas Kufsteiner den *Bergdoktor* und Verena Kufsteiner das *Berghotel*, Karin Kastell zeichnet sich für die Geschichten um *Dr. Holl* verantwortlich und Elena van Wöhren für die *Fürstenkrone* usw. usf.

56 So finden sich in der populären Reihe *Der Bergdoktor* etwa relativ willkürlich Einsprengsel wie „Bimberl", „bisserl", „Busserl", „Madel", „net", „Spezl" usw., die offenbar eine gewisse ‚authentische' Atmosphäre erzeugen sollen.

57 Allein Kelter hat im Jahr 2015 noch 46 Millionen Hefte ausgeliefert. Vgl. Hollmer, Kathrin: Herz-Operation, in: *Süddeutsche Zeitung*, 04.04.2016, 43.

58 Neben *Dr. Stefan Frank* erscheinen beim Kölner Verlag u. a. die Arzt-Reihen *Dr. Karsten Fabian*, *Notärztin Andrea Bergen* und *Chefarzt Dr. Holl*, die Heimatromane *Der Bergdoktor* und *Das Berghotel* sowie weitere Liebes-, Adels- und Western-Serien.

59 Beim Hamburger Verlag erscheinen u. a. die Arzt-Reihen *Dr. Norden*, *Notarzt Dr. Winter* und *Dr. Laurin*, die Heimatromane *Der Bergpfarrer* und *Toni, der Hüttenwirt*, sowie weitere Liebes-, Adels- und Western-Serien.

60 Sürig, Dieter: Glück für 1,80, in: *Süddeutsche Zeitung*, 18./19.03.2017, 32.

Abb. 4: Titelbild der Ausgabe 2 559: Mit den wechselnden Cover-Illustrationen, die bei jeder Ausgabe ein an den Titel angepasstes, symbolisches wie kitschiges Stockfoto zeigen, sieht auch der Arzt immer wieder ‚anders' aus – und wird so zur persönlichen Projektionsfläche für die Lesenden.

Und so entspricht auch die Ausgabe 2 559 mit ihrem kürzeren Titel und einem etwas konkreteren Untertitel sowie dem auffälligen Coverfoto dem standardisierten Schema:[61] Denn selbst wenn die überbeleuchteten Titelbilder in jeder Ausgabe wechseln, ist die Heftreihe am Kiosk leicht an der Farbskala und ihrem Logo wieder-

---

61 Zusätzlich zu Titel und Untertitel findet sich auf der ersten Heftseite stets ein Teaser, die Prämisse der Geschichte bis zum dramatischen Spannungsmoment knapp skizzierend.

zuerkennen.⁶² Doch sowohl der gelbe Aufdruck „Brandaktuell!" wie auch das Stockfoto eines Arztes mit Mundschutz und blauen Einweghandschuhen deutet bereits auf die besondere Dramatik des Falls hin.⁶³

Die eigentliche Handlung des Heftromans ist schnell erzählt: Eine Frau mit dem (vieldeutigen, und dabei absurd lächerlichen) Namen Sandra Habenschaden kehrt nach München zurück, nachdem sie Abschied von ihrem Sohn nehmen musste, der in den USA bei einem Flugzeugabsturz ums Leben kam. Sie ist von dem traumatischen Verlust stark mitgenommen und wendet sich hilfesuchend an Dr. Frank, dessen Praxisalltag im schicken Vorort Grünwald von den deutschen Corona-Bestimmungen gekennzeichnet ist:

> Durch den Ansturm der Patienten arbeitete Dr. Frank oft rund um die Uhr und war auch nachts für seine Patienten da. Langsam[,] aber sicher stieß er an die Grenzen seiner Belastbarkeit. Außerdem litt er, wie alle Kollegen im Land auch, unter einem eklatanten Mangel an Schutzausrüstung wie Atemschutzmasken und Schutzbrillen.⁶⁴

Dennoch nimmt sich der einfühlsame Arzt auch für Sandra die Zeit, als es plötzlich zu einem dramatischen Zwischenfall kommt:

> Sandra atmete tief ein und löste damit einen Hustenreiz aus. Im selben Augenblick riss der Gummi von Dr. Franks Maske aus seiner provisorischen Verankerung. Sandras magerer Körper wurde von dem Hustenanfall geschüttelt. Stefan spürte einen feinen Nebel.⁶⁵

Und tatsächlich wird Sandra schon kurz darauf positiv auf Covid-19 getestet, sodass sich auch Dr. Stefan Frank in Selbstquarantäne begeben muss. Dennoch fährt der Arzt sie in die Notaufnahme, als sich ihre Symptome verschlimmern, wo Dr. Frank (eigentlich weiterhin in Isolation) sogleich das medizinische Team unterstützt. Er hat Glück: Sein Krankheitsverlauf bleibt mild, und ein kurzer Besuch seiner Partnerin Alexandra trägt sicherlich auch zur weiteren Genesung bei.⁶⁶ Doch ein anderer

---

62 So zierte das vorherige Heft (Ausgabe 2 558 mit dem Titel *Mein Baby gehört nur mir allein! Dr. Frank und eine junge Mutter, die mit ihren Kontrollzwängen kämpft*) das Stockfoto einer jungen Familie; auf dem Cover der folgenden Ausgabe (Nummer 2 560 mit dem Titel *Notruf aus der Küche. Beim ersten Date geschieht ein schrecklicher Unfall*) ist ein Paar beim Schneiden von Gemüse in einer hippen Küchenumgebung zu sehen.

63 Im Impressum des Hefts findet sich der Hinweis: „Die auf unseren Titelbildern dargestellten Personen stehen in keinem Zusammenhang mit dem Inhalt des Romans." (*Unsichtbare Gegner. Der Kampf gegen ein gefährliches Virus verlangt Dr. Frank alles ab*, Köln 2020, 57 (Dr. Stefan Frank Bd. 2 559))

64 *Unsichtbare Gegner*, 2.

65 *Unsichtbare Gegner*, 9.

66 Vgl. *Unsichtbare Gegner*, 36.

Eindringling sorgt auf der abgeriegelten Intensivstation für Probleme: Ingo Kunstmann schleicht sich aus Sorge um seine Freundin Sandra ins Krankenhaus, wo er jedoch kollabiert und bei ihm sogleich eine Herzmuskelentzündung diagnostiziert wird. Und auch Sandra Habenschaden wird von einem „fast vergessenen Gefühl" beschlichen, „das sie aus dem Einheitsgrau riss, das ihr Inneres seit Kevins Tod bis in den letzten Winkel ausfüllte: Sandra hatte Angst"[67].

Doch auf den letzten Seiten findet die Geschichte noch ihr erwartetes *happy ending*, denn bald schon können Sandra, Ingo und auch Dr. Frank die Intensivstation vollständig genesen wieder verlassen. Mehr noch: Sandra adoptiert den 15-jährigen Nils, der seine Eltern durch das Virus verloren hat, und zieht mit Ingo zusammen.

Und auch die Pandemiesituation in Deutschland entschärft sich; nachdem ein Impfstoff angekündigt wird, der „dem Virus ein für alle Mal den Schrecken nehmen" soll, „erwachte das Land langsam aus seinem Dornröschenschlaf":

> Dank dem Zusammenhalt der Menschen, die sich weitgehend an die Verordnungen der Regierung hielten, verlangsamte sich die Verbreitung des Corona-Virus in den folgenden Wochen deutlich.[68]

Dieses märchenhafte und dabei natürlich genrekonventionelle Ende lässt den Einbruch der Pandemie in die heile Romanwelt umso deutlicher als austauschbares Ereignis hervortreten: Ist es im vorherigen Heft die postnatale Depression der jungen Mutter Jana Setzwein (von Dr. Stefan Frank als „Wochenbettpsychose" diagnostiziert), und in der folgenden Ausgabe Katharinas dramatischer Unfall beim Kochen, so stellt hier eben eine Infektionskrankheit, die sich eher nebenbei als tödliche Pandemie global verbreitet, die episodische Variable dar, die vom ‚unsterblichen' Arzt in dieser Aventiure erfolgreich bekämpft wird.

Diese kathartische Auflösung wird daneben im gesamten Verlauf der Geschichte durch komplexitätsreduzierende Dichotomien begünstigt, und so ist das Narrativ geprägt von einer Binarität zwischen ‚innen' und ‚außen' (Praxis, Krankenhaus, Intensivstation vs. Außenwelt), zwischen ‚Mann' und ‚Frau' (mit den jeweiligen Geschlechterstereotypen), zwischen ‚gesund' und ‚krank' (in einem eher materialistischen Körperbild), zwischen ‚Arzt' und ‚Patientin' (und dabei auch ‚aktiv' vs. ‚passiv' respektive ‚rational' vs. ‚impulsiv') etc. Jegliche darüberhinausgehende Komplexität wäre für die Lesenden dabei ebenso unerwartet wie für den Verlauf der Geschichte unnötig, schließlich muss sich nach genau 64 Seiten ein versöhnliches *happy ending* einstellen.[69]

Mit dieser innovationslosen Weiterführung des stets gleichen Schemas ist der Heftroman ähnlich trivial wie die Pornografien zuvor – insgesamt jedoch auf allen

---

67 *Unsichtbare Gegner*, 49.
68 *Unsichtbare Gegner*, 60.
69 Vgl. Nesselhauf: Viral Narrations, 343.

Ebenen weniger explizit: Denn während der sexuelle Akt möglichst durch Großaufnahmen und lautes Gestöhne so ungefiltert wie möglich inszeniert wird,[70] aktiviert der Heftroman umgekehrt die Lesenden gerade durch narrative Leerstellen. Hierbei spielen vor allem Binnencliffs eine wichtige Rolle, also Spannungsmomente, die nach einer kurzen Pause aufgelöst werden, etwa wenn Ingo bewusstlos wird – „Ein stechender Schmerz durchbohrte Herz und Kopf wie ein glühendes Schwert. Dann wurde es dunkel und still um ihn."[71] –, und die Handlung nach einer durch drei Sterne (***) markierten Zäsur zunächst mit einem anderen Strang fortgesetzt wird. Vor allem aber sind es immer wieder Andeutungen, die (wie auch bereits das paratextuelle Coverfoto) individuelle Imaginationsräume eröffnen, beispielsweise als „Dr. Frank in Gesellschaft seiner Alexandra neue Energie tankte"[72] – was alles von einer gemeinsamen Zigarettenpause über ein gemütliches Essen bis zum intimen Rendezvous implizieren kann.[73]

Im Juli 2020 veröffentlicht, ist der Heftroman *Unsichtbare Gegner* damit ein (Er-)Zeugnis der ersten Corona-Welle, als das diskursive Wissen über die Pandemie noch relativ unkonkret war. In der Logik des Heftromans ist dies auch nicht weiter problematisch – denn hier ist das Virus als Textmotor lediglich Mittel zum Zweck einer austauschbaren Handlung ohne serielles Gedächtnis. Und so ist die Pandemie in der Fiktion auch schon längst beendet, während Leser*innen der nächsten Ausgabe ihren Kiosk noch weiterhin mit Maske betreten müssen.

5. Populär

Es ist wohl der maßgebliche Verdienst des ‚Projekts' der Cultural Studies,[74] die Grenzen zwischen Hochkultur und Popkultur einzureißen, und den wissenschaftlichen Blick auch auf schematische, gar ‚triviale' Kunstformen zu lenken. So erscheinen überhaupt erst ab den späten 1960er-Jahren erste systematische Untersuchungen zu Trivialliteratur oder Schemaliteratur, zu populären Formen

---

70   Vgl. Nesselhauf: Was Sie schon immer über Pornographie wissen wollten, aber nie zu fragen wagten, 39f.
71   *Unsichtbare Gegner*, 48.
72   *Unsichtbare Gegner*, 36.
73   Bezeichnenderweise findet sich auf dem Innenumschlag als Werbespruch für den Bastei-Verlag: „Jedem seine Welt."
74   Vgl. Hall, Stuart: Cultural Studies and its Theoretical Legacies, in: ders.: *Essential Essays. Volume 1: Foundations of Cultural Studies*, Durham, NC 2019, 71–99, hier 71f.

wie Kriminalromanen, Popsongs oder Groschenheften, zu ‚trashigen' Phänomenen wie Pornografien oder Horrorfilmen.[75]
Doch so willkürlich der vergleichende Blick auf *confinement*-Pornografien und die Heftromane um Dr. Stefan Frank zunächst auch wirken mag, so zeichnen sich doch beide Beispiele durch erstaunlich ähnliche Formen und Funktionen aus:

1. Zunächst sind (Mainstream-)Pornografien und Groschenhefte durch das Moment der seriellen Austauschbarkeit verbunden: Ihre Episodenhaftigkeit zeigt sich dabei nicht nur genrekonventionell an der narrativen Abgeschlossenheit, sondern auch am zuverlässigen *happy ending* – sei es die Heilung der Patienten und Patientinnen im einen oder der *cum shot* im anderen Fall. Das Versprechen einer geordneten Auflösung (respektive einer sexuellen Befriedigung)[76] bzw. eines erwartbaren Ablaufs auf dem Weg dahin (kleinere dramatische Spannungsbögen respektive ein Wechsel von Stellungen und Praktiken) mag dabei für eine Pandemie besonders geeignet sein, schließlich wohnt schematischen Strukturen eine beruhigende Verlässlichkeit inne, an die umso mehr in einer Zeit der Unsicherheit angeknüpft werden kann.[77]
2. Besteht die ‚Verführung' massenkultureller Unterhaltung letztlich darin, „virtuelle Realitäten an sich selber auszuprobieren – zumindest in einer Imagination, die man jederzeit abbrechen kann"[78] –, so erzeugen auch diese beiden Formate eine dezidierte Fantasie, die für die Rezipierenden sicherlich anschlussfähig, aber im sozialen Nahraum nicht erreichbar ist:[79] Der immer potente Mann und

---

75 Vgl. exemplarisch etwa Schrader: *Epische Kurzformen* sowie Zimmermann: *Schema-Literatur* sowie allgemein dazu Storey, John: *Cultural Theory and Popular Culture. An Introduction*, Abingdon 2018, 58.
76 Der binnendiegetische Endzweck von Pornografien (nämlich der männliche Orgasmus, visuell deutlich sichtbar durch die Ejakulation in oder auf den weiblichen Körper) ist dabei im heterosexuellen Mainstream potenziell identisch mit dem Rezeptionsziel dieser ‚Gebrauchsware'. Vgl. dazu Nesselhauf: Was Sie schon immer über Pornographie wissen wollten, aber nie zu fragen wagten, 37f.
77 Selbst für Pornografien lässt sich eine gewisse ‚Sicherheit' durch geregelte Verhältnisse annehmen, wie dies etwa am Beispiel der Romanreihe *Fifty Shades* (2011/2012) soziologisch herausgearbeitet wurde. Vgl. Illouz, Eva: *Hard-Core Romance. „Fifty Shades of Grey", Best-Sellers, and Society*, Chicago, IL 2014, 39f.
78 Luhmann, Niklas: *Die Realität der Massenmedien*, Opladen 1996², 111.
79 Es ist im Zusammenhang dieser Thematik ein launiger Zufall, dass Nelson Goodman am Ende seiner Abhandlung *Languages of Art* (1968) den kathartischen Effekt des Durchlaufens von fiktionalisierten Erfahrungen, die in der individuellen Lebensrealität fehlen oder nicht möglich sind, ausgerechnet mit einer Virusimpfung vergleicht: Ein solches ästhetisches Probehandeln „is said to have the effect of purging us of pent-up and hidden negative emotions, or of administering measured doses of the killed virus to prevent or mitigate the ravages of an actual attack. Art becomes not only palliative but therapeutic, providing both a substitute

die stets willige Frau, die von der Straße direkt zum spontanen Sex mitkommt, sind dabei ebenso eine Utopie wie die Arztpraxis in Grünwald, in der mit Sandra Habenschaden wohl der 2 559ste Patient (bzw. wohl: Patientin) behandelt worden sein dürfte.[80] Die ‚Wunderheilungen' im Groschenheft sind damit zwar vielleicht weniger misogyn als die so offensichtliche Objektifizierung der Frau in der heterosexuellen Mainstream-Pornografie, reproduzieren jedoch auf eine andere Art problematische Geschlechterrollen.[81]

3. Gerade aber auch, weil das Stereotype daran nicht verschleiert, sondern selbstironisch herausgestellt wird, zeichnen sich Pornografien wie auch Heftromane durch eine bemerkenswerte Metareflexivität aus: Beide Formate sind sich mit ihren klischeehaften Figuren und austauschbaren Handlungsplots ihrer eigenen ‚Trashigkeit' ebenso bewusst wie ihrer medialen Vergänglichkeit – schließlich verschwinden die Pornofilmchen bereits nach wenigen Stunden aus den Timelines, und die Heftromane werden schon in der nächsten Woche am Kiosk durch neue ersetzt.[82]

4. Beide Formate des Populären scheinen daher ideal für den unterhaltsamen Zeitvertreib geeignet – besonders wenn es sich um die Zeit einer globalen Pandemie handelt. Von diesen jedoch ein in die Wirklichkeit der Rezipierenden reichendes interdiskursives Wissen, gar ein aktivierendes oder kritisch-engagiertes Potenzial zu erwarten, ist aber sicherlich zu viel verlangt. Dennoch spiegeln Pornografien und Heftromane gesellschaftliche Diskurse, und erreichen dabei wohl häufig ein größeres Publikum als die erst mit einer Latenz von mehreren Monaten erschienenen ‚großen' Gesellschaftsromane oder Spielfilme zur Covid-19-Pandemie.

---

for good reality and a safeguard against bad reality" (Goodman, Nelson: *Languages of Art. An Approach to a Theory of Symbols*, Indianapolis, IN 1976, 246).

80 Zu den faszinierenden Begleiterscheinungen der Arztromane gehört, dass der einfühlsame Dr. Stefan Frank seine Patienten (respektive: Patientinnen) persönlich kennt – diese aber in aller Regel nicht noch ein weiteres Mal in einem späteren Heft als Figuren auftauchen. Die Kartei der Patienten und Patientinnen muss so gewaltig sein wie der Einzugsraum der Praxis – schließlich gibt das Bayerische Landesamt für Statistik die Zahl der Einwohner*innen für Grünwald zum Jahresende 2019 tatsächlich mit 11 270 an, von denen potenziell etwa die Hälfte (und damit 5 635) Frauen sein dürften. Vgl. Genesis Online: *Bevölkerung: Gemeinden, Stichtage (Ergebnis 12411–001)*, 31.12.2019, https://www.statistikdaten.bayern.de/genesis/online;jsessionid=6CB3363574391F9435FD661D9125B699?sequenz=tabelleErgebnis&selectionname=12411-001 [31.05.2022].

81 Vgl. etwa Laurie, Penny: *Unspeakable Things. Sex, Lies, and Revolution*, New York 2014, 116f.

82 Die ‚Neuheit' des Heftromans wird dabei zu Beginn der Geschichte beglaubigt: „Wir garantieren: Dies ist ein neuer, erstmalig veröffentlichter Roman. BASTEI VERLAG, Romanredaktion." (*Unsichtbare Gegner*, 2)

Angesichts einer solch strukturellen und inhaltlichen Belanglosigkeit ließe sich jetzt natürlich zugespitzt fragen: Müssen diese Erzeugnisse denn unbedingt von der Forschung beachtet werden, sind sie ‚wert' in universitären Seminaren diskutiert zu werden, nur weil es sich um die frühesten Thematisierungen der Corona-Pandemie handelt? Aus Richtung der Cultural Studies kommt als Antwort zweifellos ein laut schallendes „ja", und so liegt die Herausforderung für die (Medien-)Kulturwissenschaften vielmehr darin, einerseits das Populäre ernst zu nehmen – eben als Speicher rezenter Diskurse und Spiegel gegenwärtiger Gesellschaften, fernab der hochkulturellen Kanonisierung –, und umgekehrt diesen Formaten trotz ihrer formalen Schematik und ihrer ästhetischen Trivialität, ihrer klischeehaften Figuren und unterkomplexen Handlungen gerecht zu werden.

Doch unabhängig davon, ob *confinement*-Pornografien als Popularisierung oder als kitschige Banalisierung der Pandemie gedeutet und das *happy ending* des Groschenromans als positive Bewältigungsstrategie oder unterkomplexe Verklärung gesehen werden – die ‚Universität in der Pandemie' sollte sich nicht *nur* mit pop(ulär)kulturellen Erzeugnissen beschäftigen, weil diese gerade zu den ersten und frühesten Verarbeitungen einer globalen Pandemiesituation zählen. Diese Formate rein aus hochkulturellen Überlegungen zu ignorieren und das Curriculum dafür nicht zu öffnen, lässt die vielversprechende Gelegenheit verstreichen, diese Texte unter Reflexion ihrer medialen Eigenlogik genauer zu betrachten.

So besteht ganz konkret die Herausforderung darin, diese Formate als gegenwärtige Phänomene weder zu ignorieren noch einseitig aufzuwerten: Denn in einer mit dem zeitlichen Abstand von einigen Jahren zu schreibenden Mediengeschichte der Corona-Pandemie werden *confinement*-Pornografien oder ein Heftroman aus der *Dr. Stefan Frank*-Reihe sicherlich keine Rolle mehr spielen. Und dennoch sind beide – hunderttausendfach angeklickt respektive gelesen – als künstlerische Auseinandersetzungen ein Teil dieser Pandemie, symbolisieren mit alternativen Geschichten eine eskapistische Fantasie und spiegeln lockdownbedingte Veränderungen in der Mediennutzung. Und die ‚Universität in der Pandemie' sollte für solche Phänomene aufmerksam sein, sie archivieren und deuten – statt zu übersehen und zu vergessen.

Literaturverzeichnis

Berger, John: *Ways of Seeing*, London 2008.
Borgers, Michael: *„Transparenzbericht" von Sex-Portal: So wenig tut PornHub gegen Missbrauch und Ausbeutung*, 14.04.2021, https://www.deutschlandfunk.de/transparenzbericht-von-sex-portal-so-wenig-tut-pornhub-100.html [31.05.2022].
Bundesministerium des Innern, für Bau und Heimat: *Vorübergehende Grenzkontrollen an den Binnengrenzen zu Österreich, der Schweiz, Frankreich, Luxemburg und Däne-*

mark, 15.03.2020, https://www.bmi.bund.de/SharedDocs/pressemitteilungen/DE/2020/03/grenzschliessung-corona.html [31.05.2022].

Cerdán Martínez, Víctor/Villa-Gracia, Daniel/Deza, Noelia: PornHub Searches during the Covid-19 Pandemic, in: *Porn Studies* 8/3 (2021), 258–269.

Ehrenhauser, Astrid: Fucking Corona, in: *Enorm* 3 (2021), 59–61.

Elysée: *Adresse aux Français*, 16.03.2020, https://www.elysee.fr/emmanuel-macron/2020/03/16/adresse-aux-francais-covid19 [31.05.2022].

Fauth, Wolfgang: Charites, in: Ziegler, Konrat/Sontheimer, Walther (Hg.): *Der Kleine Pauly. Lexikon der Antike*, Bd. 1, München 1979, 1135–1137.

Genesis Online: *Bevölkerung: Gemeinden, Stichtage (Ergebnis 12411-001)*, 31.12.2019, https://www.statistikdaten.bayern.de/genesis/online;jsessionid=6CB3363574391F9435FD661D9125B699?sequenz=tabelleErgebnis&selectionname=12411-001 [31.05.2022].

Goodman, Nelson: *Languages of Art. An Approach to a Theory of Symbols*, Indianapolis, IN 1976.

Hall, Stuart: Cultural Studies and its Theoretical Legacies, in: ders.: *Essential Essays. Volume 1: Foundations of Cultural Studies*, Durham, NC 2019, 71–99.

Hesiod: *Theogonie. Griechisch/Deutsch*, Stuttgart 2018.

Hollmer, Kathrin: Herz-Operation, in: *Süddeutsche Zeitung*, 04.04.2016, 43.

Illouz, Eva: *Hard-Core Romance. „Fifty Shades of Grey", Best-Sellers, and Society*, Chicago, IL 2014.

Kafka, Peter: The Pandemic Has Been Great for Netflix, in: *Vox*, 16.07.2020, https://www.vox.com/recode/2020/7/16/21327451/netflix-covid-earnings-subscribers-q2 [31.05.2022].

Kießling, Andrea: Grenzüberschreitende Pandemiebekämpfung an den deutschen Binnen- und Außengrenzen, in: Brodowski, Dominik/Nesselhauf, Jonas/Weber, Florian (Hg.): *Pandemisches Virus, nationales Handeln. Covid-19 und die europäische Idee*, Wiesbaden 2022, 67–86.

Leven, Karl-Heinz: *Geschichte der Medizin. Von der Antike bis zur Gegenwart*, München 2019.

Luhmann, Niklas: *Die Realität der Massenmedien*, Opladen 1996².

McCracken, Scott: *Pulp. Reading Popular Fiction*, Manchester 1998.

Mertens, Veronika: *Die drei Grazien. Studien zu einem Bildmotiv in der Kunst der Neuzeit*, Wiesbaden 1994.

Mysteriöse Lungenkrankheit in China, in: *Frankfurter Rundschau*, 08.01.2020, 25.

Nesselhauf, Jonas: Was Sie schon immer über Pornographie wissen wollten, aber nie zu fragen wagten: Eine Annäherung in sechs Schritten, in: Lennartz, Norbert/ders. (Hg.): *Ästhetik(en) der Pornographie. Darstellungen von Sexualitäten im Medienvergleich*, Baden-Baden 2021, 9–73.

Nesselhauf, Jonas: Viral Narrations: Aesthetic Knowledge and the Co-presences of a Pandemic, in: Brodowski/ders./Weber (Hg.): *Pandemisches Virus*, 331–351.

PBOY: *Les Trois Grâces 2022*, https://www.pboy-art.com/single-post/les-trois-gr âces-2022 [31.05.2022].

PBOY: *The Three Graces*, https://guide.voelklinger-huette.org/de/mediaguide/expon ate/exponate/46 [31.05.2022].

Penny, Laurie: *Unspeakable Things. Sex, Lies, and Revolution*, New York 2014.

Piernas, Alberto: Grafitis: cómo mandar mensajes a quienes no saben leer, in: *El País*, 02.06.2020, https://elpais.com/elpais/2020/06/01/planeta_futuro/1591021 731_916778.html [31.05.2022].

PornHub: *Coronavirus Insights*, 23.03.2020, https://www.pornhub.com/insights/cor ona-virus [31.05.2022].

PornHub: *Coronavirus Update*, 14.04.2020, https://www.pornhub.com/insights/coro navirus-update-april-14 [31.05.2022].

PornHub: *France Regional Coronavirus Traffic*, 19.04.2020, https://www.pornhub.com /insights/france-coronavirus [31.05.2022].

PornHub: *The PornHub Tech Review*, 08.04.2021, https://www.pornhub.com/insights /tech-review [31.05.2022].

PornHub: *2021 Year in Review*, 14.12.2021, https://www.pornhub.com/insights/yir-2 021 [31.05.2022].

Reuters: *Netflix to cut European Traffic by 25% due to Coronavirus*, 19.03.2020, https ://www.reuters.com/article/us-health-coronavirus-netflix-idUSKBN2163I4 [31.05.2022].

Schleich, Markus/Nesselhauf, Jonas: *Fernsehserien. Geschichte, Theorie, Narration*, Tübingen 2016.

Schrader, Monika: *Epische Kurzformen. Theorie und Didaktik*, Königstein 1980.

Smith, Erin A.: Pulp Sensations, in: Glover, David/McCracken, Scott (Hg.): *The Cambridge Companion to Popular Fiction*, Cambridge 2012, 141–158.

Sontag, Susan: The Pornographic Imagination, in: dies: *Styles of Radical Will*, New York 1969, 35–73.

Srinivasan, Amia: *The Right to Sex. Feminism in the Twenty-First Century*, London 2021.

Storey, John: *Cultural Theory and Popular Culture. An Introduction*, Abingdon 2018.

Sürig, Dieter: Glück für 1,80, in: *Süddeutsche Zeitung*, 18./19.03.2017, 32.

Unsichtbare Gegner. Der Kampf gegen ein gefährliches Virus verlangt Dr. Frank alles ab, Köln 2020 (Dr. Stefan Frank Bd. 2 559).

Tapies, Xavier (Hg.): *Street Art in the Time of Corona*, Berkeley, CA 2021.

Wieder, Thomas: France/Allemagne. Deux cultures politiques face à la COVID-19, in: Weber, Florian/Theis, Roland/Terrollion, Karl (Hg.): *Grenzerfahrungen/Expériences transfrontalières. COVID-19 und die deutsch-französischen Beziehungen/Les Relations franco-allemandes à l'heure de la COVID-19*, Wiesbaden 2021, 285–294.

Wreither, Isa: Horny on Main, in: *Missy Magazine* 3 (2020), 75.

Zattoni, Fabio [u. a.]: The Impact of COVID-19 Pandemic on Pornography Habits. A Global Analysis of Google Trends, in: *International Journal of Impotence Research* 33 (2021), 824–831.

Zimmermann, Hans-Dieter: *Schema-Literatur. Ästhetische Norm und literarisches System*, Stuttgart 1979.

Grenzerfahrungen –
Forschungszugänge zur Zäsur verstärkter Grenzkontrollen

Grenzschließungen und Grenzkontrollen als Achillesferse der Großregion

Dominik Brodowski

Abstract: *Au début de la pandémie de Covid-19, les fermetures mais aussi les contrôles aux frontières extérieures de l'Allemagne ont mis la Grande Région et l'Université de la Sarre à rude épreuve. Dans ce contexte, le présent article expose le cadre juridique des fermetures et des contrôles aux frontières intérieures de l'espace Schengen en le confrontant aux moyens juridiques existants pour ériger des postes de contrôle à l'intérieur du territoire national allemand. Il en ressort un déficit de contrôle considérable, en ce sens que les tribunaux ne parviennent pas à assurer l'évaluation de toutes les décisions de réintroduction des contrôles aux frontières intérieures. En raison de leur symbolique politique – et de leur vulnérabilité aux abus –, la fermeture des frontières et les contrôles renforcés entre pays voisins constituent le talon d'Achille de la Grande Région.*

1. Grenzschließungen und Grenzkontrollen als *prima ratio* politischen Handelns?

Mitte März 2020 und damit wenige Wochen nach den ersten bekannt gewordenen Infektionen mit SARS-CoV-2 zeichnete sich in Deutschland und weiteren Staaten Europas ab, dass die Ausbreitung des Virus nicht allein durch Isolation Infizierter und Kontaktverfolgung gestoppt werden konnte. Zur Eindämmung der Covid-19-Pandemie griffen daraufhin Deutschland[1] und weitere EU-Mitgliedstaaten zum Mittel, Grenzübertritte auch an den EU-Binnengrenzen zu unterbinden oder zumindest zu begrenzen.[2] Rechtliche Verbote des Grenzübertritts wurden

---

1 Vgl. Bundesministerium des Innern und für Heimat: *Vorübergehende Grenzkontrollen an den Binnengrenzen zu Österreich, der Schweiz, Frankreich, Luxemburg und Dänemark.* Pressemitteilung, Berlin, 15.03.2020, https://www.bundespolizei.de/Web/DE/04Aktuelles/01Meldungen/2020/03/200315_grenzkontrollen_corona_down.pdf?__blob=publicationFile&v=1 [25.05.2023]: mit Wirkung zum 16. März 2020, 08:00 Uhr.

2 Vgl. Europäische Kommission: *Member States' Notifications of the Temporary Reintroduction of Border Control at Internal Borders Pursuant to Article 25 and 28 et seq. of the Schengen Borders Code,* Brüssel, 17.05.2023, https://home-affairs.ec.europa.eu/system/files/2023-05/Full%

an den Grenzübergangsstellen oder auch an der ‚grünen Grenze' durchgesetzt;[3] mancherorts wurden sogar physische Barrieren errichtet, z. B. an der Freundschaftsbrücke zwischen Kleinblittersdorf und Grosbliederstroff.[4] Vor allem wurden Grenzübertritte an Bedingungen (z. B. wichtige Gründe) und Auflagen (z. B. Quarantänepflichten) geknüpft und mit Grenzkontrollen verbunden.[5] Damit wurde die Idee eines Europas ohne Binnengrenzen, in dem Fahrten von Saarbrücken nach Forbach genauso ‚leicht' oder ‚schwer' möglich sein sollen wie von St. Ingbert nach Homburg, durch ein *rebordering*[6] konterkariert. Die Auswirkungen im Kleinen wie im Großen waren, vor allem in Grenzregionen, erheblich:[7] Familien und Partner*innen wurden teils über Monate hinweg voneinander getrennt. Die transnationale Versorgung mit Waren und Dienstleistungen war beeinträchtigt.[8] Und die Universität des Saarlandes war – mit den Worten ihres Universitätspräsidenten Manfred Schmitt – durch

---

20list%20of%20MS%20notifications%20of%20the%20temporary%20reintroduction%20of%20border%20control%20at%20internal%20borders_en.pdf [25.05.2023], Nr. 125–127. Siehe zudem Brodowski, Dominik/Nesselhauf, Jonas/Weber, Florian: Die Covid-19-Pandemie und ihre komplexen gesellschaftspolitischen Auswirkungen in Europa, in: dies. (Hg.): *Pandemisches Virus – nationales Handeln. Covid-19 und die europäische Idee*, Wiesbaden 2023, 3–21, hier 7–12 m. w. N.

3 Vgl. Berger, Hubert: Soldaten nehmen Polizeiaufgaben wahr, in: *Kronen Zeitung*, 20.04.2022, zitiert nach Bundesheer: *Pressespiegel Miliz vom 20.04.2020*, Wien, https://www.bundesheer.at/miliz/einsatz/artikel.php?id=5612 [25.05.2023].

4 Vgl. Recktenwald, Katharina/Weber, Florian/Dörrenbächer, H. Peter: Grenzregionen in Zeiten der Covid-19-Pandemie – eine Analyse der Berichterstattung der Saarbrücker Zeitung im Frühjahr 2020, in: *UniGR-CBS Working Paper* 12 (2020), 11–12, https://doi.org/10.25353/ubtr-x xxx-02bd-b9c9 [25.05.2023].

5 Statt vieler Gareis, Philipp/Kurnol, Jens: Covid-19 in Grenzregionen – Entwicklungen während der ersten, zweiten und dritten Welle und die Effekte der Grenzkontrollen, in: Brodowski/Nesselhauf/Weber (Hg.): *Pandemisches Virus*, Wiesbaden 2023, 45–66, hier 46–48.

6 Statt vieler Opiłowska, Elżbieta: Resilienz grenzüberschreitender Zusammenarbeit im deutsch-polnischen Grenzgebiet in europäischer Perspektive, in: Brodowski/Nesselhauf/Weber (Hg.): *Pandemisches Virus*, Wiesbaden 2023, 193–213, hier 194–196.

7 Vgl. Weber, Florian/Theis, Roland/Terrollion, Karl (Hg.): *Grenzerfahrungen/Expériences transfrontalières. COVID-19 und die deutsch-französischen Beziehungen/Les relations franco-allemandes à l'heure de la COVID-19*, Wiesbaden 2021; Dittel, Julia: Covid-19 als Zäsur und Chance für grenzüberschreitende Regionen am Beispiel der Großregion, in: Brodowski/Nesselhauf/Weber (Hg.): *Pandemisches Virus*, Wiesbaden 2023; Nienaber, Birte [u. a.]: Auswirkungen der Grenzschließungen auf die systemrelevanten Arbeitskräfte und den grenzüberschreitenden Arbeitsmarkt in der Großregion während der Covid-19-Pandemie, in: Brodowski/Nesselhauf/Weber (Hg.): *Pandemisches Virus*, Wiesbaden 2023.

8 Vgl. Brodowski/Nesselhauf/Weber: Die Covid-19-Pandemie und ihre komplexen gesellschaftspolitischen Auswirkungen in Europa, in: Brodowski/Nesselhauf/Weber (Hg.): *Pandemisches Virus*, Wiesbaden 2023, 3–21, hier 7–12 m. w. N.

Grenzschließungen [...] in besonderer Weise betroffen, da dies nicht nur die Studierenden unserer deutsch-französischen Studienprogramme auch innerhalb der Universität der Großregion betraf, sondern auch viele täglich pendelnde Mitarbeitenden [sic!], die bei uns arbeiten, aber auch Dienstleister, wenn Sie nur beispielsweise an das Reinigungspersonal denken.[9]

Dass die Universität des Saarlandes wegen ihrer Grenznähe und ihrer deutschfranzösischen sowie europäischen Ausrichtung von Grenzschließungen und Grenzkontrollen an den EU-Binnengrenzen zwischen Deutschland und den anliegenden Staaten besonders betroffen ist, ist Anlass genug, sich in diesem Beitrag losgelöst von dem konkreten Einzelfall der Covid-19-Pandemie und ihren Auswirkungen auf die „europäische Idee"[10] mit der rechtlichen Absicherung eines ‚Europas ohne Binnengrenzen' zu befassen. Diese Fragestellung verdient auch deswegen größere Aufmerksamkeit, weil politische Aktionen und Maßnahmen an den Grenzen von Akteuren der Politik als wirkmächtige Symbole politischen Handelns eingesetzt werden.[11] Augenfälligstes Beispiel hierfür sind die seit mehreren Jahren bestehenden Grenzkontrollen an der deutsch-österreichischen Grenze zur Verhinderung von Migrationsströmen.[12]

2. Die unzureichende rechtliche Einhegung von Grenzschließungen und Grenzkontrollen

Der rechtliche Rahmen für Grenzübertritte und deren Begrenzungen an den Landgrenzen[13] Deutschlands zu seinen Nachbarländern folgt vorrangig aus dem Schengener Grenzkodex (SGK)[14] und seiner Umsetzung und Durchführung in

---

9 Weber, Florian/Schmitt, Manfred: Hochschulen in Zeiten der Corona-Pandemie. Herausforderungen, Krisenmanagement und Chancen, in: Weber/Theis/Terrollion (Hg.): *Grenzerfahrungen/Expériences transfrontalières*, Wiesbaden 2021, 343–353, hier 348.
10 Hierzu Brodowski/Nesselhauf/Weber (Hg.): *Pandemisches Virus*, Wiesbaden 2023.
11 Vgl. Thym, Daniel/Bornemann, Jonas: Schengen and Free Movement Law During the First Phase of the Covid-19 Pandemic: Of Symbolism, Law and Politics, in: *European Papers* 5/3 (2020), 1143–1170, hier 1144–1145, https://doi.org/10.15166/2499-8249/420 [25.05.2023].
12 Vgl. Europäische Kommission: *Member States' Notifications*, Nr. 37–39, https://home-affairs.ec.europa.eu/system/files/2023-05/Full%20list%20of%20MS%20notifications%20of%20the%20temporary%20reintroduction%20of%20border%20control%20at%20internal%20borders_en.pdf [25.05.2023].
13 Fragen des Schienen-, Schiff- und Luftverkehrs sollen nachfolgend außer Betracht bleiben.
14 Verordnung (EU) 2016/399 des Europäischen Parlaments und des Rates vom 9. März 2016 über einen Unionskodex für das Überschreiten der Grenzen durch Personen (Schengener Grenzkodex), ABl. L 77 v. 23.03.2016, 1, zuletzt geändert durch Verordnung (EU) 2019/817.

Deutschland (sogleich 2.1.). Angesichts des plakativen Leitbildes, dass innereuropäische Binnengrenzen genauso ‚leicht' oder ‚schwer' zu übertreten sein sollen wie Landkreis- oder Gemeindegrenzen, sollen die Regelungen, ob und unter welchen Voraussetzungen Grenzkontrollen eingeführt werden können,[15] nachfolgend mit dem Rechtsrahmen für funktional äquivalente Maßnahmen innerhalb Deutschlands kontrastiert werden (2.2.). Dieser Rechtsgebietsvergleich (2.3.) bildet die Grundlage für eine Bewertung der Bestrebungen für eine Reform des SGK (3.).

2.1. Der Schengener Grenzkodex sowie seine Umsetzung und Durchführung in Deutschland

Das Überschreiten, Übertreten oder Überfahren von Grenzen – auch staatlicher Außengrenzen – ist die Ausübung eines Freiheitsrechts. Dieses wird aus nationalgrundrechtlicher Perspektive jedenfalls durch die allgemeine Handlungsfreiheit (Art. 2 Abs. 1 GG)[16] sowie – nach umstrittener Auffassung – partiell durch die Freizügigkeit (Art. 11 GG),[17] europagrundrechtlich durch die Personenfreizügigkeit (Art. 45 Abs. 1 GrCh)[18] garantiert.

2.1.1. Grundregel: Überschreiten der Binnengrenzen an jeder Stelle ohne Personenkontrollen

Im Einklang hiermit stellt die unions-sekundärrechtliche Regelung in Art. 22 SGK („Überschreiten der Binnengrenzen") die Grundregel auf, dass „[d]ie Binnengrenzen [...] unabhängig von der Staatsangehörigkeit der betreffenden Personen an jeder Stelle ohne Personenkontrollen überschritten werden" dürfen. Diese Regelung gilt

---

15   Nicht näher analysiert wird daher die Durchführung der Kontrolle. Zu damit verbundenen Rechtsfragen in der Covid-19-Pandemie instruktiv Kießling, Andrea: Grenzüberschreitende Pandemiebekämpfung an den deutschen Binnen- und Außengrenzen, in: Brodowski/Nesselhauf/Weber (Hg.): *Pandemisches Virus*, Wiesbaden 2023, hier Abschnitt 2.2 m. w. N, 67–86, hier 75–76.

16   Grundlegend Bundesverfassungsgericht: Urteil vom 16.01.1957 – 1 BvR 253/56, in: *Entscheidungen des Bundesverfassungsgerichts – BVerfGE* 6 (1957), 32–45, hier Leitsatz 2.

17   Jedenfalls die Einreisefreiheit, nach umstrittener Auffassung auch die Ausreisefreiheit, so etwa Pagenkopf, Martin: Art. 11 GG, in: Sachs, Michael (Hg.): *Grundgesetz. Kommentar*, München, 2021[9], hier Rn. 18, 29 m. w. N.

18   Statt vieler Jarass, Hans. D: *Charta der Grundrechte der Europäischen Union unter Einbeziehung der sonstigen Grundrechtsregelungen des Primärrechts und der EMRK*, München 2021[4], Art. 45 GrCh Rn. 7; Kluth, Winfried: Art. 45 GrCh, in: Calliess, Christian/Ruffert, Matthias (Hg.): *EUV/ AEUV. Das Verfassungsrecht der Europäischen Union mit Europäischer Grundrechtecharta. Kommentar*, München 2022[6], hier Rn. 4; Klatt, Matthias: Art. 45 GrCh, in: von der Groeben, Hans/ Schwarze, Jürgen/Hatje, Armin (Hg.): *Europäisches Unionsrecht. Vertrag über die Europäische Union. Vertrag über die Arbeitsweise der Europäischen Union. Charta der Grundrechte der Europäischen Union*, Baden-Baden 2015[7], hier Rn. 5.

im Verhältnis zu allen Nachbarstaaten Deutschlands, einschließlich Dänemarks,[19] und auf völkervertraglicher Basis auch im Verhältnis zum Nicht-EU-Mitgliedstaat Schweiz.[20]

Blickt man hingegen in die deutschen Gesetzesbücher, vermitteln diese ein konträres Bild: Das „Überschreiten der Auslandsgrenze" (§ 3 PaßG) bzw. „[d]ie Einreise in das Bundesgebiet und die Ausreise aus dem Bundesgebiet" (§ 13 Abs. 1 S. 1 AufenthG) sei „nur an den zugelassenen Grenzübergangsstellen [...] zulässig"; Verstöße hiergegen seien mit einer Geldbuße ahndbar (§ 25 Abs. 3 Nr. 2 PaßG, § 98 Abs. 3 Nr. 3 AufenthG). Aufgrund des Anwendungsvorrangs von Unionsrecht sind diese Vorschriften indes grundsätzlich (zur Ausnahme siehe sogleich) unanwendbar,[21] sodass sie im ‚Normalfall' keine Rechtswirkung entfalten.

2.1.2. Ausnahme: Vorübergehende Wiedereinführung von Grenzkontrollen an den Binnengrenzen

Nach Art. 25 ff. SGK dürfen Mitgliedstaaten ausnahmsweise und vorübergehend Grenzkontrollen wieder einführen: Ist „die öffentliche Ordnung oder die innere Sicherheit in einem Mitgliedstaat ernsthaft bedroht" – ob hierzu auch die Sicherung der ‚öffentlichen Gesundheit' in Zeiten der Covid-19-Pandemie zählt, ist umstritten[22] –, „so ist diesem Mitgliedstaat unter außergewöhnlichen Umständen die Wiedereinführung von Kontrollen an allen oder bestimmten Abschnitten seiner Binnengrenzen für einen begrenzten Zeitraum" gestattet (Art. 25 Abs. 1 SGK, siehe auch Art. 28 Abs. 1 SGK für „Fälle, die sofortiges Handeln erfordern"). Gleiches gilt für die Verlängerung derartiger Kontrollen (Art. 25 Abs. 3, Art. 28 Abs. 3, Art. 29 Abs. 1 SGK). Dass diese Wiedereinführung nur temporär gestattet ist, betonte die Große Kammer des Europäischen Gerichtshofs kürzlich in einem Urteil zu Grenzkontrollen, die Österreich in Bezug auf die sogenannte ‚Migrationskrise' wiedereingeführt hatte: Über die im SGK festgelegte Höchstdauer von im Regelfall sechs Monaten (Art. 25 Abs. 4 S. 1 SGK) hinausgehend sind Grenzkontrollen unzulässig, es sei denn, es liegt eine ‚neue Bedrohung' vor, die erneut eine Wiedereinführung von Grenzkon-

---

19 Wegen freiwilliger Umsetzung, vgl. Erwägungsgrund 38 VO (EU) 2016/399.
20 Vgl. Erwägungsgrund 40 VO (EU) 2016/399.
21 Statt mehrerer Beimowski, Joachim/Gawron, Sylwester: *Passgesetz Personalausweisgesetz*, München 2018, § 3 PaßG Rn. 1; Hornung, Gerrit: § 3 PaßG, in: ders./Möller, Jan (Hg.): *Passgesetz. Personalausweisgesetz. Kommentar*, München 2011, hier Rn. 2–3; Huber, Bertold: § 13 AufenthG, in: ders./Mantel, Johanna (Hg.): *AufenthG/AsylG mit Freizügigkeitsgesetz/EU und ARB 1/80. Kommentar*, München 2021³, hier Rn. 1.
22 Zum Meinungsstreit siehe, statt mehrerer, Kießling: Grenzüberschreitende Pandemiebekämpfung, in: Brodowski/Nesselhauf/Weber (Hg.): *Pandemisches Virus*, Wiesbaden 2023, 67–86, hier 75–76 m. w. N.

trollen legitimieren würde.²³ Erschreckenderweise verlängerten sowohl Österreich als auch Deutschland unbeschadet dieses Urteils die jeweiligen, mit Migrationsströmen begründeten Grenzkontrollen um weitere sechs Monate.²⁴

Der SGK hegt die Wiedereinführung von Grenzkontrollen nicht nur durch das Merkmal der ‚ernsthaften Bedrohung' der öffentlichen Ordnung oder inneren Sicherheit, sondern auch durch weitere materielle und prozedurale Erfordernisse ein: So ist nach Art. 26 SGK die Verhältnismäßigkeit zu bewerten, so sind Entscheidungen und deren Begründungen den anderen Mitgliedstaaten, der Europäischen Kommission, dem Rat sowie dem Europäischen Parlament zu übermitteln, und so können die Kommission und andere Mitgliedstaaten Stellungnahmen abgeben, die zu einem Konsultationsprozess führen (Art. 27 SGK, siehe auch Art. 28 Abs. 2 SGK). Zudem ist im Anschluss eine Ex-post-Bewertung vorzulegen (Art. 33 SGK). Auf europäischer Ebene können zwar die Kommission sowie andere EU-Mitgliedstaaten gemäß Art. 258, 259 Vertrag über die Arbeitsweise der Europäischen Union (AEUV) durch den EuGH klären lassen, ob eine derartige Wiedereinführung mit Art. 25 ff. SGK vereinbar ist. Ein ernsthafter politischer Wille zu einer derartigen Prüfung ist jedoch bislang nicht zu verzeichnen.²⁵

Infolge einer solchen Anordnung der Wiedereinführung von Grenzkontrollen sollen für die betreffenden Binnengrenzen „die einschlägigen Bestimmungen des Titels II [SGK]", d. h. die Bestimmungen über die Außengrenzen, „entsprechend Anwendung" finden (Art. 32 SGK). Dies ist jedoch „[u]nscharf"²⁶, da die Binnengrenzen rechtlich keineswegs zu Außengrenzen werden und die Bestimmungen des Titels II nur insoweit anzuwenden sind, als dies für die Verfolgung des Zwecks

---

23 Vgl. Europäischer Gerichtshof: *Urteil vom 26.04.2022 – Rs. C-368/20 und C-369/20*, https://curia.europa.eu/juris/liste.jsf?num=C-368/20 [25.05.2023].

24 Vgl. Europäische Kommission: *Member States' Notifications*, Nr. 329, 332, 345, 358 und 360, https://home-affairs.ec.europa.eu/system/files/2023-05/Full%20list%20of%20MS%20notifications%20of%20the%20temporary%20reintroduction%20of%20border%20control%20at%20internal%20borders_en.pdf [25.05.2023].

25 Eindrücklich ist, dass das Verwaltungsgericht München: *Urteil v. 31.07.2019 – M 7 K 18.3255*, Rn. 35, von einem Schreiben der Europäischen Kommission vom 05.03.2019 berichtet, „dass die Kommission auch mit Blick auf die noch ausstehenden Legislativarbeiten beschlossen habe, die Notwendigkeit und Verhältnismäßigkeit der Kontrollen vorerst nicht in Frage zu stellen." Diese Legislativarbeiten sind bemerkenswerterweise noch immer im Gange (siehe unten 3.). Siehe zudem Gerkrath, Jörg: Die Wiedereinführung von Grenzkontrollen im Schengen-Raum: ein unverhältnismäßiges, unwirksames und unzulässiges Mittel der Pandemiebekämpfung, in: *KritV* (2021), 75–87, hier 86–87.

26 Winkelmann, Holger/Kolber, Ingo: § 13 AufenthG, in: Bergmann, Jan/Dienelt, Klaus (Hg.): *Ausländerrecht. Aufenthaltsgesetz, Freizügigkeitsgesetz/EU und ARB 1/80 (Auszug), Grundrechtecharta und Artikel 16a GG, Asylgesetz. Kommentar*, München 2020¹³, hier Rn. 6 m. w. N.

der wiedereingeführten Binnengrenzkontrollen angemessen ist.[27] Insbesondere ist es geradezu geboten, anstelle einer Vollkontrolle (Art. 9 SGK) mit dem Abstempeln der Reisedokumente (Art. 11 SGK) auf „Minusmaßnahmen"[28] auszuweichen, etwa auf stichprobenartige Kontrollen. Zumindest nach Ansicht der Kommission und der Mitgliedstaaten erstreckt sich der Verweis auf Titel II SGK auch auf die Maßgabe in Art. 5 Abs. 1 S. 1 SGK, dass Binnengrenzen dann – anders als bei Geltung des Art. 22 SGK – lediglich an näher spezifizierten „Grenzübergangsstellen und während der festgesetzten Verkehrsstunden überschritten werden" dürfen.[29] Soweit ein Mitgliedstaat von dieser Restriktion Gebrauch macht, entfällt der Anwendungsvorrang des Art. 22 SGK. Das hat in Deutschland zur Konsequenz, dass die bußgeldbewehrten § 3 PaßG und § 13 AufenthG wieder anwendbar werden und dass „[d]as Bundesministerium des Innern, für Bau und Heimat [...] im Benehmen mit dem Bundesministerium der Finanzen über die Zulassung und Schließung von Grenzübergangsstellen" entscheidet und „diese Entscheidungen im Bundesanzeiger bekannt" gibt (§ 61 Abs. 1 BPolG). Dies war das rechtliche Verfahren, mit dem in der ersten Welle der Covid-19-Pandemie der Grenzübertritt durch Allgemeinverfügung[30] zunächst auf nur wenige Grenzübergangsstellen begrenzt worden war.[31]

Gleichwohl ist problematisch, dass sich weder aus dem SGK noch – soweit ersichtlich – aus der nationalen Umsetzung in Deutschland[32] ergibt, ‚wer' in ‚welcher Handlungsform' über die Wiedereinführung von Grenzkontrollen entscheidet. Die Rechtspraxis in Deutschland scheint zu sein, dass entsprechende Anordnungen

---

27 Vgl. Europäischer Gerichtshof: *Urteil vom 19.03.2019 – C-444/17*, https://curia.europa.eu/juris/liste.jsf?num=C-444/17 [25.05.2023], hier Rn. 61–62; Winkelmann/Kolber: § 13 AufenthG, hier Rn. 6.

28 Winkelmann/Kolber: § 13 AufenthG, hier Rn. 6.

29 Siehe hierzu auch Europäische Kommission: *List of Border Crossing Points after Reintroduction of Internal Border Control Pursuant to Article 25 and 28 et seq. of the Schengen Borders Code*, Brüssel, 26.04.2022, https://home-affairs.ec.europa.eu/system/files/2022-04/list%20of%20internal%20bcp%2026042022_en.pdf [25.05.2023]. Zweifelnd Winkelmann/Kolber: § 13 AufenthG, hier Rn. 6.

30 Vgl. Ruthig, Josef: § 61 BPolG, in: Schenke, Wolf-Rüdiger/Graulich, Kurt/ders. (Hg.): *Sicherheitsrecht des Bundes*, München 2019², hier Rn. 5; Walter, Bernd: § 61 BPolG, in: Drewes, Michael [u. a.] (Hg.): *Bundespolizeigesetz*, Stuttgart 2019, hier Rn. 8.

31 Vgl. Bundesministerium des Innern, für Bau und Heimat: Bekanntmachung der Notifizierung der Grenzübergangsstellen im Rahmen der vorübergehend wiedereingeführten Binnengrenzkontrollen an den Landgrenzen zu Dänemark, Luxemburg, Frankreich, Schweiz und Österreich, in: *Bundesanzeiger. Allgemeiner Teil*, 03.04.2022, B1.

32 Anders in Österreich, vgl. §§ 10, 11 Grenzkontrollgesetz, mit einer beachtenswerten Eilbefugnis des Innenministers, über die „binnen drei Tagen [...] das Einvernehmen mit dem Hauptausschuss des Nationalrates herzustellen" ist (§ 10 Abs. 3 S. 2, auch i. V. m. § 11 Abs. 2 Grenzkontrollgesetz).

durch den oder die Bundesminister*in des Innern getroffen,³³ aber nicht förmlich bekanntgemacht oder sonst publiziert werden. Diese Anordnungen dürften bislang innerstaatlich als bloßes Verwaltungsinternum angesehen werden, das die zuständigen Grenzschutzbehörden, vor allem die Bundespolizei (vgl. § 2 BPolG), zu Grenzkontrollen anweist.³⁴ Jedenfalls wenn durch eine solche Anordnung Art. 22 SGK temporär derogiert wird, liegt eine unmittelbare Außenwirkung dieser Anordnung auf der Hand. Dann handelt es sich bei ihr um eine Allgemeinverfügung (§ 35 Abs. 1 S. 2 Var. 3 VwVfG),³⁵ die – wegen der Möglichkeit, dass sie das in Art. 22 SGK eingeräumte Recht zum freien Übertritt der Binnengrenzen verletzt – von allen Grenzgänger*innen mit einer Anfechtungsklage (§ 42 Abs. 1 Alt. 1 VwGO) angegriffen werden kann, ohne dass es eines Vorverfahrens bedürfte (vgl. § 68 Abs. 1 S. 2 Nr. 1 VwGO). Schwieriger zu beurteilen ist indes, ob bereits die Möglichkeit, einer stichprobenartigen Kontrolle an einem ausgewählten Grenzübergang unterzogen zu werden, für eine Klagebefugnis im Sinne des § 42 Abs. 2 VwGO ausreicht.³⁶ Dass innerstaatlich die Rechtskontrolle derartiger Anordnungen alles andere als gewährleistet ist, wird zusätzlich dadurch belegt, dass eine tatsächlich erfolgte stichprobenartige Kontrolle dem Verwaltungsgericht (VG) München nicht für ein Feststellungsinteresse ausreichte, ob diese Kontrolle rechtmäßig war, und es daher die Klage als unzulässig abwies.³⁷ Mehr Erfolg hatte ein Aktivist, der bei einer österreichischen Grenzkontrolle seinen Personalausweis nicht bei sich führte, daher mit einer Sanktion belegt wurde, hiergegen gerichtlich vorging und damit inzident eine Beurteilung des EuGH zur Rechtmäßigkeit von Grenzkontrollen erzielte.³⁸

Knapp zusammengefasst reicht an Binnengrenzen eine ‚ernsthafte Bedrohung' für die ‚öffentliche Ordnung oder die innere Sicherheit' aus, damit die Gubernative (konkret das Bundesministerium des Innern) für Wochen oder sogar Monate Grenzkontrollen und die Pflicht zur Nutzung ausgewählter Grenzübergangsstellen

---

33 Exemplarisch Bundesministerium des Innern und für Heimat: *Vorübergehende Grenzkontrollen an den Binnengrenzen zu Österreich, der Schweiz, Frankreich, Luxemburg und Dänemark*. Pressemitteilung, Berlin, 15.03.2020, https://www.bundespolizei.de/Web/DE/04Aktuelles/01Meldungen/2020/03/200315_grenzkontrollen_corona_down.pdf?__blob=publicationFile&v=1 [25.05.2023]. Kritisch zur mangelnden Publizität Gerkrath: Die Wiedereinführung von Grenzkontrollen im Schengen-Raum, hier 78–79.

34 In diesem Sinne VG München: *Urteil vom 31.07.2019 – M 7 K 18.3255*, Rn. 4, da andernfalls das Klagebegehren als Anfechtungsklage auszulegen gewesen wäre.

35 In Parallele zur Entscheidung über Grenzübergangsstellen im Sinne des § 61 Abs. 1 S. 1 BPolG, s. hierzu Ruthig: § 61 BPolG, hier Rn. 5; Walter: § 61 BPolG, hier Rn. 8.

36 Die Intensität des Grundrechtseingriffs einer tatsächlichen ‚Stichprobenkontrolle' bewertet das VG München: *Urteil vom 31.07.2019 – M 7 K 18.3255*, Rn. 26–27 als gering. Zum Parallelproblem bei polizeigesetzlich legitimierten Identitätsfeststellungen siehe unten 2.2.2.

37 Vgl. VG München: *Urteil vom 31.07.2019 – M 7 K 18.3255*.

38 Vgl. Europäischer Gerichtshof: *Urteil vom 26.04.2022 – Rs. C-368/20 und C-369/20*, https://curia.europa.eu/juris/liste.jsf?num=C-368/20 [25.05.2023].

anordnen kann. Diese Anordnungen selbst sind gerichtlicher Kontrolle nur schwer zugänglich – insbesondere dann, wenn die Europäische Kommission ihre Rolle als ‚Hüterin der Verträge' nicht hinreichend ernst nimmt.[39] Durchaus bemerkenswert ist indes, dass regelmäßig lediglich Grenzkontrollen angeordnet werden, ohne zugleich zur Nutzung ausgewählter Grenzübergangsstellen zu verpflichten.[40]

2.2. Zum Vergleich: Voraussetzungen für repressive und präventive Kontrollstellen innerhalb Deutschlands

Daher sollen nunmehr die quantitativ bedeutsameren Maßnahmen der Grenzkontrollen – d. h. das stichprobenartige oder vollständige Anhalten derjenigen Personen, die an einem bestimmten Ort angetroffen werden – mit funktional äquivalenten Maßnahmen im Inland verglichen werden. Diese werden rechtsterminologisch als „Kontrollstellen" bezeichnet.

2.2.1 ‚Repressive' Kontrollstellen (§ 111 StPO)

Zur Strafverfolgung gestattet § 111 StPO die Einrichtung einer – zeitlich und räumlich konkretisierten[41] – Kontrollstelle „auf öffentlichen Straßen und Plätzen und an anderen öffentlich zugänglichen Orten"; dort ist dann „jedermann verpflichtet, seine Identität feststellen und sich sowie mitgeführte Sachen durchsuchen zu lassen". Normatives Leitbild ist die ‚Ringfahndung' nach einer verdächtigen Person, die bei ihrer Flucht vom Tatort an einer solchen Kontrollstelle angetroffen und festgenommen wird.[42] Materielle Voraussetzung für die Einrichtung ist zunächst ein konkreti-

---

39 Siehe bereits oben bei und in Fußnote 25. Auch nachgehend zu Europäischer Gerichtshof: *Urteil vom 26.04.2022 – Rs. C-368/20 und C-369/20*, https://curia.europa.eu/juris/liste.jsf?num =C-368/20 [25.05.2023], scheint die Kommission – zumindest bislang – nicht gewillt zu sein, Art. 25 SGK gegenüber den Mitgliedstaaten nachdrücklich durchzusetzen.

40 Vgl. Europäische Kommission: *List of Border Crossing Points*, Brüssel, 26.04.2022, https://hom e-affairs.ec.europa.eu/system/files/2022-04/list%20of%20internal%20bcp%2026042022 _en.pdf [25.05.2023]. In Deutschland findet sich seit 2009 nur die in Fußnote 31 referierte Entscheidung über Grenzübergangsstellen im Sinne des § 61 Abs. 1 S. 1 BPolG.

41 Prägnant Bundesgerichtshof: Beschluß vom 30.09.1988 – 1 BJs 193/84 – StB 27/88, in: *Neue Zeitschrift für Strafrecht* 2 (1989), 81–83, hier 82: „Mit [dem] Gesetzeszweck dürfte es kaum zu vereinbaren sein, wenn [der oder die Richter*in] die Polizei ermächtigt, für einen längeren Zeitraum nach ihrem eigenen Ermessen zu jeder Tages- und Nachtzeit an jedem öffentlich zugänglichen Ort der Bundesrepublik Kontrollstellen einzurichten"; siehe ferner Sangenstedt, Christof: Gesetzessystematische und verfassungsrechtliche Probleme der strafprozessualen Kontrollstellenregelung (§ 111 StPO), in: *Strafverteidiger* (1985), 117–127, hier 125.

42 Vgl. Hauck, Pierre: § 111 StPO, in: Becker, Jörg-Peter [u. a.] (Hg.): *Löwe-Rosenberg. Die Strafprozeßordnung und das Gerichtsverfassungsgesetz. Großkommentar. 3. Bd./Teilbd. 1, §§ 94–111a*, Berlin, Boston, 2019[27], hier Rn. 5; Bruns, Michael: § 111 StPO, in: Hannich, Rolf (Hg.): *Karlsruher Kommentar zur Strafprozessordnung mit GVG, EGGVG und EMRK*, München 2019[8], hier Rn. 9.

sierter Verdacht, dass eine in § 111 Abs. 1 S. 1 StPO bezeichnete oder in Bezug genommene Straftat begangen worden ist oder derzeit begangen wird. Zu den Straftaten, die zur Einrichtung einer Kontrollstelle führen können, zählen insbesondere Mord und Totschlag (§§ 211, 212 StGB), erpresserischer Menschenraub und Geiselnahme (§§ 239a, 239b StGB), schwere Körperverletzung (§ 226 StGB), schwere Gefährdung durch Freisetzen von Giften (§ 330a Abs. 1 bis 3 StGB) sowie Waffendelikte (§ 51 Abs. 1 bis 3 WaffG). Keine Anlasstaten sind hingegen Verstöße gegen das Aufenthaltsrecht, gegen das Infektionsschutzgesetz oder gegen das Betäubungsmittelrecht.

Die Maßnahme erfordert grundsätzlich eine richterliche Anordnung. Nur wenn der oder die zuständige Richter*in nicht erreicht oder dessen bzw. deren Entscheidung nicht abgewartet werden kann, darf die Staatsanwaltschaft sowie hilfsweise die Polizei selbst eine Eilentscheidung über die Einrichtung einer Kontrollstelle treffen (§ 111 Abs. 2 StPO). Nur diejenigen, die von einer Kontrolle selbst und konkret betroffen sind, können sich gerichtlich gegen diese Kontrolle – und nur inzident gegen die Einrichtung der Kontrollstelle als solche – zur Wehr setzen (§ 98 Abs. 2 S. 2 StPO analog).[43]

2.2.2. ‚Präventive' Kontrollstellen

Die Einrichtung von Kontrollstellen zur Gefahrenabwehr ist ebenfalls eingegrenzt: Die Bundespolizei darf sie nach § 23 Abs. 2 Nr. 3 in Verbindung mit § 7 BPolG nur im Notstands- und Verteidigungsfall (dann aber extensiv) einrichten; dem BKA-Gesetz ist eine entsprechende Regelung ebenso fremd wie dem saarländischen Polizeigesetz. In anderen Bundesländern finden sich indes Regelungen, so etwa in Bayern (Art. 13 Abs. 1 Nr. 4 BayPAG) und Baden-Württemberg (§ 27 Abs. 1 Nr. 5 PolG BW), welche die Einrichtung von Kontrollstellen mit der Befugnis zur Identitätsfeststellung verknüpfen. Getragen wird die Maßnahme, je nach landesrechtlicher Ausgestaltung, von einer konkreten Gefahr, dass eine enumerativ bezeichnete (so Art. 13 Abs. 1 Nr. 4 lit. a BayPAG) oder erheblich bedeutsame (so § 27 Abs. 1 Nr. 5 PolG BW) Straftat begangen wird, und diese durch die Kontrolle verhütet oder minimiert werden soll, oder aber zum Schutz von Großveranstaltungen (Art. 13 Abs. 1 Nr. 4 lit. b BayPAG, z. B. bei Großkonzerten[44]) oder – in bedenklicher Weite[45] – „zum Zwecke

---

43   Vgl. Bundesgerichtshof: Beschluß vom 30.09.1988; Bundesgerichtshof (Ermittlungsrichter): Beschluß vom 30.11.1988 – 1 BJs 89/86 – StB 29/88, StB 30/88 u. StB 40/88, in: *Neue Zeitschrift für Strafrecht* (1989), 189–190; Hauck: § 111 StPO, hier Rn. 5.

44   Bayerischer Landtag: *Gesetzentwurf der Staatsregierung zur Änderung des Polizeiaufgabengesetzes und weiterer Rechtsvorschriften*, LT-Drucksache 18/13716, 24.

45   Anders als vom Bundesverfassungsgericht: Beschluss vom 18.12.2018 – 1 BvR 142/15, in: *Entscheidungen des Bundesverfassungsgerichts – BVerfGE* 150 (2019), 244–309, hier Rn. 133 gefordert, sind diese Zwecke nicht in „hinreichend klarer und begrenzter Form" geregelt; es wurde lediglich der allgemeine und unspezifische Oberbegriff aus dieser Entscheidung des BVerfG übernommen.

spezifischer polizeilicher Ermittlungsstrategien der Gefahrenabwehr" (Art. 13 Abs. 1 Nr. 4 lit. c BayPAG, hiervon sollen „beispielsweise Schwerpunkteinsätze im Zusammenhang mit zeitlichen oder örtlichen Kriminalitätsbrennpunkten, wie serienmäßig begangene Brandstiftungen oder gehäuft auftretende Wohnungseinbruchdiebstähle in der ‚dunklen Jahreszeit'"[46] erfasst sein). Im Umkehrschluss genügen sonstige Befugnisse zur Identitätsfeststellung grundsätzlich nicht, um eine allgemeine Kontrollstelle zur Gefahrenabwehr einzurichten; stattdessen sind dann entweder ortsbezogene (z. B. bei § 42 Abs. 1 Nr. 2 BKAG), orts- und personenbezogene (z. B. bei § 23 Abs. 1 Nr. 4 BPolG) oder – z. B. bei einer allgemeinen Verkehrskontrolle (§ 36 Abs. 5 StVO[47], § 12 Abs. 1 GüKG) – situationsbezogene Gründe erforderlich, um eine Kontrolle durchzuführen.

Über die Einrichtung präventiver Kontrollstellen nach Maßgabe der vorgenannten Bestimmungen entscheidet der Polizeivollzugsdienst; ein Richtervorbehalt ist nicht vorgesehen. Rechtsschutz kann nur nachträglich im Wege der Fortsetzungsfeststellungsklage (§ 113 Abs. 1 S. 4 VwGO) zu den Verwaltungsgerichten erfolgen; sie ist unmittelbar auf die Identitätsfeststellung und allenfalls mittelbar auf die Einrichtung der Kontrollstelle gerichtet. Einige Gerichte verneinen allerdings das Bestehen eines besonderen Feststellungsinteresses, weil die unmittelbare Identitätsfeststellung als „typische Situation des täglichen Lebens" kein „schwerwiegende[r] Grundrechtseingriff" sei, und deren – auf die konkreten Gründe gestützte – Wiederholung unwahrscheinlich sei.[48] Mag diese Wertung bezogen auf die reine Identitätsfeststellung hinzunehmen sein, entzieht dies mittelbar auch die Einrichtung von Kontrollstellen als solche und damit in Grundrechte eingreifendes Polizeihandeln letztlich ‚jeglicher' gerichtlichen Kontrolle. Das wird dem Grundrecht auf effektiven Rechtsschutz (Art. 19 Abs. 4 GG) nicht gerecht.[49]

2.2.3. Zusammenführung

Holzschnittartig betrachtet sind die materiellen Voraussetzungen zur Einrichtung einer Kontrollstelle – von den „spezifische[n] polizeiliche[n] Ermittlungsstrategien

---

46 Bayerischer Landtag: *Gesetzentwurf der Staatsregierung zur Änderung des Polizeiaufgabengesetzes und weiterer Rechtsvorschriften*, 25.

47 Nach Barczak, Tristan: Habeas Corpus auf deutschen Straßen: Verfassungswidrigkeit freiheitsbeschränkender Verkehrskontrollen nach § 36 V StVO, in: *Neue Zeitschrift für Verkehrsrecht* (2010), 598–602, hier 601: nur in Verbindung mit den landespolizeilichen Regelungen zur Prüfung von Berechtigungsscheinen.

48 So etwa Oberverwaltungsgericht Bautzen: Urteil vom 19.12.2019 – 3 A 851/18, in: *BeckRS* (2019) 43421, hier Rn. 24–25.

49 Zur (zu) restriktiven Handhabung des Fortsetzungsfeststellungsinteresses siehe auch Lindner, Franz Josef: Die Kompensationsfunktion der Fortsetzungsfeststellungsklage nach § 113 I 4 VwGO, in: *Neue Zeitschrift für Verwaltungsrecht* (2014) 180–185, hier 184.

der Gefahrenabwehr" (Art. 13 Abs. 1 Nr. 4 lit. c BayPAG) einmal abgesehen – grundsätzlich vergleichbar streng; nicht jede beliebige Gefahr bzw. Straftat genügt als Anlass. Bemerkenswert ist aber, dass lediglich bei ‚repressiven' Kontrollstellen eine rechtsförmliche Anordnung vorgesehen ist (§ 111 Abs. 2 StPO), während das innerstaatliche Anordnungsverfahren bei Binnengrenzkontrollen und das polizeiinterne Verfahren bei der Einrichtung einer Kontrollstelle nicht parlamentsgesetzlich determiniert ist. Gravierend sind die Unterschiede der rechtlichen Kontrolle: Während ‚repressive' Kontrollstellen sowohl einem präventiven Richtervorbehalt unterliegen (§ 111 Abs. 2 StPO) als auch nachträglich (mittelbar) durch die Betroffenen angegriffen werden können (§ 98 Abs. 2 S. 2 StPO analog), steht den von ‚präventiven' Kontrollmaßnahmen und auch von Binnengrenzkontrollen Betroffenen nach dem derzeitigen Stand der Rechtsprechung nur begrenzt die Möglichkeit offen, diese Maßnahmen einer Rechtskontrolle zuzuführen. Derartiges Verwaltungs- bzw. gubernatives Handeln ist somit weitgehend effektiver gerichtlicher Kontrolle entzogen; es fehlt an effektiven *checks and balances*. Dies ist bezogen auf Binnengrenzkontrollen umso misslicher, da sie als wirkmächtige Symbole politischen Handelns eingesetzt[50] und ersichtlich deutlich häufiger angeordnet und durchgeführt werden als repressive oder präventive Kontrollstellen: Kontrollen an der Goldenen Bremm oder am Grenzübergang Kiefersfelden sind weit häufiger als auf der Berliner Straße des 17. Juni, in München auf der Maximiliansbrücke oder in Saarbrücken am Meerwiesertalweg und weiteren Zufahrtsstraßen zur Universität des Saarlandes.[51]

3. Die Reform des Schengener Grenzkodex als verpasste Chance?

In den aktuellen legislativen Beratungen einer Reform des Schengener Grenzkodex wurde das Problem von Binnengrenzkontrollen – auch und besonders für Grenzregionen (vgl. Art. 26 Abs. 3 SGK-E in der Fassung Ratsdok. 9937/22) – erkannt. In der bisherigen Diskussion dominiert dabei die Frage, ob und inwieweit die materiellen Voraussetzungen der Wiedereinführung von Grenzkontrollen klarer gefasst und möglicherweise eingegrenzt werden können (insbesondere Art. 25 Abs. 1 UAbs. 2 SGK-E i. d. F. Ratsdok. 9937/22), inwieweit Mitgliedstaaten verstärkt zu Alternativen – etwa einer Schleierfahndung im Hinterland – greifen sollen (insbesondere Art. 26 Abs. 2 SGK-E i. d. F. Ratsdok. 9937/22), und inwieweit die Konsultationsprozesse zwischen den Mitgliedstaaten und der Kommission ge-

---

50 Thym/Bornemann: Schengen and Free Movement Law, hier 1144–1145.
51 Wegen des fehlenden Vergleichsmaßstabs sind die medienwirksam vermittelten ‚Fahndungserfolge' bei Binnengrenzkontrollen mit Vorsicht zu genießen.

stärkt werden können (insbesondere Art. 27a SGK-E i. d. F. Ratsdok. 9937/22).[52] Die Mitgliedstaaten versuchen zudem in dieser Reform durchzusetzen, dass die bisherige (missachtete[53]) Höchstfrist aufgeweicht wird (vgl. Art. 27a Abs. 5 a. E. SGK-E i. d. F. Ratsdok. 9937/22 mit bloßer Pflicht zur „Berücksichtigung" einer Kommissionsempfehlung). Hingegen ist es – soweit ersichtlich – kein Gegenstand von Reformüberlegungen auf nationaler oder europäischer Ebene, die Rechtsstaatlichkeit der Wiedereinführung von Binnengrenzkontrollen dadurch zu stärken, dass entsprechende Entscheidungen rechtsförmlich zu ergehen haben und einer Publizitätspflicht unterliegen (konträr Art. 27 Abs. 5 SGK-E i. d. F. Ratsdok. 9937/22). Vor allem aber sollte sichergestellt werden, dass die Wiedereinführung von Binnengrenzkontrollen entweder gerichtlich angeordnet bzw. in Eilfällen bestätigt werden muss (präventiver Rechtsschutz), oder dass zumindest betroffene Bürger*innen – und nicht allein die Kommission und andere Mitgliedstaaten – um effektive gerichtliche Kontrolle ansuchen können. Verzichtet man weiterhin auf derartige rechtsstaatliche Sicherungsmechanismen, so werden die Binnengrenzen eine durch *rebordering* angreifbare Sollbruchstelle der europäischen Einigung bleiben – und die Europäische Union vom primärrechtlichen Ziel eines „Raum[s] ohne Binnengrenzen" (Art. 26 Abs. 2 AEUV) weit entfernt verharren.

Literaturverzeichnis

Bayerischer Landtag: *Gesetzentwurf der Staatsregierung zur Änderung des Polizeiaufgabengesetzes und weiterer Rechtsvorschriften*, LT-Drucksache 18/13716.

Barczak, Tristan: Habeas Corpus auf deutschen Straßen: Verfassungswidrigkeit freiheitsbeschränkender Verkehrskontrollen nach § 36 V StVO, in: *Neue Zeitschrift für Verkehrsrecht* (2010) 598–602.

Beimowski, Joachim/Gawron, Sylwester: *Passgesetz Personalausweisgesetz*, München 2018.

---

52 In diese Richtung auch Bornemann, Jonas: Of Coordinated Approaches and Fair-Weather Arrangements: the EU Crisis Response to Covid-19 Mobility Restrictions, in: Brodowski/Nesselhauf/Weber (Hg.): *Pandemisches Virus*, Wiesbaden 2023, 87–108; Bossong, Raphael/Etzold, Tobias: Die Zukunft von Schengen. Binnengrenzkontrollen als Herausforderung für die EU und die nordischen Staaten, in: *SWP-Aktuell* 53 (2018), https://www.swp-berlin.org/publications/products/aktuell/2018A53_bsg_etz.pdf [25.05.2023]; Thym/Bornemann: Schengen and Free Movement Law, hier 1153–1155, (unklar die Kontrastrierung auf S. 61: „travel bans are a matter of executive discretion and limited judicial review elsewhere"); Walter, Bernd: Das Schengen-Regime im Umbruch – der stille Abschied von einer Fiktion, in: *Deutsches Verwaltungsblatt* (2022), 708–715.

53 Siehe oben 2.1.2. bei und mit Fußnoten 24 und 25.

Berger, Hubert: Soldaten nehmen Polizeiaufgaben wahr, in: *Kronen Zeitung*, 20.04.2022.

Bornemann, Jonas: Of Coordinated Approaches and Fair-Weather Arrangements: the EU Crisis Response to Covid-19 Mobility Restrictions, in: Brodowski/Nesselhauf/Weber (Hg.): *Pandemisches Virus*, 87–108.

Bossong, Raphael/Etzold, Tobias: Die Zukunft von Schengen. Binnengrenzkontrollen als Herausforderung für die EU und die nordischen Staaten, in: *SWP-Aktuell* 53 (2018), https://www.swp-berlin.org/publications/products/aktuell/2018A53_bsg_etz.pdf [25.05.2023].

Brodowski, Dominik/Nesselhauf, Jonas/Weber, Florian (Hg.): *Pandemisches Virus – nationales Handeln. Covid-19 und die europäische Idee*, Wiesbaden 2023.

Brodowski, Dominik/Nesselhauf, Jonas/Weber, Florian: Die Covid-19-Pandemie und ihre komplexen gesellschaftspolitischen Auswirkungen in Europa, in: dies. (Hg.): *Pandemisches Virus*, 3–21.

Bruns, Michael: § 111 StPO, in: Hannich, Rolf (Hg.): *Karlsruher Kommentar zur Strafprozessordnung mit GVG, EGGVG und EMRK*, München 2019[8].

Bundesgerichtshof: Beschluß vom 30.09.1988 – 1 BJs 193/84 – StB 27/88, in: *Neue Zeitschrift für Strafrecht* 2 (1989), 81–83.

Bundesgerichtshof (Ermittlungsrichter): Beschluß vom 30.11.1988 – 1 BJs 89/86 – StB 29/88, StB 30/88 u. StB 40/88, in: *Neue Zeitschrift für Strafrecht* (1989), 189–190.

Bundesheer: *Pressespiegel Miliz vom 20.04.2020*, Wien, https://www.bundesheer.at/miliz/einsatz/artikel.php?id=5612 [25.05.2023].

Bundesministerium des Innern, für Bau und Heimat: Bekanntmachung der Notifizierung der Grenzübergangsstellen im Rahmen der vorübergehend wiedereingeführten Binnengrenzkontrollen an den Landgrenzen zu Dänemark, Luxemburg, Frankreich, Schweiz und Österreich, in: *Bundesanzeiger. Allgemeiner Teil*, 03.04.2022, B1.

Bundesministerium des Innern und für Heimat: *Vorübergehende Grenzkontrollen an den Binnengrenzen zu Österreich, der Schweiz, Frankreich, Luxemburg und Dänemark. Pressemitteilung*, Berlin, 15.03.2020, https://www.bundespolizei.de/Web/DE/04Aktuelles/01Meldungen/2020/03/200315_grenzkontrollen_corona_down.pdf?__blob=publicationFile&v=1 [25.05.2023].

Bundesverfassungsgericht: Urteil vom 16.01.1957 – 1 BvR 253/56, in: *Entscheidungen des Bundesverfassungsgerichts – BVerfGE* 6 (1957), 32–45.

Dittel, Julia: Covid-19 als Zäsur und Chance für grenzüberschreitende Regionen am Beispiel der Großregion, in: Brodowski/Nesselhauf/Weber (Hg.): *Pandemisches Virus*, 125–148.

Europäische Kommission: *List of Border Crossing Points after Reintroduction of Internal Border Control Pursuant to Article 25 and 28 et seq. of the Schengen Borders Code*, Brüssel, 26.04.2022, https://home-affairs.ec.europa.eu/system/files/2022-04/list%20of%20internal%20bcp%2026042022_en.pdf [25.05.2023].

Europäische Kommission: *Member States' Notifications of the Temporary Reintroduction of Border Control at Internal Borders Pursuant to Article 25 and 28 et seq. of the Schengen Borders Code*, Brüssel, 17.05.2023, https://home-affairs.ec.europa.eu/system/fil es/2023-05/Full%20list%20of%20MS%20notifications%20of%20the%20tempor ary%20reintroduction%20of%20border%20control%20at%20internal%20borde rs_en.pdf [25.05.2023].

Europäischer Gerichtshof: *Urteil vom 19.03.2019 – C-444/17*, https://curia.europa.eu/j uris/liste.jsf?num=C-444/17 [25.05.2023].

Europäischer Gerichtshof: *Urteil vom 26.04.2022 – Rs. C-368/20 und C-369/20*, https:// curia.europa.eu/juris/liste.jsf?num=C-368/20 [06.09.2022].

Gareis, Philipp/Kurnol, Jens: Covid-19 in Grenzregionen – Entwicklungen während der ersten, zweiten und dritten Welle und die Effekte der Grenzkontrollen, in: Brodowski/Nesselhauf/Weber (Hg.): *Pandemisches Virus*, 45–66.

Gerkrath, Jörg: Die Wiedereinführung von Grenzkontrollen im Schengen-Raum: ein unverhältnismäßiges, unwirksames und unzulässiges Mittel der Pandemiebekämpfung, in: *KritV* (2021) 75–87.

Hauck, Pierre: § 111 StPO, in: Becker, Jörg-Peter [u. a.] (Hg.): *Löwe-Rosenberg. Die Strafprozeßordnung und das Gerichtsverfassungsgesetz. Großkommentar. 3. Bd./Teilbd. 1, §§ 94–111a*, Berlin, Boston 2019[27].

Hornung, Gerrit: § 3 PaßG, in: ders./Möller, Jan (Hg.): *Passgesetz. Personalausweisgesetz. Kommentar*, München 2011.

Huber, Bertold: § 13 AufenthG, in: ders./Mantel, Johanna (Hg.): *AufenthG/AsylG mit Freizügigkeitsgesetz/EU und ARB 1/80. Kommentar*, München 2021[3].

Jarass, Hans. D: *Charta der Grundrechte der Europäischen Union unter Einbeziehung der sonstigen Grundrechtsregelungen des Primärrechts und der EMRK*, München 2021[4].

Kießling, Andrea: Grenzüberschreitende Pandemiebekämpfung an den deutschen Binnen- und Außengrenzen, in: Brodowski/Nesselhauf/Weber (Hg.): *Pandemisches Virus*, 67–86.

Klatt, Matthias: Art. 45 GrCh, in: von der Groeben, Hans/Schwarze, Jürgen/Hatje, Armin (Hg.): *Europäisches Unionsrecht. Vertrag über die Europäische Union. Vertrag über die Arbeitsweise der Europäischen Union. Charta der Grundrechte der Europäischen Union*, Baden-Baden 2015[7].

Kluth, Winfried: Art. 45 GrCh, in: Calliess, Christian/Ruffert, Matthias (Hg.): *EUV/ AEUV. Das Verfassungsrecht der Europäischen Union mit Europäischer Grundrechtecharta. Kommentar*, München 2022[6].

Lindner, Franz Josef: Die Kompensationsfunktion der Fortsetzungsfeststellungsklage nach § 113 I 4 VwGO, in: *Neue Zeitschrift für Verwaltungsrecht* (2014) 180–185.

Nienaber, Birte [u. a.]: Auswirkungen der Grenzschließungen auf die systemrelevanten Arbeitskräfte und den grenzüberschreitenden Arbeitsmarkt in der Großregion während der Covid-19-Pandemie, in: Brodowski/Nesselhauf/Weber (Hg.): *Pandemisches Virus*, 271–289.

Oberverwaltungsgericht Bautzen: Urteil vom 19.12.2019 – 3 A 851/18, in: *BeckRS* (2019) 43421.

Opiłowska, Elżbieta: Resilienz grenzüberschreitender Zusammenarbeit im deutsch-polnischen Grenzgebiet in europäischer Perspektive, in: Brodowski/Nesselhauf/Weber (Hg.): *Pandemisches Virus*, 193–213.

Pagenkopf, Martin: Art. 11 GG, in: Sachs, Michael (Hg.): *Grundgesetz. Kommentar*, München, 2021^9.

Recktenwald, Katharina/Weber, Florian/Dörrenbächer, H. Peter: Grenzregionen in Zeiten der Covid-19-Pandemie – eine Analyse der Berichterstattung der Saarbrücker Zeitung im Frühjahr 2020, in: *UniGR-CBS Working Paper* 12 (2020), https://doi.org/10.25353/ubtr-xxxx-02bd-b9c9 [25.05.2023].

Ruthig, Josef: § 61 BPolG, in: Schenke, Wolf-Rüdiger/Graulich, Kurt/ders. (Hg.): *Sicherheitsrecht des Bundes*, München 2019^2.

Sangenstedt, Christof: Gesetzessystematische und verfassungsrechtliche Probleme der strafprozessualen Kontrollstellenregelung (§ 111 StPO), in: *Strafverteidiger* (1985), 117–127.

Thym, Daniel/Bornemann, Jonas: Schengen and Free Movement Law During the First Phase of the Covid-19 Pandemic: Of Symbolism, Law and Politics, in: *European Papers* 5/3 (2020), 1143–1170, https://doi.org/10.15166/2499-8249/420 [25.05.2023].

Verwaltungsgericht München: *Urteil v. 31.07.2019 – M 7 K 18.3255*.

Walter, Bernd: § 61 BPolG, in: Drewes, Michael [u. a.] (Hg.): *Bundespolizeigesetz*, Stuttgart 2019.

Walter, Bernd: Das Schengen-Regime im Umbruch – der stille Abschied von einer Fiktion, in: *Deutsches Verwaltungsblatt* (2022), 708–715.

Weber, Florian/Schmitt, Manfred: Hochschulen in Zeiten der Corona-Pandemie. Herausforderungen, Krisenmanagement und Chancen, in: Weber/Theis/Terrollion (Hg.): *Grenzerfahrungen/Expériences transfrontalières*, 343–353.

Weber, Florian/Theis, Roland/Terrollion, Karl (Hg.): *Grenzerfahrungen/Expériences transfrontalières. COVID-19 und die deutsch-französischen Beziehungen/Les relations franco-allemandes à l'heure de la COVID-19*, Wiesbaden 2021.

Winkelmann, Holger/Kolber, Ingo: § 13 AufenthG, in: Bergmann, Jan/Dienelt, Klaus (Hg.): *Ausländerrecht. Aufenthaltsgesetz, Freizügigkeitsgesetz/EU und ARB 1/80 (Auszug), Grundrechtecharta und Artikel 16a GG, Asylgesetz. Kommentar*, München 2020^{13}.

Die Covid-19-Pandemie als Zäsur für die Großregion
Eine Einordnung aus der Perspektive der Grenzraumforschung

Florian Weber und Julia Dittel

Abstract: *La pandémie de Covid-19 a mis à rude épreuve les multiples formes d'échanges transfrontaliers au sein de ce que l'on appelle la Grande Région. En effet, les restrictions frontalières mises en place pour limiter les impacts de la pandémie s'opposaient à ce qui, ici, était depuis longtemps devenu la normalité politique, économique et sociale. En s'appuyant sur des hypothèses théoriques et conceptuelles issues des border studies, l'article présente les effets de la pandémie sur la région frontalière franco-germano-belgo-luxembourgeoise et ses habitant·e·s. Les processus de rebordering enclenchés au printemps 2020 ont fortement perturbé les pratiques professionnelles, économiques et quotidiennes transfrontalières. En tant qu'espace d'interdépendance, de zone de contact et de transition, le borderland, avec ses fortes interactions et interdépendances transfrontalières, s'était entre-temps transformé en zone de conflit. Les nouveaux processus de debordering, initiés aussi bien de manière formelle par les responsables politiques que (et avant tout) de manière informelle par les citoyen·ne·s, suggèrent cependant que la crise peut également être considérée comme une chance car elle a permis de sensibiliser à l'égard des régions frontalières. Après les premiers enseignements tirés par les décideur·e·s à l'issue de l'expérience bouleversante de la première vague de la pandémie, il convient d'explorer à l'avenir dans quelle mesure ces enseignements peuvent être valorisés à long terme et comment la coopération transfrontalière peut être rendue plus résistante aux crises.*

1. Einleitung: Covid-19 und die Auswirkungen auf eingespielte Formen der Zusammenarbeit

Im Sommer 2023 wirkt der Beginn der Covid-19-Pandemie mit gut zweijährigem Abstand bereits ein Stück weit entfernt. Auf den Fluren an der Universität sind Masken wieder aus dem Alltagsbild verschwunden, ebenso in den Hörsälen. Eine gewisse, ‚neue Normalität' stellt sich nach mehreren Virusvarianten ein. Covid-19 ist zwar weiterhin ein gesellschaftspolitisches Thema, doch nicht mehr so virulent wie im Jahr 2020. Mit einem ersten Abstand zum Frühjahr 2020 lassen sich damalige Entwicklungen zurück ins Bewusstsein rufen und einordnen. Noch am 9. März 2020 schrieb ein französischer Kollege aus dem Elsass in einer Mail, er hoffe, dass „l'hystérie du coronavirus n'impacte pas trop votre travail". Damals schien auch auf Forschungsreise in Grenoble das Coronavirus noch recht weit entfernt, wenn sich auch Nachrichten von Veranstaltungsabsagen häuften.

Zwei Tage später sah die Lage im globalen und nationalen Maßstab anders aus: Die Weltgesundheitsorganisation WHO erklärte die Ausbreitung von SARS-CoV-2 zur Pandemie.[1] Das deutsche Robert Koch-Institut ordnete nach einer Entscheidung des Krisenstabs der Bundesregierung die u. a. an das Saarland und Luxemburg angrenzende französische *région* Grand Est als ‚Risikogebiete' ein – mit konkreter Auswirkung auch auf die Universität des Saarlandes: In einer Mail des gleichen Tages wies der Universitätspräsident darauf hin, dass neben einer Verschiebung des Lehrbeginns von April auf Mai 2020

> Personen mit Wohnsitz oder dauerhaftem Aufenthalt in den vom Robert-Koch-Institut ausgewiesenen Risikogebieten des Coronavirus, zuletzt erweitert um die französische Region Grand Est, [-] der Zugang zu den Standorten der Universität bis auf Weiteres nicht gestattet

sei. Für eine Universität in Grenzlage zu Frankreich ließen die sicht- und spürbaren Konsequenzen nicht auf sich warten: Mitarbeiter*innen mit Wohnsitz auf der französischen Seite konnten nicht mehr an ihren Arbeitsplatz kommen, am 12. März wurde das Kolloquium unseres grenzüberschreitenden deutsch-französisch-luxemburgischen Masters in Border Studies abgesagt, (grenzpendelnde) Studierende mussten sich auf eine gänzlich veränderte Situation einstellen. Verunsicherung über die Auswirkungen auf das eigene Studium machte sich breit. Für uns Forscher*innen erging per Rundmail ein „generelles Dienstreiseverbot, das sich auf jegliche Dienstreisen/Fort- und Weiterbildungen, Kongressteilnahmen etc. im In- und Ausland" bezog. Mit unserer Ausrichtung auf Europastudien mit den Schwerpunkten auf Westeuropa und Grenzräume ergaben sich direkte Auswirkungen auf ein Forschungsvorhaben, das sich just über Interviews mit Herausforderungen und Potenzialen grenzüberschreitender Zusammenarbeit im deutsch-französischen Verflechtungsraum zwischen dem Saarland und dem *département* Moselle beschäftigte.

In einer extremen Beschleunigung neuer Entscheidungen entstanden in wenigen Tagen gänzlich neue Situationen, in denen innerhalb des Schengen-Raums der Europäischen Union plötzlich wieder Grenzkontrollen und zeitweise Grenzschlie-

---

1 Vgl. World Health Organization: *WHO Director-General's Opening Remarks at the Media Briefing on COVID-19 – 11 March 2020*, 11.03.2020, https://www.who.int/director-general/speeches/detail/who-director-general-s-opening-remarks-at-the-media-briefing-on-covid-19---11-march-2020 [03.03.2022].

ßungen zum Mittel der Wahl wurden.² Guidelines der Europäischen Kommission zu Grenzmanagementmaßnahmen sahen zeitweise Grenzkontrollen an EU-Binnengrenzen vor, jedoch betonten diese die Notwendigkeit einer Abstimmung und Nicht-Diskriminierung.³ Der eingespielte wirtschaftliche, kulturelle und soziale Austausch wurde jäh unterbrochen. Carolin Dylla, Journalistin beim Saarländischen Rundfunk, fasste dies in einer ersten Rückschau wie folgt zusammen: „Wo normalerweise nur ein Schriftzug auf die Grenze zweier Nationalstaaten hinweist, standen nun rot-weiße Barrikaden – nach wenigen Tagen dekoriert mit Europa-Fähnchen und anderen Symbolen europäischer Freundschaft."⁴ Als Europa- und Grenzraumforscher*innen setzen wir uns in Saarbrücken üblicherweise mit Herausforderungen und Chancen in europäischen Grenzregionen durch unterschiedliche administrative, politische und wirtschaftliche Systeme, Sprachen, Gebräuche sowie Alltagspraktiken auseinander – jedoch nicht aufgrund von Grenzkontrollen und Regelungen, die Teile des etablierten Austauschs hemmen! Dies wurde ab Frühjahr 2020 allerdings erforderlich.

In unserem Beitrag fragen wir vor diesem Hintergrund danach, inwieweit die Covid-19-Pandemie mit einem Schwerpunkt auf die Großregion⁵ und im Besonderen auf den deutsch-französischen Verflechtungsraum zwischen dem Saarland und dem *département* Moselle innerhalb der *région* Grand Est als Zäsur für die grenzüberschreitende Zusammenarbeit, aber auch als ein Impuls wirkt(e). Der historisch gewachsene grenzüberschreitende Kooperationsraum verfügt über „einen sehr hohen Verflechtungsgrad im Vergleich zu anderen grenzüberschreitenden Regionen Euro-

---

2   Vgl. Wassenberg, Birte: „Return of Mental Borders": A Diary of COVID-19 Closures between Kehl, Germany, and Strasbourg, France, in: *Borders in Globalization Review* 2 (2020), 114–120, hier 116; Weber, Florian/Theis, Roland/Terrollion, Karl: Neue Herausforderungen, alte Grenzen? Wie die COVID-19-Pandemie das deutsch-französische Verhältnis aufwirbelt, in: dies. (Hg.): *Grenzerfahrungen/Expériences transfrontalières. COVID-19 und die deutsch-französischen Beziehungen/Les relations franco-allemandes à l'heure de la COVID-19*, Wiesbaden 2021, 3–18, hier 6.
3   Vgl. Europäische Kommission: *COVID-19. Leitlinien für Grenzmanagementmaßnahmen zum Schutz der Gesundheit und zur Sicherstellung der Verfügbarkeit von Waren und wesentlichen Dienstleistungen*, Brüssel, 16.03.2020, https://eur-lex.europa.eu/legal-content/DE/TXT/PDF/?uri=C ELEX:52020XC0316(03)&from=EN [10.10.2021], Punkte 18, 21 und 25.
4   Dylla, Carolin: Drei Monate ‚Grenzerfahrungen': Was bleibt? Betrachtungen aus der Medienperspektive, in: Weber/Theis/Terrollion (Hg.): *Grenzerfahrungen/Expériences transfrontalières*, 261–283, hier 262.
5   Die Großregion setzt sich aus den Teilregionen Saarland, Rheinland-Pfalz, dem Gebiet der ehemaligen *région* Lothringen (Teil der *région* Grand Est), Luxemburg, Wallonien, der Deutschsprachigen Gemeinschaft Belgiens und der Französischen Gemeinschaft Belgiens zusammen.

pas"⁶, womit Auswirkungen des Pandemie-Grenzmanagements wie im Brennglas beobachtet werden können. Zur Rahmung skizzieren wir zunächst Perspektiven der sogenannten Border Studies, der Grenzraumforschung, über die sich Entwicklungen in der Pandemie theoretisch-konzeptuell einordnen lassen. Im Anschluss beleuchten wir schlaglichtartig politische, wirtschaftsbezogene und gesellschaftliche Umbrüche. Auf dieser Grundlage ziehen wir ein Fazit mit einem erweiternden Blick auf sich ergebende neue Forschungsbedarfe.

2. Perspektiven der Border Studies

Die wissenschaftliche Auseinandersetzung mit Grenzen hat bereits eine längere Tradition, je nach disziplinärer Ausrichtung etwas länger oder kürzer. Aus einer raumwissenschaftlichen Perspektive und einem entsprechenden disziplinären Umfeld heraus setzten sich schon im 19. Jh. Arbeiten mit Abgrenzungen im Kontext von Nationalisierung und Kolonialisierung auseinander, im 20. Jh. weitergeführt und vertieft mit Schwerpunktsetzung auf nationalstaatliche Grenzziehungen und deren Implikationen, wobei hier recht stark von räumlich fixierten und stabilen Einheiten ausgegangen wurde.⁷ Grenzen galten als eng gefasstes politisches Prinzip zur Ordnungsherstellung.⁸ Im Verhältnis dazu sind es Neuausrichtungen seit den 1980er-/1990er-Jahren – gekoppelt an Umbrüche im Zuge des Falls des Eisernen Vorhangs und Visionen einer *borderless world* im Globalisierungsdiskurs – und insbesondere seit der Jahrtausendwende, die die heutigen Border Studies zu einem dynamischen interdisziplinären Forschungsfeld werden ließen⁹: Entscheidend trug dazu eine konstruktivistisch orientierte Grundperspektive bei, mit der statt einer räumlichen Fixiertheit von Grenzen auf deren Konstruktionscharakter hingewiesen wurde. In den Fokus rücken so in einer dynamisierten Herangehensweise

---

6   Bähr, Holger/Schenke, Hanna/Filsinger, Dieter: Transnationale Netzwerke und Institutionen in der Großregion SaarLorLux, in: Meyer, Jürgen/Rampeltshammer, Luitpold (Hg.): *Grenzüberschreitendes Arbeiten in der Großregion SaarLorLux*, Saarbrücken 2012, 17–78, hier 17.

7   Vgl. Gerst, Dominik/Klessmann, Maria/Krämer, Hannes: Einleitung, in: dies. (Hg.): *Grenzforschung. Handbuch für Wissenschaft und Praxis*, Baden-Baden 2021, 9–25, hier 11; Weber, Florian/Wille, Christian/Caesar, Beate/Hollstegge, Julian: Entwicklungslinien der Border Studies und Zugänge zu Geographien der Grenzen, in: dies. (Hg.): *Geographien der Grenzen. Räume – Ordnungen – Verflechtungen*, Wiesbaden 2020, 3–22, hier 5.

8   Vgl. Redepenning, Marc/Scholl, Sebastian: Die Vielfalt von Grenzen. Formenreiche Strukturierungsmöglichkeiten zwischen Alltag, Planung und Politik, in: *Informationen zur Raumentwicklung* 26 (2021), 8–17, hier 10.

9   Vgl. u. a. Kolossov, Vladimir/Scott, James: Selected Conceptual Issues in Border Studies, in: *Belgeo* 1 (2013), 41 Absätze. Siehe auch Paasi, Anssi: Generations and the ‚Development' of Border Studies, in: *Geopolitics* 10 (2005), 663–671.

Grenzziehungsprozesse als *bordering, debordering* und *rebordering*.[10] Grenzen werden damit als sich fortlaufend neu verankernd und gleichzeitig als potenziell wandelbar aufgefasst, als hochgradig plural und komplex.[11] Auf diese Weise werden in einem ‚weiten Grenzbegriff'[12] vervielfältigte Grenzen auf unterschiedlichen (räumlichen) Maßstabsebenen forschungsrelevant:

> The study of borders has moved from a dominant concern with formal state frontiers and ethno-cultural areas to the study of borders at diverse socio-spatial and geographical scales, ranging from the local and the municipal, to the global, regional and supra-state level.[13]

Für Grenzregionen wie die Großregion bedeutet dies zunächst über die nationalstaatlichen Grenzverläufe hinauszublicken, was in besonderer Weise impliziert, Verflechtungsformen zu berücksichtigen und in den Blick zu nehmen – Grenzen also gerade auch als ‚Brücken' und ‚Schnittbereiche' zu fokussieren. Hier kann die Vorstellung von *borderlands*, die auf unterschiedlich weitreichende Weise verflochten sein können,[14] fruchtbar gemacht werden:[15] Während sich mit *borderlands* als „Kontaktzonen/*contact zones*" ein Aufeinandertreffen und ein gewisser Austausch an „Ort[en] normalisierter Differenz"[16] fassen lassen, kann mit „Übergangszonen/*transition zones*" auf „Zonen des Übergangs"[17] und stärkere Interaktionen abgehoben

---

10 Vgl. beispielsweise Rumford, Chris: Introduction. Theorizing Borders, in: *European Journal of Social Theory* 9 (2006), 155–169.
11 Vgl. Brambilla, Chiara/Laine, Jussi/Scott, James/Bocchi, Gianluca: Introduction: Thinking, Mapping, Acting and Living Borders under Contemporary Globalisation, in: dies. (Hg.): *Borderscaping: Imaginations and practices of border making*, Burlington, Farnham 2015, 1–9; Kramsch, Olivier T.: Regulating European Borders: a Cultural Perspective, in: Veggeland, Noralv (Hg.): *Innovative Regulatory Approaches: Coping with Scandinavian and European Union Policies*, New York 2010, 71–84; Wille, Christian: Vom processual shift zum complexity shift: Aktuelle analytische Trends der Grenzforschung, in: Gerst/Klessmann/Krämer (Hg.): *Grenzforschung*, 106–120.
12 Vgl. Redepenning, Marc: Aspekte einer Sozialgeographie der Grenzziehungen. Grenzziehungen als soziale Praxis mit Raumbezug, in: Heintel, Martin/Musil, Robert/Weixlbaumer, Norbert (Hg.): *Grenzen. Theoretische, konzeptionelle und praxisbezogene Fragestellungen zu Grenzen und deren Überschreitungen*, Wiesbaden 2018, 19–42.
13 Kolossov/Scott: Selected Conceptual Issues in Border Studies, Abs. 2.
14 Wir danken Alexandra Lampke und den weiteren Kolleg*innen des BMBF-Vorhabens Linking Borderlands für die allgemeinen Austauschprozesse zur Begriffsschärfung.
15 Vgl. Anzaldúa, Gloria: *Borderlands/La frontera. The New Mestiza*, San Francisco 2012 [1987]; Weber/Wille/Caesar/Hollstegge: Entwicklungslinien der Border Studies, 10.
16 Boeckler, Marc: Borderlands, in: Marquardt, Nadine/Schreiber, Verena (Hg.): *Ortsregister. Ein Glossar zu Räumen der Gegenwart*, Bielefeld 2012, 44–49, hier 48.
17 Boeckler: Borderlands, 45.

werden.[18] Sie als „Verflechtungsräume/*interlinked zones*" zu fassen, ermöglicht es, bestehende enge Funktionszusammenhänge und Interdependenzen zu betonen, u. a. über (sich institutionalisierende) Netzwerke.[19] In allen Ausprägungen, die als Modellierungen, welche eine Komplexitätsreduktion vornehmen, verstanden werden können, besteht immer die Möglichkeit, dass sich Differenzen abzeichnen und sich Konflikte entwickeln, sodass *borderlands* auch zu (zeitweisen) „Konfliktzonen/*conflict zones*" werden können.[20] Grenzregionen sind damit plural zugunsten der Idee multipler *borderlands*, eingebunden in das Mehrebenen-Geflecht von globaler und für die Großregion speziell von europäischer bis lokaler Ebene, zu denken.[21] Die skizzierten Konzeptualisierungen von *borderlands* werden im Weiteren zur Systematisierung von Umbrüchen im Zuge der Covid-19-Pandemie genutzt.

3. ‚Grenzerfahrungen' in der Pandemie

Was passiert, wenn ‚eingespielte' Austauschbeziehungen ‚irritiert' bzw. teilweise blockiert werden, hat die Covid-19-Pandemie mit Maßnahmen des *rebordering* ins Scheinwerferlicht gerückt.[22] Für knapp zwei Millionen Menschen hatte es vor der Pandemie zum eingespielten Alltag gehört, in ein europäisches Nachbarland zu pendeln[23] – so auch gerade in der Großregion, in der mit mehr als 250 000 Grenzgänger*innen der größte europäische grenzüberschreitende Arbeitsmarkt entstanden war,[24] was wirtschaftspolitische Abstimmungsprozesse befördert und

---

18 Vgl. Iossifova, Deljana: Borderland, in: Orum, Anthony M. [u. a.] (Hg.): *The Wiley-Blackwell Encyclopedia of Urban and Regional Studies*, Chichester 2019; Newman, David: On Borders and Power: A Theoretical Framework, in: *Journal of Borderlands Studies* 18 (2003), 13–25, hier 18–20.

19 Vgl. Crossey, Nora/Weber, Florian: Zur Konstitution multipler Borderlands im Zuge der Frankreichstrategie des Saarlandes, in: Weber [u. a.] (Hg.): *Geographien der Grenzen*, 145–166; Schneider-Sliwa, Rita: Verflechtungsraum Basel. Von der Regio-Idee zur Trinationalen Metropole Oberrhein, in: Heintel/Musil/Weixlbaumer (Hg.): *Grenzen*, 205–235.

20 Vgl. Mezzadra, Sandro/Neilson, Brett: *Border as Method, or, the Multiplication of Labor*, Durham, London 2013, 266.

21 Vgl. Crossey/Weber: Zur Konstitution multipler *Borderlands* im Zuge der Frankreichstrategie des Saarlandes, 145.

22 Vgl. hierzu Recktenwald, Katharina/Weber, Florian/Dörrenbächer, Hans Peter: *Grenzregionen in Zeiten der Covid-19-Pandemie – eine Analyse der Berichterstattung der Saarbrücker Zeitung im Frühjahr 2020*, 2022, https://ubt.opus.hbz-nrw.de/opus45-ubtr/frontdoor/deliver/index/docId/1788/file/UniGR-CBS_Working_Paper_Vol.12.pdf [07.03.2022].

23 Vgl. Meninno, Raffaella/Wolff, Guntram: *As the Coronavirus Spreads, Can the EU Afford to Close its Borders?*, 28.02.2020, https://voxeu.org/content/coronavirus-spreads-can-eu-afford-close-its-borders [10.05.2021].

24 Vgl. IBA-OIE: *Die Grenzgängerströme der Großregion (2020)*, 2021, https://www.iba-oie.eu/fileadmin/user_upload/IBA-OIE/Themen/Grenzgaenger/Karte_GG_2020_DE_FR_kurz_gerundet.pdf [19.11.2021].

gleichzeitig notwendig macht. In den letzten Jahrzehnten haben grenzüberschreitende Kooperationen zudem verschiedene Impulse und Institutionalisierungen erfahren, die darauf ausgerichtet sind, dass der Grenzübertritt nicht zur Hürde wird.[25] Wir illustrieren im Weiteren verschiedene Auswirkungen der Maßnahmen zur Pandemieeindämmung auf die Politik, die Wirtschaft und den Arbeitsmarkt sowie die Gesellschaft der Großregion mit einem Schwerpunkt auf die saarländisch-mosellanische grenzüberschreitende Region. Mit der angeführten Literatur bieten wir Hinweise für Vertiefungen durch die Leser*innen.

3.1 Die Politik im Krisenmodus

Ende Januar 2020 verzeichneten deutsche und französische Behörden erste Covid-19-Fälle[26], belgische Anfang Februar – luxemburgische im Vergleich erst Anfang März. Da Erkrankungen jedoch nur vereinzelt auftraten und in den meisten Fällen auf das ‚Ursprungsland' China zurückzuverfolgen waren, wirkte die Verbreitung des Virus noch eingrenzbar und kontrollierbar.[27] Dass sich in der Folgezeit ein Hotspot im Südelsass rund um Mulhouse und Colmar entwickelte, wurde von deutscher Seite auf Bundes-, aber auch auf saarländischer und rheinland-pfälzischer Landesebene mit wachsender Sorge beobachtet. Vor dem Hintergrund des immer bedrohlicher anmutenden Infektionsgeschehens entschieden Politiker*innen im März 2020, die Freizügigkeit von Privatpersonen an den EU-Binnen- und Außengrenzen zu beschränken.[28] Ausgehend von der Hoffnung, das Pandemiegeschehen kontrollieren zu können, führte so auch die Bundesrepublik Deutschland zunächst am 16. März verstärkte Grenzkontrollen und drei Tage später Schließungen einzelner Grenzübergänge zu verschiedenen Nachbarländern ein – darunter unter anderem zu Frankreich und Luxemburg.[29] Diese abschottende Vorgehensweise, die als *rebordering* zu fassen ist, wurde insbesondere mit dem Schutz von

---

25 Vgl. dazu beispielsweise Beck, Joachim (Hg.): *Transdisciplinary Discourses on Cross-Border Cooperation in Europe*, Brüssel [u. a.] 2019; Böhm, Hynek: Five Roles of Cross-border Cooperation Against Re-bordering, in: *Journal of Borderlands Studies*, 23.07.2021, 1–20.
26 Vgl. Weber/Theis/Terrollion: Neue Herausforderungen, alte Grenzen?, 4–5.
27 Vgl. Weber, Florian/Wille, Christian: Grenzgeographien der COVID-19-Pandemie, in: Weber [u. a.] (Hg.): *Geographien der Grenzen*, 191–223, hier 193.
28 Vgl. Europäische Kommission: *COVID-19. Leitlinien für Grenzmanagementmaßnahmen.*
29 Vgl. BMI: *Vorübergehende Grenzkontrollen an den Binnengrenzen zu Österreich, der Schweiz, Frankreich, Luxemburg und Dänemark*, Berlin, 15.03.2020, https://www.bmi.bund.de/SharedDocs/pressemitteilungen/DE/2020/03/grenzschliessung-corona.html [27.03.2020]; BMI: *Grenzübertritt nur noch an bestimmten Grenzübergangsstellen*, Berlin, 19.03.2020, https://www.bmi.bund.de/SharedDocs/pressemitteilungen/DE/2020/03/festlegung-grenzuebergangsstellen.html [27.03.2020].

Menschenleben begründet.[30] Damit bezog sich der Hauptbeweggrund für die Grenzreglementierungen allerdings vor allem auf den Schutz der „eigenen Bevölkerung"[31]. Das *borderland* lässt sich in diesem Kontext als *Übergangszone* einordnen, in der sich das Virus potenziell über die Grenze hinweg ausbreiten könnte. Die unilaterale, nationale Entscheidung wurde von saarländischer, aber auch rheinland-pfälzischer Seite zunächst unterstützt, rückblickend jedoch als ein „Akt der Hilflosigkeit"[32] bezeichnet. Dass nationalstaatliche Grenzen den zentralen Bezugsrahmen politischen Handels darstellten,[33] wurde von französischen Regional- und Lokalpolitiker*innen als „erschreckende Erfahrung" bewertet, bedeutete dies doch einen Rückschritt in eine längst überwunden geglaubte Vergangenheit der gegenseitigen Abschottung und des Misstrauens.[34] Besonders das als unzureichend abgestimmt wahrgenommene Vorgehen der Bundesrepublik – die nicht hinreichende und nicht frühzeitige Kommunikation der verstärkten Grenzkontrollen und der Schließung verschiedener Grenzübergänge – wurde von französischer und luxemburgischer Seite kritisiert und bot Anlass für ein zeitweise angespanntes Verhältnis zwischen den Staaten. Nachdem in der Großregion über Jahrzehnte des grenzüberschreitenden Austauschs ein *borderland* von einer ‚Kontaktzone' hin zu in verschiedenen Bereichen einem engen ‚Verflechtungsraum' entstanden war, entstand durch die angespannte Situation des Frühjahrs 2020 gleichsam eine temporäre ‚Konfliktzone'.

Gleichzeitig regte die Situation ein starkes politisches Agieren auf regionaler und lokaler Ebene an, das sich besonders in einer Ausweitung der formellen und informellen Austauschbeziehungen – vor allem über Videokonferenzen – manifestierte.[35] Auch Besuche deutscher und französischer Minister*innen und

---

30   Vgl. Roth, Michael: Ein Schritt zurück, zwei nach vorne. Wie die Coronakrise uns lehrte, mit Mut die grenzüberschreitende Zusammenarbeit voranzubringen, in: Weber/Theis/Terrollion (Hg.): *Grenzerfahrungen/Expériences transfrontalières*, 37–44.
31   Arnold, Clara/Mohammed, Samia: Einleitung: Kritisches Denken als gemeinsame Praxis, in: Arnold, Clara [u. a.] (Hg.): *Kritik in der Krise. Perspektiven politischer Theorie auf die Corona-Pandemie*, Baden-Baden 2020, 7–13, hier 7; Nossem, Eva: *The Pandemic of Nationalism and the Nationalism of Pandemics 2020*, https://ubt.opus.hbz-nrw.de/opus45-ubtr/frontdoor/deliver/index/docId/1405/file/UniGR-CBS-Working+Paper+Vol.+8.pdf [30.07.2020].
32   Hans, Tobias: Gemeinsam vorangehen!, in: Weber/Theis/Terrollion (Hg.): *Grenzerfahrungen/ Expériences transfrontalières*, 123–131, hier 127.
33   Vgl. auch Wassenberg: „Return of Mental Borders", 115.
34   Vgl. Crossey, Nora/Weber, Florian: Die Frankreichstrategie des Saarlandes als multisektoraler Impuls für die grenzüberschreitende Zusammenarbeit, in: Mangels, Kirsten/Briegel, Daniela (Hg.): *Strategien und Konzepte grenzüberschreitender Raumentwicklung und Raumplanung*, Kaiserslautern 2022, 23–41, hier 31.
35   Vgl. Crossey, Nora: COVID-19 als mögliche Chance. Gemeinden, grenzüberschreitende Beziehungen und die Frankreichstrategie des Saarlandes, in: Weber/Theis/Terrollion (Hg.): *Grenzerfahrungen/Expériences transfrontalières*, 401–416.

Abgeordneter in Grenzorten wie Großrosseln im Frühjahr 2020 waren Zeichen der politischen Solidarität. Daneben konnte ein starker Bedeutungsgewinn für die Deutsch-Französische Parlamentarische Versammlung (DFPV) und den Ausschuss für grenzüberschreitende Zusammenarbeit (AGZ) mit Akteuren unterschiedlicher politischer Ebenen in Deutschland und Frankreich beobachtet werden:

> [I]ch glaube, man hat sehr genau bei der ersten Tagung des grenzüberschreitenden Ausschusses gemerkt, dass es eine ganz unterschiedliche Sache ist, ob ich sag mal über geschlossene Grenzen spreche, wenn ich in Berlin und Paris sitze, oder ob ich hier an der Grenze bin,

so eine kommunale Stimme aus dem Saarland im Rahmen eines geführten Interviews. Mit dieser Bewertung *ex post* wird deutlich, wie sehr in den vorangegangenen Jahrzehnten ein enger Verflechtungsraum entstanden war, der durch die Pandemie ins Scheinwerferlicht rückte und sichtbarer wurde.

Eine zentrale Lehre aus den einschneidenden Erfahrungen mit den zeitweisen Grenzrestriktionen war das gestärkte Bewusstsein für die Notwendigkeit einer ausgiebigen grenzüberschreitenden formellen und informellen Kommunikation.[36] In der Pandemiebekämpfung, aber auch in weiteren Bereichen wird der grenzüberschreitenden Abstimmung eine große Bedeutung zuteil, wie die angepassten Maßnahmen späterer Pandemiephasen verdeutlichten. Als Reaktion auf die Einstufung des *département* Moselle als Virusvariantengebiet wurde für Pendler*innen die Verpflichtung zur Testung mindestens alle 48 Stunden im Frühjahr 2021 eingeführt. Der Aufbau des deutsch-französischen Testzentrums zu dieser Zeit und das begrenzte Agieren über Schleierfahndungen im Hinterland anstelle neuerlicher systematischer Grenzkontrollen direkt an der Grenze sollten die dadurch entstandenen Einschränkungen abfedern. Die Bemühungen lassen sich gleichzeitig als gewisse Lerneffekte verstehen, um dem Verflechtungsraum nicht erneut so stark zu schaden wie im Frühjahr 2020.[37] Gerade die frühzeitige und transparente Kommunikation in Verbindung mit der Stärkung der engen Kooperation können hierbei als entscheidende Faktoren angesehen werden. Die Lernerfahrungen lassen es zudem zu, die Krise als potenzielle Chance zu verstehen, die die Bedarfe grenzüberschreitender Verflechtungen mehr ins Bewusstsein von Entscheidungsträger*innen unterschiedlicher administrativer Ebenen rücken ließ.

---

36   Vgl. beispielsweise Nora Crossey/Florian Weber: Handlungsempfehlungen zur weiteren Gestaltung der grenzüberschreitenden Kooperation im deutsch-französischen Verflechtungsraum/Recommandations d'action pour les orientations futures de la coopération transfrontalière dans le bassin de vie franco-allemand, in: *UniGR-CBS Policy Paper* 4 (2021), 1–46.

37   Vgl. Weber/Theis/Terrollion: Neue Herausforderungen, alte Grenzen?, 13–16.

3.2 Der grenzüberschreitende Wirtschafts- und Arbeitsmarkt vor unerwarteten Herausforderungen und Fragen

Nicht nur für Politiker*innen auf EU-, nationaler, regionaler und kommunaler Ebene stellte der Umgang mit der Pandemie eine Herausforderung dar, insbesondere auch der grenzüberschreitende Wirtschafts- und Arbeitsmarkt in der Großregion, dessen enge Verflechtungen maßgeblich auf den Grundfreiheiten des Schengen-Raumes aufbauen, wurde durch die unabgestimmt und kurzfristig beschlossenen Grenzrestriktionen gestört. Denn die Grenze war hier bislang – neben fortbestehenden Erschwernissen – als gewisse ‚Ressource'[38] zu verstehen: Über die Jahrzehnte hinweg waren aufgrund divergierender Angebots- und Nachfrageniveaus grenzüberschreitende Wirtschafts-, Arbeits- und Konsumpraktiken entstanden.[39] Das Bestehen, aber gerade auch die Abhängigkeit der Teilregionen von diesen grenzüberschreitenden Verflechtungen für das Funktionieren des Alltags in der Großregion kann am Beispiel des medizinischen Sektors in Luxemburg veranschaulicht werden: 2019 stammte etwas mehr als ein Drittel der Beschäftigten im Gesundheits- und Sozialwesen Luxemburgs aus den Nachbarländern des Großherzogtums.[40] Wenngleich das Arbeiten im Nachbarland als ‚triftiger Grund' für einen Grenzübertritt anerkannt wurde, blieb ein Mehraufwand für Pendler*innen nicht aus.[41] Zum Passieren der Grenze musste fortan eine Bescheinigung des Arbeitsstelle vorgelegt werden. Auch in späteren Pandemiephasen wurden in der

---

38 Vgl. allgemein dazu Sohn, Christophe: The Border as a Resource in the Global Urban Space: A Contribution to the Cross-Border Metropolis Hypothesis, in: *International Journal of Urban and Regional Research* 38 (2014), 1697–1711.

39 Vgl. Wille, Christian: Grenzüberschreitende Alltagspraktiken in der Großregion SaarLorLux: eine Bestandsaufnahme, in: ders. (Hg.): *Lebenswirklichkeiten und politische Konstruktionen in Grenzregionen. Das Beispiel der Großregion SaarLorLux: Wirtschaft – Politik – Alltag – Kultur*, Bielefeld 2015, 133–156; Dörrenbächer, Hans Peter: Ein grenzüberschreitender Wirtschaftsraum? Gemeinsame und individuelle Entwicklungen seit der Krise des Montansektors, in: Wille (Hg.): *Lebenswirklichkeiten und politische Konstruktionen in Grenzregionen*, 21–38.

40 Vgl. IBA-OIE: *Grenzgängermobilität. Die Arbeitsmarktsituation in der Großregion. 12. Bericht der Interregionalen Arbeitsmarktbeobachtungsstelle an den 17. Gipfel der Exekutiven der Großregion*, Saarbrücken 2021, https://www.iba-oie.eu/fileadmin/user_upload/IBA-OIE/Publikationen/IBA-Berichte/12._Bericht_2020_21/2021_IBA_OIE_Grenzgaenger.pdf [09.06.2022], 19; hierzu auch IBA-OIE: *Die Auswirkungen der Gesundheitskrise auf den Arbeitsmarkt in der Großregion. 13. Bericht der Interregionalen Arbeitsmarktbeobachtungsstelle an den 18. Gipfel der Exekutiven der Großregion*, Saarbrücken 2022, https://www.iba-oie.eu/fileadmin/user_upload/IBA-OIE/Themen/Sonderthemen/Auswirkungen_COVID19/2022_IBA_OIE_Auswirkungen_der_Gesundheitskrise.pdf [09.06.2022], 33.

41 Vgl. beispielsweise Berrod, Frédérique/Wassenberg, Birte/Chovet, Morgane: La frontière franco-allemande au temps du Covid-19: la fin d'un espace commun?, in: *The Conversation*, 16.04.2020, https://theconversation.com/la-frontiere-franco-allemande-au-temps-du-covid-19-la-fin-dun-espace-commun-136467 [21.04.2020], 41.

zeitweiligen spezifischen Übergangszone nationaler Rechtslagen entsprechende zweisprachige ‚Pendlerbescheinigungen' erforderlich, die eine spezifische Permeabilität der Grenze bedingten.[42] Zudem mussten im Frühjahr 2020 zum Erreichen eines ‚notifizierten Grenzübergangs'[43] Umwege und aufgrund der Kontrollen auch lange Wartezeiten und Staus in Kauf genommen werden.[44] Auch Warenströme wurden zwar nicht unterbunden, jedoch durch Staus und in Teilen erforderliche Umwege an den Grenzübergängen verzögert.

Diese Erfordernisse beeinträchtigten den ‚eingespielten' grenzüberschreitenden Arbeitsmarkt massiv. Gerade die kurzfristig getroffenen und teils unzureichend kommunizierten Beschlüsse gingen bei Grenzgänger*innen mit Verunsicherung und Frustration einher.[45] Die neuerliche Ungewissheit betraf nicht nur den tatsächlichen Weg über die Grenze, sondern wurde auch für all jene transnationalen Arbeitnehmer*innen plötzlich virulent, die ihre Arbeit im Homeoffice verrichteten. Denn mit der Arbeit am Wohnort ändert sich formal betrachtet auch der Arbeitsort. Da die Sozialversicherung prinzipiell nur in ‚einem' EU-Land berechnet wird, bestand bislang das Risiko, in die Sozialversicherung des Wohnsitzlandes zu fallen, wenn mehr als 25 % der Arbeitszeit dort verrichtet wird. Diese Regelung wurde vorübergehend ausgesetzt und ermöglichte Arbeitnehmer*innen, die Tätigkeit im Homeoffice ohne versicherungsrechtliche Benachteiligungen fürchten zu müssen.[46] Zusätzlich drohten Auswirkungen auf die Besteuerung. Zwischen

---

42   Vgl. u.a. an Redepenning/Scholl: Die Vielfalt von Grenzen, 15.
43   Vgl. Thewes, Hanno: Flatterband und Barrikaden: Grenzschließungen in der Pandemie, in: Weber/Theis/Terrollion (Hg.): *Grenzerfahrungen/Expériences transfrontalières*, 195–200, hier 199.
44   Vgl. beispielsweise Kerber, Markus: Für eine krisenfeste Zusammenarbeit in der deutsch-französischen Grenzregion! Erfahrungen und Schlussfolgerungen aus der ‚ersten Welle' der COVID-19-Pandemie, in: Weber/Theis/Terrollion (Hg.): *Grenzerfahrungen/Expériences transfrontalières*, 45–53.
45   Vgl. beispielsweise Weber/Wille: Grenzgeographien der COVID-19-Pandemie, 195.
46   Vgl. Berrod/Wassenberg/Chovet: La frontière franco-allemande au temps du Covid-19 la fin d'un espace commun?, 41; Pigeron-Piroth, Isabelle/Funk, Ines/Nienaber, Birte/Dörrenbächer, Hans Peter/Belkacem, Rachid: Der grenzüberschreitende Arbeitsmarkt der Großregion. Der Einfluss der COVID-19-Pandemie, in: *Informationen zur Raumentwicklung* 26 (2021), 74–85, hier 81; Frontaliers Grand Est: *Télétravail et COVID-19 – Evolution des accords*, Metz 2022, https://frontaliers-grandest.eu/teletravail-et-covid-19-evolution-des-accords/ [16.01.2022]; IBA-OIE: *Die Auswirkungen der Gesundheitskrise auf den Arbeitsmarkt in der Großregion*, 4–5; Ministère de l'Economie, des Finances et de la Relance: *Communiqué de presse. La France s'accorde avec l'Allemagne, la Belgique et la Suisse pour que, dans le cadre de la crise sanitaire liée au Covid-19, le maintien à domicile des travailleurs frontaliers non éligibles aux régimes frontaliers n'entraîne pas de conséquence sur le régime d'imposition qui leur est applicable*, Paris 20.05.2020, https://minefi.hosting.augure.com/Augure_Minefi/r/ContenuEnLigne/Download?id=8BA93857-6354-4B1D-909B-35FA63F14D5E&filename=2165%20.pdf [09.03.2021].

Deutschland und Frankreich besteht seit 2006 ein Doppelbesteuerungsabkommen, welches vorsieht, dass Grenzgänger*innen nur im Wohnsitzland Steuern zahlen. Diese Regelung wurde auch auf Personen ausgeweitet, die nicht den Status ‚Grenzgänger*in' innehaben.[47] Mit dem Nachbarland Luxemburg war wiederum eine ergänzende Notfallregelung erforderlich, mit der die Anzahl möglicher Homeoffice-Tage über die bestehende Regelung hinaus erhöht wurde, um eine Doppelbesteuerung zu verhindern.[48]

Wenngleich also Lösungen für mögliche Hürden im grenzüberschreitenden Arbeitsmarkt gefunden wurden, waren es besonders die Unabgestimmtheit der Maßnahmen und die unzureichende Informationsvermittlung, die eine anfängliche Unsicherheit der Pendler*innen bedingten und daher Kritik hervorriefen. Einschränkungen und Verunsicherungen aufgrund der Maßnahmen zur Pandemieeindämmung hemmten den wirtschaftsbezogenen Verflechtungsraum, für den der Bestand des Schengener Übereinkommens eine existenzielle Basis darstellt. Gleichzeitig deckte die Pandemie „offene Baustellen"[49] auf, die es zugunsten einer engeren und gestärkten Zusammenarbeit innerhalb des grenzüberschreitenden Kooperationsraumes zu beseitigen gilt.

3.3 Zwischen Ressentiments und grenzüberschreitenden Solidaritätsbekundungen

Für die Bewohner*innen der Großregion wurden nationalstaatliche Grenzverläufe mit der Einführung von Grenzkontrollen und zeitweisen Grenzschließungen erstmals seit 1995 wieder erlebbar und real. Die Grenzregion, die bis dato als Kontaktzone fungiert hatte, blockierte den grenzüberschreitenden Lebensalltag plötzlich und stellte die Menschen vor eine Vielzahl individueller Herausforderungen. Ein Grenzübertritt war zwischenzeitlich nur noch aus ‚triftigen Gründen'[50] gestattet. Neben dem Weg zur Arbeit war beispielsweise die Betreuung jenseits der Grenze

---

47   Vgl. Frontaliers Grand Est: *Télétravail et COVID-19*.
48   Vgl. IBA-OIE: *Die Auswirkungen der Gesundheitskrise auf den Arbeitsmarkt in der Großregion*, 6; Ministère de l'Economie, des Finances et de la Relance: *Communiqué de presse. Les accords amiables concernant les travailleurs frontaliers et transfrontaliers, conclus avec l'Allemagne, la Belgique, le Luxembourg et la Suisse, dans le contexte de la lutte contre la propagation du COVID-19, continueront de s'appliquer jusqu'au 31 décembre 2020*, Paris 31.08.2020, https://minefi.hosting.augure.com/Augure_Minefi/r/ContenuEnLigne/Download?id=FD630F92-59C8-49F2-A831-E538993755E2&filename=102%20-%20CP%20accords%20fiscalit%C3%A9%20travailleurs%20frontaliers%20et%20transfrontaliers%20covid-19.pdf [09.03.2021].
49   IBA-OIE: *Die Auswirkungen der Gesundheitskrise auf den Arbeitsmarkt in der Großregion*, 34.
50   Vgl. hierzu allgemein Theis, Roland: Viel mehr als „plus jamais!". Welche Lehren wir aus der Krise ziehen – die Chance auf einen neuen Aufbruch für die deutsch-französische Grenzregion!, in: Weber/Theis/Terrollion (Hg.): *Grenzerfahrungen/Expériences transfrontalières*, 427–447.

lebender pflegebedürftiger Angehöriger weiterhin möglich[51], jedoch gingen Besuche auch in diesem Fall mit einem erheblichen Mehraufwand einher, wenn Umwege zum nächsten Grenzübergang zurückgelegt werden mussten. Ansonsten blieben der Besuch von (unverheirateten) Partner*innen, Freund*innen und Familie ebenso wie der Einkauf im direkt jenseits der Grenze liegenden Supermarkt zeitweise untersagt. Letztere Einschränkung bedeutete beispielsweise finanzielle Einbußen französischer Bürger*innen durch den fehlenden Zugang zu den günstigeren deutschen Discountern.[52] Auch Schüler*innen und Studierende verfügten nicht über die gleichen Regelungen wie Arbeitnehmer*innen, denn auch ihnen war das Passieren der Grenze nicht durchgehend möglich.[53] Gerade in der Anfangszeit der Pandemie, in der das Ausweichen auf Onlinekonferenz-Systeme noch nicht etabliert war, mussten Lehrende und Lernende gleichermaßen mit einem hohen Maß der Unsicherheit und Hilflosigkeit umgehen. Herausforderungen ergaben sich auch durch Auswirkungen der Grenzreglementierungen auf die gemeinsame Infrastruktur in der Großregion. So kam der grenzüberschreitende öffentliche Personenverkehr – sowohl Regionalverbindungen mit Bussen und Straßenbahnen als auch internationale Zugverbindungen – zeitweise zum Erliegen.[54]

Als besonders schockierend wurden Anfeindungen von Teilen der deutschen Bevölkerung gegenüber französischen Pendler*innen wahrgenommen, die beispielsweise in Form von Beschimpfungen oder beschmierten Autos vor den Supermärkten sicht- und spürbar wurden.[55] Französische Bürger*innen wurden als jene Personen, die das Virus nach Deutschland brächten, und folglich als ‚Gefahr' stigmatisiert.[56] Ressentiments, die lange überwunden schienen, traten plötzlich wieder zutage. Anhand der voranstehenden Beispiele wird erkennbar, dass in der Großregion neben wirtschaftlichen gerade auch soziale Verflechtungen kennzeichnend sind.

---

51   Vgl. Dylla: Drei Monate ‚Grenzerfahrungen', 277.
52   Vgl. Jochum, Dominik: Eng verschlungen über die Grenze hinweg, in: Weber/Theis/Terrollion (Hg.): *Grenzerfahrungen/Expériences transfrontalières*, 173–184, hier 175; Maillasson, Hélène: Freundschaft mit Hindernissen, in: Weber/Theis/Terrollion (Hg.): *Grenzerfahrungen/ Expériences transfrontalières*, 309–316, hier 314.
53   Vgl. Mission Opérationnelle Transfrontalière/Europäische Union: *The Effects of COVID-19 Induced Border Closures on Cross-Border Regions. An Empirical Report Covering the Period March to June 2020*, Luxemburg 2021, https://op.europa.eu/en/publication-detail/-/publication/462505 64-669a-11eb-aeb5-01aa75ed71a1/language-en [21.02.2022], 86.
54   Vgl. beispielsweise Berrod/Wassenberg/Chovet: La frontière franco-allemande au temps du Covid-19 la fin d'un espace commun?, 41.
55   Vgl. Dylla: Drei Monate ‚Grenzerfahrungen'; Freitag-Carteron, Susanne: Deutschland, Frankreich, COVID-19 – das Virus und die Grenzregion, in: Weber/Theis/Terrollion (Hg.): *Grenzerfahrungen/Expériences transfrontalières*, 295–308.
56   Vgl. Peyrony, Jean: Grenzschließungen als Folge von COVID-19. Empirischer Bericht für den Zeitraum März bis Juni 2020, in: *Informationen zur Raumentwicklung* 26 (2021), 94–107, hier 98.

Dieses gute nachbarschaftliche Verhältnis wurde im Kontext der Covid-19-Pandemie gestört – ein konflikthaftes *borderland* kam temporär zum Vorschein. Diesen unerfreulichen Entwicklungen und dem damit einhergehenden angespannten Verhältnis innerhalb der Großregion standen Aktionen und Solidaritätsbekundungen gegenüber, die die Bedeutung grenzüberschreitender und europäischer Solidarität betonten. Als Reaktion auf die am Rande ihrer Kapazitäts- und Belastungsgrenzen arbeitenden Kliniken in der *région* Grand Est wurde wenige Tage nach dem nationalen Beschluss zu verschärften Grenzreglementierungen die Entscheidung getroffen, französische Covid-19-Patient*innen in deutschen Kliniken aufzunehmen.[57] Der medizinisch notwendige Schritt, der gleichzeitig ein Zeichen der grenzüberschreitenden Solidarität und des Mitgefühls innerhalb der EU war, wurde in Frankreich, aber auch in Luxemburg sehr positiv wahrgenommen. Eine eindrückliche symbolische Wirkung entfaltete im Frühjahr 2020 besonders das bürgerschaftliche Engagement für einen uneingeschränkten grenzüberschreitenden Zusammenhalt und europäische Solidarität. Spruchbänder mit Solidaritätsbekundungen an Brücken wie der Freundschaftsbrücke in Kleinblittersdorf oder die Initiative *Keep Schengen alive* verwiesen auf die Personenfreizügigkeit als zentrale und unbedingt bewahrenswerte europäische Errungenschaft. Auch, als die grenzüberschreitende Jugendorganisation *Junge Europäische Föderalisten* zeitweise Barrieren an gesperrten Grenzübergängen abbaute und den Asphalt mit der Aufschrift „DontTouchMySchengen" versah, wurde der Forderung einer Beendigung der Grenzrestriktionen eindringlich und bildlich Ausdruck verliehen.[58] Grotesk anmutende Bilder von Paaren, die sich durch Gitter küssten, von Familienmitgliedern, die sich über Zäune lehnend umarmten oder des ‚Grenzanglers' Hartmut Fey, der sein Baguette mit einer Angel über den verbarrikadierten Grenzübergang ‚einholte'[59], wurden in dieser Zeit nicht nur von lokalen Zeitungen verbreitet. Sie fanden ihren Weg auch in die nationale und internationale Berichterstattung und verdeutlichten so einmal mehr, wie sehr die Restriktionen dem Alltag in Grenzregionen entgegenstanden. Symbolisch standen sie für den gelebten

---

57 Vgl. Saarbrücker Zeitung: Saarbrücker Zeitung: Französischer Corona-Patient aus Winterberg-Klinik entlassen. Klinikum Saarbrücken entlässt 64-Jährigen, der mit Diagnose „Covid-19 mit Lungenversagen" per Rettungswagen aus Frankreich kam., in: *Saarbrücker Zeitung*, 10.04.2020, https://www.saarbruecker-zeitung.de/saarland/saarbruecken/kilinikum-saarbruecken-hilft-mann-aus-frankreich-corona-zu-ueberleben_aid-50012369 [15.03.2021]; Deutscher Ärzteverlag: *Deutsche Krankenhäuser nehmen COVID-19-Patienten aus Italien und Frankreich auf*, Berlin, 24.03.2020, https://www.aerzteblatt.de/nachrichten/111286/Deutsche-Krankenhaeuser-nehmen-COVID-19-Patienten-aus-Italien-und-Frankreich-auf [20.04.2020].

58 Vgl. Wille, Christian: European Border Region Studies in Times of Borderization, in: *BorderObs*, 20.06.2021, http://cbs.uni-gr.eu/en/resources/borderobs [24.11.2021].

59 Vgl. Maillasson: Freundschaft mit Hindernissen.

und mit Leben gefüllten grenzüberschreitenden Verflechtungsraum und ließen diesen deutlicher ins Bewusstsein nationaler Entscheidungsträger*innen rücken. Nach mehreren Monaten der Einschränkungen und Herausforderungen endeten die verstärkten Grenzkontrollen zu Luxemburg Mitte Mai 2020 und unter anderem zu Frankreich rund einen Monat später Mitte Juni. Nachdem gerade Grenzraumbewohner*innen ein entsprechendes neuerliches *debordering* mit Nachdruck eingefordert hatten, wurde die Relevanz noch deutlicher, bürgerschaftliches Engagement zu unterstützen und zu fördern. Eine entsprechende Stärkung wäre beispielsweise über den Deutsch-Französischen Bürgerfonds[60] möglich. Auch eine ausgeprägte Förderung der Sprachkompetenzen für die Kommunikation innerhalb der Großregion erscheint in diesem Kontext als ein wichtiger Schritt.[61]

4. Fazit und Ausblick

Mitte 2023, zum Zeitpunkt der finalen Durchsicht dieses Beitrags, ist es noch zu früh für eine endgültige Einordnung. Einige Zwischenstände möchten wir gleichwohl abschließend zusammenführen. Die zunächst stark nationalstaatlich ausgerichteten Entscheidungen im Frühjahr 2020 gingen mit einer gravierenden Barrierewirkung einher.[62] Sie markierten einen „advent of unilateralism"[63], der massive Auswirkungen auf die grenzüberschreitende Zusammenarbeit in einem eigentlich „borderless European space"[64] entfaltete. Als ‚Hotspots' europäischer Integration waren besonders Grenzregionen von den politischen Entscheidungen zu Beginn der Covid-19-Pandemie betroffen, denn hier prallten Restriktionen und grenzüberschreitende Lebenswirklichkeiten aufeinander. Dass ‚Grenzwirklichkeiten' in nationalen Entscheidungen zu Grenzkontrollen und -schließungen eher unbeachtet blieben, wirkte sich praktisch bzw. alltagsweltlich, aber auch symbolisch auf das politische, wirtschaftliche und soziale Leben in der Großregion aus. In der Großregion und speziell im deutsch-französischen Verflechtungsraum mit seiner besonderen Vergangenheit und seinen weitreichenden Interdependenzen wurde der Umgang mit den Herausforderungen der Pandemie zu einem ‚Stresstest'. Unilaterismus und nationale Einseitigkeiten stellten die grenzüberschreitende Zusammenarbeit in der

---

60 Vgl. Roth: Ein Schritt zurück, zwei nach vorne.
61 Vgl. beispielsweise Crossey/Weber: Handlungsempfehlungen zur weiteren Gestaltung der grenzüberschreitenden Kooperation im deutsch-französischen.
62 Vgl. Duvernet, Claire/Gebhardt, Dirk/Kurnol, Jens: Grenzerfahrungen. Eine Einführung, in: *Informationen zur Raumentwicklung* 26 (2021), 4–7., hier 5.
63 Böhm: Five Roles of Cross-border Cooperation Against Re-bordering, 2.
64 Medeiros, Eduardo/Guillermo Ramírez, Martín/Ocskay, Gyula/Peyrony, Jean: Covidfencing Effects on Cross-Border Deterritorialism: the Case of Europe, in: *European Planning Studies* 29 (2021), 962–982, hier 963.

Großregion auf eine harte Probe. Aus den historisch gewachsenen Kontaktzonen wurden zeitweise konfliktaufgeladene *borderlands*.

Die Zäsur der Covid-19-Pandemie machte die Fragilität von europäischen *borderlands* sichtbar und deckte bislang zu wenig beachtete ‚Schwächen' von Grenzregionen auf. Gleichzeitig erinnerte die Pandemie die Menschen daran, wie stark diese Tendenzen den zwischenzeitlich gewachsenen Verflechtungen entgegenstanden. „Erst die ‚Rückkehr der Grenzen' ließ die Menschen erkennen, welche große politische und soziale Errungenschaft die Durchlässigkeit und das Überwinden administrativer Grenzen bedeutet."[65] Entscheidungsträger*innen unternahmen in nachfolgenden Pandemiephasen recht schnell erste Schritte zur Anpassung an die Bedürfnisse und Spezifitäten von Grenzregionen. Besonders auf nationaler Ebene wuchs das Verständnis dafür an, dass offene Grenzen „in Grenzregionen eine unabdingbare Voraussetzung für jegliche Zusammenarbeit"[66] darstellen. Es wurden damit bereits erste Lehren aus diesen einschneidenden Erfahrungen der sogenannten ‚ersten Welle' gezogen. Der vertiefte Austausch, der mit diesen Lernerfahrungen einherging, verlieh der grenzüberschreitenden Kommunikation und Kooperation vorübergehenden Aufwind. Jedoch hat Covid-19 verdeutlicht, dass „the idea of a borderless Europe and deterritorialisation is not resilient to crisis"[67]. Weitergehender Forschungsbedarf besteht vor diesem Hintergrund u. a. bezüglich der Fragen, inwieweit zwischenzeitlich unternommene Anstrengungen einer verstärkten Widerstandsfähigkeit gegen externe ‚Schocks' von Grenzregionen gerecht werden, wo weiterer Handlungsbedarf besteht und welche Faktoren für eine nachhaltige resiliente Funktionsweise von Grenzregionen ausschlaggebend sein können.

Literaturverzeichnis

Anzaldúa, Gloria: *Borderlands/La frontera. The New Mestiza*, San Francisco 2012 [1987].
Arnold, Clara/Mohammed, Samia: Einleitung: Kritisches Denken als gemeinsame Praxis, in: Arnold, Clara/Flügel-Martinsen, Oliver/Mohammed, Samia [u. a.] (Hg.): *Kritik in der Krise. Perspektiven politischer Theorie auf die Corona-Pandemie*, Baden-Baden 2020, 7–13.

---

65 Duvernet/Gebhardt/Kurnol: Grenzerfahrungen, 5.
66 Baumgart, Sabine/Krätzig, Sebastian: Raumentwicklung in Grenzregionen. Wichtige Weichenstellungen unter dem Eindruck der Pandemie, in: *Informationen zur Raumentwicklung* 26 (2021), 18–23, hier 21.
67 Opiłowska, Elżbieta: The Covid-19 Crisis: the End of a Borderless Europe?, in: *European Societies* 23 (2021), S589–S600, hier S597.

Bähr, Holger/Schenke, Hanna/Filsinger, Dieter: Transnationale Netzwerke und Institutionen in der Großregion SaarLorLux, in: Meyer, Jürgen/Rampeltshammer, Luitpold (Hg.): *Grenzüberschreitendes Arbeiten in der Großregion SaarLorLux*, Saarbrücken 2012, 17–78.

Baumgart, Sabine/Krätzig, Sebastian: Raumentwicklung in Grenzregionen. Wichtige Weichenstellungen unter dem Eindruck der Pandemie, in: *Informationen zur Raumentwicklung* 26 (2021), 18–23.

Beck, Joachim (Hg.): *Transdisciplinary Discourses on Cross-Border Cooperation in Europe*, Brüssel [u. a.] 2019.

Berrod, Frédérique/Wassenberg, Birte/Chovet, Morgane: La frontière franco-allemande au temps du Covid-19: la fin d'un espace commun?, in: *The Conversation*, 16.04.2020, https://theconversation.com/la-frontiere-franco-allemande-au-temps-du-covid-19-la-fin-dun-espace-commun-136467 [21.04.2020].

BMI: *Vorübergehende Grenzkontrollen an den Binnengrenzen zu Österreich, der Schweiz, Frankreich, Luxemburg und Dänemark*, Berlin, 15.03.2020, https://www.bmi.bun d.de/SharedDocs/pressemitteilungen/DE/2020/03/grenzschliessung-corona.h tml [27.03.2020].

BMI: *Grenzübertritt nur noch an bestimmten Grenzübergangsstellen*, Berlin, 19.03.2020, https://www.bmi.bund.de/SharedDocs/pressemitteilungen/DE/2020/03/festl egung-grenzuebergangsstellen.html [27.03.2020].

Boeckler, Marc: Borderlands, in: Marquardt, Nadine/Schreiber, Verena (Hg.): *Ortsregister. Ein Glossar zu Räumen der Gegenwart*, Bielefeld 2012, 44–49.

Böhm, Hynek: Five Roles of Cross-border Cooperation Against Re-bordering, in: *Journal of Borderlands Studies*, 23.07.2021, 1–20.

Brambilla, Chiara/Laine, Jussi/Scott, James/Bocchi, Gianluca: Introduction: Thinking, Mapping, Acting and Living Borders under Contemporary Globalisation, in: dies. (Hg.): *Borderscaping: Imaginations and practices of border making*, Burlington, Farnham 2015, 1–9.

Crossey, Nora: COVID-19 als mögliche Chance. Gemeinden, grenzüberschreitende Beziehungen und die Frankreichstrategie des Saarlandes, in: Weber, Florian/ Theis, Roland/Terrollion, Karl (Hg.): *Grenzerfahrungen/Expériences transfrontalières. COVID-19 und die deutsch-französischen Beziehungen/Les relations franco-allemandes à l'heure de la COVID-19*, Wiesbaden 2021, 401–416.

Crossey, Nora/Weber, Florian: Zur Konstitution multipler *Borderlands* im Zuge der Frankreichstrategie des Saarlandes, in: Weber, Florian [u. a.] (Hg.): *Geographien der Grenzen. Räume – Ordnungen – Verflechtungen*, Wiesbaden 2020, 145–166.

Crossey, Nora/Weber, Florian: Handlungsempfehlungen zur weiteren Gestaltung der grenzüberschreitenden Kooperation im deutsch-französischen Verflechtungsraum/Recommandations d'action pour les orientations futures de la coopération transfrontalière dans le bassin de vie franco-allemand, in: *UniGR-CBS Policy Paper* 4 (2021), 1–46.

Crossey, Nora/Weber, Florian: Die Frankreichstrategie des Saarlandes als multisektoraler Impuls für die grenzüberschreitende Zusammenarbeit, in: Mangels, Kirsten/Briegel, Daniela (Hg.): *Strategien und Konzepte grenzüberschreitender Raumentwicklung und Raumplanung*, Kaiserslautern 2022, 23–41.

Deutscher Ärzteverlag: *Deutsche Krankenhäuser nehmen COVID-19-Patienten aus Italien und Frankreich auf*, Berlin, 24.03.2020, https://www.aerzteblatt.de/nachrichten/111286/Deutsche-Krankenhaeuser-nehmen-COVID-19-Patienten-aus-Italien-und-Frankreich-auf [20.04.2020].

Dörrenbächer, Hans Peter: Ein grenzüberschreitender Wirtschaftsraum? Gemeinsame und individuelle Entwicklungen seit der Krise des Montansektors, in: Wille, Christian (Hg.): *Lebenswirklichkeiten und politische Konstruktionen in Grenzregionen. Das Beispiel der Großregion SaarLorLux: Wirtschaft – Politik – Alltag – Kultur*, Bielefeld 2015, 21–38.

Duvernet, Claire/Gebhardt, Dirk/Kurnol, Jens: Grenzerfahrungen. Eine Einführung, in: *Informationen zur Raumentwicklung* 26 (2021), 4–7.

Dylla, Carolin: Drei Monate ‚Grenzerfahrungen': Was bleibt? Betrachtungen aus der Medienperspektive, in: Weber/Theis/Terrollion (Hg.): *Grenzerfahrungen/ Expériences transfrontalières*, 261–283.

Europäische Kommission: *COVID-19. Leitlinien für Grenzmanagementmaßnahmen zum Schutz der Gesundheit und zur Sicherstellung der Verfügbarkeit von Waren und wesentlichen Dienstleistungen*, Brüssel, 16.03.2020, https://eur-lex.europa.eu/legal-content/DE/TXT/PDF/?uri=CELEX:52020XC0316(03)&from=EN [10.10.2021].

Freitag-Carteron, Susanne: Deutschland, Frankreich, COVID-19 – das Virus und die Grenzregion, in: Weber/Theis/Terrollion (Hg.): *Grenzerfahrungen/Expériences transfrontalières*, 295–308.

Frontaliers Grand Est: *Télétravail et COVID-19 – Evolution des accords*, Metz 2022, https://frontaliers-grandest.eu/teletravail-et-covid-19-evolution-des-accords/ [16.01.2022].

Gerst, Dominik/Klessmann, Maria/Krämer, Hannes: Einleitung, in: dies. (Hg.): *Grenzforschung. Handbuch für Wissenschaft und Praxis*, Baden-Baden 2021, 9–25.

Hans, Tobias: Gemeinsam vorangehen!, in: Weber/Theis/Terrollion (Hg.): *Grenzerfahrungen/Expériences transfrontalières*, 123–131.

IBA-OIE: *Die Grenzgängerströme der Großregion (2020)*, 2021, https://www.iba-oie.eu/fileadmin/user_upload/IBA-OIE/Themen/Grenzgaenger/Karte_GG_2020_DE_FR_kurz_gerundet.pdf [19.11.2021].

IBA-OIE: *Grenzgängermobilität. Die Arbeitsmarktsituation in der Großregion. 12. Bericht der Interregionalen Arbeitsmarktbeobachtungsstelle an den 17. Gipfel der Exekutiven der Großregion*, Saarbrücken 2021, https://www.iba-oie.eu/fileadmin/user_upload/IBA-OIE/Publikationen/IBA-Berichte/12._Bericht_2020_21/2021_IBA_OIE_Grenzgaenger.pdf [09.06.2022].

IBA-OIE: *Die Auswirkungen der Gesundheitskrise auf den Arbeitsmarkt in der Großregion. 13. Bericht der Interregionalen Arbeitsmarktbeobachtungsstelle an den 18. Gipfel der Exekutiven der Großregion*, Saarbrücken 2022, https://www.iba-oie.eu/fileadmin /user_upload/IBA-OIE/Themen/Sonderthemen/Auswirkungen_COVID19/202 2_IBA_OIE_Auswirkungen_der_Gesundheitskrise.pdf [09.06.2022].

Iossifova, Deljana: Borderland, in: Orum, Anthony M. [u. a.] (Hg.): *The Wiley-Blackwell Encyclopedia of Urban and Regional Studies*, Chichester 2019.

Jochum, Dominik: Eng verschlungen über die Grenze hinweg, in: Weber/Theis/ Terrollion (Hg.): *Grenzerfahrungen/Expériences transfrontalières*, 173–184.

Kerber, Markus: Für eine krisenfeste Zusammenarbeit in der deutsch-französischen Grenzregion! Erfahrungen und Schlussfolgerungen aus der ‚ersten Welle' der COVID-19-Pandemie, in: Weber/Theis/Terrollion (Hg.): *Grenzerfahrungen/ Expériences transfrontalières*, 45–53.

Kolossov, Vladimir/Scott, James: Selected Conceptual Issues in Border Studies, in: *Belgeo* 1 (2013), 41 Absätze.

Kramsch, Olivier T.: Regulating European Borders: a Cultural Perspective, in: Veggeland, Noralv (Hg.): *Innovative Regulatory Approaches: Coping with Scandinavian and European Union Policies*, New York 2010, 71–84.

Maillasson, Hélène: Freundschaft mit Hindernissen, in: Weber/Theis/Terrollion (Hg.): *Grenzerfahrungen/Expériences transfrontalières*, 309–316.

Medeiros, Eduardo/Guillermo Ramírez, Martín/Ocskay, Gyula/Peyrony, Jean: Covidfencing Effects on Cross-Border Deterritorialism: the Case of Europe, in: *European Planning Studies* 29 (2021), 962–982.

Meninno, Raffaella/Wolff, Guntram: *As the Coronavirus Spreads, Can the EU Afford to Close its Borders?*, 28.02.2020, https://voxeu.org/content/coronavirus-spreads-c an-eu-afford-close-its-borders [10.05.2021].

Mezzadra, Sandro/Neilson, Brett: Border as Method, or, the Multiplication of Labor, Durham, London 2013.

Ministère de l'Economie, des Finances et de la Relance: *Communiqué de presse. La France s'accorde avec l'Allemagne, la Belgique et la Suisse pour que, dans le cadre de la crise sanitaire liée au Covid-19, le maintien à domicile des travailleurs frontaliers non éligibles aux régimes frontaliers n'entraîne pas de conséquence sur le régime d'imposition qui leur est applicable*, Paris 20.05.2020, https://minefi.hosting.augure.com/Aug ure_Minefi/r/ContenuEnLigne/Download?id=8BA93857-6354-4B1D-909B-35FA 63F14D5E&filename=2165%20.pdf [09.03.2021].

Ministère de l'Economie, des Finances et de la Relance: *Communiqué de presse. Les accords amiables concernant les travailleurs frontaliers et transfrontaliers, conclus avec l'Allemagne, la Belgique, le Luxembourg et la Suisse, dans le contexte de la lutte contre la propagation du COVID-19, continueront de s'appliquer jusqu'au 31 décembre 2020*, Paris 31.08.2020, https://minefi.hosting.augure.com/Augure_Minefi/r/ContenuEnL igne/Download?id=FD630F92-59C8-49F2-A831-E538993755E2&filename=102%

20-%20CP%20accords%20fiscalit%C3%A9%20travailleurs%20frontaliers%20et%20transfrontaliers%20covid-19.pdf [09.03.2021].

Mission Opérationnelle Transfrontalière/Europäische Union: *The Effects of COVID-19 Induced Border Closures on Cross-Border Regions. An Empirical Report Covering the Period March to June 2020*, Luxemburg 2021, https://op.europa.eu/en/publication-detail/-/publication/46250564-669a-11eb-aeb5-01aa75ed71a1/language-en [21.02.2022].

Newman, David: On Borders and Power: A Theoretical Framework, in: *Journal of Borderlands Studies* 18 (2003), 13–25.

Nossem, Eva: *The Pandemic of Nationalism and the Nationalism of Pandemics 2020*, https://ubt.opus.hbz-nrw.de/opus45-ubtr/frontdoor/deliver/index/docId/1405/file/UniGR-CBS-Working+Paper+Vol.+8.pdf [30.07.2020].

Opiłowska, Elżbieta: Opiłowska, Elżbieta: The Covid-19 Crisis: the End of a Borderless Europe?, in: *European Societies* 23 (2021), S589–S600.

Paasi, Anssi: Generations and the 'Development' of Border Studies, in: *Geopolitics* 10 (2005), 663–671.

Peyrony, Jean: Grenzschließungen als Folge von COVID-19. Empirischer Bericht für den Zeitraum März bis Juni 2020, in: *Informationen zur Raumentwicklung* 26 (2021), 94–107.

Pigeron-Piroth, Isabelle/Funk, Ines/Nienaber, Birte/Dörrenbächer, Hans Peter/Belkacem, Rachid: Der grenzüberschreitende Arbeitsmarkt der Großregion. Der Einfluss der COVID-19-Pandemie, in: *Informationen zur Raumentwicklung* 26 (2021), 74–85.

Recktenwald, Katharina/Weber, Florian/Dörrenbächer, Hans Peter: *Grenzregionen in Zeiten der Covid-19-Pandemie – eine Analyse der Berichterstattung der Saarbrücker Zeitung im Frühjahr 2020*, 2022, https://ubt.opus.hbz-nrw.de/opus45-ubtr/frontdoor/deliver/index/docId/1788/file/UniGR-CBS_Working_Paper_Vol12.pdf [07.03.2022].

Redepenning, Marc: Aspekte einer Sozialgeographie der Grenzziehungen. Grenzziehungen als soziale Praxis mit Raumbezug, in: Heintel, Martin/Musil, Robert/Weixlbaumer, Norbert (Hg.): *Grenzen. Theoretische, konzeptionelle und praxisbezogene Fragestellungen zu Grenzen und deren Überschreitungen*, Wiesbaden 2018, 19–42.

Redepenning, Marc/Scholl, Sebastian: Die Vielfalt von Grenzen. Formenreiche Strukturierungsmöglichkeiten zwischen Alltag, Planung und Politik, in: *Informationen zur Raumentwicklung* 26 (2021), 8–17.

Roth, Michael: Ein Schritt zurück, zwei nach vorne. Wie die Coronakrise uns lehrte, mit Mut die grenzüberschreitende Zusammenarbeit voranzubringen, in: Weber/Theis/Terrollion (Hg.): *Grenzerfahrungen/Expériences transfrontalières*, 37–44.

Rumford, Chris: Introduction. Theorizing Borders, in: *European Journal of Social Theory* 9 (2006), 155–169.

Saarbrücker Zeitung: Französischer Corona-Patient aus Winterberg-Klinik entlassen. Klinikum Saarbrücken entlässt 64-Jährigen, der mit Diagnose „Covid-19 mit Lungenversagen" per Rettungswagen aus Frankreich kam., in: *Saarbrücker Zeitung*, 10.04.2020, https://www.saarbruecker-zeitung.de/saarland/saarbruecken/kilinikum-saarbruecken-hilft-mann-aus-frankreich-corona-zu-ueberleben_aid-50012369 [15.03.2021].

Schneider-Sliwa, Rita: Verflechtungsraum Basel. Von der Regio-Idee zur Trinationalen Metropole Oberrhein, in: Heintel/Musil/Weixlbaumer (Hg.): *Grenzen*, 205–235.

Sohn, Christophe: The Border as a Resource in the Global Urban Space: A Contribution to the Cross-Border Metropolis Hypothesis, in: *International Journal of Urban and Regional Research* 38 (2014), 1697–1711.

Theis, Roland: Viel mehr als „plus jamais!". Welche Lehren wir aus der Krise ziehen – die Chance auf einen neuen Aufbruch für die deutsch-französische Grenzregion!, in: Weber/Theis/Terrollion (Hg.): *Grenzerfahrungen/Expériences transfrontalières*, 427–447.

Thewes, Hanno: Flatterband und Barrikaden: Grenzschließungen in der Pandemie, in: Weber/Theis/Terrollion (Hg.): *Grenzerfahrungen/Expériences transfrontalières*, 195–200.

Wassenberg, Birte: „Return of Mental Borders": A Diary of COVID-19 Closures between Kehl, Germany, and Strasbourg, France, in: *Borders in Globalization Review* 2 (2020), 114–120.

Weber, Florian/Theis, Roland/Terrollion, Karl: Neue Herausforderungen, alte Grenzen? Wie die COVID-19-Pandemie das deutsch-französische Verhältnis aufwirbelt, in: dies. (Hg.): *Grenzerfahrungen/Expériences transfrontalières*, 3–18.

Weber, Florian/Wille, Christian: Grenzgeographien der COVID-19-Pandemie, in: Weber [u. a.] (Hg.): *Geographien der Grenzen*, 191–223.

Weber, Florian/Wille, Christian/Caesar, Beate/Hollstegge, Julian: Entwicklungslinien der Border Studies und Zugänge zu Geographien der Grenzen, in: dies. (Hg.): *Geographien der Grenzen*, 3–22.

Wille, Christian: Grenzüberschreitende Alltagspraktiken in der Großregion SaarLorLux: eine Bestandsaufnahme, in: ders. (Hg.): *Lebenswirklichkeiten und politische Konstruktionen in Grenzregionen*, 133–156.

Wille, Christian: European Border Region Studies in Times of Borderization, in: *BorderObs*, 20.06.2021, http://cbs.uni-gr.eu/en/resources/borderobs [24.11.2021].

Wille, Christian: Vom processual shift zum complexity shift: Aktuelle analytische Trends der Grenzforschung, in: Gerst/Klessmann/Krämer (Hg.): *Grenzforschung*, 106–120.

World Health Organization: *WHO Director-General's Opening Remarks at the Media Briefing on COVID-19 – 11 March 2020*, 11.03.2020, https://www.who.int/director

-general/speeches/detail/who-director-general-s-opening-remarks-at-the-media-briefing-on-covid-19---11-march-2020 [03.03.2022].

Pandemiekommunikation aus vergleichender Perspektive
Eine exemplarische Studie aus der Großregion

Claudia Polzin-Haumann und Christina Reissner

Abstract: *Cette contribution propose un regard comparatif sur la communication relative à la pandémie publiée par différentes institutions de la Grande Région. Sont analysés à titre d'exemple des extraits de communiqués du Sommet de la Grande Région, des documents de presse ainsi que les sites web de trois universités sélectionnées. Les analyses révèlent des aspects spécifiques concernant l'approche et la construction discursive de l'espace de vie de la Grande Région, selon le groupe d'acteur·rice·s, la fonction et la date de publication des documents au cours de la pandémie.*

1. Einleitende Vorbemerkungen

Krisen sind gesellschaftliche Ereignisse, die sich stets auch in der Sprache spiegeln.[1] Gerade auch die Covid-19-Pandemie wirft zahlreiche gesellschaftlich relevante wie linguistisch interessante Fragestellungen auf, die einzelsprachlich oder vergleichend untersucht werden können: Wie wird das mit dem Virus verbundene Geschehen benannt (z. B. Pandemie – *crise sanitaire*)? Wie schlägt sich das pandemische Geschehen, wie schlagen sich aktuelle Entwicklungen etc. im Wortschatz nieder (Neuschöpfungen, Anglizismen)[2]? Welche Muster sind über die

---

1 Z. B. Pietrini, Daniela/Wenz, Katrin (Hg.): *Dire la crise: mots, textes, discours. Approches linguistiques à la notion de crise*, Frankfurt/M. 2016. Osthus, Dietmar: „La crise [...] est là, elle est violente, elle est lourde, elle est profonde, elle est dure", in: Pietrini/Wenz (Hg.): *Dire la crise*, 33–48.
2 Vgl. Polzin-Haumann, Claudia: Geschlossene Grenzen – offene Sprachen? Beobachtungen zum Sprachgebrauch in Deutschland und Frankreich in Zeiten von COVID-19, in: Weber, Florian/Theis, Roland/Terrollion, Karl (Hg.): *Grenzerfahrungen – Expériences transfrontalières. COVID-19 und die deutsch-französischen Beziehungen – Les relations franco-allemandes à l'heure de la COVID-19*, Wiesbaden 2021, 391–400.

lexikalische Ebene hinaus festzustellen?[3] Im Kontext der sprachlichen Dynamik stellt sich gerade für Länder mit einer expliziten Sprachpolitik die Frage nach der sprachpolitischen Dimension bzw. der Relation zwischen sprachpolitischen Regelungen und sprachlicher Eigendynamik.[4] Weitere interessante Fragen liegen im Wissenstransfer und der Experten-Laien-Kommunikation (in den Medien, in der Politikberatung), in der politischen Krisenkommunikation[5] oder in der Frage nach der visuellen Präsenz der Pandemie im öffentlichen Raum.[6]

Viele sprachwissenschaftliche Beiträge im Pandemie-Kontext sind zunächst einmal einzelsprachlich geprägt:

> Eine Konstante der öffentlichen Diskurse der Corona-Krise ist paradoxerweise ihre relative thematische Konzentration auf den nationalen Raum. Während die globale Vernetzung durch die ungebremste Verbreitung des Virus in alle Teile der Welt offensichtlich wird, erscheint der Krisendiskurs erstaunlich national geprägt […].[7]

Umso wichtiger ist eine vergleichende Perspektive, denn nicht zuletzt dadurch treten einzelsprachliche Merkmale deutlicher hervor, lassen sich nationale Charakteristika besser verstehen. Grenzregionen bieten sich insofern für eine solche komparative Herangehensweise besonders an, als hier auf vergleichsweise engem Raum verschiedene nationale Systeme mit ihren Sprachenkonstellationen und ihren jeweiligen Regelungen im Bildungs-, Gesundheits-, politischen und administrativen

---

3   Vgl. bereits Wengeler zu Superlativen wie „noch nie zuvor"; Wengeler, Martin: „Noch nie zuvor". Zur sprachlichen Konstruktion der Wirtschaftskrise 2008/2009 im Spiegel, in: *Aptum. Zeitschrift für Sprachkritik und Sprachkultur* 2 (2010), 138–156.

4   Z. B. Délégation générale à la langue française et aux langues de France: *Crise sanitaire le dire en français*, 14.12.2020, https://www.culture.gouv.fr/Thematiques/Langue-francaise-et-langues-de-France/Actualites/14-12-Le-depliant-Crise-sanitaire-le-dire-en-francais-es t-disponible [14.12.2020]; Ministère de la Culture de France: *Coronavirus, les mots pour le dire*, 09.04.2020, https://www.culture.gouv.fr/Actualites/Coronavirus-les-mots-pour-le-dire [09.04.2020].

5   Vgl. Koch, Christian/Thörle, Britta: Vermessung und Vermittlung der Krise in den frühen Lageberichten zur Corona-Pandemie: ein deutsch-französischer Vergleich, in: *Zeitschrift für Literatur und Linguistik* 51 (2021), 529–559.

6   Vgl. Behr, Irmtraud/Liedtke, Frank: Krise im öffentlichen Raum. Formen und Funktionen kleiner Kommunikationsformate zu Covid 19, in: *Zeitschrift für Literatur und Linguistik* 51 (2021), 365–398.

7   Daux-Combaudon, Anne-Laure [u. a.]: Die Corona-Krise im Diskurs: Hervorbringung, Konzeptualisierung und Vermittlung im internationalen Vergleich, in: *Zeitschrift für Literatur und Linguistik* 51 (2021), 357–363, hier: 359. Explizit vergleichend angelegt ist hingegen Klosa-Kückelhaus, Annette/Kernerman, Ilan (Hg.): *Lexicography of Coronavirus-related Neologisms*, Berlin, Boston 2022.

Bereich aufeinandertreffen. Zugleich ist im Fall der Großregion bereits ein grenzüberschreitender Verflechtungsraum entstanden (vgl. Initiativkreis Metropolitane Grenzregionen 2013)[8], der über die nationalen Grenzen hinweg vielfältige Aktivitäten z. B. in Bildung und Wirtschaft, aber auch im Alltag der Bevölkerung ermöglicht.

Vor diesem Hintergrund richtet sich das Erkenntnisinteresse des vorliegenden Beitrags auf die Pandemiekommunikation innerhalb der Großregion, und dies in einer mehrfach vergleichenden Perspektive.

2. Die Großregion in der Pandemie: zwischen Verflechtungsraum und nationalen/regionalen Handlungslogiken

Nicht zuletzt das Schengener Abkommen hat die Durchlässigkeit der Binnengrenzen zwischen vielen europäischen Staaten deutlich erweitert und die Mobilität in Europa wesentlich befördert. Das Überschreiten nationaler Grenzen ist zu einer alltäglichen Selbstverständlichkeit geworden.

Die Großregion, die Gebiete in Rheinland-Pfalz, Saarland, Lothringen, Luxemburg und Belgien vereint, stellt heute einen der sogenannten grenzüberschreitenden metropolitanen Verflechtungsräume dar, die sich im europäischen Vergleich neben ihrer internationalen Ausstrahlung und ihrer großen Marktpotentiale vor allem durch ihre intensiven grenzüberschreitenden Verflechtungsbeziehungen auszeichnen.[9] Es wurde eine gemeinsame *governance* entwickelt, in deren Zentrum der sogenannte Gipfel der Großregion steht, der sich aus den Spitzen der Exekutiven der jeweiligen Teilregionen zusammensetzt und durch verschiedene Organe flankiert wird. Verschiedene Arbeitsgruppen speisen seine Arbeit. Die einzelnen Partnerregionen übernehmen abwechselnd jeweils für zwei Jahre die Präsidentschaft des Gipfels.[10] Neben diesen umfassenden gemeinsamen institutionellen Verbindungen bestehen zwischen einzelnen Partnern in bestimmten Bereichen aufgrund politischer Rahmensetzungen besondere Beziehungen. Als ein Beispiel

---

8 Vgl. Initiativkreis Metropolitane Grenzregionen: *Initiativkreis deutscher Regionen in grenzüberschreitenden Verflechtungsräumen. Abschlussbericht des Modellvorhabens Raumordnung (MORO)*, Saarbrücken 2013.
9 Vgl. Initiativkreis Metropolitane Grenzregionen: *Initiativkreis deutscher Regionen in grenzüberschreitenden Verflechtungsräumen. Abschlussbericht des Modellvorhabens Raumordnung (MORO)*, Saarbrücken 2013; https://www.grossregion.net/.
10 Einzelheiten siehe unter https://www.grossregion.net/.

sei hier die Frankreichstrategie des Saarlandes genannt,[11] die u. a. auch mit einer besonderen Förderung des Französischen einhergeht.[12]

In der Großregion gehören mittlerweile nicht nur in wirtschaftlicher Hinsicht vielfältige Aktivitäten in den verschiedensten Lebensbereichen zum Alltag, sondern auch etwa bei der kulturellen Zusammenarbeit, im Freizeitsektor, in der Raumplanung oder zunehmend auch im Gesundheits- und Sicherheitssektor.[13] Auch wenn sich die Grenzregion dennoch (noch?) nicht als gemeinsamer Lebens- und Handlungsraum für alle etabliert hat, so existieren mittlerweile vielfältige grenzüberschreitende Kommunikations- und Kooperationsstrukturen in vielen Bereichen. Es gibt zahlreiche Beispiele für Institutionen, Einrichtungen und Unternehmen, die erfolgreich grenzüberschreitend arbeiten. Die dort etablierten Strukturen machen die nationalen Grenzen durchlässiger und können sogar zu einer gemeinsamen Identität der Menschen beitragen, die in einem solchen Umfeld zusammenarbeiten.[14] Eines von vielen Beispielen für eine gut etablierte und funktionierende Kooperation ist der Universitätsverbund der Universität der Großregion[15], der sieben Universitäten in vier Ländern vereint und in grenzüberschreitenden Studiengängen sowie vielfältigen, interdisziplinären Forschungsprojekten eng zusammenarbeitet.[16]

Mit der Pandemie und dem Umgang damit wurden gerade in den Grenzregionen – neben vielen anderen Phänomenen – diejenigen Aspekte besonders deutlich

---

11 Vgl. Saarland Staatskanzlei: *Eckpunkte einer Frankreichstrategie für das Saarland*, 27.01.2020, https://www.saarland.de/SharedDocs/Downloads/DE/mfe/Großregion_und_Europa/Eckpunkte_Frankreichstrategie_D.html [06.11.2022].

12 Vgl. Ministerium für Bildung und Kultur Saarland/Universität des Saarlandes: *Sprachenkonzept Saarland 2019. Neue Wege zur Mehrsprachigkeit im Bildungssystem*, https://www.saarland.de/SharedDocs/Downloads/DE/mbk/00_Portalstart/publikationen/Sprachenkonzept2019.pdf?__blob=publicationFile&v=1 [06.11.2022], hier 8, 19f. und öfter.

13 Vgl. Wille, Christian (Hg.): *Lebenswirklichkeiten und politische Konstruktionen in Grenzregionen: das Beispiel der Großregion SaarLorLux: Wirtschaft – Politik – Alltag – Kultur*, Bielefeld 2015.

14 Vgl. Polzin-Haumann, Claudia/Reissner, Christina: Unternehmenskommunikation in einem internationalen Unternehmen in der SaarLorLux-Region. Eine Fallstudie auf interdisziplinärer Grundlage, in: Hennemann, Anja/Schlaak, Claudia (Hg.): *Unternehmenskommunikation und Wirtschaftsdiskurse – Herausforderungen für die romanistische Linguistik*, Heidelberg 2016, 103–121; Polzin-Haumann, Claudia/Reissner, Christina: Languages and Language Policies in Saarland and Lorraine: Towards the Creation of a Transnational Space?, in: Jańczak, Barbara (Hg.): *Language Contact and Language Policies across Borders: Construction and Deconstruction of Transnational and Transcultural Spaces*, Berlin 2018, 45–55; Wille, Christian: *Grenzgänger und Räume der Grenze. Raumkonstruktionen in der Großregion SaarLorLux*, Luxemburg 2012 (Luxemburg-Studien/Etudes luxembourgeoises 1).

15 www.uni-gr.eu.

16 Im dort angesiedelten Center for Border Studies werden sozioökonomische und soziokulturelle Fragestellungen in Grenzregionen aus der Sicht der Grenzraumforschung untersucht; vgl. https://cbs.uni-gr.eu.

sichtbar, die von einer solchen grenzüberschreitenden, transnationalen Alltagspraxis geprägt sind. Insbesondere zu Beginn der Pandemie führten die von den verschiedenen nationalen Autoritäten ergriffenen Maßnahmen zu einer ganz neuen Wahrnehmung der Grenzen, die plötzlich nicht mehr durchlässig und ‚unsichtbar' waren, sondern zeitweise wieder echte Barrieren darstellten, weil Schließungen von Grenzübergängen, Grenzkontrollen und sogar strikte Einreiseverbote verhängt wurden. Diese „Rückkehr zu territorialen Grenzen"[17] war für die Bewohner*innen der Grenzräume mit großen Herausforderungen verbunden.

Die große Relevanz eines kontinuierlichen Austauschs der Akteure und Akteurinnen auf den verschiedensten Ebenen wurde überdeutlich. Nicht nur Grenzgänger*innen waren von den Maßnahmen betroffen, sondern auch andere Akteure und Akteurinnen, z. B. im Handel und in der Industrie, der Gastronomie- und Tourismusbranche, in kulturellen und Bildungseinrichtungen, in kleinen, mittleren und großen Unternehmen und vielerorts mehr. Die über Jahrzehnte etablierten Kommunikationswege waren durch die Pandemie und die durch sie begründeten Schutzmaßnahmen jäh unterbrochen. Auch in der Großregion, der grenzgängerstärksten Region der Europäischen Union,[18] waren insbesondere diejenigen Wirtschaftszweige besonders stark in Mitleidenschaft gezogen, die einen großen Teil ihrer Arbeitskräfte aus den benachbarten Regionen generieren; die Betriebe und Einrichtungen, in denen die Arbeiten vor Ort ausgeführt werden müssen und folglich kein Homeoffice vom Wohnort aus möglich war, waren in besonderem Maße beeinträchtigt.[19]

Insgesamt war das jeweils nationale Krisenmanagement während der Pandemie in zahlreichen gesellschaftlichen Bereichen mit tiefgreifenden Einschnitten verbunden, wie etwa die Beiträge in Weber/Theis/Terrollion[20] oder Wille/Kanesu[21] zur Großregion und weiteren Grenzregionen dokumentieren.

---

17   Baumgart, Sabine/Krätzig, Sebastian: Raumentwicklung in Grenzregionen. Wichtige Weichenstellungen unter dem Eindruck der Pandemie, in: *Informationen zur Raumentwicklung* 2 (2021), 18–23, hier 20.
18   Vgl. Großregion: *Die Großregion in Zahlen*, https://www.grossregion.net/Die-Grossregion-kompakt/Die-Grossregion-in-Zahlen [13.06.2023].
19   So befanden sich im Frühjahr 2020 63 % der Luxemburger Arbeitnehmer*innen in Telearbeit, 83 % von ihnen erstmals. Siehe dazu Luxembourg Institute of Socio-Economic Research: *The Impact of Telework Induced by the Spring 2020 Lockdown on the Use of Digital Tools and Digital Skills*, 12.12.2020, https://liser.elsevierpure.com/ws/portalfiles/portal/26465646/policy_brief_12.02_EN.pdf [06.11.2022]; siehe auch Hein, Vincent (Hg.): *Le Développement du télétravail et ses enjeux dans l'espace transfrontalier*, Les cahiers de la Grande Région, Luxemburg 2022.
20   Weber/Theis/Terrollion (Hg.): *Grenzerfahrungen – Expériences transfrontalières*.
21   Wille, Christian/Kanesu, Rebekka (Hg.): *Bordering in Pandemic Times. Insights into the COVID-19 Lockdown*, Luxemburg, Trier 2020 (Borders in Perspective 4).

Durch die pandemiebedingten Grenzschließungen und Kontrollmaßnahmen wurde besonders deutlich, wie intensiv die Menschen in der Großregion in ihrem Alltag die Grenzen zu den Nachbarn überschreiten. Zugleich war aber festzustellen, dass auch in diesen Gebieten die Krise zunächst nur auf nationaler Ebene in den Blick der entscheidenden Instanzen geriet und bei den entsprechenden Maßnahmen nicht die gewohnten ortsnahen, grenzüberschreitenden Kommunikationswege eingeschlagen wurden. Das Krisenmanagement erfolgte – nicht zuletzt aufgrund der besonderen Krisensituation – vor allem zu Beginn der Pandemie europaweit zunächst auf nationalstaatlichem Niveau, angepasst an die jeweiligen nationalen Rahmenbedingungen administrativer, technischer und rechtlicher Natur. Gerade in den Grenzregionen wurde deutlich, dass ein gemeinsames Vorgehen beim Krisenmanagement weder vorgesehen noch kurzfristig umsetzbar war. Dementsprechend gestaltete sich auch der Umgang mit der Situation und die Kommunikation der verschiedenen Akteure und Akteurinnen in der Öffentlichkeit. Die einzelstaatliche Perspektive beherrschte dabei lange das Geschehen; gemeinsame Anstrengungen innerhalb der Grenzräume und der Rückgriff auf die vorhandenen grenzüberschreitenden Netzwerke standen hier zunächst im Hintergrund. Gleichwohl gab es auf verschiedenen Ebenen durchaus Bemühungen, den Aspekt des Grenzraums in die Überlegungen einzubeziehen.

Im Folgenden soll dieser Oszillation zwischen grenzüberschreitender Verflechtung und nationalen Handlungslogiken in der Kommunikation zu Covid-19 nachgespürt werden. Hierzu wird exemplarisch ein Korpus von öffentlichen Verlautbarungen zur Pandemie in der Großregion analysiert.

3. Pandemiekommunikation: exemplarische Analysen

Wie bereits angedeutet, wird mit der vorliegenden Analyse ein Vergleich auf verschiedenen Ebenen angestrebt. So sollen mit dem Gipfel der Großregion und drei ausgewählten Universitäten Akteursebenen untersucht werden, die in je spezifischer Weise einerseits die Verflechtung, andererseits die nationalen bzw. regionalen Komponenten repräsentieren. Dabei wird im ersten Fall nochmals zwischen der saarländischen und der lothringischen Gipfelpräsidentschaft unterschieden. Die Belege sind neben der gemeinsamen Großregionsseite der deutschen, französischen und luxemburgischen Presse entnommen, um auch hier die Frage nach möglichen spezifischen Sichtweisen einschließen zu können. Der Auswertungszeitraum erstreckt sich auf die Zeit zwischen Dezember 2020 und Oktober 2022, was zudem einen vergleichenden Blick auf unterschiedliche Phasen des Pandemiegeschehens erlaubt.

Methodisch orientiert sich der Beitrag an Überlegungen von Bubenhofer [u. a.][22] sowie an ausgewählten Bereichen der wort- und textorientierten Analyse im Sinne von Spitzmüller/Warnke[23].

3.1 Der Gipfel der Großregion

Grundsätzlich wird deutlich, dass unter der deutschen Gipfelpräsidentschaft immer wieder die Rolle der Grenzregionen und damit auch die Bedeutung der Großregion betont wird. Dies zeigt sich zum Beispiel in einem Brief des damaligen saarländischen Ministerpräsidenten Tobias Hans an die damalige Bundeskanzlerin Angela Merkel, in dem es heißt:

> Die Großregion ist wie auch andere Grenzregionen ein ‚Europa im Kleinen'. Dementsprechend ist es dem Gipfel der Großregion ein besonderes Anliegen, das Augenmerk der Hauptstädte auf die Großregion zu lenken und dafür zu werben, bei nationalen Entscheidungen und Gesetzesvorhaben die Belange der Grenzregionen mit zu bedenken.[24]

In einem anderen Dokument betont Ministerpräsident Hans:

> Unser gemeinsames Anliegen ist es, dass wir die Grenzen als Nahtstellen Europas leben, dass wir uns bewusstmachen, dass Familien und Partner sich über Grenzen hinweg sehen können, dass Pendler, Schüler und Studenten grenzüberschreitend leben, arbeiten und lernen können. Deshalb ist es uns wichtig, weitere Erleichterungen für die im Zuge der Pandemie eingeführten Hürden an der Grenze zu erreichen.[25]

Auch hier wird vehement im Sinne des Verflechtungsraums argumentiert („unser gemeinsames Anliegen"; „wir"; „uns") – nicht nur von saarländischer Seite, sondern u. a. auch in den Beiträgen von Corinne Cahen, Ministerin für Familie, Integration

---

22   Bubenhofer, Noah [u. a.]: Von Grenzen und Welten: Eine korpuspragmatische COVID-19-Diskursanalyse, in: *Aptum. Zeitschrift für Sprachkritik und Sprachkultur* 16 (2020), 156–165.

23   Das von Spitzmüller/Warnke vorgeschlagene DIMEAN-Modell ist mehrstufig und umfasst drei Ebenen: die intratextuelle Ebene, die Ebene der Akteure und Akteurinnen und die transtextuelle Ebene. Im Kontext der vorliegenden Analyse können nur einzelne ausgewählte Aspekte – und auch diese nur exemplarisch – untersucht werden. Vgl. dazu auch Spitzmüller, Jürgen/Warnke, Ingo H.: *Diskurslinguistik. Eine Einführung in Theorien und Methoden der transtextuellen Sprachanalyse*, Berlin/Boston 2011, hier 201.

24   Der Ministerpräsident des Saarlandes: *Zweiter Brief des Präsidenten des 17. Gipfels der Großregion Tobias Hans an Bundeskanzlerin Angela Merkel*, 22.12.2020, http://www.grossregion.net/content/download/4972/78956 [06.11.2022], hier 2.

25   Großregion: *Gemeinsam gegen Corona*, 30.04.2020, http://www.grossregion.net/Aktuelles/2020/Die-Grossregion-Gemeinsam-gegen-Corona [06.11.2022].

und die Großregion des Großherzogtums Luxemburg („In unserer Großregion [...];
Die Corona-Krise hat mehr denn je gezeigt, wie wichtig die grenzüberschreitende Zusammenarbeit ist. Die Abstimmung mit unseren Nachbarn ist von grundlegender Bedeutung [...]"[26] und Oliver Paasch, Ministerpräsident von Ostbelgien:

> Ich freue mich, dass wir uns in der Großregion gemeinsam dafür einsetzen, dass unserer europäische [sic] Lebenswirklichkeit Rechnung getragen wird [...]. Unsere Region lebt von ihrer Offenheit [...].[27]

Auffällig in den verschiedenen Dokumenten ist weiterhin das rekurrente Auftreten des Adjektivs „grenzüberschreitend" („[...] dass Pendler, Schüler und Studenten grenzüberschreitend leben, arbeiten und lernen können"[28]). Auch im oben genannten Brief von Tobias Hans findet es sich mehrfach, in einem Fall sogar zweimal im selben Satz:

> Nicht nur in Pandemiezeiten wollen wir gemeinsam dafür sorgen, dass grenzüberschreitende medizinische Hilfe so selbstverständlich wird wie ein Familienbesuch, ein grenzüberschreitender Einkauf oder ein Museumsbesuch.[29]

Im Bilanzdokument zum Abschlussgipfel der saarländischen Gipfelpräsidentschaft tritt das Adjektiv „grenzüberschreitend" ebenfalls gehäuft (insgesamt fünf Mal) auf; auch die weiteren sprachlichen Marker für den Verflechtungsraum („wir", „unserer", „gemeinsam") sind überaus präsent, wie folgende Passage exemplarisch verdeutlicht:

> Die grenzüberschreitende Solidarität in unserer europäischen Kernregion hat Leben gerettet. Wir wollen aber für künftige Krisen besser aufgestellt sein. Die Gesundheitsfachminister der Großregion haben dafür bereits im Dezember eine Erklärung verabschiedet, die die Grundzüge für ein abgestimmtes grenzüberschreitendes Handeln im Pandemiefall und die Verbesserung der Gesundheitsversorgung, die in bilaterale Rahmenvereinbarungen für die grenzüberschreitende Kooperation im Gesundheitswesen überführt werden soll. Darüber hinaus hat die politische Abstimmung in der Großregion dazu beigetragen, die grenzüberschreitende Mobilität auch während der Pandemie für Pendler so schnell wie möglich wieder herzustellen. Mit gemeinsamen Projekten zur technischen Unterstützung von Kontaktnachverfolgung mittels Künstlicher

---

26 Großregion: *Gemeinsam gegen Corona*.
27 Großregion: *Gemeinsam gegen Corona*.
28 Großregion: *Gemeinsam gegen Corona*.
29 Der Ministerpräsident des Saarlandes: *Zweiter Brief des Präsidenten*, 2.

Intelligenz werden wir die Expertise unserer Forschungsregion weiter in den Dienst der Pandemiebekämpfung stellen.[30]

Aufschlussreich sind in diesem Beleg auch die weiteren Bezeichnungen für die Großregion („unsere europäische Kernregion", „unsere Forschungsregion"), die eine eindeutige semantische Aufwertung implizieren.

Insgesamt steht die unter der saarländischen Gipfelpräsidentschaft erkennbare diskursive semantische Schaffung des gemeinsamen Raums[31] in einem scharfen Gegensatz zur Grenzschließung, die auf nationaler Ebene einseitig im März 2020 in Berlin beschlossen wurde.

Ein rekurrent verwendetes Schlagwort ist weiterhin das der Solidarität (s. o.; ebenso z. B. „In dieser Krise haben wir unsere Solidarität im Gesundheitswesen unter Beweis gestellt"[32].)

Die französische Gipfelpräsidentschaft greift dieses Schlagwort zwar auch auf, doch konzentriert sich ihr Diskurs stärker auf das der Resilienz. So heißt es eröffnend im „Fahrplan der 18. Gipfelpräsidentschaft" :

Dans la continuité des présidences précédentes et de la présidence sarroise (2019/2020), la présidence française du Sommet des exécutifs s'attachera plus particulièrement à renforcer les synergies et les solidarités de fait nécessaires pour accompagner la résilience économique et sociale des territoires de la Grande Région.[33]

Ebenso weiter unten :

[...] le développement et la structuration des filières culturelles en Grande Région pour renforcer la résilience des acteurs face aux effets de la crise du Covid-19 et valoriser les atouts de l'espace culturel transfrontalier vis-à-vis de ses habitants et sur le plan européen seront les fils conducteurs.[34]

Hier wird „résilience" explizit mit dem „espace culturel transfrontalier" verbunden.

---

30   Saarland Medien-Info: *Bilanz zur saarländischen Gipfelpräsidentschaft der Großregion: Intensivere Zusammenarbeit in Zeiten von Corona*, 20.01.2021, http://www.grossregion.net/content/downl oad/5073/file/Pressemitteilung%20Saarland%3A%20Abschlussgipfel%20der%20Grossreg ion.pdf [06.11.2022], hier: 1f.

31   Vgl. Bubenhofer [u. a.]: *Von Grenzen und Welten*, 159.

32   Großregion: *Gemeinsame Erklärung des Gipfels der Großregion unter saarländischer Präsidentschaft*, 20.01.2021, https://www.saarland.de/SharedDocs/Downloads/DE/mfe/Großregion_ und_Europa/2021-01-20_Gemeinsame-Erklärung-Gipfel-der-Grossregion.pdf?__blob=publ icationFile&v=2 [06.11.2022], hier 5.

33   Présidence française du Sommet des exécutifs de la Grande Région: *La Grande Région, carrefour de l'Europe: un espace innovant, résilient et solidaire 2021/2022*, http://www.granderegion.net/c ontent/download/5052/79846?inLanguage=fr [06.11.2022].

34   Présidence française du Sommet des exécutifs de la Grande Région : *La Grande Région*, 4.

Das Schlagwort der Resilienz wird auch über die französische Presse verbreitet; vgl. z. B.:

> La coopération en matière de santé est clairement une priorité de la présidence française dans le contexte actuel. Il s'agira de mettre en œuvre des projets permettant de renforcer la résilience de nos systèmes de santé respectifs et de répondre au mieux aux besoins des bassins de vie frontaliers.[35]
>
> Les travaux de la Présidence française de la Grande Région, chorale, s'inscriront ainsi en 2021/2022 sous l'égide du slogan « La Grande Région, carrefour de l'Europe : un espace innovant, résilient et solidaire ».[36]

Durch die Metapher der Resilienz erscheint die Großregion als lebender Organismus, damit durchaus als Einheit. Interessant ist, dass nicht nur ein Bildspender aus dem Bereich der Gesundheit gewählt wurde, sondern auch auf inhaltlicher Ebene der Gesundheitsbereich stark im Vordergrund der Argumentation steht.

Eine ähnlich intensive diskursive Markierung des gemeinsamen Raums wie unter der saarländischen Gipfelpräsidentschaft lässt sich in der Sprache der französischen Gipfelpräsidentschaft allerdings insgesamt nicht feststellen.

Die luxemburgische Berichterstattung von der Übergabe der Gipfelpräsidentschaft vom Saarland an Lothringen erscheint sprachlich ganz anders. Es ist kein Ansatz der semantisch-diskursiven Konstruktion eines ‚Großregion-Narrativs' erkennbar. Hier werden weder die für den saarländischen Diskurs typischen ‚wir-Marker' reproduziert noch taucht das für die französische Präsidentschaft zentrale Schlagwort der Resilienz auf. Vielmehr ist der Diskurs deutlich nüchterner und hinsichtlich mehrerer Aspekte auch offen kritisch. So werden im Abschnitt zur Bilanz der saarländischen Gipfelpräsidentschaft die einseitigen Grenzschließungen, die nicht abgestimmten Coronamaßnahmen und das nicht angemessene Budget unumwunden angesprochen:

> Le Ministre-président de la Sarre a insisté sur l'importance de la coopération sanitaire en temps de crise, en se prenant malheureusement les pieds dans le tapis sur ce sujet délicat : « La coopération transfrontalière peut sauver des vies », a-t-il affirmé en référence aux transferts de patients d'un pays à l'autre, lors de la première vague. [...] La coopération transfrontalière a en fait été mise à mal au révélateur du coronavirus, comme l'ont montré les fermetures de frontières ou les mesures de confinement asymétriques prises à quelques kilomètres près.

---

35 Préfet de la Région Grand Est/Grand Est/Moselle/Meurthe & Moselle/Meuse: *Communiqué de presse*, 22.01.2021, https://www.grandest.fr/wp-content/uploads/2021/01/01-21-21-cpresse-commun-sommet-grande-region.pdf [06.11.2022], hier 1.

36 Préfet de la Région Grand Est/Grand Est/Moselle/Meurthe & Moselle/Meuse : *Communiqué de Presse*, 2.

[...] L'une des idées les plus intéressantes restera le pilotage d'un Fonds de coopération pour nourrir des projets transfrontaliers à destination des citoyens. On déchante toutefois en épluchant le rapport : [...]. Tout cela relève donc du symbolique. [...].[37]

Auch die französische Gipfelpräsidentschaft wird mit kritischem Unterton kommentiert:

Le président de la région Grand-Est, Jean Rottner, s'est fendu d'une vidéo dont on ne sait pas trop quel élément mettre en valeur. La voici donc. Il est globalement trop tôt pour cerner les dossiers auxquels il souhaite s'attaquer.[38]

Selbst im abschließenden Teil, der sich auf die gemeinsame Erklärung bezieht, wird die nationale Ebene in den Vordergrund gerückt; damit liegt der Akzent nicht auf der Einheit und Geschlossenheit des Gipfels:

Les exécutifs de la Grande Région sont repartis de ce sommet virtuel avec une déclaration commune en poche, dont certains domaines relèvent plutôt d'un échelon national sur lequel ils n'ont pas de levier (sauf le Grand-Duché, évidemment). Dix grands thèmes sont mis en avant :
1. Solidaires en matière de santé – une coopération exemplaire pour et en Europe
2. Faire reconnaître la particularité des régions frontalières aux échelles nationales et européenne – Garantir la mobilité
3. Approfondir davantage la coopération – Pérenniser l'échange numérique
4. Lutter contre la pandémie au niveau transfrontalier – Capitaliser pour l'avenir
[...].[39]

Die mit der fehlenden Einheit insinuierte mangelnde Handlungsstärke steht in auffälligem sprachlichen Gegensatz zu den zahlreichen und repetitiv eingesetzten Verben in den insgesamt zehn genannten Punkten („faire" „reconnaître", „approfondir", „lutter", „capitaliser" etc.).

3.2 Universitäten

Bei der Analyse der Corona-Kommunikation dreier ausgewählter Universitäten (Université de Lorraine, Université de Luxembourg, Universität des Saarlandes) aus dem Verbund der Universität der Großregion[40] galt das Interesse insbesondere

---

37 Gamelon, Hubert: Grande Région: dix bonnes résolutions mais pas assez de fond, in: *Le Quotidien*, 21.01.2021, https://lequotidien.lu/grande-region/grande-region-dix-bonnes-resolutions-mais-pas-assez-de-fond/ [06.11.2021].
38 Gamelon: Grande Région.
39 Gamelon: Grande Région.
40 Die Sichtung der Webseiten fand stichprobenartig am 20./21.10.2022 statt.

dem Gewicht bzw. der Präsenz der Thematik auf der Eingangsseite der Homepage sowie den mit Corona verbundenen Themen auf den weiteren Seiten. Es offenbaren sich erhebliche Unterschiede zwischen den drei Institutionen.

Abb. 1: Bildschirmfoto der Startseite der Université de Lorraine (Stand: 20.10.2022)

Während „Covid-19" als erster Punkt in der Menüleiste der Université de Lorraine erscheint, findet sich der Punkt auf der Eingangsseite der Universität des Saarlandes erst sehr weit unten auf der Hauptseite (nach z. B. Informationen zu „Energiespar-Kampagne der Universität" und „Hilfe für Flüchtlinge"). Auf der Eingangsseite der Université du Luxembourg hingegen hat das Thema überhaupt keine direkte Sichtbarkeit. Unter dem Button „Universität" in der Menüleiste öffnet sich eine Liste mit Themen, worunter an letzter Stelle „Coronavirus" erscheint:

Abb. 2: Homepage der Université du Luxembourg (Stand: 20.10.2022)

Übereinstimmungen zwischen allen drei Institutionen bestehen hingegen im Hinblick auf die Nennung der jeweiligen gesetzlichen Richtlinien sowie Vorgaben und/oder Empfehlungen zu allgemeinen Verhaltensweisen im Falle einer Infektion. Die Universität des Saarlandes und die Université du Luxembourg bieten FAQ-Bereiche zu Corona an. Verweise auf Impfmöglichkeiten sind nur auf den Seiten der Universität des Saarlandes und der Université de Lorraine angegeben, wohingegen sich die Aspekte psychische Gesundheit und (psychologische) Unterstützung nur auf den Seiten der Université de Lorraine und der Université du Luxembourg finden. Wissenschaftliche Informationen zur Impfung (Aufklärung über die Funktionsweise der Impfung, wissenschaftliche Erkenntnisse etc.) erscheinen nur auf den Seiten der Université du Luxembourg.

Insgesamt lässt sich festhalten, dass die Kommunikation der drei ausgewählten Universitäten überwiegend kognitiv-informierend ist. Die affektive Dimension ist ansatzweise bei der Université de Lorraine und der Université du Luxembourg berücksichtigt, insofern auf die Aspekte der psychischen Gesundheit und der (psychologischen) Unterstützung eingegangen wird. Der Solidaritätsgedanke wird an keiner Stelle in Zusammenhang mit dem Befolgen der pandemiebedingten Verhaltensregeln evoziert; auch explizite Bezüge zur Mobilität im Universitätsverbund oder darüber hinaus werden nicht hergestellt.

4. Ergebnisse und Perspektiven

In der Corona-Kommunikation der Gipfelpräsidentschaft lassen sich verschiedene Strömungen feststellen. Während des ersten Höhepunkts der Pandemie (2020) legen die Analyseergebnisse nahe, dass die diskursive Affirmation des gemeinsamen Raums und des gemeinsamen Handelns sich gewissermaßen proportional zur faktischen Erschwerung eines solchen (in der Folge der Grenzschließungen) verhält. Hierzu werden verschiedene sprachliche Mittel eingesetzt, nicht nur, aber durchaus mit einer höheren Intensität insbesondere in den Texten der saarländischen Gipfelpräsidentschaft. Der Übergang zur französischen Gipfelpräsidentschaft ist durch das neue Schlagwort der Resilienz markiert; zugleich fehlt die explizite diskursive Konstruktion des gemeinsamen Raums. Die Großregion, so könnte angenommen werden, befindet sich nun (2021/2022) in einem anderen Abschnitt der Pandemie, mit wieder geöffneten Grenzen, und ohne die Notwendigkeit einer ‚kommunikativen Kompensation'. Stattdessen müssen ihre ‚Widerstandskräfte' als Entität gestärkt werden.

Die universitäre Corona-Kommunikation ist primär auf die Information ihrer jeweiligen *communities* in ihrem nationalen Kontext ausgerichtet; die Verbundpartner*innen oder die Großregion sind hier offenbar zunächst nicht im Blickfeld. Damit werden innerhalb der Großregion neue Grenzen der Verflechtung und spezifische Verknüpfungen und Verwebungen im Sinne von veränderten *Bordertexturen*[41] besonders deutlich, die sich in und durch die Corona-Pandemie gebildet haben.

Die vergleichenden Perspektiven auf die Pandemiekommunikation schärfen den Blick für ganz unterschiedliche Phänomene, vor allem auch für die Verlagerung der Wahrnehmung des gemeinsamen Lebensraums und der Großregion je nach Akteursgruppe, Funktion und Zeitpunkt im Verlauf der Pandemie. Angesichts der zahlreichen Grenzregionen in Europa wäre es aufschlussreich, in zukünftigen Studien entsprechende Vergleiche zu anderen Grenzregionen herzustellen.

Literaturverzeichnis

Korpus

Der Ministerpräsident des Saarlandes: *Zweiter Brief des Präsidenten des 17. Gipfels der Großregion Tobias Hans an Bundeskanzlerin Angela Merkel*, 22.12.2020, http://www.grossregion.net/content/download/4972/78956 [06.11.2022].

---

41 AG Bordertexturen: Bordertexturen als transdisziplinärer Ansatz zur Untersuchung von Grenzen. Ein Werkstattbericht, in: *Berliner Debatte Initial* 29 (2018), 73–83.

Gamelon, Hubert: Grande Région: Dix bonnes résolutions mais pas assez de fond, in: *Le Quotidien*, 21.01.2021, https://lequotidien.lu/grande-region/grande-regio n-dix-bonnes-resolutions-mais-pas-assez-de-fond/ [06.11.2022].
Großregion: *Gemeinsam gegen Corona*, 30.04.2020, http://www.grossregion.net/Akt uelles/2020/Die-Grossregion-Gemeinsam-gegen-Corona [06.11.2022].
Großregion: *Gemeinsame Erklärung des Gipfels der Großregion unter saarländischer Präsidentschaft*, 20.01.2021, https://www.saarland.de/SharedDocs/Downloads/ DE/mfe/Großregion_und_Europa/2021-01-20_Gemeinsame-Erklärung-Gipfel -der-Grossregion.pdf?__blob=publicationFile&v=2 [06.11.2022].
Ministerium für Bildung und Kultur Saarland/Universität des Saarlandes: *Sprachenkonzept Saarland 2019. Neue Wege zur Mehrsprachigkeit im Bildungssystem*, http s://www.saarland.de/SharedDocs/Downloads/DE/mbk/00_Portalstart/publik ationen/Sprachenkonzept2019.pdf?__blob=publicationFile&v=1 [06.11.2022].
Préfet de la Région Grand Est/Grand Est/Moselle/Meurthe & Moselle/Meuse: *Communiqué de presse*, 22.01.2021, https://www.grandest.fr/wp-content/uploads/20 21/01/01-21-21-cpresse-commun-sommet-grande-region.pdf [06.11.2022].
Présidence française du Sommet des exécutifs de la Grande Région: *La Grande Région, carrefour de l'Europe: un espace innovant, résilient et solidaire 2021/2022*, http://www. granderegion.net/content/download/5052/79846?inLanguage=fr [06.11.2022].
Saarland Medien-Info: *Bilanz zur saarländischen Gipfelpräsidentschaft der Großregion: Intensivere Zusammenarbeit in Zeiten von Corona*, 20.01.2021, http://www.grossreg ion.net/content/download/5073/file/Pressemitteilung%20Saarland%3A%20Abs chlussgipfel%20oder%20Grossregion.pdf [06.11.2022].
Saarland Staatskanzlei: *Eckpunkte einer Frankreichstrategie für das Saarland*, 27.01.2020, https://www.saarland.de/SharedDocs/Downloads/DE/mfe/Gr oßregion_und_Europa/Eckpunkte_Frankreichstrategie_D.html [06.11.2022].

Wissenschaftliche Literatur

AG Bordertexturen: Bordertexturen als transdisziplinärer Ansatz zur Untersuchung von Grenzen. Ein Werkstattbericht, in: *Berliner Debatte Initial* 29 (2018), 73–83.
Baumgart, Sabine/Krätzig, Sebastian: Raumentwicklung in Grenzregionen. Wichtige Weichenstellungen unter dem Eindruck der Pandemie, in: *Informationen zur Raumentwicklung* 2 (2021), 18–23.
Behr, Irmtraud/Liedtke, Frank: Krise im öffentlichen Raum. Formen und Funktionen kleiner Kommunikationsformate zu Covid 19, in: *Zeitschrift für Literatur und Linguistik* 51 (2021), 365–398.
Bubenhofer, Noah/Knuchel, Daniel/Sutter, Livia [u. a.]: Von Grenzen und Welten: Eine korpuspragmatische COVID-19-Diskursanalyse, in: *Aptum. Zeitschrift für Sprachkritik und Sprachkultur* 16 (2020), 156–165.

Daux-Combaudon, Anne-Laure/Habscheid, Stephan/Herling, Sandra [u. a.]: Die Corona-Krise im Diskurs: Hervorbringung, Konzeptualisierung und Vermittlung im internationalen Vergleich, in: *Zeitschrift für Literatur und Linguistik* 51 (2021), 357–363.

Délégation générale à la langue française et aux langues de France: *Crise sanitaire le dire en français*, 14.12.2020, https://www.culture.gouv.fr/Thematiques/Langue-francaise-et-langues-de-France/Actualites/14-12-Le-depliant-Crise-sanitaire-l e-dire-en-francais-est-disponible [14.12.2020]

Groß – Grande REGION: https://www.grossregion.net/ [06.11.2022].

Großregion: *Die Großregion in Zahlen*, https://www.grossregion.net/Die-Grossregio n-kompakt/Die-Grossregion-in-Zahlen [13.06.2023].

Hein, Vincent (Hg.): *Le Développement du télétravail et ses enjeux dans l'espace transfrontalier, Les cahiers de la Grande Région*, Luxemburg 2022.

Initiativkreis Metropolitane Grenzregionen: *Initiativkreis deutscher Regionen in grenzüberschreitenden Verflechtungsräumen. Abschlussbericht des Modellvorhabens Raumordnung (MORO)*, Saarbrücken 2013.

Klosa-Kückelhaus, Annette/Kernerman, Ilan (Hg.): *Lexicography of Coronavirus-related Neologisms*, Berlin, Boston 2022.

Koch, Christian/Thörle, Britta: Vermessung und Vermittlung der Krise in den frühen Lageberichten zur Corona-Pandemie: ein deutsch-französischer Vergleich, in: *Zeitschrift für Literatur und Linguistik* 51 (2021), 529–559.

Luxembourg Institute of Socio-Economic Research: *The Impact of Telework Induced by the Spring 2020 Lockdown on the Use of Digital Tools and Digital Skills*, 12.12.2020, https://liser.elsevierpure.com/ws/portalfiles/portal/26465646/polic y_brief_12.02_EN.pdf [06.11.2022].

Ministère de la Culture de France: *Coronavirus, les mots pour le dire*, 09.04.2020, https://www.culture.gouv.fr/Actualites/Coronavirus-les-mots-pour-le-dire [09.04.2020].

Osthus, Dietmar: „La crise [...] est là, elle est violente, elle est lourde, elle est profonde, elle est dure", in: Pietrini/Wenz (Hg.): *Dire la crise*, 33–48.

Pietrini, Daniela/Wenz, Katrin (Hg.): *Dire la crise: mots, textes, discours. Approches linguistiques à la notion de crise*, Frankfurt/M. 2016.

Polzin-Haumann, Claudia: Geschlossene Grenzen – offene Sprachen? Beobachtungen zum Sprachgebrauch in Deutschland und Frankreich in Zeiten von COVID-19, in: Weber/Theis/Terrollion (Hg.): *Grenzerfahrungen – Expériences transfrontalières*, Wiesbaden 2021, 391–400.

Polzin-Haumann, Claudia/Reissner, Christina: Unternehmenskommunikation in einem internationalen Unternehmen in der SaarLorLux-Region. Eine Fallstudie auf interdisziplinärer Grundlage, in: Hennemann, Anja/Schlaak, Claudia (Hg.): *Unternehmenskommunikation und Wirtschaftsdiskurse – Herausforderungen für die romanistische Linguistik*, Heidelberg 2016, 103–121.

Polzin-Haumann, Claudia/Reissner, Christina: Languages and Language Policies in Saarland and Lorraine: Towards the Creation of a Transnational Space?, in: Jańczak, Barbara (Hg.): *Language Contact and Language Policies across Borders: Construction and Deconstruction of Transnational and Transcultural Spaces*, Berlin 2018, 45–55.

Spitzmülller, Jürgen/Warnke, Ingo H.: *Diskurslinguistik. Eine Einführung in Theorien und Methoden der transtextuellen Sprachanalyse*, Berlin/Boston 2011.

Weber, Florian/Theis, Roland/Terrollion, Karl (Hg.): *Grenzerfahrungen – Expériences transfrontalières. COVID-19 und die deutsch-französischen Beziehungen – Les relations franco-allemandes à l'heure de la COVID-19*, Wiesbaden 2021.

Wengeler, Martin: „Noch nie zuvor". Zur sprachlichen Konstruktion der Wirtschaftskrise 2008/2009 im *Spiegel*, in: *Aptum. Zeitschrift für Sprachkritik und Sprachkultur* 2 (2010), 138–156.

Wille, Christian: *Grenzgänger und Räume der Grenze. Raumkonstruktionen in der Großregion SaarLorLux*, Luxemburg 2012 (Luxemburg-Studien/Etudes luxembourgeoises 1).

Wille, Christian (Hg.): *Lebenswirklichkeiten und politische Konstruktionen in Grenzregionen: das Beispiel der Großregion SaarLorLux: Wirtschaft – Politik – Alltag – Kultur*, Bielefeld 2015.

Wille, Christian/Kanesu, Rebekka (Hg.): *Bordering in Pandemic Times. Insights into the COVID-19 Lockdown*, Luxemburg, Trier 2020 (Borders in Perspective 4).

Die Rückkehr der ‚Grenzen in den Köpfen'
Erfahrungen von Studierenden an der deutsch-französischen Grenze

Birte Wassenberg

Abstract: *La pandémie de Covid-19 a eu des conséquences désastreuses pour les régions frontalières franco-allemandes. Comme la première réaction de la plupart des Etats-membres de l'UE avait été celle de fermer unilatéralement les frontières au printemps 2020, la mobilité transfrontalière s'en est vue brutalement mise à l'arrêt. Sa suspension ainsi que la réintroduction de barrières et de contrôles aux frontières ont été immédiatement perçues comme un choc par les travailleur·euse·s frontalier·ère·s et l'ensemble de la population frontalière. Les étudiant·e·s de l'Université de Strasbourg ont également été touché·e·s par la refrontiérisation et les nouveaux contrôles aux frontières qui rendaient les échanges transfrontaliers et les stages à l'étranger difficiles voire impossibles. Au-delà des contraintes physiques rencontrées pour passer la frontière, les étudiant·e·s ont également été confronté·e·s au retour des 'frontières mentales' comme l'une des conséquences du processus de frontiérisation. Dans les régions frontalières franco-allemandes, ces frontières mentales se sont manifestées par un repli national, du ressentiment à l'égard des voisin·e·s, et, d'une manière générale, par un manque de solidarité européenne dans la gestion de la crise. Chez les étudiant·e·s, les 'frontières mentales' ont abouti à des blocages psychiques et des angoisses qui ont constitué de véritables obstacles mentaux à l'idée d'une mobilité européenne et transfrontalière.*

1. Die deutsch-französischen Grenzregionen im Schockzustand

„Nous sommes en guerre!" – dies waren die Schlagworte des Präsidenten der Republik Frankreich Emmanuel Macron in seiner Rede an die französische Nation vom 15. März 2020, als die erste Welle der Covid-19-Pandemie den europäischen Kontinent erreichte, wobei er den ausgerufenen ‚Kriegszustand' mindestens fünf Mal in seiner Rede wiederholte.[1] In der Tat war die Pandemie für viele weltweit

---

1 N. N.: Nous sommes en guerre: le verbatim du discours d'Emmanuel Macron, in: *Le Monde*, 16.03.2020, https://www.lemonde.fr/politique/article/2020/03/16/nous-sommes-en-guerre

eine schreckliche Erfahrung und in Europa, d. h. insbesondere in den Grenzregionen wurde dies noch durch einen zweiten Faktor verschlimmert, nämlich durch das Gefühl, dass die Rückkehr der Grenzen in der Europäischen Union (EU) das Ende des europäischen Integrationsprozesses einläutete. Im folgenden Beitrag wird zunächst der generelle Schockzustand in den deutsch-französischen Grenzregionen und dessen Auswirkung auf das Leben der Grenzgänger*innen und der Grenzbevölkerung dargestellt, um darauffolgend die spezifischen Erfahrungen von Studierenden am Politikwissenschaftsinstitut der Université de Strasbourg während des Studienjahres 2020/2021 näher zu beleuchten.

Die Pandemie führte demnach im Frühjahr 2020 in fast allen Mitgliedsstaaten der EU zu einem Prozess von Grenzschließungen und dieses *re-bordering* stellte vor allem das Ideal eines Europas ohne Grenzen grundlegend infrage.[2] Dabei war es nicht das erste Mal, dass im Schengen-Raum Grenzkontrollen wiedereingeführt wurden, hatte dies doch seit der Migrationskrise im Sommer 2015 schon mehrmals stattgefunden, aber noch nie waren Grenzschließungen auf europäischer Ebene so plötzlich, unkoordiniert und so ‚hermetisch' vorgenommen worden.[3] So kam das *re-bordering* zwischen März und Juni 2020 einer wahrhaften Abschottung der EU von außen und von innen gleich. Die Rückkehr der westfälischen Grenze – im Sinne des nach dem Westfälischen Frieden 1648 etablierten Westfälischen Staatensystems, dass die nationalen Grenzen zwischen Staaten als politische Affirmation souveräner Nationalstaaten etablierte – war brutal, da die Schließung der Grenze bedeutete, dass die freie Bewegung der Bürger*innen im Sinne der Mobilität ohne Grenzen unterbrochen wurde, so lange, bis die Grenzen Ende des Frühjahrs und Anfang Sommer 2020 wieder progressiv geöffnet wurden.[4]

Gerade an der Grenze zwischen Deutschland und Frankreich, sowohl in der deutsch-französisch-schweizerischen Oberrheinregion als auch in der Großregion zwischen Luxemburg, Frankreich, Deutschland und Belgien, wo eine intensive grenzüberschreitende Zusammenarbeit schon seit den 1960er-Jahren entwickelt worden war, und wo es zahlreiche gemeinsame Governance-Strukturen gibt, da hätte sich niemand auch nur einen Moment lang einen totalen Zusammenbruch des

---

-retrouvez-le-discours-de-macron-pour-lutter-contre-le-coronavirus_6033314_823448.html [20.10.22].

2   Vgl. Wassenberg, Birte: The Schengen Crisis and the End of the ‚Myth' of Europe without Borders, in: *Borders in Globalization Review* 1/2 (2020), 30–39.

3   Vgl. Colombeau, Sara Casella: Crisis of Schengen? The Effect of two ‚Migrant Crises' (2011 and 2015) on the Free Movement of People at an Internal Schengen Border, in: *Journal of Ethnic and Migration Studies* 46/11 (2019), 2258–2274.

4   Vgl. Berrod, Frédérique/Bruyas, Pierrick: Union Européenne: La frontière comme antidote à l'épidémie?, in: *The Conversation*, 29.03.2020, https://theconversation.com/union-europeenne-la-frontiere-comme-antidote-a-lepidemie-134844 [20.10.22].

integrierten Grenzraumlebens vorstellen können.[5] Aber entgegen aller Erwartungen gab es auch dort eine plötzliche Unterbrechung aller grenzüberschreitenden Beziehungen, insbesondere während des ersten Lockdowns von März bis Juni 2020. Da sich die Pandemie vom Elsass aus verbreitete, wo eine religiöse Zusammenkunft Anfang März einen Hotspot in Mulhouse verursacht hatte und die Kontaminationsrate in Frankreich daher extrem hoch war, beschloss die Bundesregierung in Berlin, mit sofortiger Wirkung, die Grenze zu Frankreich zu schließen, und zwar ohne Absprache mit dem französischen Partner*innen auf der anderen Seite der Grenze.[6] Diese Entscheidung vom deutschen Innenministerium, die Grenze unilateral zu schließen, wurde in den deutsch-französischen Grenzregionen als wahrhaft traumatisierend empfunden. Denn für die Bevölkerung in diesen Grenzräumen waren die Auswirkungen in der Tat verheerend, da es zu einer sofortigen Unterbrechung der grenzüberschreitenden Mobilität kam: die Grenzpassagen – über die Schienen, die Straße, zu Fuß, etc. – wurden blockiert und zudem systematische Grenzkontrollen von deutschen Grenzbehörden durchgeführt (auf die dann Kontrollen von den französischen Behörden auf ihrer Seite der Grenze als Reaktion der Reziprozität folgten).[7] Die einzig erlaubte Durchlässigkeit der Grenze bezog sich zunächst nur auf Lastwagen, die den Gütertransport sicherten, um die Funktionsweise des EU-Binnenmarktes nicht zu blockieren.

Die Schließung der deutsch-französischen Grenze betraf zunächst vor allem die Grenzgänger*innen, die nicht mehr ungehindert an ihren Arbeitsplatz auf der anderen Seite der Grenze gelangen konnten und gefährdete somit sofort die regionale Wirtschaftskohäsion. Die deutschen Grenzregionen sind nämlich zu einem großen Anteil auf französische Grenzgänger*innen angewiesen, mit einem hohen Anteil von Franzosen und Französinnen, die in Baden-Württemberg, in Rheinland-Pfalz und im Saarland arbeiten und die täglich die Grenze überqueren.[8] Daher mussten schon innerhalb der ersten Woche des Lockdowns Ausnahmeregelungen getroffen

---

5   Vgl. Berrod, Frédérique/Chovet, Morgane/Wassenberg, Birte: La frontière franco-allemande au temps du COVID-19: la fin d'un espace commun, in: Wille, Christian/Kanesu, Rebekka (Hg.): *Bordering in Pandemic Times, Insights into the COVID-19 Lockdown*, Luxembourg, Trier, 2020, 39–43.

6   Vgl. N. N.: Deutschland schließt Grenzen zu Frankreich, Österreich und der Schweiz, in: *Der Spiegel*, 15.03.2020, https://www.spiegel.de/politik/deutschland/coronavirus-deutschland-s chliesst-grenzen-zu-frankreich-oesterreich-und-der-schweiz-a-9910fb81-f635-4be5-8138-bc bcbfd491d4 [20.10.22].

7   Vgl. Jean Monnet Excellence Center: *Eprouver les frontières au temps de la COVID19*, webinar of the Franco-German Jean Monnet Excellence Center in Strasbourg, 17.07.2020, https://centre-jean -monnet.unistra.fr/2020/07/17/webinaire-eprouver-les-frontieres-au-temps-de-la-covid19/ [20.10.22].

8   Vgl. Belkacem Rachid/Evrard, Estelle: Travail frontalier et fermeture des frontières: l'exemple de la Grande Région Sarre-Lor-Lux, in: *Borderobs*, 08.06.2020, http://cbs.uni-gr.eu/fr/ressour ces/borderobs [20.10.22].

werden, die es diesen Grenzgänger*innen ermöglichten, auf der anderen Seite der Grenze zu ihrem Arbeitsplatz zu gelangen.[9] Doch der Re-bordering-Prozess hatte noch andere Auswirkungen auf die Grenzgänger*innen: die ‚Grenze' in den Köpfen kam zurück.[10] Da die Grenzkontrollen vor Ort an der französischen Grenze aufgrund nationaler und nicht gesundheitlicher Kriterien die Autorisierung zur Überschreitung der Grenze erteilten, wurde das Virus zunehmend auch als „fremde Bedrohung von außen" von der deutschen Bevölkerung identifiziert und damit eine fälschliche Analogie zwischen „Franzose" und „Corona-Virus" hergestellt.[11] Die Grenze wurde wieder einmal zum Schauplatz der Affirmation einer nationalen Identität, die zwischen dem ‚wir' und den ‚anderen' unterscheidet.[12] Es kam somit zu Ausschreitungen und Aggressionen der deutschen Bevölkerung gegen französische Grenzgänger*innen. Man konnte Parolen hören wie „Geh nach Hause in dein Corona-Land!", „Dreckiger Franzose" oder „Warum kommen Sie hier einkaufen? Gibt es das nicht in Frankreich?", aber auch physische Angriffe konnten beobachtet werden, wie z. B. das Bewerfen französischer Autos mit Eiern oder Tomaten.[13] Diese Ressentiments waren nicht nur für die Grenzgänger*innen ein Schock, die schon seit Jahren auf deutscher Seite arbeiteten und sich dort willkommen gefühlt hatten, sondern auch eine Infragestellung des stets als Vorbild bezeichneten deutsch-französischen Versöhnungsprozesses seit dem Elysée-Vertrag 1963.[14]

Das nationale *re-bordering* in der deutsch-französischen Grenzregion hatte auch verheerende Auswirkungen auf die gesamte Grenzbevölkerung. Plötzlich waren Familien, deren Mitglieder dies- und jenseits der Grenze verteilt lebten, voneinander getrennt, geschiedene Eltern konnten nicht mehr das geteilte Sorgerecht über die Grenze hinweg ausüben und Paare, die auf zwei Seiten der Grenze lebten, konnten sich nicht mehr treffen. Kurzum, der Grenzschließungseffekt der Covid-19-Pandemie bedeutete im gemeinsamen deutsch-französischen grenzüberschreitenden Lebensraum eine Trennung, die fast ähnlich empfunden wurde wie der Moment,

---

9   Vgl. Lumet, Sébastien/Enaudeau, Jacques: Organisation du territoire européen en temps de Covid-19, entre coopération et repli, in: *Le Grand Continent*, 01.04.2020.

10 Vgl. Wassenberg, Birte: ‚The Return of Mental Borders': A Diary of the COVID19 Crisis Experienced at the Franco-German Border between Kehl and Strasbourg (March-June 2020), in: *Borders in Globalization Review* 1/3 (2020), 114–120.

11 Peyrony, Jean/Rubio, Jean/Viaggi, Raffaele: *The Effects of COVID-19 Induced Border Closures on Cross-Border Regions. An Empirical Report Covering the Period March to June 2020*, Luxembourg 2021, 21–25, https://op.europa.eu/en/publication-detail/-/publication/46250564-669a-11eb-aeb5-01aa75ed71a1/language-en [20.10.22].

12 Vgl. Benziane, Karima: *La Gestion de la frontière franco-allemande pendant la crise du coronavirus*, Paris, Université Sorbonne Panthéon, Masterarbeit, 2021, 55.

13 Vgl. N. N.: Coronavirus. L'Allemagne condamne des actes anti-français dans les zones frontalières, in: *Ouest-France*, 11.04.2020.

14 Vgl. Berrod, Frédérique/Wassenberg, Birte: La coopération transfrontalière, maillon vital de la politique de santé de l'UE, in: *Revue des Affaires européennes* 21/2 (2021), 323–334.

als die Berliner Mauer 1961 errichtet wurde und deutsche Familien regelrecht innerhalb einer Nacht voneinander abgeschnitten waren. Meine eigene Erfahrung als Grenzgängerin im Eurodistrikt Strasbourg-Kehl ist dabei bezeichnend, wie mein Covid-19-Tagebuch zeigt:

> 12. März, abends: Mein Kollege Joachim Beck ruft mich an, um mir mitzuteilen, dass sie anscheinend die Grenze schließen werden, er hätte Informationen aus erster Hand vom Staatsministerium in Baden-Württemberg. Ich realisiere mit Schock, dass sich meine älteste Tochter und einer meiner Zwillinge zwar bei mir in Kehl befinden, mein Sohn und der andere Zwilling jedoch auf der französischen Seite sind. Mein Kollege beruhigt mich zunächst, aber fünf Minuten später ruft er nochmal zurück, weil er seine Meinung geändert hat: „An deiner Stelle würde ich doch versuchen, den anderen Zwilling schnell nach Hause zu holen – man weiß ja nie, was noch alles passieren kann", betont er. Aber das ist jetzt unmöglich, es ist zu spät, denn der Zwilling hat schon einen Zug genommen, um über Nacht zu einer Freundin in einem Dorf im Nordelsass zu fahren. Das ist der Moment, an dem meine ältere Tochter zu mir sagt: „Mama, das ist ja wie im August 1961, als sie die Berliner Mauer bauten, wir haben die eine Hälfte der Familie auf dieser Seite und die andere auf der anderen Seite des Eisernen Vorhangs!"[15]

Dieser emotionale Schock im deutsch-französischen Grenzraum während der ersten Phase des Lockdowns im Frühjahr 2020, gekoppelt mit der Symbolik der geschlossenen Grenze in Form von Barrieren und Schlagbäumen, war die für die Grenzbürger*innen verheerendste Konsequenz der Covid-19-Pandemie. Sie hinterlässt den Eindruck, dass die Grenzregion anstelle eines Modells der europäischen Integration und der deutsch-französischen Versöhnung zum Schauplatz von Desintegration und neuen Grenzkonflikten umgewandelt wurde.[16] Dies galt insbesondere für den deutsch-französischen Grenzraum, der als Grundstein eines vereinigten Europa diesen Modellcharakter ganz besonders verkörperte.[17] Anstelle als Vorzeigeprojekt für ein gelungenes ‚Europa ohne Grenzen' zu fungieren, wurden die Grenzregionen nun zum Symbol eines gescheiterten ‚Mythos', wo Abschottung und Grenzziehung den Platz von freier Bewegung und Mobilität einnahmen.[18] Aus einer solchen Situation der Aushebelung grenzüberschreitender Mobilität, der Stigmatisierung des Nachbarn auf der anderen Seite der Grenze, gekoppelt mit den wirtschaftlichen und politischen Problemen für die deutsch-französische Grenzregion lässt sich also die Schlussfolgerung ziehen, dass in der ersten Phase im

---

15 Wassenberg: ‚The Return of Mental Borders', 114–119.
16 Vgl. Wassenberg: ‚The Return of Mental Borders', 119–120.
17 Vgl. Berrod/Chovet/Wassenberg: La frontière franco-allemande au temps du COVID-19, 40.
18 Wassenberg, Birte: ‚Europa ohne Grenzen': Mythos oder Realität? Eine historische Analyse, in: dies. (Hg.): *Frontières, acteurs et représentations d'Europe*, Brüssel 2022, 428.

Frühjahr 2020 die Pandemie zunächst katastrophale Auswirkungen auf die Grenzgänger*innen und die Grenzbevölkerung hatte.[19] Doch wie wurde diese Situation von Studierenden erlebt, die nicht notwendigerweise aus der deutsch-französischen Grenzregion stammten, aber dort für eine bestimmte Zeit zum Studium blieben?

2. Erfahrungen von Studierenden

Studierende an der Université de Strasbourg haben natürlich ebenso wie die Grenzbevölkerung im Eurodistrikt Strasbourg-Kehl die Restriktionen und Prozesse des *bordering* während der Covid-19-Pandemie erlebt. In Straßburg befanden sie sich dabei in einem sehr spezifischen geografischen und politischen Kontext, da die Grenzstadt von den Auswirkungen dieses *bordering* Prozesses sehr direkt betroffen war, wie die oben aufgeführten Konsequenzen für Grenzgänger*innen und die Grenzbevölkerung illustrieren. Eine vergleichende Untersuchung zu Erfahrungen von Studierenden aus den deutsch-dänischen und deutsch-französischen Grenzregionen während der Pandemie (2020/2021) kann daher Aufschluss darüber geben, ob die Studierenden ähnlich wie die Bewohner*innen der Grenzregion die Pandemie als traumatische Erfahrung und als Einschnitt in ihre Mobilitätspraxis empfanden.[20] Nachfolgend werden die Erfahrungen von vier Studierenden am Politikwissenschaftsinstitut der Université de Strasbourg (Sciences Po) näher beleuchtet, die sie selbst in Kurzartikeln dargestellt haben. Diese Studierenden hatten entweder am Masterprogramm Border Studies teilgenommen oder Kurse des vierten Studienjahres in Europastudien bzw. Internationalen Beziehungen besucht.

Die Université de Strasbourg liegt ‚im Herzen' Europas, in einer der Hauptstädte der europäischen Integration, wo die erste europäische Organisation, der Europarat, nach dem Zweiten Weltkrieg 1949 gegründet wurde und die den Sitz des europäischen Parlamentes beherbergt.[21] Als zweitgrößte Universität in Frankreich mit ca. 46 000 Studierenden und über 4000 Forschenden zieht sie jedes Jahr tausende von Austauschstudierenden aus der ganzen Welt an. Innerhalb der Universität ist Sciences Po eine der selektiven Grandes Ecoles. Jedes akademische Jahr schreiben sich 1500 Studierende, davon 400 Internationale, in Sciences Po ein.[22] Nach Ab-

---

19   Vgl. Weber, Florian/Theis, Roland/Terrollion, Karl (Hg.): *Grenzerfahrungen/Expériences transfrontalières. COVID-19 und die deutsch-französischen Beziehungen/Les relations franco-allemandes à l'heure de la COVID-19*, Berlin 2021, 1–10.
20   Vgl. Stoklosa, Kaarzyna/Wassenbergg, Birte (Hg.): *Living and Studying in the Pandemic. University Students' Experiences in the German-Danish and German-French Border Regions*, Zürich 2021.
21   Vgl. Université de Strasbourg: https://www.unistra.fr/ [20.10.22].
22   Vgl. Sciences Po Strasbourg: https://www.sciencespo-strasbourg.fr/ [20.10.22].

schluss eines fünfjährigen multidisziplinären Kurrikulums erhalten die Studierenden vom Institut ein international anerkanntes Master-Abschlussdiplom. Die Schule hat schon immer eine prominente Rolle in der europäischen Bildung und für den internationalen Austausch gespielt, vor allem mit einer starken Beteiligung in den EU-Erasmus-Programmen. Die Europastrategie wird durch die geografische Position in Straßburg und die Nähe der europäischen Institutionen begünstigt, die viele Möglichkeiten für verschiedene Kollaborationen und professionelle Praktika für Studierende bietet. Eines der Masterprogramme bei Sciences Po ist auf Border Studies ausgerichtet: Es handelt sich um den Master Relations internationales – Les frontières: coopérations et conflits.[23] Dieser Master bietet ein breites Spektrum von Kursen zu den geopolitischen Funktionen von Grenzen, grenzüberschreitendender Zusammenarbeit in Europa und zu Grenzen in der Globalisierung. Er ist außerdem in ein größeres Netzwerk der Border Studies eingebettet, wie z. B. in das Transfrontier Euroinstitute Network (TEIN)[24], das zwölf Bildungseinrichtungen und Universitäten aus europäischen Grenzregionen zusammenbringt oder in den französischen Verbund für Grenzregionen, die sogenannte Mission opérationnelle transfrontalière (MOT)[25]. Jedes Jahr werden 30 Studierende in diesem Masterprogramm zugelassen, in dessen Zusammenhang auch eine jährliche Konferenz zu Grenzen im Château de Pourtalès in Straßburg organisiert wird, die sogenannten „Castle-talks on cross-border cooperation",[26] sowie eine Masterclass, die in einer europäischen Stadt mit 100 Studierenden organisiert wird und 15 Masterprogramme aus Frankreich und Europa zusammenbringt. Die Studierenden kommen in der Regel im September nach Straßburg und beenden ihr Programm im August des darauffolgenden Jahres, nachdem sie ein Praktikum von drei bis sechs Monaten absolviert oder eine Masterarbeit zu einem Thema in Bezug auf Grenzen, die europäische Integration und Internationale Beziehungen geschrieben haben.

Zu Beginn ihres Studiums, im September 2020, hatte sich die Situation an der deutsch-französischen Grenze im Vergleich zur ersten Phase der Pandemie schon etwas verändert. Der harte Lockdown des Frühjahrs war beendet und die Grenzen wieder geöffnet.[27] Diese Tatsache hatte die grenzüberschreitenden Beziehungen entspannt und Mobilität über die Grenze wieder möglich gemacht, aber es war nicht

---

23 Sciences Po Strasbourg: https://www.sciencespo-strasbourg.fr/nos-formations/nos-autres-formations/diplomes-nationaux-de-master/masters/relations-internationales [20.10.22].
24 Transfrontier Euro-Institut Network: https://transfrontier.eu/ [20.10.22].
25 Espaces Transfrontaliers: http://www.espaces-transfrontaliers.org/ [20.10.22].
26 Vgl. Wassenberg, Birte (Hg.): *Castle-Talks on Cross-Border Cooperation. Fear of Integration? The Pertinence of the Border*, Stuttgart 2017, 10–20.
27 Vgl. Dies.: Cooperative Federalism or ‚Flickenteppich' (Patchwork)? Crisis Management during the COVID-19 Pandemic in the Federal Republic of Germany, a Comparative Approach with Regard to France, in: Beylier, Pierre-Alexandre/Molinari, Véronique (Hg.): *COVID-19 in Europe and North America. Policy Responses and Multi-Level Governance*, Berlin 2022, 80–82.

klar, ob auch für Studierende aus Straßburg die Grenze nach Deutschland passierbar sein würde und vor allem, ob Grenzen in Europa und in der Welt wieder für den Reiseverkehr ungehindert geöffnet würden. Denn nach dem ersten Lockdown waren vor allem für die Grenzgänger*innen und die Grenzbevölkerung Maßnahmen eingeführt worden, um eine Mobilität zu ermöglichen, nicht aber notwendigerweise für alle Menschen in der Grenzregion (wie z. B. für die Studierenden).[28] Die Ministerpräsidenten der Länder an der französischen Grenze (Winfried Kretschmann aus Baden-Württemberg, Malu Dreyer aus Rheinland-Pfalz, Tobias Hans aus dem Saarland) und der Präsident der Région Grand Est, Jean Rottner, hatten demnach eine ad-hoc-Arbeitsgruppe für die grenzüberschreitende Zusammenarbeit gegründet, die politische Akteure und Akteurinnen von der regionalen Ebene und der nationalen Ebene zusammenbrachten. Ende März 2020 ermöglichten sie den ersten grenzüberschreitenden Transfer von Covid-19-Patienten aus der Grenzregion Elsass in ein Krankenhaus in Freiburg, in der Nachbarregion.[29] Später, von Oktober 2020 an, schaffte es diese Arbeitsgruppe, zu verhindern, dass die Grenze zwischen Deutschland und Frankreich wieder geschlossen wurde, als die Infektionsraten auf beiden Seiten des Rheins hochschnellten. Während der zweiten und dritten Welle der Pandemie wurde somit grenzüberschreitende Mobilität in den deutsch-französischen Grenzräumen weitgehend geschützt, damit sie als integrierte Lebensräume weiter funktionieren konnten.[30] Dennoch betraf diese Mobilität hauptsächlich nur die Grenzgänger*innen und die Grenzbevölkerung und war besonders auf diese beiden Kategorien zugeschnitten. Es wurden spezielle Regeln für sie eingeführt, z. B. die 24-Stunden-Regel, die es Grenzgänger*innen und ihren Familien erlaubte, für eine begrenzte Zeit ungehindert die Grenze zu überschreiten, um dort zu arbeiten, einzukaufen oder Verwandte zu besuchen.[31] Die lokalen Behörden beiderseits der Grenze arbeiteten eng zusammen, um eine

---

28 Vgl. Wassenberg, Birte: Die Auswirkungen der Covid-19-Pandemie auf den Eurodistrikt Strasbourg–Kehl/Ortenaukreis: Von Ressentiments zur Europäischen Solidarität und grenzüberschreitenden Innovation, in: Brodowski, Dominik/Nesselhauf, Jonas/Weber, Florian (Hg.): *Pandemisches Virus – nationales Handeln. Covid-19 und die europäische Idee*, Wiesbaden 2022, 171–191.

29 Vgl. N. N.: L'accueil de patients alsaciens dans le Bade-Wurtemberg a commencé, in: *eurojournalist*, 21.03.2020, http://eurojournalist.eu/laccueil-de-patients-alsaciens-dans-le-bade-wurtemberg-a-commence/ [20.10.22].

30 Vgl. Fuchs, Tobias: Keine Grenzschließungen zwischen Saarland und Frankreich, in: *Saarbrücker Zeitung*, 22.02.2022, https://www.saarbruecker-zeitung.de/saarland/landespolitik/corona-keine-grenzschliessungen-zwischen-saarland-und-frankreich_aid-56396651 [20.10.22].

31 Vgl. Maheux, Marie: Coronavirus: une dérogation de 24 heures pour aller faire ses courses en Allemagne, in: *France bleu*, 16.10.2020, https://www.francebleu.fr/infos/societe/la-regle-des-24h-entre-en-vigueur-des-samedi-pour-les-frontaliers-1602838098 [20.10.22].

gewisse grenzüberschreitende ‚Normalität' beizubehalten und erneute traumatische Erfahrungen der Trennung und Desintegration zu vermeiden. Die politischen Akteure und Akteurinnen auf regionaler und nationaler Ebene hatten in der Tat aus dem ersten Lockdown gelernt und verstanden, dass die Grenzregionen besondere Lebensräume waren, die nicht durch nationale Grenzpolitik behindert werden sollten. Dies machte den zweiten und dritten Lockdown im Herbst 2020 und Frühjahr 2021 für die Grenzgänger*innen und die Grenzbevölkerung weitaus erträglicher und kann als grenzüberschreitende „Resilienz" bezeichnet werden.[32] Aber diese Erleichterung der Mobilität betraf nicht notwendigerweise die Gruppe der Studierenden aus Straßburg, die keinen dauerhaften Wohnsitz in der Grenzregion hatten und deren Ziel es nicht unbedingt war, freie Bewegung allein nur im grenzüberschreitenden Raum zu erhalten. Sie berichten also von einer sehr unterschiedlichen Erfahrung im zweiten und dritten Lockdown, weitaus pessimistischer und gezeichnet von der Grenze als Hindernis zur europäischen, bzw. globalen Mobilität.[33]

Die vier Studierenden, die über ihre Covid-19-Erfahrungen berichten, können in zwei verschiedene Kategorien unterteilt werden: Haude Blanc und Marie Gualandi sind Französinnen und waren Teil des Masterprogramms im Bereich Internationale Beziehungen bzw. Border Studies, während Maria Vinogradova und Thomas Richomme Austauschstudierende sind, die ein Erasmus-Semester oder -Jahr in Straßburg verbrachten.[34] Maria ist russisch und Thomas französisch-britisch und beide nahmen an zwei Sciences Po-Kursen aus dem vierten Studienjahr – einem Kurs zu Internationalen Beziehungen und den Herausforderungen des Multilateralismus und einem zweiten zu Europa's Rolle in Internationalen Beziehungen – teil. Abhängig von ihrem nationalen Hintergrund und ihren Studienprogrammen erlebten die Studierenden die Covid-19-Pandemie nicht auf dieselbe Weise und sie präsentierten vor allem eine unterschiedliche Analyse ihrer Erfahrungen der Grenzschließungen, des *de-bordering* und des *re-bordering* im Laufe der verschiedenen Wellen der Pandemie.[35]

Haude und Marie hatten ein spezielles Masterprogramm zu Grenzen und deren Rolle in den Internationalen Beziehungen ausgewählt. Als sie im September 2020 in Straßburg ankamen, zu einem Zeitpunkt, als die Kurse noch in Präsenz stattfanden, wurden sie sofort mit dem Ideal eines ‚Europa ohne Grenzen' konfrontiert.[36] Mehre-

---

32 Wassenberg: ‚*Europa ohne Grenzen*', 430–431.
33 Vgl. Stoklosa/Wassenberg (Hg.): *Living and Studying in the Pandemic*, hier: Teil 2: Students' Experiences in the Franco-German Border Region, 109–145.
34 Vgl. Wassenberg, Birte: Introduction, in: Stoklosa/dies. (Hg.): *Living and Studying in the Pandemic*, 109–117.
35 Vgl. Stoklosa/Wassenberg (Hg.): *Living and Studying in the Pandemic*, 110–112.
36 Vgl. Blanc, Haude: Being a Student during a Master on Border Studies during the Time of the COVID-19 Pandemic, in: Stoklosa/Wassenberg (Hg.): *Living and Studying in the Pandemic*,

re Kursmodule behandelten den Schengen-Raum und das EU-Projekt des gemeinsamen Binnenmarktes, in dem freie Bewegung von Gütern, Dienstleistungen, Kapital und Personen die Regel ist. Sie entdeckten damit ein wesentliches Ziel des europäischen Einigungsprozesses, nämlich dass Grenzen nicht länger Hindernisse des Austauschs, der Kommunikation und der grenzüberschreitenden Beziehungen darstellten und bekannten sich auch selbst zu diesem Ziel.[37] In Straßburg befanden sie sich außerdem in einer anerkannten Grenzregion, da der Eurodistrikt Straßburg-Kehl als Best-Practice-Beispiel für ein integriertes Grenzgebiet, ja sogar als Vorbild der europäischen Integration gilt. So profitiert der Eurodistrikt z. B. von gemeinsamen *governance*-Strukturen, die die Städte und Kommunen um Straßburg und den Ortenaukreis um Kehl im Grenzraum miteinander verbinden und er bietet viele gemeinsame Dienstleistungen für die Grenzbürger*innen, unter anderem auch eine grenzüberschreitende Straßenbahn, die das Stadtzentrum von Straßburg mit dem Rathaus von Kehl verbindet.[38] Um den Rhein zu überqueren, gibt es nicht nur eine, sondern vier verschiedene Wegpassagen – die Straßenbahn, das Auto, den Zug und eine Brücke für Fahrradfahrer*innen und Fußgänger*innen –, sodass man mit dem bloßen Auge sehen kann, dass wir es mit einem grenzüberschreitenden Lebensraum zu tun haben, in dem die nationalen Grenzen keine Bedeutung mehr haben. Für Haude und Marie war es daher ein Schock, zu realisieren, dass dieses Modell der grenzüberschreitenden Mobilität und Integration während der Covid-19-Pandemie zusammenbrechen konnte.[39] Als sie in Straßburg im September 2020 ankamen, wussten sie nicht, ob es ihnen erlaubt sein würde, die Grenze zu überschreiten, um Kehl und die grenzüberschreitenden Institutionen dort zu besichtigen. Denn die Grenze war zwar seit Mitte Juni wieder offen, aber es gab verschiedene Restriktionen, wie z. B. eine Covid-19-Testpflicht, wenn man in die Nachbarregion reisen wollte. Die Bedingungen waren zudem unterschiedlich, was die Grenzbevölkerung betraf, denn nur für Grenzgänger*innen und Anwohner*innen im Grenzgebiet gab es bei den obligatorischen Tagestests oder Quarantäneauflagen spezielle Erleichterungen. Die Studierenden waren sich demnach unsicher, ob z. B. die 24-Stunden-Regel, die es den Grenzbürger*innen ermöglichte, sich frei im Eurodistrikt Straßburg-Kehl zu bewegen, auch für sie galt: „Can we go to Kehl?, fragte Haude somit besorgt.[40] Ihr Erstaunen war zudem noch dadurch verstärkt, dass einige Kurse über

---

117–123; Gualandi, Marie: COVID-19 Experience, in: Stoklosa/Wassenberg (Hg.): *Living and Studying in the Pandemic*, 123–137.

37 Vgl. Blanc: Being a Student during a Master on Border Studies; Gualandi: COVID-19 Experience.
38 Vgl. Wassenberg: Die Auswirkungen der Covid-19-Pandemie auf den Eurodistrikt Strasbourg–Kehl/Ortenaukreis, 174.
39 Vgl. Wassenberg: Introduction, 113.
40 Blanc: Being a Student during a Master on Border Studies, 119.

die europäische territoriale Zusammenarbeit die Vorteile und die integrative Funktion der grenzüberschreitenden Zusammenarbeit gelobt hatten, die jedoch nun verloren oder zumindest stillgelegt zu sein schien.

Das Masterprogramm hatte außerdem versprochen, interessante Austausch- und Diskussionsmöglichkeiten mit Akteure und Akteurinnen aus verschiedenen europäischen Grenzregionen zu bieten, während der „Castle-talks on cross-border cooperation" in Straßburg und der Masterclass, die in Siena vorgesehen war. Aber im zweiten Lockdown waren sie dann mit einem 100-prozentigen Wechsel zum Online-Unterricht konfrontiert, der auch die Castle-talks und die Masterclass miteinschloss, die nun nur noch virtuell organisiert wurden. In ihrem letzten Studienjahr war die Professionalisierung jedoch ein sehr wichtiges Element, sodass die Pandemie einen wesentlichen Aspekt ihrer Studienerwartungen zerstörte.[41] Sie vermissten insbesondere die persönliche Kommunikation mit den anderen Studierenden, den territorialen Akteuren und Akteurinnen und ihren akademischen Professoren bzw. Professorinnen und Tutoren bzw. Tutorinnen.[42] Es ist daher auch nicht erstaunlich, dass sich Haude und Marie große Sorgen um ihr Praktikum machten, das während der Pandemie schwer zu organisieren und zu absolvieren war.[43] Die meisten Studierenden des Masters in Internationalen Beziehungen hatten geplant, ein Praktikum im Ausland zu absolvieren, in einer internationalen Organisation oder einer Institution, die sich mit europäischen bzw. internationalen Beziehungen befasst, sodass sie ganz besonders über den globalen Bordering-Effekt der Pandemie frustriert waren, der es ihnen nicht oder nur schwer ermöglichte, ins Ausland zu gelangen.[44]

Das Reisen wurde in der Tat extrem schwierig, wenn nicht unmöglich, was für Haude und Marie die ‚Rückkehr der westfälischen Grenze' – wie es der Geograf und Geopolitologe Michel Foucher mit Bezug auf das Westfälische Staatensystem von 1648 ausdrückt, in dem die Grenze zum Symbol der nationalen Souveränitätsbehauptung wird –[45] sowie das Ende einer verbundenen, globalisierten Welt bedeutete. Vor allem Haudes Bericht über die Umstände, unter denen sie von ihrem Praktikum zurückkehrte, ist herzzerreißend. Sie war an den Schengen-Raum gewöhnt, in dem man von der freien Bewegung profitiert und nun entdeckte sie, dass es sogar schwierig war, innerhalb der Tschechischen Republik selbst zu reisen. Als sie uns über eine Reise nach Kroatien und die Grenzkontrollen berichtete, die ihr sehr zugesetzt hatten oder die sie bei anderen während der Reise beobachtete, kommt sie zu

---

41 Vgl. Wassenberg: Introduction, 114.
42 Vgl. Blanc: Being a Student during a Master on Border Studies, 117.
43 Vgl. Gualandi: COVID-19 Experience, 127.
44 Vgl. Blanc: Being a Student during a Master on Border Studies, 119; Gualandi: COVID-19 Experience, 126.
45 Foucher, Michel: *Le Retour des frontières*, Paris 2020, 10.

einer atemberaubenden Schlussfolgerung: dass es letztendlich nicht einmal zählt, ob man sich innerhalb oder außerhalb des Schengen-Raums befindet, da freie Mobilität sowieso überall suspendiert worden war.[46] Dies schien das allgemeine Gefühl zu bestätigen, dass die Pandemie das Ende des Ideals eines ‚Europa ohne Grenzen' bedeutete. Sowohl Haude als auch Marie bedauern zutiefst diese Umkehr des europäischen Integrationsprozesses. Im Vergleich zu den beiden Erasmus-Studierenden haben sie jedoch einen Vorteil in der Pandemie: Für sie war es leicht, während des Lockdowns nach Hause zurückzukehren und dort von ihrer Familie Rückhalt und Unterstützung zu erhalten. Insbesondere Marie erzählt uns von der beruhigenden Sicherheit, die die Rückkehr in ihre Heimatregion für sie bedeutete, wo sie in der Natur Kraft schöpfte, um die verstörenden Erfahrungen der Pandemie zu überwinden.[47] Aber sogar in dieser Episode erfuhr sie die Absurdität der Grenzschließungen, denn zu diesem Zeitpunkt des französischen *confinement* gab es eine 1-Kilometer-Regel, d. h. dass niemand sich weiter als einen Kilometer von seinem Hause entfernen durfte, was für sie bedeutete, dass sie nicht mehr ans Meer gehen konnte, das sich nur wenige Meter von dieser neuen ‚Grenze' befand.[48] Die Absurdität der Grenze war daher für sie nicht nur eine Realität in der Grenzregion, sondern auch innerhalb des französischen Staates. Internationales und nationales *bordering* wurden also von den beiden Border Studies-Studierenden in jedem Fall als keine gute Lösung empfunden, um die Pandemie unter Kontrolle zu bringen.

Für Maria und Thomas als Erasmus-Studierende war die Erfahrung der Covid-19-Pandemie etwas unterschiedlich. Zunächst waren beide sehr dankbar dafür, dass sie trotz der Pandemie an der Université de Strasbourg studieren konnten, sich dort in das Programm von Sciences Po einschreiben und die Kurse besuchen durften.[49] Auch wenn diese teilweise oder sogar meistens online stattfanden, empfanden sie es dennoch als Vorteil im Vergleich zu anderen Studierenden oder Freunden und Freundinnen, die sie aus ihren Heimatorten kannten, und denen diese Austauschmöglichkeit nicht offenstand.[50] Da ihre Kurse Module aus dem vierten Bachelor-Semester bei Sciences Po waren, war der Professionalisierungsaspekt nicht so ausschlaggebend wie für die Master-Studierenden im zweiten Jahr, und so fühlten sie sich durch die Umstellung zum Online-Unterricht nicht so benachteiligt. Für Maria, die aus Russland kommt, bedeutete die Tatsache, in Straßburg zu sein, sogar ein Privileg, da sie uns über die schreckliche Situation der

---

46 Vgl. Blanc: Being a Student during a Master on Border Studies, 118–119.
47 Vgl. Gualandi: COVID-19 Experience, 124–125.
48 Dies.: COVID-19 Experience, 126.
49 Vgl. Vinogradova, Maria: My COVID-19 Experience, in: Stoklosa/Wassenberg (Hg.): *Living and Studying in the Pandemic*, 137–141; Richomme, Thomas: COVID-19, in: Stoklosa/Wassenberg (Hg.): *Living and Studying in the Pandemic*, 141–145.
50 Vgl. Wassenberg: Introduction, 115.

Pandemie in Russland berichtete, eingeschlossen der Tatsache, dass die meisten Mitglieder ihrer Familie sich mit Covid-19 infiziert hatten und sehr krank waren.[51] Aus ihrem Erfahrungsbericht kann man schlussfolgern, dass sie sich in Straßburg sicherer fühlte und dass ihre Studienbedingungen – auch wenn sie schwierig waren – immer noch komfortabler waren als in Russland.[52] Für Thomas war die Situation vergleichbar, auch wenn er französisch-britisch ist und sich damit als EU-Bürger identifiziert.[53] Thomas glaubt überraschenderweise, dass die Covid-19-Pandemie viele positive Auswirkungen für ihn hatte, da sie es war, die seine Entscheidung für seinen Erasmus-Aufenthalt in Straßburg bewirkt hatte, den er als extrem nützlich und als eine bereichernde Erfahrung empfindet. Er ist auch sehr besorgt über die Covid-19-Situation in seinem Heimatland Großbritannien, das er stark wegen seines schlechten Krisenmanagements kritisiert, aber auch dafür, wie desaströs die Studienbedingungen an den britischen Universitäten während der Pandemie waren.[54] Für Thomas erschien die Situation in Frankeich in Bezug auf die Gesundheitspolitik und das Covid-19-Management eindeutig besser als in Großbritannien. Außerdem hat sich für Thomas die Erfahrung der Covid-19-Pandemie mit der des Brexits vermischt. Ihm zufolge können die Grenzziehungen während der Pandemie nicht von den neuen Grenzen getrennt betrachtet werden, die die britische Regierung zwischen Großbritannien und der EU gezogen hat.[55]

Sowohl Maria als auch Thomas unterstützen klar das grundlegende Erasmus-Prinzip der freien Mobilität für Studierende. „That's how it is when the whole world is in your hands!", bezeichnet es Maria und sie bedauern beide, dass die Pandemie und im Falle von Großbritannien auch der Brexit, diese Art von Austauschstudien gefährden konnten.[56] Aber wenn man diese Erasmus-Studierenden mit Haude und Marie vergleicht, waren sie weniger von den *bordering*-Effekten von Covid-19 in der EU bzw. in der deutsch-französischen Grenzregion beunruhigt. Sie merkten nicht einmal, dass Straßburg sich im Herzen eines integrierten deutsch-französischen Grenzraums befand, vor allem, weil dies nicht der Grund gewesen war, warum sie Sciences Po als Studienort ausgewählt hatten.

Insgesamt empfinden alle vier Studierenden, die Pandemie als ein Hindernis für die freie Bewegung im Rahmen ihres Studiums und heben hervor, dass sie zu einem *re-bordering*-Effekt in Europa geführt hat. Die deutsch-französische Grenzregionen war dabei nicht ihr Hauptinteresse, weder für Maria und Thomas noch für Haude und Marie, aber dies ist wahrscheinlich darauf zurückzuführen, dass keine*r

---

51 Vgl. Vinogradova: My COVID-19 Experience, 138.
52 Vgl. dies.: My COVID-19 Experience, 139.
53 Vgl. Wassenberg: Introduction, 115.
54 Vgl. Richomme: COVID-19, 144–145.
55 Vgl. ders.: COVID-19, 145.
56 Vgl. Vinogradova: My COVID-19 Experience, 137; Richomme: COVID-19, 145.

von ihnen aus dieser Region stammt und dass sie nicht in deutsch-französischen Beziehungen engagiert waren, weder auf privater noch akademischer Ebene.[57] Da sie nicht in der Lage waren, während der Pandemie in ihrem Studium den Eurodistrikt Straßburg-Kehl zu besuchen, erfuhren sie nicht wirklich, was das integrierte Grenzgebiet und ein ‚Europa ohne Grenzen' dort bedeuten und konnten daher auch nicht von der Unterbrechung der grenzüberschreitenden Mobilität traumatisiert sein.[58] Da sie nicht wussten, wie grenzüberschreitende Mobilität dort täglich gelebt wird, konnten sie den Verlust davon nicht bedauern. Dahingehend unterscheiden sich die Erfahrungen dieser Studierenden grundlegend von denen der Bevölkerung, die in den europäischen Grenzregionen lebt und arbeitet. Dennoch war auch für die Studierenden die Schließung der Grenzen in Europa eine prägende Erfahrung, da sie sich ihrer Erasmus-Bewegungsfreiheit und somit dem Ideal eines ‚Europa ohne Grenzen' beraubt fühlten. Die Prozesse des *bordering* an den europäischen Grenzen resultierten darin, dass auch bei ihnen neue ‚Grenzen in den Köpfen' entstanden, da sie nicht mehr selbstverständlich innerhalb von Europa studieren oder ein Praktikum absolvieren konnten und sie besorgt waren, dass diese neuen Grenzen noch weiter verfestigt werden und das europäische Gemeinschaftsgefühl gefährden könnten.

3. Fazit

Die Covid-19-Pandemie hatte negative Auswirkungen auf das Ideal eines ‚Europa ohne Grenzen'. Da die erste Reaktion der meisten EU-Mitgliedsstaaten im Frühjahr 2020 darin bestand, unilateral und ohne Absprache mit den Nachbarn die Grenzen zu schließen, wurde die grenzüberschreitende Mobilität der Menschen in Europa ganz plötzlich beendet. Obwohl der freie Warenverkehr beibehalten wurde, war vor allem dieses Ende der freien Bewegung der Bürger*innen in der EU eine Gefahr für die europäische Idee. Denn die Mobilität ist längst zu einem Markenzeichen von Europa geworden, in dem jede*r Bürger*in in einem anderen Land arbeiten, studieren oder leben kann, ohne dass die nationalen Grenzen dabei noch eine Rolle spielen. Dies ist besonders für die junge Generation von Bedeutung, für die das Erasmus-Prinzip des grenzenlosen Studierens in Europa als selbstverständlich gilt. Aber auch in den Grenzregionen, die als integrierte Lebensräume und Modelle eines integrierten Europas gelten, ist die freie Bewegung der Grenzgänger*innen und der Grenzbevölkerung eine täglich erlebte Realität, ja sogar eine Notwendigkeit. Diese auszuhebeln und durch Schlagbäume und Grenzkontrollen zu ersetzen, war ein schwerer Rückschlag für die europäische Integration und wurde auch so von den

---

57   Vgl. Wassenberg: Introduction, 116.
58   Vgl. dies.: ‚Europa ohne Grenzen', 433–434.

Menschen in den Grenzregionen und den Studierenden an den Universitäten empfunden. Die Studierenden an der Université de Strasbourg waren besorgt über die Grenzziehungen und -kontrollen innerhalb und außerhalb des Schengen-Raums, die ihnen den grenzüberschreitenden Austausch und die Praktika im Ausland erschwerten oder sogar unmöglich machten. Im Eurodistrikt Straßburg-Kehl an der deutsch-französischen Grenze betraf dies auch die grenzüberschreitende Mobilität auf lokaler Ebene, die sonst von den Studierenden in Straßburg genutzt werden konnte, in der Pandemie jedoch ausblieb.

Aber nicht nur die physische Behinderung der Grenzüberquerung war ein Problem für die Studierenden. Der Bordering-Prozess führte auch zu einer unerwarteten Rückkehr der ‚Grenzen' in den Köpfen, was noch weitaus gravierendere Konsequenzen für die europäische Integration hatte. In den deutsch-französischen Grenzregionen manifestierten sich diese neuen Grenzen in den Köpfen durch nationale Abschottung, durch Ressentiments gegen die Nachbarn, die durch verbale oder physische Aggressionen gegen französische Grenzgänger*innen zum Ausdruck kamen und generell durch eine mangelnde europäische Solidarität bei der Bewältigung der Krise. Bei den Studierenden wirkten sich die ‚Grenzen in den Köpfen' im Sinne von psychischen Hemmnissen und Ängsten aus, die die Offenheit für eine europäische und grenzüberschreitende Mobilität mental behinderten. Dies kam vor allem durch eine individuelle Abschottung und den Rückzug – wenn möglich – in die eigene Familie und den Heimatort zum Ausdruck. Dabei muss jedoch auch betont werden, dass es bei den beiden Studierendengruppen der Untersuchung aus Sciences Po Strasbourg im akademischen Jahr 2020/2021 zwei unterschiedliche Erfahrungstypen gab: Einerseits die der Erasmus-Studierenden, die den Aufenthalt in Straßburg immer noch als positiv empfanden, da er es ihnen ermöglichte, Mobilität trotz der Pandemie, wenn auch eingeschränkt, zu erfahren. Anderseits gab es die Erfahrung der französischen Studentinnen aus dem Master Border Studies, die im Gegensatz dazu die Pandemie als traumatisierend empfanden, da sie ihnen Mobilitätsmöglichkeiten beim Studium und für die Auslandspraktika verwehrte.

In den deutsch-französischen Grenzregionen wurde nach dem ersten Lockdown im Frühjahr 2020 auf diese negativen Konsequenzen der physischen und mentalen Grenzziehung reagiert und verhindert, dass es zu einer erneuten Grenzschließung kam. Die grenzüberschreitende Mobilität wurde durch Sonderregelungen für Grenzgänger*innen und die Grenzbevölkerung geschützt und eine grenzüberschreitende Solidarität manifestierte sich auf Ebene der regionalen und nationalen Behörden, wie auch in der Bevölkerung selbst. Diese Verbesserung der Situation im zweiten und dritten Lockdown von Oktober 2020 bis zum Frühjahr 2021 blieb jedoch für die Studierenden unerkannt. Für sie waren nicht die lokale Mobilität und der integrierte Grenzraum ausschlaggebend, sondern die freie Bewegung auf europäischer, ja sogar globaler Ebene und diese war zu diesem Zeitpunkt für sie noch nicht wiederhergestellt. Somit bleiben ihre Erfahrungsberichte weitaus pessimistischer als es die der grenzüberschreitenden Akteure und Akteurinnen in der deutsch-französischen Grenzregion waren. Weder die französischen Studentinnen Haude und Marie noch die Austauschstudierenden Maria und Thomas sprachen von grenzüberschreitender oder europäischer Resilienz. Sie waren enttäuscht vom ‚Europa ohne Grenzen', sie hatten Angst vor der Pandemie und der Zukunft Europas und zeigten damit indirekt, dass sich die ‚Grenzen in ihren Köpfen' schon verfestigt hatten und es dauern wird, bis diese Grenzen wieder überwunden werden können.

Literaturverzeichnis

Belkacem Rachid/Evrard, Estelle: Travail frontalier et fermeture des frontières: l'exemple de la Grande Région Sarre-Lor-Lux, in: *Borderobs*, 08.06.2020, http://cbs.uni-gr.eu/fr/ressources/borderobs, [20.10.22].

Benziane, Karima: *La Gestion de la frontière franco-allemande pendant la crise du coronavirus*, Paris, Université Sorbonne Panthéon, Masterarbeit, 2021.

Berrod, Frédérique/Chovet, Morgane/Wassenberg, Birte: La frontière franco-allemande au temps du COVID-19: la fin d'un espace commun, in: Wille, Christian/Kanesu, Rebekka (Hg.): *Bordering in Pandemic Times, Insights into the COVID-19 Lockdown*, Luxembourg, Trier, 2020, 39–43.

Berrod, Frédérique/Bruyas, Pierrick: Union Européenne: la frontière comme antidote à l'épidémie?, in: *The Conversation*, 29.03.2020, https://theconversation.com/union-europeenne-la-frontiere-comme-antidote-a-lepidemie-134844 [20.10.22].

Berrod, Frédérique/Wassenberg, Birte: La coopération transfrontalière, maillon vital de la politique de santé de l'UE, in: *Revue des Affaires européennes* 21/2 (2021), 323–334.

Blanc, Haude: Being a Student during a Master on Border Studies during the Time of the COVID-19 Pandemic, in: Stoklosa/Wassenberg (Hg.): *Living and Studying in the Pandemic*, 117–123.

Colombeau, Sara Casella: Crisis of Schengen? The Effect of two ‚Migrant Crises' (2011 and 2015) on the Free Movement of People at an Internal Schengen Border, in: *Journal of Ethnic and Migration Studies* 46/11 (2019), 2258–2274.

Espaces Transfrontaliers: http://www.espaces-transfrontaliers.org/ [20.10.22].

Foucher, Michel: *Le Retour des frontières*, Paris 2020.

Fuchs, Tobias: Keine Grenzschließungen zwischen Saarland und Frankreich, in: *Saarbrücker Zeitung*, 22.02.2022, https://www.saarbruecker-zeitung.de/saarland/landespolitik/corona-keine-grenzschliessungen-zwischen-saarland-und-frankreich_aid-56396651 [20.10.22].

Gualandi, Marie: COVID 19 Experience, in: Stoklosa/Wassenberg (Hg.): *Living and Studying in the Pandemic*, 123–137.

Jean Monnet Excellence Center: *Eprouver les frontières au temps de la COVID19*, webinar of the Franco-German Jean Monnet Excellence Center in Strasbourg, 17.07.2020, https://centre-jean-monnet.unistra.fr/2020/07/17/webinaire-eprouver-les-frontieres-au-temps-de-la-covid19/ [20.10.22].

Lumet, Sébastien/Enaudeau, Jacques: Organisation du territoire européen en temps de Covid-19, entre coopération et repli, in: *Le Grand Continent*, 01.04.2020.

Maheux, Marie: Coronavirus: une dérogation de 24 heures pour aller faire ses courses en Allemagne, in: *France bleu*, 16.10.2020, https://www.francebleu.fr/infos/societe/la-regle-des-24h-entre-en-vigueur-des-samedi-pour-les-frontaliers-1602838098 [20.10.22].

N. N.: Coronavirus. L'Allemagne condamne des actes anti-français dans les zones frontalières, in: *Ouest-France*, 11.04.2020.

N. N.: Deutschland schließt Grenzen zu Frankreich, Österreich und der Schweiz, in: *Der Spiegel*, 15.03.2020, https://www.spiegel.de/politik/deutschland/coronavirus-deutschland-schliesst-grenzen-zu-frankreich-oesterreich-und-der-schweiz-a-9910fb81-f635-4be5-8138-bcbcbfd491d4 [20.10.22].

N. N.: L'accueil de patients alsaciens dans le Bade-Wurtemberg a commencé, in: *eurojournalist*, 21.03.2020, http://eurojournalist.eu/laccueil-de-patients-alsaciens-dans-le-bade-wurtemberg-a-commence/ [20.10.22].

N. N.: Nous sommes en guerre: le verbatim du discours d'Emmanuel Macron, in: *Le Monde*, 16.03.2020, https://www.lemonde.fr/politique/article/2020/03/16/nous-sommes-en-guerre-retrouvez-le-discours-de-macron-pour-lutter-contre-le-coronavirus_6033314_823448.html [20.10.22].

Peyrony, Jean/Rubio, Jean/Viaggi, Raffaele: *The Effects of COVID-19 Induced Border Closures on Cross-Border Regions. An Empirical Report Covering the Period March to June 2020*, Luxembourg 2021, https://op.europa.eu/en/publication-detail/-/publication/46250564-669a-11eb-aeb5-01aa75ed71a1/language-en [20.10.22].

Richomme, Thomas: COVID-19, in: Stoklosa/Wassenberg (Hg.): *Living and Studying in the Pandemic*, 141–145.

Sciences Po Strasbourg: https://www.sciencespo-strasbourg.fr/ [20.10.22].

Stoklosa, Katarzyna/Wassenberrg, Birte (Hg.): *Living and Studying in the Pandemic. University Students' Experiences in the German-Danish and German-French Border Regions*, Zürich 2021.

Transfrontier Euro-Institut Network: https://transfrontier.eu/ [20.10.22].

Université de Strasbourg: https://www.unistra.fr/ [20.10.22].

Vinogradova, Maria: My COVID-19 Experience, in: Stoklosa/Wassenberg (Hg.): *Living and Studying in the Pandemic*, 137–141.

Wassenberg, Birte (Hg.): *Castle-Talks on Cross-Border Cooperation. Fear of Integration? The Pertinence of the Border*, Stuttgart 2017.

Wassenberg, Birte: ‚The Return of Mental Borders': A Diary of the COVID19 Crisis Experienced at the Franco-German Border between Kehl and Strasbourg (March-June 2020), in: *Borders in Globalization Review* 1/3 (2020), 114–120.

Wassenberg, Birte: The Schengen Crisis and the End of the ‚Myth' of Europe without Borders, in: *Borders in Globalization Review* 1/2 (2020), 30–39.

Wassenberg, Birte: Introduction, in: Stoklosa/Wassenberg (Hg.): *Living and Studying in the Pandemic*, 109–117.

Wassenberg, Birte: Cooperative Federalism or ‚Flickenteppich' (Patchwork)? Crisis Management during the COVID-19 Pandemic in the Federal Republic of Germany, a Comparative Approach with Regard to France, in: Beylier, Pierre-Alexandre/Molinari, Véronique (Hg.): *COVID-19 in Europe and North America. Policy Responses and Multi-Level Governance*, Berlin 2022, 80–82.

Wassenberg, Birte: Die Auswirkungen der Covid-19-Pandemie auf den Eurodistrikt Strasbourg–Kehl/Ortenaukreis: Von Ressentiments zur Europäischen Solidarität und grenzüberschreitenden Innovation, in: Brodowski, Dominik/Nesselhauf, Jonas/Weber, Florian (Hg.): *Pandemisches Virus – nationales Handeln. Covid-19 und die europäische Idee*, Wiesbaden 2022, 171–191.

Wassenberg, Birte: ‚Europa ohne Grenzen': Mythos oder Realität? Eine historische Analyse, in: dies. (Hg.): *Frontières, acteurs et représentations d'Europe*, Brüssel 2022, 428.

Weber, Florian/Theis, Roland/Terrollion, Karl (Hg.): *Grenzerfahrungen/Expériences transfrontalières. COVID-19 und die deutsch-französischen Beziehungen/Les relations franco-allemandes à l'heure de la COVID-19*, Berlin 2021.

Die Institution Universität in der Pandemie

Von Florenz über Corona nach Florenz
Vom Erleben universitären Lebens in der Pandemie – eine nicht immer unironische Reflexion

Olaf Kühne

Abstract: *Au même titre que le reste de la société, les universités, notamment en tant que structures sociales, ont été touchées par la pandémie de la Covid-19, par son impact et par ses dommages collatéraux. Le présent article aborde ce champ thématique dans une perspective phénoménologique. Il se propose de livrer une appréciation et une analyse des répercussions de la crise sanitaire sur la recherche scientifique (personnelle et celle de collègues de filières apparentées) et sur l'enseignement. Alors que les impacts de la pandémie ne comptaient que dans une moindre mesure lorsque je menais mes recherches, l'enseignement, quant à lui, était soumis à des évolutions beaucoup plus problématiques. En ce qui concerne la recherche, on observe un abandon des méthodes réactives (interviews personnelles) au profit de méthodes non-réactives (en particulier l'analyse de contenu des médias), tout comme une orientation vers une méthodologie phénoménologique d'étude du paysage. Le premier confinement a d'ailleurs laissé place au calme nécessaire permettant de se pencher en détail sur des questions traitées jusqu'alors séparément. A contrario, l'enseignement universitaire, selon mon point de vue, n'était pas préparé à la venue de cette pandémie, puisque l'enseignement à distance n'était, jusque-là, pas une pratique courante. En ce qui concerne la communication (notamment par email), on observe la tendance suivante : au lieu de se demander où et comment générer les informations de façon autonome, les étudiant·e·s formulent de plus en plus leurs questions par email, dans l'attente d'une réponse immédiate. Cette manière de communiquer peut aussi être interprétée comme l'expression d'un nouveau régime de courte durée qui présuppose la disponibilité permanente des chercheur·euse·s et des enseignant·e·s. Reste à craindre que ces attentes se perpétuent dans l'après-pandémie. L'autre appréhension est celle du retour à la 'normalité du présentiel'. En effet, le changement des conditions d'enseignement a montré qu'une partie des étudiant·e·s obtenait de meilleurs résultats lorsqu'ils·elles travaillaient de façon plus autonome. Leurs besoins seront désormais ignorés en faveur des étudiant·e·s ayant eu des difficultés avec l'enseignement en période de crise covid. La promotion des deux modes d'apprentissage serait souhaitable bien qu'il n'y ait guère de moyens publics disponibles compte tenu du coût exorbitant de la crise sanitaire que l'Etat doit pallier. Dans le même souci de réduire les effets de la pandémie, les réflexions de cette contribution porteront également sur les possibilités de favoriser la mise en réseau de la* *relève scientifique, au-delà de leur groupe de travail et de leur environnement scientifique immédiat.*

1. Einleitung

Wie alle gesellschaftlichen Teilbereiche hat die Covid-19-Pandemie auch die Universitäten getroffen. Die Betroffenheit gestaltete sich in vier Aspekten:

1. Das System Wissenschaft wurde – in der Terminologie Niklas Luhmanns[1] – in Resonanz versetzt. In kurzer Zeit wurde die Pandemie in disziplinspezifische Forschungsfragen überführt, ob zur Bekämpfung, Ausbreitung oder zu den sozialen und psychischen Folgen.
2. Die Art, Wissenschaft zu betreiben, wurde herausgefordert, die Kultur von Konferenzen und Arbeitsgruppenbesprechungen in physischer Kopräsenz wurde – in Abhängigkeit des aktuellen Status von Kennzahlen – in ein differenziertes System von (wenig) Ko-Präsenz, Hybridformaten und reinen Online-Formaten überführt.
3. Die Bedeutung der Wissenschaft im Verhältnis zu Politik und Gesellschaft wurde Gegenstand intensivierter Aushandlungen.
4. Wie die unter Punkt 2 gefasste Herausforderung des Wissenschaftsbetriebs wurde auch der Lehrbetrieb einer grundlegenden Reorganisation unterzogen: In beispiellosem Umfang hielten digitale Formate Einzug in die universitäre Lehre (und darüber hinaus).

Von diesen Aspekten des Verhältnisses von Pandemie und Universität (Forschung und Lehre) habe ich mich bis dato von Punkt 1 (Pandemie als Gegenstand der Wissenschaft) weitgehend enthalten, einerseits weil ich von der anhaltenden Relevanz meiner Forschungsthemen (etwa Raumkonflikte, metatheoretische Integration von Raumtheorien) überzeugt war, andererseits, weil mich die Erfahrung gelehrt hatte, dass ein solch aktuelles und die Gesellschaft in Gänze betreffendes Thema eine hinreichend große Forschendenzahl mobilisieren würde (ein Blick in die einschlägigen bibliografischen Suchmaschinen bestätigt dies). Entsprechend blieb meine Beteiligung an Punkt 3 (Verhältnis von Wissenschaft zu Politik und Gesellschaft) auch eher verhalten. Eine Ausnahme bildete die mediale Resonanz auf eine Untersuchung zur Hochwasserkatastrophe in Westdeutschland 2021 in Social Media,[2]

---

1 Vgl. Luhmann, Niklas: *Die Wissenschaft der Gesellschaft*, Frankfurt/M. 1990.
2 Vgl. Kühne, Olaf [u. a.]: „ ... Inconceivable, Unrealistic and Inhumane". Internet Communication on the Flood Disaster in West Germany of July 2021 between Conspiracy Theories and Moralization – A Neopragmatic Explorative Study, in: *Sustainability* 13 (2021), 1–23.

in der bei der Thematisierung von Verschwörungstheorien (im Sinne Karl Poppers verstanden, als Theorien, die sich gegen Falsifizierung immunisieren)[3] zu diesem Ereignis Verschwörungstheorien zur Covid-19-Pandemie nicht ausgeklammert wurden. Insofern bezog sich meine primäre Betroffenheit auf die Punkte 2 (veränderte Wissenschaftspraxis) und 4 (Reorganisation des Lehrbetriebs), was sich auch in diesem Beitrag widerspiegelt. Diese Konstellation legt eine phänomenologische Perspektive nahe, wie sie hinsichtlich der Reflexion universitären Lebens auf eine prominente Tradition zurückgreifen kann, etwa bei Max Weber, Hellmuth Plessner und Diedrich Goldschmidt.[4] Diese Werke boten mir bei der Arbeit an diesem Text ebenso Orientierung wie die Überlegungen von Ralf Dahrendorf zur Steigerung von Lebenschancen durch und in universitärer Bildung.[5]

Meine Betrachtungen fußen entsprechend im Wesentlichen auf der Reflexion von eigenem Erleben der universitären Situation der Pandemie, zahllosen Gesprächen mit Forschenden, Lehrenden und Studierenden, aber auch solchen mit Personen, die nicht unmittelbar in den universitären Betrieb integriert sind, ergänzt durch die Lektüre von für das Thema relevanten Publikationen. Sie sind also – der phänomenologischen Grundperspektive folgend – stark an die eigene Person und das Erleben der eigenen Lebenswelt (hier auch im Sinne der Arbeitswelt verstanden) gebunden. Aus der Befassung mit einzelnen Begebenheiten entsteht so ein interpretativer Zusammenhang, der sich Lesenden, die mit der Situation an Universitäten vertraut sind, sicherlich erschließt, im Sinne eines verbreiteten ‚ja, so ist es', das Helmut Seiffert als ein wesentliches Charakteristikum der Rezeption phänomenologischer Arbeiten herausstellt,[6] wobei Widerspruch – angesichts unterschiedlicher universitärer Lebens- und Arbeitswelten – davon nicht ausgeschlossen ist. Insofern hat der vorliegende Aufsatz den Anspruch, einen Ansatz zur Auseinandersetzung mit eigenen Erfahrungen im Kontext der Pandemie bereitzustellen.

---

3 Vgl. Popper, Karl R.: *The Open Society and Its Enemies*, Abingdon 2011.
4 Vgl. Goldschmidt, Dietrich: Die gegenwärtige Problematik, in: Asemissen, Ilse [u. a.] (Hg.): *Nachwuchsfragen. Im Spiegel einer Erhebung 1953–1955*, Göttingen 1956, 37–59; Weber, Max: *Wissenschaft als Beruf*, Berlin 2011; Plessner, Helmuth: Zur Soziologie der modernen Forschung und ihrer Organisation in der deutschen Universität. Tradition und Ideologie, in: Asemissen [u. a.] (Hg.): *Nachwuchsfragen*, 19–36.
5 Vgl. Becker, Hellmut/Dahrendorf, Ralf: *Neue Wege zur Hochschulreform: differenzierte Gesamthochschule – autonome Universität*, Hamburg, Berlin 1967 (Bergedorfer Protokolle 20); ders.: *Arbeiterkinder an deutschen Universitäten*, Tübingen 1965 (Recht und Staat in Geschichte und Gegenwart 302/303); ders.: *Die Soziologie und der Soziologe. Zur Frage von Theorie und Praxis*, Konstanz 1967 (Konstanzer Universitätsreden 6); ders.: *Universities after communism. The Hannah Arendt Prize and the reform of higher education in East Central Europe*, Hamburg 2000; ders.: *Lebenschancen. Anläufe zur sozialen und politischen Theorie*, Frankfurt/M., 1979.
6 Vgl. Seiffert, Helmut: *Einführung in die Wissenschaftstheorie. Bd 2: Geisteswissenschaftliche Methoden: Phänomenologie, Hermeneutik und historische Methode, Dialektik*, München 1996 (Beck'sche Reihe 61).

Der Aufsatz befasst sich mit der Zeit vom Dezember 2019 bis zum März 2022. Räumlich gerahmt wird er durch zwei Aufenthalte im Rahmen zweier Gastprofessuren an der Universität in Florenz: 2019 in der Soziologie und 2022 in der Geographie. Dazwischen liegt die Hochphase der Pandemie mit den von ihr verursachten, oben angesprochenen Rekonfigurationen von Forschung und Lehre.

2. Florenz im Dezember 2019 und März 2022 – ein Vergleich

Mitte Dezember 2019 fuhr ich für ein Doktoranden und Doktorandinnenseminar zum Thema Konflikttheorie und Raumentwicklung nach Florenz. Ich erhielt einen Schlüssel zu einem Büro, in dem ich arbeiten konnte, und einen Ausweis, gegen dessen Vorlage ich zu dem Gebäude am Campus Novoli, im Westen der Stadt, das die Soziologie beherbergt, Zutritt erhielt. Hierzu war ein einseitiges Dokument auszufüllen, ein weiteres, das sich mit meinem Status als Gastprofessor befasste. Der Zugang zu den Gebäuden war einfach: Ausweis vorzeigen, Eintritt. 25 Monate später: Zu einer Dokumentenarmada zu meiner Gastprofessur sowohl von italienischer als auch von deutscher Seite (Dienstreisegenehmigung in ein pandemisches Hochrisikogebiet!) gesellten sich Anträge für eine Immatrikulationsnummer, mit deren Hilfe dann ein QR-Code generiert werden konnte (dazu wiederum war eine italienische Steuernummer nötig). Der Zutritt zu Gebäuden ist nur mit gültigem QR-Code möglich, eine automatisierte Einlasskontrolle überprüft mittels Kamera, ob eine Maske getragen wird, ein Temperatursensor, ob sich die Körpertemperatur in einem akzeptierten Rahmen bewegt. Wird neben der Maske auch eine Brille getragen, kommt es systematisch zu Fehlmessungen, der Zutritt wird verweigert. Dies führt bei anstehendem Beginn von Lehrveranstaltungen mit einer höheren Teilnehmendenzahl entsprechend zu Verzögerungen. Eine andere Auswirkung des aufwendigen Procederes: Zahlreiche Studierende meines Master-Kurses, insbesondere solche im Auslandssemester, konnten (anfangs) nur online meinem Kurs folgen, der Kurs wurde hybrid angeboten. Hybridlehre vereinigt – so meine Erfahrung – in elaborierter Weise die Nachteile von Online- und Präsenzlehre: Hier technische Probleme bei der Datenübertragung, bei der Mikrofon- und Kameraqualität, dort die Notwendigkeit der zeitlichen Kopräsenz, der Inkaufnahme von Wegezeiten, in diesem Fall im Zusammenspiel mit einem Seminarraum, der eine beeindruckende Architektur mit der Akustik verband, die sicherlich für Gregorianischen Gesang, weniger aber für den Unterricht in einer Fremdsprache (weder meine anwesenden Studierenden noch ich sind englische Muttersprachler*innen) taugt. Hier stoßen wir auf ein Motiv, das uns im Fortgang des Beitrages weiter verfolgen wird: Es drängt sich der Eindruck auf, dass die Zeiten, in der ein gewisses Bemühen um pragmatische oder gar partizipative Verfahren gepflegt wurde, im Zuge der Pandemie wieder einer hierarchischen Top-down-Steuerung weichen sollten, die wir aus den Ausführungen Max Webers zur Bürokratie als Form der rationalen Herrschaft kennen.[7] Doch die Umsetzung von Top-down hat auch ihre Grenzen, wenn die Flut immer neuer Regelungen die Amtsträger*innen überfordert.

3. Was dazwischen lag

Die Zeit, die zwischen den Aufenthalten lag, möchte ich im Folgenden in drei Phasen gliedern (wobei sich die letzte Phase in den zweiten Aufenthalt hineinzieht): Die Phase des ersten Lockdowns, die Phase der wechselnden und nicht immer pragmatischen Versuche, auf das pandemische Geschehen zu reagieren, und zuletzt die Phase der Überlagerung der Bedeutungszuweisung des Pandemiegeschehens durch Aufmerksamkeitsverschiebung.

Auch wenn es sicherlich in der Bewertung einiger Personen moralisch fragwürdig erscheint: Die Zeit vor und während des ersten Lockdowns hatte etwas von einer nie erwarteten und seitdem nicht mehr gekannten Rückführung auf das Wesentliche (ich bin mir der privilegierten Situation bewusst, in der ich mich befinde, da niemand aus meinem engeren sozialen Umfeld zu dieser Zeit an Corona erkrankte, einschließlich mir): Die allseitige Erfordernis, sich in der neuen Situation zurechtzufinden, die verbreitete rudimentäre Kenntnis und Verfügbarkeit von Online-Konferenzsystemen (wohl auch in Kombination mit beschränkten Bandbreiten) und vieles mehr ließen das Kommunikationsbedürfnis zusammenschrumpfen. Tagungen wurden abgesagt (und nicht verschoben), Arbeitsbesprechungen bilateral per Telefon geführt, Tätigkeiten außerhalb von Haus und Garten blieben auf den Einkauf beschränkt. Kurzum: Es stand viel Zeit zur Verfügung, Daten auszuwerten, die dringend der Auswertung harrten, Artikel zu schreiben, die schon längst hätten geschrieben werden müssen, Forschungsanträge konnten verfasst werden, die schon lange der Niederschrift bedurften, die Leseliste schrumpfte merklich. Die Zeit der wissenschaftlichen Muße ließ Verbindungen entstehen, die vormals getrennt voneinander schienen. Für mich waren dies etwa die Potenziale der Drei-Welten-Theo-

---

7   Vgl. Weber, Max: *Wirtschaft und Gesellschaft. Grundriss der verstehenden Soziologie*, Tübingen 1972.

rie von Karl Popper[8] für die Befassung mit Landschaftskonflikten einerseits[9] und die Systematisierung von Raum- und Landschaftstheorien andererseits.[10]

Was nach einer Übergangsphase der Erprobung der Möglichkeiten (und Restriktionen) von digitaler Distanzlehre einsetzte (als jemand, der an der Fernuniversität in Hagen promoviert hat, ist auch analoge Distanzlehre in durchaus angenehmer Erinnerung, insbesondere, was die freie Zeiteinteilung und die Zuverlässigkeit der Informationsübertragung betrifft), ließ den Verdacht aufkommen, dass es ein Nachholbedürfnis des Regelungswillens einerseits, von gerichteter und ungerichteter (digitaler) Kommunikation andererseits gegeben habe. Gerade das Verfassen und möglichst weite Verteilen von E-Mails schien fürderhin zu einer existenziellen Frage geworden zu sein: *J'écris des e-mails, donc je suis*. Was wäre aus dem kartesianischen Denken geworden, wenn sein Urheber täglich vier bis fünf Stunden mit der Antwort auf Fragen beschäftigt worden wäre, die ohne Probleme mit der Eingabe von zwei bis drei Suchbegriffen in eine handelsübliche Suchmaschine zuverlässig Beantwortung gefunden hätten? Das diesbezügliche Verhalten lässt sich mit ‚repressiver Entsublimierung' (im Sinne von Herbert Marcuse)[11] rahmen: dem unmittelbaren Drang nach Information wird die Erwartung dessen unverzüglicher individueller Befriedigung gegenübergestellt. Das betrifft nicht allein die sogenannten ‚Digital Natives', deren Verhaltensmuster die Streichung des t's im zweiten Wort nahelegt („Wann ist Ihre Sprechstunde?" – Steht auf der Homepage. „Ist die online oder in Präsenz?" – Steht auf der Homepage.), sondern auch Kollegen und Kolleginnen („Wir hatten doch mal zusammen einen Aufsatz geschrieben, hast Du davon die bibliografischen Angaben?" – Ja, steht auf der Homepage, sogar auf Deiner eigenen, kann ich noch was für Dich googeln?). Neben den Aufrufen, in ‚Die-Hard'-Zeitschriften zu publizieren (ich nenne sie wegen der Akronyme so, etwa *IJERPH* (*International Journal of Environmental Research and Public Health*), die als Wort gelesen immer ein wenig nach „Yippee-ki-yay, motherfucker" klingen, dem popkulturell präsenten Ausspruch von Bruce Willis im Film *Die Hard 1*), ergingen auch Vorschläge,

---

8   Vgl. Popper, Karl R./Eccles, John C.: *Das Ich und sein Gehirn*, München, Zürich 2008; Popper, Karl R.: Three Worlds. Tanner Lecture, Michigan, April 7, 1978, in: *Michigan Quarterly Review* (1979), 141–167. Popper, Karl R.: Three Worlds, in: *The Tanner Lectures on Human Values*, Salt Lake City, Cambridge, 1980, 141–167, https://tannerlectures.utah.edu/_resources/documents/a-to-z/p/popper80.pdf [18.04.2023]

9   Vgl. Kühne, Olaf: Landscape Conflicts. A Theoretical Approach Based on the Three Worlds Theory of Karl Popper and the Conflict Theory of Ralf Dahrendorf, Illustrated by the Example of the Energy System Transformation in Germany, in: *Sustainability: Science, Practice and Policy* 12 (2020), 1–20.

10 Vgl. ders./Berr, Karsten: *Wissenschaft, Raum, Gesellschaft. Eine Einführung zur sozialen Erzeugung von Wissen*, Wiesbaden 2021.

11 Vgl. Marcuse, Herbert: *Der eindimensionale Mensch. Studien zur Ideologie der fortgeschrittenen Industriegesellschaft*, Neuwied, Berlin 1970.

an Online-Tagungen zu neuronalen Netzen teilzunehmen (so clever scheinen Suchlogarithmen auch nicht zu sein) oder dringenden Anfragen von unglaublich hochgerankten Open-Access-Journals nachzukommen, innerhalb von drei Tagen für einen Voucher ein Manuskript zum Thema Entwicklungsländerforschung zu reviewen. Darüber habe ich noch nie gearbeitet, eine Information bei der diesbezüglichen Zeitschrift brachte mir das Themenverwechslungspotenzial Poppers Drei-Welten-Theorie ins Bewusstsein (wobei ich den Begriff ‚Globaler Süden' doch für zeitgemäßer halte). Popper unterscheidet in dieser Theorie die materielle Welt (Welt 1), die Welt des individuellen Bewusstseins (Welt 2) und die Welt der kulturellen Gehalte (Welt 3). Wie dem auch sei: Wer früher gerne *Tetris* gespielt hat, der/dem eröffnen sich ganz neue Perspektiven in der Befassung mit ihrem/seinem Postfach. Da klingen doch (insbesondere in Geographie-Kreisen verbreitete) Metaphern von E-Mail-Flut und E-Mail-Tsunami deutlich pessimistischer.

Kommen wir zu dem gesteigerten Top-down-Regelungs- und Steuerungswillen in der Pandemie. Gerade die zweite Phase wurde von diesem Willen geprägt. Dies nicht allein in Hochschulen, denn diese Erfahrung machten auch nun im Schuldienst tätige ehemalige Studierende. Mein Systemvertrauen in die einschlägigen Wissenschaften ist hinreichend groß, dass ich den Sinn der einzelnen Maßnahmen erst einmal akzeptiere (ansonsten wäre mein Enthusiasmus, mich mit in den eingangs erwähnten Punkten 1 (Pandemie als Gegenstand der Wissenschaft) und 3 (Verhältnis von Wissenschaft zu Politik und Gesellschaft) stärker zu engagieren, sicherlich größer gewesen). Problematisch war eher die kurzfristige Rigorosität, die eingeübte Praktiken in kürzester Frist außer Kraft setzte (was nicht allein die Einführung von Online-Lehre bis hin zu Online-Exkursionen betraf, sondern auch das De facto-außer-Kraft-Setzen wesentlicher Teile des Prüfungsrechts). Dieses Kurzfristigkeitsregime in der Lehre ist nicht zuletzt auf eine starke Fokussierung der Verantwortlichen auf Präsenzlehre als umfassende Norm zurückzuführen, ohne die (auch wissenschaftlich so behandelten) Vorteile von Online-Lehre für bestimmte Formate (etwa asynchrone Vorlesungseinheiten), insbesondere in Kombination mit physischer oder virtueller Kopräsenz (als Blended-Learning) in die Überlegungen einzubeziehen. Das immer wieder ausgegebene Credo „ab dem Zeitpunkt xy wieder alles/dieses und jenes in Präsenz" wurde immer wieder kurzfristig zu „nun wohl doch online – alles oder eben fast alles". Wobei gerade das ‚Fast-Alles' unter wechselnden Bedingungen viele Lehrende dazu veranlasste, die Exit-Option zur Prüfung des Impfstatus zu wählen. Diese Exit-Strategie hieß dann Online-Lehre. Wobei die ständige Neuorganisation von Kursen, angepasst an die aktuellen pandemisch bedingten organisationellen Rahmenbedingungen, eine immense Ausdehnung der Arbeitszeit zur Folge hatte (ein Seminar in meiner Arbeitsgruppe wurde im Sommersemester in fünf verschiedenen Hybriditätsgraden von totaler Präsenz bis komplett online geplant). Aber Zeit stand ja in Ermangelung zahlreicher Aktivitätsalternativen ohnehin zur Verfügung – anstelle eines Essens mit

Freunden wurde eben ein Seminar umgeplant. Dieser Logik folgend, erscheinen Einführungen neuer Campus-Management-Systeme zu diesen Zeiten auch mehr als schlüssig.

Die sukzessive Expansion von Online-Veranstaltungen brachte nicht nur eine teilweise ganztägige Präsenz von MS-Teams, Zoom etc. mit sich, zunächst häufig noch ohne Pausen geplant und vollzogen, sondern auch immer wiederkehrende Kommunikationselemente. Gerade bei Besprechungen mit Kollegen und Kolleginnen war der Wunsch nach einem Shortcut für „Du musst Dein Mikro aufmachen, wenn Du sprichst" im Kopf groß. Eine Beobachtung, die sich ebenfalls durch diese Phase der Pandemie zog: Die Professionalisierung von physischen Arrangements im Umfeld der meistgenutzten Umgebung bei Online-Aktivitäten. Dominierten zu Beginn Einblicke in Wohnumgebungen, emanzipierten sich die Online-Aktiven zunehmend davon, indem teilweise semiprofessionelle Umgebungen mit Studio-Gepräge entstanden. Dies betraf nicht allein die übertragene Umgebung, sondern auch die Kamera-, Tonaufnahme- und Beleuchtungstechnik. Eine Auffälligkeit zu den übertragenen Hintergrundarrangements: Es zeigte sich bei Kollegen und Kolleginnen mit eher naturwissenschaftlicher Ausrichtung eine deutliche Häufung von technischen Geräten im Hintergrund (auch großformatige Naturaufnahmen waren häufig, vielleicht als ästhetisches Residuum in einer positivistischen Welt),[12] die Präferenz auf geistes-, kultur- und sozialwissenschaftlicher Seite war kaum von Abweichungen geprägt: mindestens Bücherwand, besser: Privatbibliothek (in einer eher sich ziehenden Sitzung dachte ich darüber nach, ob es nicht ein Geschäftsmodell sein könnte, Buchwandattrappen für Videokonferenzen zu vermarkten). Dies wäre sicherlich auch eine Forschungsfrage, vielleicht im Anschluss an Pierre Bourdieus *distinction*, welche sozialindikatorische Bedeutung Videohintergründe haben können.[13] Allgemein scheint aber mit dem Rückgang der Optionen der Bewegung und Interaktion in der Welt 1 (der materiellen Welt), hier der öffentlichen Welt 1, ein steigendes Bedürfnis hinsichtlich der Einwirkung auf die private Welt 1 von Umdekoration bis hin zu substanziellen Eingriffen in heimische Umgebungen einhergegangen zu sein.

Bei studentischen Teilnehmenden an virtuell-synchroner Lehre setzte sich zunehmend ein anderer Trend durch: Das Abschalten der Kamera, das sich bis in die Teilnahme an Sprechstunden hineinzog. Auch wenn einige Kollegen und Kolleginnen einen nahezu missionarischen Ehrgeiz entwickelten, hier gegenzusteuern: Die Erfahrung, teilweise ganze Tage zu einem Bildschirm schwarzer Kacheln zu sprechen, blieb erhalten. Eine gewisse kommunikative Äquivalenz lässt sich angesichts der Maskenpflicht bei den in spärlicher Zahl abgehaltenen Lehrveranstaltungen in

---

12   Vgl. Pareto, Vilfredo: *Trattato di sociologia generale*, Bd. 2, Milano 1916.
13   Vgl. Bourdieu, Pierre: *La Distinction. Critique sociale du jugement*, Paris 2016.

Präsenz nicht leugnen. Bemerkenswert, nach vier Semestern Lehre unter Pandemiebedingungen, ist die (von vielen Kollegen und Kolleginnen geteilte) Erfahrung einer zunehmenden Bandbreite der Qualität studentischer Arbeiten. Im Vergleich zu den Vorjahren stieg die Zahl sehr guter Ergebnisse ebenso an wie die unzureichender. Der Trend zu einer dichotomen Einschätzung von Online-Lehre spiegelt sich auch in den Evaluationen der Lehrveranstaltungen seitens der Studierenden wider: Ein Teil hebt die Vorteile (insbesondere freiere Arbeits- und Zeiteinteilung) hervor, ein anderer Teil die Nachteile (weniger Kontakt mit Dozierenden und anderen Studierenden). Letzteres ist nicht ohne Ironie angesichts der weiten Verbreitung schwarzer Kacheln, wobei sicherlich der Mangel an Optionen alternativer Tätigkeiten auch studienbezogenen Aktivitäten einen größeren zeitlichen Rahmen boten.[14]

Angesichts der fundamentalen Veränderungen im Lehrbetrieb und dessen Organisation blieben für mich (als Sozialwissenschaftler) die Einschränkungen der Pandemie eher verhalten: Dies lag nicht zuletzt an der Bereitschaft von Drittmittelgeber*innen, angesichts der Pandemielage Projektlaufzeiten auch finanzwirksam zu verlängern. Eingeschränkte Möglichkeiten des Einsatzes von reaktiven Methoden bei der qualitativen Sozialforschung (insbesondere persönliche Interviews, teilnehmende Beobachtung (es gab ja auch in Phasen des Pandemiegeschehens nichts an sozialen Interaktionen zu beobachten) veranlassten eine verstärkte Befassung mit und Nutzung von nicht reaktiven Methoden (etwa der qualitativen und quantitativen Medieninhaltsforschung), aber auch eine andere Perspektive: die Fokussierung auf das eigene Erleben und dessen Reflexion, dessen Ausdruck auch dieser Beitrag ist. Nicht zuletzt bot darüber hinaus der von außen herangetragene Rückzug aus physischen Kopräsenzen und den damit verbundenen Wegezeiten die Möglichkeit, sich mit Gegenständen zu befassen, zu deren Erschließung bis dato Zeit und Muße fehlten. Dies war für mich insbesondere die Kartografietheorie, indem ich die konstruktiven Elemente der kritischen Kartografie aufgreife (Karten als soziale Konstrukte zu verstehen), aber die destruktiven Elemente (Ablehnung einer positivistischen Kartografie) ablehne und stattdessen einen neopragmatischen Ansatz vorschlage, sich der Konstruiertheit und Machtgeladenheit von Karten bewusst zu sein und diese als kontingente Konstruktionen von Welt zu begreifen. Um dies deutlich zu machen, halte ich – in Anschluss an Richard Rorty[15] – nicht nur eine Gestaltungsvielfalt von kartografischen Darstellungen (insbesondere von Kartogrammen), sondern auch kartografische Darstellungen mit (Selbst-)Ironie zu gestalten, für notwendig.[16]

---

14   Für diesen Hinweis danke ich Anna-Maria Weber.
15   Vgl. Rorty, Richard: *Contingency, irony, and solidarity*, Cambridge 1997.
16   Vgl. Kühne, Olaf: Contours of a 'Post-Critical' Cartography – A Contribution to the Dissemination of Sociological Cartographic Research, in: *KN – Journal of Cartography and Geographic Information* 71 (2021), 133–141.

Blieb der Inhalt wissenschaftlicher Arbeit für mich bemerkenswert wenig tangiert von den pandemiebedingten Restriktionen, gestaltete sie sich in Teilen sogar produktiv, gilt dies für deren Organisation weit weniger. Absagen und Verschiebungen von Tagungen und Verlegungen in das Online-Format waren für Wissenschaftler*innen auf Dauerstellen bestenfalls lästig, da mit Organisationsaufwand verbunden. Für den wissenschaftlichen Nachwuchs waren sie deutlich problematischer, waren so doch die Möglichkeiten gering, jenseits der eigenen Arbeitsgruppe und jenseits des engeren Kreises derjenigen Wissenschaftler*innen, die zum belastbaren Netzwerk dieser Arbeitsgruppe zählen, eigene Verbindungen aufzubauen, verbunden mit der Gewinnung, Diskussion und Abwägung alternativer Ansätze.

Damit komme ich zur dritten Phase der Pandemie – eine Phase, die in der Zeit, in der dieser Text entstanden ist, noch andauerte (März 2022): die Phase der Überlagerung. Die Überlagerung ist aus meiner Sicht eine doppelte: Einerseits die Überlagerung durch den Wunsch nach einem Leben jenseits der pandemiebedingten Einschränkungen, die sich etwa in dem forciert Top-down-vermittelten Credo, in die Präsenzlehre zurückzukehren, äußert. Überlagert wird die Kommunikation zur Pandemie jedoch auch durch jene zum Ukrainekrieg. Es scheint mir allerdings auch hier eine sozialräumliche Differenzierung dieser beiden Überlagerungen zu geben. In Italien dominiert die Erste, in Deutschland die Zweite. Gibt es kaum eine Kommunikation (per Mail, Telefon oder Video) mit Menschen in Deutschland (unabhängig vom universitären Kontext) ohne das Thema Ukrainekonflikt, wurde dies im Austausch mit Kollegen und Kolleginnen und Bekannten in Italien selten thematisiert. Dem großen Mitgefühl mit den Opfern steht zudem eine geringere unmittelbare Betroffenheit gegenüber: Weder ist Italien ein besonderes Ziel der Fluchtbewegungen noch wird ein potenzieller nuklear ausgefochtener Krieg vertieft diskutiert. Ein Indiz für die Überlagerung des Pandemiethemas ist eine Demonstration gegen den Ukrainekrieg in Florenz (s. Abb. 1). Wenngleich die Zahl der Demonstrierenden überschaubar blieb (insbesondere im Vergleich zu jenen in Deutschland), erhielten im gleichen Zeitraum stattfindende Demonstrationen gegen die Coronamaßnahmen noch weniger Zulauf.

Abb. 1: Demonstration gegen den Ukrainekrieg in Florenz

Quelle © Olaf Kühne 2022

4. Wie könnte es weitergehen? Der Versuch eines Fazits

Was uns die Pandemie wie der Ukrainekrieg gelehrt haben, ist die Aktualität des von Karl Popper immer wieder wiederholten Satzes: ‚Die Zukunft ist offen.'[17] Es lassen sich zwar Prognosen und Szenarien entwickeln, es lassen sich Wahrscheinlichkeiten

---

17 Vgl. Popper, Karl R. [u. a.]: *Die Zukunft ist offen. Das Altenberger Gespräch. Mit den Texten des Wiener Popper-Symposiums*, München 1994; Popper, Karl. R.: *The open society and its enemies*.

abschätzen, aber einem Gesetz folgt die Geschichte nicht. Denn – so stellt Ralf Dahrendorf, Karl Popper folgend, heraus: Geschichte habe „weder a priori noch auch nur a posteriori einen Sinn"[18], woraus sich der Schluss ableiten lässt: „[W]ir müssen ihr einen Sinn geben, wenn wir dies wollen (und wir müssen es wollen, denn die Frage stellt sich uns unausweichlich)"[19], einen Sinn, der für Dahrendorf darin liegt, „mehr Lebenschancen für mehr Menschen zu schaffen"[20].

Die Pandemie hat sich sehr unterschiedlich auf die Steigerung von Lebenschancen ausgewirkt, von deren völliger Vernichtung durch einen vorzeitigen Tod, über ihre dauerhafte Einschränkung durch Long Covid, über temporäre Einschränkungen, als Bedingungsgrundlage für die Erhaltung und Entwicklung von Lebenschancen,[21] bis hin zur Entwicklung neuer Optionen, die zu Lebenschancen führen, indem Zeiten der (erzwungenen) Ruhe produktiv für die Entwicklung neuer Perspektiven eingesetzt wurden. Allerdings ging mit der Pandemie auch eine bis dato kaum erahnte Polarisierung und Moralisierung öffentlicher Diskurse einher, ob zur Pandemie selbst, zum anthropogenen Klimawandel oder auch – wie gezeigt – zur Hochwasserkatastrophe in Westdeutschland. Angesichts des hohen Grades an Moralisierung und von persönlichen Anfeindungen erscheint hier eine produktive Regelung der Konflikte in weite Ferne gerückt. Es mangelt an einer gemeinsamen Grundlage dafür, was einen gemeinsamen Kanon an Werten betrifft.

Damit kommen wir auch zur Frage der Lebenschancen durch universitäre Bildung: Wenn eine Vermehrung individueller Lebenschancen als Maxime verstanden wird, sollte ein Ziel sein, die Potenziale der selbstständigen Arbeit zu erhalten, insbesondere für Studierende, die besser unter diesen Bedingungen arbeiten können. Gleichzeitig gilt es aber auch Formate zu etablieren, die Studierenden mit höheren persönlichen Betreuungsbedürfnissen entgegenkommen. Die aktuell politisch verfolgte Strategie scheint aber eine andere zu sein: Zurück zur Verringerung der Streuung und damit zum Regiment der Durchschnittlichkeit. Oder mit Ralf Dahrendorf[22] formuliert: Die Optionen für eher eigenständig arbeitende Studierende werden zugunsten jener umverteilt, die eine stärkere Anleitung benötigen. Die angemessene Förderung von Lebenschancen durch universitäre Bildung für beide Typen studentischen Lernens ist jedoch an größere Investitionen in die Lehre gebunden, angesichts der Bewältigung der finanziellen Folgen der Pandemie und nun auch des Ukrainekrieges mit seinen Folgen für Mittel- und Westeuropa, erscheint die Umsetzung eines solchen Ansatzes jedoch mehr als

---

18 Dahrendorf: *Lebenschancen*, 24.
19 Ders.: *Lebenschancen*, 24.
20 Ders.: *Lebenschancen*, 26.
21 Siehe dazu klassisch: Mill, John S.: *On Liberty*, Oxford 1991.
22 Vgl. Dahrendorf: *Lebenschancen*, 26.

unwahrscheinlich, auch angesichts des verbreiteten Primats der Forschung gegenüber der Lehre. Die Rückkehr zum Regiment der Durchschnittlichkeit in der Lehre stellt ein wahrscheinliches Szenario dar. Eine andere Herausforderung besteht für den wissenschaftlichen Nachwuchs, der in der Pandemie um viele Möglichkeiten der eigenständigen Vernetzung gebracht wurde. Insofern erscheinen nicht allein Aufholprogramme für Studierende nötig, sondern auch Möglichkeiten des Austausches für den wissenschaftlichen Nachwuchs. Doch auch dies kostet Zeit und damit Geld.

Angesichts dieser Rahmenbedingungen besteht die Gefahr, dass die in der Pandemie eingeübte Praxis der Delegation der Aufrechterhaltung von Lehr- und Forschungsbetrieb (im Top-down-Modus) auf die an der Basis angesiedelten Arbeitseinheiten auch nach der Pandemie erhalten bleibt. Der Effekt der Gewöhnung an allzeitige Verfügbarkeit scheint sich sehr verbreitet zu haben (beispielsweise von Freitag auf Montag gesetzte Fristen für Reviews, Überarbeitungen von Artikeln oder von Konzepten sind hier ein Indikator, wie auch Nachfragen seitens Studierender, ob die am Freitag(abend) versandte E-Mail nicht angekommen sei und wie die Antwort laute, versandt Montagmorgen). Angesichts der Beschleunigung von Kommunikation und Anpassung an immer neue Rahmenbedingungen haben sich Arbeitstage zunehmend in Form eines Rudi-Carrell-*working gutters* (in Anschluss an den Eröffnungssong des Showmasters in den 1990er-Jahren, „Lass Dich überraschen", von *Workflow* ist nur schwerlich zu berichten) entwickelt. Das Ruhe und Muße benötigende intensive Durchdenken von Zusammenhängen scheint – darauf deuten die Entwicklungen hin – fürderhin in das Reich der Wünsche verwiesen ...

Literaturverzeichnis

Becker, Hellmut/Dahrendorf, Ralf: *Neue Wege zur Hochschulreform: differenzierte Gesamthochschule – autonome Universität*, Hamburg, Berlin 1967 (Bergedorfer Protokolle 20).

Bourdieu, Pierre: *La Distinction.Critique sociale du jugement*, Paris 2016.

Dahrendorf, Ralf: *Arbeiterkinder an deutschen Universitäten*, Tübingen 1965 (Recht und Staat in Geschichte und Gegenwart, 302/303).

Dahrendorf, Ralf: *Die Soziologie und der Soziologe. Zur Frage von Theorie und Praxis*, Konstanz 1967 (Konstanzer Universitätsreden 6).

Dahrendorf, Ralf: *Lebenschancen. Anläufe zur sozialen und politischen Theorie*, Frankfurt/M., 1979.

Dahrendorf, Ralf: *Universities after communism. The Hannah Arendt Prize and the reform of higher education in East Central Europe*, Hamburg 2000.

Goldschmidt, Dietrich: Die gegenwärtige Problematik, in: Asemissen, Ilse [u. a.] (Hg.): *Nachwuchsfragen. Im Spiegel einer Erhebung 1953–1955*, Göttingen 1956, 37–59.

Kühne, Olaf: Landscape Conflicts. A Theoretical Approach Based on the Three Worlds Theory of Karl Popper and the Conflict Theory of Ralf Dahrendorf, Illustrated by the Example of the Energy System Transformation in Germany, in: *Sustainability: Science, Practice and Policy* 12 (2020), 1–20.

Kühne, Olaf: Contours of a ‚Post-Critical' Cartography – A Contribution to the Dissemination of Sociological Cartographic Research, in: *KN – Journal of Cartography and Geographic Information* 71 (2021), 133–141.

Kühne, Olaf/Berr, Karsten: *Wissenschaft, Raum, Gesellschaft. Eine Einführung zur sozialen Erzeugung von Wissen*, Wiesbaden 2021.

Kühne, Olaf [u. a.]: „... Inconceivable, Unrealistic and Inhumane". Internet Communication on the Flood Disaster in West Germany of July 2021 between Conspiracy Theories and Moralization – A Neopragmatic Explorative Study, in: *Sustainability* 13 (2021), 1–23.

Luhmann, Niklas: *Die Wissenschaft der Gesellschaft*, Frankfurt/M. 1990.

Marcuse, Herbert: *Der eindimensionale Mensch. Studien zur Ideologie der fortgeschrittenen Industriegesellschaft*, Neuwied, Berlin 1970.

Mill, John S.: *On Liberty*, Oxford 1991.

Pareto, Vilfredo: *Trattato di sociologia generale*, Bd. 2, Milano 1916.

Plessner, Helmuth: Zur Soziologie der modernen Forschung und ihrer Organisation in der deutschen Universität. Tradition und Ideologie, in: Asemissen [u. a.] (Hg.): *Nachwuchsfragen*, 19–36.

Karl R.: Three Worlds. Tanner Lecture, Michigan, April 7, 1978, in: *Michigan Quarterly Review* (1979), 141–167. Popper, Karl R.: Three Worlds, in: *The Tanner Lectures on Human Values*, Salt Lake City, Cambridge, 1980, 141–167, https://tannerlectures.utah.edu/_resources/documents/a-to-z/p/popper80.pdf [18.04.2023].

Popper, Karl R.: *The Open Society and Its Enemies*, Abingdon 2011.

Popper, Karl R./Eccles, John C.: *Das Ich und sein Gehirn*, München, Zürich 2008.

Popper, Karl R. [u. a.]: *Die Zukunft ist offen. Das Altenberger Gespräch. Mit den Texten des Wiener Popper-Symposiums*, München 1994.

Rorty, Richard: *Contingency, irony, and solidarity*, Cambridge 1997.

Seiffert, Helmut: *Einführung in die Wissenschaftstheorie. Bd 2: Geisteswissenschaftliche Methoden: Phänomenologie, Hermeneutik und historische Methode, Dialektik*, München 1996 (Beck'sche Reihe 61.

Weber, Max: *Wirtschaft und Gesellschaft. Grundriss der verstehenden Soziologie*, Tübingen 1972.

Weber, Max: *Wissenschaft als Beruf*, Berlin 2011.

Lehren aus dem leeren Lehrsaal
Deutsche Hochschulen in der Pandemie

Sonja Sälzle, Linda Vogt, Jennifer Blank, André Bleicher und Renate Stratmann

Abstract: L'article retrace la situation dans les universités allemandes pendant les années de pandémie 2020/2021 et décrit les conditions d'enseignement, d'apprentissage et de vie selon trois perspectives différentes : celle de la direction des universités, celle des enseignant·e·s et celle des étudiant·e·s. Avec l'arrivée de la pandémie, ces acteur·rice·s se sont vu·e·s confronté·e·s à des défis inhabituels. L'enseignement et l'interaction ont dû être réorganisés sur le champ avec de nouveaux moyens techniques. Les groupes impliqués ont fait l'expérience de cette situation de manière très différente. C'est ce que montrent les données d'une étude inter-universitaire sur la situation dans les établissements d'enseignement supérieur pendant la pandémie (Sälzle [u. a.] : Entwicklungspfade für Hochschule und Lehre nach der Corona-Pandemie, 2021), qui sont résumées ici. Sur la base de ces résultats, l'article ouvre la discussion à propos des possibles évolutions pour les établissements d'enseignement supérieur et propose des pistes d'action et des critères pour leur développement futur après la pandémie.

1. Einleitung – geschlossene Hochschulen in Deutschland

An den Hochschulen war der Beginn der Corona-Krise im Frühjahr 2020 geprägt von einem hohen Maß an Unsicherheit, großem Zeitdruck sowie von didaktischen und technischen Abläufen, die schnell und unvollkommen entwickelt wurden. Die Infektionszahlen stiegen rasant, und so mussten die Hochschulen innerhalb eines Monats das bereits geplante Präsenzsommersemester 2020 in ein digitales Semester umorganisieren. In der Hochschulwelt entstand dadurch eine dialektische Situation, an deren Polen Digitalisierungseuphorie einerseits und Zurückweisung der neuen Technologien andererseits wahrnehmbar wurden.[1] Dieser Beitrag rekonstru-

---

1   Autoren und Autorinnengruppe AEDiL (unter Mitarbeit von Aline Bergert, Nadine Bernhard, Michael Eichhorn [u. a.]): *Corona-Semester reflektiert. Einblicke einer kollaborativen Autoethnographie*, Bielefeld 2021; Barnat, Miriam/Bosse, Elke/Szczyrba, Birgit (Hg.): *Forschungsimpulse für die Hochschulentwicklung im Kontext hybrider Lehre*, Köln 2021 (Forschung und Innovation in der Hochschulbildung 11); Blank, Jennifer [u. a.]: Das digitale Sommersemester als

iert die Situation 2020/2021 an deutschen Hochschulen. Dabei soll ein ganzheitliches Bild der Lehr-/Lernsituation sowie der allgemeinen Lebenssituation in den Corona-Semestern entstehen, die den unterschiedlichen Perspektiven von Hochschulleitungen, Lehrenden und Studierenden Rechnung trägt. Aus diesen Erfahrungen werden Möglichkeiten der Pfadentwicklung für Hochschule und Lehre post Corona aufgezeigt.

Die Datengrundlage entstammt der hochschulübergreifenden Studie „Entwicklungspfade für Hochschule und Lehre nach der Corona-Pandemie" mit insgesamt 86 Teilnehmenden[2]. Von Januar bis März 2021 wurden 67 Teilnehmende in 15 digitalen Fokusgruppen aus elf Hochschulen für Angewandte Wissenschaften in Baden-Württemberg interviewt. Dabei gaben je drei bis fünf Lehrende und je drei bis fünf Studierende an, wie sie die Corona-Semester erlebt haben und welchen Chancen und Herausforderungen sie sich gegenübersahen. Die Sicht der Hochschulverantwortlichen wurde anhand von elf leitfadengestützten Interviews mit Mitgliedern von Hochschulleitungen erhoben. In acht Gesprächen mit Experten und Expertinnen aus der Lehre konnten Good-Practice-Beispiele identifiziert werden. Die Interviews wurden mithilfe kategoriebasierter Verfahren in Anlehnung an die qualitative Inhaltsanalyse ausgewertet.[3] Diese qualitative Methodik erlaubte eine vertiefte Darstellung der Alltagserfahrungen und ermöglichte die Ableitung von Erkenntnissen zu den Rahmenbedingungen, der Organisation der Corona-Semester und den damit einhergehenden Herausforderungen. Auch Einschätzungen zu den zukünftigen Chancen und Anforderungen für die Hochschulen waren damit möglich.

Der Beitrag stellt zunächst die wichtigsten Ergebnisse aus den Interviews mit den Hochschulleitungen vor, gefolgt von den Erkenntnissen aus den Gruppeninterviews mit den Lehrenden und den Studierenden. Dies bildet die Grundlage für die Formulierung von Handlungsempfehlungen für eine strategische Entwicklung der Hochschulkultur nach der Corona-Pandemie.

Entscheidungsgelegenheit, in: *Die neue Hochschule* 6 (2020), 16–20; Sälzle, Sonja/Vogt, Linda/Blank, Jennifer: Wie können Lehren und Lernen in geschlossenen Hochschulen gestaltet werden? Ein Erfahrungsbericht aus der Hochschule Biberach, in: *Zeitschrift für Hochschulmanagement* 15(2+3) (2020), 60–67 [zuletzt geprüft am 01.03.2021]; Seyfeli, Funda/Elsner, Laura/Wannemacher, Klaus: *Vom Corona Shutdown zur Blended University? ExpertInnenbefragung Digitales Sommersemester*, Baden-Baden 2020, https://www.studentenwerke.de/sites/default/files/views_filebrowser/2020_edis_expertinnenbefragung_final._hispdf.pdf [12.02.2021].

2   Sälzle, Sonja [u. a.]: *Entwicklungspfade für Hochschule und Lehre nach der Corona-Pandemie. Eine qualitative Studie mit Hochschulleitungen, Lehrenden und Studierenden*, Baden-Baden 2021¹.

3   Vgl. Kuckartz, Udo: *Qualitative Inhaltsanalyse. Methoden, Praxis, Computerunterstützung*, Weinheim, Basel 2018⁴ (Grundlagentexte Methoden).

2. Situation der Hochschulleitungen – ständiger Entscheidungsdruck

Die Ausgangssituation an den Hochschulen zu Beginn der Pandemie stellte sich aus Sicht der Hochschulleitungen[4] unterschiedlich dar. Diskrepanzen gab es vor allem bei den Rahmenbedingungen. Gemeinsam war, dass die befragten Hochschulen an unterschiedliche Erfahrungen und Vorarbeiten anknüpften und dass das Selbstverständnis als Präsenzhochschule für die Hochschulleitungen einen zentralen Aspekt darstellte. Die Ad-hoc-Umstellung auf den digitalen Lehrbetrieb machte eine große Anzahl an Neuerungen und Maßnahmen notwendig. Eine der interviewten Hochschulleitungen beschrieb die Situation der Vorerfahrungen zusammenfassend: „Also die Lage war jetzt gar nicht so schlecht. Wir hatten schon als Hochschule einige Vorerfahrungen, natürlich nicht jeder Lehrende" (HSL2: 4[5]). Die Hochschulen verfügten bereits über digitale Lernplattformen, allerdings mussten diese entsprechend ausgebaut werden, durch Videokonferenzsysteme ergänzt oder leistungsfähigere Systeme eingeführt werden. Die Entwicklung und Umsetzung einer Digitalisierungsstrategie in Lehre und Verwaltung hatten die Hochschulen zwar schon auf der Agenda, waren damit aber unterschiedlich weit vorangeschritten. „Die Pandemie wirkt als Brandbeschleuniger für die Digitalisierung, aber ich glaube nicht, dass die Pandemie die Digitalisierung anders lenkt, als es mittelfristig ohnehin gekommen wäre" (HSL6: 40), beschrieb eine interviewte Person aus der Hochschulleitung.

2.1 Zusammenführen der Bedarfe

Ein weiteres wichtiges Thema für die Hochschulleitungen war die technische Ausstattung der Hochschulen und der Hochschulangehörigen mit den adäquaten Endgeräten. In den Umsetzungen wurden strukturelle Veränderungen und auch personelle Aufstockungen vorgenommen, damit die Fakultäten und Lehrenden entsprechenden Support von den technischen und didaktischen Serviceeinheiten erhalten konnten. Dazu zählten z. B. Technik, Bereitstellung von Schulungen, Informationen, Materialien, Umstellung auf digitale Besprechungsformate u. ä.

Die Analyse der Interviews zeigte weiterhin, dass die Berücksichtigung unterschiedlicher Vorstellungen und Bedarfe der Hochschulangehörigen für die Hochschulleitungen eine weitere Herausforderung darstellte. Es wurde deutlich, dass die jeweiligen Hochschulakteure und -akteurinnen unterschiedliche Ansichten hatten, wie die Hochschule mit der Corona-Pandemie umgehen solle. „Also das zu moderieren, das bringt mich dann doch manchmal auch an meine Grenzen, so als Domp-

---

[4] Vgl. Sälzle [u. a.]: *Entwicklungspfade für Hochschule und Lehre nach der Corona-Pandemie*, Kapitel 4, 37–66.
[5] Zitiert aus den Transkripten der Interviews, HSL = Hochschulleitungen, FGL = Lehrende in den Fokusgruppen, FGS = Studierende in den Fokusgruppen.

teur. Also es ist wirklich schwierig" (HSL11: 40). Die Hochschulleitungen versuchten, die unterschiedlichen Bedarfe „einzusammeln und in eine Form von Ausgleich zu bringen" (HSL9: 34).

2.2 Beschleunigung der Prozesse

Auf der strategischen Ebene mussten die wechselnden Corona-Verordnungen für den Studienbetrieb umgesetzt werden. Das beinhaltete eine permanente Überprüfung und Schaffung angepasster Rahmenbedingungen z. B. hinsichtlich des Zugangs zu Hochschulen und Laboren, Hygienekonzepten, oder die Schaffung von rechtssicheren Lösungen für Lehre und Prüfungen. Die größte Schwierigkeit bestand darin, dass die Hochschulen Entscheidungen selbstständig trafen (bzw. treffen mussten) mit der Befürchtung, dass das „Ministerium noch irgendwas [sagt], was das Ganze für unrechtmäßig erklärt" (HSL9: 34). Diese Unsicherheit wurde dadurch verstärkt, dass z. T. Informationen aus den Ministerien erst verspätet bereitgestellt werden konnten. „Ja, natürlich, man schläft ja schon unruhig in diesen Zeiten, weil man natürlich immer mit sich ringt, sind die Entscheidungen, die man trifft, die richtigen, ja? Ich meine, das lässt uns ja nicht kalt" (HSL10: 34). Gleichzeitig sahen die befragten Hochschulleitungen in dieser offenen, unsicheren Situation damit einhergehende Chancen: Entscheidungen konnten schneller getroffen werden, die sonst bürokratischer und langwieriger waren.

> Ich denke, eine Chance für die Hochschulen ist es tatsächlich, das, was jetzt quasi an Bewegung reingekommen ist, mitzunehmen, um neue Lehr- und Lernformen zu machen, also um da innovativ sich auch aufzustellen, um da auch tatsächlich, ja, ich will jetzt nicht sagen Vorreiter, aber doch zumindest innovative Dinge auszuprobieren. (HSL2: 45)

So löste die Corona-Pandemie in der Hochschulkultur eine Beschleunigung der Prozesse sowohl auf der strukturellen, didaktischen und strategischen Ebene als auch eine Flexibilisierung der Zusammenarbeits- und Lernkultur aus.

3. Situation der Lehrenden – schwarze Kacheln statt Interaktion

Auch die Lehrenden gingen mit der Situation zunächst sehr unterschiedlich um.[6] Sie standen vor der Herausforderung, ihre Lehre ad hoc in digitale Formate umzustellen.

---

6   Vgl. Sälzle [u. a.]: *Entwicklungspfade für Hochschule und Lehre nach der Corona-Pandemie*, Kapitel 5 und 6, 67–137.

Ich war am Anfang eigentlich der Meinung, das wird überhaupt nicht funktionieren können, und war dann überrascht, wie schnell es dann doch ging. Und muss auch dazu sagen: Dank der großen Unterstützung, die wir von der Hochschule bekommen haben, technische und didaktische Hilfestellungen. (FGL1: 23)

Ein Teil der Lehrenden orientierte sich sehr stark am Präsenzformat. Andere Lehrende experimentierten mit den neuen Möglichkeiten, arbeiteten in digitalen Gruppenarbeiten oder verwendeten Flipped-Classroom-Modelle, indem sie beispielsweise Videos drehten und diese als thematische Grundlagen den Studierenden zur Vorbereitung zur Verfügung stellen.

3.1 Anonyme Lehre

Der fehlende Austausch mit den Studierenden bildete eine Hauptschwierigkeit. Die Interaktion zwischen den Lehrenden und Studierenden veränderte sich komplett, die Lehrenden beschrieben die Situation, dass sie statt im Hörsaal zu unterrichten, nun vor dem Bildschirm mit 30 schwarzen Kacheln sprachen, ohne wirkliche Rückmeldungen zu erhalten.

Also, wo ich halt ein großes Problem tatsächlich sehe, das ist ja auch schon angesprochen worden, ist, dass wir als Lehrende halt keine direkte Rückmeldung bekommen im Hörsaal. Da sehe ich halt, wenn mir die Leute wegschlafen und irgendwie sich mit anderen Dingen beschäftigen dann kann ich versuchen, die wieder zurückzuholen. So starre ich halt auf meine grauen Kacheln. (FGL6: 30)

Die Lehrenden hatten das Gefühl, dass die Studierenden sich inhaltlich schneller ausklinkten und es nicht offensichtlich war, ob die Teilnehmenden gedanklich mitarbeiteten oder lediglich online anwesend waren. Neue digitale Feedback- und Interaktionsmethoden mussten erst eingeführt und erlernt werden. Die Lehrenden sorgten sich, dass die Studierenden durch die Anonymität des digitalen Lehrens und Lernens zu wenig Struktur hatten und dadurch sprichwörtlich verloren gingen. Insbesondere die oben beschriebenen ausgeschalteten Kameras führten zu einem großen Hemmnis in der Interaktion.

3.2 Fehlender informeller Austausch

Neben dem fehlenden Austausch mit den Studierenden fehlte der Kontakt zu den Kollegen und Kolleginnen des eigenen oder anderen Studiengängen – insbesondere die zufälligen Gespräche auf dem Flur oder in der Mensa. „Was fehlt, mir persönlich, ganz massiv, ist dieses Kaffeegespräch. Also was überhaupt nicht mehr geht, ist, auf dem Flurfunk etwas aufschnappen" (FGL6: 55). Man erfuhr nicht mehr die persönlichen und privaten Dinge voneinander: „Natürlich können wir viele Dinge, man kann

Geburtstag online feiern und, und, und. Aber es sind ja alles Krücken" (FGL5: 40). In digitalen Besprechungen kamen kaum informelle Gespräche zustande. Die serielle digitale Diskussionskultur ließ spontane Äußerungen kaum zu, da eine Meldungsreihenfolge im digitalen Setting notwendig war. Kommunikation war aufwändiger und musste exakter geplant werden.

3.3 Digitale Erschöpfung

Insgesamt war in der neuen digitalen Lehrsituation der Workload weit höher, da die Materialien entsprechend aufbereitet werden mussten. Für zusätzliche Unsicherheit bei den Lehrenden sorgten mangelnde oder unklare Regelungen in Bezug auf Datenschutz sowie die Herausforderung der konkreten technischen Bewerkstelligung der Lehre.

Die Lehrenden berichteten zwar einerseits von größeren Freiheiten, da sie die Lehre größtenteils im Homeoffice ausführten. Andererseits war diese Form der Lehre auf Dauer auch viel anstrengender und ermüdender. Die Monate des digitalen Lehrens führten zu einer Art digitalen Erschöpfung. Die komplette Tätigkeit fokussierte sich aufgrund des Hometeachings auf den heimischen Computer und Bildschirm.

> Aber nach dieser ersten Phase kam dann wie gesagt auch die Phase der Ernüchterung. Und ich will es wirklich ehrlich sagen: Und am Ende des letzten Semesters auch der Erschöpfung. Also ich würde von so einer digitalen Erschöpfung durchaus reden, die damit einhergeht. (FGL1: 23)

So beschrieb ein Lehrender die neue Situation. Durch die Pandemie reduzierte sich ebenfalls das private Leben auf den heimischen Wohnraum, viele Freizeitaktivitäten konnten nicht ausgeübt werden, Besuche und Treffen mit Familie und Freunden fanden nicht statt.

Das Hometeaching führte außerdem zu einem Verschwimmen der beruflichen und privaten Situation. Eine wirkliche Abgrenzung und Rollentrennung war kaum möglich.

> Dieser nicht vorhandene Zeitraum zwischen Rollenwechseln, das ist eigentlich das, was mir dabei am schwersten fällt. Also ich klappe den Rechner und ich hab' ihn noch nicht zu, da bin ich Mutter. Und das hört man ja überall, ne? [...] [D]ieses sozusagen übergangslose Von-einer-Rolle-in-die-andere-Gleiten [...] ist aus meiner persönlichen Perspektive die größte Herausforderung. (FGL4: 16)

Dennoch empfanden die Lehrenden ihre Lage im gesamtgesellschaftlichen Vergleich als privilegiert.

3.4 Kompetenzaufbau

Insgesamt fand in kurzer Zeit ein großer mediendidaktischer Wissensaufbau bei den Lehrenden statt. Es gab Vorreiter*innen unter den Lehrenden, die Freude am Experimentieren im digitalen Setting hatten und so auch für andere Lehrende neue Methoden zugänglich machten. Entsprechende Unterstützung erhielten die Lehrenden von Rechenzentren bzw. den didaktischen Zentren. „Ich wurde zum Digital Native ((alle lachen))" (FGL8: 12), so empfanden die Lehrenden den eigenen Kompetenzaufbau. Die befragten Lehrenden waren sich einig, dass der didaktische Methodenblumenstrauß nun viel größer sei. Neue Methoden konnten ausprobiert werden und auch die Toleranz für anfängliche Fehler war größer. Diese Vielfalt der Lehrformate mit den neuen Möglichkeiten will die Mehrheit der Lehrenden auch zukünftig nutzen, ebenso wie räumliche und zeitliche Flexibilität. Die Vorlesungen können auch in Randzeiten gehalten und Expertinnen und Experten sowie Praxispartner*innen zugeschaltet werden.

Durch die veränderte Lehrsituation hinterfragten die Lehrenden auch ihr Rollenverständnis und ihre Aufgabe als Lehrende.

> Ich glaube, wir werden weggehen von den großen Hörsälen, [...], aber zu viel mehr Gruppenarbeitsräumen, zu viel mehr Kleingruppenarbeit, zu viel mehr aktiven, gut gestellten Fragen, die selbst über Denken beantwortet werden, wo selber Recherche stattfindet. Wir werden aus meiner Sicht zu Lernbegleitern werden und nicht zu Inputgebern. (FGL1: 102)

Aufgrund der gemachten Erfahrung müsse sich die Rolle noch mehr Richtung Coach und Lernbegleiter*in entwickeln.

4. Situation der Studierenden – Lernen vor dem Monitor

Die Studierenden[7] nahmen die neue Situation in den Corona-Semestern ebenfalls unterschiedlich wahr. Sie starteten bereits zu verschiedenen Zeiten in das Semester, wurden mit unterschiedlich vielen neuen digitalen Werkzeugen konfrontiert und mussten ihr Leben sowie Studium plötzlich gänzlich neu gestalten.

4.1 Einzelkämpfertum

Wie den Lehrenden erging es auch den Studierenden: Sie saßen vor Monitoren ohne Gesichter, hatten kaum Austausch und mussten sich an das Digitale erst einmal ge-

---

[7] Vgl. Sälzle [u. a.]: *Entwicklungspfade für Hochschule und Lehre nach der Corona-Pandemie*, Kapitel 5, 67–118.

wöhnen. Für die Studierenden war es herausfordernd mit den vielen unterschiedlichen digitalen Werkzeugen, wie Videokonferenzsystemen, Kommunikationsplattformen oder Informationskanälen zu jonglieren. Zunächst mussten diese kennengelernt, der Umgang mit ihnen erlernt und geübt werden. Mit ihrer technischen Ausstattung waren die Studierenden zwar überwiegend zufrieden, jedoch fehlten die finanziellen Mittel, um sich den Arbeitsplatz ideal einzurichten:

> Ich meine, wir Studenten ((lacht)) sind ja jetzt nicht bekannt dafür ((Frau U lacht)) dass wir uns total viel leisten können. Wenn wir jetzt sagen, hey, ich brauche zwei neue Bildschirme oder so, damit ich einen richtigen Arbeitsplatz habe, am besten noch einen ergonomischen Schreibtisch und alles, dass ich wirklich gut arbeiten kann, das ist halt nicht für jeden vielleicht so möglich. (FGS4: 81)

Dazu kam der fehlende Austausch in den Veranstaltungen und auf dem Flur. Diese Interaktion wurde durch eingeschaltete Kameras jedoch als besser empfunden. Auch das Peer-to-Peer-Lernen fehlte.

> Ich glaube, was mir eben auch total gefehlt hat, war das Lernen jetzt zusammen, weil, ich hatte immer so eine Gruppe. Wir haben uns immer am gleichen Platz in der Bibliothek getroffen, wir haben zusammen Mittagspause gemacht, Kaffee geholt usw., und eben dieses: An der Uni einfach sein, also einfach dorthin gehen und dann trifft man mal den und mal den und dann quatscht man hier mal noch. (FGS2: 109)

Ein Gefühl des Einzelkämpfertums machte sich unter den Studierenden breit.

Das digitale Lernen führte darüber hinaus bei den Studierenden zu einem Gefühl der Eintönigkeit. Es fehlte die Abwechslung innerhalb der digitalen Veranstaltungen, sodass diese als weniger spannend empfunden wurden. Dies erhöhte auch die Gefahr der Ablenkung:

> Also gerade die Ablenkung ist natürlich immens. Man neigt dazu, unglaublich viele Dinge noch nebenher zu machen, wo man in der Vorlesung gar nicht darauf käme, keine Ahnung, irgendwie auf Amazon noch was bestellt nebenher, weil es einfach so verlockt und so einfach überhaupt kein quasi äußeren ((macht Geste für Anführungszeichen)) Druck jetzt gäbe, sich da auch irgendwie auf etwas zu konzentrieren. Weil, ich meine, wenn ich irgendwie in einem Hörsaal sitze, na ja, dann bin ich ja schon da, dann beschäftige ich mich auch damit. (FGS5: 18)

Insgesamt zeigt sich bei den Studierenden die digitale Erschöpfung in Form von Motivationslosigkeit, verkürzten Aufmerksamkeitsspannen sowie dem „Gefühl, dass das digitale Lernen anstrengender war"[8].

---

8 Vgl. Sälzle [u. a.]: *Entwicklungspfade für Hochschule und Lehre nach der Corona-Pandemie*, 89.

4.2 Reduzierung des Studierendenlebens auf den Monitor

Durch die digitale Erschöpfung waren die Studierenden nach den Veranstaltungen meist nicht mehr motiviert, den Laptop oder Computer zu nutzen, um sich mit ihren Kommilitonen und Kommilitoninnen zumindest digital auszutauschen. Viele hatten sich für eine Präsenzhochschule entschieden, um das Miteinander, die Interaktion und den Austausch vor Ort zu erleben, eben so, wie es vor den Corona-Beschränkungen gelebt wurde. Dieses Zwischenmenschliche fehlte nun, auch wenn über unterschiedliche digitale Plattformen trotzdem miteinander kommuniziert werden konnte. Für die Studienbeginner*innen fehlte das Zwischenmenschliche noch mehr, denn sie konnten wegen der Einschränkungen ihre Mitstudierenden nicht persönlich kennenlernen und kannten auch die Hochschule nur digital. Diese Situation bestätigten auch andere Studierende, die in den Fokusgruppen berichteten, dass die meisten Kommilitonen und Kommilitoninnen, mit denen sie weiterhin Kontakt haben, Bekanntschaften aus der Ersti-Woche sind: „Und das sind [...] der Großteil der Menschen bei uns, die da Kontakte aufbauen, die stammen alle aus der Ersti-Woche" (FGS3: 86). Andererseits wurden im digitalen Austausch auch Vorteile gesehen. So erzählten einige Studierende, dass sie durch das Digitale nicht nur mit den Mitstudierenden, sondern vor allem auch mit den Lehrenden einen schnellen, direkten und unmittelbaren Austausch hatten.

Sowohl das Einzelkämpfertum, mit dem eine digitale Erschöpfung einherging, als auch das fehlende Zwischenmenschliche durch die digitale Lehrlernsituation führten zu einem erschwerten Homestudying. Die Reduzierung des gesamten Lebens auf den eigenen Wohnraum, meist in Form eines WG-Zimmers, ergab eine fehlende Trennung zwischen Lern- und Lebensort und erschwerte damit die Gesamtlebenssituation der Studierenden:

> Ja, der Kontakt mit den Kommilitonen ist weg, dass jegliche Bars oder jegliche Möglichkeit, irgendwas in der Freizeit zu machen, sei es im Fitnessstudio, sei es ein Kino, sei es ein Hallenbad oder was ganz Banales, einfach nur eine Laufbahn, ja. Ist alles weggefallen, alles ist zu. Und ja, man verbringt eigentlich die meiste Zeit nur noch vor dem Laptop und hat eigentlich keine Lust mehr, sich diesen Kasten anzuschauen ((alle lachen)), aber ist leider gezwungen, sich das dann jeden Tag doch noch mal länger anschauen zu müssen. (FGS1: 96)

Damit hing der Verlust einer richtigen Tagesstruktur zusammen, sodass die Selbststrukturierung umso wichtiger wurde. Wie wichtig der Kontakt mit den Kommilitonen und Kommilitoninnen vor Ort ist, zeigt folgendes Zitat:

> Oh, wie gerne wurde ich jetzt rausgehen und mit meinen Kommilitonen draußen stehen, kurz in die Mensa rennen, mir einen Kaffee holen, der einfach nicht

> schmeckt ((Frau G lacht)) und überteuert ist. Ja, nee, aber ich sage das deswegen so bewusst, weil das ist das, was fehlt. (FGS3: 67)

So auch das Fazit eines Studierenden zum coronabedingten digitalen Studium: „Also meine Meinung: Es macht keinen Spaß, aber es funktioniert" (FGS5: 121).

4.3 Zukunft der Hochschule: Lern- und Sozialisationsraum

Für die Zukunft der Hochschule als Sozialisations- und Lebensraum wünschten sich die Studierenden, dass einige Elemente des digitalen Lehrens und Lernens beibehalten werden, damit auch die vorteilhafte Flexibilität der Corona-Semester weiterhin genutzt werden kann. Dabei sollten nicht nur Aufnahmen der Veranstaltungen oder Videos als individuelle Lernmöglichkeit auch künftig als Lehrmaterial gelten, sondern auch die Vielfalt der Lehr-/Lernformate für ein vereinfachtes Lernen sorgen. Damit einher ging für die befragten Studierenden eine Kultur der Offenheit gegenüber Neuem, die didaktische Weiterentwicklung sowie die Möglichkeit Prüfungen individuell abzulegen. Für den Großteil der Studierenden war jedoch eine Planungssicherheit ebenfalls von großer Bedeutung:

> Also klar, die können nicht frei entscheiden, ob sie hybrid machen wollen oder dann in Präsenz was vorlesen wollen, aber diese Vorgabe, dass man sich einfach daran anpassen kann, das würde halt extrem helfen, damit man einfach ein bisschen selber sein Leben planen kann und sich darauf vorbereiten kann. (FGS2: 156)

Zukünftige Entscheidungen für oder gegen eine Hochschule werden, so die Studierenden, nach den Corona-Semestern auch durch den Grad der Digitalisierung und der technischen Ausstattung der Hochschule sowie die bereits geschaffenen und neuen Möglichkeiten für Austausch in der Präsenzhochschule beeinflusst.

5. Handlungsempfehlungen für Entwicklungspfade nach der Corona-Pandemie

Für eine zukünftige Pfadentwicklung der Hochschule und damit einhergehend der Hochschullehre nach der Corona-Pandemie gilt es nun die neu entstandenen Möglichkeitsräume tatsächlich zu nutzen und sich strategisch zu positionieren.[9]

---

9 Vgl. Blank, Jennifer [u. a.]: Möglichkeitsräume an Hochschulen post Corona experimentell gestalten, in: *Zeitschrift für Hochschulentwicklung* 16/3 (2021), 149–160 https://zfhe.at/index.php/zfhe/article/view/1549 [23.06.2023].

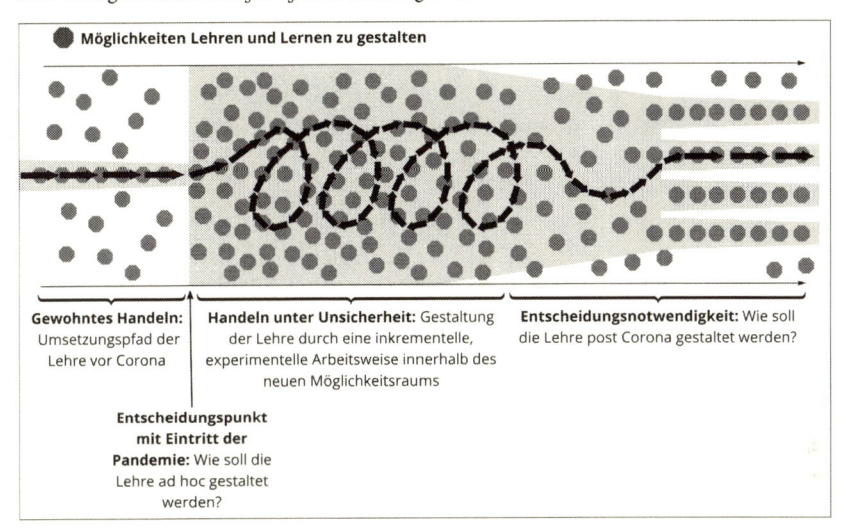

Abb. 1: Möglichkeitsraum für Pfadentwicklungen während und nach der Corona-Pandemie[10]

Gewohntes Handeln: Umsetzungspfad der Lehre vor Corona	Handeln unter Unsicherheit: Gestaltung der Lehre durch eine inkrementelle, experimentelle Arbeitsweise innerhalb des neuen Möglichkeitsraums	Entscheidungsnotwendigkeit: Wie soll die Lehre post Corona gestaltet werden?
	Entscheidungspunkt mit Eintritt der Pandemie: Wie soll die Lehre ad hoc gestaltet werden?	

Quelle: In Anlehnung an Blank 2021.

Wie in Abb. 1 dargestellt, existieren unterschiedliche Pfade für eine Hochschulkultur post Corona. Durch die Corona-Pandemie wurde das gewohnte Handeln aufgebrochen. In der Phase des Handelns unter Unsicherheit wurden neue didaktische, methodische und technische Möglichkeiten genutzt. So ist über eine experimentelle Arbeitsweise Neues entstanden. Nachdem die Hochschulen wieder geöffnet wurden, waren und sind Entscheidungen notwendig, wie die Lehre und Hochschule zukünftig gestaltet werden soll. Auf Grundlage der Interviews werden Handlungsfelder abgeleitet für eine strategische Weiterentwicklung der Hochschulen nach der Corona-Pandemie.[11] Diese Handlungsfelder werden im Folgenden zusammenfassend skizziert.

5.1 Arbeits- und Lernwelten neu denken

Durch die Pandemie wurde sehr deutlich, dass der Raum für Begegnung, Austausch und soziales Miteinander fehlt. Dieser Aspekt wurde von allen Hochschulangehörigen hervorgehoben. Daraus ergibt sich zukünftig das Handlungsfeld der Gestaltung von Arbeits- und Lernwelten an Hochschulen. Es ist ein Prozess zu starten, wie das

---

10 In Anlehnung Blank [u. a.]: Möglichkeitsräume an Hochschulen post Corona experimentell gestalten,151.
11 Vgl. Sälzle [u. a.]: *Entwicklungspfade für Hochschule und Lehre nach der Corona-Pandemie*, XVIII–XXI, 143–200.

digitale Miteinander weiterhin gestaltet wird und wie der Raum für soziale Begegnungen zukünftig gestärkt werden kann. Es ist zu definieren, wie sich Lehre weiterentwickelt in Bezug auf Kollaboration und gemeinsames Lernen, damit soziales Lernen gewährleistet wird. Dazu gehören auch entsprechende Unterstützungsstrukturen seitens der Hochschule, um Auswirkungen der digitalen Semester aufzufangen.

5.2 Studierendenzentriert denken

Die Erfahrungen der digitalen Semester zeigen, dass traditionelle Rollenbilder von Lehrenden und Lernenden zu hinterfragen sind und die Rolle von Lehrenden als Lernbegleitende und als Coaches mit dem Fokus der Kompetenzentwicklung der Studierenden in den Mittelpunkt gerückt werden sollte. Dabei ist es wichtig, dass Hochschulen noch mehr Möglichkeiten zur Partizipation für Studierende schaffen. Hochschule sollte so gestaltet werden, dass sie ein Sozialisations- und Entwicklungsraum für die Studierenden ist. Der Heterogenität der Studierenden und den daraus resultierenden unterschiedlichen Bedarfen ist dabei Rechnung zu tragen.

5.3 Möglichkeitsräume gestalten

Durch die Pandemie tat sich für die Hochschulen ein unerwarteter Möglichkeitsraum in Bezug auf die Gestaltung von Lehren und Lernen auf. So war die Situation zum einen durch viele Unsicherheiten und die Notwendigkeit von Ad-Hoc-Entscheidungen geprägt. Zum anderen entstand dadurch eine Offenheit in den Entscheidungen. Die Hochschulen entwickelten jeweils unterschiedliche Herangehensweisen. An vielen Stellen wurde deutlich, dass es sich oft um zunächst kurzfristig installierte Übergangslösungen handelte und dennoch bereits erste strategische Impulse entwickelt wurden. So sollten die Lehrenden die Möglichkeiten des Experimentierens in der Lehre und das Erproben neuer Konzepte als Weiterentwicklung der Hochschule beibehalten. Dies erfordert die hochschulweite Pflege einer experimentellen, agilen Arbeitsweise sowie Unterstützungsprozesse für die digitale Lehre.

5.4 Digitale Elemente im Rahmen von Präsenzhochschule denken

In den Interviews wurde viel über die Vor- und Nachteile von digitalen Formaten gegenüber Präsenzformaten diskutiert. Für die zukünftige Pfadentwicklung ist es wichtig, dass der Antagonismus im Denken zwischen digital und Präsenz aufgelöst wird. Ein mögliches Grundverständnis liegt in der Haltung, den Nutzen des Digitalen für eine Präsenzhochschule sicherzustellen. Dabei gilt es, wie zuvor beschrieben, eine inkrementelle Arbeitsweise beizubehalten und die Erfahrungen mit den digitalen Elementen auszubauen, die die Präsenzlehre bereichern und verbessern.

5.5 Eigenraum Hochschule gestalten

Um den in den Interviews beschriebenen Digitalisierungsschub weiter voranzutreiben und Neuerungen nachhaltig zu implementieren, bedarf es strategischer Schritte. Hierfür ist es hilfreich Promotoren und Promotorinnen zu identifizieren, d. h. Vorreiter*innen oder Personen mit hoher Eigenmotivation. Gemeinsam mit diesen Vorreiter*innen kann ein strategischer Kern aufgebaut werden für eine (Neu)-Ausrichtung, die alle Hochschulgruppen einbezieht. Zunächst gilt es, mögliche Pfade post Corona zu beschreiben und dann schrittweise den Pfad für die eigene Hochschule zu entwickeln. Dazu gehört auch, hochschulinterne Barrieren abzubauen und beharrende Kräfte zu identifizieren.

5.6 Hochschulumwelt gemeinsam gestalten

Die strategische Pfadentwicklung bezieht sich nicht nur auf den Eigenraum Hochschule, sondern auch auf die Hochschulumwelt. Dabei sollte genügend Freiraum für eine eigene, strategische Positionierung der Hochschulen in der Bildungslandschaft erreicht werden. Die Hochschulen können selbst eine aktive Rolle einnehmen und entsprechende Autonomiegrade nutzen. Pragmatische strategische Entscheidungen schließen z. B. zukunftsweisende Studienmodelle oder auch Kooperationen mit anderen Hochschulen ein.

Als Fazit aus den Entwicklungen der Corona-Pandemie lässt sich festhalten: Die Erfahrungen haben gezeigt, dass innerhalb der Hochschulen Handlungsfelder bestehen, die als Grundlage für eine kriteriengeleitete Hochschulentwicklung genutzt werden können. So kann unter Einbeziehung aller Akteure und Akteurinnen ein Umfeld entstehen, in dem Studierende, Lehrende und Hochschulverantwortliche gemeinsam ihre Hochschulen zukunftsfähig gestalten.

Literaturverzeichnis

Autoren- und Autorinnengruppe AEDiL (unter Mitarbeit von Aline Bergert, Nadine Bernhard, Michael Eichhorn [u. a.]): *Corona-Semester reflektiert. Einblicke einer kollaborativen Autoethnographie*, Bielefeld 2021.

Barnat, Miriam/Bosse, Elke/Szczyrba, Birgit (Hg.): *Forschungsimpulse für die Hochschulentwicklung im Kontext hybrider Lehre*, Köln 2021 (Forschung und Innovation in der Hochschulbildung 11).

Blank, Jennifer [u. a.]: Das digitale Sommersemester als Entscheidungsgelegenheit, in: *Die neue Hochschule* 6 (2020), 16–20.

Blank, Jennifer [u. a.]: Möglichkeitsräume an Hochschulen post Corona experimentell gestalten, in: *Zeitschrift für Hochschulentwicklung* 16/3 (2021), 149–160, https://zfhe.at/index.php/zfhe/article/view/1549 [23.06.2023].

Kuckartz, Udo: *Qualitative Inhaltsanalyse. Methoden, Praxis, Computerunterstützung*, Weinheim, Basel 2018[4] (Grundlagentexte Methoden).

Sälzle, Sonja/Vogt, Linda/Blank, Jennifer: Wie können Lehren und Lernen in geschlossenen Hochschulen gestaltet werden? Ein Erfahrungsbericht aus der Hochschule Biberach, in: *Zeitschrift für Hochschulmanagement* 15(2+3) (2020), 60–67 [zuletzt geprüft am 01.03.2021].

Sälzle, Sonja [u. a.]: *Entwicklungspfade für Hochschule und Lehre nach der Corona-Pandemie. Eine qualitative Studie mit Hochschulleitungen, Lehrenden und Studierenden*, Baden-Baden 2021[1].

Seyfeli, Funda/Elsner, Laura/Wannemacher, Klaus: *Vom Corona Shutdown zur Blended University? ExpertInnenbefragung Digitales Sommersemester*, Baden-Baden 2020, https://www.studentenwerke.de/sites/default/files/views_filebrowser/2020_edis_expertinnenbefragung_final._hispdf.pdf [12.02.2021].

Die Pandemie als Herausforderung für grenzüberschreitende Studiengänge
Empirische Ergebnisse aus der Großregion

Ines Funk

Abstract: *La pandémie de Covid-19 a marqué une rupture brutale dans le quotidien de tous les étudiant·e·s et a représenté un défi majeur pour la mobilité internationale étudiante. A l'heure actuelle, il n'existe pas de données collectées de manière systématique – hormis des rapports d'expérience – concernant les répercussions de la crise sanitaire sur les cursus transfrontaliers intégrés comprenant des phases obligatoires à l'étranger. Une étude de cas a donc été réalisée à l'exemple de la Grande Région afin d'évaluer dans quelle mesure la pandémie a affecté la mobilité dans les programmes d'études transfrontalières, et de mesurer les répercussions à court et long terme sur l'attractivité de tels cursus. Les résultats de l'enquête en ligne et des entretiens qualitatifs montrent que si les séjours obligatoires à l'étranger ont souvent eu lieu, l'immersion dans le quotidien des études et de la vie dans le pays voisin n'a pu se faire que de manière très limitée en raison des nouvelles conditions sanitaires. Il apparaît que, bien souvent, les besoins spécifiques des étudiant·e·s inscrits dans des cursus transfrontaliers ont été insuffisamment pris en compte pendant la pandémie.*

1. Grenzüberschreitende Studiengänge und die Covid-19-Pandemie

Auch wenn das Sommersemester 2022 an vielen europäischen Hochschulen zum Großteil wieder in Präsenz stattfinden konnte, sind die Herausforderungen der Covid-19-Pandemie für Lehre, Forschung und Verwaltung noch nicht vergessen. Die Auswirkungen der Pandemie auf Studierende wurden inzwischen mit unterschiedlichen Schwerpunktsetzungen analysiert, zunehmend werden die Langzeitfolgen diskutiert.[1] Zu den Effekten auf die internationale Studierendenmobilität liegen inzwischen ebenfalls Studien vor. Diese thematisieren in erster Linie klassische

---

1 Z. B. Angenent, Holger/Petri, Jörg/Zimenkova, Tatiana (Hg.): *Hochschulen in der Pandemie. Impulse für eine nachhaltige Entwicklung von Studium und Lehre*, Bielefeld 2022.

Auslandssemester und Studierende, die außerhalb ihres Heimatlandes ein Studium aufnehmen.[2] Integrierte internationale Studiengänge, die Pflichtaufenthalte umfassen und einen Mehrfachabschluss verleihen, stehen weniger im Fokus. Dabei sind sie in besonderer Weise von den Einschränkungen der Pandemie betroffen, denn die physische Mobilität und Aufenthalte an den Partnerhochschulen sind ihr Alleinstellungsmerkmal. Die Mobilität ist dabei die Voraussetzung für den Erwerb zusätzlicher Kompetenzen durch interkulturelle Erfahrungen, den Ausbau von Fremdsprachenkenntnissen sowie das Kennenlernen unterschiedlicher akademischer Systeme und Arbeitskulturen. Dies gilt besonders für grenzüberschreitende Studiengänge grenznaher Partnerhochschulen, die von der geringen räumlichen Distanz zueinander profitieren. Die räumliche Nähe ermöglicht einen sehr intensiven Austausch und eine starke Verzahnung der Studiengänge, da der Reiseaufwand geringer ist. Zum Teil pendeln die Studierenden zwischen den Standorten und können so innerhalb eines Semesters Lehrveranstaltungen an mehreren Hochschulen besuchen. Zahlreiche Beispiele dafür sind in den deutsch-französischen Grenzregionen zu finden.

Während der Pandemie waren jedoch eben diese Möglichkeiten stark eingeschränkt. In den Grenzregionen der Europäischen Union, in denen 30 % der Bevölkerung leben, bedeuteten die kurzfristigen und oft ohne Abstimmung mit den Nachbarländern getroffenen Einschränkungen der Mobilität und Grenzüberquerung einen massiven Einschnitt in den Alltag vieler Grenzpendler*innen.[3] Betroffen waren auch die Studierenden, wie der damalige Ministerpräsident des Saarlandes Tobias Hans im April 2020 betonte:

> Die aktuelle Situation stellt uns alle vor große Herausforderungen. Dies betrifft vor allem die Situation an den Grenzübergängen. Unser gemeinsames Anliegen ist es, dass wir die Grenzen als Nahtstellen Europas leben, dass wir uns bewusstmachen, dass Familien und Partner sich über Grenzen hinwegsehen können, dass Pendler, Schüler und Studenten grenzüberschreitend leben, arbeiten und lernen

---

2   Z. B. Kercher, Jan/Plasa, Tim: *Corona und die Folgen für die internationale Studierendenmobilität in Deutschland. Ergebnisse einer DAAD-Befragung von International Offices und Akademischen Auslandsämtern*, Bonn 2020, https://static.daad.de/media/daad_de/pdfs_nicht_barrierefrei/der-daad/analysen-studien/daad_2020_corona_und_die_folgen_fuer_die_internationale_studierendenmobilitaet_in_deutschland.pdf [27.07.2022]; Falk, Susanne: Internationale Studierende an deutschen Hochschulen während der Corona-Pandemie, in: *IHF kompakt* (2021), 1–6, https://www.ihf.bayern.de/fileadmin/user_upload/Publikationen/IHF_Kompakt/IHF-kompakt-April-2021.pdf [27.07.2022].

3   Vgl. Schneider, Hildegard [u. a.]: Cross-Border Mobility in Times of COVID-19. Assessing COVID-19 Measures and their Effects on Cross-border Regions within the EU, Maastricht 2021, 4–5 und 104–106, https://ec.europa.eu/info/sites/default/files/eu-citzen_-_report_on_cross-border_mobility_in_times_of_covid-19.pdf [27.07.2022].

können. Deshalb ist es uns wichtig, weitere Erleichterungen für die im Zuge der Pandemie eingeführten Hürden an der Grenze zu erreichen [...].[4]

Auch wenn in den Grenzregionen schließlich Grenzpendler*innen von Reisebeschränkungen, Quarantäne- und Testpflichten ausgenommen bzw. Erleichterungen geschaffen wurden, bedeutete das keine Normalisierung für die Studierenden.[5] Sie durften die Grenze zwar überqueren, aber an den meisten französischen und deutschen Hochschulen fanden die Lehrveranstaltungen bis zum Ende des Sommersemesters 2021 virtuell statt. Es bestand deshalb kein studienbedingter Grund für das Überqueren der Grenze und die physische Mobilität entfiel größtenteils. Die grenzüberschreitenden Studiengänge stellen damit einen Sonderfall dar, der besonderer Betrachtung bedarf. Der vorliegende Beitrag beschäftigt sich am Beispiel der sogenannten Großregion mit der Forschungsfrage, welche Auswirkungen die Pandemie auf Studierende in grenzüberschreitenden Studiengängen hatte. Konkretisiert wird diese anhand von drei Unterfragestellungen:

1. Was bedeuteten die Einschränkungen für die physische Mobilität?
2. Was bedeuteten die Einschränkungen für die sozialen Beziehungen der Studierenden?
3. Welche Auswirkungen hatte die Pandemie auf die Besonderheiten und die Attraktivität grenzüberschreitender Studiengänge?

Im Folgenden wird zunächst die Großregion als Fallbeispiel eingeführt und das methodische Vorgehen erläutert. Anschließend werden die empirischen Ergebnisse zu den genannten Unterfragestellungen dargestellt. Der Beitrag schließt mit einer zusammenfassenden Betrachtung, welche die Ergebnisse in den Kontext bislang vorliegender Studien einordnet und auf längerfristige Perspektiven eingeht.

2. Grenzüberschreitende Studiengänge in der Großregion als Fallbeispiel

Der räumliche Fokus der Untersuchung liegt auf der Großregion, die die deutschen Bundesländer Saarland und Rheinland-Pfalz, die französischen *départements* Moselle, Meurthe-et-Moselle und Meuse in der Region Grand Est sowie die Wallonie,

---

4 Staatskanzlei des Saarlandes: *Die Großregion – Gemeinsam gegen Corona. Mitglieder des Gipfels der Großregion wollen Herausforderungen der Corona-Krise gemeinsam stemmen*, 30.04.2020, https://www.saarland.de/DE/medien-informationen/medienservice/pressearchiv/stk/stk-medieninfo-archive/2020/Q2_2020/pm_2020-04-30-grossregion_gemeinsam_gegen_corona.html [27.07.2022].
5 Vgl. Schneider [u. a.]: Cross-Border Mobility in Times of COVID-19, 67–102.

die Fédération Wallonie-Bruxelles, Ostbelgien (Belgien) und das Großherzogtum Luxemburg umfasst. Die Großregion, in der 11,6 Millionen Menschen leben, ist mit 257 993 Grenzpendler*innen (Stand: 2021) die Grenzregion mit der größten grenzüberschreitenden Arbeitskräftemobilität in der Europäischen Union.[6] Die Covid-19-Pandemie hat aufgezeigt, dass dies in einigen Branchen mit einer starken Abhängigkeit von Arbeitskräften aus den Nachbarregionen einhergeht.[7] Die Bemühungen, Ausnahmen von den restriktiven Regelungen zum Grenzübertritt für Grenzgänger*innen zu schaffen, waren hier deshalb besonders intensiv.[8]

Auch in der beruflichen und universitären Ausbildung spielt das Pendeln über die Grenze in der Großregion zunehmend eine Rolle. Durch grenzüberschreitende Ausbildungsangebote werden Spezialisten und Spezialistinnen mit entsprechenden Sprachkenntnissen und interkulturellen Kompetenzen qualifiziert, die dringend auf dem Arbeitsmarkt benötigt werden. Während eine integrierte grenzüberschreitende duale Berufsausbildung erst seit einigen Jahren möglich ist, existieren grenzüberschreitende Studienangebote bereits seit den 1970er-Jahren.[9]

In der Großregion werden aktuell 30 zwei- und dreisprachige grenzüberschreitende Studiengänge von Mitgliedshochschulen der Universität der Großregion (UniGR) und 12 Programme vom Deutsch-Französischen Hochschulinstitut für Technik und Wirtschaft (DFHI) angeboten. Die Länge und Art der vorgesehenen Auslandsaufenthalte variieren in den Programmen. In einigen Fällen belegen die Studierenden gleichzeitig Kurse in mehreren Ländern, in anderen werden die Partnerhochschulen nacheinander besucht. Nach den letzten verfügbaren Zahlen waren im Studienjahr 2018/19 in den UniGR-Studiengängen 1054 Studierende eingeschrieben, beim DFHI im Juli 2022 450 Studierende.[10]

---

6   Interregionale Arbeitsmarktbeobachtungsstelle: *Die Grenzgängerströme der Großregion*, 2021, https://www.iba-oie.eu/fileadmin/user_upload/IBA-OIE/Themen/Grenzgaenger/220407_Karte_GG_2021_DE_FR_kurz_gerundet.pdf, [29.07.2022].

7   Vgl. Pigeron-Piroth, Isabelle [u. a.]: Der grenzüberschreitende Arbeitsmarkt der Großregion. Der Einfluss der COVID-19-Pandemie, in: *Informationen zur Raumentwicklung* 2 (2021), 74–85.

8   Vgl. Schneider [u. a.]: Cross-Border Mobility in Times of COVID-19, 99–101.

9   Vgl. Interregionale Arbeitsmarktbeobachtungsstelle: *Bericht zur wirtschaftlichen und sozialen Lage der Großregion 2019/2020 für den Wirtschafts- und Sozialausschuss der Großregion (WSAGR)*, Saarbrücken 2020 (Schriftenreihe der Großregion 25), 66, https://www.grossregion.net/Mediathek/Veroeffentlichungen/Bericht-zur-wirtschaftlichen-und-sozialen-Lage-der-Grossregion-2019-2020 [29.07.2023]; Zur Entwicklung der grenzüberschreitenden dualen Berufsausbildung z. B. Funk, Ines/Nienaber, Birte/Dörrenbächer, H. Peter: Cross-Border Vocational Training as Processes of Cross-Border Learning, in: *Europa Regional* 2018/26 (2021), 17–29.

10 Vgl. Interregionale Arbeitsmarktbeobachtungsstelle: *Bericht zur wirtschaftlichen und sozialen Lage der Großregion 2019/2020*, 66; Deutsch-Französisches Hochschulinstitut für Technik und Wirtschaft: *Über das DFHI*, https://www.dfhi-isfates.eu/de/ueber-das-dfhi/ [10.08.2022].

Für Studiengänge mit deutscher und französischer Beteiligung, was auf die Mehrheit der Programme zutrifft, besteht die Möglichkeit der Förderung durch die Deutsch-Französische Hochschule (DFH). Insgesamt 24 der genannten Studiengänge, welche die hohen Anforderungen an die grenzüberschreitende Integration der Programme erfüllen, werden von der DFH gefördert. Als grenznahe Studiengänge werden von der DFH Programme bezeichnet, in denen die Partnerhochschulen maximal 100 Kilometer voneinander entfernt sind und damit das Pendeln und der Besuch von Kursen an mehreren Partnerhochschulen innerhalb eines Semesters möglich ist. Dementsprechend ist eine besonders starke grenzüberschreitende Verzahnung umsetzbar.[11]

Die im Folgenden vorgestellten Ergebnisse beruhen auf einer empirischen Untersuchung in der Großregion, die im Rahmen von zwei Lehrveranstaltungen der Fachrichtung Gesellschaftswissenschaftliche Europaforschung an der Universität des Saarlandes im Wintersemester 2021/22 durchgeführt wurde. Zur Zielgruppe gehörten Studierende in grenznahen Bachelor- und Masterstudiengängen. Um gleichzeitig einen Überblick über die Situation in der Großregion zu erhalten und in die Tiefe gehen zu können, wurde eine Methodentriangulation angewendet. In einem Projektseminar mit Studierenden des Bachelor Europawissenschaften: Geographien Europas wurde eine quantitative Online-Befragung mithilfe von Soscisurvey unter Studierenden in grenznahen DFH-Studiengängen durchgeführt. Einbezogen wurden sowohl Bachelor- als auch Masterstudierende.[12] Zum Zeitpunkt der Untersuchung handelte es sich dabei um etwa 1000 Studierende.[13] 104 Personen aus der Zielgruppe füllten einen Fragebogen aus, für die Auswertung konnten davon 68 vollständige Bögen berücksichtigt werden. Die meisten Teilnehmenden hatten die deutsche oder französische Staatsangehörigkeit. Etwa zwei Drittel von ihnen waren in einem Bachelorstudiengang eingeschrieben, die meisten studierten in binationalen Programmen (vgl. Abb. 1). Bei den trinationalen Studiengängen war Luxemburg das am häufigsten genannte Drittland.

---

11 Vgl. Gipfelsekretariat der Großregion: *Hochschulwesen und Forschung in der Großregion*, Luxemburg 2021 (Schriftenreihe der Großregion 27), 30, https://www.grossregion.net/content/download/5353/85108 [29.07.2022].

12 Die Untersuchung wurde von der DFH und dem UniGR-Center for Border Studies unterstützt.

13 Mündliche Auskunft der Deutsch-Französischen Hochschule am 04.03.2022. Die Aufforderung zur Teilnahme an der Umfrage erfolgte über die DFH, die über E-Mail und Social-Media auf die Untersuchung aufmerksam machte. Aus Gründen des Datenschutzes konnten nur 416 der DFH-Studierenden in der Großregion persönlich auf die Umfrage aufmerksam gemacht werden.

Abb. 1: Zusammensetzung der Stichprobe (n = 68)

Studienniveau der Studierenden	Nationalität der Studierenden	Art des Studiengangs
Bachelor 32%, Master 68%	Deutsch 38%, Französisch 53%, Sonstige 9%	Binational 69%, Trinational 31%

Quelle: Eigene Erhebung, Darstellung: Paul Herzog.

Die Masterstudierenden im Kurs „Arbeitsmethoden im Gelände" verfolgten einen qualitativen Ansatz und führten elf problemzentrierte Interviews mit Studierenden aus sechs grenzüberschreitenden Masterstudiengängen in der Großregion.[14] Durch die Kontaktaufnahme zu Studiengangkoordinationen und zu Studierendenvertretungen wurden Interviewpartner*innen gesucht. Die Interviews wurden von Angesicht zu Angesicht oder über Videomeetings im November und Dezember 2021 geführt und aufgezeichnet. Anschließend wurden sie transkribiert und nach dem von Andreas Witzel und Herwig Reiter[15] vorgeschlagenen Vorgehen ausgewertet.

Beide Untersuchungen bezogen sich auf die Erfahrungen der Studierenden vom Beginn der Pandemie bis zum Wintersemester 2021/22. Die Ergebnisse der zwei Teiluntersuchungen wurden im Anschluss gegenübergestellt und Gemeinsamkeiten und Widersprüche analysiert.

3. Auswirkungen der Pandemie auf die studienbedingte Mobilität

Die Ergebnisse der Untersuchung zeigen, dass die große Mehrheit der Studierenden ihren geplanten Auslandsaufenthalt während der Pandemie durchführen konnte. Allerdings gab es in den meisten Fällen eine große Einschränkung: Die Lehrveranstaltungen wurden zwar formal an einer Partnerhochschule im Nachbarland belegt. Da die Kurse jedoch zwischen dem Sommersemester 2020 und dem Sommersemester 2021 fast ausnahmslos virtuell stattfanden, war damit in vielen Fällen keine physische Mobilität verbunden. Die Studierenden konnten von zuhause aus am Unterricht teilnehmen und das Pendeln entfiel größtenteils.

---

14 Siehe Liste der durchgeführten Interviews im Anhang.
15 Witzel, Andreas/Reiter, Herwig: *The Problem-Centred Interview. Principles and Practice*, Los Angeles 2012.

Also es hat eigentlich gar keine Rolle gespielt, ob das Fach jetzt aus Luxemburg oder Metz oder Saarbrücken war. Man hat einfach nur am nächsten wieder teilgenommen und das war eigentlich ziemlich egal, aus welchem Land das jetzt kommt. (Interview 3)

Der Auslandsaufenthalt wurde deshalb vielfach nicht als solcher wahrgenommen, weil er nicht mit der physischen Überschreitung einer Staatsgrenze verbunden war (Interview 5, 8).

Wenn man physisch in einem Land ist, merkt man, dass dort andere Leute sind, die eine andere Sprache sprechen oder so. Das macht alles realisierbar. Für mich war es ein Konzept: Das ist Grenzüberschreitung, das machen Leute jeden Tag, es ist gut, aber ich habe es noch nie erlebt, bis auf bei meinem Praktikum. (Interview 1)

Für fast 40 % der Teilnehmenden waren die Einschränkungen der Mobilität so massiv, dass für sie der Sinn des grenzüberschreitenden Studierens während der Pandemie verloren ging. Dass sich einige Studierende während der Pandemie überraschenderweise sehr mobil fühlten, hat damit zu tun, dass sie aufgrund der Online-Lehre nicht an den Studienort gebunden waren und z. B. für längere Zeit ihre weit entfernt lebende Familie besuchen konnten. Dies war jedoch die Ausnahme (Interview 9, 10).

Die grenzüberschreitende Teilnahme an Lehrveranstaltungen, die noch in Präsenz angeboten wurden, oder der Besuch von Bibliotheken wurde zweitweise durch Grenzschließungen und -kontrollen behindert. Diese Erfahrung war für viele Studierende zuvor nicht vorstellbar gewesen (Interview 2). Die Maßnahmen zur Eindämmung der Pandemie, wie z. B. Testpflichten für Grenzpendler*innen, verursachten einen größeren Zeitaufwand beim Pendeln. Grenzüberschreitende Bus- und Zuglinien wurden zeitweise eingestellt, durch geschlossene Grenzübergänge wurden Umwege notwendig. Außerdem mussten sich die Studierenden ständig über die sich schnell ändernden Reglungen in mehreren Ländern informieren (Interview 2, 7, 8)

Ich kann mich daran erinnern, dass es superhektisch war, da noch irgendwie Termine zu kriegen an irgendwelchen Testzentren so kurz vor der Klausur und wenn man dann um neun Uhr Klausur hat und um acht ein Testtermin ist, das ist dann mit so viel Stress und Hektik verbunden. Das war nicht angenehm und nicht cool. [...]. Als es diese Kontrollen gab an den Grenzen, da bin ich jeden Tag 45 Minuten Umweg gefahren, um irgendwie nach Deutschland zu kommen. Es war auch irgendwie immer so ein so ein Akt, überhaupt an die Uni zu kommen, weil die Grenzpolizisten, die Deutschen, wollten einen oft nicht rüber lassen oder haben dann einen blöden Kommentar gelassen. Also manchmal. Nicht immer natürlich. Aber das war schon schwierig, denn die Grenze, ich habe damals 200 Meter von der deutschen Grenze entfernt [gewohnt], und da musste ich wie gesagt, 45 Minuten Umweg fahren über die Goldene Bremm immer. Und das war ganz schrecklich. Also da habe ich echt alles gehasst. (Interview 11)

Neben den praktischen Herausforderungen wurden die Studierenden teilweise auch mit Anfeindungen in der Nachbarregion konfrontiert oder fühlten sich aufgrund ihrer Herkunft aus der Nachbarregion diskriminiert, weil ihnen z. B. der Zutritt zu Hochschulgebäuden verweigert wurde (Interview 2, 11).

4. Auswirkungen auf die sozialen Kontakte

Die Umstellung auf die Online-Lehre bedeutete eine didaktische Herausforderung, sie wirkte sich aber auch stark auf die soziale Komponente des Studiums aus. Neben den Schwierigkeiten mit der Lehre wurde in der Umfrage das fehlende Freizeitangebot an den Partnerhochschulen bemängelt. Der dadurch verursachte Mangel an Kontakten unter den Studierenden war mit Abstand das größte Problem. Rund 90 % der Befragten sahen darin eine Herausforderung. Finanzielle Schwierigkeiten und die Wohnsituation waren dagegen weniger relevant (siehe Abb. 2).

Abb. 2: Von den befragten Studierenden genannte Einschränkungen während der Pandemie (n = 44)

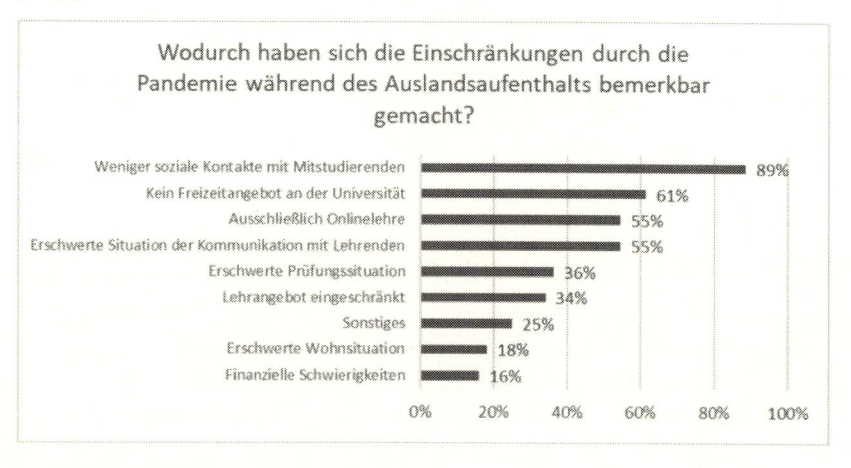

Wodurch haben sich die Einschränkungen durch die Pandemie während des Auslandsaufenthalts bemerkbar gemacht?

Weniger soziale Kontakte mit Mitstudierenden	89%
Kein Freizeitangebot an der Universität	61%
Ausschließlich Onlinelehre	55%
Erschwerte Situation der Kommunikation mit Lehrenden	55%
Erschwerte Prüfungssituation	36%
Lehrangebot eingeschränkt	34%
Sonstiges	25%
Erschwerte Wohnsituation	18%
Finanzielle Schwierigkeiten	16%

Quelle: Eigene Erhebung, Darstellung: Paul Herzog

Die Kombination aus Online-Lehre und allgemeinen Maßnahmen zur Pandemiebekämpfung führte sowohl bei vielen Teilnehmer*innen der Umfrage als auch bei den Interviewten dazu, dass sie sich zumindest teilweise sozial isoliert fühlten. Neben den Kontaktbeschränkungen, die in den Ländern für alle Menschen galten, machten es die Regelungen zum Grenzübertritt besonders schwierig, Mitstudierende sowie Freunde und Familie in den Nachbarländern zu besuchen. Insbesondere für das Wintersemester 2020/21 belegt die Umfrage einen starken Anstieg des Gefühls der Isolation. Dies bedeutete für einzelne Studierende eine starke psychische Belastung.

In den Interviews wurde deutlich, dass einige Studierende aktiv versuchten, etwas an ihrer Situation zu ändern. Eine Reaktion auf die Situation waren kurzfristig organisierte Umzüge, z. B. zu den Eltern oder zurück ins Heimatland (Interview 7). Andere Interviewte versuchten durch Verabredungen im Rahmen der erlaubten Aktivitäten, etwas gegen die Isolation zu unternehmen (Interview 2). Mehr als die Hälfte der Studierenden gab an, sich mindestens einmal monatlich in ihrer Freizeit virtuell mit ihren Mitstudierenden getroffen zu haben. Diese konnten die weggefallenen Begegnungen aber nicht ersetzen. Bestimmte persönliche Rahmenbedingungen, wie z. B. Nebenjobs, wirkten sich positiv auf die sozialen Kontakte aus (Interview 2). Andere Faktoren, wie die Herkunft von außerhalb der Großregion, bedeuteten eine Hürde für den Aufbau von Netzwerken und begünstigten Gefühle der Isolation (Interview 4, 6, 8).

Auch Studienfortschritt und -organisation spielten eine Rolle. Für Studierende, die ihr Studium vor Ausbruch der Pandemie begonnen hatten, war es einfacher, die existierenden Beziehungen zu ihren Mitstudierenden aufrechtzuerhalten. Für diejenigen, die während der Pandemie ein Studium aufnahmen, stellten einzelne Präsenzangebote und persönliche Kontakte zum Studienstart eine große Erleichterung für den Aufbau von Kontakt zu den Mitstudierenden dar. Außerdem beeinflusste ein gemeinsamer Stundenplan den Zusammenhalt positiv, die freie Kurswahl und wechselnde Zusammensetzungen der besuchten Kurse wirkten sich negativ aus (Interview 1, 3).

Online-Lehre und der Wegfall des Pendelns brachten aber auch einige Vorteile mit sich. Alle Studierenden schätzten die daraus resultierende Zeitersparnis. Einige hoben die weniger anstrengenden Tage hervor, andere konnten mehr Zeit in die Vor- und Nachbereitung von Lehrveranstaltungen investieren oder Studium und Arbeit besser miteinander vereinbaren. Allerdings wünschen sich die Studierenden für die Zukunft keinen reinen Online-Studiengang oder einen überwiegenden Anteil von digitaler Lehre. Die Erfahrung der Pandemie hat ihnen deutlich gemacht, wie wichtig der direkte Kontakt zu Mitstudierenden und Lehrenden für den Studienerfolg und die sozialen Beziehungen ist.

5. Auswirkungen auf die Besonderheiten und die Attraktivität grenzüberschreitender Studiengänge

Neben den Auswirkungen der Online-Lehre auf die physische Mobilität und die sozialen Kontakte sind weitere Aspekte zu berücksichtigen, die mit den Besonderheiten grenzüberschreitender Studiengänge zusammenhängen. Zum einen nahmen die Studierenden oft nicht in ihrer Muttersprache an den virtuellen Lehrveranstaltungen teil. Dies wurde jedoch nur von wenigen Studierenden als Problem angesehen und hing oft mit der schlechten Audioqualität zusammen. Als zusätzliche Belastung wurde wahrgenommen, dass die Partnerhochschulen unterschiedliche Plattformen und Meetingsysteme verwendeten und damit der Aufwand für deren Nutzung erhöht war. Insgesamt wurde in der Umfrage die Umsetzung des Online-Unterrichts an der Partnerhochschule jeweils etwas schlechter als an der Heimathochschule bewertet. Festgemacht wurde dies z. B. an den Interaktionsmöglichkeiten, an den technischen Voraussetzungen sowie am Engagement der Lehrenden.

Auch wenn alle Studierenden die Rückkehr zur Präsenzlehre aus den oben genannten Gründen begrüßten, sehen sie in ergänzenden Online- oder Hybridangeboten ein großes Potenzial für grenzüberschreitende Studiengänge, um deren Attraktivität zu erhöhen:

> It was nice to find out that today, with Zoom, Webex, and Teams, it's a very productive way. Mobility is nice, it's some kind of freedom. But in the end, it also comes at a certain cost, you know? It costs you some time to get to some place and when your devices work perfectly well, it changes the mentality a little bit, that you don't really have to meet physically. [...] I wouldn't say that it's perfectly good or perfectly bad, but it gave some positive insights. I also spoke with colleagues about this, and we said that 75 % on campus would be good and 25 % online. I think it's a good mixture. We also have to consider that there are quite a lot of teachers, especially in master classes, that travel quite far. (Interview 5)

Allerdings waren sie sich einig, dass Onlineangebote nur für bestimmte Veranstaltungsformate, wie z. B. Vorlesungen, zielführend sind (Interview 1, 7).

Die Studierenden sahen sich während der Pandemie sowohl an der Heimat- als auch an den Partnerhochschulen nicht immer gut unterstützt. Nur 56 % stimmten der Aussage zu, dass die Beratungsangebote an der Heimathochschule speziell für Studierende in grenzüberschreitenden Studiengängen ausreichend waren, für die Partnerhochschule nur 35 %. Sie wünschten sich weitere Aktivitäten und vor allem eine bessere Kommunikation zwischen den Hochschulen und Studierenden. Die Studie lässt jedoch keine Rückschlüsse darüber zu, wie gut sie über die tatsächlich bestehenden Angebote informiert waren und ob sie vergeblich nach bestimmten Arten von Unterstützung gesucht hatten.

In der Untersuchung wurde deutlich, dass bei der Wahl eines grenzüberschreitenden Studiengangs für die Studierenden insbesondere die Mehrsprachigkeit und der Auslandsaufenthalt den Ausschlag geben. Vor diesem Hintergrund ist die Enttäuschung zu verstehen, die in vielen Interviews geäußert wurde:

> Ja, ich hab[e] mich eigentlich richtig drauf gefreut! Ich bin auch da fast 500 Kilometer dafür weggezogen. Und ja, mich hat einfach dieses Interkulturelle gereizt und auch der Standort, dass so viele Länder da oben angrenzen. Und ja, das habe ich mir einfach richtig cool vorgestellt, mit so vielen Studenten aus verschiedenen Ländern zusammen zu studieren und eben diese kulturelle Vielfalt kennenzulernen. […] Und darum war es jetzt eine sehr ernüchternde Erfahrung. (Interview 3)

Das Eintauchen in Studium und Alltag im Nachbarland unterlag während der Pandemie zu vielen Einschränkungen, interkulturelle Erfahrungen vor Ort fanden kaum statt. Dadurch fiel es den Studierenden schwer, eine Beziehung zur Partnerhochschule und zum Partnerland aufzubauen. Das Fazit der Studierenden ist eindeutig: Etwa zwei Drittel der Studierenden waren der Ansicht, dass die Pandemie zu einem Attraktivitätsverlust grenzüberschreitender Studiengänge geführt hat.

Von den Befragten dachte etwa ein Drittel der Studierenden aufgrund der Pandemie zeitweise über einen Abbruch des Studiums nach. Bei den Interviewten waren diese Gedanken weniger ausgeprägt. Dennoch würden 68 % und zehn der elf Interviewten wieder einen grenzüberschreitenden Studiengang wählen. Nur 13 % und ein Interviewter schließen dies aufgrund ihrer Erfahrungen definitiv aus. Diejenigen, die sich nicht sicher sind, ob sie sich wieder für einen grenzüberschreitenden Studiengang entscheiden würden, wünschen sich folgende Verbesserungen:

- eine bessere Kommunikation und Abstimmung der beteiligten Partnerhochschulen, z. B. bei der Online-Lehre,
- den Ausbau der speziellen Beratungsangebote an den Partnerhochschulen,
- eine stärkere Berücksichtigung grenzüberschreitender Studiengänge bei politischen Entscheidungen und Maßnahmen der Hochschulen.

Damit nennen sie erste Anknüpfungspunkte für Maßnahmen, um die Attraktivität der Studienprogramme zu erhöhen und sie besser für zukünftige Krisen aufzustellen.

6. Die Pandemie – Belastungsprobe und Chance für grenzüberschreitende Studiengänge?

Die Ergebnisse können aufgrund der recht kleinen Anzahl von Befragten und Interviewten sowie methodischer Einschränkungen nicht ohne Weiteres verallgemeinert werden. Sie erlauben jedoch eine Einordnung, welche Rolle die Besonderheiten grenzüberschreitender Studiengänge angesichts der Herausforderungen durch die Covid-19-Pandemie spielen.

Die Untersuchung zeigt, dass während der Pandemie in den grenzüberschreitenden Studiengängen in der Großregion die vorgesehenen Auslandsaufenthalte größtenteils stattfanden. Hier ist ein deutlicher Unterschied zu anderen Mobilitätsformen im Studium, wie z. B. freiwilligen, individuell organisierten Auslandssemestern zu sehen, bei deinen es zeitweise einen deutlichen Rückgang der Mobilität gab.[16]

Auch wenn die Auslandsaufenthalte auf dem Papier stattfanden, wurden die Programme aber zeitweise in ihren Grundfesten erschüttert, da kaum physischer Austausch stattfand, welcher die Grundlage der Studiengänge ist. Die Grenzschließungen stellten neben den allgemeinen Kontaktbeschränkungen eine zusätzliche Belastung für die sozialen Kontakte der Studierenden dar. Dennoch kam es nicht zu mehr Abbrüchen als üblich, was auch die DFH für ihre Studiengänge bestätigt.[17] Ob die Erfahrung der Pandemie, dass die Grenzen in Europa im Falle von Krisen undurchlässig werden können, der Attraktivität grenzüberschreitender Studiengänge langfristig geschadet hat, ist im Sommer 2022 noch nicht abzuschätzen. Die DFH verzeichnete im Wintersemester keinen Einbruch der Studierendenzahlen, die Zahlen für das Wintersemester 2022/23 liegen zum Abschluss dieser Untersuchung noch nicht vor.[18]

Die Online-Lehre war wie in anderen Studiengängen mit zahlreichen didaktischen, technischen und sozialen Herausforderungen verbunden. Durch die Mehrsprachigkeit und die Verwendung unterschiedlicher Systeme entstand

---

16   Vgl. Kercher, Jan/Knüttgen, Naomi/Plasa, Tim: *Corona und die Folgen für die internationale Studierendenmobilität in Deutschland. Ergebnisse der zweiten DAAD-Befragung von International Offices und Akademischen Auslandsämtern im Wintersemester 2020/21*, Bonn 2021, 3–4 und 23–24, https://static.daad.de/media/daad_de/pdfs_nicht_barrierefrei/der-daad/analysen-studien/corona_ap_final_dt.pdf [27.07.2022].

17   Vgl. Deutsch-Französische Hochschule: *Jahresbericht 2021*, Saarbrücken 2022, 4, https://www.dfh-ufa.org/app/uploads/2022/05/dfh-ufa-2021-Jahresbericht-rapport-annuel.pdf [27.07.2022]; Vgl. Hutt, Mariella: *Studium im Lockdown. Allein zu Haus*, 30.04.2021, https://dokdoc.eu/corona/10045/allein-zu-haus/ [27.07.2022].

18   Vgl. Deutsch-Französische Hochschule: *Anhang Jahresbericht der DFH (2021)*, Saarbrücken 2022, 8, https://www.dfh-ufa.org/app/uploads/2022/05/dfh-ufa-2021-Jahresbericht-rapport-annuel-Anhang-annexes.pdf [27.07.2022].

in grenzüberschreitenden Studienprogrammen eine zusätzliche Komplexität. Gleichzeitig bietet der zielgerichtete Einsatz von virtuellen Lernangeboten für die Programme in der Zukunft besondere Chancen.

Die Pandemie und der damit verbundene Stresstest zeigen damit eine gewisse Resilienz der grenzüberschreitenden Studiengänge, decken aber auch Schwachstellen auf. Die Erfahrungen der Studierenden machen deutlich, dass sie in Krisensituationen besondere Unterstützung benötigen und die speziellen Bedürfnisse grenzüberschreitender Programme noch nicht ausreichend im Bewusstsein von politischen Entscheidungsträger*innen und der Hochschulleitungen verankert sind. Von Fortschritten in diesen Bereichen würden die Studiengänge auch außerhalb von Krisen profitieren und diese Art der Ausbildung somit weiter an Attraktivität gewinnen.

Literaturverzeichnis

Angenent, Holger/Petri, Jörg/Zimenkova, Tatiana (Hg.): *Hochschulen in der Pandemie. Impulse für eine nachhaltige Entwicklung von Studium und Lehre*, Bielefeld 2022.

Deutsch-Französische Hochschule: *Jahresbericht 2021*, Saarbrücken 2022, https://www.dfh-ufa.org/app/uploads/2022/05/dfh-ufa-2021-Jahresbericht-rapport-annuel.pdf [27.07.2022].

Deutsch-Französische Hochschule: *Anhang Jahresbericht der DFH (2021)*, Saarbrücken 2022, https://www.dfh-ufa.org/app/uploads/2022/05/dfh-ufa-2021-Jahresbericht-rapport-annuel-Anhang-annexes.pdf [27.07.2022].

Deutsch-Französisches Hochschulinstitut für Technik und Wirtschaft: *Über das DFHI*, https://www.dfhi-isfates.eu/de/ueber-das-dfhi/ [10.08.2022].

Falk, Susanne: Internationale Studierende an deutschen Hochschulen während der Corona-Pandemie, in: *IHF kompakt* (2021), 1–6.

Funk, Ines/Nienaber, Birte/Dörrenbächer, H. Peter: Cross-Border Vocational Training as Processes of Cross-Border Learning, in: *Europa Regional* 2018/26 (2021), 17–29.

Interregionale Arbeitsmarktbeobachtungsstelle: *Die Grenzgängerströme der Großregion* (2021), https://www.iba-oie.eu/fileadmin/user_upload/IBA-OIE/Themen/Grenzgaenger/220407_Karte_GG_2021_DE_FR_kurz_gerundet.pdf [29.07.2022].

Interregionale Arbeitsmarktbeobachtungsstelle: *Bericht zur wirtschaftlichen und sozialen Lage der Großregion 2019/2020 für den Wirtschafts- und Sozialausschuss der Großregion (WSAGR)*, Saarbrücken 2020 (Schriftenreihe der Großregion 25), https://www.grossregion.net/Mediathek/Veroeffentlichungen/Bericht-zur-wirtschaftlichen-und-sozialen-Lage-der-Grossregion-2019-2020 [29.07.2023].

Gipfelsekretariat der Großregion: *Hochschulwesen und Forschung in der Großregion*, Luxemburg 2021 (Schriftenreihe der Großregion 27), https://www.grossregion.net/content/download/5353/85108 [29.07.2022].

Hutt, Mariella: *Studium im Lockdown. Allein zu Haus*, 30.04.2021, https://dokdoc.eu/corona/10045/allein-zu-haus/ [27.07.2022].

Kercher, Jan/Plasa, Tim: *Corona und die Folgen für die internationale Studierendenmobilität in Deutschland. Ergebnisse einer DAAD-Befragung von International Offices und Akademischen Auslandsämtern*, Bonn 2020, https://static.daad.de/media/daad_de/pdfs_nicht_barrierefrei/der-daad/analysen-studien/daad_2020_corona_und_die_folgen_fuer_die_internationale_studierendenmobilitaet_in_deutschland.pdf [27.07.2022].

Kercher, Jan/Knüttgen, Naomi/Plasa, Tim: *Corona und die Folgen für die internationale Studierendenmobilität in Deutschland. Ergebnisse der zweiten DAAD-Befragung von International Offices und Akademischen Auslandsämtern im Wintersemester 2020/21*, Bonn 2021, https://static.daad.de/media/daad_de/pdfs_nicht_barrierefrei/der-daad/analysen-studien/corona_ap_final_dt.pdf [27.07.2022].

Pigeron-Piroth, Isabelle [u. a.]: Der grenzüberschreitende Arbeitsmarkt der Großregion. Der Einfluss der COVID-19-Pandemie, in: *Informationen zur Raumentwicklung* 2 (2021), 74–85.

Schneider, Hildegard [u. a.]: Cross-Border Mobility in Times of COVID-19. Assessing COVID-19 Measures and their Effects on Cross-border Regions within the EU, Maastricht 2021, https://ec.europa.eu/info/sites/default/files/eu-citzen_-_report_on_cross-border_mobility_in_times_of_covid-19.pdf [27.07.2022].

Staatskanzlei des Saarlandes: *Die Großregion – Gemeinsam gegen Corona. Mitglieder des Gipfels der Großregion wollen Herausforderungen der Corona-Krise gemeinsam stemmen*, 30.04.2020, https://www.saarland.de/DE/medien-informationen/medienservice/pressearchiv/stk/stk-medieninfo-archive/2020/Q2_2020/pm_2020-04-30-grossregion_gemeinsam_gegen_corona.html [27.07.2022].

Witzel, Andreas/Reiter, Herwig: *The Problem-Centred Interview. Principles and Practice*, Los Angeles 2012.

Anhang: Übersicht der geführten Interviews

Nr.	Datum	Studiengang der interviewten Person
1	25.11.2021	Deutsch-Französische Studien: Grenzüberschreitende Kommunikation und Kooperation
2	29.11.2021	Europäisches Baumanagement
3	02.12.2021	Literatur-, Kultur- und Sprachgeschichte des deutschsprachigen Raumes

4	08.12.2021	Literatur-, Kultur- und Sprachgeschichte des deutschsprachigen Raums
5	09.12.2021	Développement durable
6	09.12.2021	Literatur-, Kultur- und Sprachgeschichte des deutschsprachigen Raums
7	13.12.2021	Border Studies
8	17.12.2021	Border Studies
9	18.12.2021	Border Studies
10	21.12.2021	Border Studies
11	23.12.2021	Europäisches und internationales Recht (LLM)

2. Berichte:
Gastdozentur des Frankreichzentrums:
Theaterarbeit transnational –
Prof. Dr. Florence Baillet
(Sommersemester 2021)

« Le théâtre en contexte transnational » : bilan d'un semestre d'enseignement et de recherche à l'Université de la Sarre (du 1er avril 2021 au 30 septembre 2021)

Florence Baillet

Dans le cadre de son programme portant sur le « Patrimoine culturel dans des espaces transnationaux », le Pôle France de l'Université de la Sarre invite régulièrement, depuis 2018, des enseignant·e·s-chercheur·euse·s francophones à enseigner et à effectuer leurs recherches pendant un semestre à l'Université de la Sarre. Après qu'ont été abordées, en 2018, « La médiation culturelle transnationale » (par Gaëlle Crenn, Maîtresse de conférences à l'Université de Lorraine) et, en 2018/2019, « La transculturalité dans la littérature et le cinéma » (par Myriam Geiser, Maîtresse de conférences à l'Université de Grenoble Alpes), je suis intervenue en 2021, grâce à l'invitation de Romana Weiershausen, Professeure en Germanistique francophone à l'Université de la Sarre, et à l'appui de toute l'équipe du Pôle France (notamment de son secrétaire général Daniel Kazmaier), sur « Le théâtre en contexte transnational/ Theaterarbeit transnational ».

La thématique choisie se référait tout d'abord à la situation actuelle du théâtre, ce dernier étant caractérisé, de manière manifeste aujourd'hui, par son caractère transnational : les troupes de théâtre, dont les membres sont bien souvent originaires de pays variés, jouent des spectacles qui sont fréquemment des coproductions internationales et partent en tournée dans toute l'Europe, voire dans le monde entier ; les questions liées à la migration et à l'interculturalité sont abordées sur les scènes et se trouvent par ailleurs au cœur des débats concernant la politique théâtrale si bien qu'elles se sont aussi imposées dans le champ des études théâtrales.[1] Le théâtre invite ainsi à dépasser le cadre national, avec, à mon sens, deux séries d'implications. D'une part, pour ce qui est de la pratique et de l'esthétique théâtrales, on peut émettre l'hypothèse que ce dépassement des frontières touche à la définition

---

[1] Voir à ce propos, notamment, les publications : Regus, Christine : *Interkulturelles Theater zu Beginn des 21. Jahrhunderts. Ästhetik, Politik, Postkolonialismus*, Bielefeld 2009 ; Heeg, Günther : *Das transkulturelle Theater*, Berlin 2017.

même du théâtre et s'accompagne d'autres franchissements de limites, par exemple entre le théâtre et d'autres arts : le théâtre, qui, dans le cadre d'un monde global, est sans cesse confronté à des mouvements de dé- et de reterritorialisation, ne peut être appréhendé à l'aide des catégories fixes et hermétiques. En études théâtrales, ce n'est d'ailleurs plus seulement une œuvre (un texte dramatique ou une représentation) considérée comme achevée et close sur elle-même qui constitue le principal objet de la recherche, mais celle-ci inclut aussi les répétitions, le cadre organisationnel et institutionnel, etc., de manière à envisager le théâtre dans sa dimension de travail interactif et de processus dynamique. D'autre part, le caractère transnational du théâtre contemporain invite à relire autrement son histoire dans des pays comme la France et l'Allemagne où il a principalement été associé, notamment aux XVIIIe et XIXe siècles, à l'idée de nation. Or il existe en réalité, entre les aires culturelles germanophones et francophone, une longue et riche tradition d'échanges et de circulations en matière de théâtre, ce que des chercheur·euse·s ont déjà étudié à propos de l'une ou de l'autre période historique,[2] mais qui demande à être davantage et plus systématiquement mis en lumière afin d'apprécier le renversement copernicien qui en découle.

Pour le présent bilan de mon semestre à l'Université de la Sarre, j'exposerai tout d'abord les activités d'enseignement et de recherche auxquelles m'a conduite la thématique du « théâtre en contexte transnational ». Puis je reviendrai sur les conditions particulières dans lesquelles s'est déroulé ce semestre à l'Université de la Sarre, à savoir pendant la pandémie du Covid-19 et en grande partie en distanciel, ce qui a non seulement nécessité concrètement une adaptation des modalités de mes activités mais a aussi eu des répercussions sur les problématiques de mes cours et de mes recherches, le théâtre tout autant que la mondialisation prenant une nouvelle tournure à l'ère du digital généralisé.

1. Activités d'enseignement et de recherche sur le théâtre dans une perspective transnationale

Trois séminaires, à l'attention d'étudiant·e·s de licence et/ou de Master de l'Université de la Sarre, m'ont permis de décliner la thématique du semestre en tant que professeure invitée. Un premier cours, intitulé « Transferts culturels franco-allemands au théâtre (Brecht en France, le théâtre de l'absurde dans l'aire germanophone) », s'est focalisé sur le moment particulier de l'histoire théâtrale franco-

---

2   On pense par exemple aux recherches suivantes : Grimberg, Michel : *La Réception de la comédie française dans les pays de langue allemande (1694–1799)*, Frankfurt/M. 1995 ; Colin, Nicole : *Deutsche Dramatik im französischen Theater nach 1945. Künstlerisches Selbstverständnis im Kulturtransfer*, Bielefeld 2011.

allemande que constituent la deuxième moitié des années 1950 et la première moitié des années 1960. Cette période est en effet marquée par d'importants échanges en matière de théâtre, à rebours de l'image que l'on peut avoir de la Guerre froide.[3] Lors du séminaire, nous nous sommes penché·e·s, d'une part, sur l'impact du théâtre de Bertolt Brecht en France, à la suite des tournées du Berliner Ensemble à Paris en 1954 et 1955.[4] Après avoir vu la mise en scène de *Mutter Courage und ihre Kinder*, des écrivain·e·s comme Arthur Adamov ont par exemple modifié leur manière d'appréhender le théâtre, et l'on peut retrouver l'influence brechtienne dans des pièces d'Adamov telles que *Paolo Paoli* ou *La Politique des restes*.[5] D'autre part, nous nous sommes interrogé·e·s sur la présence, à la fin des années 1950 et au début des années 1960, d'un 'théâtre de l'absurde' dans l'espace germanophone, correspondant à des transferts culturels entre la France et la RFA[6] (mais aussi, par des voies détournées, en dépit de la censure, la RDA). Nous avons alors étudié plus particulièrement des pièces et textes de Wolfgang Hildesheimer, lequel, au demeurant, se montrait ambivalent dans ses propos quant à sa relation au théâtre de l'absurde d'un Eugène Ionesco.[7] Au-delà de l'analyse de textes ou de spectacles, nous nous sommes attaché·e·s à reconstruire les réseaux de « médiateur·rice·s culturel·le·s », de traducteur·rices, d'intellectuel·le·s et d'artistes de théâtre qui permettent pareilles circulations du théâtre d'un pays à l'autre et qui, bien souvent, ne sont pas mentionné·e·s dans les histoires de la littérature ou du théâtre.

Lors d'un deuxième séminaire, nous nous sommes intéressé·e·s, sous le titre « Théâtre postdramatique et mondialisation », à la manière dont le théâtre de la fin du XXe siècle et du début du XXIe siècle, se fait l'écho du phénomène de la mondialisation, lequel a suscité de nombreux débats depuis les années 1980.[8] Il s'agissait,

---

3   Cf. Balme, Christopher/Szymanski-Düll, Berenika (dir.) : *Theatre, Globalization and the Cold War*, Basingstoke 2017.
4   Au sujet de la réception de Brecht en France, on pourra consulter : Hüfner, Agnes : *Brecht in Frankreich 1930–1963. Verbreitung, Aufnahme, Wirkung*, Stuttgart 1968 ; Mortier, Daniel : *Celui qui dit oui, celui qui dit non, ou la réception de Brecht en France (1945–1956)*, Genève 1986 ; Gilcher-Holtey, Ingrid : Une révolution du regard. Brecht à Paris 1954–1955, ds. : Boschetti, Anna (dir.) : *L'Espace culturel transnational*, Paris 2010, 427–468.
5   Adamov, Arthur : *Paolo Paoli* (1957) et *La Politique des restes* (1962), ds. : idem : *Théâtre*, vol. III, Paris 1966, 11–141 et 143–185.
6   Voir à ce propos : Gay, Marie-Christine : *Le Théâtre « de l'absurde » en RFA. Les œuvres d'Adamov, Beckett, Genet et Ionesco outre-Rhin*, Berlin, Boston 2018.
7   Cf. Hildesheimer, Wolfgang : *Spiele, in denen es dunkel wird : Die Pastorale oder Die Zeit für Kakao/ Die Uhren/ Landschaft mit Figuren*, Pfullingen 1958 ; Hildesheimer, Wolfgang : *Über das absurde Theater* (1960), ds. : idem : *Theaterstücke. Über das absurde Theater*, Frankfurt/M. 1980, 167–183.
8   Voir à ce propos : Lehmann, Stephanie : *Die Dramaturgie der Globalisierung. Tendenzen im deutschsprachigen Theater der Gegenwart*, Marburg 2014 ; Rebellato, Dan : *Theater and Globalization*, Basingstoke 2009.

grâce à une lecture rapprochée des pièces *Electronic City* et *Unter Eis* de Falk Richter,[9] *Der goldene Drache* de Roland Schimmelpfennig[10], *A la renverse* et *11 septembre 2001 – 11 September 2001* de Michel Vinaver[11], ainsi que *Pulvérisés !* d'Alexandra Badea[12], d'appréhender les bouleversements de l'espace et du temps (sous le signe de la mise en réseau, de la suppression de tout cadre, de l'accélération et de la simultanéité...) qui sont associés aux processus de mondialisation et qui se retrouvent dans les formes contemporaines de théâtre qualifiées de « postdramatiques »[13] : comment analyser de pareils textes, à partir de quels concepts et catégories ? Nous avons observé de la sorte des facettes et conceptions multiples de la mondialisation, ainsi que des prises de position variées face aux effets de cette dernière. Il est notamment apparu que les pièces de théâtre, loin de se contenter de représenter des réalités extérieures correspondant à des phénomènes globaux, produisent elles-mêmes des formes de globalité et proposent, ce faisant, différentes figures de mondialisation, autrement dit des modalités diverses d'organisation de l'espace et du temps permettant de se saisir du monde comme un tout : plutôt que de convoquer l'image d'une totalité homogène, une pièce comme *Der goldene Drache* de Roland Schimmelpfennig donne ainsi à voir une pluralité de mondes dont serait à penser avant tout l'interdépendance, sans en niveler les singularités.

Enfin, lors d'un troisième séminaire qui portait sur le sujet *Ecritures dramatiques en contexte de migration* et qui s'est tenu en français (à la différence des deux premiers séminaires qui ont eu lieu en allemand), nous avons étudié un ensemble de pièces abordant, au début du XXIe siècle, le sujet de la migration : *Café Europa* de Nuran David Calis, *Perikizi* d'Emine Sevgi Özdamar, *Die Schutzbefohlenen* d'Elfriede Jelinek, *Papa doit manger* de Marie N'Diaye, *Chto* de Sonia Chiambretto et *Les Corps étrangers* d'Aiat Fayez.[14] En prenant le contrepied d'une tendance fréquente consistant à mettre avant tout en lumière les aspects autobiographiques ou documentaires de telles écritures, nous nous sommes efforcé·e·s de nous intéresser plutôt à leur

---

9   Richter, Falk : *Electronic City* (2004) et *Unter Eis* (2004), ds. : idem : *Unter Eis*, Frankfurt/M. 2005, 315–347 et 433–476.

10   Schimmelpfennig, Roland : *Der goldene Drache* (2009), ds. : idem : *Der goldene Drache*, Frankfurt/M. 2011, 203–260.

11   Vinaver, Michel : *A la renverse* (1980), ds. : idem : *Théâtre complet*, vol. 4, Paris 2002, 123–196 ; Vinaver, Michel : *11 septembre 2001 – 11 September 2001* (2002), ds. : idem : *Théâtre complet*, vol. 8, Paris 2003, 130–181.

12   Badea, Alexandra : *Pulvérisés !*, Paris 2012.

13   Lehmann, Hans-Thies : *Postdramatisches Theater*, Frankfurt/M. 1999.

14   Calis, Nuran David : *Café Europa*, Weinheim 2006 ; Sevgi Özdamar, Emine : *Perikizi. Ein Traumspiel*, ds. : Carstensen, Uwe/von Lieven, Stefanie (dir.) : *Theater Theater : Odyssee Europa. Aktuelle Stücke 20/10*, Frankfurt/M. 2010, 271–333 ; Jelinek, Elfriede : *Die Schutzbefohlenen*, Reinbek 2018 ; N'Diaye, Marie : *Papa doit manger*, Paris 2003 ; Chiambretto, Sonia : *Chto* suivi de *Mon Képi blanc* et de *12 Sœurs slovaques*, Arles 2006 ; Fayez, Aiat : *Les Corps étrangers*, Paris 2011.

dimension esthétique. En outre, tout en entrant dans le cadre de la problématique du « Théâtre en contexte transnational », ce cours a permis de faire plus spécifiquement le lien avec le thème exploré par Myriam Geiser[15], qui m'avait précédée en tant qu'enseignante-chercheuse invitée (sur « La transculturalité dans la littérature et le cinéma »). A propos des questions de migration et de transculturalité, il est en effet souvent fait état d'un retard du théâtre – si on le compare au roman ou au cinéma –, qui serait à rattraper. Or, lors des deux dernières décennies, les artistes de théâtre tout autant que les chercheur·euse·s en études théâtrales se sont emparé·e·s de ces questions en se demandant en particulier quel rôle pouvait jouer le théâtre dans une société dite 'postmigrante', d'où des débats que nous avons tenté d'analyser au cours du séminaire.[16]

Deux manifestations étaient également prévues pour le même semestre sur le plan scientifique, en complément des trois séminaires : d'une part les étudiant·e·s ont tous été invité·e·s à assister à ma conférence d'ouverture, qui eut lieu le 20 avril 2021 et portait sur « L'histoire du théâtre dans une perspective transnationale ».[17] D'autre part, l'ensemble des participant·e·s des séminaires fut convié à une table ronde que j'ai organisée au sujet de « Histoire coloniale et perspectives post-coloniales sur les scènes théâtrales allemandes et françaises » et qui a réuni le 30 juin 2021 Pénélope Dechaufour, Maîtresse de conférences en études théâtrales à l'Université de Montpellier, spécialiste du théâtre francophone et « afropéen », et Charlotte Bomy, docteure en études germaniques et études théâtrales, traductrice de l'allemand vers le français (notamment de théâtre) et co-éditrice d'une anthologie de textes de femmes auteures de théâtre se définissant comme « afropéennes ».[18] Daniel Kazmaier (Pôle France de l'Université de la Sarre) assista également à cette table ronde et participa à la discussion. Il s'agissait de revenir sur les débats qui agitent actuellement le monde théâtral en France comme en Allemagne sur l'« impensé colonial »[19] à l'œuvre dans la société mais aussi dans les textes dramatiques,

---

15 Voir la contribution de Geiser, Myriam : Lehr- und Forschungstätigkeit in deutsch-französischer Perspektive während meines Gastsemesters an der Universität des Saarlandes (1. September 2019 – 29. Februar 2020), ds. : Hüser, Dietmar : *Frauen am Ball – Geschichte(n) des Frauenfußballs in Deutschland, Frankreich und Europa*, Bielefeld 2022, 429–430 (Jahrbuch des Frankreichzentrums der Universität des Saarlandes 18).
16 Cf. Schneider, Wolfgang (dir.) : *Theater und Migration. Herausforderungen für Kulturpolitik und Theaterpraxis*, Bielefeld 2011.
17 La conférence d'ouverture est reproduite dans le présent ouvrage à la suite de ce bilan.
18 Cf. Bomy, Charlotte/Wegener, Lisa (dir.) : *Afropäerinnen : Theatertexte aus Frankreich und Belgien von Laetitia Ajanohun, Rébecca Chaillon, Penda Diouf und Eva Doumbia*, Berlin 2021.
19 Cf. Poirson, Martial : Corps étrangers, ds. : Martin-Lahmani, Sylvie/Poirson, Martial (dir.) : *Quelle diversité culturelle sur les scènes européennes ?*, Paris, 2017, 7–14 (Alternatives théâtrales 133).

sur les scènes et dans les institutions théâtrales.[20] En amont de la table ronde, des textes avaient été mis à disposition des étudiant·e·s et présentés lors d'une séance du séminaire afin qu'ils puissent servir de points de référence lors de la discussion : *Ce qu'il faut dire* de Léonora Miano, un ensemble de textes de Kossi Efoui, la pièce de Penda Diouf *Pistes* et sa version allemande (qui venait d'être achevée, dans une traduction d'Annette Bühler-Dietrich) *Pisten*, ainsi que *Mais in Deutschland und anderen Galaxien* d'Olivia Wenzel.[21] La table ronde a permis notamment de souligner l'importance, en la matière, d'une perspective franco-allemande (au-delà des cadres nationaux). Plutôt qu'une confrontation de chaque pays avec son passé colonial, c'est en effet une circulation qui s'instaure et permet des mises en perspective variées : une pièce comme celle de Penda Diouf, qui porte sur le passé colonial allemand et français, a ainsi été écrite en langue française, puis traduite en allemand, ce qui lui permet d'obtenir une reconnaissance en Allemagne, qui facilite aussi sa réception en France, tout en invitant à décentrer le regard par le biais de la dimension franco-allemande.

Sur le plan de la recherche, j'ai en outre suivi les activités du groupe de jeunes chercheuses « Migration et exil. Le théâtre comme espace de débat et de participation dans une perspective franco-allemande (de 1990 à aujourd'hui) », sous la houlette des Professeures Romana Weiershausen et Natascha Ueckmann (Université de la Sarre et Université Martin Luther de Halle-Wittenberg)[22] : outre le fait qu'une de ces jeunes chercheuses, Christiane Dietrich, est une doctorante effectuant sa thèse en cotutelle sous la direction de Romana Weiershausen et de moi-même, les questions abordées au sein de ce groupe faisaient inévitablement écho à la thématique de mon semestre à l'Université de la Sarre. Par ailleurs, j'ai également été invitée à participer à l'Université d'été portant sur « Frontières et migrations en Europe. Etudes juridiques et culturelles » et organisée du 28 juin au 3 juillet 2021 à l'Université de la Sarre par Florence Renard (Centre Juridique franco-allemand, Université de la Sarre), Constance Chevallier-Govers (Chaire Jean Monnet, Université de Grenoble) et Cécile Chamayou-Kuhn (Université de Lorraine). J'y ai proposé une contribution sur « Figure de migrant, personnage et personnalité juridique dans des écritures dramatiques germanophones et francophones du début du XXIe siècle », en

---

20   Cf. Sharifi, Azadeh/ Skwirblies, Lisa (dir.) : *Theaterwissenschaft postkolonial/ dekolonial – Eine kritische Bestandsaufnahme*, Bielefeld 2022.
21   Cf. Miano, Léonora : *Ce qu'il faut dire*, Paris 2019 ; Efoui, Kossi : Post-scriptum, ds. : idem : *Récupérations*, Carnières 1992, 44 ; Efoui, Kossi : Le théâtre de ceux qui vont venir demain, ds. : idem : *L'Entre-deux rêves de Pitagaba*, Paris 2000, 7–10 ; Diouf, Penda : *Pistes*, Le Perreux sur Marne 2021 ; Wenzel, Olivia : *Mais in Deutschland und anderen Galaxien*, Frankfurt/M. 2020.
22   Les activités de ce groupe de recherche sont présentées sur son site : Universität des Saarlandes : *Migration und Flucht. Theater als Verhandlungs- und Partizipationsraum im deutschfranzösischen Vergleich (1990 bis Heute)*, https://theatertexte.uni-saarland.de/flucht-migration/aktuelles_fr/aktuelles_fr.php [23/09/2022].

lien avec mon séminaire sur les « Ecritures dramatiques en contexte de migration ». Les étudiant·e·s de mes trois séminaires ont été encouragé·e·s à assister à ces journées, dans le cadre desquelles intervinrent également Romana Weiershausen (avec une contribution sur « Theater als alternativer Raum von Asylverhandlung (Konstellationen im antiken Drama und heute) ») et Myriam Geiser (avec une communication sur « *Les Misérables* (2019) de Ladj Ly et *Berlin Alexanderplatz* (2021) de Burhan Qurbani – étude croisée de deux actualisations cinématographiques de récits emblématiques de l'exclusion »). Les actes du colloque donneront lieu à une publication, à paraître en 2023 aux Editions juridiques franco-allemandes.

2. Universités, théâtres et frontières à l'heure de la pandémie

Etant données les circonstances particulières engendrées par la pandémie du Covid-19, toutes les activités d'enseignement et de recherche de mon semestre à l'Université de la Sarre eurent lieu en très grande partie en distanciel, à l'exception de quelques séances de séminaire en présentiel en juillet et de l'Université d'été en bimodal (pour les étudiant·e·s présent·e·s à l'Université de la Sarre). A première vue, le distanciel mettait à mal bien des échanges et projets que j'avais initialement élaborés, notamment le travail autour des spectacles auxquels les étudiant·e·s et moi devions assister au théâtre Le Carreau à Forbach et au Saarländisches Staatstheater à Sarrebruck, ainsi que dans le cadre du festival de théâtre franco-allemand *Perspectives*. Il est vrai que les restrictions sanitaires avaient paralysé une bonne partie de la vie culturelle et que le passage au distanciel signifiait, à l'université, non seulement un changement de modalités des enseignements et des colloques, mais aussi un isolement dont souffraient les étudiant·e·s, ainsi que la suppression de différents à-côtés et formes de convivialité dont nous devenions tout à coup conscients, tel le fait de discuter avec un·e étudiant·e ou un·e collègue entre deux cours ou en marge d'une réunion.

Le semestre à Sarrebruck offrit cependant plus de possibilités qu'on aurait pu le penser au départ (eu égard à son contexte particulier) et se révéla en réalité riche en rencontres.[23] Les groupes d'étudiant·e·s de chaque séminaire n'étant heureusement pas pléthoriques, ils furent loin de rester anonymes : des échanges avaient bien lieu lors des séances et des contacts se nouèrent, y compris lors de discussions juste avant ou après les cours. Le format digital des séances favorisa en outre un recours accru

---

23   Mon semestre d'été en tant que professeur invitée, initialement prévu pour 2020, avait d'ailleurs été repoussé à 2021, suite à la pandémie du Covid-19 et au passage des enseignements en distanciel dans les universités. La pandémie se prolongeant en 2021, ce semestre a finalement eu lieu en dépit de ces circonstances particulières.

à des documents multimédias (enregistrements audio et vidéo : par exemple, interviews d'auteur·e·s dramatiques ou captations de mises en scène),[24] qui étaient facilement maniables sur ordinateur et qui permettaient de varier les supports du cours, afin de soutenir l'attention. Par ailleurs, le truchement de la visioconférence me permit d'accueillir plus facilement, au sein des séminaires, des invité·e·s extérieur·e·s, susceptibles d'apporter leur expérience et leur point de vue sur certains aspects du cours. C'est ainsi que Juliette Ronceray, responsable des relations publiques franco-allemandes au théâtre transfrontalier Le Carreau, fit une intervention auprès des différents groupes d'étudiant·e·s pour présenter d'une part, de manière générale, la dimension transnationale de son métier et d'autre part, plus particulièrement, l'un ou l'autre aspect de ce théâtre et de sa programmation, en lien avec la thématique du séminaire. C'est ainsi également qu'une des organisatrices du festival *Perspectives*, Lola Wolff, prit la parole au début d'une séance de chaque séminaire afin de présenter le festival dans sa dimension franco-allemande, ainsi que le programme prévu pour 2021. Ce dernier avait été mis en place à partir de spectacles de théâtre volontairement conçus selon un format digital si bien que j'ai pu m'appuyer, pour mes cours, sur certaines de ces créations, auxquelles les étudiant·e·s eurent donc la possibilité d'assister, en ligne. Ce fut notamment le cas du spectacle d'Oliver Zahn, *Lob des Vergessens, Teil 2*,[25] dans lequel l'artiste utilise des matériaux d'archives (bandes sonores, chansons, photographies...) afin de retracer l'histoire des *Vertriebenen*, des Allemand·e·s d'Europe centrale et orientale expulsé·e·s après 1946, dont faisaient partie ses propres grands-parents : par le biais de la mise en scène digitale et des médias ainsi investis, Oliver Zahn cherche à restituer une mémoire de ces migrations (tout en mettant en lumière son caractère lacunaire). L'étude de *Lob des Vergessens* put s'intégrer dans mon séminaire « Ecritures dramatiques en contexte de migration » et donna lieu à un exposé d'une étudiante.

A l'occasion de ce spectacle, la discussion porta plus largement, lors du séminaire, sur les conséquences de la pandémie pour le théâtre : que devient l'art théâtral s'il ne s'y produit plus la présence simultanée, en un même lieu concret, de comédien·ne·s et de spectateur·rice·s ? De quelle présence s'agit-il dans le cadre d'un format digital, et quels effets de présence y sont éventuellement à l'œuvre ? De fait, une des caractéristiques de mon semestre à Sarrebruck fut sans doute que la thématique

---

24 Pendant toute cette période, des captations vidéo de mises en scène ou d'autres événements furent accessibles en ligne. Par exemple, en vue de la table ronde précédemment évoquée sur l'« Histoire coloniale et perspectives post-coloniales sur les scènes théâtrales allemandes et françaises », les étudiant·e·s furent invité·e·s à assister à la lecture scénique (en français et en allemand) de la pièce *Pistes/Pisten* de Penda Diouf, qui fut présentée le 22 avril 2021 au tak (Theater Aufbau Kreuzberg) à Berlin et pouvait être suivie en ligne.

25 La première de ce spectacle eut lieu le 8 juin 2020 dans le cadre du festival Impulse. On peut consulter, sur le site de l'artiste, la page dédiée à *Lob des Vergessens*, https ://www.oliverzahn.de/ldv2.html [23/09/2022].

du « Théâtre en contexte transnational » se trouva – plus qu'à l'ordinaire – rattrapée par une nouvelle réalité et à remettre en perspective par rapport à cette dernière. Outre le théâtre en tant qu'art de la présence, c'était également le rôle du franco-allemand, de l'Europe et de ses frontières, qui ne cessait d'être interrogé par l'actualité, ainsi que, plus généralement, le devenir de ce que l'on pouvait comprendre sous le terme de 'mondialisation' : dans quelle mesure la pandémie du Covid-19 inaugurerait-elle une nouvelle phase, en quelque sorte 'postglobale', face à la nécessité de penser le monde avant tout comme une planète en danger (notamment aux prises avec les problématiques climatiques) ? Sur le plan de la recherche, les questions qui ont émergé lors des séminaires et du semestre en tant que professeure invitée à Sarrebruck pourront être approfondies au sein du programme de recherche « Coprésences. Penser ensemble les délimitations sociétales et théâtrales », qui a été mis en place depuis fin 2021, est dirigé par Emmanuel Béhague (Université de Strasbourg) et Romana Weiershausen et auquel celle-ci m'a demandé de m'associer.

Ce semestre à l'Université de la Sarre a connu et connaît de la sorte différents prolongements, aujourd'hui encore et sans doute dans les mois et années à venir. Outre la coopération scientifique envisagée avec Romana Weiershausen, les contacts noués à ce moment-là de part et d'autre du Rhin ont donné lieu à de nouveaux événements et rencontres : Juliette Ronceray est par exemple intervenue dans mon séminaire de Master « Métiers de la culture dans le domaine franco-allemand » à la Sorbonne Nouvelle en 2022 afin de présenter aux étudiant·e·s sa profession de responsable des relations publiques franco-allemandes dans un théâtre transfrontalier ; après avoir pris part à la table ronde sur « Histoire coloniale et perspectives post-coloniales sur les scènes théâtrales allemandes et françaises », Pénélope Dechaufour a été invitée à participer au cycle de conférences intitulé « Migration et théâtre dans une perspective franco-allemande » et mis en place par le groupe de jeunes chercheuses « Migration et exil. Le théâtre comme espace de débat et de participation dans une perspective franco-allemande (de 1990 à aujourd'hui) » : elle a proposé, dans ce cadre, le 3 février 2022, une communication (en visioconférence) sur « Des dramaturgies de l'exil à l'émergence de l'afropéanisme – Une traversée des relations ambiguës entre théâtre français et écritures francophones d'Afrique et des diasporas de 1990 à nos jours »[26] En dépit de la pandémie et du distanciel, et peut-être justement en raison de son contexte inattendu, ce semestre à l'Université de la Sarre et, de manière plus générale, l'importance de tisser des liens transnationaux concrets – même à travers le virtuel – ont ainsi pris de mon point

---

26 On pourra accéder au programme du cycle de conférences « Migration et théâtre dans une perspective franco-allemande » à partir du lien qui suit : Universität des Saarlandes : *Migration und Flucht. Theater als Verhandlungs- und Partizipationsraum im deutsch-französischen Vergleich (1990 bis Heute)*, https://theatertexte.uni-saarland.de/flucht-migration/aktuelles_fr/aktuelles_fr.php [23/09/2022].

de vue un relief tout particulier. A cet égard, j'espère que le programme d'invitation d'enseignant·e·s-chercheur·euse·s francophones par le Pôle France de l'Université de la Sarre pourra se poursuivre.

Bibliographie

Adamov, Arthur : *Paolo Paoli* (1957) et *La Politique des restes* (1962), ds. : idem : *Théâtre*, Paris 1966.

Badea, Alexandra : *Pulvérisés !*, Paris 2012.

Balme, Christopher/Szymanski-Düll, Berenika (dir.) : *Theatre, Globalization and the Cold War*, Basingstoke 2017.

Bomy, Charlotte/Wegener, Lisa (dir.) : *Afropäerinnen : Theatertexte aus Frankreich und Belgien von Laetitia Ajanohun, Rébecca Chaillon, Penda Diouf und Eva Doumbia*, Berlin 2021.

Calis, Nuran David : *Café Europa*, Weinheim 2006.

Chiambretto, Sonia : *Chto* suivi de *Mon Képi blanc* et de *12 Sœurs slovaques*, Arles 2006.

Colin, Nicole : *Deutsche Dramatik im französischen Theater nach 1945. Künstlerisches Selbstverständnis im Kulturtransfer*, Bielefeld 2011.

Diouf, Penda : *Pistes*, Le Perreux sur Marne 2021.

Efoui, Kossi : Post-scriptum, ds. : idem : *Récupérations*, Carnières 1992.

Efoui, Kossi : Le théâtre de ceux qui vont venir demain, ds. : idem : *L'Entre-deux rêves de Pitagaba*, Paris 2000, 7–10.

Fayez, Aiat : *Les Corps étrangers*, Paris 2011.

Gay, Marie-Christine : *Le Théâtre « de l'absurde » en RFA. Les œuvres d'Adamov, Beckett, Genet et Ionesco outre-Rhin*, Berlin ; Boston 2018.

Geiser, Myriam : Lehr- und Forschungstätigkeit in deutsch-französischer Perspektive während meines Gastsemesters an der Universität des Saarlandes (1. September 2019 – 29. Februar 2020), ds. : Hüser, Dietmar: *Frauen am Ball – Geschichte(n) des Frauenfußballs in Deutschland, Frankreich und Europa*, Bielefeld 2022, 429–430 (Jahrbuch des Frankreichzentrums der Universität des Saarlandes 18).

Gilcher-Holtey, Ingrid : Une révolution du regard. Brecht à Paris 1954–1955, ds. : Boschetti, Anna (dir.) : *L'Espace culturel transnational*, Paris 2010, 427–468.

Grimberg, Michel : *La Réception de la comédie française dans les pays de langue allemande (1694–1799)*, Frankfurt/M. 1995.

Heeg, Günther : *Das transkulturelle Theater*, Berlin 2017.

Hildesheimer, Wolfgang : *Spiele, in denen es dunkel wird : Die Pastorale oder Die Zeit für Kakao/Die Uhren/Landschaft mit Figuren*, Pfullingen 1958.

Hildesheimer, Wolfgang : Über das absurde Theater (1960), ds. : idem : *Theaterstücke. Über das absurde Theater*, Frankfurt/M. 1980, 167–183.

Hüfner, Agnes : *Brecht in Frankreich 1930-1963. Verbreitung, Aufnahme, Wirkung*, Stuttgart 1968.
Jelinek, Elfriede : *Die Schutzbefohlenen*, Reinbek 2018.
Lehmann, Hans-Thies : *Postdramatisches Theater*, Frankfurt/M. 1999.
Lehmann, Stephanie : *Die Dramaturgie der Globalisierung. Tendenzen im deutschsprachigen Theater der Gegenwart*, Marburg 2014.
Miano, Léonora : *Ce qu'il faut dire*, Paris 2019.
Mortier, Daniel : *Celui qui dit oui, celui qui dit non, ou la réception de Brecht en France (1945-1956)*, Genève 1986.
N'Diaye, Marie : *Papa doit manger*, Paris 2003.
Poirson, Martial : Corps étrangers, ds. : Martin-Lahmani, Sylvie/Poirson, Martial (dir.) : *Quelle diversité culturelle sur les scènes européennes ?*, Paris 2017, 7–14 (Alternatives théâtrales 133).
Rebellato, Dan : *Theater and Globalization*, Basingstoke 2009.
Regus, Christine : *Interkulturelles Theater zu Beginn des 21. Jahrhunderts. Ästhetik, Politik, Postkolonialismus*, Bielefeld 2009.
Richter, Falk : *Electronic City* (2004) et *Unter Eis* (2004), ds. : idem: *Unter Eis*, Frankfurt/M. 2005.
Schimmelpfennig, Roland : *Der goldene Drache* (2009), ds. : idem : *Der goldene Drache*, Frankfurt/M. 2011, 203–260.
Schneider, Wolfgang (dir.) : *Theater und Migration. Herausforderungen für Kulturpolitik und Theaterpraxis*, Bielefeld 2011.
Sevgi Özdamar, Emine : *Perikizi. Ein Traumspiel*, ds. : Carstensen, Uwe/von Lieven, Stefanie (dir.) : *Theater Theater : Odyssee Europa. Aktuelle Stücke 20/10*, Frankfurt/M. 2010, 271–333.
Sharifi, Azadeh/ Skwirblies, Lisa (dir.) : *Theaterwissenschaft postkolonial/dekolonial – Eine kritische Bestandsaufnahme*, Bielefeld 2022.
Universität des Saarlandes : *Migration und Flucht. Theater als Verhandlungs- und Partizipationsraum im deutsch-französischen Vergleich (1990 bis Heute)*, https://theatertexte.uni-saarland.de/flucht-migration/aktuelles_fr/aktuelles_fr.php [23/09/2022].
Vinaver, Michel : *A la renverse* (1980), ds. : idem : *Théâtre complet*, vol. 4, Paris 2002, 123–196.
Vinaver, Michel : *11 septembre 2001 – 11 September 2001* (2002), ds. : idem : *Théâtre complet*, vol. 8, Paris 2003, 130–181.
Wenzel, Olivia : *Mais in Deutschland und anderen Galaxien*, Frankfurt/M. 2020.
Zahn, Oliver : *Lob des Vergessens*, https://www.oliverzahn.de/ldv2.html [23/09/2022].

Theatergeschichte in transnationaler Perspektive[1]

Florence Baillet

Abstract: *Une perspective transnationale met l'accent sur les circulations, les franchissements de frontière et les processus de transferts. Ce changement de perspective méthodologique s'avère particulièrement fructueux lorsqu'on se penche sur les liens entre le théâtre de langue allemande et celui de langue française : on songera à la manière dont Johann Christoph Gottsched s'est appuyé, au XVIIIe siècle, sur l'exemple français afin de mettre en place un 'théâtre national' allemand. Une remise en perspective transnationale permet de faire émerger une autre histoire du théâtre, qui questionne les modèles narratifs à l'œuvre dans des écritures de l'histoire du théâtre axées jusque-là sur une dimension nationale et qui offre la possibilité de décentrer le regard, y compris par rapport à l'eurocentrisme. Au cours de l'article, des cas concrets seront abordés, telles la première (et les représentations) de la pièce d'Aimé Césaire La Tragédie du Roi Christophe en 1964 à Salzbourg (puis à Vienne et à Berlin) ou encore la réception de l'œuvre de Heiner Müller en France, laquelle a débuté dans la deuxième moitié des années 1970. Il s'agira d'étudier non seulement les intrications entre des phénomènes nationaux et transnationaux, mais également le point de vue particulier sur l'art théâtral qui s'en dégage : c'est en effet un théâtre conçu à la manière d'un réseau dynamique et ouvert qui passe alors au premier plan, autrement dit une appréhension du théâtre comme une constellation transnationale et transdisciplinaire de personnes, de pratiques et de matérialités.*

Spätestens seit den ausgehenden 1980er-Jahren und dem Ende des Kalten Kriegs, das mit einem neuen Globalisierungsschub einhergeht, wird in der Literatur- und in der Theaterwissenschaft die Nation als Paradigma infrage gestellt. Im Rahmen multipolarer Kulturbeziehungen gehen Theaterproduktionen, die nicht selten als Koproduktionen entstanden sind, auf Tournee, und Theatergruppen, deren Mitglieder oft aus verschiedenen Ländern stammen, nehmen an internationalen Festivals teil. Migration und Interkulturalität sind sowohl auf Theaterbühnen als auch in theaterwissenschaftlichen und in theaterpolitischen Debatten zum Thema geworden. Das Theater, das – vor allem im 18. und im 19. Jh. – in Ländern wie Deutschland und

---

[1] Der vorliegende Beitrag beruht auf dem Vortrag, den ich am 20. April 2021 zur Eröffnung meiner Saarbrücker Gastdozentur online gehalten habe.

Frankreich mit der Vorstellung der Nation assoziiert wurde, weist über den nationalen Rahmen hinaus, der durch diese politischen, sozialen und kulturellen Entwicklungen zu „einer Möglichkeit der Raumordnung unter anderen"[2] herabgestuft wird.

Im Sinne des transnationalen Paradigmenwechsels soll nicht nur das Gegenwartstheater in ein neues Licht gerückt werden, sondern es kann auch ein anderer Blick auf die Theatergeschichte geworfen werden,[3] um – sogar in Bezug auf den Kalten Krieg und trotz des Eisernen Vorhangs – transnationale Momente und Aspekte hervorzuheben. Dass die nationale Perspektive der komplexen Verflechtungsgeschichte des Theaters nicht genug Rechnung trägt, kann hier einführenderweise anhand eines kurzen Beispiels verdeutlicht werden: Das Stück *Die Hamletmaschine*, das der DDR-Dramatiker Heiner Müller 1977 schrieb, wurde weder in der DDR noch in der Bundesrepublik uraufgeführt. In der DDR entsprach nämlich der dekonstruktive Charakter des Stücks nicht dem vom SED-Regime verlangten sozialistischen Realismus, und die Anspielungen auf historische Ereignisse wie den Ungarnaufstand aus dem Jahre 1956 galten als subversiv; in der Bundesrepublik scheiterten mehrere Inszenierungsversuche, so dass *Die Hamletmaschine* als unaufführbar erklärt wurde. Die ersten Aufführungen von Müllers Stück fanden in französischer Sprache statt. Der französische Regisseur und Theaterübersetzer Jean Jourdheuil, der Müller persönlich kennengelernt hatte und der Müllers Theatertexte ins Französische übersetzte, spielte eine wesentliche Rolle bei der Rezeption von Müllers Stücken im französischen Sprachraum: *Die Hamletmaschine* wurde am 7. November 1978 in Brüssel unter der Regie von Marc Liebens uraufgeführt, und ein Jahr danach – am 30. Januar 1979 – folgte die französische Erstaufführung durch Jean Jourdheuil im Théâtre Gérard Philipe in Saint-Denis.[4] Ein paar Monate später – am 28. April 1979 – wurde es in Essen von Carsten Bodinus inszeniert. Die Rezeption von Müllers Stücken im französischsprachigen Raum sowie in der Bundesrepublik wirkte auf die DDR-Rezeption zurück. Müllers Erfolg auf den französischsprachigen Bühnen fungierte laut Patricia Pasic als „Katalysator der Anerkennung im eigenen Land"[5]. Und in den 1980er-Jahren inszenierte Jean Jourdheuil mit Jean-François Peyret mehrere Stücke Heiner Müllers, wobei diese Inszenierungen – genauso wie das Publizieren von Müllers Texten im Verlag Editions de Minuit (d. h. im selben

---

2   Pernau, Margit: *Transnationale Geschichte*, Göttingen 2011, 18.
3   Angesichts der Geschichte des französischen und des deutschen Theaters ist die transnationale Perspektive als methodischer Perspektivwechsel besonders aufschlussreich, da solche Verflechtungen weit in die Vergangenheit zurückreichen: Man denke zum Beispiel an die Art und Weise, wie Johann Christoph Gottsched sich im 18. Jh. auf das französische Modell stützte, um ein deutsches ‚Nationaltheater' zu etablieren.
4   Siehe dazu: Pasic, Patricia: *Die Geschichte Heiner Müllers im französischen Theaterfeld. Position und Rezeption*, Würzburg 2019, 251.
5   Pasic: *Die Geschichte Heiner Müllers*, 71.

Verlag, bei dem auch Texte von Michel Foucault, Gilles Deleuze und Félix Guattari erschienen) – Müllers Werke sozusagen deterritorialisierten, so dass andere Sinnschichten in den Vordergrund rückten: Es wurde Abstand von innerdeutschen Fragen genommen, Verbindungslinien zu Michel Foucaults oder Gilles Deleuzes und Félix Guattaris Texten hergestellt und der Akzent auf die Aisthesis (auf die Materialität sowie die Musikalität von Müllers Werken)[6] gesetzt. Sowohl Inszenierungen als auch Veröffentlichungen trugen also dazu bei, den Blick auf Müllers Werke zu verändern und den nationalen Rahmen zu sprengen.[7]

In der transnationalen Geschichtsschreibung wird in dieser Hinsicht vor allem Zirkulationen zwischen verschiedenen Ländern – zum Beispiel hier zwischen der DDR, Belgien, Frankreich und der Bundesrepublik – Aufmerksamkeit geschenkt. Die transnationale Dimension soll jedoch nicht nur auf solche Zirkulationen beschränkt werden: Wenn Müllers *Hamletmaschine* im Rahmen seiner Rezeption nationale Grenzen überschreitet, wird das Stück auch im Sinne der von Michel Espagne und Michael Werner theorisierten Kulturtransfers dekontextualisiert und resemantisiert, so dass sich der Gegenstand selbst – *Die Hamletmaschine* – verändert.[8] Man kann noch einen Schritt weiter gehen: In der transnationalen Geschichtsschreibung handelt es sich eigentlich nicht nur um Transferprozesse, um neu hervortretende Aspekte des Gegenstands, sondern auch um einen neuen Blickwinkel, um Veränderungen des Blicks auf Müllers Werk, was Bénédicte Zimmermann und Michael Werner, die den Begriff der *histoire croisée* geprägt haben, folgendermaßen formulieren: „Es geht nicht mehr nur um die Verflechtungen als neues Objekt von Forschung, sondern um die Produktion neuer Erkenntnis aus einer Konstellation heraus, die selbst schon in sich verflochten ist"[9]. Mit der transnationalen Perspektivierung entsteht also eine andere Theatergeschichte, eine Art Gegengeschichte, welche Narrative bisheriger national orientierter Theatergeschichtsschreibungen infrage stellt und – mit dem Fokus auf grenzüberschreitende Aspekte – Dezentrierungen ermöglicht. Im gerade erwähnten Beispiel Heiner Müllers sind nicht nur deutsch-fran-

---

6   Vgl. Heeg, Günther/Girshausen, Theo (Hg.): *Theatrographie, Heiner Müllers Theater der Schrift*, Berlin 2007; Souksengphet-Dachlauer, Anna: *Text als Klangmaterial: Heiner Müllers Texte in Heiner Goebbels' Hörstücken*, Bielefeld 2010.
7   Siehe Baillet, Florence : Matériau Müller – Le tandem Jean-François Peyret–Jean Jourdheuil et la réception de Heiner Müller en France, in : *Revue d'histoire du théâtre* 290 (2021), 53–64.
8   Vgl. Espagne, Michel/Werner, Michael (Hg.) : *Transferts. Les relations interculturelles dans l'espace franco-allemand (XVIIIe–XIXe siècles)*, Paris 1988; Espagne, Michel : La notion de transfert culturel, in : *Transferts culturels* 1 (2013), https://journals.openedition.org/rsl/219 [22.08.2022].
9   Zimmermann, Bénédicte/Werner, Michael: Vergleich, Transfer, Verflechtung. Der Ansatz der Histoire croisée und die Herausforderung des Transnationalen, in: *Geschichte und Gesellschaft* 28 (2002), 607–636, 609. Siehe auch Werner, Michael/Zimmermann, Bénédicte (Hg.) : *De la comparaison à l'histoire croisée*, Paris 2004.

zösische, sondern auch deutsch-deutsche, deutsch-belgische und deutsch-deutschfranzösische Verflechtungen zu berücksichtigen. Zwischen den zu zwei antagonistischen Blöcken gehörenden deutschen Staaten gibt es außerdem Parallelen und Interferenzen, die nationaltheatralische Unterschiede und zugleich eine Einheit des deutschen Theaters als Theater deutscher Sprache aufwiesen. Es wird hierbei die Historizität der Nation sowie deren Konstruktcharakter deutlich, genauso wie der Umstand, dass das deutschsprachige oder das französischsprachige Theater nicht für in sich geschlossene Entitäten, für homogene und statische Einheiten, gehalten werden können, sondern selbst schon hybrid und vielfältig verflochten sind.

Im vorliegenden Beitrag werde ich zuerst auf den Perspektivwechsel eingehen, den das Transnationale in der Theatergeschichtsschreibung auslösen kann, und auf der Grundlage des aktuellen Forschungsstands untersuchen, inwiefern es trotz mehrerer punktueller Studien zu den deutsch-französischen Theaterverflechtungen[10] im Hinblick auf eine deutsch-französische Theatergeschichte noch Nachholbedarf gibt. Dann werde ich anhand konkreter Fallbeispiele beobachten, wie mit der transnationalen Perspektivierung andere Theaterauffassungen in den Vordergrund rücken: Das Theater wird in diesem Zusammenhang als dynamisches und entgrenztes Netzwerk, d. h. als transnationale und transdisziplinäre Konstellation von Personen, Praktiken und Materialitäten, betrachtet, wobei nicht nur die Verstrickungen zwischen nationalen und transnationalen Prozessen, sondern auch der daraus entstehende Blick auf die Theaterkunst zu analysieren sind.

1. Theatergeschichten und Theatergeschichtsschreibung in Frankreich und in Deutschland

Um sich einen Überblick über Theatergeschichten in Frankreich und in Deutschland zu verschaffen, kann zunächst zwischen nationalen Theatergeschichten (wie Theatergeschichten Frankreichs oder Deutschlands) und nichtsituierten Theatergeschichten (oder Weltgeschichten des Theaters) unterschieden werden.[11] Was die nationalen Theatergeschichten anbelangt, gilt in Frankreich die zwischen 2008 und

---

10 Vgl. u. a. Grimberg, Michael: *La Réception de la comédie française dans les pays de langue allemande (1694–1799)*, Frankfurt/M. 1995; Colin, Nicole: *Deutsche Dramatik im französischen Theater nach 1945. Künstlerisches Selbstverständnis im Kulturtransfer*, Bielefeld 2011.

11 Christopher Balme macht auf weitere mögliche Unterscheidungen aufmerksam, die ich hier aus Platzgründen nicht berücksichtigen werde: Die Theatergeschichten „reichen von überregionalen Gesamtdarstellungen – Weltgeschichten des Theaters – über Geschichten des europäischen Theaters oder etwa des fernöstlichen Theaters bis hin zu den nationalen Theatergeschichten und schließen auch regionale und städtische Darstellungen sowie die Geschichte einzelner Gebäude bzw. Organisationen ein". Balme, Christopher: *Einführung in die Theaterwissenschaft*, Berlin 2014, 38.

2014 erschienene Reihe *Anthologie de l'avant-scène théâtre – Le théâtre français*, die in fünf Bänden eine Anthologie sowie eine Geschichte des französischen Theaters vom Mittelalter bis zum Ende des 20. Jh. anbietet, als Standardwerk.[12] Auf deutscher Seite kann die 1993 von Erika Fischer-Lichte veröffentlichte *Kurze Geschichte des deutschen Theaters* erwähnt werden.[13] In diesen Standardwerken spielt die nationale Perspektive eine zentrale Rolle. Dies lässt sich unter anderem dadurch erklären, dass die Theaterwissenschaft, die am Anfang der 1920er-Jahre in Deutschland und erst am Ende der 1950er-Jahre in Frankreich als eigenständige universitäre Disziplin entstand, zwar Abstand von der Literaturwissenschaft nehmen wollte, sich aber unterschwellig immer noch an Modellen einer Literaturgeschichtsschreibung orientierte, die vor allem im 19. Jh. und bis in die zweite Hälfte des 20. Jh. hinein von der Idee der Nation geprägt wurden. Das Konzept und die visuellen Komponenten des Buchcovers der *Anthologie de l'avant-scène théâtre – Le théâtre français* sehen den sechs Bänden der literarischen Anthologie und Nationalliteraturgeschichte *Lagarde et Michard – Les grands auteurs français du programme – Anthologie et histoire littéraire* sehr ähnlich, die zwischen 1948 und 1962 erschienen und dann immer wieder neu gedruckt wurden. Auffallend ist auch, dass in der *Anthologie de l'avant-scène théâtre – Le théâtre français* Transferprozessen nur ein einziges kurzes Kapitel gewidmet wird, und zwar am Ende des Bandes zum 20. Jh. unter dem Titel „L'impact des étrangers", wobei Brechts episches Theater – trotz seiner Bedeutung für die französischen Bühnen – nur am Rande auf wenigen Seiten behandelt wird.[14] In Erika Fischer-Lichtes *Kurze Geschichte des deutschen Theaters* bleiben auch grenzüberschreitende Verflechtungen und Fragen der Mobilität weitgehend unberücksichtigt, vielleicht auch weil das Interesse der Theaterwissenschaft an den deutschen Universitäten hauptsächlich der Inszenierungsanalyse und der Aufführungsgeschichte als Lokaltheatergeschichte gilt.[15]

Neben nationalen Theatergeschichten gibt es auch Weltgeschichten des Theaters, anscheinend nicht-situierte Theatergeschichten, die den Anspruch haben, eine

---

12   Die Reihe besteht aus den folgenden fünf Bänden: Smith, Darwin/Parussa, Gabriella/Halévy, Olivier (Hg.) : *Anthologie de l'avant-scène théâtre – Le théâtre français du Moyen Age à la Renaissance*, Paris 2014; Biet, Christian (Hg.) : *Anthologie de l'avant-scène théâtre – Le théâtre français du XVIIe siècle*, Paris 2009; Frantz, Pierre/Marchand, Sophie (Hg.) : *Anthologie de l'avant-scène théâtre – Le théâtre français du XVIIIe siècle*, Paris 2009; Laplace-Claverie, Hélène/Ledda, Sylvain/Naugrette, Florence (Hg.) : *Anthologie de l'avant-scène théâtre – Le théâtre français du XIXe siècle*, Paris 2008 ; Abirached, Robert (Hg.) : *Anthologie de l'avant-scène théâtre – Le théâtre français du XXe siècle*, Paris 2011.
13   Vgl. Fischer-Lichte, Erika: *Kurze Geschichte des deutschen Theaters*, Stuttgart 1999².
14   Vgl. Abirached (Hg.) : *Anthologie de l'avant-scène théâtre – Le théâtre français du XXe siècle*, 576–578.
15   Siehe Szymanski-Düll, Berenika: Transnationale Theatergeschichte(n): Der biographische Ansatz, in: Balme, Christopher/dies. (Hg.) : *Methoden der Theaterwissenschaft*, Tübingen 2020, 81–97, hier 83.

Gesamtdarstellung der Geschichte des Theaters anzubieten. In Frankreich wäre zum Beispiel André Degaines *Histoire du théâtre dessinée – De la Préhistoire à nos jours, tous les temps et tous les pays* aus dem Jahre 1992[16] in diese Kategorie einzuordnen, und in Deutschland Manfred Braunecks fünfbändige Theatergeschichte *Die Welt als Bühne*, die zwischen 1993 und 2007 erschienen ist.[17] Bei näherer Betrachtung erweist sich der Anspruch auf Universalität jedoch als Illusion: In Degaines Standardwerk wird vor allem eine abendländische Geschichte des Theaters erzählt, die den Beginn der Theatergeschichte in der griechischen Antike ansetzt und außereuropäische Theatertraditionen kaum berücksichtigt. Der Fokus des ganzen Buchs liegt auf dem französischen Theater und die Periodisierung beruht auf nationalstaatlichen Kriterien, ohne dass diese Voraussetzungen explizit genannt werden. In Braunecks Theatergeschichte *Die Welt als Bühne*, deren Untertitel *Geschichte des europäischen Theaters* lautet, wird zwar kein Germanozentrismus betrieben und der Pluralität von Theaterformen in den verschiedenen europäischen Ländern wird Rechnung getragen, aber die einzelnen Nationaltheatergeschichten werden nebeneinandergestellt, ohne Rücksicht auf mögliche Mobilitäten und Austauschprozesse zu nehmen, die infolgedessen durch das Raster fallen. Die von Brauneck gewählte Periodisierung stützt sich außerdem auf allgemeine geistesgeschichtliche Kategorien (wie Antike, Renaissance, Romantik, Moderne), die in den Unterkapiteln in landesspezifischen Ausprägungen dargestellt werden.[18] Dennoch stellt sich die Frage, inwieweit solche Periodisierungen den Besonderheiten der Theatergeschichte gerecht werden.

Der Ausdruck „methodologischer Nationalismus" wurde vom Soziologen Ulrich Beck geprägt, um auf Betrachtungsweisen hinzuweisen, die unreflektiert auf nationalstaatlichen Aspekten beruhen. Vom „methodologischen Nationalismus" ist die Rede, wenn Nationalstaaten „als abgegrenzte, unabhängige und relativ homogene Einheiten" betrachtet und unkritisch als Untersuchungseinheiten der Analyse zugrunde gelegt werden.[19] Andere Ansätze sind aber möglich. Seit dem Ende des Kalten Kriegs hat sich nämlich das Verständnis der Nation und der Nationalstaaten im Zusammenhang mit dem neuen Globalisierungsschub und mit der Wahrnehmung einer schrumpfenden Welt gewandelt – ohne dass Nation und Nationalstaat dennoch als überholt betrachtet werden. Ein methodologischer Perspektivwechsel hat

---

16 Vgl. Degaine, André : *Histoire du théâtre dessinée – De la Préhistoire à nos jours, tous les temps et tous les pays*, Saint Genouph 2000.
17 Vgl. Brauneck, Manfred: *Die Welt als Bühne – Geschichte des europäischen Theaters*, 5 Bde, Stuttgart, Weimar 1993–2007.
18 Siehe Balme: *Einführung in die Theaterwissenschaft*, 39.
19 Beck, Ulrich/Grande, Edgar: Jenseits des methodologischen Nationalismus, in: *Soziale Welt* 61/3 (2010), 187–216, hier 189.

hierbei in der Geschichtsschreibung stattgefunden: Es sind vielfältige transnationale Forschungsansätze entstanden, die über den nationalen Rahmen hinausweisen und die Aufmerksamkeit auf Austauschprozesse sowie auf entgrenzte Gegenstände lenken. Transnationale Perspektiven und Geschichtsschreibungen haben neue Forschungsfelder eröffnet, und zwar auch in der Theaterwissenschaft. In der transnationalen Geschichtsschreibung geht es aber keinesfalls um den Anspruch auf einen Gesamtüberblick, auf globale, weltumspannende Gesamtbetrachtungen und – in Bezug auf das Theater – auf eine totalisierende Geschichte des Theaters, sondern vielmehr um den Akzent auf grenzübergreifende Mobilitäten, Verknüpfungen und Verflechtungen, die in nationalen Vorstellungen und Darstellungen nicht (genug) berücksichtigt werden – wobei es sich bei der Betonung des Transnationalen nicht unbedingt darum handelt, die nationale Ebene zu vernachlässigen,[20] sondern sie als historisches Konstrukt zu relativieren und als eine Möglichkeit unter anderen zu betrachten. In der transnationalen Geschichtsschreibung fungiert nicht nur die Nation als Referenzpunkt, sondern verschiedene Bezugsgrößen (wie das Lokale oder das Globale) werden herangezogen und miteinander in Verbindung gebracht.

Transnationale Ansätze können auch in der Theatergeschichtsschreibung entwickelt werden. Im 2006 von Jens Ilg und Thomas Bitterlich herausgegebenen Buch *Theatergeschichtsschreibung. Interviews mit Historikern* fällt die Pluralität der Herangehensweisen auf, welche die aktuelle Umbruchssituation der Theatergeschichtsschreibung wiederspiegelt und die Erika Fischer-Lichte folgendermaßen beschreibt: „Jede Art von Theatergeschichtsschreibung ist eine bestimmte kulturelle Konstruktion, die im Lichte der Fragestellung, die ich habe, vorgenommen wird."[21] Seit dem Anfang des 21. Jh. steigt das Interesse von Theaterwissenschaftler*innen an einer Infragestellung des methodologischen Nationalismus und an transnationalen Prozessen zunehmend. Man denke an die von Christopher Balme gegründete Forschungsgruppe *Global Theatre Histories*, welche die Entwicklung des Theaters als globales Phänomen vor dem Hintergrund der imperialen Expansion, des Kolonialismus und der Modernisierung im 19. und in der ersten Hälfte des 20. Jh. untersucht: Im Fokus stehen hierbei Mobilitäten jenseits nationaler Grenzen, theatrale Handelsrouten, welche die Bewegung von Theaterkünstlern sowie von Theaterproduktionen ermöglichten, und die Dynamik der theatralen Modernisierung in nicht-westlichen Ländern.[22]

---

20 Nationale Grenzen spielen ja immer noch eine Rolle und es sind natürlich auch den Entgrenzungen entgegengesetzte Entwicklungen zu berücksichtigen.

21 Ilg, Jens/Bitterlich, Thomas (Hg.): *Theatergeschichtsschreibung. Interviews mit Historikern*, Marburg 2006, 76.

22 Aus dem zwischen 2010 und 2015 von Christopher Balme geleiteten DFG-Koselleck-Projekt ist das Forschungszentrum „Centre for Global Theatre History" entstanden: Ludwig-Maximilians-Universität München: *Centre for Global Theatre History*, https://www.gth.theaterwissenschaft.uni-muenchen.de/about/index.html [24.09.2022].

Solche Forschungsprojekte zu transnationalen Phänomenen werden zwar heute initiiert, aber das Interesse am Transnationalen ist relativ neu in der Theaterwissenschaft und nicht überall verbreitet, so dass von einer Verspätung der transnationalen Wende in der Theatergeschichtsschreibung die Rede ist. Im 2016 in Frankreich unter der Leitung von Marion Denizot erschienenen Heft der Zeitschrift Revue d'histoire du théâtre, das sich unter dem Titel Les Oublis de l'histoire du théâtre mit den Lücken der Theatergeschichte befasst, wird die französische Theatergeschichte gegen den Strich gelesen, um vernachlässigte Theaterstücke oder vergessene Persönlichkeiten – vor allem Frauen – in den Vordergrund zu rücken.[23] Dennoch gehen Korpus und theaterhistoriographische Perspektiven trotz des Anspruchs auf Erneuerungen der Theatergeschichtsschreibung nicht über den nationalstaatlichen Rahmen hinaus. Wenn man einen Seitenblick auf die Literaturgeschichtsschreibung wirft, hat zumindest in der französischen Literaturwissenschaft eine Wende stattgefunden, was unter anderem die Debatten zur littérature-monde oder Publikationen wie Yves Clavarons Buch Francophonie, postcolonialisme et mondialisation aus dem Jahre 2018 belegen können.[24] Es stellt sich infolgedessen die Frage, inwiefern die Verspätung der transnationalen Wende, die sich in der Theaterwissenschaft feststellen lässt, mit theatralischen und theaterwissenschaftlichen Strukturmerkmalen zu tun hat. Im Rahmen einer Theatergeschichte, die bis jetzt hauptsächlich als Inszenierungsgeschichte aufgefasst wird, wird das Lokale sowie das Nationalstaatliche betont: Das Theater wird nicht als zirkulierbar wie ein Buch oder ein Film betrachtet, sondern es ist laut des Theaterwissenschaftlers Hans-Thies Lehmann durch die reale Versammlung von Schauspieler*innen und Zuschauer*innen, durch das „besonders schwere materielle Gewicht seiner Materialien und Mittel"[25], an einem Ort verankert. Darüber hinaus bleiben Forschung und Lehre noch überwiegend nationalstaatlich organisiert, so dass nach Berenika Szymanski-Düll „die meisten Archive nach einem nationalstaatlich oder lokalstädtisch organisierten Prinzip strukturiert sind, weswegen mobile Akteure (Migranten) selten umfassend erfasst werden"[26].

Daraus ist dennoch keineswegs der Schluss zu ziehen, dass eine transnationale Theatergeschichte eine ‚bessere' Theatergeschichte wäre, die eine nationale Perspektive schlicht ersetzen oder leugnen würde: Es geht vielmehr darum, den nationalstaatlichen Ansatz zu perspektivieren und einen anderen Blick auf die Theatergeschichte zu werfen, um vernachlässigte Aspekte und unbekannte Akteure und Akteurinnen ins Licht zu rücken.

---

23 Vgl. Denizot, Marion (Hg.): Les Oublis de l'histoire du théâtre. Revue d'histoire du théâtre 270 (2016).
24 Vgl. Clavaron, Yves: Francophonie, postcolonialisme et mondialisation, Paris 2018.
25 Lehmann, Hans-Thies: Postdramatisches Theater, Berlin 1999, 12.
26 Szymanski-Düll: Transnationale Theatergeschichte(n): Der biographische Ansatz, 82.

2. Die transnationale Perspektive: Eine neue Auffassung des Theaters?

Um ein konkretes Beispiel zu benennen, gehe ich von der Lücke aus, die ich im ersten Teil des vorliegenden Beitrags hervorgehoben habe: Der Bedeutung Bertolt Brechts für die Geschichte des französischen Theaters wird in Standardwerken wie *L'avant-scène théâtre – Le théâtre français* nicht genügend Rechnung getragen. Ende Juni und Anfang Juli 1954 wurde nämlich das Stück *Mutter Courage und ihre Kinder* beim Gastspiel des Berliner Ensemble anlässlich des ersten Internationalen Festivals der dramatischen Kunst (*Festival international d'art dramatique*) am Théâtre Sarah Bernhardt in Paris aufgeführt, was das Interesse am deutschsprachigen Theater weckte: Die Aufführungen des Berliner Ensemble in Frankreich lösten einen Schock und sogar die sogenannte ‚Brechtomanie' aus, die mehrere Jahrzehnte lang anhielt und bis ins 21. Jh. hinein Austauschprozesse zwischen Theatern in Deutschland und in Frankreich stimulierte. Obwohl die Pariser Aufführungen der *Mutter Courage* im Jahre 1954 auf Deutsch stattfanden und zuerst nicht sehr gut besucht waren, war die Aufnahme schließlich triumphal:[27] Bertolt Brecht erhielt den ersten Preis für das beste Stück und Erich Engel für die beste Inszenierung. Ein Jahr danach – vom 20. bis 24. Juni 1955 – waren die Aufführungen vom *Kaukasischen Kreidekreis* beim 2. *Festival international d'art dramatique* auch ein voller Erfolg. Zu betonen ist die Rolle dieses *Festival international d'art dramatique*, das 1957 zum Théâtre des Nations wurde: Das Festival sowie andere in den 1950er-Jahren organisierte Festivals trugen wesentlich zur Internationalisierung des Theaters in der Nachkriegszeit bei. Laut dem Theaterkritiker Günther Rühle entstand damals „zum ersten Mal die Vision eines europäischen Theaters. Jenseits der nationalen Kulturen halfen die Theater, einen europäischen Kulturbegriff zu bilden und anschaulich zu machen"[28]. Nach dem Zweiten Weltkrieg wurde in den Theatern versucht, an eine internationale Moderne anzuschließen, und die 1950er-Jahre zeugen vom Willen mancher Theatermacher*innen, trotz des Kalten Krieges über den nationalen Rahmen hinaus zu denken.[29]

---

27 Vgl. Hüfner, Agnes: *Brecht in Frankreich 1930–1963 – Verbreitung, Aufnahme, Wirkung*, Stuttgart 1968, 37. Zur Rezeption Brechts in Frankreich vgl. auch Mortier, Daniel : *Celui qui dit oui, celui qui dit non, ou la réception de Brecht en France (1945–1956)*, Genève 1986.

28 Rühle, Günther: *Theater in Deutschland 1945–1966 – Seine Ereignisse – seine Menschen*, Frankfurt/M. 2014, 826.

29 Aus einer transnationalen Perspektive kann Altbekanntes für neue Interpretationen eröffnet werden: Entgegen der Darstellung der 1950er-Jahre als restaurativer Phase und entgegen der Vorstellung einer nur vom Binarismus des Kalten Kriegs dominierten Welt können die Rolle damaliger deutsch-deutsch-französischer Netzwerke im Theaterbereich sowie die Welthaltigkeit damaliger Stücke und Inszenierungen wieder entdeckt werden. Vgl. Schmidt, Wolf Gerhard: *Zwischen Antimoderne und Postmoderne – Das deutsche Drama und Theater der Nachkriegszeit im internationalen Kontext*, Stuttgart, Weimar 2009. W. G. Schmidt plädiert für eine

Genau darum geht es in der transnationalen Geschichtsschreibung: Es wird den Zirkulationen, den Austauschprozessen und denjenigen, die diese ermöglichen, d. h. den „Kulturmittlern"[30] sowie deren Netzwerken, Aufmerksamkeit geschenkt, und zwar auch jenseits staatlicher Einrichtungen oder offizieller Kulturpolitiken. Im Falle der Rezeption Brechts in Frankreich handelt es sich in der zweiten Hälfte der 1950er-Jahre vor allem um ein Künstler*innen- und Intellektuellennetzwerk um die linksgesinnte Zeitschrift *Théâtre populaire*. Mitglieder der Redaktion dieser Zeitschrift waren unter anderem Intellektuelle wie der Theaterkritiker und Übersetzer Bernard Dort und der Literaturkritiker und -theoretiker Roland Barthes, der von der Inszenierung des Stücks *Mutter Courage* beim *Festival international d'art dramatique* völlig begeistert war. Er sprach von einem hinreißenden Schauspiel („éblouissement") und von einer Brechtschen Revolution („révolution brechtienne").[31] Robert Voisin, der 1953 die Zeitschrift *Théâtre populaire* gründete und Leiter des kleinen Verlags L'Arche war, spielte für den Erfolg Brechts in Frankreich eine wichtige Rolle, auch wenn er paradoxerweise kein besonderes Interesse am Theater hegte. Er stand aber am Anfang der 1950er-Jahre über Freunde mit dem Leiter des Théâtre National Populaire (TNP), Jean Vilar, in Verbindung und beschloss, in seinem Verlag in kleinen Büchlein Stücke und Fotos der TNP-Inszenierungen zu publizieren. Im Jahre 1951 wurde in dieser Reihe Brechts Stück *Mutter Courage und ihre Kinder* veröffentlicht, so dass Robert Voisin schon damals Kontakte mit Bertolt Brecht knüpfte. Er machte Brecht sogar den Vorschlag, sein gesamtes dramatisches Werk zu verlegen und erhielt die Rechte zur Veröffentlichung der Stücke, die in den 1950er- und in den 1960er-Jahren im Verlag L'Arche erschienen.[32] Robert Voisin traf zudem zu Beginn der 1950er-Jahre Peter Suhrkamp, der der Hauptverleger Brechts war, zu einem Dialog- und Arbeitspartner Voisins wurde und ihm wichtige Ratschläge gab, so dass sich auch im Verlagswesen Verflechtungen und Transferprozesse vollzogen. Unter dem Einfluss Peter Suhrkamps übernahm er

kritische Revision der Thesen zu den 1950er-Jahren (genauer gesagt zum Jahrzehnt zwischen 1954 und 1964).

30 Vgl. Marmetschke, Katja: Was ist ein Mittler? Überlegungen zu den Konstituierungs- und Wirkungsbedingungen deutsch-französischer Verständigungsakteure, in: Grunewald, Michel [u. a.] (Hg.) : *France-Allemagne au XXe siècle – La production de savoir sur l'autre. Questions méthodologiques et épistémologiques*, Bd. 1, Bern 2011, 183–199; Colin, Nicole/Umlauf, Joachim (Hg.): *Im Schatten der Versöhnung. Deutsch-französische Kulturmittler im Kontext der europäischen Integration*, Göttingen 2018.

31 In seiner Dissertation hat Marco Consolini die Geschichte der Zeitschrift *Théâtre populaire* sowie deren Netzwerk in Frankreich rekonstruiert – wobei er sich vor allem auf das französische Feld beschränkt. Siehe Consolini, Marco : *Théâtre populaire 1953–1964. Histoire d'une revue engagée*, Paris 2000.

32 Vgl. Colin, Nicole : Robert Voisin et les enjeux de la réception de Bertolt Brecht, in : Baillet, Florence/Colin, Nicole (Hg.) : *L'Arche Editeur – Le théâtre à une échelle transnationale*, Aix-en-Provence, 2021, 45–67.

das deutsche Modell des Theaterverlags,[33] nach dem der oder die Theaterverleger*in sich nicht nur – wie in Frankreich – um die Autoren- und Autorinnenrechte kümmert, sondern auch die Aufführungsrechte verwaltet und die Funktion eines bzw. einer Theateragenten bzw. -agentin übernimmt: In dieser Hinsicht bildete und bildet der Theaterverlag L'Arche immer noch eine Ausnahme in Frankreich. Anhand dieses Beispiels wird deutlich, dass die transnationalen Netzwerke sowie all die damit einhergehenden Verknüpfungs- und Vernetzungs-Prozesse auf einer Mikroebene aufzudecken sind: Es soll sowohl dem Zufall als auch der Entscheidungsfähigkeit der Akteure und Akteurinnen (ihrer *agency*) ein Platz eingeräumt werden. Auffallend ist, wie Robert Voisin, der ursprünglich kein Theaterliebhaber war und nicht wirklich Deutsch konnte, zufällig in Kontakt mit Jean Vilar sowie mit Bertolt Brecht trat und schließlich einen wichtigen Beitrag zur deutsch-französischen Theatergeschichte leistete, auch wenn er kein idealtypischer deutsch-französischer Theatermittler war – oder zumindest idealtypischen Vorstellungen davon gar nicht entsprach.[34]

Wenn im Rahmen einer transnationalen Theatergeschichte Zirkulationen, Vernetzungsprozesse und Mittler*innen berücksichtigt werden, dann verändert sich der Untersuchungsgegenstand Theater: Im Gegensatz zu einer Theatergeschichte, die sich lange als Inszenierungsgeschichte verstanden und auf die Regiekunst sowie auf berühmte Theaterregisseur*innen fokussiert hat, können andere Aspekte der Theatertätigkeit und andere Personen in den Vordergrund rücken. Bertolt Brechts Erfolg in Frankreich ab der zweiten Hälfte der 1950er-Jahre lässt sich in der Tat nicht nur durch eine Inszenierungsgeschichte erklären: Die ersten Inszenierungen seiner Stücke in Frankreich fanden vor dem Zweiten Weltkrieg statt und waren keine Erfolge. Im Hinblick auf die Erstaufführung der *Dreigroschenoper* unter der Regie Gaston Batys am 13. Oktober 1930 am Théâtre Montparnasse schrieb Agnes Hüfner, dass es

> zu einem der größten Misserfolge [der] Karriere [Gaston Batys] wurde und dass dadurch die kaum begonnene Rezeption abrupt beendet schien. [...] In den Jahren vor dem Zweiten Weltkrieg und in der Zeit unmittelbar danach sind zwar mehrere Stücke Brechts aufgeführt, einzelne auch übersetzt worden, jedoch kaum an die breite Öffentlichkeit gedrungen.[35]

In einer transnationalen Theatergeschichte wird der Akzent von der Analyse der Theaterinszenierung als ‚Endprodukt' auf die Untersuchung von Vernetzungs-

---

33 Vgl. Tommek, Heribert: Transformierte „Suhrkamp-Kultur"? Zur strukturellen Veränderung des Theaterfeldes am Beispiel der Vermittlung Falk Richters nach Frankreich durch L'Arche Editeur, in: Baillet/Colin (Hg.): *L'Arche Editeur*, 165–174.
34 Vgl. Colin, Nicole/Farges, Patrick/Taubert, Fritz (Hg.): *Annäherung durch Konflikt. Mittler und Vermittlung*, Heidelberg 2017.
35 Hüfner: *Brecht in Frankreich 1930–1963*, 1.

prozessen, Mittler*innen und mobilen Akteuren und Akteurinnen verschoben: Zu den zu untersuchenden Netzwerken gehören nicht nur Theaterkünstler*innen im strengen Sinne des Wortes, sondern auch Übersetzer*innen, Verleger*innen oder Theateragenten und -agentinnen, usw. Der Untersuchungsgegenstand Theater lässt sich nicht auf ein abgeschlossenes Kunstwerk begrenzen, sondern wird vielmehr als Verknüpfungs- und Vernetzungsprozess betrachtet, der unter anderem die Tätigkeit des Übersetzens und des Verlegens miteinbezieht. Damit rückt die kollektive Dimension der Theaterarbeit sowie deren Prozesscharakter in den Vordergrund.

Wenn im Rahmen der transnationalen Theatergeschichtsschreibung nicht mehr nur die Inszenierung im Mittelpunkt der Aufmerksamkeit steht, fungiert außerdem der historische Kontext nicht nur als bloßer Hintergrund. Was die Rezeption Brechts in Frankreich anbelangt, kann der Umstand betont werden, dass gleich vor dem ersten Gastspiel des Berliner Ensemble Ende Juni 1954 in Paris die französische Niederlage am 7. Mai 1954 in Dien-Bien-Phu stattgefunden hatte, die den Anfang vom Ende der französischen Kolonialherrschaft in Vietnam markierte. Ein paar Monate später – am 1. November 1954 – begann in Algerien die schon im März gegründete nationale Befreiungsfront (Front de libération nationale) den bewaffneten Kampf gegen die französischen Truppen: Es kam zum Ausbruch des Algerienkriegs, der bis 1962 dauerte und von der Redaktion der Zeitschrift *Théâtre populaire* aufmerksam verfolgt wurde, die gegen den Kolonialismus Stellung bezog.[36] Es geht also hier nicht nur um den Kontext oder um den Hintergrund der Pariser Aufführungen von Brechts Stücken, sondern um das oben beschriebene Netzwerk aus Künstler*innen und Intellektuellen, so dass im Rahmen einer transnationalen Theatergeschichte und einer Entgrenzung des Forschungsgegenstands Theater Verbindungslinien auf der Mikroebene gezogen werden können: Angesichts der damaligen politischen Situation und der Kriege in den Kolonien sehnten sich Roland Barthes und die Redaktion der Zeitschrift *Théâtre populaire* nach einem politischen Theater, das es zu Beginn der 1950er-Jahre in Frankreich nicht gab und das anhand des Theaters Brechts Gestalt annehmen konnte. Ein Schriftsteller wie Arthur Adamov, der Brechts Theater bei den Pariser Gastspielen des Berliner Ensembles entdeckte und im Bezug darauf von einer ‚Verwandlung' („métamorphose") sprach, wurde auch vom Algerienkrieg dazu getrieben, sein dramatisches Schreiben zu erneuern. Er wandte sich vom sogenannten Theater des Absurden ab und nahm Brechts Auffassung eines politischen Theaters wieder auf, um sich mit den damaligen politischen und sozialen Gegebenheiten und mit der Kolonialfrage auseinanderzusetzen.

---

36   Roland Barthes übte Kritik am kolonialen Diskurs. Siehe Stafford, Andy: Roland Barthes, journaliste de gauche. *Les Lettres nouvelles* et *Théâtre Populaire*, 1953–1956, in : *Revue Roland Barthes* 3 (2017), http://www.roland-barthes.org/article_stafford.htm [24.09.2022].

Im Rahmen einer transnationalen Theatergeschichtsschreibung wird also kein Anspruch auf Totalität erhoben, sondern es handelt sich vielmehr um mikrologische Untersuchungen von Vernetzungen und von Akteuren bzw. Akteurinnen, die ansonsten nicht wahrgenommen werden, weil diese jenseits der offiziellen Politik bzw. nationaler Institutionen miteinander in Beziehung treten. Deshalb bietet eine solche transnationale Perspektive keine kontinuierliche Geschichte und kann nicht von konkreten Fallstudien losgelöst werden. Laut Margrit Pernau soll „das Offene und das Fragmentarische kultureller Phänomene nicht durch die Struktur wissenschaftlichen Argumentierens in eine größere Kohärenz [gezwungen werden] als ihnen ursprünglich eigen ist[37]". Im Hinblick auf eine transnationale Geschichtsschreibung plädieren Michael Werner und Bénédicte Zimmermann sogar für eine kollektive Forschungsarbeit, damit verschiedene Perspektiven sich kreuzen können.[38] Die transnationale Geschichte ist darüber hinaus meistens eine asymmetrische Geschichte. Bei den deutsch-deutsch-französischen Theatertransfers kann auf den Kontrast zwischen der ‚Brechtomanie' am Anfang der 1960er-Jahre in Frankreich und der nicht so erfolgreichen Rezeption Brechts in der Bundesrepublik gleich nach dem Mauerbau hingewiesen werden.

Angesichts solcher Brüche und Lücken stellt sich die Frage, inwiefern eine transnationale Theatergeschichte produktiv ist. Die Nationalgeschichte wird eigentlich nicht durch eine transnationale Geschichte ersetzt, sondern deren Linearität und übliche Hierarchien werden durch die transnationale Perspektive infrage gestellt. Es wird auf Konstellationen von Personen und Werken eingegangen, die im Rahmen einer Nationaltheatergeschichte eher marginalisiert worden sind: Zu den Übersetzer*innen und Theaterschaffenden, die zur Rezeption Brechts in Frankreich einen wesentlichen Beitrag leisteten, gehörten zum Beispiel das Ehepaar Geneviève und Jean-Marie Serreau, die meines Erachtens mehr ins Licht zu rücken sind als es in den bisherigen Theatergeschichten der Fall ist. Geneviève Serreau übersetzte nämlich mehrere Stücke Brechts vom Deutschen ins Französische, die im Verlag L'Arche veröffentlicht wurden: Sie war es auch, die schon im Jahre 1949 *Mutter Courage* sowie *Die Ausnahme und die Regel* mit Benno Besson übersetzte, der damals – seit 1949 – dem Berliner Ensemble angehörte. Ihr Mann Jean-Marie Serreau inszenierte seinerseits am Ende der 1940er-Jahre an verschiedenen Pariser Bühnen mehrere Stücke Brechts – unter anderem *Die Ausnahme und die Regel* –, woran sich eine Tournee durch Deutschland anschloss.[39] Aus einer transnationalen Perspektive erscheinen

---

37 Pernau : *Transnationale Geschichte*, 39.
38 Vgl. Werner, Michael/Zimmermann, Bénédicte : Penser l'histoire croisée : entre empirie et réflexivité, in : *Annales – Histoire, Sciences sociales* 58/1 (2003), 7–36.
39 1952 wurde auch *Mann ist Mann* von Jean-Marie Serreau erstaufgeführt, wobei das Stück auch von Geneviève Serreau und Benno Besson übersetzt worden war. Siehe Hüfner: *Brecht in Frankreich 1930–1963*, 15 und 28.

also Geneviève und Jean-Marie Serreau als Mittler*innen, deren Netzwerken und Zirkulationen zwischen den Ländern mehr Aufmerksamkeit geschenkt werden sollte.

Und es können hierbei andere Aspekte der deutsch-französischen Theatertransfers ins Licht rücken, die in den bisherigen Theatergeschichten kaum oder nur am Rande erwähnt worden sind, wie die Uraufführung sowie die Aufführungen von Aimé Césaires Stück La Tragédie du Roi Christophe im Jahre 1964 in Salzburg, in Wien und in Berlin. Der afrokaribisch-französische Schriftsteller Aimé Césaire wurde zuerst im deutschsprachigen Raum bekannt: Der Übersetzer Janheinz Jahn hatte sich schon in den 1950er-Jahren für die Vermittlung der Werke Césaires nach Deutschland eingesetzt.[40] Da Serreau in Frankreich für die Inszenierung der Tragédie du Roi Christophe keine Unterstützung fand, ging er ins Ausland: Césaires Stück wurde also im Jahre 1964 in Salzburg, in Wien und in Berlin unter der Regie Jean-Marie Serreaus und in französischer Sprache uraufgeführt. Dem – deutschsprachigen – Publikum wurde eine auf Deutsch redigierte Zusammenfassung zur Verfügung gestellt, und ein*e Off-Sprecher*in sollte das Geschehen auf der Bühne kommentieren, um dessen Verständnis zu erleichtern, wobei der Akzent auf das szenische Spiel gelegt wurde, zu dem afrokaribische Tänze und Musik gehörten. Jean-Marie Serreau arbeitete nämlich mit schwarzen Schauspieler*innen aus Haiti, unter anderem mit der Vodoo-Priesterin Mathilda Beauvoir, und vertrat eine dezentrierte und nichteurozentrische Auffassung des Theaters, die durch Pluralität, Polyphonie und Choralität einen neuen Weltbezug bzw. Publikumsbezug herstellen sollte. Laut Serreau hatte sich das geistige Umfeld gewandelt bzw. um die globale Perspektive erweitert, und das Theater sollte sich an die neuen Zuschauer*innen anpassen.[41] Die Aufführungen in Salzburg, Wien und Berlin waren ein Erfolg, und in ihrer Rezension in der Frankfurter Allgemeinen Zeitung vom 10. August 1964 schrieb die Theaterkritikerin Hilde Spiel: „Zum ersten Mal sah man in Salzburg echtes modernes Welttheater."[42] Im Falle Césaires fungierte das Ausland als Freiraum, der eine Distanznahme von der französischen Kolonialfrage ermöglichte. In den französischen Publikationen

---

40 Siehe dazu: Ruhe, Ernstpeter: Une œuvre mobile – Aimé Césaire dans les pays germanophones (1950–2015), Würzburg 2015, 35–37.

41 Vgl. Serreau, Jean-Marie : Turelure et Pitchum, in : Cahiers Renaud-Barrault 25 (1958), 88–89, hier 89.

42 Spiel, Hilde: Dramatische Hilfe aus Martinique. Zur ersten Premiere des Europa-Studios Salzburg ‚Die Tragödie des Königs Christoph', in: Frankfurter Allgemeine Zeitung, 10.08.1964, zitiert nach Ruhe: Une œuvre mobile, 189. Ernstpeter Ruhe machte auch in seiner Studie deutlich, wie beim Publizieren im Verlag Seuil Afrikanismen aus Césaires Texten entfernt wurden. Césaires Arbeit mit seinem deutschen Übersetzer Janheinz Jahn führte ihn aber später dazu, seine Texte zu überarbeiten und jene Afrikanismen wiedereinzusetzen. Kulturelle Zirkulationen zwischen der Bundesrepublik Deutschland und Frankreich trugen in dieser Hinsicht dazu bei, das koloniale Unbewusste an den Tag zu legen. Vgl. Ruhe : Une œuvre mobile, 81.

zu Césaire oder zu Serreau wird auf die ersten Aufführungen der Stücke Césaires, die im deutschsprachigen Raum stattfanden, nicht oder kaum hingewiesen. Dagegen kann eine transnationale Perspektive solche Zirkulationen in den Blick nehmen, die in Nationalgeschichten übersehen oder an den Rand gedrängt werden.

Der Kreis schließt sich: Da zu Beginn des vorliegenden Beitrags von der Rezeption des Werks Heiner Müllers in Frankreich die Rede war, möchte ich den Umstand erwähnen, dass Aimé Césaire einen Einfluss auf Heiner Müller ausübte:[43] Césaires Spuren sind ganz besonders in Müllers Stück *Der Auftrag. Erinnerung an eine Revolution* aus dem Jahre 1979 zu finden, welches das Scheitern des Exportierens des europäischen Revolutionsmodells auf die Kolonie Jamaika zur Zeit der Französischen Revolution darstellt. *Der Auftrag* wurde 1981 von Jean Jourdheuil und Heinz Schwarzinger ins Französische übersetzt[44] und ist eines der in Frankreich am häufigsten inszenierten Stücke Heiner Müllers, das „seine markanteste Inszenierung" in Frankreich im Wendejahr 1989 bei der Zweihundertjahrfeier der Französischen Revolution erlebte.[45] Wie im vorliegenden Beitrag gezeigt wurde, wird ein Theaterstück – oder eine Theaterinszenierung – anhand einer transnationalen Perspektive nicht als abgeschlossenes Kunstwerk, sondern als entgrenztes Netzwerk aufgefasst, so dass die vielschichtigen deutsch-französischen Theatertransfers beleuchtet werden können, die sich in *Der Auftrag. Erinnerung an eine Revolution* ablagern und jede nationalgeschichtliche Sichtweise dezentrieren. Das Theater wäre sogar für einen Schlüsselort des Transnationalen zu halten: Als Kunst ist es an der Herstellung von Welten beteiligt, es gestaltet die üblichen Zeiträume neu, es lässt neue Wahrnehmungsweisen und neue Raumbezüge entstehen. In Bezug auf Theorien des Transnationalen, die sich vor allem für politische, wirtschaftliche oder gesellschaftliche Dimensionen interessieren, wäre also die Bedeutung kultureller und ästhetischer Fragestellungen für die transnationale Geschichtsschreibung hervorzuheben.

---

43 Vgl. Ruhe : *Une œuvre mobile*, 228–234. Aimé Césaires Werk wurde mit einer gewissen Verspätung in der DDR rezipiert, da Césaire 1956 aus der französischen kommunistischen Partei (PCF) ausgetreten war. Heiner Müller, der kein Französisch konnte, stützte sich auf schon vorhandene Übersetzungen (von Monika Kind und Waltraud Schulze), um eine eigene Übersetzung des Stücks *Une saison au Congo* anzufertigen. Müller, Heiner: Aimé Césaire. Saison im Kongo, in: ders: *Die Stücke 5: Die Übersetzungen, Werke 7*, hg. v. Frank Hörnigk, Frankfurt/M. 2004, 167–247.

44 Vgl. Müller, Heiner: *La Mission suivi de Prométhée – Quartett – Vie de Gundling*, übers. v. Jean Jourdheuil und Heinz Schwarzinger, Paris 1982.

45 Bonnaud, Irène: Frankreich, übers. v. Hans-Thies Lehmann, in: Lehmann, Hans-Thies/ Primavesi, Patrick (Hg.): *Heiner Müller Handbuch. Leben–Werk–Wirkung*, Stuttgart, Weimar 2003, 367–373, hier 367.

Literaturverzeichnis

Abirached, Robert (Hg.): *Anthologie de l'avant-scène théâtre – Le théâtre français du XXe siècle*, Paris 2011.

Baillet, Florence: Matériau Müller – Le tandem Jean-François Peyret–Jean Jourdheuil et la réception de Heiner Müller en France, in: *Revue d'histoire du théâtre* 290 (2021), 53–64.

Balme, Christopher: *Einführung in die Theaterwissenschaft*, Berlin 2014.

Beck, Ulrich/Grande, Edgar: Jenseits des methodologischen Nationalismus, in: *Soziale Welt* 61/3 (2010), 187–216.

Biet, Christian (Hg.): *Anthologie de l'avant-scène théâtre – Le théâtre français du XVIIe siècle*, Paris 2009.

Bonnaud, Irène: Frankreich, übers. v. Hans-Thies Lehmann, in: Lehmann, Hans-Thies/Primavesi, Patrick (Hg.): *Heiner Müller Handbuch. Leben–Werk–Wirkung*, Stuttgart, Weimar 2003, 367–373.

Brauneck, Manfred: *Die Welt als Bühne – Geschichte des europäischen Theaters*, 5 Bde, Stuttgart, Weimar 1993–2007.

Clavaron, Yves: *Francophonie, postcolonialisme et mondialisation*, Paris 2018.

Colin, Nicole: *Deutsche Dramatik im französischen Theater nach 1945. Künstlerisches Selbstverständnis im Kulturtransfer*, Bielefeld 2011.

Colin, Nicole/Farges, Patrick/Taubert, Fritz (Hg.): *Annäherung durch Konflikt. Mittler und Vermittlung*, Heidelberg 2017.

Colin, Nicole/Umlauf, Joachim (Hg.): *Im Schatten der Versöhnung. Deutsch-französische Kulturmittler im Kontext der europäischen Integration*, Göttingen 2018.

Colin, Nicole: Robert Voisin et les enjeux de la réception de Bertolt Brecht, in: Baillet, Florence/Colin, Nicole (Hg.): *L'Arche Editeur – Le théâtre à une échelle transnationale*, Aix-en-Provence 2021, 45–67.

Consolini, Marco: *Théâtre populaire 1953–1964. Histoire d'une revue engagée*, Paris 2000.

Degaine, André: *Histoire du théâtre dessinée – De la Préhistoire à nos jours, tous les temps et tous les pays*, Saint Genouph 2000.

Denizot, Marion (Hg.): *Les Oublis de l'histoire du théâtre. Revue d'histoire du théâtre* 270 (2016).

Espagne, Michel/Werner, Michael (Hg.): *Transferts. Les relations interculturelles dans l'espace franco-allemand (XVIIIe–XIXe siècles)*, Paris 1988.

Espagne, Michel: La notion de transfert culturel, in: *Transferts culturels* 1 (2013), https://journals.openedition.org/rsl/219 [22.08.2022].

Fischer-Lichte, Erika: *Kurze Geschichte des deutschen Theaters*, Stuttgart 1999².

Frantz, Pierre/Marchand, Sophie (Hg.): *Anthologie de l'avant-scène théâtre – Le théâtre français du XVIIIe siècle*, Paris 2009.

Gerhard Schmidt, Wolf: *Zwischen Antimoderne und Postmoderne – Das deutsche Drama und Theater der Nachkriegszeit im internationalen Kontext*, Stuttgart, Weimar 2009.

Grimberg, Michel: *La Réception de la comédie française dans les pays de langue allemande (1694–1799)*, Frankfurt/M. 1995.
Heeg, Günther/Girshausen, Theo (Hg.): *Theatrographie, Heiner Müllers Theater der Schrift*, Berlin 2007.
Hüfner, Agnes: *Brecht in Frankreich 1930–1963 – Verbreitung, Aufnahme, Wirkung*, Stuttgart 1968.
Ilg, Jens/Bitterlich, Thomas (Hg.): *Theatergeschichtsschreibung. Interviews mit Historikern*, Marburg 2006.
Laplace-Claverie, Hélène/Ledda, Sylvain/Naugrette, Florence (Hg.): *Anthologie de l'avant-scène théâtre – Le théâtre français du XIXe siècle*, Paris 2008.
Lehmann, Hans-Thies: *Postdramatisches Theater*, Berlin 1999.
Ludwig-Maximilians-Universität München: *Centre for Global Theatre History*, h ttps://www.gth.theaterwissenschaft.uni-muenchen.de/about/index.html [24.09.2022].
Marmetschke, Katja: Was ist ein Mittler? Überlegungen zu den Konstituierungs- und Wirkungsbedingungen deutsch-französischer Verständigungsakteure, in: Grunewald, Michael [u. a.] (Hg.): *France–Allemagne au XXe siècle – La production de savoir sur l'autre. Questions méthodologiques et épistémologiques*, Bd. 1, Bern 2011, 183–199.
Mortier, Daniel: *Celui qui dit oui, celui qui dit non, ou la réception de Brecht en France (1945–1956)*, Genève 1986.
Müller, Heiner: Aimé Césaire. Saison im Kongo, in: ders.: *Die Stücke 5: Die Übersetzungen, Werke 7*, hg v. Frank Hörnigk, Frankfurt/M. 2004, 167–247.
Müller, Heiner: *La Mission suivi de Prométhée – Quartett – Vie de Gundling*, übers. v. Jean Jourdheuil und Heinz Schwarzinger, Paris 1982.
Pasic, Patricia: *Die Geschichte Heiner Müllers im französischen Theaterfeld. Position und Rezeption*, Würzburg 2019.
Pernau, Margit: *Transnationale Geschichte*, Göttingen 2011.
Ruhe, Ernstpeter: *Une œuvre mobile – Aimé Césaire dans les pays germanophones (1950–2015)*, Würzburg 2015.
Rühle, Günther: *Theater in Deutschland 1945–1966 – Seine Ereignisse – seine Menschen*, Frankfurt/M. 2014.
Serreau, Jean-Marie: Turelure et Pitchum, in: *Cahiers Renaud-Barrault* 25 (1958), 88–89.
Smith, Darwin/Parussa, Gabriella/Halévy, Olivier (Hg.): *Anthologie de l'avant-scène théâtre – Le théâtre français du Moyen Age à la Renaissance*, Paris 2014.
Souksengphet-Dachlauer, Anna: *Text als Klangmaterial: Heiner Müllers Texte in Heiner Goebbels' Hörstücken*, Bielefeld 2010.
Spiel, Hilde: Dramatische Hilfe aus Martinique. Zur ersten Premiere des Europa-Studios Salzburg ‚Die Tragödie des Königs Christoph', in: *Frankfurter Allgemeine Zeitung*, 10.08.1964.

Stafford, Andy: Roland Barthes, journaliste de gauche. *Les Lettres nouvelles* et *Théâtre Populaire*, 1953–1956, in: *Revue Roland Barthes* 3 (2017), http://www.roland-barthes.org/article_stafford.htm [24.09.2022].

Szymanski-Düll, Berenika: Transnationale Theatergeschichte(n): Der biographische Ansatz, in: Balme, Christopher/Szymanski-Düll, Berenika (Hg.): *Methoden der Theaterwissenschaft*, Tübingen 2020, 81–97.

Tommek, Heribert: Transformierte „Suhrkamp-Kultur"? Zur strukturellen Veränderung des Theaterfeldes am Beispiel der Vermittlung Falk Richters nach Frankreich durch L'Arche Editeur, in: Baillet/Colin (Hg.): *L'Arche Editeur*, 165–174.

Werner, Michael/Zimmermann, Bénédicte: Penser l'histoire croisée: entre empirie et réflexivité, in: *Annales – Histoire, Sciences sociales* 58/1 (2003), 7–36.

Zimmermann, Bénédicte/Werner, Michael: Vergleich, Transfer, Verflechtung. Der Ansatz der Histoire croisée und die Herausforderung des Transnationalen, in: *Geschichte und Gesellschaft* 28 (2002), 607–636.

3. 25 Jahre Frankreichzentrum
der Universität des Saarlandes/
*Les 25 ans du Pôle France de l'Université
de la Sarre*

Introduction

Sandra Duhem

Comment fêter les 25 ans d'une institution interdisciplinaire telle que le Frankreichzentrum – Pôle France de l'Université de la Sarre ?

Un regard actuel sur l'histoire des relations franco-allemandes semblait de mise, magistralement présenté par une experte de l'histoire et de la civilisation de l'Allemagne contemporaine, Hélène Miard-Delacroix. Sous le titre équivoque « Et plus si affinités », la professeure de Sorbonne Université se livrait dans sa conférence festive le 6 octobre 2021 à l'Université de la Sarre, à l'étude de l'histoire contrastée des relations franco-allemandes et des mythes qui l'accompagnent.

Une exposition retraçant l'histoire française de l'Université de la Sarre, sa vocation européenne, ses activités franco-allemandes et transfrontalières et le rôle du Pôle France, a été mise sur pied pour la fête des 25 ans et perdure en mode virtuel sur le site internet du Frankreichzentrum de Sarrebruck.[1]

Le 25e anniversaire du Frankreichzentrum de Sarrebruck était aussi l'occasion de réunir les institutions sœurs, les autres *Frankreich- und Frankophoniezentren* d'Allemagne, compagnes de longue route, mais aussi nouveaux centres créés dans les trois dernières années pour promouvoir les échanges académiques avec la France et les régions francophones. Les représentant·e·s de ces institutions sont venu·e·s débattre à Sarrebruck de la situation actuelle des *Frankreich- und Frankophoniezentren* en Allemagne et de leur mission future dans le contexte de la mondialisation.

Les années 1989 à 1998 ont vu l'émergence de quatre *Frankreichzentren* en Allemagne, d'abord à l'Université de Fribourg (1989), puis à celle Leipzig (1993), de la Sarre (1996) et à l'Université technique de Berlin (1998, transféré en 2006 à l'Université libre de Berlin). Ces centres étaient conçus pour promouvoir l'enseignement et la recherche interdisciplinaires sur la France et les pays francophones et à entretenir un dialogue entre la recherche académique et les acteur·rice·s de la société civile. Tandis que les centres de Fribourg et Sarrebruck mettaient à profit leur situation

---

1 Cf. Frankreichzentrum der Universität des Saarlandes: *25 Jahre Frankreichzentrum. Ausstellung*, https://www.uni-saarland.de/einrichtung/frz/25-jahre-frankreichzentrum/ausstellung .html [27/06/2023].

frontalière, les centres de Berlin et Leipzig pouvaient se prévaloir d'exercer une fonction de relais entre les régions ou pays de l'Europe de l'Est et la France ou le monde francophone. De 2009 à 2019, venait s'ajouter à l'Université Cologne le Centrum für interdisziplinäre Frankreich- und Frankophonieforschung. Egalement en Rhénanie-Westphalie du Nord, une initiative d'enseignants-chercheurs à l'Université de Münster a fondé en 2011 le Interdisziplinäres Frankreich-Forum qui promeut une coopération interdisciplinaire notamment au niveau de l'enseignement, mais aussi de la recherche.

Il convient aussi de mentionner l'activité depuis 1988/1989 d'institutions universitaires proches des *Frankreichzentren* : le Bayerisch-Französisches Hochschulzentrum des universités de Munich (Université technique et Université Ludwig Maximilian), le programme « Frankreich-Schwerpunkt », soutenu par une fondation privée, du Internationales Zentrum für Kultur- und Technikforschung à l'Université de Stuttgart et le Deutsch-Französisches Zentrum de l'établissement d'enseignement supérieur de Mannheim, qui coordonne les programmes de double diplôme franco-allemand de la Hochschule Mannheim. Le Centre Marc Bloch de Berlin, fondé en 1992, est quant à lui un centre de recherche franco-allemand en Sciences sociales en étroite collaboration avec des établissements d'enseignement supérieurs français et les universités berlinoises.

Depuis 2018, on assiste à de nouvelles créations de centres de recherche sur la France et la francophonie : Le Centrum Frankreich | Frankophonie de l'Université technique de Dresde (2018), le Zentrum für Frankreich- und Frankophoniestudien de l'Université de Mayence (2019) et le Centrum Ernst Robert Curtius de l'Université de Bonn (2019). Cette diversité est le reflet de l'autonomie des Länder allemands dans les domaines de la culture et de l'enseignement. Les *Frankreichzentren* dépendent de leur université et des objectifs stratégiques que celle-ci a négociés avec le gouvernement régional. Selon le contexte socio-économique local, d'autres acteurs, tels que associations, fondations, entreprises, sont impliqués dans le fonctionnement des *Frankreichzentren* et certains d'entre eux accueillent un·e attaché·e de coopération universitaire de l'Ambassade de France en Allemagne ou partagent leurs locaux avec l'Institut Français. L'Ambassade de France en Allemagne a fait preuve en 2020 d'un intérêt accru pour un rapprochement des *Frankreichzentren* entre eux tout autant que des services culturels de l'Ambassade. Ainsi, l'Ambassade avait appelé à une réunion des *Frankreichzentren* dans ses locaux le 3 mars 2020 pour leur présenter son action culturelle et permettre de meilleurs échanges entre les institutions.

Le renouveau des *Frankreichzentren* en Allemagne d'une part et les initiatives plus récentes de l'Ambassade de France en Allemagne d'autre part sont remarquables. Les centres de Fribourg, Leipzig, Berlin et Sarrebruck poursuivaient, dans les années 1997 à 2008, à des échanges réguliers au sein d'un groupe de travail nommé *Arbeitsgemeinschaft der Frankreichzentren* pour lequel le Pôle France de Sarrebruck avait créé un propre site internet.² Des difficultés et changements structurels successifs dans les différents centres avaient involontairement mis fin à cette pratique. Le moment semblait propice, à l'occasion des 25 ans du Pôle France à l'automne 2021, de relancer la coopération avec les *Frankreichzentren* en y conviant les nouveaux centres ainsi que les institutions avec des visées proches. Les résultats de cette rencontre sont concrets : une charte de coopération entre neuf centres a été votée en assemblée générale le 7 octobre 2021 à Sarrebruck. Dorénavant, les activités du réseau des *Frankreich- und Frankophoniezentren* sont présentées sur un site internet géré par le Centre Ernst Robert Curtius de l'Université de Bonn.³ De plus, l'adhésion de l'Université de la Sarre en 2019 au réseau de l'Agence Universitaire de la Francophonie (AUF) permettait d'offrir à cette rencontre des *Frankreich- und Frankophoniezentren* d'Allemagne un cadre plus large en l'inscrivant en tant que projet « FRANCO-RESEAU » dans l'initiative de Développement d'espaces francophones d'innovation (DEFI) de la Direction régionale d'Europe Occidentale de l'AUF.

Nombreuses sont les personnes et les institutions à remercier pour les 25 années d'existence du Pôle France de l'Université de la Sarre et plus précisément aussi pour la réalisation des festivités dans une période d'insécurité sanitaire dûe à la pandémie du Covid-19. Nous ne nommerons de façon exemplaire que deux personnes qui, avec leur dévouement, ont accompagné le Frankreichzentrum de l'Université de la Sarre, l'une depuis les débuts de l'institution et l'autre de manière plus ponctuelle pour préparer ce moment de fête en 2021 : Mme Ibadiye Kara, secrétaire de longue date qui quittera le Pôle France pour une retraite bien méritée en début 2022, et Mme Sylvi Siebler, assistante scientifique et cheville ouvrière pour la mise en place de la fête des 25 ans du Frankreichzentrum de Sarrebruck. Au niveau institutionnel, la manifestation et la publication des actes ont été soutenues par : l'Agence Universitaire de la Francophonie, l'Institut Français Saarbrücken, le fonds d'internationalisation de l'Université de la Sarre, la Universitätsgesellschaft des Saarlandes e.V., Saarland Spielbank GmbH, Saarland Sporttoto GmbH et la Chancellerie du Land de Sarre. Que tous et toutes soient chaleureusement remercié·e·s !

Les textes suivants documentent la fête des 25 ans du Pôle France de Sarrebruck les 6 et 7 octobre 2021 à l'Université de la Sarre. Tandis que la conférence festive évoque les grandes lignes des échanges franco-allemands dans une perspective historique (Hélène Miard-Delacroix), les exposés des représentants des *Frankreich-*

---

2   Cf. Cahn, Jean Paul [*et al.*] (dir.) : Deutsch-französisches Komitee für die Erforschung der deutschen und französischen Geschichte des 19. und 20. Jahrhunderts/Comité franco-allemand de recherches sur l'histoire de la France et de l'Allemagne, ds. : *Bulletin* 18 (2008), 5, http://www.historikerkomitee.de/wordpress/wp-content/Bulletins/DFHK_Bulletin_18-2008.pdf [27/06/2023].

3   Cf. Centre Ernst Robert Curtius der Universität Bonn: *Netzwerk der universitären Frankreich- und Frankophoniezentren*, https://www.cerc.uni-bonn.de/de/netzwerke/netzwerk-der-universitaeren-frankreich-und-frankophoniezentren-in-deutschland [27/06/2023].

und Frankophoniezentren de Bonn (Michael Bernsen), Mayence (Véronique Porra) et Leipzig (Matthias Middell) analysent les défis de la recherche actuelle dans les domaines franco-allemands et de la francophonie. Pour conclure, des portraits (« Steckbriefe ») de chacune des dix institutions présentes ou affiliées au réseau des *Frankreich- und Frankophoniezentren* donnent un aperçu de leurs multiples champs d'activités et objectifs. Berlin, Bonn, Dresde, Fribourg, Leipzig, Mayence, Mannheim, Münster et Sarrebruck : voici les noms des villes allemandes dans lequelles les échanges avec la France et les pays (ou régions) francophones sont animés par des centres universitaires actifs dans les domaines de la recherche, de l'enseignement et du transfert des savoirs vers la société civile.

Bibliographie

Cahn, Jean Paul [*et al.*] (dir.) : Deutsch-französisches Komitee für die Erforschung der deutschen und französischen Geschichte des 19. und 20. Jahrhunderts/ Comité franco-allemand de recherches sur l'histoire de la France et de l'Allemagne, ds. : *Bulletin* 18 (2008), 5, http ://www.historikerkomitee.de/wordpress /wp-content/Bulletins/DFHK_Bulletin_18-2008.pdf [27/06/2023].

Frankreichzentrum der Universität des Saarlandes : *25 Jahre Frankreichzentrum. Ausstellung*, https://www.uni-saarland.de/einrichtung/frz/25-jahre-frankreichzen trum/ausstellung.html [27/06/2023].

Netzwerk der universitären Frankreich- und Frankophoniezentren in Deutschland: http://w ww.netzwerkffz.de/ [27/06/2023].

„Et plus si affinités."
Historische Einblicke in deutsch-französische Dynamiken
Festvortrag, Saarbrücken, 06.10.2021,
25 Jahre Frankreichzentrum

Hélène Miard-Delacroix

Sehr geehrte Frau Staatssekretärin, Herr Vizepräsident, M. le Consul général, cher Dietmar Hüser, meine Damen und Herren, liebe Freunde,

Es ist mir eine große Ehre und Freude...

1.

25 Jahre – was macht man mit 25? Einige erleben in diesem Alter die erste Lebenskrise. Dies muss jedoch nicht sein, denn auch ohne Krise kann man verstehen, dass man kein*e Jugendliche*r mehr ist, dass es Jüngere gibt, die einem etwas wild und ungestüm vorkommen. Mit 25 kann man bereits auf ein Stück Vergangenheit zurückblicken, und man beginnt, langsam vernünftig zu werden.

Das Frankreichzentrum der Universität des Saarlandes blickt auf eine erfolgreiche Geschichte zurück und war immer von der Vernunft getragen. Das Zentrum (als Plattform für die frankreich- und frankophoniebezogenen Aktivitäten der Universität des Saarlandes) und die Menschen, die es gegründet und bis heute getragen haben, waren nie überschwänglich, jedoch stets dynamisch, nie ungestüm, jedoch stets aktiv, lebendig, engagiert, begeistert und begeisternd. Genauso wie die anderen Frankreich- und Frankophoniezentren. Aber heute wird in Saarbrücken Geburtstag gefeiert; dies ist ein schöner Grund, unsere ganze Aufmerksamkeit auf das Pôle France zu richten.

Es ist keineswegs meine Absicht, die Geschichte des Frankreichzentrums hier in Saarbrücken zu erzählen. Aber sich durch die Geschichte inspirieren zu lassen, scheint mir der beste Weg, um die Arbeit des Frankreichzentrums zu würdigen und den Mitarbeiter*innen und Unterstützer*innen zu gratulieren.

Das 25-jährige Bestehen des Frankreichzentrums ist zugleich der adäquate Anlass, den Stand des deutsch-französischen Verhältnisses zu betrachten – aber aus zeithistorischer Perspektive. Denn die gemeinsame Geschichte der Deutschen und der Franzosen war und ist lang und komplex. 1945 hätte man nicht von dem geträumt, was das Ende des 20. Jh. und der Verlauf des 21. Jh. bis heute hervorgebracht haben, d. h., was geleistet wurde und wo wir heute stehen.

Das Verhältnis der zwei Nachbarn in Europa ist heute friedlich und konstruktiv, es gibt vielerlei Kontakte und Verflechtungen, dennoch bleibt es alles andere als einfach.

Kurz nach den Bundestagswahlen und einige Monate vor den Präsidentschaftswahlen in Frankreich ist die Frage nach dem Stand der Beziehungen und nach deren Potenzial für die Zukunft besonders aktuell. Auch dieser Kontext lädt folglich zu einer Perspektivierung durch den ruhigen und nüchternen Blick auf die Vergangenheit ein. Und der Blick auf diese Geschichte lässt Dynamiken erkennen, aus denen man heute für die Gegenwart und für eine gemeinsam zu gestaltende Zukunft lernen kann.

Dies funktioniert aber nur, wenn man bereit ist, über die zwei klassischen Deutungsmodelle der beiden Völker als Erbfeinde oder als Wahlverwandte hinauszugehen. In der Vergangenheit verflochten sich unterschiedliche, zum Teil gegensätzliche Entwicklungen. Ihre Deutung wurde mit zahlreichen Diskursen über sich selbst und den Nachbarn untermauert. Ich lade Sie zu einer kleinen analytischen Reise durch diese Geschichte von zwei Nachbarn am Rhein – und an der Saar – ein.

2.

Wir kennen alle die schöne Geschichte, die anlässlich der Feiertage, der deutsch-französischen Treffen und der Feierlichkeiten zum x-ten Jahrestag des Elysée-Vertrags vom 23. Januar 1963 immer wieder erzählt wird. Sie handelt davon, wie die ehemaligen Erbfeinde Deutschland und Frankreich zu den besten und engsten Freunden in Europa wurden. Unglaublich, begeisternd, verwunderlich – sicherlich für alle, die daran teilgenommen haben. Somit sollten sich Bücher verkaufen, meinen die Verlage. So wurde der Titel des Dialogbuchs mit meinem deutschen Kollegen Andreas Wirsching *Von Erbfeinden zu guten Nachbarn* von dem Verlag gewählt und gegen die Bedenken des Autors und der Autorin durchgesetzt. Bei der französischen Fassung, in der auch einiges adaptiert und ergänzt wurde, durften wir, der Verfasser und die Verfasserin, nach den Worten *Ennemis héréditaires* wenigstens ein Fragezeichen setzen. Diese Geschichte des deutsch-französischen Wunders einer *réconciliation*, der vom Himmel gefallenen Versöhnung von zwei von Natur aus verfeindeten Nachbarvölkern ist zugleich eine Komplexitätsreduktion und ein Mythos in der vollen Bedeutung des Wortes: ein Mythos ist eine sinngebende Geschichte, die eine Menschengruppe sich immer wieder erzählt, weil sie als Bindemittel fungiert. Sie basiert auf einigen Realitätselementen, es ist aber auch einiges dazugedichtet.

Denn vieles stimmt nicht voll und ganz – weder das Grundmodell von naturgegebenen Erbfeinden noch die Rückkehr in den irenischen Äther, in dem sich glückselige Wahlverwandte wiederfinden, noch der Zauber der ‚Versöhnung'. Sobald man etwas Abstand nimmt, wenn man es aus der Vogelperspektive der Wissenschaft betrachtet, stellt man fest, dass Letztere kein Wunder im eigentlichen Sinne des Wortes war. Kein Geschenk Gottes. Es war ein langer und zum Teil mühsamer Prozess, mit Fortschritten und Rückschlägen, ein Prozess, der sich rational verfolgen lässt, wie auch vorher die Konstruktion der Erbfeinde oder der Wahlverwandten. Welche sind diese zwei klassischen Deutungsmodelle, die das deutsch-französische *imaginaire*, diese eigene Vorstellungswelt, auch gegen unseren Willen, prägen? Wieso haben diese zwei Modelle in der Geschichte eine eigene Kraft entwickelt? Was sind die Dynamiken, die sich erkennen lassen?

3.

Zunächst die Erbfeindschaft, dieses Deutungs- und Erklärungsmuster, das heute immer noch bemüht wird, für die Erzählung der Vergangenheit wie als explizites Feindbild oder subkutan für die Deutung der Gegenwart. Dass sich die Nachbarn ‚Deutsche' und ‚Franzosen' in den Jahrhunderten und gar in den zwei Jahrtausenden immer wieder bekriegt haben, ist ein Faktum. Dass sie oft Feinde auf dem Schlachtfeld waren, ist unleugbar. Aber die ‚Erbfeindschaft' ist ein Konstrukt aus dem 19. Jh., selbst eine Deutung der Vergangenheit und ein Erklärungsmuster bzw. ein Argument für die damalige Gegenwart.

Die Gegnerschaft wurde in beiden Ländern ein integraler Bestandteil der eigenen Identitätskonstruktion. Aber ab wann sollen beide Völker sich als Erbfeinde gegenübergestanden haben? Ein Kampf auf Leben und Tod, von der Natur gegeben und vom Schicksal vorgeschrieben? Die Bezeichnung „Erb-" verweist auf eine angeborene Feindschaft, die sich wie eine Vendetta von Generation zu Generation ununterbrochen fortsetzt und der man nicht entkommen kann.

Es war eine Dynamik der Abgrenzung. Aber erst mit der Nationalisierung der Kriegsdeutung und – allgemeiner gesprochen – des Denkens in der zweiten Hälfte des 19. Jh. entfaltete sie ihre Sprengkraft und sperrte zugleich alle in ein Gehäuse. Oft wird der Deutsch-Französische Krieg von 1870/71 zum Anfangspunkt einer deutsch-französischen Erbfeindschaft erklärt. Aber die Dynamik hatte früher eingesetzt, wie es der Verweis auf frühere Traumata und erlittene Annexionen in den Kriegshandlungen und auch auf die Symbolik einiger Akte zeigt.

Die deutsche Darstellung Ludwigs XIV. und des absolutistischen Frankreichs als ‚Raubstaat' (gemeint war die Reunionspolitik Ludwigs XIV. im 17. Jh., die insbesondere das Elsass betraf) war im Grunde eine charakteristische, nachträglich vorgenommene Konstruktion im Zeitalter des Nationalismus, die mit den tatsächlichen Verhältnissen in der Frühen Neuzeit nicht viel zu tun hatte. Damals waren Erbfolgekriege als Folge von erhobenen dynastischen Ansprüchen sowie Tausch- oder Eroberungspläne sozusagen gang und gäbe. Die deutschen Staaten – Preußen vorneweg – beteiligten sich rege daran. Es ist aber die Nationalisierung, die die Erbfeindschaft konstruierte, mit der Rückprojektion der Kategorie der Nation auf die Frühe Neuzeit. Ein Vorspiel hatte es in den Befreiungskriegen gegeben. Bekanntlich mobilisierte Ernst Moritz Arndt 1813 das Feindbild der Welschen, um den Truppen Mut zu machen: In der Beschreibung dessen, was das deutsche Vaterland sein sollte („Soweit die deutsche Zunge klingt und Gott im Himmel Lieder singt, das soll es sein!"), kam die Formel: „Wo jeder Franzmann heißet Feind, wo jeder Deutsche heißet Freund. Das soll es sein!" zustande.

Diese Konstruktion fand im zweiten Teil des 19. Jh. auf beiden Seiten statt. Während in Teilen der deutschen Nationalbewegung bis 1870 die Vorstellung vorherrschte, Frankreich sei ein eroberungslustiges, auf Länderraub orientiertes Land, mobilisierte man in Frankreich während der Rheinkrise 1840 die unversöhnliche, nationalgeprägte Gegnerschaft. Mit dem Trauma von 1870/71 wurde die ‚Erbfeindschaft' als offizielles Motiv besiegelt und mit ihm die Vendetta-ähnliche Dynamik der Revanche ausgelöst. Nicht nur, dass der Feind so schnell den Krieg gewonnen hatte, er wagte es auch, ausgerechnet im Spiegelsaal des Schlosses des Sonnenkönigs Ludwigs XIV., das Deutsche Kaiserreich zu proklamieren.

Die Demütigung war der Sprengstoff, welcher der bereits großen Mobilisierungskraft der ‚Erbfeindschaft' fehlte. Indem der Diskurs der angeborenen Gegnerschaft und der Hass in die Öffentlichkeit propagiert wurden, erfolgte die Mobilisierung nicht nur im militärischen Sinne des Wortes, sondern auch in den Gemütern, in den Herzen und in der Deutung der Realität. Die Öffentlichkeiten beider Länder konnten gar nicht mehr anders, als den Hass als unüberwindbar zu empfinden. Der Kampf um den Zivilisationsbegriff hatte schon eingesetzt, noch bevor sich vor dem Ersten Weltkrieg die Gegenüberstellung von ‚Zivilisation' und ‚Kultur' etablierte.

Das Beispiel zeigt den Unterschied zwischen harten Fakten und Diskursen. Letztere sind Gegenstände der Forschung, auch weil sie diese Sprengkraft hatten und Reales bewirkt haben. Bis heute sollten die Konstruktion und die ausgelöste Dynamik als solche erkannt und benannt werden, damit sie sich nicht weiter verselbständigen und in der Gegenwart als effiziente Instrumente der Deutung und der Mobilisierung weiterwirken.

Das entgegengesetzte und an sich komplementäre Modell ist das der Deutschen und Franzosen als Wahlverwandte. Bekanntlich geht die Bezeichnung auf Goethes

Roman aus dem Jahr 1809 Die Wahlverwandtschaften, ins Französische übersetzt als Les Affinités électives, zurück. Auf Deutsche und Franzosen übertragen, geht es um eine beiderseitige unüberwindliche Anziehungskraft. Aus dem Roman weiß man aber, dass es eine unmögliche, vereitelte Liebe ist und dass das Ganze in Drama, Verzicht und Leiden endet. Dieses Modell ist auch eine (etwas nettere) Konstruktion aus dem ausgehenden 18. Jh. und hat auch eine Geschichte im 19. Jh. bis in die Gegenwart. Madame de Staël liebte Deutschland als das Land der Dichter und Denker. Die Vorstellung einer erlesenen natürlichen Nähe zwischen beiden Völkern (wieder einmal als Einheiten wahrgenommen) beruht auf Bewunderung und hat elitäre Züge. Goethe äußerte sich selbst darüber in den Gesprächen mit Eckermann, so am 14. Mai 1830: „Wie hätte ich auch, dem nur Kultur und Barbarei Dinge von Bedeutung sind, eine Nation hassen können, die zu den kultiviertesten der Erde gehört? Und der ich einen großen Teil meiner eigenen Bildung verdanke?"

Diese Kategorie der Wahlverwandtschaft der gebildeten Deutschen und Franzosen war elitär und zum großen Teil wirklichkeitsfremd. Bei Goethe war ein Wunschdenken am Werk, als er weiter sagte: „Überhaupt ist es mit dem Nationalhass ein eigenes Ding. Auf den untersten Stufen der Kultur werden Sie ihn immer am stärksten und heftigsten finden" und: „Es gibt aber eine Stufe, wo er – der Nationalhass – ganz verschwindet und wo man gewissermaßen über den Nationen steht." Es war eine Täuschung, dass unter Gebildeten und Intellektuellen ein kosmopolitisches, universales Denken, eine deutsch-französische und breiter eine europäische Einheit des Geistes zu Hause war. Auch wenn Frankreich eine Inspirationsquelle, sozusagen ein Leuchtturm des Fortschritts und der Freiheit gewesen war (das sieht man am Beispiel des Hambacher Fests oder der 1848er Revolution), war Hass auch sehr wohl bei Hochgebildeten (und auch bei Liberalen) zu finden.

Zum Drama in dem Modell der Wahlverwandten gehört die Erfahrung der unmöglichen, der gebrochenen Liebe – aufgrund der Überraschung und der Enttäuschung als Grunderfahrung des 19. und 20. Jh.. So entstand in Frankreich die Theorie der ‚zwei Deutschlands': Als naive Träumer hatte man eigentlich immer das Deutschland von Goethe und Schiller geschätzt, und plötzlich sah man ein ganz anderes Preußentum in Deutschland entstehen, das mit der Pickelhaube und mit einer großen kriegerischen Effizienz Europa umwälzen konnte. Der französische Schriftsteller Elme-Marie Caro beschrieb 1871 in seinem Aufsatz „Les deux Allemagnes. Madame de Staël et Henri Heine" diese Grundenttäuschung Frankreichs nach dem Krieg. Frankreich sei ein sehr großzügiges, liebevolles Land, das bereit sei, Deutschland zu bewundern, und ähnlich wie Madame de Staël Deutschlands Dichter und Denker liebe: „Sie bewunderte Deutschland vorbehaltlos, sie liebte es ohne Einschränkung oder Argwohn." Aber das deutsche Volk habe, während die Franzosen es bewunderten, erkannt, dass es selbst Ambitionen habe: „Ein sehr bestimmter Ehrgeiz erwachte in ihm: Es wollte die Erde beherrschen." Caros Fazit war eine Warnung an die Franzosen vor sich selbst, wenn man die Deutschen zu sehr liebe. Mit der Enttäuschung veränderte sich das Modell der Wahlverwandtschaft zu einer Angstkonstellation. Gegenüber diesem ambivalenten deutschen Volk müsse man auf der Hut sein, denn es könne unerwartet eine andere Seite seiner selbst zeigen, nicht mehr Goethe, sondern Bismarck. Das sind diese beiden Deutschlands, die bis tief ins 20. Jh. das französische Bild prägen sollten.

Interessant ist, dass diese Vorstellung einer natürlichen Nähe die Katastrophen des 20. Jh. überlebte. Sie war eine der Zutaten, die die Annäherung nach 1945 ermöglichte. Es war eine andere Dynamik, wie wir gleich sehen werden.

Aber davor muss festgehalten werden, dass diese zwei Modelle zusammengehören. Sie bilden ein Deutungsraster, aus dem man kaum entkommen kann. Es findet seinen Ausdruck in stereotypen Bezeichnungen und Interpretationen, sobald es um den Nachbarn oder das Verhältnis zu diesem geht. Die Liste der Beispiele ist lang: von der Pickelhaube in französischen Karikaturen und in dem deutschlandkritischen Buch des Jean-Luc Melenchon (*Le Hareng de Bismarck*) bis hin zu den rührenden Reportagen über das *couple franco-allemand*, von der immer wieder bemühten Formel der *Grande Nation* (die an sich ein nur deutsches geflügeltes Wort ist) bis hin zu dem ständigen Rekurs zu der Figur der ‚Versöhnung' von Wesensfremden, obwohl Annäherung, Austausch und Zusammenarbeit gemeint sind. Diese Annäherung lässt sich in vielen Bereichen auch des täglichen Lebens statistisch messen. Bei allen Unterschieden sind sich Deutsche und Franzosen immer ähnlicher. Aber statt der Nennung des wissenschaftlich festzulegenden Phänomens der „Europäisierung" rekurriert man in der Öffentlichkeit immer wieder auf dasselbe Schema, das Andersartigkeit und Anziehungskraft kombiniert.

4.

Aus Zeitgründen kann ich hier leider nur einige Phänomene erwähnen. Wichtig scheint mir, eines zu betonen: Die gemeinsame Geschichte ist von Verflechtung und von unterschiedlichen, zum Teil gegensätzlichen Entwicklungen geprägt. Vielleicht können wir hier versuchen, einige der Dynamiken zu nennen, aus denen man heute für die Gegenwart und für eine gemeinsam zu gestaltende Zukunft lernen kann.

Wir haben gesehen: Es gab üble Dynamiken, die vor allem mit der Konstruktion einer eigenen Identität und vor allem mit der Verabsolutierung des Selbst zusammenhingen.

Erste Dynamik:

Als verheerend bis zum Zweiten Weltkrieg lässt sich die Dynamik der Provokation und des Teufelskreises erkennen. Die Rheinkrise von 1840 hat gezeigt, wie ein innenpolitisches Ablenkungsmanöver eine reflexartige Reaktion und eine Spirale der verbalen oder realen Gewalt auslösen kann. Nachdem Frankreich in der Orientkrise 1839–1841 eine ziemliche Niederlage erlitten hatte, setzten die französische Presse und die Diplomatie die Forderung Frankreichs nach dem Rhein als seine natürliche Ostgrenze in die Welt. Mit unglaublicher Schnelligkeit löste das eine ernstliche bilaterale Krise aus, in der eine atemberaubende sogenannte ‚Rhein-Lyrik' entstand. Die berühmte „Wacht am Rhein", 1840 von Max Schneckenburger verfasst, mit dem auch berühmten Satz „Die sollen ihn nicht haben, Den freien deutschen Rhein" ist ein Beispiel für die frankreichfeindlichen Komponenten des deutschen Nationalismus. Den Teufelskreis der Demütigung, der Vergeltung und Revanche, der von 1871 bis 1919 aber auch bis in den Zweiten Weltkrieg tobte, brauche ich nicht detaillierter zu beschreiben.

Für die Gegenwart ist die Lektion klar: Zu vermeiden sind Verabsolutierungen des Selbst, auch der eigenen Prinzipien und Praktiken sowie jede Provokation und jede (auch symbolische) Demütigung.

Zweite Dynamik:

Demgegenüber steht die positive Dynamik, die mit der kopernikanischen Wende nach dem Zweiten Weltkrieg einsetzte. Es hatte allerdings bereits in der Zwischenkriegszeit einen Ansatz für eine positive Entwicklung gegeben. Damals schon spielten Deutsch-Französische Gesellschaften (DFG) als gemeinnützige, eingetragene Vereine, um die Förderung des kulturellen Austausches zwischen Deutschen und Franzosen bemüht, eine Rolle. Zielsetzung war (und ist bis heute) die Vertiefung der deutsch-französischen Freundschaft durch Kontakte sowie die internationale Verständigung im europäischen Kontext. So wurde die Berliner DFG 1928 im Sog des Locarno-Vertrags gegründet. „Locarno" (1925) steht als Stichwort für den Verständigungswillen auf höchster Ebene, damit die Dynamik des Teufelskreises durchbrochen werden konnte. Der ‚Geist von Locarno', der sich in etlichen Kreisen verbreitete, bezeichnet den Versuch, die Logik der Erbfeindschaft zu durchbrechen. Akademiker und Schriftsteller wie Curtius und Gide waren Vertreter dieser Bewegung. Bei Briand und Stresemann war diese Politik der Beilegung des Konflikts und der Verständigung aber nicht frei von Missverständnissen. Sie dachten zwar, am gleichen Strang zu ziehen und das gleiche Ziel zu verfolgen, aber im Endeffekt vertraten sie zwei unterschiedliche Positionen und hegten unterschiedliche Hoffnungen. Aus französischer Sicht hatte Briand mit dieser Annäherung an Stresemann das Maximum dessen, was Deutschland zugestanden werden konnte, gegen den innenpolitischen Widerstand durchgesetzt. Deutschland sollte als gleichberechtigtes Mitglied in den Völkerbund aufgenommen und als gleichwertig im Kreis der Großmächte anerkannt werden. Als Schlussstein eines Verständigungsprozesses sollte Locarno den bilateralen Streitigkeiten über die Gestaltung der Zukunft nun endlich ein Ende machen und die Unverletzlichkeit der deutsch-französischen und belgischen Grenze im Westen garantieren. Aus deutscher Sicht war aber Locarno eher der Anfang einer möglichen Revisionspolitik, vor allem im Osten, aber kein Schlusspunkt. Der Unterschied lag in der Wahrnehmung und Interpretation.

Dritte Dynamik:

At the grassroots level. Die positive Dynamik bzw. ‚Wende' setzte nach 1945 ein, was an unterschiedlichen Faktoren liegt. In den 1950er-Jahren wurden zahlreiche Deutsch-Französische Gesellschaften wie in Kiel 1951, in Duisburg 1952, in Frankfurt am Main 1959 oder 1961 im Saarland wiederbelebt (später 1962 Mainz, 1963 Hannover etc.). Nicht selten kam im Laufe der Jahre der Impuls für dieses Wiederbeleben der Gesellschaften u. a. vonseiten der Romanisten und Romanistinnen der verschiedenen Universitäten, denn sie knüpften an den Geist der ersten Städtepartnerschaften der 1950er-Jahre, die auf der Ebene der Zivilgesellschaft Lehren aus der Vergangenheit ziehen wollten und von dem gemeinsamen Willen, einen weiteren Krieg zu vermeiden, beseelt waren. In den letzten 150 Jahren hatte nicht eine Generation nicht auch nur einen Krieg erlebt. Viele hatten den Wunsch, „das Verhältnis der beiden Völker zueinander von Grund auf neu zu gestalten", wie erst später, 1963, de Gaulle und Adenauer in der Erklärung sagten, die dem Elysée-Vertrag vorangestellt wurde.

Die heute gängige Doxa über die vermeintliche ‚Geburt' der deutsch-französischen Beziehungen mit dem Elysée-Vertrag 1963 übersieht (auf skandalöse Weise) die vorangegangene Politik von Realismus, Kalkül und Überzeugung bzw. Emotion, getragen von den weniger bekannten Vertreter*innen der Zivilgesellschaft. Das übersieht übrigens auch den unmittelbaren Misserfolg des Vertrags wie auch die Tatsache, dass erst die spätere Umsetzung des Texts zu guten Ergebnissen führte.

Der Elysée-Vertrag von Januar 1963 stützte sich auf einen schon sehr festen Unterbau: durch die Schuman-Erklärung vom 9. Mai 1950 immerhin bereits seit über 12 Jahren. Währenddessen hatten die menschlichen Kontakte auf der untersten Ebene die hochwichtige Funktion von der Aufräumung des Grolls, der Streitsachen und des Nachtragens durch die Anerkennung des Leidens der anderen Seite geleistet. Sie ermöglichten auch das gegenseitige Kennenlernen.

Aber es kostete viel. Viel Engagement und Überzeugungskraft. Die Lehren aus dieser Dynamik für die Gegenwart: die Zivilgesellschaft nicht außer Acht zu lassen, den Menschen zu vertrauen, die an der Basis durch die Kenntnis des Anderen die Kontakte und den Austausch gestalten wollen, das zu ermöglichen und gar zu fördern. Weiter zu fördern – wie es der deutsch-französische Bürgerfonds aktuell versucht. Die andere Lehre ist die Nüchternheit. Eine nüchterne Betrachtung der gemeinsamen Geschichte gebietet, vom Mythos einer natürlichen Nähe und Eintracht Abschied zu nehmen. Es bedurfte des Engagements von Menschen, die schon in den ersten Jahren nach Kriegsende Kontakte und ein besseres Verständnis füreinander pflegten. Diesen Prozess als eine ‚Aussöhnung' zu bezeichnen, darüber hinaus als eine, die sich seit über 60 Jahren alljährlich verlängern oder wiederholen würde; lässt das Ausmaß und die Tiefe der Verständigung übersehen.

Vierte Dynamik:

Zerstörerischen Tendenzen konnte mit einer zentralen Erkenntnis entgegengewirkt werden: Neben dem Interesse (oder der Neugierde) für den Nachbarn waren immer auch durchaus reale, national definierte Interessen im Spiel.

Der Schuman-Plan wurde bereits erwähnt, ebenso die Verflechtung der strategischen Kohle- und Stahlproduktion, beides mit dem Ziel der Friedenssicherung. Die geniale Idee bestand darin, dass die wichtigsten Streitpunkte wie die Steinkohle und die Schwerindustrie entnationalisiert und in eine gemeinsame Verwaltung überführt würden. Alle Interessen wurden bedient: ein möglicher französischer Zugriff auf die deutsche Kohleproduktion, der deutsche Wunsch nach Gleichbehandlung und für alle eine nicht gefährliche Produktionserhöhung sowie eine sichere Versorgung mit den lebenswichtigen Rohstoffen bzw. die Schaffung eines Geistes und einer Praxis. Jede Seite gewann daran und zusammen profitierte man noch mehr. Die Erkenntnis war sehr rational: Unterschiedliche, aber komplementäre Interessen vermochten zahnradartig ineinanderzugreifen.

Es klingt etwas mechanisch, aber die zurückgelegten Jahrzehnte der Kooperation in Europa, diese Verbindung von Voluntarismus und Realpolitik, können funktional mit der Kategorie des Motors skizziert werden.

Das Bild des Motors in Europa stützt sich auf das Postulat, das deutsch-französische Tandem habe die großen Etappen der europäischen Integration inspiriert, die bilateralen Initiativen haben entscheidende Anstöße gegeben und die Rolle des deutsch-französischen ‚Schwungrads' bestehe darin, zum Wohle aller Bürger*innen Europas Kompromisse auszuarbeiten und einen Antrieb zu erzeugen. Diese Sicht ruht auf einem unbestreitbaren Fundament, das sich zusammenfassen lässt mit dem Grundsatz: „Ohne Einigkeit zwischen Frankreich und Deutschland steht Europa still."

Ein Erfolgsrezept für die Gegenwart? Es wäre irrig, zu behaupten, das europäische Haus sei allein durch unverbrüchliche deutsch-französische Zusammenarbeit geplant und gebaut worden. In Wahrheit besaß dieser Motor dazu nicht gleichmäßig, nicht kontinuierlich die nötige Zugkraft, sondern kam nur punktuell zum Einsatz. Nach der Gründungsphase in den 1950er-Jahren gilt vor allem 1972 die Übereinstimmung zwischen Helmut Schmidt und Valéry Giscard d'Estaing in Währungsfragen als Beginn der effizienten Phase des deutsch-französischen Motors für Europa. Die 1960er-Jahre hingegen müssen als Rückschritt für die europäische Integration gewertet werden. Offensichtlich war der Elysée-Vertrag allein keine Garantie für eine gemeinsame Zugkraft in Europa.

Aber sein Erfolg war das Ergebnis einer Kombination von verschiedenen Faktoren (innenpolitischer wie außenpolitischer Natur) und auch das Resultat des Willens zur Kompromissfindung. Diese Motorfunktion war vielfältig – mit den Instrumenten des Agendasettings, der Konsensbildung und der Koalitionsfähigkeit. Insofern waren es nicht nur die Impulse wie gemeinsame Vorschläge und Innovationen für Europa, sondern neben der Förderung enger Kooperation in Untergruppen insgesamt die Förderung der europäischen Integration und das Krisenmanagement.

Es gab Auf und Abs: Nach dem Kraftakt der Europäischen Akte und des Maastrichter Vertrags ging man von der Wachstumsgemeinschaft zur Krisengemeinschaft über und die Europapolitik wurde immer wieder durch deutsch-französische Divergenzen belastet. Wie schnell Konvergenztendenzen bröckeln und Pläne für Europa verwässern können, zeigten die zwei folgenden Jahrzehnte, in denen auch die zwei Hauptpartner in Europa der Versuchung des Rückzugs auf Einzelinteressen erlagen. Zwar wurde die Vorstellung von der Notwendigkeit einer gemeinsamen treibenden Kraft nicht aufgegeben, aber man setzte eher auf flexible Konstellationen und eine ‚variable Geometrie'. Es gab keine nicht zu bremsende deutsch-französische Lokomotive mehr.

Es fehlt eine fünfte und letzte (aber sehr wichtige) Dynamik:

Bei allem Mechanischem und Sachlichem in dieser Geschichte gab es dabei auch Überraschungen. Auf der Suche nach einer Partnerschaft kann man zwar rationale Kriterien für eine Verständigungschance herausarbeiten, aber dies funktioniert nicht immer. Aber es kann sich immer mehr ergeben als ursprünglich gedacht.

Das ist die Logik der Zeit nach dem Zweiten Weltkrieg, als eine rationale Verständigungsarbeit eine ‚zusätzliche Seele' bekam. Also so möchte ich Sie bitten, den Vortragstitel zu verstehen. Mit der Formel „Et plus si affinités" ist dieses *supplément d'âme* gemeint, dieser Funke, der überspringt.

Diesmal spiele ich mit den *affinités* nicht mehr nur, etwas idealisierend, auf Goethes *affinités électives* an. Ich denke an den Spruch aus den Kontaktanzeigen (ich meine die klassischen, nicht die aktuellen Apps...): Man trifft sich, und es kann etwas mehr werden ... Emotionen, Gefühle, vielleicht sogar Liebe.

Dieser Vergleich mag sonderbar, etwas kühn und unanständig anmuten. Aber ich wage ihn, denn er weist auf Phänomene hin, die die Förderer und Förderinnen des deutsch-französischen Austauschs in der Schule, an der Universität, in der Forschung, in der Wirtschaft, lokal, regional, transnational etc. sehr genau kennen. Das ist sogar der Auftrag aller Institutionen zur Förderung und Pflege der Kontakte und des Austauschs. Ein Kennenlernen – et plus si affinités ... Denkt man an die vom Deutsch-Französischen Jugendwerk/Office franco-allemand pour la Jeunesse (DFJW/OFAJ) organisierten Jugendtreffen, an die von der Deutsch-Französischen Hochschule (DFH) geförderten integrierten Studiengänge, an die Frankreich- und

Frankophonieforschung sowie an die gemeinsame Forschung auf vielfältigen Feldern als Ergebnis der Vernetzung (sei es am Centre Marc Bloch, Centre interdisciplinaire d'études et de recherches sur l'Allemagne (CIERA) oder etlichen weiteren deutsch-französischen Verbund-Initiativen der Universitäten) – alle ermöglichen ein *métissage* der Kulturen, bei dem 1+1 nicht gleich 2 ist, sondern viel mehr.

5.

Irgendwann muss man zum Schluss kommen und eine bescheidene Bilanz für die Gegenwart ziehen.

Die Geschichte lehrt uns, dass Gefühle wichtig sind, aber auch die Nüchternheit und die Vernunft. Die Historiker und Historikerinnen sind bekanntlich dazu da, um ihre Mitmenschen etwas zu ‚stören' und gegen Legendenbildungen zu arbeiten. Wir müssen uns nur der Tatsache bewusst sein, dass unsere Meistererzählungen eine Funktion haben, als identitätsstiftend, als Modell, Mahnung und Herausforderung für die Nachfolgegenerationen von heute und morgen, damit ein Stillstehen des Motors für immer unmöglich ist.

Die Einblicke in die Tiefen, aber auch die Hochs der deutsch-französischen Geschichte lehren uns, dass neben dem Friedenswillen zwei Dinge eine zentrale Rolle spielten: erstens die Interessen, d. h. geistige und materielle Interessen, und zweitens die Methode. Diese beruht auf der Notwendigkeit der Kontakte und der Vernetzung der Bevölkerungen und Gruppen und der Notwendigkeit der Abstimmung und Kompromisssuche zwischen den Staats- und Regierungschefs in kleiner Runde.

Ein Paradoxon im deutsch-französischen Verhältnis innerhalb Europas blieb in all den Jahren unverändert bestehen: Das Tandem galt in allen Bereichen als unverzichtbare Keimzelle für den Fortschritt Europas, doch hatten beide Teile nicht selten divergierende Interessen und Ziele, noch dazu mit unterschiedlichen Methoden, verfolgt, sodass es stets große Mühe kostete, zu einer Annäherung zu gelangen. Die tagtägliche Kooperation war nicht immer Garant für den Erfolg in der Herausarbeitung gemeinsamer Strategien. Die Herausforderung bestand darin, die entgegengesetzten Interessen in ein System zu überführen, das die Anliegen des Einzelnen und der Gemeinschaft zum Nutzen aller in Einklang brachte. Ermöglicht wurde dies sicher auch durch das Machtgleichgewicht, das so lange anhielt wie die Teilung und die besondere Verantwortung Frankreichs für Deutschland. Sicher wurde es auch ermöglicht durch die Schaffung von Institutionen und Kooperationsstrukturen. Sie funktionierten aber, weil mit den Jahren eine deutsch-französische Methode im Umgang mit Eigenheiten und Kompromissen gefunden und praktiziert wurde. Sie ist einfach und besteht aus drei Schritten:

1. der Ermittlung der für beide Seiten unverzichtbaren Parameter,
2. der Identifizierung der unterschiedlichen Interessen und Ansätze und demnach aus
3. der Festlegung der konkreten gemeinsamen Vorgehensweise.

Das gilt für die Regierenden. Das gilt auch für alle Gruppen, darunter die Universitäten und Forschungsinstitutionen. Dazu leistet das Frankreichzentrum der Universität des Saarlandes seinen Beitrag.

Wo sind heute die Chancen? Wo die Gefahren? Kurz nach den Bundestagswahlen und einige Monate vor den Präsidentschaftswahlen in Frankreich haben wir im Vergleich zu 2017 eine umgekehrte Konstellation. Die deutsche Seite wird auf die französische warten müssen. Aber Frankreich, das im Januar die EU-Ratspräsidentschaft übernimmt, wartet bereits auf Deutschland, das wegen der komplizierten und möglicherweise langwierigen Koalitionsbildung bei der Ausarbeitung von gemeinsamen Projekten in Europa nicht mitmachen kann. Das ist keine Chance, sondern vielmehr ein Hindernis.

Die Chance liegt in den komplementären Stärken und in der gemeinsamen Erfahrung nach dem Prinzip, dass jeder das einbringt, was er hat. Das verlangt aber, dass man auch die Perspektive des anderen anerkennt und einnehmen kann. Ein sehr aktuelles Beispiel, auf das man hier in der Region empfindlich reagiert hat: die unterschiedlichen Ansichten zum Klimawandel und zum Übergang zu alternativen Energiequellen. Der von Frankreich befürworteten Nuklearenergie (67 % der Stromproduktion kommt von atomaren Energien) steht man in Deutschland sehr kritisch gegenüber. Zwar ist diese Art der Energiegewinnung klimaneutral und kostengünstig (der Ausstoß von CO_2 pro Megawatt/Stunde beträgt 12 Gramm, verglichen mit 490 Gramm bei der Energiegewinnung mit Kohle oder Gas), zugleich hat diese Energiequelle potenzielle Risiken und produziert große Mengen an Müll. Während Frankreich vor allem die Vorteile der atomaren Energiegewinnung hervorhebt (die Klimaneutralität), betont Deutschland vor allem die Risiken. Zwei Wahrnehmungen bzw. Ansichten, die kompatibel gemacht werden müssen, auch wenn sie die jeweils andere Seite extrem stören. Dies ist nur über Mittel der Kommunikation umzusetzen: reden, erklären und Worte finden.

Da sieht man, dass die deutsch-französische Zusammenarbeit kein leichtes Unterfangen ist. Und doch muss man zu Lösungen kommen, in Europa und für die Europäer, die langsam verstehen, dass sie aufeinander angewiesen sind.

Meine letzten Worte gelten dem bilateralen Engagement auf den Feldern, die im Aachener Vertrag als prioritär festgelegt wurden: Ich nenne nur, neben den technischen Sachen wie der bilateralen Kooperation im Bereich der Weltraumforschung und des Klimas, die uns hier direkt interessierende grenzüberschreitende Zusammenarbeit, die integrierten deutsch-französischen Institute und den deutsch-französischen Bürgerfonds, denn er fördert alle, die sich aktiv für eine starke europäische Zivilgesellschaft einsetzen und die deutsch-französische Projekte ins Leben rufen, die uns einander näherbringen.

Über Generationen und über Grenzen hinweg – so wie das noch sehr junge, aber bereits sehr ‚vernünftige' Frankreichzentrum der Universität des Saarlandes.

Impulsvorträge

„Europäische Kulturen aus deutscher und französischer Perspektive" am Centre Ernst Robert Curtius in Bonn

Michael Bernsen (Centre Ernst Robert Curtius, Universität Bonn)

Das Centre Ernst Robert Curtius (CERC) der Universität Bonn versteht sich in erster Linie als ein Forschungszentrum mit dem Schwerpunkt „Europäische Kulturen aus deutscher und französischer Perspektive". Das CERC knüpft an die Profilbreite des wirkungsmächtigsten Bonner Romanisten Ernst Robert Curtius – Literaturkritiker, Philologe und Kulturwissenschaftler – an. Der Forschungsschwerpunkt basiert auf der Grundannahme, dass die deutsch-französischen Beziehungen zu Beginn des 21. Jh. nicht mehr als ein ausschließlich bilateral zu erfassendes Phänomen betrachtet werden können. Vielmehr besteht Konsens darüber, dass diese Beziehungen in einen europäischen Rahmen einzubetten sind, der sich wiederum im Verhältnis und in der Wechselwirkung Europas zur globalisierten Welt definiert. Ziel ist es, europäische Diskurse und Konstruktionen auf den Prüfstand zu stellen, um Europa und seine weltweite Vernetzung aus den wechselseitigen Perspektiven Deutschlands und Frankreichs theoretisch neu zu denken.

In diesem Kontext führt das CERC zahlreiche Forschungsprojekte der Universität zusammen, die jeweils mit französischen Partner*innen durchgeführt werden. Als Beispiel können zwei Projekte dienen, die zeigen, auf welche Fragen sich das CERC fokussiert:

Zunächst das Projekt des Historikers und Didaktikers für Geschichte Peter Geiss, dass dieser zusammen mit seinem französischen Kollegen Sylvain Doussot von der Universität Nantes betreibt. Bei diesem Projekt geht es um die Frage nach dem „Historischen Lernen in Deutschland und Frankreich", konkret um die Beschreibung unterschiedlicher Positionen und Praktiken in beiden Ländern mit dem Ziel, mögliche Synergien zu fördern, um auf längere Sicht eine gemeinsame deutsch-französische Lehrerausbildung aufzubauen. Die Geschichtswissenschaft ist heute zwischen Deutschland und Frankreich grenzüberschreitend hervorragend vernetzt. Interpretatorische wie auch methodische Traditionen und Forschungstrends im jeweils anderen Land werden auf beiden Seiten intensiv rezipiert und haben zu vielfältigen Bereicherungen der Fachkulturen geführt. Solche produktiven

Verflechtungen im Bereich der Forschung stehen allerdings in einem deutlichen Kontrast zu jener Situation, die auf dem Feld der Geschichtsvermittlung anzutreffen ist, sei es auf schulischer oder universitärer Ebene. Hier begegnen sich Deutsche und Franzosen bisweilen mit Unkenntnis, Unverständnis bis hart an die Grenze zur Intoleranz. Besonders deutlich ist dies im Bereich des schulischen Geschichtsunterrichts zu beobachten. Deutsche Lehrkräfte und Didaktiker*innen schütteln mitunter den Kopf darüber, wie wenig die persönliche historische Urteilsbildung von Schüler*innen in Frankreich gilt und wie stark demgegenüber der Erwerb von Faktenwissen betont wird. Dabei übersehen sie jedoch z. B. die methodischen Stärken der französischen Unterrichtstradition bei der Entwicklung von Analyse- und Argumentationskompetenzen, wie sie klassisch im berühmten *Discours de la méthode* (1637) von René Descartes vorgedacht sind.

Ihre französischen Kollegen und Kolleginnen bekommen es hingegen mit der Angst zu tun, wenn sie sehen, welch voraussetzungsreiche Urteile man im Nachbarland von Jugendlichen verlangt. So sei es fachlich und didaktisch kaum seriös, Schüler*innen mal eben so zentrale Forschungspositionen zur ‚Kriegsschuldfrage' von 1914 ‚beurteilen' zu lassen, und das auf der Basis von kurzen Auszügen aus der Forschungsliteratur und denkbar dünnem Faktenwissen! Noch größer werden die Bedenken, wenn explizit Werturteile zu historischen Phänomenen eingefordert werden, die – so die Sorge in Frankreich – leicht in aktualistische Subjektivität abgleiten und analytische Zugänge zur Vergangenheit eher verstopfen als eröffnen.

Wir haben es hier also mit unterschiedlichen Vermittlungskulturen zu tun, die ihrerseits auf unterschiedlichen Denkstilen beruhen. Auf der universitären Ebene finden sich solche unterschiedlichen Vermittlungskulturen gleichermaßen: Man denke an die deutsche ‚Hausarbeit' (eher auf Tiefe und Spezialisierung zielend) und die französische *dissertation* wie auch den *commentaire de document* (beide eher auf Verknüpfungskompetenz und Synthese hin ausgerichtet). Der Geschichtsdidaktiker Sylvain Doussot hat gezeigt, wie sehr von den jahrelang erlebten und antrainierten Lehr- und Lernkulturen und auch von den ihnen zugeordneten Prüfungsformaten eine epistemologische Prägekraft ausgeht.

Ein genauerer Blick zeigt allerdings, dass sich die unterschiedlichen Vermittlungskulturen im Sinne einer Synthese überaus fruchtbar ergänzen können. So dürfte etwa die ‚deutsche' Urteilsorientierung von der ‚französischen' Fokussierung des Wissens – auch gerade in seiner fachterminologischen Dimension – und der Wertschätzung logischer Stringenz erheblich profitieren, wenn auf deutscher Seite bestehende Unkenntnis und Abwehrhaltungen überwunden würden. Umgekehrt wäre auf französischer Seite die für das deutsche System so charakteristische Einbeziehung des und der Schüler*in als deutende Persönlichkeit in den Lernprozess sicherlich von Interesse, zumal in Frankreich seit einigen Jahren eine Diskussion über die Stärkung des *esprit critique* in der historischen Bildung geführt wird. Voraussetzung für eine deutsch-französische Synthese im Bereich der Vermittlungskulturen wäre allerdings eine vergleichend ausgerichtete Erforschung der Vermittlungspraktiken in Schule und Universität auf breiterer empirischer Grundlage. Dies ist das Ziel des Forschungsprojekts.

Ein weiteres Projekt, das von mir selbst in Zusammenarbeit mit dem Schweizer Romanisten und Komparatisten Thomas Hunkeler von der Universität Fribourg durchgeführt wird, befasst sich mit grundsätzlichen Fragen der Literaturgeschichtsschreibung. Traditionelle literarhistorische Narrative wie das von Gustave Lanson, der anhand der großen Werke der französischen Literatur die Identität der Nation, den nationalen esprit francais, definieren will, lassen sich heutzutage nicht mehr vermitteln; an ihre Stelle sind Literaturgeschichten wie *French Global. A New Approach to French Literary History* von Christie McDonald und Susan Rubin Suleiman von 2010 oder bereits zuvor Dennis Holliers *A New History of French Literature* (1989) getreten. Das Forschungsinteresse des Projekts richtet sich auf die Möglichkeiten einer Literaturgeschichte, z. B. aus einer interkulturellen Perspektive. Es werden literarische Beispiele erfasst, die mentale Einstellungen beschreiben, die ihrerseits nationale Denkstile abbilden. Diese Frage schließt an mein im Dezember 2021 erschienenes Buch *Die indirekte Kommunikation in Frankreich. Reflexionen über die Kunst des Impliziten in der französischen Literatur* an.

Blickt man aus einer deutschen Perspektive auf die französische Kultur, dann fallen mehrere Punkte als unmittelbar alteritär auf:

1. Die zentralistischen Strukturen und die zentralistische Denkweise in Frankreich.
2. Die ganz andere Einstellung zur Zeit, da man in Frankreich die Dinge gerne im Gespräch entwickelt.
3. Die Bedeutung des persönlichen Kontakts, bei dem wertgeschätzt wird, wie die Person sich darstellt.
4. Die eingeforderte gute Beherrschung der französischen Sprache.
5. Die herausragende Stellung der französischen Kultur und Geschichte im Bewusstsein der Gesprächspartner und
6. Die komplizierten Regeln der Kommunikation, die in Frankreich zumeist subtil, mit einer regelrechten Kunst des Impliziten umgesetzt werden.

Die einzelnen Punkte hängen unmittelbar miteinander zusammen: Sie sind die Folge der zentralistischen Entwicklungen in Frankreich, die insbesondere im 17. Jh. mit der Herausbildung des absolutistischen Machtstaates Konturen gewonnen haben. Die vertikal-zentralistischen Strukturen der Gesellschaft dieser Epoche bedingen eine Entwicklung der Sprache, welche einheitlichen Regeln unterworfen wird. Durch die Konzentration des Lebens der französischen Oberschicht am Hof von Versailles und in den Salons von Paris entsteht zugleich eine herausragende Kultur, die in Europa die *exception culturelle* Frankreich begründet hat.

In dieser Gesellschaft der Freizeit, die sich vor allem über ihre kulturellen Leistungen definiert, bildet sich ein besonders entspanntes Verhältnis zur Zeit heraus. Und letztlich – dies ist wohl eine der auffälligsten kulturellen Besonderheiten in Frankreich – haben die vertikalen Strukturen der Gesellschaft unmittelbare Auswirkungen auf die Art und Weise der Kommunikation: Die Konversationen in den Salons eröffnen dem Einzelnen die Möglichkeit, über die indirekte Kommunikation maßgebliche Persönlichkeitsideale wie die *civilité*, die *politesse* oder die *grâce* in Szene zu setzen. Die indirekten Formen der Kommunikation werden zum Maßstab des Verhaltens, die über den Bereich der Freizeit hinaus dann auch den Umgang im geschäftlichen Bereich und sogar die wissenschaftliche Auseinandersetzung bestimmen. Eine groß angelegte Untersuchung der Universität Paris II, Panthéon–Assas[1], von 2015 zeigt, dass die indirekte Kommunikation auch heute noch das auffälligste kulturelle Merkmal in Frankreich ist, welches ausländische Führungskräfte, die in Frankreich arbeiten, besonders irritiert. Über 2500 Manager*innen aus 96 Ländern haben die *communication à la française* als Problem bezeichnet, welche den Beteiligten stets abverlangt, zwischen den Zeilen zu lesen. Auf der einen Seite spielt die persönliche Beziehung sowie das darauf ausgerichtete Bedürfnis nach ständigen Gesprächen eine große Rolle; die Konversation ist der Ort in einer zentralistisch strukturierten Umgebung, an dem die Individuen ihre Persönlichkeit zur Geltung bringen können. Auf der anderen Seite erlaubt die zentrale Ausrichtung der Entscheidungsstrukturen – vor allem von unten nach oben – nur indirekte Äußerungen. Damit spiegelt die indirekte Kommunikation ein Paradox: Sie erlaubt es der jeweiligen Person, sich geschickt in Szene zu setzen und sich den zentralen Geboten der Kommunikation anzupassen. Auf der anderen Seite kann sich der einzelne qua Kunst des Impliziten aber auch den zentralen Geboten per Verstellung entziehen oder gar widersetzen.

Dieses Paradox wird bereits im 17. Jh, in der Phase, in der sich die indirekte Kommunikation als ein mentaler Habitus herausbildet, in zahlreichen Traktaten reflektiert. Verhaltensnormen einer *politesse*, *décence*, *grâce* und ähnliche werden etabliert, welche die Mitglieder als *bienséances* verinnerlichen. Auf der einen Seite wird die indirekte Form der Kommunikation als Zeichen einer Zurückhaltung und Bescheidenheit, als Ausdruck dezenten Verhaltens beschrieben. Indirekte Kommunikation ist auf diese Weise Ausweis eines moralisch und ethisch vorbildlichen Auftretens. Flankiert wird dieses Verhalten von einer ästhetisch-spielerischen Seite, die es den miteinander kommunizierenden Sprecher*innen erlaubt, im Kreis der Salons *élégance*, *charme* und *grâce* zur Schau zu stellen.

---

1 „The French Management Culture: an Insider View from Outside" von Frank Bournois, Yasmina Jaidi und Ezra Suleiman, https://www.xerficanal.com/strategie-management/emission/Yasmina-Jaidi-Commentles- etrangers-voient-les-managers-francais_2907.html [01.03.2022]. Auch in: https://www.youtube.com/wa tch?v=1S0862QmTQs [01.03.2022]

Auf der anderen Seite gibt es schon im 17. Jh. eine pragmatisch-utilitaristische Betrachtung des kommunikativen Verhaltens der Höflinge sowie der Mitglieder der Salons. In dieser Perspektive wird die indirekte Kommunikation als notwendige Folge der zentralen Ausrichtung der Gesellschaft mit ihren *bienséances* beschrieben. Diese, ob in impliziter oder expliziter Form, führen zu Formen der Verstellung. Indirekte Kommunikation steht also immer in einem Spannungsfeld: Sie kann als ästhetisch-spielerisches und moralisch-ethisches, Geselligkeit förderndes Verhalten idealisiert und zugleich realistisch als notwendige Verstellung und nicht zu vermeidendes gesellschaftliches Übel angesehen werden. Eine Untersuchung der indirekten Kommunikation in Frankreich gehört somit zunächst in den Bereich der Mentalitätsgeschichte.

Sie gehört jedoch auch in den Bereich der Literaturwissenschaft und der Literaturgeschichtsschreibung, da es zu einem großen Teil literarische Texte sind, die Konversationen älterer Epochen wiedergeben und diese kritisch reflektieren. In der Literatur verstanden als ‚Wort-Kunst' werden fiktive Konversationen übermittelt, die vorgeben, mimetisch die Oralität einer Zeit abzubilden. Zum anderen besteht zwischen der mündlichen Konversation, die durch die Kunst des Impliziten geprägt ist, und der Literatur eine enge Verbindung: Literatur hat per Definition mit indirekten Formen der Äußerung zu tun. Sie lebt von den vielfältigen Möglichkeiten der Einkleidung der Gedanken in Worte, wovon schon Cicero in seinen Schriften zur antiken Rhetorik gesprochen und die Macrobius im Mittelalter als *narratio fabulosa* mit ihren verborgenen Wahrheiten als *integumentum* bzw. *involucrum* bezeichnet hatte.

Eine interkulturelle Literaturgeschichte sollte also diejenigen Texte behandeln, die das indirekte Sprechen nicht nur wiedergeben, sondern dieses auch auf einer Metaebene reflektieren. Was die literaturgeschichtliche Verknüpfung solcher Beispiele angeht, so ist bekannt, dass Mme de La Fayettes Infragestellung des indirekten Sprechens durch die Einführung des ‚Geständnisses' in ihrem Roman *La Princesse de Clèves* (1678) Reaktionen Rousseaus in der *Nouvelle Héloïse* (1761) hervorgerufen hat. Und auch die indirekte Redeweise des sogenannten *libertinage*, der seinen Lustgewinn vor allem aus der Kunst des Impliziten zieht, hat sich von der Sprache der *petits-maîtres* bei Crébillon zu der der *roués* bei Laclos gewandelt. Vorerst geht es allerdings nicht darum, solche historischen Entwicklungslinien zu ziehen, was man in späteren Arbeiten immer noch tun kann. Zunächst geht es darum, erst einmal typologisch unterschiedliche Fälle aus unterschiedlichen Zeiten und Kontexten zu erfassen, zu besprechen und voneinander abzugrenzen. Auf diese Weise ist eine unvermeidbar selektive Auswahl an Beispielen vom 16. Jh. bis zum 21. Jh. entstanden, die von Clément Marot, über Mme de la Fayette, La Fontaine, Molière, Rousseau, Diderot, Crébillon, Laclos, Balzac, Sainte-Beuve, Proust, Nathalie Sarraute bis hin zu Yasmina Reza führt.

Ziel beider Bonner Projekte und einiger weiterer ist die Herausarbeitung von Denkstilen, mentalem Habitus und Vermittlungskulturen. Unter solchen Leitfragen führen wir Projekte in einer Forschergruppe zusammen, die aus den unterschiedlichsten geisteswissenschaftlichen Disziplinen stammen.

Dies gilt auch für weitere Projekte, die hier nur kurz in chronologischer Abfolge erwähnt werden können:

Der Althistoriker Konrad Vössing aus Bonn zeigt zusammen mit seinem Kollegen Hervé Inglebert von der Universität Paris X, welche unterschiedlichen musealen Konzepte Ausstellungen über Migrationsbewegungen bei Ausstellungen zur Invasion der Barbaren in der Spätantike in französischen und deutschen Museen im 20. und 21. Jh. zugrunde gelegt wurden.

Die Latinisten Gernot Michael Müller aus Bonn und Véronique Duché von der Universität Melbourne befassen sich mit der humanistischen Geschichtsschreibung im 16. Jh. in Frankreich und Deutschland im Horizont des frühneuzeitlichen Nationendiskurses und versuchen diese Historiographie im Rahmen universalistischer und regionalistischer Anschauungsmuster einzuordnen.

Die Gräzisten Thomas A. Schmitz aus Bonn und Noga Mishliborsky aus Paris beschäftigen sich mit der „Antikenrezeption im Rahmen der deutsch-französischen Kulturbeziehungen" als einer *Histoire croisée*. Sie untersuchen, wie die Antikenrezeption in unterschiedlichen Epochen Möglichkeiten kultureller Identität stiften kann, z. B. dann, wenn man im Deutschland des 18. Jh. aus kultureller Unterlegenheit dem vermeintlich ‚lateinischen', rhetorisch-oberflächlichen und in steriler Imitation verhafteten Frankreich die Idee eines besonderen ‚griechischen', philosophisch-tiefen, an der ursprünglichen Volksdichtung orientierten Deutschlands entgegenstellt.

Der Bonner Komparatist Christian Moser geht zusammen mit seinem Kollegen Sean Allan aus St Andrews mit dem Projekt „Literature, the Arts, and the Transformations of the Public Sphere, 1750–1815" der Frage nach, welche Narrative und Anschauungen die sozialen Bindungen in Phasen des Umbruchs der Öffentlichkeit seit dem Beginn des 19. Jh. in Frankreich, Deutschland und England beschreiben und in welchen Gattungen diese Überlegungen stattfinden.

Christina Schröer aus Bonn setzt sich zusammen Valentine Zuber aus Paris in einer vergleichenden Perspektive mit der Entstehung und Entwicklung von vermeintlich ‚nationalen' Säkularitätsregimen im 19. Jh. auseinander. Das Projekt „Im Namen des Fortschritts, der Menschheit und des Vaterlandes: Eine deutsch-französische Säkularitätsgeschichte" (1830-er Jahre–1914) nimmt akademische Debatten über die Grenzen von Religion (Philosophie, Naturwissenschaften, Soziologie), politische Projekte an den Rändern des religiösen Feldes (Wissenschafts- und Rechtspolitik) sowie neureligiöse Praktiken und säkulare Kulte (vor allem Wissenschaftskulte und Religionen) in den Blick, um zu zeigen, wie Normen und Beziehungen – sei es in emanzipatorischer oder integrierender Absicht, sei es zur Legitimation von rassistischer Unterdrückung und kolonialer Vorherrschaft im 19. Jh. – verhandelt werden.

Schließlich denkt der Philosoph Markus Gabriel zusammen mit seinem Kollegen Jocelyn Benoist aus Paris in einem eigens gegründeten Centre de Recherches sur les Nouveaux Réalismes (CRNR) über die Weiterentwicklung von realistischen Denkansätzen nach, die insbesondere in Frankreich und Deutschland in den letzten Jahren Fahrt aufgenommen haben. Bei aller Diversität teilen neurealistische Denkansätze die Überzeugung, dass Konventionen, Gewohnheiten, kulturelle Vorurteile und andere Kontextbedingungen unseres Wissenserwerbs in den meisten Fällen nicht dafür sorgen, dass sich die Tatsachen nach uns richten. Die Stoßrichtung dieser Denkansätze wendet sich damit gleichermaßen gegen postmoderne Strömungen und gegen einseitige naturwissenschaftliche Szientismen.

Bei einem Kongress[2], der im Oktober 2022 stattfand, werden die Initiatoren und Initiatorinnen dieser Projekte die theoretischen und methodischen Prämissen ihrer Vorhaben explizit offenlegen und auf einer Metaebene deutlich machen, was sie theoretisch und methodisch genau tun. Die Kolleginnen und Kollegen sollen beschreiben, auf welchen Forschungsgebieten sie ihre Überlegungen ansiedeln und erkennbar machen, auf welchen Feldern sie sich genau bewegen, beispielsweise auf dem der Denkstilforschung, der Nationalismus-Forschung, der Wissenskulturforschung, der Kulturtransferanalyse, der *Histoire croisée*, der Kommunikations- und Medienanalyse usw. Da sich alle Projekte mit dem deutsch-französischen Verhältnis im europäischen Kontext befassen, stehen die impliziten Narrative im Zentrum, die den Reflexionen der einzelnen Vorhaben zugrunde liegen. So sind die deutsch-französischen Beziehungen in der Vergangenheit z. B. als ‚ein Verhältnis freundlicher Indifferenz', als ‚eine strukturell ähnliche Entwicklung zweier unterschiedlicher Nachbarn', als ‚ein Verhältnis, dass sich vom Feind zum Freund gewandelt hat', als ‚ein gegenseitiges Nicht-Verstehen als Bedingung pragmatischer Zusammenarbeit' oder als ‚ein zwangsläufiges Aufeinanderbezogensein' beschrieben worden. Forschungsprojekten zum deutsch-französischen Verhältnis liegen immer Narrative zugrunde, die zumeist eher impliziert sind, als bewusst mitgedacht zu werden. Vertreter*innen der anderen Frankreichzentren in Deutschland sind herzlich eingeladen, ähnliche Projekte in den Bonner Forschungs-Verbund einzubringen.

---

2 Die Tagung des Bonner CERC am 27. und 28. Oktober 2022 unter dem Titel „Denkkulturen. Kognitive Ordnungen und kulturelle Paradigmen in der Europäischen Verflechtung".

Etudes françaises et francophonie extra-européenne

Véronique Porra (Zentrum für Frankreich- und Frankophoniestudien Mainz/Johannes Gutenberg-Universität Mainz)

De plus en plus de départements et de centres d'études françaises ont procédé, ces dernières années, à une définition extensive de leurs domaines d'études et de leur champ d'action, en intégrant à leurs programmes, voire à leur dénomination, des éléments issus de la francophonie extra-européenne. Si par le passé, de nombreux centres intégraient déjà cette composante, il semble que la nature de son implantation se soit modifiée depuis le début des années 2000.

En 1999, János Riesz avait dressé un état des lieux et noté que les études francophones s'organisaient alors en centres de recherches plus spécifiquement concentrés sur des (sous-)régions (*Area Studies*) : Afrique subsaharienne, Maghreb, Caraïbes, Québec et Etudes nord-américaines, etc.[1] En 2006, dans un article intitulé « Les 'Etudes francophones' – questionnement et mises en perspective comparatistes et transculturelles », Hans-Jürgen Lüsebrink suggérait la nécessité de dépasser ce modèle des *Area Studies* pour privilégier de nouvelles approches transversales.[2] Si certains centres spécialisés se sont maintenus, les restrictions budgétaires ainsi que les logiques généralistes introduites en partie par le processus de Bologne et ses cursus formatés et économiquement rationnalisés ont eu raison de nombreuses structures. Le décloisonnement, qui aurait dû être conçu comme un atout, une ouverture sur de nouvelles problématiques, a souvent été forcé pour des raisons fort éloignées des critères scientifiques, et a parfois évolué vers une forme de dilution des études francophones, reléguées dans de nombreux départements au statut de composante exotique des études françaises. Dès lors, on constate une tendance paradoxale à l'institutionnalisation de la composante francophone, qui désormais apparaît plus fréquemment dans les appellations et les statuts d'ensembles moins spécifiques. Le fait que les *Frankreichzentren* allemands

---

1 Cf. Riesz, János : Les études de francophonie dans les universités de langue allemande. Esquisse d'une problématique et bilan provisoire, ds. : *Cahiers de l'Association internationale des études françaises* 51 (1999), 49–63.
2 Cf. Lüsebrink, Hans-Jürgen : Les 'Etudes francophones' – questionnement et mises en perspective comparatistes et transculturelles, ds. : *Lendemains* 122–123 (2006), 102–114.

soient actuellement répertoriés par le DAAD (Deutsche Akademische Austauschdienst) sous l'appellation de « centres d'enseignement et de recherche sur la France et la francophonie », est également un indice de cette évolution.

Or, cette visibilité grandissante reflète certes l'intérêt croissant des acteur·rice·s des études françaises pour le fait francophone, en particulier extra-européen, mais entre aussi en écho avec des désirs ou des angoisses d'ordre politique ou fait, pour des raisons parfois aussi d'ordre économique, l'objet d'une forme de neutralisation. Face aux évolutions contemporaines, il semble plus que jamais nécessaire de réfléchir au statut des études francophones, des défis qu'elles représentent, mais aussi et surtout à leur caractère constitutif des études françaises.

1. Francophone – Francophonie : un sémantisme complexe et ambivalent

Le premier défi auquel doit faire face toute institution qui envisage d'intégrer la composante francophone à son champ de compétences réside assurément dans la définition et la délimitation du champ sémantique. Bien au-delà de son sens étymologique, qui renvoie à un ensemble de locuteur·rice·s 'parlant français', le terme de francophonie recouvre en tout premier lieu une acception linguistique complexe. Très vite se pose la question des critères retenus. Or, en fonction de la nature de la démarche, ceux-ci peuvent considérablement varier, selon que l'on est mu par des intérêts scientifiques ou des préoccupations pragmatiques d'ordre stratégique, politique ou économique.

Intrinsèquement liée à l'acception linguistique, la francophonie culturelle désigne l'ensemble des productions culturelles de langue française : littérature, cinéma, performances artistiques, etc.

Ces deux premières acceptions se doublent d'une acception spatiale tout aussi compliquée à définir que l'ensemble linguistique ou culturel, puisqu'elle en est tributaire. Le terme de francophonie désigne tantôt l'ensemble des espaces où la langue française est langue officielle, de communication, de socialisation ou de culture, tantôt un espace institutionnalisé et conçu comme un acteur géopolitique,[3] celui des pays membres de l'Organisation Internationale de la Francophonie (OIF), généralement différenciée par l'emploi de la majuscule.

Or, force est de constater que la Francophonie (institutionnelle et politique) ne recouvre pas forcément les champs géographiques des autres acceptions : l'Algérie, par exemple, ne fait pas partie de la Francophonie malgré un nombre non négligeable de locuteur·rice·s et une production culturelle de langue française très im-

---

3   Voir l'étude de Glasze, Georg : *Politische Räume. Die diskursive Konstitution eines « geokulturellen Raums »*, Bielefeld 2013.

portante, alors que la Bulgarie en est partie intégrante. Le critère officiel de 'pays ayant le français en partage' fluctue pour des raisons d'influence, et sert de fait une définition extensive de la francophonie linguistique[4] qui vient nourrir un fantasme de grandeur et d'expansion, ainsi qu'en témoignent les chiffres publiés sur le site de l'OIF, de 321 millions de locuteur·rice·s et de 1,2 milliards d'habitant·e·s.[5]

Par ailleurs, le sémantisme varie en fonction des points de vue : si dans l'ensemble, 'francophone' distingue des locuteur·rice·s, espaces ou productions d'autres groupes qui seraient identifiés comme anglophones, hispanophones, lusophones, etc., ce terme, en France et, par analogie, dans le cadre des centres d'études françaises, désigne en premier lieu ce qui se fait en langue française mais n'est pas français. En revanche, 'francophone' au Québec s'inscrit en premier lieu dans une opposition binaire historique avec la composante anglophone de la vie politique et culturelle.

Se pose alors immanquablement la question de la définition de l'objet dont nous parlons et, ce faisant, des modalités complexes de son intégration institutionnelle. Cette intégration est d'autant plus complexe que les études francophones extra-européennes sont parcourues de tensions liées aux conditions historiques de leur émergence et aux enjeux sociaux de leurs développements. Ce sont là autant d'éléments dont la connaissance est essentielle si l'on veut éviter les écueils politiques voire diplomatiques et les procès d'intention.

---

4   L'OIF tire ces chiffres de l'édition 2022 de *La Langue française dans le monde*. Ce long rapport publié chez Gallimard en coédition avec l'Organisation Internationale de la Francophonie fait état de 321 millions de francophones et se réfère, pour le calcul, à l'étude menée par Richard Marcoux, Laurent Richard et Alexandre Wolff dans le cadre de l'ODSEF (Observatoire Démographique et Statistique de l'Espace Francophone) : *Estimation des populations francophones dans le monde en 2022. Sources et démarches méthodologiques*, ODSEF, Université Laval, Québec 2022 : « Ce n'est qu'au début des années 2000 que la catégorisation 'francophone' d'une part et 'francophone partiel' d'autre part a été utilisée, et maintenue par la suite (OIF, 2003, 2005, 2007 et 2010). D'après cette définition, est 'francophone' toute 'personne capable de faire face, en français, aux situations de communication courante' et 'francophone partiel' toute 'personne ayant une compétence réduite en français, lui permettant de faire face à un nombre limité de situations' (OIF, 2003, 15) » (1–2). Le rapport précise par ailleurs que la distinction entre francophones et francophones partiels a été abandonnée dans les rapports postérieurs à 2014, ouvrant la voie à une vision d'autant plus extensive qu'elle n'est plus différenciée.

5   Voir OIF : *Qui sommes-nous ? Les acteurs de la coopération francophone*, http://www.francophonie.org/qui-sommes-nous-5 [25/05/2022] et OIF : *La Langue française dans le monde*, https ://www.francophonie.org/node/305 [25/05/2022].

2. Tensions, susceptibilités et préjugés : les défis d'une institutionnalisation

Une grande partie de la francophonie extra-européenne est liée aux diverses phases de l'expansion coloniale française.

Le premier point de tension est donc inhérent à l'histoire même de la présence de la langue française hors d'Europe. En effet, que l'on parte de la définition spatiale, linguistique, culturelle ou politique, la francophonie extra-européenne est issue d'une histoire douloureuse, faite de déplacements, de relations de domination, de conflits plus ou moins violents, et donc de fait à la fois d'échanges culturels intenses même si souvent forcés, de fascination réciproque et de ressentiments, de négation culturelle, de pillages mais aussi d'enrichissements mutuels, de dialogues, de transferts culturels[6] et d'hybridations en tous genres. Pour cette francophonie que l'on appelle aussi postcoloniale, la langue française est moins évoquée comme la langue des droits de l'homme que comme un 'butin de guerre',[7] métaphore à travers laquelle s'organise tout un discours de subversion postcoloniale, qui touche tout autant le domaine politique que culturel.

Le terme de Francophonie, initialement utilisé par le géographe Onésime Reclus à la fin du XIXe siècle pour appréhender l'espace de langue française issue de l'expansion coloniale, a en effet été réactivé au début des années 1960, en particulier par Léopold Sédar Senghor dans des articles célébrant la dimension culturelle et humaniste de la langue française et qui serviront ultérieurement à légitimer la francophonie institutionnelle et culturelle.[8] Certains de ces accents seront par la suite – dans des lectures parfois un peu simplistes – souvent assimilés à la reproduction d'un habitus ou discours colonial qui postulerait une supériorité de l'esprit dont la langue serait le vecteur privilégié, notamment chez de nombreux·euses intellectuel·le·s africain·e·s de la deuxième moitié du XXe siècle, ayant vu en Senghor un pur produit de l'assimilation. Du fait de ce lourd héritage, tout ce champ sémantique reste aujourd'hui marqué du sceau du soupçon.

Le deuxième point de tension, qui est partiellement une conséquence du premier, vient du maintien d'une exigence institutionnelle de ce que François Proven-

---

6 Sur la notion de transfert culturel et les phénomènes d'hybridité qu'il implique, voir notamment les travaux de Espagne, Michel : La notion de transfert culturel, ds. : *Revue Sciences/Lettres* 1 (2013), http://journals.openedition.org/rsl/219 [10/12/2020].

7 Initialement employé par Kateb Yacine, ce registre métaphorique est repris par de nombreux créateur·trice·s et intellectuel·le·s francophones jusqu'au tournant du XXIe siècle.

8 Voir en particulier Senghor, Léopold Sédar : Le français, langue de culture, ds. : *Esprit* (1962), 837–844 et La francophonie comme culture, ds. : *Négritude, Arabité et Francité. Réflexions sur le problème de la culture*, Beyrouth 1969, 124–125.

zano, dans son ouvrage *Vie et mort de la Francophonie* (2011)[9], aborde en termes de « francodoxie », en somme d'orientation de la francophonie à la doxa française, qui se traduit par une attente normative très forte. Dès lors, l'intégration des études francophones aux études françaises peut être ressentie comme la reproduction d'un vieux geste de prise de possession, une sorte d'assimilation culturelle de la parole esthétique ou historique de l'autre ; ou, à travers la mise en évidence de son potentiel de différence, comme la confirmation d'un modèle centre-périphérie qui a longtemps nourri des représentations imaginaires d'autant plus solides qu'il reposait sur des constructions historiques. Cet imaginaire d'un centre français dont dépendraient des périphéries francophones, issu de la nature même du colonialisme français, s'est en quelque sorte perpétué dans les structures mêmes qui garantissent la visibilité culturelle d'une grande part des productions culturelles francophones, notamment tout le système d'institutionnalisation et d'édition. Cette francophonie culturelle serait donc de fait soit soumise à la normativité française, soit valorisée pour son potentiel de déviance exotique, et donc de fait périphérisée pour ne pas dire marginalisée. Pour de nombreux·euses écrivain·e·s et créateur·rice·s, être catalogué·e·s sous l'appellation de francophone serait dès lors synonyme de marginalisation institutionnelle. Par ailleurs, pour certain·e·s critiques français·e·s attaché·e·s à l'idée d'une pureté (esthétique ou ethnique) de la création, les créations francophones ne seraient alors que des sous-produits de la culture française, champ auquel elles seraient exclusivement destinées.[10] Il est intéressant de constater que cette dernière attitude de rejet peut tout à la fois venir de positions conservatrices de critiques attaché·e·s à une vision traditionnelle de la culture française ou d'africanistes dénonçant l'origine coloniale du recours au français voire à certains genres littéraires comme le roman, et donc ce qu'ils identifient comme un manque d'authenticité de ces productions. Au demeurant, cette posture, qui repose sur une vision essentialiste de la culture, n'est pas non plus étrangère à l'Université ou à certaines institutions culturelles allemandes.[11]

Le troisième point de friction est d'ordre sociétal et a trait à la « fracture coloniale », identifiée par Pascal Blanchard, Nicolas Bancel et Sandrine Lemaire dans

---

9   Provenzano, François : *Vie et mort de la francophonie. Une politique française de la langue et de la littérature.* Bruxelles 2011.

10 Sur les limites de ce discours de la marginalisation et leurs ambiguïtés, voir notre article : Porra, Véronique : De la marginalité instituée à la marginalité déviante ou Que faire des littératures africaines d'expression française contemporaines ?, ds. : *Revue de Littérature Comparée* 314 (2005), 207–225.

11 Citons ici les deux pôles extrêmes de cette dévalorisation de la francophonie culturelle – celle d'une frange ultra-conservatrice de la Romanistique allemande d'une part, qui tend à considérer son institutionnalisation comme une forme de décadence ; et de l'autre de nombreux africanistes, qui n'y voient qu'un ultime résidu colonial sans aucune légitimité culturelle.

leur ouvrage éponyme de 2005[12] puis par les travaux du groupe de recherche Achac, dont l'écho est aujourd'hui amplifié par des polémiques autour des études postcoloniales et décoloniales sur lesquelles j'aurai l'occasion de revenir. Or, une partie de cette rupture qui caractérise la société française contemporaine se révèle au travers des études francophones, de certaines expressions artistiques mais aussi de prises de paroles d'intellectuel·le·s et d'universitaires issu·e·s de ces domaines. Ce diagnostic, qui appelle une prise en compte de dimensions historiques jusque-là absentes du 'récit national' et une approche décloisonnée des études françaises, se heurte alors à la montée des mouvements nationalistes. Oscillant entre une tentation négationniste qui tend à considérer comme non avenu tout élément historique susceptible de porter atteinte à l'image d'une France éternelle et sublime, des appels récurrents à la primauté de l'intérêt de l'Etat dans tout domaine et des accents relevant du simple conservatisme, de nombreux politiques, mais aussi de plus en plus d'universitaires tendent à diaboliser ces ouvertures épistémologiques. Celles-ci sont alors dénoncées comme trahison, ou, dans le meilleur des cas, comme postures idéologiques sans fondement scientifique. Dans le domaine universitaire et culturel, l'*Histoire mondiale de la France* publiée sous la direction de Patrick Boucheron en 2017,[13] ouvrage historiographique qui entreprenait de décloisonner l'historiographie nationale en vigueur depuis Jules Michelet en s'intéressant entre autres à de nombreux aspects touchant à l'histoire coloniale et postcoloniale, a ainsi par exemple fait les frais d'une réception hostile, pour laquelle la pensée des frontières restait un postulat de base.

3. Pour une prise en compte du fait francophone au sein des études françaises

Que la notion de francophonie ou les productions culturelles francophones – de par leur héritage colonial et leur dimension post- voire décoloniale – fassent ou non l'objet de querelles politiques et idéologiques ne change rien au fait qu'elles sont, de nos jours et depuis quelques décennies, bel et bien constitutives de la culture et de la société françaises.

Comme l'ont très bien montré Matthias Middell, Ingo Kolboom, puis plus tard Georg Glasze, la Francophonie politique s'est, depuis les années 1960, lentement constituée comme un espace d'influence socio-économique et comme un acteur géopolitique. De fait, historiquement, la Francophonie – en tant que sphère d'influence politique, stratégique, économique – impacte l'histoire de nombreux espaces au niveau mondial, et en retour, de fait, l'histoire et le fonctionnement de la

---

12   Blanchard, Pascal/Bancel, Nicolas/Lemaire, Sandrine (dir.) : *La Fracture coloniale. La société française au prisme de l'héritage colonial*, Paris 2005.
13   Boucheron, Patrick : *Histoire mondiale de la France*, Paris 2017.

société française. A ce titre, elle relève certes de dynamiques mondiales et transrégionales, mais revêt aussi une importance indéniable pour la géostratégie française. Le discours autour duquel se constitue cette communauté qu'est la Francophonie institutionnelle, centré sur la notion de partage (de la langue mais aussi de valeurs, telles que la démocratie, les droits de l'homme, le droit des peuples, la diversité, etc.), est aussi l'interface d'une politique plus axée sur les intérêts nationaux et parfois très éloignée des idéaux universalistes et humanistes officiellement mis en avant. L'un des exemples les plus récents illustrant cette ambiguïté voire cette collusion entre le discours utopiste de la Francophonie et la réalité d'une certaine politique africaine de la France,[14] est sans aucun doute le rapport Duclert, publié en mars 2021,[15] qui documente justement l'importance de cette idée d'influence francophone et ses terribles répercussions. A partir d'un travail d'archives considérable, il démontre en effet le lien de causalité partielle entre une pensée de la Francophonie comme vecteur de pouvoir et le génocide rwandais. Ce rapport insiste en effet sur le fait que l'une des raisons du soutien apporté par la Présidence de la République française au régime dictatorial hutu résidait dans la volonté – pour des raisons moins culturelles que politiques, économiques, stratégiques – de maintenir une zone d'influence francophone contre une avancée anglophone, incarnée par l'armée du FPR (Front Patriotique Rwandais) et le retour potentiel des Tutsis exilés, en provenance essentiellement d'Ouganda.

Mais la composante francophone n'impacte pas la société française que par le biais des questions de politique étrangère. Au-delà de leur intérêt artistique, de leur potentiel d'innovation et de leur travail sur les esthétiques qui, loin des polémiques sur une prétendue décadence ou un manque d'authenticité, a été documenté par de très nombreuses études, les créations francophones contribuent à véhiculer discours et représentations qui modèlent aussi le quotidien.

Comme nous l'avons évoqué précédemment, la dimension francophone de la culture française a longtemps fait l'objet de phénomènes de marginalisation paradoxaux. Cela vient pour une part du renvoi des études postcoloniales à un 'angle mort' par de nombreux·euses acteur·rice·s de la vie universitaire, culturelle et politique française ;[16] mais aussi du fait que ces créations portaient en elles, la plupart

---

14 Depuis quelques décennies, on assiste à une critique massive de l'interventionnisme – déclaré ou clandestin – de la France en Afrique avec, en particulier, la dénonciation des réseaux de la « Françafrique ». Ce terme, initialement utilisé par des journalistes, tend à se généraliser et fait de nos jours de plus en plus l'objet de prises de paroles politiques critiques voire de recherches universitaires.

15 Cf. Commission de recherche sur les archives françaises relatives au Rwanda et au génocide des Tutsi : *La France, le Rwanda et le génocide des Tutsi (1990–1994)*. Rapport remis au Président de la République le 26 mars 2021, Paris 2021 [Rapport Duclert].

16 Cf. L'étude de Moura, Jean-Marc : *Littératures francophones et théorie postcoloniale*, Paris 1999. Plusieurs fois rééditée depuis, elle a longtemps fait figure d'exception. La traduction très tar-

du temps, cette trace d'histoire coloniale, dont le récit national depuis Charles De Gaulle tendait à effacer les zones d'ombre dans une forme de programmation de l'amnésie collective.

Pour autant, ces créations francophones, qui pour une partie d'entre elles se conçoivent comme des prises de paroles subversives, sont encore très souvent éditées à Paris, où elles rythment par exemple les rentrées littéraires.[17] En effet, pour ce qui est des productions culturelles, le maintien de la langue française et les structures éditoriales ou plus généralement les institutions culturelles restent dominées par le champ français, et le fait de ne pas vouloir aborder ces productions pour ce qu'elles sont vraiment, notamment entre 1960 et 2000, ne suffit pas à les faire disparaître. Dès lors, elles constituent un patrimoine francophone en France avec lequel vont se développer toutes sortes de dialogismes.

Pour voir s'amorcer un changement dans l'appréhension de cette composante socio-culturelle en France, il faut cependant attendre le début des années 2000. Nous assistons alors à ce que l'on peut désormais désigner du terme de *memorial turn* à la française, dont le volume *La Fracture coloniale* (2005) participe pleinement. Le travail mémoriel devient dès lors systématique et impacte profondément les discours politiques, les productions artistiques et des études culturelles en France. Les débats autour de la loi de février 2005, qui prévoyait, dans son article 4, l'intégration au programme d'enseignement du « rôle positif de la présence française outre-mer »[18], cristallisent le potentiel conflictuel de cette mémoire (post)coloniale et sont en cela emblématiques de l'articulation entre voix francophones et enjeux politiques. Le fait que la prise de parole d'Aimé Césaire, certes homme politique mais surtout figure tutélaire de la Négritude et de ses voix poétiques puissantes, contribue de façon majeure à la censure tardive de l'article 4 de cette loi, est en cela emblématique : lorsque l'on évoque/invoque alors Césaire, c'est moins à l'ancien maire de Fort de France ou au député de la Martinique qu'à l'auteur du *Cahier d'un retour au pays natal*, brûlot ayant réveillé la douloureuse mémoire de l'esclavage en 1939 et texte matriciel de nombreuses prises de paroles francophones, que l'on se réfère. Dans la décennie 2005–2015, le travail de mémoire confine alors presque à l'obsession, mettant à l'avant-scène précisément tous ces éléments oblitérés de la

---

dive en français des grands classiques des *Postcolonial Studies* en français (Homi K. Bhabha, Bill Ashcroft *et al.*, mais aussi Gayatri Chakravorty Spivak dans le domaine des *Subaltern Studies*) plus de vingt ans après leur parution aux Etats-Unis et à une période où ces théories avaient considérablement évolué, illustre une forme de refus de ces approches avant 2005.

17 Généralement bien reçues par la critique, ces œuvres sont également régulièrement couronnées par d'importants prix littéraires, comme en témoigne l'attribution du prix Goncourt 2021 à l'auteur sénégalais Mohamed Mbougar Sarr pour son roman *La plus secrète mémoire des hommes* (2021) (co-édité par Philippe Rey à Paris et la maison d'édition Jimsaan à Dakar).

18 Loi n°2005–158 du 23 février 2005 portant reconnaissance de la Nation et contribution nationale en faveur des Français rapatriés.

culture française et qui pourtant sont au principe même de nombreux transferts culturels entre la France et les espaces ou cultures francophones depuis de nombreuses décennies. En cela, la France et la Francophonie s'inscrivent dans le contexte global de ce *mémorial turn*, qui après avoir concerné la mémoire des atrocités de la Seconde Guerre mondiale au niveau international, s'est systématiquement appliqué à toutes les taches aveugles de nombreuses sociétés au XXe siècle en particulier. Or, ce retour en force du passé colonial dans la prise en compte de l'histoire et de la culture françaises s'effectue en grande partie à travers la culture francophone, qui avait en quelque sorte préparé le terrain aux évolutions contemporaines. Que les prises de paroles réclament voire proposent une prise en compte équitable des faits et de leurs récits, ou dévient vers des positions victimaires reposant sur des velléités communautaristes posant le principe de la fracture ethnique au principe même de la vision sociétale, en tout état de cause, elles influent de nos jours massivement sur la complexe dialectique de clôture et d'ouverture des sociétés et de leurs représentations.

Dans le contexte électoral des années 2021 et 2022, et face à un soubresaut du nationalisme extrémiste, les débats autour du fait postcolonial et décolonial, qui ont vu l'émergence récente des concepts d'appropriation culturelle, de *cancel culture* voire d'intersectionnalité dans le paysage culturel et social français, sont devenus des enjeux majeurs des positionnements politiques. Or, on note, dans toutes ces controverses qui sont amenées à durer, une confusion entourant le champ sémantique de la décolonialité. Il semble ici urgent de faire la distinction entre, d'un côté, l'apport des théories décoloniales,[19] qui permettent, entre autres, d'affiner les contextualisations et de s'interroger sur les savoirs à mobiliser pour aborder le patrimoine francophone mais aussi français, d'identifier un certain nombre de transferts culturels ainsi que leurs implications sociales et politiques, de relire un certain nombre de textes à la lumière de dialogismes préalablement non perçus, etc. ; et, de l'autre, les déviances idéologiques du décolonialisme et de certaines formes dites abusivement postcoloniales.[20]

Ce débat très décousu mené par des instances politiques mais aussi par des universitaires renommés (citons par exemple les sociologues Pierre-André Taguieff et Nathalie Heinich), dont certain·e·s ont tendance à confondre la théorie et ses déviances populaires pour ne pas dire populistes, semble appeler un gros travail de tri.

---

19   Issues principalement de la sphère culturelle sud-américaine, les théories de la décolonialité (Walter D. Mignolo, Aníbal Quijano, et autres membres du projet «Modernidad/Colonialidad», etc.) ont par la suite connu une importante réception, notamment en Amérique du Nord, et ont parfois fait l'objet de détournements idéologiques qui en ont évidé les postulats pour en faire le support de radicalisations identitaires.

20   A l'opposé des études postcoloniales et décoloniales, qui déconstruisent les essentialismes au travers d'une pensée de l'hybridité, ces formes déviantes reviennent massivement à des structures binaires, ethniques et racialistes.

Mais au-delà de certaines polémiques stériles ou prises de position tendancieuses, cette ambivalence du terme décolonial en francophonie et en France est doublement intéressante : d'une part parce qu'elle interroge précisément la pertinence de discours épistémologiques exclusifs et excluants, et la nécessité d'un décentrement de la perception ; de l'autre, elle met en évidence la déviance qui mobilise des discours très forts et très structurants ou déstructurants dans la société française contemporaine. Pour en prendre la mesure et en comprendre les enjeux, la prise en compte des accents contestataires véhiculés entre autres par la part postcoloniale, donc aussi partiellement francophone de la culture française, est essentielle.

Dans le domaine littéraire, l'évolution amorcée en 2005 se double, en 2007, d'une contestation qui porte moins sur les thèmes et idéologies développés dans les littératures francophones que sur leur manque de reconnaissance institutionnelle. Si de nombreux·euses chercheur·euse·s avaient déjà documenté cet état de fait,[21] il a en effet fallu attendre la publication, à l'initiative de Michel Le Bris, du manifeste « Pour une littérature-monde en français »[22] dans les colonnes du Monde pour que cette question s'impose dans les débats critiques. Ce manifeste, dont certains arguments sont au demeurant contestables,[23] en appelle à une « révolution copernicienne », une mise à égalité de toutes les productions de langue française impliquant de fait l'abolition de la distinction entre français et francophone, et, tout simplement, prononce la mort de la francophonie. En tout état de cause, paradoxalement peut-être, la question francophone s'en est retrouvée recentrée dans les débats sur la culture française, pour aboutir par exemple à la création d'une chaire Mondes francophones au Collège de France, en coopération avec l'Agence Universitaire de la Francophonie en 2018.[24] Autre paradoxe, la surmédiatisation d'un certain nombre d'acteur·rice·s dans des positions centrales du champ franco-parisien, qui a donné l'illusion médiatique d'un règlement du problème, a un temps contribué à invisibiliser tout un autre pan des littératures et cultures francophones, illustrant de fait la

---

21   Citons ici les études de Pierre Halen sur le système littéraire francophone, entre autres Halen, Pierre : Notes pour une topologie institutionnelle du système littéraire francophone, ds. : Diop, Papa Samba/Lüsebrink, Hans-Jürgen (dir.) : Littératures et sociétés africaines. Regards comparatistes et perspectives interculturelles, Tübingen 2001, 55–67.

22   NN : Pour une littérature-monde en français, ds. : Le Monde, 16/03/2007.

23   Sur les limites de ce manifeste, voir notre article : Porra, Véronique : Malaise dans la littérature-monde (en français) – De la reprise des discours aux paradoxes de l'énonciation, ds. : Recherches et Travaux 76 (2010), 109–129.

24   Occupée successivement par l'écrivaine haïtienne Yanick Lahens (2018–19), le juriste tunisien Yadh Ben Achour (2019–20) puis l'historienne vietnamienne Phuong Bùi Trân (2021–22). L'intégration de la création francophone au Collège de France commence en réalité dès 2015, avec l'attribution de la chaire de Création artistique à l'écrivain congolais Alain Mabanckou, l'année même de la réception de l'écrivain haïtien Dany Laferrière à l'Académie française.

dynamique de reproduction de tout un système.²⁵ Pour autant, depuis le début des années 2000, la dimension francophone de la culture française connait une réévaluation, certes souvent polémique, mais indéniable. Désormais, les contre-discours de ces « périphéries du discours social » viennent, dans le champ français, infléchir ce que Marc Angenot appelle « le discours hégémonique ».²⁶

Par ailleurs, les phénomènes de mondialisation, les circulations accrues de populations, les nouveaux médias, les remises en cause des systèmes de consécration littéraire et des récits collectifs ou hégémoniques préalablement évoqués poursuivent leur œuvre de décloisonnement des espaces construits par les imaginaires nationaux et continuent de mettre en évidence les interdépendances, interférences et transferts.²⁷ Malgré la résistance des systèmes et des constitutions imaginaires, les frontières continuent de s'abolir, rendant par ailleurs possible une forme de porosité transrégionale entre les divers mondes francophones (France comprise). La composante francophone désormais perçue en France et partie intégrante de toutes sortes de transferts culturels n'est plus, comme cela l'était il y a quelques années encore, limitée aux débats, œuvres ou spectacles produits en France.²⁸ Les créations et débats francophones extérieurs voire parfois très lointains s'invitent de plus en plus dans la vie culturelle et sociale française.

La création de structures culturelles, entre autres de grandes maisons d'édition, et surtout leur politique de diffusion modifiée par les possibilités offertes par les nouveaux médias – Barzak en Algérie, Elyzad en Tunisie, Jimsaan au Sénégal, Au

---

25 Si la publication du manifeste a eu pour grand mérite d'ouvrir toute sorte de débats et de susciter d'importantes prises de conscience sur le statut des créations francophones, la dynamique qui s'en est suivie a eu pour le moins des effets paradoxaux, entraînant une hypervisibilité de certain·e·s acteur·rice·s qui a alors contribué à invisibiliser des pans entiers de la vie culturelle francophone. Sur cette dynamique et les zones de l'« imperçu » francophone voir notre article : Porra, Véronique : Des littératures francophones à la 'littérature-monde' : aspiration créatrice et reproduction systémique, ds. : *Revue Nordique des Etudes Francophones* 1 (2018), 7–17.

26 Sur les définitions et délimitations des concepts de discours sociaux et discours hégémoniques, voir par exemple Angenot, Marc : Théorie du discours social, ds. : COnTEXTES 1 (2006), http://journals.openedition.org/contextes/51 [15/09/2021].

27 Sur l'importance des décloisonnements et de la prise en compte des dynamiques transrégionales dans le contexte de mondialisation, voir Middell, Matthias : Transregional Studies. A New Approach to Global Processes, ds. : idem (dir.) : *The Routledge Handbook of Transregional Studies*, Londres 2018, 1–16.

28 Longtemps, on a pu constater une imperméabilité entre les grands centres de consécration francophone : celle qui affectait par exemple la diffusion de la culture québécoise en France (pas de perception de la littérature, du cinéma, des performances théâtrales), alors que l'inverse n'était pas vrai. Il a fallu attendre précisément les années 2000 pour que cela change, même si auparavant, des universitaires, aussi dans les universités allemandes, avaient œuvré comme 'passeurs'.

vent des Îles en Polynésie, mais aussi Mémoire d'encrier au Québec (spécialisée dans les littératures autochtones et haïtiennes d'expression française) pour n'en citer que quelques-unes – entraînent une multiplication des échanges et une modification de leur nature. Outre un surcroît de visibilité, ces littératures, publiées hors de France pour d'autres lectorats, acquièrent de nouvelles latitudes dans les modes d'expression et les discours puisqu'elles diffusent désormais plus largement des œuvres qui ne sont plus formatées en fonction des attentes des maisons d'édition françaises et de leur lectorat.

Toutes sortes de discours et de représentations émergent alors et, de l'extérieur, viennent 'défier' les représentations hexagonales. Ces nouveaux défis s'installent donc au centre même des études françaises, entrent occasionnellement en dialogue avec les structures sociales, occasionnent des fractures et impactent le débat sur le transfert culturel même au sein des espaces francophones postcoloniaux.

Deux exemples, parmi de nombreux autres, semblent révélateurs de ces nouvelles évolutions : le premier est celui de la lente perception de la voix d'auteur·rice·s et intellectuel·le·s polynésien·ne·s, qui réclament, au travers de leurs prises de paroles et de leurs écrits, la prise en compte des dégâts occasionnés par les essais nucléaires français sur la nature mais aussi la structure de la société polynésienne ; mais aussi une réévaluation de la peinture de Paul Gauguin à la lumière d'une déconstruction de l'exotisme et de ce qu'il véhicule, en l'occurrence de potentiel de déviance pédophile et d'appropriation culturelle. Parler de Gauguin aujourd'hui appelle irrémédiablement des échos et oblige à une réflexion sur les origines de ces représentations, à une interrogation même sur l'art dans ses interférences avec la société. En tout état de cause, le discours social s'invite dans le métadiscours sur l'art, même chez les partisan·e·s de l'art pour l'art qui s'y voient de plus en plus souvent confrontés. Que cette évolution de la réception contemporaine soit ressentie comme positive ou comme stérilisante, il semble plus que jamais nécessaire d'y être préparé pour aborder les enjeux à venir des études françaises et plus globalement culturelles. Le second exemple est la réception de la pièce du dramaturge québécois Robert Lepage, *Kanata*, en 2017. Alors que Lepage, confronté à des accusations d'appropriation culturelle par les acteur·rice·s autochtones du Québec, se voit dans l'impossibilité de représenter sa pièce en Amérique du Nord, il fait un détour par Paris et le théâtre d'Arianne Mnouchkine. C'est entre autres par le biais de cette représentation de la pièce en France que la notion d'appropriation culturelle, jusque-là peu présente, fait une entrée fracassante dans le contexte culturel français, contribuant ainsi au développement de certaines visions décoloniales qui postulent, au-delà de la légitime exigence de respect de la prise de parole des peuples autochtones, une forme d'essentialisme autrement plus discutable et discutée – celle de la légitimité voire parfois du monopole ethnique de la représentation.

4. Conclusion

Tous ces facteurs ont donc contribué à recentrer la francophonie dans le champ des études françaises et à faire émerger, à la suite des études mémorielles, toutes sortes de discours, qui de nos jours, même lorsqu'ils sont jugés indésirables par certain·e·s, s'invitent, à partir, entre autres, de cette francophonie postcoloniale, dans la structuration même de la société et de la culture françaises. Soutenu par le développement des nouveaux médias qui sont autant de canaux permettant la perméabilité d'espaces de langue française préalablement cloisonnés, ce brassage d'influences permanent a par ailleurs considérablement été accéléré et amplifié par les mondialisations et l'amplification du fait migratoire.

Ce retour d'un passé longtemps refoulé dans le discours politique français tout comme l'exigence du dépassement de certaines structures qui en ont découlé, impacte le présent, parfois violemment, mais s'impose aussi comme un élément inévitable à l'avenir. En tout état de cause, la dimension francophone de la société française est une donnée qui explique de grands pans de la structure actuelle, et dans une perspective moins sombre, un élément essentiel des transferts culturels contemporains. A ne pas tenir compte de ces composantes, les études françaises risqueraient de se priver d'une richesse littéraire, artistique et intellectuelle foisonnante, d'une ouverture sur le monde mais aussi de la compréhension de certains phénomènes et discours centraux dans les constitutions culturelles, sociales et historiques contemporaines. En cela, il semble plus que jamais nécessaire de tenir compte de ces éléments dans les centres et les instituts d'études françaises : bien au-delà d'une simple intégration de la dimension francophone dans la dénomination des institutions ou des chaires, il apparaît urgent, pour ce faire, de lutter également contre une dilution des compétences, en continuant de former et de recruter de vrais spécialistes susceptibles d'interpréter la signification et les enjeux complexes de ces transferts très spécifiques.

Bibliographie

Angenot, Marc : Théorie du discours social, ds. : COnTEXTES 1 (2006), http ://journals.openedition.org/contextes/51 [15/09/2021].

Blanchard, Pascal/Bancel, Nicolas/Lemaire, Sandrine (dir.) : *La Fracture coloniale. La société française au prisme de l'héritage colonial*, Paris 2005.

Boucheron, Patrick : *Histoire mondiale de la France*, Paris 2017.

Commission de recherche sur les archives françaises relatives au Rwanda et au génocide des Tutsi : *La France, le Rwanda et le génocide des Tutsi (1990–1994)*. Rapport remis au Président de la République le 26 mars 2021, Paris 2021.

Espagne, Michel : La notion de transfert culturel, ds. : *Revue Sciences/Lettres* 1 (2013), http ://journals.openedition.org/rsl/219 [10/12/2020].

Glasze, Georg : *Politische Räume. Die diskursive Konstitution eines «geokulturellen Raums»*, Bielefeld 2013.

Halen, Pierre : Notes pour une topologie institutionnelle du système littéraire francophone, ds. : Diop, Papa Samba/Lüsebrink, Hans-Jürgen (dir.) : *Littératures et sociétés africaines. Regards comparatistes et perspectives interculturelles*, Tübingen 2001, 55–67.

Lüsebrink, Hans-Jürgen : Les 'Etudes francophones' – questionnement et mises en perspective comparatistes et transculturelles, ds. : *Lendemains* 122–123 (2006), 102–114.

Middell, Matthias : Transregional Studies. A New Approach to Global Processes, ds. : Middell, Matthias (dir.): *The Routledge Handbook of Transregional Studies*, Londres 2018, 1–16.

Moura, Jean-Marc : *Littératures francophones et théorie postcoloniale*, Paris 1999.

NN : Pour une littérature-monde en français, ds. : *Le Monde*, 16/03/2007.

Organisation internationale de la francophonie : *La Langue française dans le monde*, https ://www.francophonie.org/node/305 [25/05/2022].

Organisation internationale de la francophonie : *Qui sommes-nous ? Les acteurs de la coopération francophone*, http://www.francophonie.org/qui-sommes-nous-5 [25/05/2022].

Porra, Véronique : De la marginalité instituée à la marginalité déviante ou Que faire des littératures africaines d'expression française contemporaines ?, ds. : *Revue de Littérature Comparée* 314 (2005), 207–225.

Porra, Véronique : Malaise dans la littérature-monde (en français) – De la reprise des discours aux paradoxes de l'énonciation, ds. : *Recherches et Travaux* 76 (2010), 109–129.

Porra, Véronique : Des littératures francophones à la 'littérature-monde' : aspiration créatrice et reproduction systémique, ds. : *Revue Nordique des Etudes Francophones* 1 (2018), 7–17.

Provenzano, François : *Vie et mort de la francophonie. Une politique française de la langue et de la littérature*, Bruxelles 2011.

Riesz, János : Les études de francophonie dans les universités de langue allemande. Esquisse d'une problématique et bilan provisoire, ds. : *Cahiers de l'Association internationale des études françaises* 51 (1999), 49–63.

Senghor, Léopold Sédar : Le français, langue de culture, ds. : *Esprit* (1962), 837–844.

Senghor, Léopold Sédar : La francophonie comme culture, ds. : *Négritude, Arabité et Francité. Réflexions sur le problème de la culture*, Beyrouth 1969, 124–125.

Von der Kulturtransferforschung zur Untersuchung globaler Dynamiken
Deutsch-französische Forschungskooperationen in den Geistes- und Sozialwissenschaften am Beginn der 2020er-Jahre

Matthias Middell (Frankreichzentrum Leipzig)

Vielleicht täuscht der subjektive Eindruck, aber die Frankreichforschung hat in Deutschland schon mehr öffentliche Aufmerksamkeit auf sich gezogen. Entweder, weil über den Rhein global wirksame Innovationen importiert werden konnten (von der Annales-Historiographie[1] bis zu einer Philosophie der Postmoderne[2]) oder weil man sich vom Blick an die Seine und Rhône gute Argumente für dringend notwendige Erneuerungen im eigenen akademischen System versprach. So trafen sich vor mehr als 30 Jahren die Anhänger*innen einer eher sozial-/kulturwissenschaftlich oder gleich interdisziplinär orientierten Frankreichforschung zur Innovation der etwas in die Jahre gekommenen romanistischen Landeskunde und ihres germanistischen Pendants aus dem Nachbarland.[3] Ein solcher Anlass scheint

---

1   Vgl. Schöttler, Peter: *Die „Annales"-Historiker und die deutsche Geschichtswissenschaft*, Tübingen 2015.
2   Vgl. Salmon, Peter: Since Derrida. A Golden Generation of French Philosophers Dismantled Truth and Other Traditional Ideas. What Next for their Successors?, in: *Aeon*, 06.05.2022, https://aeon.co/essays/after-jacques-derrida-whats-next-for-french-philosophy [14.08.2022].
3   Ein erstes Kolloquium zwischen deutschen Romanisten und Romanistinnen und französischen Germanisten und Germanistinnen fand 1988 in Versailles auf Initiative von Jérôme Vaillant statt, das die Unterstützung von Reinhart Meyer-Kalkus, der damals das DAAD-Büro in Paris leitete, und von René Lasserre, der das Deutschlandzentrum CIRAC repräsentierte, fand. Wenig später pflügte die deutsche Vereinigung die dabei adressierte Institutionenlandschaft wenigstens in Teilen um und erlaubte mancherlei Reformphantasie, der auch einige der deutschen Frankreichzentren ihre Entstehung verdankten. Insbesondere die französische Botschaft in Deutschland schien darin eine Möglichkeit für neue Initiativen zu sehen. Innerhalb der Romanistik entwickelte sich ebenfalls eine Aufbruchstimmung: Lüsebrink, Hans-Jürgen/Röseberg, Dorothee (Hg.): *Landeskunde und Kulturwissenschaft in der Romanistik: Theorieansätze, Unterrichtsmodelle, Forschungsperspektiven*, Tübingen 1995. Das Thema wurde dann zwanzig Jahre später wieder aufgenommen etwa in: Lüsebrink, Hans-Jürgen/Vaillant, Jérô-

sich gerade nicht zu bieten. Mein Blick auf die Situation zu Beginn der 2020er-Jahre ist notwendigerweise geprägt von eigenen disziplinären Erfahrungen und Präferenzen. Er ist beeinflusst von den Möglichkeiten laufende Prozesse durch die Teilnahme an Tagungen und Seminaren zu beobachten (was bekanntlich durch die Corona-Pandemie eingeschränkt war und sich zunehmend in die virtuelle Welt der Zoom-Meetings verlagert hatte). Und er trifft auf Schwierigkeiten, den Überblick zu behalten, weil es in Deutschland kein dauerhaft etabliertes Observatorium für Forschungsprozesse im wichtigsten Nachbarland gibt, auf das man ohne aufwändige Einzelrecherchen zurückgreifen könnte.

Der erste Eindruck, im deutsch-französischen Verhältnis sei mehr *business as usual* zu beobachten als wirklich Aufregendes zu entdecken, hält allerdings näherer Prüfung kaum stand. Denn das fortdauernde Interesse der Forscher*innen an den Arbeiten aus dem jeweils anderen Land ist ungebrochen, wenn auch vielleicht in spezialistische Zeitschriften und Kolloquien verbannt. Daneben werden regelmäßig Veranstaltungen mit politischem Glanz organisiert, die einzelne Trends in den Fokus zu rücken versuchen, aber nicht zwingend auf eine strategische Schlussfolgerung aus der Leistungsschau gerichtet sind.

Dabei wird jedoch klar, dass die Zahl der gemeinsamen Forschungsinitiativen enorm zugenommen hat. Dies wird erleichtert durch eine Angleichung der Strukturen von Forschungsorganisation und Forschungsförderung,[4] deren Fehlen noch vor zwei Jahrzehnten gemeinsame Graduiertenkollegs beinahe unmöglich gemacht hat. Inzwischen sind drittmittelfinanzierte Projekte in Frankreich so üblich geworden, wie sie das in Deutschland schon seit längerem sind und entsprechende Teams können grenzüberschreitend formiert und auch aus den Budgets beider Forschungsetats kofinanziert werden. Ob man dies mit Blick auf die oft beklagte zunehmende Prekarisierung der Arbeitsbedingungen gerade für Nachwuchswissenschaftler*innen beklagen sollte, sei hier für den Moment dahingestellt – für die Ermöglichung grenzüberschreitender Kooperationsstrukturen hat sich zumindest eine Asymmetrie reduziert, die früher zwischen den stabilen Arbeitsgruppen an den Universitäten und am CNRS einerseits und den fragilen deutschen Projektarrangements andererseits bestand.

Auf dieser Grundlage ist eine ganze Landschaft interessanter Vorhaben entstanden, die vielleicht nicht so viel Eklat verursacht wie einzelne Kooperationen

---

me (Hg.): *Civilisation allemande/Landes-Kulturwissenschaft Frankreichs. Bilan et perspectives dans l'enseignement et la recherche/Bilanz und Perspektiven in Lehre und Forschung*, Villeneuve d'Asq 2013; Espagne, Michel/Lüsebrink, Hans-Jürgen (Hg.): *La Romanistique allemande. Un creuset transculturel*, Paris 2014 (=Revue Germanique Internationale 19).

4   Vgl. Schlütter, Kathleen: *Exzellenz und Egalité. Die französische Hochschul- und Forschungspolitik zwischen globalem Anspruch und nationaler Umsetzung (2002 bis 2012)*, Leipzig, Universität Leipzig, Diss. phil. (Ms.), 2022.

in der Vergangenheit, die aber dem deutsch französischen Dialog eine stärkere Struktur gegeben haben. Man denke an die Vorreiterrolle der Université francoallemande, die neben den vom deutsch-französischen Hochschulkolleg geerbten integrierten Studiengängen (die sich inzwischen gegen die von der EU weit umfangreicher geförderte Konkurrenz der Erasmus-Mundus-Programme behaupten müssen) ihr Portfolio in Richtung Forschung ausgeweitet hat und mit den Promotionskollegs größere Themengebiete abdeckt und Standorte aus beiden Ländern mit einem klaren Profil zusammenbringt. Für das Jahr 2022 verzeichnet eine entsprechende Auflistung nicht weniger als 28 PhD-Programme, davon zwei in den Rechts-, eines in den Wirtschaftswissenschaften, drei in den Ingenieur- und neun in den Naturwissenschaften, dazu nicht weniger als 13 in den Humanwissenschaften. Dabei beziehen immerhin 14 der Programme gleichzeitig noch einen oder mehrere Partner*innen aus einem Drittland ein, namentlich aus Australien, Belgien, Großbritannien, Italien, Luxemburg, Marokko, den Niederlanden, der Schweiz, Spanien, der Ukraine.[5] Hinzu treten einzelne Ateliers für Forscher*innen auf frühen Karrierestufen und PhD-track-Programme, die zu einem gemeinsamen Training der Promovierenden hinführen.

So erfreulich dies alles ist, sollte man jedoch nicht übersehen, dass die Doktoranden- und Doktorandinnenkollegs der DFH eher eine Komplementärfinanzierung bieten als eine Vollförderung. Unterstützt werden Aufenthalte in Partnerland für bis zu anderthalb Jahren, was zweifellos der Immersion in das wissenschaftliche Feld in Frankreich bzw. Deutschland sehr zugute kommt, das Erlernen der Fachsprache unterstützt und erlaubt, Netzwerke zu bilden, die eine ganze wissenschaftliche Karriere halten können. Nur wird eben selten jemand seine Dissertation in 18 Monaten abschließen. Insofern setzt die Unterstützung der DFH voraus, das von anderer Seite eine Förderung erfolgt. Die große Zahl bereits seit längerer Zeit bestehender Promotionskollegs kann als indirekter Beleg dafür genommen werden, dass dies gelingt. Allerdings bleibt die Annahme implizit und scheint sich der Einschätzung zu bedienen, die nach der ersten Phase der Exzellenzinitiative des Bundes und der Länder formuliert wurde, wonach nunmehr die Universitäten in die Lage versetzt seien, Graduiertenschulen selbst zu unterhalten, weshalb es einer besonderen Förderung dieses Formates nicht mehr bedürfe. Dies ist zwar durchaus plausibel in Hinsicht auf die organisatorischen Kapazitäten der Hochschulen,[6]

---

5   Vgl. Deutsch-Französische Hochschule: *Deutsch-Französische Doktorandenkollegs 2022 (DFDK)*, https://www.dfh-ufa.org/app/uploads/2022/05/Doktorandenkollegs-2022.pdf [14.08.2022].
6   „Für die Graduiertenschulen wurden beispielsweise neue universitätsweite Strukturen zur Betreuung und Förderung des wissenschaftlichen Nachwuchses geschaffen, die mitunter neue Organisationsformen, z. B. im Rahmen von virtuellen Fakultäten, erhielten." Siehe Internationale Expertenkommission Exellenzinitiative: *Internationale Expertenkommission zur Evaluation der Exzellenzinitiative. Endbericht*, 21, https://www.gwk-bonn.de/fileadmin/Redaktion/Dokumente/Papers/Imboden-Bericht-2016.pdf [14.08.2022].

nicht aber mit Blick auf die Verteilung der Mittel für die Promovierendenförderung, die immer noch zu einem ganz überwiegenden Teil außerhalb der Universitäten angesiedelt ist und dort anderen Kriterien als der Auswahl der besten wissenschaftlichen Köpfe dient – insbesondere in den Promotionsförderwerken, die in der Verantwortung der Stiftungen von Parteien und gesellschaftlichen Organisationen sind. Entsprechend greift auch der Hinweis auf Graduiertenkollegs der DFG zu kurz, denn diese erfassen nur einen relativ kleinen Teil des deutschen Promotionsgeschehens.[7]

Seit 2007 hat das gemeinsame Programm der Agence Nationale de la Recherche und der Deutschen Forschungsgemeinschaft die früher ausschließlich beim DAAD angesiedelte binationale Forschungsförderung auf eine völlig neue Stufe gehoben, auch wenn keine zusätzlichen Budgets geschaffen, sondern in den jeweiligen Fachkollegien lediglich eine besondere Aufmerksamkeit für die Erträge bi- oder multinationaler Gemeinschaftsanträge geschaffen worden ist. Das Programm ist im Laufe der Zeit auf die Natur- und Ingenieurwissenschaften ausgeweitet worden. Seinen strategischen Wert belegt aber vor allem die Einrichtung analoger Programme mit britischen Partner*innen sowie jenen in Österreich und der Schweiz. Damit ist eine Alternative zur europäischen Forschungsförderung, bei der nicht selten die Größe der Konsortien und die Berücksichtigung von Teilnehmer*innen aus möglichst vielen EU-Ländern Erfolgsfaktoren geworden sind, etabliert worden, die sich großer Nachfrage erfreut. Mit dem *Lead-Agency*-Verfahren ist ein vergleichsweise unaufwändiges administratives Handling geschaffen worden, das auf die national verfügbaren Budgets zurückgreift (und darin auch seine Limitierung findet) und sich ansonsten der bereits existierenden Verfahren zur Qualitätsprüfung von Anträgen (und deren Anerkennung bei den Antragsteller*innen) bedient. Die GEPRIS-Datenbank liefert über 70 Treffer mit dem Verweis auf eine Ko-Förderung durch die ANR, und die Themen reichen von „Hybriden Diamant-Metallstrukturen aus Diamantoiden: Synthese und Anwendungen" bis zur „Transnationalen Künstlerausbildung zwischen Frankreich und Deutschland, 1843–1870".

---

7   „Strukturierte Promotionsprogramme haben sich heute international in den meisten Disziplinen etabliert; sie sind mittlerweile an den meisten deutschen Universitäten in der einen oder anderen Form eingeführt. Die Initiierung dieser Entwicklung im Rahmen der Exzellenzinitiative ist damit an einem Punkt, wo der Grenznutzen einer allfälligen Fortsetzung der Graduiertenschulen drastisch sinken würde, insbesondere dort, wo einer Graduiertenschule kein entsprechendes Exzellenzcluster zur Seite steht. Die IEKE empfiehlt daher, auf die Fortsetzung der Graduiertenschulen als eigenständige Förderlinie zu verzichten, umso mehr als mit den Graduiertenkollegs der DFG weiterhin Fördermöglichkeiten für thematisch fokussierte Promotionsprogramme zur Verfügung stehen." (Internationale Expertenkommission Exellenzinitiative: *Internationale Expertenkommission zur Evaluation der Exzellenzinitiative. Endbericht*, 39)

Zwar gehören angestammte Felder der wechselseitigen deutsch französischen Beobachtung zum Spektrum der DFG-ANR-Förderungen, aber sie spielen keine prominente Rolle und werden stattdessen abgelöst durch Vorhaben, für die eine Zusammenarbeit zwischen Wissenschaftler*innen beider Länder aufgrund ihrer Expertise einen Mehrwert liefert, auch wenn sie weder deutsche noch französische Geschichte oder aktuelle Prozesse in beiden Ländern zum Gegenstand haben.

Eine dritte Säule der deutsch-französischen Forschungskooperation sind die Einrichtungen, die im jeweils anderen Land unterhalten werden, und auch hier ist es zu einer symmetrischen Stabilisierung gekommen. Während das Deutsche Historische Institut schon seit vielen Dekaden eine Art Rückgrat für viele Vorhaben bildet, die deutsche Forscher*innen nach Paris führen, ist mit dem Deutschen Forum für Kunstgeschichte inzwischen eine zweite wichtige Institution mit disziplinärem Fokus, aber interdisziplinärer Öffnung hinzukommen und hat sich etabliert. Beide Einrichtungen erlauben mehr oder minder ausgedehnte Gastaufenthalte, vor allem aber die Möglichkeit zur Formulierung von kurz- und mittelfristigen Forschungsvorhaben, die durch Tagungen und Workshops unterstützt werden. Das Centre Marc Bloch in Berlin nimmt eine vergleichbare Funktion für die französische Seite ein und ist vielleicht aufgrund seiner besonderen Drittmittelaffinität sogar noch stärker in die deutsche Forschungslandschaft integriert als dies für die deutschen Einrichtungen in Paris zutrifft. Betrachtet man die Forschungsprogramme aller drei Einrichtungen zusammen, dann fällt die Erweiterung auf Themen des frankophonen Afrika und teilweise auch Asiens auf, mit denen der tradierte deutsch-französische Fokus überschritten wird, auch wenn dieser natürlich nach wie vor dominiert, gerade weil die drei Institutionen ja den Auftrag haben, Forscher*innen ins jeweils andere Land zu bringen und es dafür naheliegt, jene auszuwählen, die bereits über eine Expertise für das Nachbarland verfügen und entsprechende Feldforschungen planen.

So hat das DHI (Deutsche Historische Institut) Paris seit 2016 in Kooperation mit senegalesischen Forschungseinrichtungen eine ebenso transnationale wie interdisziplinäre Forschungsgruppe zum Thema „Die Bürokratisierung afrikanischer Gesellschaften" in Dakar aufgebaut, aus der eine größere Zahl von Qualifizierungsarbeiten afrikanischer Kollegen und Kolleginnen hervorgegangen sind und die seit 2021 sowohl in einer Abteilung des DHI in Paris als auch im Maria Sibylla Merian Institute for Advanced Studies in Africa (MIASA)[8] in der ghanaischen Hauptstadt Accra fortgesetzt wird.[9] Der Zugewinn an empirischer Kompetenz für historische und aktuelle Prozesse in Westafrika unterminiert erfolgreich die Fortsetzung

---

8   Vgl. University of Ghana: *Maria Sibylla Merian Institute for Advanced Studies in Africa*, https://www.ug.edu.gh/mias-africa/ [14.08.2022].

9   Vgl. Deutsches Historisches Institut Paris: *Forschung. Afrika*, https://www.dhi-paris.fr/de/forschung/afrika.html [14.08.2022].

eurozentrischer Interpretationen. Ganz Ähnliches kann für das Deutsche Forum für Kunstgeschichte Paris gesagt werden, dessen Forschungsfeld „Interkulturalität und Mobilität" programmatisch den Weg von der innereuropäischen Verflechtungsgeschichte zu deren globaler Dimension geht und dafür die unterschiedlichen Perspektiven, die sich in Frankreich und Deutschland etabliert haben, erfolgreich miteinander verbindet bzw. kritisch konfrontiert.[10] Das Centre Marc Bloch in Berlin wiederum widmet seine Forschungen ebenfalls der Mobilität, allerdings eher in historisch-sozialwissenschaftlicher Perspektive und ergänzt dies um einen Schwerpunkt zu den „Erfahrungen und Dynamiken der Globalisierung".[11]

Eine ähnliche Entwicklung lässt sich an den deutschen Frankreichzentren ablesen, die sich vermehrt auch als Zentren zur Erforschung der Frankophonie begreifen. Damit öffnet sich das Profil zu Fragen der neuen Romania, wie sie in der Romanistik immer stärker Resonanz finden, aber eben auch für historische Fragestellungen jenseits eines engen europageschichtlichen Schwerpunktes sowie für sozial- und kulturwissenschaftliche Überlegungen zu globalen Konstellationen und postkolonialen Ansätzen.

Schließen wir diesen knappen und zweifellos unvollständigen Überblick mit weit mehr als einer salvatorischen Klausel ab. Frühere Komplettaufnahmen zur deutschen Frankreichforschung[12] und französischen Deutschlandforschung[13] haben gezeigt, dass es vor allem die vielen einzelnen Forscher*innen in den universitären Seminaren und Instituten sind, die die große Mehrheit der Forschungsergebnisse erzielen und dabei nur begrenzt auf finanzielle Förderungen und strategisch ausgerichtete Verbundbildung reagieren, sondern ihre Themenwahl vor allem an den Aussichten auf eine Karriere im jeweiligen akademischen System ausrichten. Angesichts der eher geringer werdenden Zahl von Professuren an deutschen Universitäten mit einem expliziten Frankreichschwerpunkt außerhalb der Romanistik und angesichts der Notwendigkeit innerhalb der Romanistik aufgrund der Anforderungen in der Lehramtsausbildung eine möglichst breite Expertise in der Frankoromanistik aufrechtzuerhalten, dürfte sich der Trend in den letzten Jahren jedenfalls nicht abgeschwächt haben, Studien zu Frankreich

---

10   Vgl. Deutsches Forum für Kunstgeschichte Paris: *Transkulturalität und Mobilität*, https://dfk-paris.org/de/page/transkulturalitaet-und-mobilitaet-2639.html [14.08.2022].
11   Vgl. Centre Marc Bloch: *Forschung, Forschungsschwerpunkte*, https://cmb.hu-berlin.de/forschung/forschungsschwerpunkte [14.08.2022].
12   Vgl. Foldenauer, Katrin/Middell, Matthias/Zettler, Antje (Hg.): *Repertorium der deutschen Frankreich- und Frankophonieforschung*, Leipzig 2003.
13   Das seinerzeit parallel erarbeitete Repertoire auf französischer Seite ist durch die institutionelle Stabilität des Centre Interdisciplinaire d'Etudes et de Recherches sur l'Allemagne inzwischen zu einem Portal weiterentwickelt worden, das erlaubt, den jeweils aktuellen Stand abzulesen. Siehe Centre Interdisciplinaire d'Etudes et de Recherches sur l'Allemagne: *Répertoire du réseau CIERA*, http://www.ciera.fr/fr/repertoire-ciera [14.08.2022].

vor allem innerhalb einer ebenso sprach- und literatur- wie breiter kulturwissenschaftlich orientierten Romanistik zu betreiben. In Frankreich dagegen hat die Germanistik in den letzten Jahren mit einem erheblichen Nachfrageschwund zu kämpfen, weil die Zahl der Deutschlerner*innen an den Schulen zugunsten anderer Sprachen zurückgeht.

Während seit den 1980er-Jahren vor allem die Themenbereiche Verflechtung, kulturelle Transfers und *histoire croisée* im Vordergrund der intellektuellen deutsch-französischen Gemeinschaftsproduktion in den Kulturwissenschaften standen und eine Vielzahl bemerkenswerter Resultate hervorgebracht haben,[14] hat sich das in den letzten fünf bis acht Jahren leicht verschoben. Der zentrale Impuls der Kulturtransferforschung zielte auf die Unterminierung einer allzu abgeschlossen gedachten Nationalgeschichte samt Nationalkultur und Nationalliteratur. Vielfältige wechselseitige Beeinflussungen und Übernahmen aus der jeweils anderen Kultur führten zu der Neukonzeptualisierung sowohl der deutschen als auch der französischen Kultur als grundsätzlich transnational konstituiert. Nicht zufällig war Heinrich Heine eines der ersten Objekte dieser Studien,[15] aber rasch weitete sich im Sinne einer kulturgeschichtlichen Kontextualisierung das Feld hin zur Erinnerungskultur der eng mit Hamburg verbundenen Bordelaiser Weinhändler*innen, um nur ein Beispiel unter vielen zu nennen.[16] Dieses Interesse an der transnationalen Verflochtenheit Frankreichs und Deutschlands entsprach dem internationalen Trend zur ‚Entdeckung' der transnationalen Qualität verschiedenster Nationalgeschichten, nicht zuletzt der USA.[17] Zugleich erfreute sich die Erforschung der engen Beziehungen zwischen beiden Ländern erheblicher politischer Nachfrage in einem Moment der intensivierten Einbindung in eine europäische Gemeinschaft, die nationale Alleingänge oder gar Konfrontationen künftig unmöglich machen sollte. Zwar war der Abschied von manchem Mythos nationalgeschichtlicher Sonderwege und Alleinstellungsmerkmale durchaus schmerzhaft, aber als Erweiterung einer Zivilisierungsgeschichte hin zu transnationaler Toleranz und Multikulturalität ließen sich die Ergebnisse der Kulturtransferforschung, solange sie auf Europa beschränkt blieben, durchaus konfliktarm in die Geschichtskulturen integrieren.

---

14 Vgl. Middell, Matthias: *Kulturtransfer, histoire croisée, cultural encounters*, Potsdam 2016 (Docupedia-Zeitgeschichte), http://docupedia.de/zg/Kulturtransfer [14.08.2022].

15 Aufbauend auf der gemeinsam von der Stiftung Weimarer Klassik und dem CNRS betriebenen Säkularausgabe der Schriften Heines (Berlin 1970–2011): Hauschild, Jan-Christoph/ Werner, Michael: „*Der Zweck des Lebens ist das Leben selbst*". *Heinrich Heine. Eine Biographie*, Köln 1997.

16 Vgl. Espagne, Michel: *Bordeaux baltique. La présence culturelle Allemande à Bordeaux aux XVIIIe et XIXe siècles*, Paris 1991.

17 Vgl. Patel, Kiran Klaus: *Nach der Nationalfixiertheit. Perspektiven einer transnationalen Geschichte*, Berlin 2004 (Öffentliche Vorlesungen/Humboldt-Universität zu Berlin, H. 128); Tyrrell, Ian R.: *Transnational Nation. United States History in global Perspective since 1789*, Basingstoke 2007.

Weit kritischer wurde vor allem in den 1990er-Jahren dagegen die Debatte um Globalisierung und Globalgeschichte gesehen – vor allem in Frankreich, während sie sich in Deutschland schon relativ früh über die *Area Studies* ein gewisses Bürgerrecht in der Academia eroberte. Dies ist deshalb besonders interessant, weil bereits früh die unmittelbare konzeptionelle Verwandtschaft des Kulturtransferansatzes und einer globalhistorischen Herangehensweise betont wurde.[18] Allerdings zeigten sich gegen eine Vertiefung dieser Verbindung im Sinne einer konzentrierten Methodendiskussion gleich drei Gegenbewegungen:

1. die Skepsis gegenüber einem Globalisierungsparadigma, das mit Amerikanisierung verwechselt wurde;
2. die Vereinnahmung der transnationalen Geschichte durch Vertreter*innen einer Nationalgeschichte, die an ihrem Containerdenken im Prinzip festhielten und lediglich in althergebrachter diffusionistischer Weise Grenzüberschreitung als eine (konzeptionell unmaßgebliche, aber modisch schicke) Erweiterung akzeptierten;[19]
3. eine in der Globalgeschichte (und hier vor allem unter Wirtschaftshistoriker*innen) verbreitete Vorliebe für den Vergleich wesentlich national gedachter Einheiten, deren kulturelle Interferenzen wenig interessierten.[20]

Doch diese Hemmnisse haben sich abgeschwächt – gewiß auch durch eine Intensivierung der Theorie- und Methodendebatten unter Globalhistoriker*innen sowie durch einen akademischen Generationswechsel, viel stärker aber noch durch das immer deutlicher hervortretende Interesse an einer postkolonial inspirierten Geschichte der Fortdauer imperialer Muster. Dieses Interesse trifft in Frankreich

---

18 Zusammengefasst in zahlreichen Beiträgen zu einem paneuropäischen Projekt der European Science Foundation: Middell, Matthias/Roura, Lluis (Hg.): *Transnational Challenges to National History Writing*, Basingstoke, New York 2013. Der Pariser Kongress des European Network in Universal and Global History an der ENS Paris und am Collège de France 2014 war stark dieser Verbindung gewidmet. Zum Programm siehe Universität Leipzig: *European Network in Universal and Global History*, Paris 2014, https://research.uni-leipzig.de/~eniugh/paris-2014/ [14.08.2022]. Eine Veröffentlichung wichtiger Beiträge zu diesem Kongress: Middell, Matthias: (Hg.): *The Practice of Global History. European Perspectives*, London 2019.

19 Dieser Perspektive ist inzwischen ein ganzes Genre entsprungen, das sich unter dem Label einer Globalgeschichte der jeweiligen Nation um die Auflistung der zahlreichen Begegnungen mit anderen Ländern, Ökonomie und Kulturen bemüht. Das Vorbild für dieses Genre bildet zweifellos das in den Wahlkampf 2017 in Frankreich eingreifende Sammelwerk Boucheron, Patrick (Hg.): *Histoire mondiale de la France*, Paris 2018, das inzwischen Nachahmungen von Italien bis Flandern erfahren.

20 Als ein Beispiel unter vielen der materialreiche Band von O'Rourke, Kevin H./Williamson, Jeffrey G. (Hg.): *The Spread of Modern Industry to the Periphery since 1871*, Oxford 2017.

und Deutschland auf eine unterschiedlich weit zurückreichende Kolonisierungsgeschichte, deren Präsenz aber in beiden Gesellschaften sichtbar ist (in Monumenten,[21] Straßennamen, Schulbüchern, den Terminologien des Alltags u. v. a. m.) und unter dem Einfluss einer transregionalen Verschränkung der Verständnisse von Rassismus und Diskriminierung immer stärker problematisiert wird.

Beobachten lässt sich nun ein paralleles Interesse an globalhistorischen Fragestellungen, die weit über eine Bestätigung der früheren Großmachtrolle Frankreichs hinausgehen. Quentin Deluermoz hat kürzlich in einer Anthologie die bemerkenswerten Fortschritte dokumentiert, die die französische Globalgeschichtsschreibung gemacht hat und deren Erträge von einer globalhistorischen Einordnung der Revolution von 1848 und der Pariser Kommune bis zur französischen Kolonialgeschichte in Südostasien und Afrika reichen und einen spannenden Mix an politik-, wirtschafts- und kulturgeschichtlichen Ansätzen bieten.[22] Globalgeschichten des Republikanismus und des Sozialismus[23] werden ergänzt durch kontrafaktische Überlegungen zu historischen nicht eingelösten Vorstellungen von einer globalen Zukunft.[24] Damit befreit sich die französische Historiographie nicht nur von der Phantasie, Globalisierung müsse notwendigerweise auf eine Amerikanisierung der Welt hinauslaufen, sondern von der Vorstellung einer teleologischen Zurichtung globalhistorischer Ansätze generell. Damit nimmt sie Abstand von einer Indienststellung der Globalgeschichte für eine neue Art der Rechtfertigung französischer Grandeur und daraus abgeleiteter Zivilisierungsmissionen.

Genau hier setzt eine neue Debatte an, die nach den Konsequenzen einer solchen Neuausrichtung fragt. Während die Kunsthistorikerin Bénédicte Savoy den Umgang mit dem kolonialen Erbe in europäischen Museen und Sammlungen untersucht,[25] richtet der Literaturwissenschaftler Markus Messling seine Aufmerksamkeit auf den Umgang mit Universalität nach der unverkennbaren Krise des Universalismus, der sich als westlicher Partikularismus blamiert sieht.[26] Der Saarbrücker Romanist widmet sich mit einem ERC-Grant dem sogenannten *minor universalism*, also den Versuchen, andere Erfahrungen als die der atlantischen Hauptmächte zur Geltung zu bringen. Dafür ist selbstverständlich die Zusammenarbeit mit Kollegen

---

21 Vgl. Schmieder, Ulrike/Zeuske, Michael (Hg.): *Falling Statues around the Atlantic*, Leipzig 2021.
22 Vgl. Deluermoz, Quentin (Hg.): *D'ici et d'ailleurs. Histoires globales de la France contemporaine (XVIIIᵉ–XXᵉ siècle)*, Paris 2021.
23 Vgl. Ducange, Jean-Numa/Keuchevan, Razmig/Roza, Stéphanie (Hg.): *Histoire globale des socialismes, XIXᵉ–XXIᵉ siècle*, Paris 2021.
24 Vgl. Deluermoz, Quentin/Singaravélou, Pierre: *Pour une histoire des possibles. Analyses contrefactuelles et futurs non advenus*, Paris 2016.
25 Vgl. Savoy, Bénédicte: *Afrikas Kampf um seine Kunst. Geschichte einer postkolonialen Niederlage*, München 2021.
26 Vgl. Messling, Markus: *Universalität nach dem Universalismus. Über frankophone Literaturen der Gegenwart*, Berlin 2019.

und Kolleginnen aus anderen Erdteilen, von Nordafrika bis Hongkong, zwingende Voraussetzung, um den blinden Fleck in der eigenen Theorietradition nicht nur erkennen, sondern auch in seiner Schmerzhaftigkeit für andere erleben zu können.

Beide, Savoy und Messling, repräsentieren ein viel breiteres Feld der Problematisierung ehemals fester Gewissheiten, von denen nicht nur die jeweilige Nationalerzählung getragen wurde, sondern eben auch das Narrativ des deutschfranzösischen Verhältnisses. Die Parameter dieses Verhältnisses verschieben sich also gerade unter dem Eindruck einer gesellschaftlichen Auseinandersetzung, in der sich neonationalistische Aspirationen einer Rückkehr zu Abschottung und biopolitischer ‚Reinheit' einerseits und eine Neuaushandlung der *global condition* (d. h. der Unhintergehbarkeit grenzüberschreitender Vernetzungen an sich bei gleichzeitigem Variantenreichtum ihrer Reichweiten und Ausgestaltungen) andererseits gegenüberstehen. Die Vorstellung, dass das, was einst abkürzend als Globalisierung beschrieben wurde, einfach verschwinden würde, erscheint ebenso absurd wie die Vorstellung, dass einfach alles weitergehe wie bisher, auf vermehrten Widerstand stößt. In einer polyzentrischen Welt erscheint ein Universalismus, der sich allein auf die intellektuellen Traditionen einer Weltregion stützt, immer weniger durchsetzbar, zumal die Erfahrungen dieser Weltregion nicht nur mit einer breiten Spur von Ausbeutung und Zerstörung in den kolonisierten Regionen der Welt verbunden sind, sondern auch (bei Strafe des Klimakollaps) auf einem unwiederholbaren Umgang mit Ressourcen beruhen.

Die deutsch-französische Kooperation bei der Beantwortung dieser komplexen Fragen erscheint vielversprechend, weil sie auf eine lange Tradition und eine gut verflochtene Forschungsförderstruktur zurückgreifen kann. Auch wenn Gewohnheiten ihr Gutes haben, sind sie hier nur ein ermöglichender Faktor und könnten in einem solchen Moment der produktiven epistemologischen Verunsicherung auch gegenteilig wirken, wenn aus Gewohnheit Gewohntes getan würde.

Vielversprechend ist vor allem die Tatsache, dass beide Länder durchaus unterschiedliche Wege des Umgangs mit den globalen Herausforderungen repräsentieren und dabei jeweils eine hohe Expertise für das Verständnis dieser alternativen Entwicklungen in beiden Ländern existiert. Dies ermöglicht eine (im internationalen Vergleich) ungewöhnlich differenzierte Untersuchung der Unterschiede, der wechselseitigen Bezugnahmen und der Einbindung in transnationale Initiativen und Institutionen (etwa der EU, des UN-Systems oder der transregionalen Klimaschutzbewegung).

Vielversprechend sind zweitens die komplementären Netzwerke, die sich aus den geopolitischen Schwerpunktsetzungen beider Länder historisch ergeben haben, nun aber nicht mehr für konkurrierende Zwecke in Stellung gebracht werden, sondern zur Kooperation geöffnet sind.

Um die Fortsetzung der deutsch-französischen Zusammenarbeit muss einem also beileibe nicht bange sein, vielmehr ergeben sich hochinteressante neue Fragestellungen, für die auf ein beeindruckendes Repertoire an Kooperationskonstellationen zurückgegriffen werden kann.

Literaturverzeichnis

Boucheron, Patrick (Hg.): *Histoire mondiale de la France*, Paris 2018.
Centre Interdisciplinaire d'Etudes et de Recherches sur l'Allemagne: *Répertoire du réseau CIERA*, http://www.ciera.fr/fr/repertoire-ciera [14.08.2022].
Centre Marc Bloch: *Forschung, Forschungsschwerpunkte*, https://cmb.hu-berlin.de/forschung/forschungsschwerpunkte [14.08.2022].
Deluermoz, Quentin (Hg.): *D'ici et d'ailleurs. Histoires globales de la France contemporaine (XVIIIe–XXe siècle)*, Paris 2021.
Deluermoz, Quentin/Singaravélou, Pierre: *Pour une histoire des possibles. Analyses contrefactuelles et futurs non advenus*, Paris 2016.
Deutsches Forum für Kunstgeschichte Paris: *Transkulturalität und Mobilität*, https://dfk-paris.org/de/page/transkulturalitaet-und-mobilitaet-2639.html [14.08.2022].
Deutsch-Französische Hochschule: *Deutsch-Französische Doktorandenkollegs 2022 (DFDK)*, https://www.dfh-ufa.org/app/uploads/2022/05/Doktorandenkollegs-2022.pdf [14.08.2022].
Deutsches Historisches Institut Paris: *Forschung. Afrika*, https://www.dhi-paris.fr/de/forschung/afrika.html [14.08.2022].
Ducange, Jean-Numa/Keuchevan, Razmig/Roza, Stéphanie (Hg.): *Histoire globale des socialismes, XIXe–XXIe siècle*, Paris 2021.
Espagne, Michel: *Bordeaux baltique. La présence culturelle Allemande à Bordeaux aux XVIIIe et XIXe siècles*, Paris 1991.
Espagne, Michel/Lüsebrink, Hans-Jürgen (Hg.): *La Romanistique allemande. Un creuset transculturel*, Paris 2014 (Revue Germanique Internationale 19).
Foldenauer, Katrin/Middell, Matthias/Zettler, Antje (Hg.): *Repertorium der deutschen Frankreich- und Frankophonieforschung*, Leipzig 2003.
Hauschild, Jan-Christoph/Werner, Michael: „*Der Zweck des Lebens ist das Leben selbst". Heinrich Heine. Eine Biographie*, Köln 1997.
Internationale Expertenkommission Exellenzinitiative: *Internationale Expertenkommission zur Evaluation der Exzellenzinitiative. Endbericht*, https://www.gwk-bonn.de/fileadmin/Redaktion/Dokumente/Papers/Imboden-Bericht-2016.pdf [14.08.2022].
Lüsebrink, Hans-Jürgen/Röseberg, Dorothee (Hg.): *Landeskunde und Kulturwissenschaft in der Romanistik: Theorieansätze, Unterrichtsmodelle, Forschungsperspektiven*, Tübingen 1995.

Lüsebrink, Hans-Jürgen/Vaillant, Jérôme (Hg.): *Civilisation allemande/Landes-Kulturwissenschaft Frankreichs. Bilan et perspectives dans l'enseignement et la recherche/Bilanz und Perspektiven in Lehre und Forschung*, Villeneuve d'Asq 2013.

Messling, Markus: *Universalität nach dem Universalismus. Über frankophone Literaturen der Gegenwart*, Berlin 2019.

Middell, Matthias: *Kulturtransfer, histoire croisée, cultural encounters*, Potsdam 2016 (Docupedia-Zeitgeschichte), http://docupedia.de/zg/Kulturtransfer [14.08.2022].

Middell, Matthias/Roura, Lluis (Hg.): *Transnational Challenges to National History Writing*, Basingstoke, New York 2013.

Middell, Matthias: (Hg.): *The Practice of Global History. European Perspectives*, London 2019.

O'Rourke, Kevin H./Williamson, Jeffrey G. (Hg.): *The Spread of Modern Industry to the Periphery since 1871*, Oxford 2017.

Patel, Kiran Klaus: *Nach der Nationalfixiertheit. Perspektiven einer transnationalen Geschichte*, Berlin 2004 (Öffentliche Vorlesungen/Humboldt-Universität zu Berlin, H. 128).

Salmon, Peter: Since Derrida. A Golden Generation of French Philosophers Dismantled Truth and Other Traditional Ideas. What Next for Their Successors?, in: Aeon, 06.05.2022, https://aeon.co/essays/after-jacques-derrida-whats-next-for-french-philosophy [14.08.2022].

Savoy, Bénédicte: *Afrikas Kampf um seine Kunst. Geschichte einer postkolonialen Niederlage*, München 2021.

Schlütter, Kathleen: *Exzellenz und Egalité. Die französische Hochschul- und Forschungspolitik zwischen globalem Anspruch und nationaler Umsetzung (2002 bis 2012)*, Leipzig, Universität Leipzig, Diss. phil. (Ms.), 2022.

Schmieder, Ulrike/Zeuske, Michael (Hg.): *Falling Statues around the Atlantic*, Leipzig 2021.

Schöttler, Peter: *Die "Annales"-Historiker und die deutsche Geschichtswissenschaft*, Tübingen 2015.

Tyrrell, Ian R.: *Transnational Nation. United States History in global Perspective since 1789*, Basingstoke 2007.

Universität Leipzig: *European Network in Universal and Global History*, Paris 2014, https://research.uni-leipzig.de/~eniugh/paris-2014/ [14.08.2022].

University of Ghana: *Maria Sibylla Merian Institute for Advanced Studies in Africa*, https://www.ug.edu.gh/mias-africa/ [14.08.2022].

Steckbriefe

Frankreich- und Frankophoniezentren in Berlin, Bonn, Dresden, Freiburg, Leipzig, Mainz, Mannheim, Münster und Saarbrücken

Centre Marc Bloch (Berlin)

1. Name

Centre Marc Bloch (CBM)
https://cmb.hu-berlin.de/

2. Gründung

Kurz nach dem Fall der Berliner Mauer beschlossen die deutsche und die französische Regierung, ein deutsch-französisches Forschungszentrum für Sozialwissenschaften mit europäischer Ausrichtung ins Leben zu rufen. Gegründet am 9. Oktober 1992 und offiziell eröffnet am 8. September 1994, erhielt es den Namen des französischen Historikers Marc Bloch (1886–1944).

3. Aufgaben

3.1 Lehre
Im Rahmen einer Kooperation mit der Ecole des hautes études en Sciences sociales, sowie mit der Université de Strasbourg leitet der oder die Stelleninhaber*in der Chaire Marc Bloch (Marc-Bloch-Lehrstuhl) einen Kurs oder ein Seminar (zwei Semesterwochenstunden, vorzugsweise auf Deutsch, sonst auf Englisch) an der Humboldt-Universität zu Berlin oder einer anderen Berliner Universität und beteiligt sich aktiv an den Forschungs- und Ausbildungstätigkeiten des Centre Marc Bloch.

Durch eine weitere Kooperation zwischen dem CMB und der Humboldt-Universität zu Berlin können Promovierende und Forschende des CMB an einzelnen Fakultäten der HU Berlin Seminare (Marc-Bloch-Seminare) in Form von Lehraufträgen anbieten.

3.2 Forschung

Das Centre Marc Bloch ist eine Forschungs- und Ausbildungseinrichtung in den Geistes- und Sozialwissenschaften. In seinen Forschungsgruppen begegnen sich Forscher*innen und Promovierende mit unterschiedlichen fachlichen und nationalen Hintergründen, um gemeinsam transversale Themen zu bearbeiten.

3.3 Vermittlung an die Öffentlichkeit

Die Öffentlichkeitsarbeit des CMB wurde in den letzten Jahren stark ausgebaut, um die Interaktionen mit gesellschaftlichen Akteuren und Akteurinnen und einem breiten Publikum sowie mit der spezialisierten und allgemeinen Presse beider Länder weiter zu fördern. Zusätzlich zu der Organisation von zahlreichen Veranstaltungen mit einem breiten Netzwerk an Institutionen, ist auch das Centre Marc Bloch online und multimedial aktiv, u. a. durch seine Webseiten und sozialen Netzwerke.

3.4 Praxis

Als Beispiel der Interaktion zwischen Forschung und Praxis bringt das Mittagsseminar „Energiewende/Klima" monatlich Vertreter*innen von Wissenschaft, Politik und Zivilgesellschaft in den Dialog zu Energie- und Klimathemen.

4. Zitat/Motto

Das CMB, eine bi-nationale Institution, ist ein Ort der interdisziplinären Forschung und der Ausbildung des wissenschaftlichen Nachwuchses.

Frankreichzentrum der Freien Universität Berlin

1. Name

Frankreichzentrum der Freien Universität Berlin
https://www.geisteswissenschaften.fuberlin.de/frankreichzentrum/index.html

2. Gründung

Das Frankreichzentrum ist 1998 an der Technischen Universität gegründet worden und hat 2017 unter einer neuen Leitung (Prof. Dr. Ulrike Schneider und Prof. Dr. Uwe Puschner) und wissenschaftlichen Koordination (Marie Jacquier) seine Tätigkeiten an der Freien Universität Berlin wieder aufgenommen.

3. Aufgaben

3.1 Lehre

Das Frankreichzentrum organisiert regelmäßig Veranstaltungen, Vorlesungsreihen und Vorträge, die die Lehre in deutsch-französischer Perspektive bereichern.

3.2 Forschung

Innovative Formate machen die frankreich- und frankophoniebezogene Forschung an der Freien Universität Berlin (FUB) sichtbar. Kolloquien in Kooperation mit anderen (Forschungs-)Institutionen, disziplinenübergreifende Vortragsreihen, literaturwissenschaftlich orientierte Lesungen und die Vorstellung aktueller wissenschaftlicher Publikationen spiegeln aktuelle Forschungsdebatten in beiden Ländern sowie deren wechselseitige Wahrnehmung wider.

3.3 Vermittlung an die Öffentlichkeit

Das Frankreichzentrum richtet sich in seinen Aktivitäten gleichermaßen an ein universitätsinternes wie -externes Publikum. Während forschungsbezogene Formate wie das „Deutsch-Französische Kolloquium" (https://www.geisteswissenschafte n.fu-berlin.de/frankreichzentrum/dfk/index.html) eher die Frankreichforschenden der Universitäten und anderer wissenschaftsnaher Einrichtungen adressieren, wenden sich etwa die Diskussionsreihen, Lesungen oder Ringvorlesungen dezidiert an eine breite Öffentlichkeit.

3.4 Praxis

Das Frankreichzentrum ist ein Ort der Begegnung, des Austauschs und der Vernetzung für Forschende wie auch für Studierende und Absolventen und Absolventinnen. Im Rahmen der digitalen Veranstaltungsreihe „Métiers/Berufswege" (https:// www.geisteswissenschaften.fu-berlin.de/frankreichzentrum/aktivitaeten/berufsf elder/index.html), bei der Berufsfelder von Referenten und Referentinnen diverser Horizonte vorgestellt werden, gibt es für Studierende die Möglichkeit zum Dialog und der Netzwerkbildung mit Blick auf die eigene berufliche Orientierung.

4. Zitat/Motto

Frankreich im Fokus: Forschung, Vermittlung und Dialog.

Centre Ernst Robert Curtius (Bonn)

1. Name

Centre Ernst Robert Curtius (CERC)
https://www.cerc.uni-bonn.de/de

2. Gründung

Gegründet 2019, Aufnahme der Tätigkeiten mit Einrichtung der Wissenschaftlichen Geschäftsführung zum April 2020. Während der Covid-19-Pandemie entwickelte das CERC verschiedene Online-Formate (z. B. Lectures Croisées, Tables Rondes, Zukunftswerkstatt), die teilweise weiter online, teilweise in Präsenz stattfinden.

3. Aufgaben

Das CERC ist das Frankreichzentrum der Universität Bonn, angesiedelt am Dekanat der Philosophischen Fakultät. Es hat den Auftrag zu Forschung, Vernetzung und Dialog, innerhalb der Universität wie auch in Kooperation mit außeruniversitären Partner*innen: Als universitäre Plattform bündelt das CERC Projekte aller Fakultäten, die sich mit Frankreich oder der Frankophonie befassen. Als Forschungszentrum gehört es zur Philosophischen Fakultät und thematisiert Europa in deutsch-französischer Perspektive. Als Diskussionsforum organisiert das CERC mit zahlreichen Partner*innen Veranstaltungen zu deutsch-französisch-europäischen Themen aus Wissenschaft, Kultur und Politik.

3.1 Lehre

In Kooperation mit der Abteilung Romanistik und dem Institut français Bonn organisiert das CERC seit 2020 jedes Semester eine „Ringvorlesung Frankreich", die prinzipiell allen Studierenden der Universität offensteht.

Das „Vorlesungsverzeichnis Frankreich" des CERC bündelt sämtliche Veranstaltungen der Philosophischen Fakultät, die sich mit Frankreich oder der Frankophonie befassen.

Der von der Deutsch-Französischen Hochschule geförderte Studiengang Deutsch-Französische Studien (DFS)/Etudes franco-allemandes (EFA) der Universitäten Bonn und Paris (Sorbonne Université) mit binationalem Doppelabschluss ist seit Gründung des CERC eng mit dem Frankreichzentrum vernetzt. Er zielt auf Interkulturalität, Europakompetenz und die Vertiefung der deutsch-französischen Beziehungen. Die beiden Hauptfächer Französistik und Germanistik werden parallel und in gleichem Umfang studiert.

3.2 Forschung

Als eigenständiges Forschungszentrum versammelt das CERC ca. 30 Mitglieder aus 10 Disziplinen, die unter dem Schwerpunkt „Europäische Kulturen aus deutscher und französischer Perspektive" an einem gemeinsamen Projekt arbeiten.

3.3 Vermittlung an die Öffentlichkeit und Praxis

Die außeruniversitären Beziehungen werden im Rahmen von Veranstaltungen mit Partner*innen aus Kultur, Politik und Wirtschaft aufgebaut; das CERC wird so zum Forum für den deutsch-französisch-europäischen Dialog.

4. Zitat/Motto

Europa neu denken – deutsch-französische Perspektiven für die gemeinsame Zukunft.

Centrum Frankreich | Frankophonie (Dresden)

1. Name

Centrum Frankreich | Frankophonie (CFF), Technische Universität Dresden
https://tu-dresden.de/gsw/slk/romanistik/das-institut/Institutions/cff

2. Gründung

Das CFF wurde im Jahr 2018 gegründet. Gründungsdirektorin ist Prof. Dr. Roswitha Böhm, Inhaberin der Professur für Französische Literatur- und Kulturwissenschaft im Institut für Romanistik.

Das CFF versteht sich als Plattform zur Internationalisierung und interdisziplinären Vernetzung. Es fördert den Austausch zwischen Akteuren und Akteurinnen der TU Dresden und Partnern bzw. Partnerinnen in Frankreich und den frankophonen Ländern auf wissenschaftlichem und kulturellem Gebiet. Es vernetzt bestehende und unterstützt bei neuen Aktivitäten in den drei zentralen Tätigkeitsbereichen Forschung, Lehre und *Third Mission*.

Das CFF ist Gründungsmitglied des „Netzwerkes der universitären Frankreich- und Frankophoniezentren in Deutschland".

3. Aufgaben

3.1 Lehre

Im Bereich Lehre initiiert und unterstützt das CFF zahlreiche curriculare und außercurriculare Aktivitäten wie Gastvorträge von Wissenschaftler*innen, studentische Projekte bzw. Projektseminare, Praxiselemente wie Podien, Autoren- und Autorinnenlesungen und Ausstellungen. Zudem stellt es Infrastrukturen zur Recherche und Wissensvermittlung im Bereich französischsprachige Literatur- und Kulturwissenschaften bereit. Universitätsweit unterstützt das CFF in Zusammenarbeit mit Institutionen wie Campus France Strukturen, die den Studierendenaustausch zwischen Dresden und französischen bzw. frankophonen Universitäten befördern.

3.2 Forschung

Das CFF entwickelt längerfristig eigene Forschungsformate, die sich durch interdisziplinäre Zusammenarbeit auszeichnen. Dazu gehören inhaltliche Schwerpunkte (wie z.B. aktuell ein Projekt zu den frankophonen Kulturen des subsaharischen Afrika) und strukturelle Kooperationen mit Akteurinnen und Akteuren der TU Dresden. Die Projekte werden in Tagungen, Workshops und anderen Austausch- und Kooperationsformaten realisiert.

3.3 Vermittlung an die Öffentlichkeit

Third Mission ist eines der zentralen Betätigungsfelder des CFF. Es organisiert und realisiert in Kooperation mit renommierten Institutionen auf regionaler sowie überregionaler Ebene (u. a. Institut Français, Deutsches Hygienemuseum Dresden, Sächsische Landes- und Universitätsbibliothek) Formate des Wissenstransfers wie Autoren- und Autorinnenlesungen, öffentliche Vorträge, Podiumsdiskussionen, Workshops.

3.4 Praxis

Durch seine Podien und Ausstellungen zu aktuellen Themen wie u. a. „Exil und Vertreibung" und „Deutsch-Französische Freundschaft", durch seine Autoren- und Autorinnenlesungen, seine studentischen Projekte etwa zum Thema „Nachhaltigkeit" sowie durch seine Workshops macht das CFF französische und frankophone Kulturen, ihre Literaturen und Medien einem wissenschaftlichen ebenso wie einem breiten außeruniversitären Publikum zugänglich.

4. Zitat/Motto

Das CFF fungiert als Ort des deutsch-französischen bzw. deutsch-frankophonen Wissenschafts- und Kulturaustauschs sowie als Anlaufstelle für internationale Kooperationen.

Frankreich-Zentrum der Albert-Ludwigs-Universität Freiburg

1. Name

Frankreich-Zentrum der Albert-Ludwigs-Universität Freiburg
https://www.fz.uni-freiburg.de/de

2. Gründung

Das Frankreichzentrum wurde 1989 vom Land Baden-Württemberg auf Anregung von Ministerpräsident Lothar Späth als Zentrale Einrichtung der Universität gegründet.

3. Aufgaben

Zu seinen Aufgaben zählt das Zentrum u. a. die Stärkung der vielfältigen frankreichbezogenen Aktivitäten der Universität Freiburg sowie die Förderung der deutsch-französischen Beziehungen im wissenschaftlichen, kulturellen und wirtschaftlichen Bereich.

3.1 Lehre

Das Frankreichzentrum Freiburg strebt eine interdisziplinäre wissenschaftliche und praxisnahe Ausbildung für Studierende im Hinblick auf eine berufliche Orientierung im deutsch-französischen Bereich an. Folgende deutsch-französische Masterstudiengänge mit Förderung der Deutsch-Französischen Hochschule werden angeboten: Deutsch-Französische Journalistik (mit dem Centre universitaire d'enseignement du journalisme CUEJ der Université de Strasbourg); Interkulturelle Studien – Deutschland und Frankreich (mit der Université Lyon 2 und Ecole normale supérieure ENS de Lyon); Internationale Wirtschaftsbeziehungen (mit der Université Paris-Est Créteil und der Université de Strasbourg).

3.2 Forschung

Das Frankreichzentrum hat sich die Unterstützung und Profilierung der frankreichbezogenen Forschung zum Ziel gemacht. Dabei sollen vor allem vergleichende deutsch-französische Untersuchungen mit französischen Partner*innen aus Wissenschaft und Praxis gefördert werden. Die Publikationsreihe *Studien des Frankreich-Zentrums der Albert-Ludwigs-Universität* dokumentiert die Forschungsaktivitäten am Frankreichzentrum. Zudem wird das deutsch-französische Promovierendennetzwerks Strasbourg–Freiburg von der Institution unterstützt.

3.3 Vermittlung an die Öffentlichkeit

Alle zwei Jahre werden die „Deutsch-Französischen Kulturgespräche Freiburg" (in Partnerschaft mit dem Kulturamt der Stadt Freiburg) organisiert. Zudem werden eine einwöchige, im September stattfindende Sommeruniversität für Frankreichinteressierte (u. a. Lehrkräfte, Studierende, Schüler*innen ab Klasse 11) sowie zahlreiche weitere Veranstaltungen angeboten.

3.4 Praxis

Der Förderverein Frankreich-Zentrum dient als Schnittstelle zur Praxis und bietet u. a. Kontakt-, Förder- und Praktikumsmöglichkeiten für Studierende an.

4. Zitat/Motto

Für eine interdisziplinäre Frankreichkompetenz.

Frankreichzentrum der Universität Leipzig (FZL)

1. Name

Frankreichzentrum der Universität Leipzig (FZL)
https://www.frz.uni-leipzig.de/

2. Gründung

Das Frankreichzentrum wurde 1993 gegründet und ist eine Zentrale Einrichtung der Universität Leipzig.

3. Aufgaben

Das FZL dient der interdisziplinären und fakultätsübergreifenden Zusammenarbeit der Einrichtungen und Fakultäten der Universität Leipzig, die sich der Untersuchung Frankreichs und der frankophonen Kulturen widmen. Es arbeitet in den Bereichen der Forschung, Lehre und Weiterbildung mit Hochschul- und Forschungseinrichtungen in Deutschland, Frankreich und im Bereich der gesamten Frankophonie zusammen.

3.1 Lehre

Das FZL kooperiert im Bereich der Masterausbildung mit dem Global and European Studies Institute und im Bereich der Promotionsausbildung mit der Graduate School Global and Area Studies der Universität Leipzig.

3.2 Forschung

Zu den Forschungsaktivitäten der letzten Jahre gehörten u. a. die Beteiligung am Sonderforschungsbereich 1199 „Verräumlichungsprozesse unter Globalisierungsbedingungen" und am Forschungsinstitut Gesellschaftlicher Zusammenhalt, sowie die Zusammenarbeit mit dem Zentrum für Deutsch-Afrikanische Wissenschaftskooperation Yaoundé, der Ecole normale supérieure Paris und dem Centre Marc Bloch in Berlin. Mit Unterstützung des Instituts für Romanistik betreibt das FZL eine „Section interdisciplinaire des études québécoises".

3.3 Vermittlung an die Öffentlichkeit

Das Frankreichzentrum ist Teil des Netzwerks der universitären Frankreich- und Frankophoniezentren in Deutschland. Es betreibt eine Online-Mediathek und arbeitet im Bereich der Öffentlichkeitsarbeit eng mit dem Leipzig Research Centre Global Dynamics zusammen, u. a. im Rahmen des Globe Wissenschaftsfestivals.

Zentrum für Frankreich- und Frankophoniestudien (Mainz)

1. Name

Zentrum für Frankreich- und Frankophoniestudien (ZFF)
https://zff.uni-mainz.de/

2. Gründung

Die Gründung des ZFF im Jahr 2019 greift auf ein historisch enges Verhältnis der Universität Mainz zu Frankreich zurück: Unter Napoleon geschlossen und 1946 durch die französischen Militärbehörden wiedereröffnet haben sich über die Jahre an der Johannes Gutenberg-Universität (JGU) in verschiedenen Bereichen Strukturen eines Frankreichbezugs entwickelt, die in der Form ihrer Dichte, Vielfalt und Kopplung in der deutschen Universitätslandschaft herausstechen und durch das ZFF vernetzt und weiterentwickelt werden.

3. Aufgaben

3.1 Lehre

Vernetzung bestehender frankreichbezogener Lehrprogramme.

3.2 Forschung

Unterstützung beim Aufbau von Forschungskooperationen mit französischen oder frankophonen Partner*innen, Organisation wissenschaftlicher Fachtagungen.

3.3 Vermittlung an die Öffentlichkeit

Veranstaltungen an der JGU Mainz und in der Stadt, enge Zusammenarbeit mit dem Institut Français Mainz und anderen regionalen und überregionalen Partner*innen. Mit den *Cahiers de Mayence* hat das ZFF zudem eine eigene zweisprachige Reihe für inter- und transdisziplinäre Frankreich- und Frankophonieforschung geschaffen.

4. Zitat/Motto

Frankreich und Frankophonie in Forschung und Lehre an der JGU sichtbar machen und voranbringen.

Deutsch-Französisches Zentrum der Hochschule Mannheim

1. Name

Deutsch-Französisches Zentrum der Hochschule Mannheim (DFZ)
https://www.hs-mannheim.de/studieninteressierte/unsere-studiengaenge/binationale-studiengaenge/dt-frz-zentrum.html

2. Gründung

Der erste Deutsch-Französische Studiengang der Hochschule Mannheim startete im Jahr 1990. Es handelte sich um den binationalen Studiengang Verfahrenstechnik, dem im Jahr 1994 der Deutsch-Französische Studiengang Maschinenbau folgte. Bereits im Jahr 1990 wurde die Vorgängerinstitution des Deutsch-Französischen Zentrums der Hochschule Mannheim (DFZ) eingerichtet, um die integrierten binationalen Studiengänge professionell und intensiv zu betreuen. Das DFZ in seiner heutigen Struktur existiert seit dem Jahr 1997.

Die Deutsch-Französischen Studiengänge der Hochschule Mannheim wurden bereits vor der Gründung der Deutsch-Französischen Hochschule (DFH) von deren Vorgängereinrichtung, dem Deutsch-Französischen Hochschulkolleg, gefördert. Seit dem Jahr 2000 ist die Hochschule Mannheim Mitgliedshochschule bei der Deutsch-Französischen Hochschule.

In den Jahren seit der Einrichtung der binationalen Studiengänge haben etwa 500 deutsche und französische Absolventen und Absolventinnen den Deutsch-Französischen Doppelabschluss erworben.

Unsere Partnerhochschule ist die Université de Lorraine – die Ecole Nationale Supérieure des Industries Chimiques (ENSIC) in der Verfahrens- und Chemietechnik und die Ecole des Mines de Nancy (ENSMN) im Maschinenbau, beides am Standort Nancy.

Beim deutsch-französischen Studium erwerben die deutschen und französischen Absolventen und Absolventinnen drei Studienabschlüsse: Den Bachelor of Science der Hochschule Mannheim, den Ingénieur Diplômé der Université de Lorraine und den Deutsch-Französischen Master der Hochschule Mannheim und der ENSIC bzw. der ENSMN Nancy.

3. Aufgaben

Das DFZ ist mit der Organisation und Durchführung Deutsch-Französischer Studiengänge befasst. Es gibt keine eigene Lehre und Forschung; die Studierenden sind in die nationalen Studiengänge an der Hochschule Mannheim und an unseren Partnerhochschulen integriert.

Es gibt ein fächerspezifisches gemeinsames Studienangebot für die Studierenden und ein Sprachkursangebot.

Das DFZ organisiert zudem kulturelle Angebote für die Studierenden in den binationalen Studiengängen und stellt den nahen Kontakt zur Deutsch-Französischen Hochschule sicher.

In der Metropolregion Rhein-Neckar arbeitet das DFZ mit dem Institut Français Mannheim, dem Bureau de Coopération Universitaire de Heidelberg und deutsch-französischen Freundschaftsvereinigungen zusammen.

4. Zitat/Motto

Unser Ziel ist es, deutsch-französische Ingenieure und Ingenieurinnen auszubilden, die alle Schlüsselqualifikationen mitbringen, um in beiden Ländern und auf dem internationalen Arbeitsmarkt erfolgreich zu sein und um zur internationalen Verständigung beitragen zu können.

Interdisziplinäres Frankreich-Forum (Münster)

1. Name

Interdisziplinäres Frankreich-Forum an der WWU (Westfälische Wilhelms-Universität) Münster (iff)
https://www.uni-muenster.de/IFF/Aktuelles/IPF2223.html

2. Gründung

Das Interdisziplinäre Frankreich-Forum an der Universität Münster wurde im November 2011 auf Initiative von Prof. Dr. Martin Kintzinger und Jun.-Prof. Dr. Torsten Hiltmann (Historisches Seminar) im Zusammenwirken mit Kolleginnen und Kollegen der Romanischen Philologie, Rechtswissenschaft, Geografie, Ethnologie und Erziehungswissenschaft gegründet. Das Besondere des iff ist es, dass es einzig von Hochschullehrenden aus unterschiedlichen Fachbereichen verantwortet wird. Das iff entwickelt sich aufgrund von Initiativen weiter, die aus der Gruppe entstehen, wobei sich jeder Hochschullehrende einbringen kann, der in Forschung und Lehre auf dem Feld der französischen Kultur in Geschichte und Gegenwart aktiv ist.

3. Aufgaben

3.1 Lehre
Gemeinsame Lehrangebote werden innerhalb des iff gebündelt und das besondere Potenzial interdisziplinärer Kooperation als Profil der Universität Münster sichtbar gemacht.

3.2 Forschung
Frankreichbezogene Forschung findet derzeit nur auf dem Niveau der Hochschullehrenden statt, die sich untereinander informieren und austauschen. Ferner werden die Mitglieder auf relevante Gastvorträge und Tagungen hingewiesen.

3.3 Vermittlung an die Öffentlichkeit
Die Veranstaltungen des iff verstehen sich als Einladung zur Information und als Forum des öffentlichen Diskurses über aktuelle gesellschaftspolitische Herausforderungen.

3.4 Praxis
Die Zusammenarbeit wird über regelmäßige Arbeitstreffen organisiert. Im Zentrum steht die projektorientierte Arbeit in Arbeitsgruppen, in denen das größte Potential für die Entwicklung und Vertiefung neuer Zugänge und Gegenstände steckt.

Frankreichzentrum der Universität des Saarlandes (Saarbrücken)

1. Name

Frankreichzentrum – Pôle France der Universität des Saarlandes
www.uni-saarland.de/fz

2. Gründung

Das Frankreichzentrum der Universität des Saarlandes wurde 1996 als zentrale wissenschaftliche Einrichtung der Universität des Saarlandes gegründet. Ziel der fakultätsübergreifenden Einrichtung ist es, frankreich- und frankophoniebezogene Aktivitäten in Forschung und Lehre an der Universität zu bündeln und nach außen zu tragen sowie den deutsch-französischen Austausch zu unterstützen.

3. Aufgaben

3.1 Lehre

Über die Reihe „Deutsch-Französischer Diskurs", ermöglicht das Frankreichzentrum Wissenschaftler*innen der unterschiedlichen Fachbereiche der Universität des Saarlandes, Forscher*innen aus Frankreich und weiteren frankophonen Ländern zu Vorträgen über ein fachspezifisches Thema aus der Perspektive ihres Landes einzuladen. Seit 2016 konzipiert das Frankreichzentrum zudem regelmäßig interdisziplinäre Lehrangebote für französische DAAD-Gastdozenturen.

3.2 Forschung

Das Frankreichzentrum fördert und unterstützt Forschung mit französischen Kollegen und Kolleginnen über Frankreich und Frankophonie und trägt so maßgeblich zur Profilierung des Europa-Schwerpunktes der Universität des Saarlandes bei. Über die Website „Frankreich- und Frankophonieforschung an der Saar-Uni" (https://www.uni-saarland.de/einrichtung/frz/frankreich-und-frankophonie-forschung-an-der-saar-universitaet.html), die Forschungsprojekte über und/oder mit Partner*innen aus Frankreich und weiteren frankophonen Ländern bündelt, schafft das Frankreichzentrum eine Plattform für die Vernetzung.

    Das interdisziplinäre DFG-ANR-Forschungsprojekt ARENES – „Sport-Arenen – Szenen und (Werk)Stätten des Sport-Events" – in Verbindung mit dem Lehrstuhl für Europäische Zeitgeschichte startet 2023 mit einem Kick-off Workshop und öffentlichem Vortrag an der Universität des Saarlandes. In der dreijährigen Projektlaufzeit werden die Workshops abwechselnd an den sechs beteiligten französischen und deutschen Universitäten stattfinden.

Das von der Agence Universitaire de la Francophonie geförderte Projekt „Museo-GR" (2023–2024) hat das Ziel, ein Forschungs- und Kooperationsnetzwerk zwischen den Kunstmuseen und Universitäten der Großregion zu bilden, um deren grenzüberschreitende Zusammenarbeit in der Grenzregion zu fördern.

3.3 Vermittlung an die Öffentlichkeit

Die Arbeit des Frankreichzentrums ist darauf ausgerichtet, über die Grenzen hinweg zu vernetzen und Gelegenheiten für den wissenschaftlichen, sprachlichen und kulturellen Austausch – innerhalb der Universität wie auch als Schnittstelle für die Vermittlung an eine breitere Öffentlichkeit – zu schaffen. Das Tätigkeitsspektrum reicht dabei von der Herausgabe eigener wissenschaftlicher Buchreihen (Frankreich-Forum, VICE VERSA) über die Organisation von Vortragsreihen, öffentlichen Podiumsdiskussionen bis hin zu Veranstaltungen und Aktivitäten, die dem kulturellen und sprachlichen Austausch gewidmet sind.

3.4 Praxis

Mittels der Organisation des „Deutsch-französischen Stammtischs", des „Deutsch-französischen Picknicks" oder auch des „Französischen Spezialitätentags" an der Universität des Saarlandes schafft das Frankreichzentrum Gelegenheiten für deutsch-französische Begegnungen und Sprachpraxis, die sich an eine breite Zielgruppe richten. Für Studierende bietet das Frankreichzentrum Veranstaltungen zur Berufsorientierung im deutsch-französischen Bereich an und berät in seiner Rolle als Infopunkt des Deutsch-Französischen Jugendwerks (DFJW) zu Mobilitätsprogrammen.

4. Zitat/Motto

Interdisziplinäre Frankreichkompetenz bündeln und sichtbar machen, den deutsch-französischen wissenschaftlichen wie sprachlichen Austausch fördern – dies sind die zentralen Anliegen des Frankreichzentrums der Universität des Saarlandes.

4. Rezensionen

Rezensionen

Bationo, Jean-Claude/Lüsebrink, Hans-Jürgen (dir.) : *Communication interculturelle en contexte africain : Défis méthodologiques et modèles pédagogiques/Interkulturelle Kommunikation im afrikanischen Kontext : Methodische Herausforderungen und pädagogische Modelle*, Saarbrücken 2021, 417 p.

Le 13ᵉ volume *Communication interculturelle en contexte africain/Interkulturelle Kommunikation im afrikanischen Kontext* de la collection de coopération universitaire et d'échanges interculturels SARAVI PONTES d'Universaar (Presses Universitaires de la Sarre), œuvre réalisée et publiée sous la direction de Bationo et Lüsebrink, est le résultat du premier colloque international africain axé principalement sur la communication interculturelle, un champ multidisciplinaire de grand intérêt qui interpelle la communauté scientifique, le monde de l'éducation, l'environnent médiatique et même l'économie à l'ère de la mondialisation, des migrations et du brassage inéluctable des cultures.

Cette discussion scientifique met en exergue 23 articles pertinents qui explorent et traitent le thème et le domaine de la communication interculturelle en contexte africain sous trois perspectives :

- l'appréhension précise du concept d'interculturalité et de celui de la communication interculturelle dans le contexte africain et la transposition des modèles occidentaux dans cet univers pour scruter le nouveau domaine ;
- la médiation géopolitique et les défis interculturels qui s'offrent à la fois comme des richesses et des embûches au dialogue interculturel entre les Africain·e·s sur le plan continental et entre les Africain·e·s et les autres peuples de la planète sur le plan mondial ;
- la didactique de la communication interculturelle, qui devient une mission et un moyen ultime pour favoriser la cohésion sociale et le vivre ensemble par un dialogue culturel conscient et fructueux.

Le volume s'ouvre par une intervention avant-gardiste qui met en relief l'importance de la communication interculturelle en Afrique subsaharienne particulièrement et qui souligne cependant, du même coup, les défis théoriques et les défis pratiques qui entourent ce projet fort intéressant et indispensable. Le contexte nous place, à l'ère de la mondialisation, en face des cohabitations entre et avec des peuples à identités et histoires multiples qui ont grandi et baignent encore dans le multilinguisme, le multiculturalisme, les impacts indélébiles du passé colonial, la renaissance et l'affirmation identitaires, les particularités culturelles locales territoriales et les particularités locales panafricaines ou globales. Ces atouts motivants pour la recherche en vue d'une meilleure compréhension de l'africain et d'une meilleure collaboration/communication avec ce dernier au moment des brassages des peuples et des cultures à plusieurs niveaux activent des réflexions diverses touchant tous les recoins du tableau pluridimensionnel de la communication interculturelle.

Dans cette optique, sur les plans local et global, la question de l'intégration sous-régionale et panafricaine par la communication et la culture est soulevée et traitée. Les médias audiovisuels sont aussi interpellés. Il découle de l'observation que ces derniers, bien introduits à l'origine pour informer et cultiver le peuple, sont devenus, à bien des égards, à la fois, des atouts et les embûches à une communication interculturelle fructueuse en raison de la prédominance et de la survalorisation de la langue du colonisateur. De plus, le caractère sensationnel et publicitaire de plusieurs médias actuels brise le prisme de l'interculturalité et de la communication interculturelle qui devrait se dessiner à partir des enseignements déduits des contenus médiatiques réalistes, utiles et authentiques.

Par-dessus-tout, une lueur d'espoir vive s'élève et la conscience d'un dialogue interethnique, national, continental ou international pour un meilleur vivre ensemble grâce aux jalons de l'interculturalité prend racine. En plus des tables de discussion et des réflexions scientifiques individuelles sur la question de la communication interculturelle en Afrique, notamment en Afrique subsaharienne, la recherche-action et les ateliers de conversation sur la communication interculturelle prennent leur envol dans les salles de classe. Plusieurs extraits d'œuvres de culture sont analysés pour déceler les embûches directes et les bases fructueuses de la communication interculturelle dans l'optique de développer la compétence interculturelle chez le·la jeune dont l'identité est encore en construction et est appelée à évoluer qualitativement au cours du temps. A cet effort pédagogique s'ajoutent les analyses des contenus des textes variés pour mettre en exergue la variation linguistique et l'évolution sémantique des concepts selon l'univers psychosocial et culturel du locuteur. Cette perspective permet au·à la jeune, dans son processus de découverte et de développement, de percevoir et comprendre, de manière logique, les notions de 'malentendu culturel' et de 'choc culturel'. De ce socle ferme, l'apôtre de la relève en devenir se construit progressivement une identité culturelle et interculturelle solide et il·elle agit en locuteur·locutrice citoyen·ne averti·e et éclairé·e dans un monde qui ne s'opère plus désormais sans l'autre et au sein duquel la communication constitue le pont ou le nœud principal qui relie les peuples.

Le volume *Communication interculturelle en contexte africain/Interkulturelle Kommunikation im afrikanischen Kontext* est un chef-d'œuvre scientifique qui ouvre grandement la porte de la concertation égalitaire consensuelle aux Africain·e·s et au reste du monde. Il s'agit de la porte pour une communication interculturelle réussie entre Africain·e·s et entre les Africain·e·s et le monde. Cette publication est l'une des meilleures façons de contribuer à la consolidation de la culture de paix et du bon vivre-ensemble dans le monde après l'échec de la culture de l'assimilation par la brutalité coloniale du 19e et du 20e siècle. La continuité de l'œuvre pourrait conduire progressivement aux résultats scientifiques mettant en exergue des culturèmes africains locaux, sous-régionaux et même continentaux. Cela permettrait une meilleure ouverture de l'Afrique au monde et une meilleure collaboration du monde avec l'Afrique par une meilleure connaissance de soi et de l'Autre.

Eugène Colinet Tatchouala, Québec

Bernd Kortländer (Hg.): *Zwischen Münster und Paris. Georg Bernhard Depping, 1784–1853. Gelehrter, Schriftsteller, Journalist*, Bielefeld 2020, 600 S.

Das vorliegende, mit seinen 600 Seiten in mehrfacher Hinsicht gewichtige Werk des Düsseldorfer Germanisten und Komparatisten Bernd Kortländer, der vor allem durch seine Forschungen zu Heinrich Heine und zum deutsch-französischen Kulturtransfer bekannt geworden ist, erscheint in vielerlei Hinsicht bemerkenswert. Er rückt mit dem in Münster geborenen Beamtensohn Georg Bernhard Depping (1784–1853) eine zeittypische Schriftsteller-, Übersetzer- und Vermittlerfigur in den Blick, die in der Literatur- und Kulturgeschichte erstaunlicherweise bisher kaum gewürdigt wurde und heute weitestgehend in Vergessenheit geraten ist. Kortländer behandelt in chronologischer Abfolge und mit akribischer Genauigkeit den Lebenslauf Deppings, der eher durch Zufall zum deutschen Immigranten in Paris und zu einer ungewöhnlichen Mittlerfigur wurde. Er versteht es hierbei entlang seiner ausführlichen und bestens dokumentierten biografischen Erzählung immer wieder auf ebenso zurückhaltende wie einsichtsvolle Weise neue Impulse für die Erforschung transnationaler Kulturtransferprozesse und ihrer Träger*innen – den kulturellen Vermittler*innen oder *cultural brokers*, wie sie in neueren Forschungen der Kulturwissenschaften genannt werden – zu geben. Die theoretischen und methodischen Implikationen, die Kortländer hierbei verfolgt und immer wieder aufscheinen lässt, sind in seine biografische Darstellung wohltuend dezent eingeflochten.

Kortländers Untersuchung geht von einem eingangs kurz erzählten persönlichen Erstaunen aus: Dies betrifft die Tatsache, in einer Bibliografie vom Deutschen ins Französische übersetzter Werke einen unverkennbar deutschen Namen – Depping – zu finden, der sich bei den weiteren Recherchen nicht nur als ein vielfach ausgewiesener Übersetzer, sondern auch als ein „wirklicher Polygraph" (S. 7), als Vielschreiber, herausstellt, der als Deutscher einen Großteil seines Lebens in Frankreich verbrachte, überwiegend auf Französisch schrieb, zahlreiche, vor allem in Frankreich auf Französisch erschienene Werke (mit)verfasste oder herausgab und eine „schier unübersehbare Zahl an Aufsätzen, Lexikoneinträgen, Buchbesprechungen, Zeitungsartikeln etc." (S. 7) verfasste. Zudem betreute Depping Editionen französischer Klassiker (wie von Diderot, den er bewunderte), spanischer Romanzen und historischer Dokumente und war als Redakteur französischer Zeitungen sowie als Paris-Korrespondent verschiedener deutscher Periodika, wie des *Morgenblatts* des Tübinger Cotta-Verlags, tätig. Dieser äußerst knappe Überblick über Deppings facettenreiche publizistische und schriftstellerische Tätigkeit verweist auf herausstechende Charakteristika seiner Biografie: auf seine Vielseitigkeit und Produktivität, die ebenso auf Neugier und Begabung, die auf den Zwang zurückzuführen sind, in dem prekären Status eines unabhängigen und freiberuflichen Publizisten für sich und seine Familie ein ausreichendes Einkommen zu erlangen; auf seine Sprachbegabung, die seine perfekten Französischkenntnisse, seine Fähigkeit, sowohl auf Französisch als auch auf Deutsch literarisch, wissenschaftlich und publizistisch tätig zu sein und zu veröffentlichen sowie seine herausragenden Kenntnisse einer Reihe anderer Sprachen – wie Englisch, Dänisch, Italienisch, Portugiesisch, Spanisch sowie Neugriechisch – belegen, eine Sprachbegabung, die Depping auch beruflich gewinnbringend zu nutzen verstand; und schließlich auf sein spezifisches Profil als deutsch-französischer Vermittler in beiden Richtungen, das paradoxerweise dazu beitrug, ihn in beiden Kulturen in Vergessenheit geraten zu lassen. Hierzu trug sicherlich auch bei, dass Depping in sehr vielen Bereichen tätig war – in der Publizistik ebenso wie in der Schönen Literatur, im Bereich der Geografie in gleicher Weise wie auf dem Feld philologischer Texteditionen und gelehrter Essays, als politischer Journalist sowie als Verfasser zahlreicher Lexikoneinträge, u. a. für Michauds *Biographie universelle*, für die er über 300 Artikel schrieb.

Kortländer betont zu Anfang seiner Biografie ihren Wert als „kultur- und wissenschaftshistorische Quelle ersten Ranges" (S. 8). Der Lebenslauf Deppings und sein Werk zeigten einen „Autor und Gelehrten im Übergang von der Aufklärung zur Moderne" (S. 8), der ebenso dem enzyklopädischen Geist des 18. Jh. wie der Herausbildung und Ausdifferenzierung neuer Wissenschaftsdisziplinen verpflichtet war. Aus der Vielzahl der Einsichten, die diese trotz ihres Umfangs fast kurzweilig zu lesende Biografie vermittelt, seien in dieser Perspektive einige aus der Sicht des Rezensenten besonders interessante und aufschlussreiche herausgegriffen. So ist es faszinierend zu verfolgen, wie ein junger Deutscher, der 19-jährig im Jahre 1803 mit einem abgebrochenen Jurastudium im Gefolge eines von Münster nach Frankreich zurückkehrenden französischen Adligen und Revolutionsemigranten nach Paris gelangte und dort ansässig wurde – zunächst vor allem, um der heimatlichen Enge und dem eintönigen Beruf als Kanzleischreiber zu entfliehen; wie er dann sukzessive über Tätigkeiten als Lehrer in verschiedenen Institutionen und trotz seiner Zurückhaltung und Schüchternheit Zugang zu den gelehrten Kreisen der französischen Hauptstadt erlangte, erste literarische Werke vorlegte und dann als Paris-Korrespondent von Cottas *Morgenblatt* sowie durch sein Erfolgswerk *Merveilles et beautés de la nature en France* (1811, 9. Aufl. 1845) endlich die ersten ersehnten Erfolge erzielte. Diese verdankte er in entscheidendem Maße Freundschaften und Beziehungen – vor allem zu dem in Dänemark geborenen Geografen Conrad Malte-Brun und Helmina von Chézy –, aber auch seiner unverkennbaren vielseitigen Begabung und schließlich seinem Gespür für neue ‚Marktlücken' und wenig besetzte Felder des wissenschaftlichen und kulturellen Bereichs. In vielen Fällen übertrug und adaptierte er hierbei Gattungsmuster aus dem deutschen Literatur- und Kulturbereich; so inspirierte er sich bei seinem Erfolgswerk, einer vor allem für ein jugendliches Publikum bestimmten Darstellung der Naturschönheiten Frankreichs, von einem deutschen Muster, Samuel Wagners *Naturwunder und Ländermerkwürdigkeiten* (1802). Mit Werken wie diesem, seinen Beiträgen für das *Journal des voyages* und das *Magasin encyclopédique*, zahlreichen anderen kompilatorischen Werken wie seiner vierbändigen Darstellung der Schweiz (*La Suisse ou tableau historique, pittoresque et moral des cantons helvétiques*, 1822) sowie Übersetzungen wie dem aus dem Spanischen übertragenen *Vocubulaire géographique de l'Espagne et du Portugal* (1823) bediente er das durch die militärischen Expeditionen Napoléon Bonapartes deutlich gewachsene Publikumsinteresse an Reisebeschreibungen und geografischem Wissen über fremde Länder und Kulturen. Er wirkte zugleich mit an der Institutionalisierung einer neuen Wissenschaftsdisziplin, der Geografie, an der Deppings Freund und Förderer Malte-Brun in Frankreich einen entscheidenden Anteil hatte. Sie wies durch die Verbindung von Geografie und Geschichte, die Deppings eigenen Interessen und Vorlieben sehr entgegenkam, eine für Frankreich charakteristische Konfiguration auf, die zudem einhergeht mit einer gewissen Affinität zum literarischen Schreiben, die sich etwa in der Beschreibung von Landschaften zeigt.

Das Verdienst der vorliegenden, geradezu mustergültig recherchierten Studie ist es, einen „kosmopolitischen Gelehrten deutscher Herkunft" (S. 537), der „maßgeblich von der Aufklärung geprägt wurde" (S. 540) und zugleich eine äußerst facettenreiche deutsch-französische Mittlerfigur darstellt, aus der Vergessenheit hervorgeholt zu haben. Kortländers Biografie bietet zudem eine Fülle an Material und vielfältigen Anregungen für weiterführende Untersuchungen, für die zudem durch eine umfangreiche Bibliografie und ein präzises Namensregister sehr gute Grundlagen gelegt werden.

Hans-Jürgen Lüsebrink, Saarbrücken

Ebert, Juliane (Hg.): *Das französische Chanson. Genre und Mythos*, Berlin, New York 2020, 320 S.

Mit ihrer veröffentlichten Dissertation bietet Juliane Ebert aus literatur-, medien- und kulturwissenschaftlicher Perspektive eine hervorragende Studie des Chansons als Gattung bzw. Genre, Medium und vor allem als Mythos.

Nach einer kurzen Einleitung, in der an die Bedeutung des Chansons für die französische Gesellschaft erinnert wird, bietet die Autorin einen gelungenen Überblick des Forschungsstands zum Chanson als Gattung, Medium und Mythos. Dabei betrachtet sie nicht nur literaturwissenschaftliche Studien, sondern auch Forschungsarbeiten aus anderen Disziplinen (Geschichte, Soziologie, Kultur- und Medienwissenschaften) und stellt zentrale Leitfragen der Chanson-Forschung wie beispielsweise die Definition dieser Gattung und ihre Intermedialität in den Vordergrund. In ihrer Arbeit vertieft sie eine andere Perspektive der Chanson-Forschung, die bisher vereinzelt herausgearbeitet wurde: die „mythische Qualität des Chansons" (S. 20). Dabei geht es darum, gestützt auf moderne Gattungstheorien und Mythenforschung, „das Chanson als mythisches Gattungssystem zu profilieren" (S. 18).

Mithilfe des Rückgriffs auf einschlägige Mythentheorien, wie die „komplexitätsreduzierende Evidenzwirkung" von Roland Barthes oder die Vernetzungsstruktur des Mythos (Claude Lévi-Strauss) möchte die Autorin die mythische Qualität des Chansons anhand drei mythentheoretischer Ansätze aufzeigen, die die Arbeit klar strukturieren.

Als erstes geht sie auf die Theorien von Roland Barthes, Claude Lévi-Strauss und Hans Blumenberg ein, die sie für die Analyse von mythischen Erzählungen anwendet, welche sich in zahlreichen Chansons seit dem 19. Jh. wiederfinden. In diesem Kapitel werden Motive behandelt („Lebensfreude und Liebe", „Nostalgie und Erinnerung", „Ursprünge und französische Identität", „Paris") sowie auch Melodie, Interpretation und Träger, die dazu beitragen, dem Chanson-Mythos auf immanenter Ebene eine Vernetzungsstruktur zu geben. All diese Motive beeinflussen sich untereinander und ergänzen sich, was zu einer Binnenstruktur innerhalb des Genres führt. Außerdem zeigt die Autorin, dass das Chanson nicht nur eine Unterhaltungsfunktion, sondern auch eine „individuelle und kollektive Orientierungsfunktion" erfüllt, die zur Verstärkung des Mythos beiträgt.

Im zweiten Hauptkapitel (Kap. 4) geht die Autorin auf die Rolle des Interpreten als „mythische Figur" ein und untersucht dabei nicht nur die *auteurs-compositeurs-interprètes* (Charles Trenet, Jacques Brel, Georges Brassens, Léo Ferré), sondern auch Pierrre-Jean Béranger, Aristide Bruant und Yvette Guilbert, Edith Piaf sowie Benjamin Biolay und Zaz. Erwähnt, aber nicht behandelt sind leider Interpreten der 1970er- bis 1990er-Jahre, die auch ihren Platz in dieser Studie gehabt hätten, was die Autorin auch zugibt, dem sie aber nicht weiter nachgeht. Bei der Analyse der Persönlichkeiten werden zum einen die Interpreten selbst und zum anderen ihre

Verbindungen zu den anderen Künstler*innen beleuchtet. Dies bringt die Wechselwirkungen zwischen der Selbst- und Fremdwahrnehmung der Chansonniers ans Licht und zeigt, dass sie durch ihre Themen und Positionierung in ihren Chansons ein breites und vielfältiges Publikum anziehen.

Im letzten Hauptkapitel (Kap. 5) interessiert sich die Autorin für den Diskurs über das Chanson. Ausgehend von Barthes' Überlegungen über den Zusammenhang zwischen Mythos und Sprache und basierend auf schriftlichen und visuellen Quellen stellt sie heraus, wie der Diskurs über das Chanson zur Konstituierung des Chanson-Mythos beitrug.

Klar strukturiert und sehr leserfreundlich durch die Zwischenzusammenfassungen und die präzise und prägnante Schlussbetrachtung liefert diese hervorragende Arbeit für jeden, der sich mit französischem Chanson beschäftigt, wertvolle Erkenntnisse über das Chanson als Genre, Medium und vor allen Dingen als Mythos, von denen die Chanson-Forschung stark profitiert.

Maude Williams, Saarbrücken

Ebert, Verena (dir.) : *Koloniale Straßennamen. Benennungspraktiken im Kontext kolonialer Raumaneignung in der deutschen Metropole von 1884 bis 1945*, Berlin, Boston 2021 (Koloniale und postkoloniale Linguistik 16), 310 p.

La toponymie européenne à connotation colonialiste est sujette à de vigoureuses remises en cause de la part de la société civile, comme l'ont montré divers épisodes récents de dé- et re-baptême de places, rues et autres lieux publics. Le travail de Verena Ebert examine dans cette logique des noms de rues de l'Empire allemand susceptibles d'avoir été donnés dans une optique colonialiste, tout en se situant explicitement dans une optique descriptive et non prescriptive : elle ne formule aucune consigne en direction des institutions et administrations sur la suppression de toponymes, et a le souci de distinguer son travail universitaire (une thèse de doctorat soutenue en 2019) du mouvement onomastique militant s'intitulant *critical toponymies* qui en réclame l'abandon. Ebert situe son objectif dans le champ linguistique en se démarquant des études culturelles, et convoque le travail d'archives et le recueil de données, la contextualisation historique, la description des patrons de toponymes ainsi que l'analyse des métadiscours tenus à leur sujet. Une soixantaine de pages d'annexes est révélatrice de l'accent mis sur le réel : en dehors de la bibliographie et de la liste des archives consultées, différents inventaires présentent :

a) les noms de rue recensés à ce titre ;
b) les villes concernées par son étude ;
c) des exemples d'annotations pour les villes de Dresde et Breslau/Wroclaw ;

d) les noms de personnes, acteurs de la période colonialiste ou post-colonialiste, et (rares) chercheurs et
e) un registre des noms géographiques utilisés dans les dénominations, par exemple « Sansibar ».

Par ailleurs, une quarantaine de reproductions en noir et blanc de plans de quartiers avec leurs noms de rue documentent les regroupements de toponymes colonialistes urbains.

Dix chapitres peuvent sembler au lecteur relever du morcellement de la question, surtout quand certains sont assez brefs (le chap. 4 « Nameninventar » ne fait qu'une dizaine de pages), et que les considérations méthodologiques et les descriptions fines du corpus occupent six chapitres sur les dix, trace de l'origine académique du volume. Mais cette impression est injuste, tant le fil de ces premiers chapitres expose l'ampleur des obstacles pratiques à un travail de ce type. Ces obstacles relèvent d'abord de la période historique : l'empire allemand de Guillaume II avec ses aventures coloniales, du comptoir de Tsingtao à l'Afrique de l'Ouest voit une première vague de toponymes colonialistes, la République de Weimar une seconde, déjà teintée de nostalgie, puisque certaines des anciennes possessions coloniales n'en sont plus, et l'Allemagne nationale-socialiste la troisième vague dans un esprit idéologique. Ces trois périodes rendent le corpus moyennement stable : en raison des pertes dues au traité de Versailles ou des conquêtes nazies au début de la seconde guerre mondiale, ce sont des espaces géographiques différents qui constituent le territoire de l'empire allemand sur lequel s'exerce la volonté dénominative : on trouvera ainsi dans le registre de la centaine de villes concernées un certain nombre de villes polonaises actuelles (Danzig/Gdansk, Zielona Gora/Grünberg), mais aussi françaises (Colmar ou Strasbourg) ou russe (Königsberg/Kaliningrad). L'évolution du corpus des villes provient également de la restructuration urbaine et communale des années 1960–1970 en République fédérale, qui a disjoint et surtout regroupé des quartiers ou des petites villes proches de grandes agglomérations. Enfin, les destructions des incendies ou bombes des guerres ayant anéanti un grand nombre d'archives municipales, retracer l'histoire du nom des rues par les actes administratifs relève de l'aléa heureux de la découverte d'archives conservées (et de l'amabilité correspondante de leurs personnels, comme une note de bas de page le rappelle p. 84 pour deux villes qui n'ont jamais répondu à ses demandes...). Or la présence d'actes dénominatifs voulant honorer tel personnage ou telle ancienne possession ultramarine est le seul moyen de départager des homonymes, dont l'un sera non colonialiste, et l'autre si : un « Karolinenweg » peut paraître au premier abord renvoyer aux îles micronésiennes possédées un temps par l'Allemagne, alors que l'examen de rues voisines comprenant un « Amalieweg » mettra sur la piste de rues baptisées avec les prénoms d'épouses de notables municipaux.

Le souci d'objectivité de l'auteure explique qu'à diverses reprises, elle se démarque de sociétés savantes locales ou d'activistes ayant une attribution très large de l'étiquette 'colonialiste'. Elle a par exemple retrouvé des actes de dénomination indiquant la motivation à dénommer une rue « Nettelbeck-Straße » : sur les 21 rues qui portent ou ont porté ce nom sur le territoire germanophone, seule une se réfère, en 1940, à des idées explicitement colonialistes : l'annuaire historique de la ville de Munich mentionne pour la Nettelbeckstraße « er weist als einer der ersten auf die Notwendigkeit hin, Kolonien zur Stützung der Landmacht zu erwerben » (p. 72), alors que les autres actes de nomination louaient la défense qu'il a organisée de sa ville fortifiée de Kolberg (anciennement prussienne, aujourd'hui polonaise) contre les troupes françaises en 1806. Ce départage entre examen contextualisé et attribution idéologique lui est l'occasion de lancer quelques piques contre des modes de travail insuffisamment approfondis chez les militants qui s'agitent sur ce terrain depuis quelques années.

Autant on suivra l'auteure dans sa défense et illustration du vrai travail universitaire, retirant une dénomination de son corpus quand l'accusation colonialiste serait partiale (elle ne répertorie par exemple pas les rues « Konrad Adenauer », considérant, sauf mention inverse, que l'acte de nomination est plus logiquement dû à ses fonctions de chancelier de 1949 à 1963 qu'à une vice-responsabilité peu connue au sein de la Deutsche Kolonialgesellschaft pendant la République de Weimar), autant on estimera la publication résultante relever plutôt d'un travail d'historienne que de linguiste, même onomastique. Constater que les dénominations toponymiques ont le format X (nom propre colonial) + N de type -straße, -weg, -platz, -pfad, -ring, -allee, -kai ou -graben était attendu, et on lit sans surprise que les syntagmes coloniaux sont par ordre de fréquence des noms propres (Peters ou Lüderitz), puis des noms géographiques, suivis par quelques divers, comprenant notamment des noms de bateau.

Le traitement de la fonction discursive de ces dénominations reste malheureusement en deçà des attentes : bien sûr, le territoire de la métropole allemande se recouvre de ces toponymes exotiques qui rappellent la grandeur de l'empire, honorent les 'grands hommes' de cette histoire de conquête, et renforcent l'héroïsation : on apprend ainsi que seul un petit dixième de ces dénominations a été donné pendant la période réellement coloniale (p. 109) alors que 91 % ont été attribuées entre 1919 et 1945. Ebert émet l'hypothèse d'une forme de dé-sémantisation de certains anthroponymes pendant la période nazie (p. 209) : si l'on en juge par des quartiers appelés *Benennungscluster* où l'adressage se fait pour plusieurs rues dans la même thématique, d'anciens acteurs coloniaux comme le terrible Carl Peters (organisateur de la colonisation allemande en Afrique orientale, il est surtout connu pour ses crimes envers les populations locales) deviennent, par leur voisinage avec d'autres 'héros' allemands, de 'simples' figures héroïques de l'histoire. Des motifs plus impérialistes que colonialistes se lisent dans l'opération de re-baptême d'une ville comme Lodz (Littmannstadt) en Pologne en 1940 lors de l'occupation nationale-socialiste : les noms de rue polonais se voient recouverts par des noms germanisant au sens langagier comme culturel. Une carte de 1942, page 224, montre un quartier de Lodz allant de la « Togostras. » à la « Neuguineastras. » en passant par la « Lüderitzstras. », du nom d'un colon allemand ayant acquis dans les années 1880–1886 d'immenses possessions en Namibie de façon très discutable. Cependant le lecteur se penchant sur la reproduction y verra aussi un « Korallenweg » ou une « Perlmutterstraß » dont l'expressivité exotisante n'est pas relevée par l'auteure, pas plus que deux photos reproduites p. 213 montrant des panneaux de rue en bois sculpté de palmiers et serpents à Magdeburg en 1938 ne lui font soupçonner un imaginaire ultra-marin renforçant l'intention colonialiste. Le profit du volume, d'une excellente qualité éditoriale par ailleurs, convainc donc moins sur le plan linguistique (onomastique structuraliste ou sociolinguistique) que sur le plan historique et culturel, représentant une base documentaire extrêmement fine pour suivre les phases de la « Reinstallierung kolonialer Erfahrung » (p. 250), sur le territoire allemand pendant ces 60 ans de l'histoire.

Odile Schneider-Mizony, Strasbourg

Faber, Richard/Conter, Claude D. (dir.) : Bernhard Groethuysen. Deutsch-französischer Intellektueller, Philosoph und Religionssoziologe, Würzburg 2021, 312 p.

Bernhard Groethuysen. Deutsch-französischer Intellektueller, Philosoph und Religionssoziologe est la publication des actes d'un colloque qui s'est tenu en 2018 au château de Colpach. Aujourd'hui Centre National de Littérature du Luxembourg (Lëtzebuerger Literaturarchiv), Colpach fut entre les deux guerres la demeure de la famille Mayrisch, qui en avait fait un lieu d'échanges entre intellectuel·le·s allemand·e·s et français·es.

La première des quatre grandes sections de l'ouvrage retrace la position singulière de Groethuysen [noté G.] dans les développements de l'anthropologie philosophique allemande des années 1920. Joachim Fischer et Thomas Keller opposent sa pratique de l'anthropologie philosophique comme une simple histoire des idées (une histoire des conceptions de l'humain et de sa place dans le cosmos) au projet de philosophes comme Max Scheler ou Helmut Plessner, qui, à la même époque, développent l'anthropologie philosophique à partir des avancées récentes de la biologie de l'évolution comme un nouveau paradigme philosophique.

La deuxième section du volume est consacrée au rôle de médiateur de G. et à ses analyses littéraires. Myriam Sunnen reconstitue son influence, probablement entièrement orale, sur André Malraux, à qui il a fait connaître la philosophie allemande récente (Karl Marx, Friedrich Nietzsche) et contemporaine (Wilhelm Dilthey, Karl

Jaspers, Martin Heidegger, Oswald Spengler). *D'une jeunesse européenne* (1927) s'en fait l'écho. *La Tentation de l'Occident* (1926) est la réponse de Malraux au *Déclin de l'Occident* de Spengler (1918–1922, 1931–33 pour la traduction française). La notion même de 'condition humaine' pourrait être l'écho des travaux de G. sur Saint-Augustin et Blaise Pascal.

Germaine Goetzinger évoque le cercle de Colpach : G. et Alix Guillain, sa compagne, furent les hôtes réguliers de ce lieu créé par Aline Mayrisch (elle-même traductrice de littérature allemande en français) « en terrain neutre, dans une extraterritorialité *sui generis*, où cultures allemande et française se rencontraient sur un pied d'égalité ». Ils y ont rencontré des intellectuel·le·s français·es et allemand·e·s comme André Gide, Jean Schlumberger, Ernst Robert Curtius.

Bernard Dandois évoque l'amitié entre G. et Jean Paulhan, voisins à Paris à partir du moment où G. commence à passer la moitié de l'année en France. Paulhan le fait entrer à la Nouvelle Revue française (NRF) où il tient la rubrique « Lettres d'Allemagne ». Il sera à l'origine directe ou indirecte de la traduction en français de nombreux ouvrages de philosophie et de littérature allemandes. Il a par exemple convaincu Gallimard de confier la traduction de Franz Kafka à Alexandre Vialatte. La version française de son *Origine de l'esprit bourgeois en France* (1927) est le premier livre publié dans la « Bibliothèque des Idées » de Gallimard, appelée à un avenir prestigieux.

Thomas Schröder réfute la lecture de Friedrich Hölderlin et de Kafka que propose G. en la confrontant à d'autres interprétations (Walter Benjamin, Robert Minder, ultérieurement Margarete Susman, Jürgen Sieß) : expliquant le repli sur l'intériorité, le désir d'un retour à l'enfance et à la nature par l'échec à trouver sa place dans le monde social, G. négligerait la dimension théologique de leurs deux pensées.

Dans la troisième partie, consacrée au positionnement politique de G., Reinhard Brenneke et Klaus Große Kracht (biographe allemand de G.) cherchent des explications à sa fidélité inconditionnelle au parti communiste, déjà surprenante pour des contemporains comme Paulhan ou Benjamin : cette fidélité n'est ébranlée ni par le régime stalinien ni par le pacte germano-soviétique ; elle surprend d'autant plus qu'intellectuellement G. n'est pas marxiste – il ne s'intéresse pas à la dimension économique de l'histoire des idées et des mentalités. Ses convictions communistes s'expliqueraient par le fait qu'entre les deux guerres, l'URSS et les partis communistes sont pacifistes et engagés dans la lutte anti-fachiste ; elles s'expliqueraient aussi tout simplement par des raisons personnelles – par l'engagement militant d'Alix Guillain et par un certain goût de la provocation.

Dominik Ghongaze explore les rapports de G. avec les autres élèves de Dilthey. Après la Première Guerre mondiale, beaucoup d'entre eux évoluent vers des positions conservatrices et nationalistes. Alors qu'il partage déjà sa vie entre Berlin et Paris et sans renier ses propres convictions démocratiques et libérales, G. a continué à participer à la vie académique allemande (par sa contribution à l'édition de Dilthey notamment). « L'esprit bourgeois » qu'il a dégagé a pu être rendu responsable par certain·e·s d'un oubli de la transcendance ou d'une perte de repères spirituels et nourrir ainsi, à l'opposé de ses propres convictions, une pensée conservatrice du déclin. Son installation définitive à Paris à partir de 1933 met fin à tout compagnonnage intellectuel avec ceux qui se rapprochent trop du régime nazi.

La quatrième partie fait le point sur l'œuvre de G. comme historien et sociologue des religions. Bien que les *Origines de l'esprit bourgeois* ne citent explicitement aucun de ses contemporains, Hartmann Tyrell et Karl-Siebert Rehberg montrent que son travail est une prise de position implicite dans le débat allemand sur les liens entre religion et capitalisme. G. s'oppose à Max Weber par le choix d'un corpus français et catholique (des sermons et des ouvrages de conduite propageant une morale dictée par la conscience du péché originel), dont G. déduit par la négative l'émancipation d'une classe aisée et cultivée par rapport au pouvoir doctrinal de l'église. Le travail sur ce corpus l'incite à remettre en question le lien causal établi par Max Weber entre l'ascèse imposée par la doctrine de la prédestination et le développement du capitalisme. Pour G., le développement de l'esprit bourgeois est simplement dû au recul de l'emprise religieuse sur la vie de certains individus. Son analyse induit aussi une périodisation et une analyse sociologique différentes de l'avènement de la modernité : l'esprit bourgeois s'affirme au XVIIIe siècle, ce qui remet en question le rôle central attribué par Max Weber à la Réforme (et rapproche G. de Ernst Troeltsch) ; ce n'est pas la petite bourgeoisie laborieuse qui porte le développement du capitalisme, c'est une grande bourgeoisie en mal de reconnaissance sociale qui s'émancipe de la mentalité religieuse traditionnelle. Cette évolution autonome précède les transformations de la modernité dans les champs politique, économique et culturel. Elle s'accompagne d'un optimisme qui contraste avec l'insistance de Max Weber sur le pessimisme protestant (augustinien). Rehberg relève cependant aussi des similitudes entre G. et Weber : dans les deux cas, le facteur religieux est présenté comme une explication causale autonome, en l'absence d'une prise en compte d'autres facteurs (économiques notamment) ; et le choix du terrain religieux correspond à une orientation politique : pessimisme culturel et identification au *Kulturkampf* chez Max Weber, optimisme et choix de la France comme pays de la démocratie et des droits de l'homme chez G.

Comparant G. et Lucien Goldmann, Erhard Stölting relève un même intérêt pour les mentalités religieuses, mais oppose leurs méthodes : un travail strictement empirique sans *a priori* interprétatif sur des sources non littéraires pour G. vs. une interprétation sociologique de textes littéraires et philosophiques pour Goldmann. Stölting oppose également la continuité entre les intérêts intellectuels et les convictions politiques chez Goldmann – incitant à croire au 'dieu caché', le pari de Pascal peut être considéré comme le modèle d'un pari qui consisterait à 'croire' au socialisme en l'absence de certitudes concernant son accomplissement – à la 'séparation stricte' entre les convictions communistes de G. et son intérêt intellectuel pour la genèse du libéralisme politique.

Comparant *Die Entstehung des modernen Gewissens* (1991) de Heinz Dieter Kittsteiner, avec les *Origines de l'esprit bourgeois* (1927), Jannis Wagner relève des points communs tant dans les centres d'intérêt – la transformation des mentalités religieuses au XVIIIe siècle – et la méthode – une histoire des mentalités s'appuyant sur des sources anonymes et non sur l'étude des grands systèmes philosophiques. Wagner fait l'hypothèse d'une influence souterraine de G. en Allemagne après la Seconde Guerre mondiale : un historien comme Reinhard Koselleck (mentor de Kittsteiner) lui doit manifestement beaucoup, bien qu'il n'ait jamais reconnu sa dette à sa juste mesure : G. était tombé dans l'oubli ou n'était du moins pas considéré comme une autorité à citer.

Le volume est complété par une bibliographie réunie par Hans-Manfred Bock qui revient sur les raisons de cet oubli : la mort de G. en 1946 et son remplacement dans le rôle d'expert allemand sur la France par un Ernst Robert Curtius bien plus conservateur.

Le colloque de Colpach, le premier à être consacré à G. par des chercheur·euse·s allemand·e·s, lui rend sa place dans l'histoire intellectuelle allemande et fait le point sur son actualité. Ces actes confirment aussi quel médiateur exceptionnel a été G. – passeur « dans les deux sens », doué d'une érudition et d'une capacité de persuasion orale peu communes –, personnalité intellectuelle éclatée et inclassable, « ni médiateur classique entre la France et l'Allemagne, ni exilé, ni résistant en armes, ni collaborateur » (Keller, p. 67).

Béatrice Durand, Berlin

Christine Fourcaud/Matthias Springer (Hg.): *Frühkindlicher Fremdsprachenerwerb in den „Elysée-Kitas". Schnupperstunde Französisch in den Münchner städtischen Kindertageseinrichtungen*, Tübingen 2021, 269 S.

Die deutsch-französischen Beziehungen haben immer wieder eine Vorreiterfunktion beim Aufbau und Zusammenhalt Europas; dies zeigt sich auch besonders bei den Bemühungen um Annäherung an die Kultur des Anderen oder beim Erlernen der Sprache des Nachbarlandes.

Das vorliegende Buch steht in der Reihe dieser wertvollen Initiativen. Es ist Francis Goullier gewidmet, einem im Jahre 2020 verstorbenen und vom deutsch-französischen Dialog zutiefst überzeugten bedeutenden europäischen Sprachenpolitiker. Die Reihe der Vorworte zu Beginn der Veröffentlichung durch offizielle Unterstützer von Rang ist ebenfalls beeindruckend (Botschafter, Staatsminister,

Oberbürgermeister, Universitätspräsidenten aus beiden Ländern); diese Mentoren sind auch Garanten für eine nachhaltige Umsetzung der europäischen Idee.

Wissenschaftlich sind die Autorin und der Autor an den Universitäten von München (LMU) und der Université Reims Champagne-Ardenne beheimatet; sie konnten das gemeinsame Projekt dank eines Gastdozentenprogrammes des DAAD ausführen. Durch die Vernetzung der beiden Institutionen waren noch zahlreiche Personen am Projekt beteiligt und die in diesem dynamischen Team entstandene Menge, Qualität und Dichte von Daten ist außergewöhnlich für Untersuchungen im Bereich der Sprachendidaktik. Nur ein Bruchteil davon ist in der Veröffentlichung direkt zugänglich, häufig werden in den Kapiteln Synthesen aus der Analysearbeit vorgestellt. Es wäre wünschenswert, diese Gesamtdaten auch weiteren Rezipierenden zugänglich zu machen.

Das Eingangskapitel stellt die Leitfragen für die dargestellte Forschungsarbeit:

- Hat Mehrsprachigkeit bei Kindergartenkindern möglicherweise einen negativen Einfluss auf deren kognitive, sprachliche und soziale Entwicklung? (S. 25)
- Sind Vorschulkinder beim Erwerb einer dritten oder vierten Sprache überfordert? (S. 29)
- Sollten sich Kinder mit fremdsprachlichem Hintergrund nicht erst die deutsche Sprache aneignen, bevor sie sich einer weiteren Fremdsprache zuwenden? (S. 31)

Diese Fragen werden auch häufig im öffentlichen Diskurs gestellt und eine wissenschaftliche Antwort darauf ist nötig, um diese Fragen ohne Polemik und aufgrund von sachlichen Argumenten beantworten zu können. Dem Buch kommt hierbei auch gerade eine Mittlerfunktion zu: Nicht alle Erkenntnisse der Wissenschaft, wie z. B. die der Nützlichkeit von gefestigten Familiensprachen für den weiteren Erwerb und das Erlernen von Schulsprachen (welche durchaus von Ersteren abweichen können), sind bereits im Schulalltag angekommen.

Die folgenden Kapitel liefern einen guten Überblick über bereits durchgeführte Projekte im Bereich des frühkindlichen Spracherwerbs – oder Sprachenlernens. Der Autor und die Autorin unterstreichen hierbei, dass das vorgestellte Projekt ein langsames Herantasten an die Sprache darstelle, eine ‚Schnupperstunde', bei der es um eine erste Motivation zur Beschäftigung mit der Sprache gehe. Ziel dieser Phase sollten jedoch nicht sofort ausgeprägte Kenntnisse im Französischen sein. Gleichzeitig ist zu bemerken, „dass es bei der Umsetzung der *Schnupperstunde* um mehr geht, als eine harmlose, beliebige Kita-Praxis." Autorin und Autor unterstreichen die „diskursive Konstruktion kollektiver Identität" als eine „Aufgabe der Bildungspolitik" (S. 122).

Wichtige Punkte, welche den Erfolg von Projekten zur sprachlichen, kulturellen und sozialen Integration ausmachen, werden dabei erwähnt wie die Kontinuität des Angebots, die Lehrerausbildung im Sinne einer *language teaching awareness*, die

Einrichtung und das Funktionieren von Lehrertandems und die verwendeten Lehr- und Lernstrategien. Das Verständnis von Integration, welches hier verwendet wird, schlägt bereits Brücken zum Konzept der Inklusion und ist auf jeden Fall der Exklusion klar entgegengesetzt.

Das dritte Kapitel erklärt sehr ausführlich das Forschungsdesign und den Ablauf der Datenerhebung und es stellt die sehr diversen Profile der Kinder dar, welche im Mittelpunkt der Untersuchungen standen. Kapitel 4 liefert danach weitere Daten zum Profil der an der Forschung beteiligten Familien und der Teilhabe und Partizipation der pädagogischen Kräfte in der Schule. Dabei wird nochmals der Gedanke der europäischen Integration für alle Schüler und Schülerinnen mit einbezogen und ein Aspekt besonders hervorgehoben, nämlich die „Förderung einer kultur- und sozialübergreifenden europäischen Identität" (S. 83). Es ist auch zu bemerken, dass der oft irreführende Begriff ‚Muttersprache' so wenig wie möglich verwendet wird. Stattdessen beziehen sich die Autorin und der Autor auf Familiensprachen, die in den unterschiedlichsten Kombinationen und Gewichtungen vorkommen können. Beim Erwähnen des Französischen als Fremdsprache hätte man unter Umständen auch noch etwas nuancieren können und die Kinder erwähnen können, in deren Familien Französisch den Status einer Zweitsprache hat, auch wenn diese nur einen kleinen Prozentsatz darstellen (3,3 % laut Abb. 4 auf S. 85).

Kapitel 5 untersucht die beobachteten Lehr- und Lernstrategien im Detail, illustriert durch Transkriptionen von ausgewählten Redeeinheiten. Bei den Ausführungen zum Sprachenwechsel und zur Ausbildung von multiplen Identitäten wäre hier schon ein Hinweis auf das etwas später eingeführte *translanguaging* hilfreich gewesen, denn diese holistische Strategie des Einsatzes von mehreren Sprachen ist genau in einigen der Beispiele von mehrsprachigen Familien zu erkennen (z. B. S. 145–147).

In Kapitel 6 wird dann die „Mobilisierung translinguistischer Strategien" erwähnt (S. 159–160), aber größtenteils nur auf die lexikalische und phonologische Bewusstheit beschränkt, was eine einschneidende Reduzierung der ursprünglichen Bedeutung darstellt.

Der Einsatz von auswendig gelernten festgefügten Redewendungen (*chunks*) an Stellen, an denen es von der Pragmatik her nicht passt, ist eine Konstante in den Anfangsphasen des institutionellen Sprachenlernens. An dieser Stelle ist es meiner Ansicht nach verfrüht, von fehlerhafter Verwendung zu sprechen (S. 160), denn durch einen taktvollen und sinnstiftenden Einsatz der Lehrpersonen kann hier auf den Verwendungskontext hingewiesen werden und danach kann der Spracherwerbsprozess ohne Verzögerung weiter ablaufen.

Die nonverbalen Strategien (S. 164) verdienten auch noch genauere Betrachtung. Das Kind mit der Familiensprache Katalanisch kann auf zwei Vorteile zurückgreifen: die Möglichkeiten der Interkomprehension zwischen den beiden romanischen Sprachen Französisch und Katalanisch und die Erfahrung, dass man in verschiedenen Sprachen bei ähnlichen Anlässen kommunizieren kann, wie hier beim Marktbesuch. Diese hat es anderen Kindern (und auch vielen Lehrpersonen) voraus. Diese Tatsache könnte man gerade im Rahmen der Ausbildung einer größeren *language teaching awareness* hervorheben, insbesondere, wenn man dies in Bezug setzt zur Antwort auf die Frage: „Sind Sie bilingual aufgewachsen?" (S. 108), wobei 58 % der Kinder diese Erfahrung gemacht haben und nur 26 % des pädagogischen Personals. Hier könnten die Kinder sogar manchmal die Führung in der mehrsprachigen Kommunikation übernehmen, wobei eine strikte Einhaltung der Regel „une personne, une langue" nicht in allen Situationen die beste Lösung sein mag. Eine völlig lineare Hinleitung zu einer neuen monolingualen Kompetenz nur in der Schulsprache sollte hier sicherlich nicht das Ziel eines auf Demokratie und Respekt ausgerichteten Unterrichts sein.

Ganz besonders wertvoll ist schließlich das Kapitel zu den Handlungsempfehlungen, das aufgrund der soliden Datengrundlage sehr aussagekräftig ist. Es liefert Richtlinien und Leitgedanken für die Sprachenpolitik in Schulen und auch für die Lehreraus- oder Weiterbildung, speziell in mehrsprachigen Kontexten (und diese werden durchaus immer mehr zum Regelfall in den Schulen).

Die Bibliografie ist sehr ausführlich und hat auch die meisten rezenten Entwicklungen mit einbezogen, sie ist ein guter Ausgangspunkt für weitere Forschungen. Sie konzentriert sich jedoch durch das Thema bedingt etwas zu stark auf den deutsch-französischen Dialog; hier wäre ein Blick über den Tellerrand hinaus auf andere Sprach- und Kulturkonstellationen auch noch interessant gewesen.

Als Ausblick wird auch die Begrenzung des Untersuchungsfeldes erwähnt, auf Initiativen auf deutscher Seite und hier wiederum auf eine spezielle Stadt (München) und deren städtische Kindertageseinrichtungen. Das Lesepublikum mag sich die Frage stellen, ob dieser Reichtum an pädagogischen Aktivitäten generalisierbar sein kann.

Es ist zu hoffen, dass dieser wichtige Beitrag zur Demokratie sowie zur sozialen Gerechtigkeit und zur Integration (oder gar Inklusion) in Europa, gerade auch für Kinder mit familiären Kontexten, welche in der Schule nicht stark vertreten sind, in der Öffentlichkeit breites Gehör und eine große Leserschaft finden wird. Die Lektüre dieses Buches bringt sicherlich auch für Lehrer*innen aller Disziplinen einen Erkenntnisgewinn und sie stellt eine interessante Diskussionsgrundlage für Seminare in der Lehrerausbildung dar.

Sabine Ehrhart, Obernai

Hamez, Grégory/Defays, Jean-Marc (Hg.): Réalités, perceptions et représentations des frontières. L'espace transfrontalier de la Grande Région Sarre-Lor-Lux, Louvain-la-Neuve 2020, 266 S.

Der vorliegende, 2020 veröffentlichte Sammelband beinhaltet eine multiperspektivische und transdisziplinäre Sicht auf den wissenschaftlichen Bereich der *Border Studies* für die quadrinationale Großregion Saar-Lor-Lux. Unter der transdisziplinären Koordination von Grégory Hamez (Geografie) und Jean-Marc Defays (Fremdsprachendidaktik) haben Forscherinnen und Forscher aus sechs Universitäten der Grande Région mit insgesamt 12 Beiträgen die Frage der Wahrnehmungen und Vorstellungen der Grenze und der Grenzregion unter die Lupe genommen und aus ihrer jeweiligen Fachperspektive heraus beleuchtet, diskutiert und analysiert. Resultat ist ein 260-seitiger Band, der die Vorstellungen zur Grenze bei verschiedenen Zielgruppen und Akteure und Akteurinnen aus soziologischer, kultureller, wirtschaftlicher, (fremdsprachen-)didaktischer, (bildungs-)politischer bzw. geografischer Sicht thematisiert.

Der Publikation ist eine Einleitung von Gregory Hamez, welcher diese thematisch (transdisziplinären, mit einem gemeinsamen Fokus auf den *Border Studies* für die Großregion) einordnet und die inhaltliche Struktur des Buches präsentiert, vorangestellt. Die ersten drei Beiträge widmen sich der Wahrnehmung der Grenzregion in den Augen der Bürger*innen aller Grenzstaaten. In den vier folgenden Kapiteln geht es um bildungspolitische Aspekte und grenzüberschreitende Mobilitäten im Rahmen der beruflichen Aus- und Weiterbildung. Die letzten fünf Kapitel widmen sich der Raum- und Stadtgestaltung in der Großregion sowie grenzüberschreitenden Aktivitäten. Diese thematische Einteilung der Beiträge ist sinnvoll. Es gibt keine Querverweise zwischen den einzelnen Beiträgen. Dies ist nicht störend, macht aus der Publikation jedoch eher einen Sammelband als eine interdisziplinäre Veröffentlichung.

Der Titel des Sammelbandes *Réalités, perceptions et représentations des frontières. L'espace transfrontalier de la Grande Région Sarre-Lor-Lux* zeigt auf, worum es in den verschiedenen Beiträgen hauptsächlich geht: Vor- und Einstellungen zur Grenzregion (weniger zur Grenze als solche) bei verschiedenen Akteure und Akteurinnen bzw. Bürger*innen, Lernenden und grenzüberschreitende Praktiken bei ebendiesen Personen.

Der Band richtet sich an ein wissenschaftliches Leserschaft, welches sich in der Thematik des *transfrontalier* auskennen sollte. Die Publikation verweist in wenigen Beiträgen auf andere Arbeiten zu weiteren Grenzregionen (beispielsweise zur trinationalen Oberrheinregion), was für die Leser*innen jedoch keine Einschränkungen bedeutet. Insgesamt lässt sich feststellen, dass Verweise auf jüngere Publikationen zur Buchthematik fehlen. So werden sowohl die Veröffentlichung von Claudia Polzin-Haumann, Julia Putsche und Christina Reissner (Hg.) mit dem Titel *Wege zu einer* *grenzüberschreitenden deutsch-französischen Fremdsprachendidaktik: Etat des lieux, enjeux, perspectives* (St. Ingbert 2019) als auch die von Nikol Dziub (Hg.) *Le Transfrontalier. Pratiques et représentations* (Reims 2020) nicht genannt.

Es ist ebenfalls bedauernswert, dass das Buch nicht auf die pandemiebedingten Grenzkontrollen und -schließungen im thematisierten geografischen Kontext zu sprechen kommt. Sicherlich wurden die vorliegenden Kapitel vor Pandemieausbruch verfasst, aber dennoch wäre es unabdingbar gewesen, diese für die Grenzregionen so einschneidenden Momente im Jahr 2020 zumindest in der Einleitung des Werkes zu nennen (und darüber zu informieren, dass die verfassten Beiträge sich alle vor 2020 situieren).

Im Allgemeinen lässt sich sagen, dass die Publikation den Spannungsbogen zwischen den Wahrnehmungen und Handlungen in solchen vielsprachigen und plurikulturellen Regionen wie der Großregion schafft und den Leser*innen dank der vielen verschiedenen wissenschaftlichen Perspektiven auf einen gemeinsamen Raum unter dem Fokus der *Border Studies*, die Komplexität des Kontextes (geografisch, sozial, bildungspolitisch und wirtschaftlich) gut vermittelt. Die Einbettung und Artikulation der einzelnen Bausteine ist eklektisch, was jedoch dem Erkenntnisgewinn bei den Rezipienten und Rezipientinnen keinen Abbruch tut.

Julia Putsche, Straßburg

Harmening, Anda-Lisa : *Schreiben im Angesicht des Todes : Poetologie(n) des Sterbens von 1968 bis heute,* **Paderborn 2021, 431 p.**

Avant d'entrer dans le vif de cette recension, il est important de s'attarder sur le titre de l'ouvrage, difficilement traduisible en français. La langue allemande fait en effet la distinction entre *der Tod* et *das Sterben*, le premier substantif correspondant en français à 'la mort', le second, au fait de mourir, ou plus exactement au 'processus du trépassement'. Si la précision est si importante, c'est parce que la dimension novatrice de l'ouvrage repose justement sur la volonté de son auteur de ne pas se pencher sur la mort dans la littérature (un sujet moulte fois traité jusqu'à aujourd'hui) mais sur le processus du trépassement en tant qu'expérience individuelle et seuil reliant les deux catégories souvent formulées de manière binaire que sont la vie et la mort (p. 14). Harmening se propose ainsi d'interroger le rôle de la littérature dans la construction du discours sur ledit processus, afin d'ébaucher les principales caractéristiques du trépassement dans nos sociétés actuelles. Ses travaux, situés à la croisée des études littéraires et des *Cultural Studies*, prennent pour point de départ l'année 1968, au cours de laquelle la mort cérébrale devint le critère déterminant pour pouvoir déclarer 'mort' un être humain. Le corpus choisi rend l'étude plus intéressante encore puisque Harmening, chercheuse en littérature générale et comparée, a retenu des textes de langues et de cultures différentes.

L'ouvrage comprend deux grandes parties distinctes, dont la première, qui s'étend sur plus de 100 pages, mêle chapitres introductifs, remises en contexte et analyses du discours culturel. Une meilleure structure eût peut-être permis de mieux mener l'argumentation et d'éviter les nombreuses redondances. D'un point de vue méthodique (p. 31–43), Harmening souligne entre autres la dimension indicible de l'expérience du trépassement, aborde la question de l'authenticité de l'expérience narrée ainsi que celle, corrélative, des genres dont relèvent les œuvres retenues, à savoir le journal intime littéraire et l'autobiographie. Après un bref aperçu de l'état de la recherche (p. 44–50), l'auteur remet ses travaux dans le contexte du discours médical et des récentes évolutions des politiques de santé touchant à la mort, et évoque notamment la tension entre le débat sur la mort cérébrale, la loi sur la transplantation d'organes, les soins palliatifs et le droit à une mort autodéterminée (p. 50–60). Elle complète ce panorama culturel en abordant le sujet de la mort dans une perspective économique, soulignant entre autres l'antagonisme qui oppose maladie et mort à une société axée sur son optimisation permanente (p. 61–66). Elle enchaîne sur la dimension éthique de la littérature ayant pour thème le processus du trépassement (p. 66–76). Un rapide détour sur les « domaines d'interférence » entre littérature et médecine (p. 77–80) permet de faire la transition avec le dernier chapitre de cette partie, consacré au caractère profondément hybride des textes retenus, qui oscillent entre journal intime littéraire, autofiction et autobiographie (p. 81–107).

La seconde partie de l'ouvrage est consacrée à l'analyse littéraire de textes exemplaires et constitue sans aucun doute la section la plus intéressante du livre. Harmening a choisi de structurer cette seconde partie en fonction des stratégies narratives adoptées par leurs auteurs pour surmonter l'indicible du processus de trépassement. Tout d'abord, elle met en lumière la stratégie de sublimation esthétique par le recours aux mythes de l'antiquité, telle qu'adoptée par Siri Hustvedt dans *The Shaking Woman* et David Grossmann dans *Aus der Zeit fallen* (p. 111–157). Le récit *Wunschloses Unglück* de Peter Handke ainsi que des deux nouvelles *I.M* et *Logbuch eines unbarmherzigen Jahres* de Connie Palmen illustrent une seconde stratégie narrative, à savoir celle de la « pluralité des genres littéraires » (p. 158–203) : la difficulté de représenter le processus de mort engendre un texte hybride qui voit naître une réflexion métatextuelle sur le genre littéraire et l'écriture elle-même. Le neuvième chapitre aborde l'incapacité physique du mourant de raconter 'sa' mort et la dimension collective des récits de trépassement en s'appuyant notamment sur le récit de Tom Lubbock *Until further Notice, I am Alive*, que complète celui de sa femme Marion Coutts *The Iceberg* (p. 204–230). Le corps est également au cœur de la réflexion du chapitre suivant, qui se penche plus spécifiquement sur le corps métastasé et ses multiples mises en scène signées Christoph Schlingensief (théâtre, internet, ouvrage *So schön wie hier kanns im Himmel gar nicht sein*) ou Georg Diez qui, dans *Der Tod meiner Mutter*, fait le rapprochement entre la mort de sa mère et la grossesse de sa femme, liant le processus de mort à celui de la gestation et de la naissance (p. 231–271). La cinquième stratégie narrative, caractéristique notamment du *Journal de Deuil* de Roland Barthes et de *Arbeit und Struktur* de Wolfgang Herrndorf, transgresse les limites du littéraire pour côtoyer la photographie et ainsi inventer une nouvelle écriture qui se veut résolument fragmentaire, pour ne pas dire elliptique (p. 272–352). Pour finir, Harmening se penche sur *Königin der Berge* de Daniel Wisser, seul texte totalement fictionnel du corpus et qui condense et interroge tous les discours sociaux, économiques, éthiques et de politique sanitaire touchant au sujet de l'autodétermination de la mort – autodétermination finalement réalisée par l'écriture même (p. 353–376). L'ouvrage se clôt sur une conclusion un peu courte (p. 379–388).

Le caractère novateur de cette publication tient pour beaucoup à la démarche de Harmening qui prend en compte dans ses analyses littéraires une grande variété de discours culturels (médicaux, sanitaires, éthiques, politiques, etc.). En mettant en lumière les stratégies par lesquelles la littérature relève le défi de l'indicible du processus du trépassement, Harmening montre comment l'expérience individuelle de la mort devient le moteur de réflexions métatextuelles (voire méta-artistiques) et contribue à l'avènement de nouvelles poétiques.

Claude Elise Paul, Saarbrücken/Freiburg

Hofmann, Franck/Messling, Markus (Hg.): *The Epoch of Universalism. L'époque de l'universalisme 1769-1989*, Berlin [u. a.] 2020, 250 S.

Der Titel und die Zeitspanne „1769–1989" setzen offensichtlich die These voraus, die Zeit des Universalismus sei vorbei. Dementsprechend haben die Beiträge eine Analyse der „Interessen und Ziele" des europäischen Universalismus und des „Endes seiner Legitimität" vor (S. 1). Dies soll durch „eine Montage historischer und philosophischer Konstellationen" durchgeführt werden, „um die vom Universalismus hervorgerufenen Versprechen und Hoffnungen sowie die Enttäuschungen und Verluste zu verstehen, die seine epistemische Involviertheit in Machtverhältnisse verursacht hat" (S. 1).

Die historische Analyse des Projekts des europäischen Universalismus enthält der erste Teil des Sammelbandes. Die „Montage" einzelner Episoden (die Auswirkung von Napoleons Ägyptenfeldzug, der Bau des Sueskanals u. a.) bieten genauso wenig eine überzeugende Begründung für die Datierung 1769–1989 wie die Behauptung, dass

> mit Napoleons Auftritt auf der Bühne der Weltgeschichte [...] der Aufstieg des europäischen Universalismus [beginne], und manche Intellektuellen dachten, dass 1989 – das Jahr der Zweihundertjahrfeier der französischen Revolution – ihre historische Erfüllung bedeuten würde. (S. 4)

Diese Datierung stimmt außerdem mit der substanzielleren Strukturierung nicht überein, die Christiane Sollte-Gresser nennt: „[...] der Anfang und das Ende des Universalismus sind durch den Kolonialismus bzw. durch den Nationalsozialismus geprägt", welche „diesen [universalistischen] Projekten äußerst entgegengesetzt sind und transgenerationelle Traumata verursachen" (S. 179). Beide kollektiven Traumata erschütterten bei nicht wenigen den Glauben an die allmähliche globale Herrschaft eines friedlichen Universellen. Angesichts dieser Gräuel ist nach den Herausgebern nur noch ein „negatives Universelles [...] als moralische Grundlage einer globalen Gesellschaft" vertretbar, das

> zu Fragen der Entschädigung, der Gerechtigkeit und der Verzeihung [führe]. In diesem geteilten Universellen könnte die Menschheit eine utopische Dimension des Zusammenlebens finden – ohne Zentralisierung und ohne von den Partikularismen länger zu abstrahieren. (S. 35)

Sergio Ugalde Quintana allerdings geht in seiner Würdigung von Alfonso Reyes' neuem Humanismus über diesen Befund eines bloß negativen Universellen hinaus.

Mehrere Beiträge thematisieren eine gewisse, den genannten Traumata zugrunde liegende „Dialektik der Moderne" (S. 15), d. h. des universellen Projekts der Aufklärung, ohne jedoch Adornos berühmte These anzusprechen. Hans-Jürgen Lüsebrink sieht „einen diskursiven Zusammenhang" (S. 68) zwischen 1. dem aufklärerischen Modell der Kultur (z. B. den Idealen der Demokratie und der Menschenrechte im 18. Jh.), 2. der von der Kolonisierung des 19. Jh. angeführten „zivilisatorischen Mission" und 3. dem Antikolonialismus und Postkolonialismus (nicht Dekolonialismus). Allen dreien sei das Bekenntnis zu Vernunft, Wissenschaft, Emanzipation und zum unendlichen Fortschritt sowie zur besonderen Rolle des Westens gemeinsam.

Nicht nur ein historisches, sondern auch ein philosophisches Defizit prägt den Sammelband. Zwar erwähnen die Herausgeber die „starken Argumente" einer „universalistischen Anthropologie", die die Aufklärung „in eine Geschichtsphilosophie verwandelte und zum Antrieb sozialer Transformation politisierte" (S. 2). Diese philosophische Anthropologie wird aber nur im präzisen Beitrag von Avi Lifschitz skizziert: Allen Strömungen der Aufklärung liegen 1. ein Naturalismus, der „alle geistigen, materiellen und sozialen Errungenschaften ohne Bezug auf irgendein übernatürliches Prinzip" erklärt (S. 80), und 2. die These der „Universalität der menschlichen Fähigkeiten, jedoch nicht besonderer Werte und Urteile" (S. 81) zugrunde.

Der westliche Kolonialismus, der sich auf eine angebliche zivilisatorische und universalistische Mission berief, hatte starke partikularistische Widerstände zur Folge. So korrigiert Leyla Dakhli die Ansicht, dass Napoleons Ägyptenfeldzug eine aus der Niederlage und dem Bewusstwerden des eigenen Rückgangs resultierende arabische Renaissance (*nahda*: Erwachen) hervorgerufen habe: Sie betont, wie „Napoleon [...] die arabische Welt [...] als eine grundverschiedene Welt [hat] existieren lassen" (S. 52). Emmanuel Droit konfrontiert den westlichen Blick und den Fall der Mauer („eine universalistische, umfassende Auffassung der Geschichte", z. B. bei Fukuyama und Dahrendorf, S. 159) mit dem osteuropäischen Blick (eine „Rückkehr zu Europa" bzw. eine „Rückkehr der Geschichte", S. 160). Nach Mohamed Kerrou steht „im Mittelpunkt der arabischen und europäischen Revolutionen die Frage nach dem Nationalstaat [...], wobei die Konstellation der regionalen Konflikte eine Rolle spielt". (S. 229)

Die Frage, ob der Konflikt mit der kulturellen Vielfalt womöglich nicht bloß aus dem kolonialistischen Missbrauch dieses universalistischen Projekts der Aufklärung resultiert, sondern diesem Projekt selbst innewohnt, wie Isaiah Berlin behauptet, wird von manchen Beiträgen implizit bejahend beantwortet. In Anlehnung an Cassirers Untersuchung der Aufklärung analysiert und widerlegt Avi Lifschitz diese Ansicht:

> [...] Eine grob vereinfachende Auffassung des Universellen wird durch die [aufklärerische] Ansicht widerlegt, dass die Sprache ein Instrument nicht bloß der Kommunikation, sondern des menschlichen Denkens ist. Da der Mensch mittels der Sprache denkt, unterminiert die Sprachenvielfalt den Anspruch des menschlichen Denkens auf absolute Objektivität. (S. 80)

Weitere Beiträge folgen Emmanuel Droits Empfehlung, das „rhetorische Gebaren der Anprangerung des Eurozentrismus zu überwinden und neue Studien durchzuführen, die dezentrale Herangehensweisen einsetzen und die Vielfalt von Erfahrungen berücksichtigen", denn „auch wenn eine globale Geschichtsschreibung auf eine ‚Provinzialisierung Europas' abzielt, bedeutet dies keineswegs eine Ablehnung europäischer begrifflicher Instrumente" (S. 172). Mario Laarmann moniert: „[...] Kulturrelativismus ist keine befriedigende Antwort auf den europäischen Universalismus", weil „europäische universalistische Anliegen meistens nicht mehr bloß europäisch" seien und sie es ermöglichen, „zusammen in einer Welt zu handeln, in der die Globalisierung Ungleichheiten verursacht hat" (S. 194). Christopher M. Hutton warnt bei sprachwissenschaftlichen Kontroversen bezüglich des Sanskrits, der arischen Sprachen und der dravidischen Sprachen vor einer bloßen Umkehrung der von der kolonialen Ideologie errichteten Hierarchie der Sprachen im Namen der Postmoderne und eines gewissen Nationalismus (S. 118). Tammy Lai-Ming Ho liefert ein vielversprechendes Beispiel für solche dezentralen Herangehensweisen, die der Vielfalt von Erfahrungen gerecht werden: eine „transzeitliche und transkulturelle Übersetzung", die „dem Sprachmuster und den Ideen des ‚Originals' folgt, sie [aber] in andere zeitliche, kulturelle, politische und soziale Kontexte als ein Mittel überträgt [...], zeitgenössische Anliegen anzusprechen" (S. 141).

Jean-Christophe Merle, Vechta/Saarbrücken

Joly, Laurent: *La Rafle du Vél d'Hiv. Paris, juillet 1942*, Paris 2022 (Essais et documents), 400 S.

Anlässlich des 80. Jahrestags der sogenannten *rafle du Vél d'Hiv* gedachte der französische Staatspräsident Emmanuel Macron im Juli 2022 gemeinsam mit den letzten Zeitzeugen und -zeuginnen sowie zahlreichen Offiziellen der jüdischen Opfer dieser Massenverhaftung. Französische Polizeikräfte hatten diese systematischen Internierungen in Paris und dessen Umland am 16. und 17. Juli 1942 eigenständig durchgeführt. Die jüdischen Frauen, Männer und Kinder waren in den *Vélodrome d'hiver* – eine heute nicht mehr existierende Radsporthalle inmitten von Paris – sowie in das Sammellager Drancy (nordöstlich von Paris) verschleppt und dort unter unwürdigsten Bedingungen festgehalten worden. Über Zwischenstationen in verschiedenen französischen Lagern waren die meisten von ihnen ins KZ Auschwitz-Birkenau deportiert und dort ermordet worden.

Zum 80. Jahrestag ist auch eine geschichtswissenschaftliche Betrachtung der Ereignisse erschienen: Laurent Joly, CNRS-Forschungsdirektor an der Ecole des hautes études en Sciences sociales in Paris und Experte für den Antisemitismus während des Vichy-Regimes, legte eine Monografie zur *rafle du Vél d'Hiv* vor. Ziel des Autors ist es, die lückenhafte Aufarbeitung in den Darstellungen der „chercheurs-militants" (S. 18), also ehemals Verfolgter und ehemaliger kommunistischer Widerstandskämpfer, sowie in den eher überblicksartigen Essais neueren Datums durch ein ganzheitlicheres Bild der Massenverhaftung zu ergänzen. Diesem Anspruch einer „histoire à la fois incarnée et globale" (S. 12), die einerseits möglichst nahe an die Individuen und deren Entscheidungsspielräume heranreicht andererseits aber auch stets die Vielfalt der Schicksale und den Kontext im Blick hat, wird Joly in acht chronologisch angeordneten Kapiteln gerecht. Den Kapiteln ist eine knappe Einleitung voran- und ein ausblickartiges, auf die Zeit nach 1945 ausgerichtetes Fazit nachgestellt. Am Ende des Buchs stehen ein ausführliches Quellen- und Literaturverzeichnis sowie ein Index der genannten Personen, Orte und Institutionen.

Vor dem Hintergrund eines zunehmend fremdenfeindlichen Klimas im Frankreich der 1930er-Jahre zeichnet der französische Historiker im ersten Kapitel die Rahmenbedingungen nach, die letztlich dazu führten, dass René Bousquet, Generalsekretär der Polizei des Vichy-Regimes, dem Höheren SS- und Polizeiführer in Paris Carl Oberg die Auslieferung von 40.000 Jüdinnen und Juden an die deutsche Besatzungsmacht versprach. Joly betont jedoch zugleich, dass die Internierung der sogenannten *indésirables* (‚Unerwünschten') Ende der 1930er- und Anfang der 1940er-Jahre nicht mit dem deutlich organisierten und zielgerichteteren antisemitischen Terror des NS- und des Vichy-Regimes vergleichbar sei. Im zweiten Kapitel zeigt Joly auf, mit welchen Methoden die Pariser Polizeipräfektur die Opfer im Juli 1942 auswählte. In kürzester Zeit organisierte die Polizei mittels einer sogenannten Judenkartei eine ‚Menschenjagd' – „une monumentale chasse à l'homme"

(S. 68) – auf mehr als 27.000 jüdische Personen. Das dritte Kapitel ist der Situation der Pariser Jüdinnen und Juden gewidmet, die sich durch die diskriminierenden Maßnahmen immer weiter zuspitzte. Insbesondere macht Joly darauf aufmerksam, dass ab dem 7. Juli Gerüchte über eine bevorstehende *rafle* in der Hauptstadt zirkulierten – je nach Anzahl jüdischer Familien in einem Viertel unterschiedlich stark ausgeprägt.

Die Aufarbeitung der verschiedenen Phasen der „rafle monstre" (S. 99) am 16./17. Juli 1942 steht im Zentrum der Kapitel vier und fünf. Laurent Joly beschreibt, wie 3.200 Polizisten zur Vollstreckung der 27.391 Haftbefehle jeweils zu zweit Paris sowie die Banlieue durchkämmten und wie die Polizisten die vorgefundenen Jüdinnen und Juden zunächst in sogenannte Primärsammelstellen brachten, um sie anschließend nach und nach in den *Vélodrome d'hiver* oder das Sammellager Drancy zu überführen. Insgesamt internierte die Pariser Polizei an diesen beiden Tagen 12.884 Personen. Etwa zwei Drittel der gelisteten Jüdinnen und Juden konnten dagegen aufgrund der vorherigen Gerüchte und Warnungen oder des nicht völlig skrupellosen Verhaltens einiger Polizisten sowie oftmals auch dank des Zufalls vorerst der Verhaftung entgehen. Im sechsten Kapitel legt Joly die menschenverachtenden Zustände im Vélodrome dar, wo die Gefangenen mehrere Tage ohne ausreichend Nahrung und Sanitäranlagen ausharren mussten.

In den beiden letzten Kapiteln deckt Joly eine „rafle après la rafle" (S. 219) auf und analysiert exemplarisch einige der 15 weiteren Verhaftungswellen, die auf die *rafle du Vél d'Hiv* folgten. Schon unmittelbar nach dem 16./17. Juli versuchte die Pariser Polizei, die mehr als 15.000 offenen Verhaftungsbefehle doch noch zu vollstrecken. Somit zog sich die Schlinge für die in Paris und Umgebung verbliebenen Jüdinnen und Juden noch weiter zu. Neben dem Untertauchen in Paris, der Flucht aufs Land oder in die ‚freie Zone' blieb ihnen nur der Versuch, innerhalb der diskriminierenden rechtlichen Bedingungen zu überleben („stratégie du légalisme", S. 257). Bis zum Ende dieser *années noires* wurde circa jede*r zweite der ursprünglich gelisteten 27.391 jüdischen Erwachsenen in deutschen Konzentrationslagern, hauptsächlich in Auschwitz-Birkenau, ermordet. Hinzu kommen noch mehr als 3.000 Kinder, die mit ihren Eltern verhaftet und in der Folge nicht wieder freigelassen worden waren – „une [...] monstruosité [...] sans précédent" (S. 211). Joly merkt darüber hinaus an, dass die Verschleppung der Kinder im Speziellen sowie die gesamten Ereignisse des 16./17. Julis im Allgemeinen bei einem Großteil der Pariser Bevölkerung Empörung auslösten.

Zwar handelt es sich bei der *rafle du Vél d'Hiv* nicht mehr um eine gänzlich unerforschte Thematik, trotzdem ist es Laurent Joly mit dieser Monografie gelungen, das historiografische Bild zu vervollständigen und einige Aspekte dieser nicht wiedergutzumachenden Taten neu zu beurteilen. Insbesondere durch Jolys dichte Beschreibung lassen sich Einzelschicksale sowohl auf Seiten der Opfer als auch auf Seiten der Täter nachvollziehen; beiden Seiten verleiht der Autor durch eine Auswahl an Bildern im Mittelteil des Buches zusätzlich (zum Teil erstmals) ein Gesicht. Der französische Historiker schafft es, die bedrohliche Stimmung dieser Jahre nachvollziehbarer und die Multiplizität der Positionen wie Gemütszustände – auf Seiten der ausführenden Beamten vom skrupellosen Befehlsvollstrecker über den korrumpierbaren bis zum empathischen Polizisten – sichtbar zu machen. Hervorzuheben ist darüber hinaus die sehr breite Quellenbasis, die u. a. Verwaltungs- und Polizeiakten, *dossiers d'épuration* sowie zahlreiche Zeitzeugenberichte umfasst. Joly konnte zudem einige Ungenauigkeiten früherer Studien berichtigen: z. B. den fälschlicherweise angenommenen Namen für die Operation (,Frühlingswind') oder die bisher als zu hoch eingeschätzte Anzahl der Denunzierungen und jüdischen Selbstmorde im Kontext der *rafle*. Nicht zuletzt ist es ihm durch eine akribische statistische Analyse auch gelungen, einige mit den Ereignissen verbundene quantitative Angaben neu zu bewerten bzw. zu korrigieren.

Zu bemängeln ist lediglich die Tatsache, dass sich der Autor aus Gründen der besseren Lesbarkeit dazu entschieden hat, auf Fuß- oder Endnoten zu verzichten. Zwar helfen – wie Joly in seinem Vorwort anmerkt – einige Erläuterungen im Text den Lesenden, sich im Quellen- und Literaturverzeichnis zurechtzufinden, eine generelle Nachvollziehbarkeit ist jedoch nicht gegeben, was das Weiterarbeiten mit den zitierten Materialien zum Teil erschweren dürfte. Wünschenswert wäre darüber hinaus angesichts der immer weniger werdenden Zeitzeugen und -zeuginnen künftig als weitere Forschungsperspektive eine Detailanalyse der verschiedenen Phasen der Erinnerung an die *rafle du Vél d'hiv* – beispielsweise der Gedenkfeierlichkeiten zu den bisherigen Jahrestagen –, die in Jolys Fazit bereits anklingen (S. 303–305, 308–311). Alles in allem ist die vorliegende Monografie als Standardwerk zu bezeichnen, an dem Forschende in Zukunft nicht vorbeikommen werden.

Philipp Didion, Saarbrücken/Besançon

Joseph Jurt (Hg.): La Réception littéraire en France et en Allemagne. André Malraux, Georges Bernanos, Emile Zola, Günter Grass, Paris 2020, 256 S.

Joseph Jurt hat sich einen Namen gemacht als Spezialist für Rezeptionsforschung und französisch-deutsche Literaturbeziehungen sowie für Übersetzungsbibliografie und Anwendungen von Pierre Bourdieus Feldtheorie. Diese Forschungsbereiche stehen auch im Fokus der vorliegenden Sammlung von zehn Aufsätzen, die aus dem Zeitraum zwischen den 1970er- und 2000er-Jahren stammen. Man wähnt sich bei der Lektüre zuweilen ein wenig aus der Zeit gefallen; schon in der *Introduction* setzt Jurt bei der Rezeptionsästhetik der Konstanzer Schule und deren Defiziten an. Leserschaft und Lektüre bilden bei den Konstanzern lediglich virtuelle Platzhalter, deren Reaktionen Rückwirkungen auf die Autoren und Autorinnen ausüben und die

Entwicklung des Erwartungshorizonts vorantreiben. Der vermeintlich homogene Erwartungshorizont löst sich bei näherer Betrachtung jedoch in eine Vielfalt von Standpunkten auf. Wie manch andere vor ihm vermisst auch Jurt ein Bewusstsein für die ideologischen Kontexte, die die Rezeption und Beurteilung von Werken zumindest ebenso beeinflussen wie ästhetische Erwartungen. Nötig ist also eine Rezeptionssoziologie, die diesen Anforderungen gerecht wird.

Dass auch Bourdieus Feldtheorie, die alle an der Produktion von literarischen Werken und ihrer Bedeutung beteiligten Personen und Institutionen einbezieht, für eine derartig verstandene Rezeptionsforschung fruchtbar gemacht werden kann, zeigt der erste Aufsatz, der ein Korpus von Rezensionen der Zwischenkriegszeit auf die vertretenen Standpunkte und Argumente hin analysiert. Der kritische Diskurs dieser Jahre umkreist die Frage nach dem Realitätsgehalt von Romanen. Die meisten Rezensenten und Rezensentinnen erwarten zwar Realismus, also wahrscheinliche fiktive Welten und psychologisch kohärente Figuren, aber auch formale Gestaltung. Dieser von normativen Modellen ausgehenden *critique judificative* steht eine kleine Gruppe von Proponenten und Proponentinnen einer *critique compréhensive* gegenüber, die offen für Innovationen ist.

Der folgende Aufsatz konkretisiert am Beispiel vorhandener Untersuchungen der französischen Malraux-Rezeption die Auseinandersetzung mit Methodenfragen. Das ideologische Spektrum der Kritik und ihrer Trägermedien wurde von Michel Bernard in sieben Kategorien zwischen extrem links und rechts unterteilt; dagegen betrachtete Renate Schult ideologisch motivierte Urteile als unstatthafte Verzerrung und konzentrierte sich auf die Stellungnahmen zu ästhetisch-formalen Gesichtspunkten. Lediglich die junge, fortschrittliche Kritik vermochte sich von der Tagespolitik zu lösen und Malraux' Romane als Auseinandersetzung mit der *conditio humana* zu lesen. Ein anschließender Beitrag zur Rezeption des Romans *Les Conquérants* wertet nicht weniger als 70 Rezensionen aus dem Jahr 1928 aus. Auch anhand der Schilderungen der chinesischen Kulturrevolution wurden der Wahrheitsgehalt des Romans und die Einstellung des Verfassers diskutiert; ein Teil der Kritik entschied sich für den Kompromiss der Einschätzung als historischer Roman. Beide Beiträge zur Malraux-Rezeption belegen die Vielfalt und das Auseinanderdriften der kritischen Kommentare und Meinungen, der Text dient lediglich als Ausgangspunkt für ästhetische und gesellschaftliche Auseinandersetzungen.

Zwei Beiträge widmen sich der französischen Bernanos-Rezeption. Der Roman *Les Grands Cimetières sous la lune* über den Spanischen Bürgerkrieg erfuhr im Jahr 1938 eine äußerst kontroverse Aufnahme. Das Spektrum reicht von geradezu geifernder Ablehnung von rechts außen über etwas differenziertere Verurteilung in den Milieus der gemäßigten Rechten, die Einschätzung als Pamphlet durch die katholische Kritik und die Konzentration auf ästhetische Aspekte in der politischen Mitte, bis zur Interpretation des Werks als humanistisch und antifaschistisch inspirierte Sozialkritik in der Linken. War in der Rezeption von *Les Grands Cimetières* noch der gemeinsame Nenner des Eintretens für Ideale wie Freiheit und Brüderlichkeit zu erkennen, so dominiert bei dem Echo auf den komplexen Nachkriegsroman *Monsieur Ouine* wieder die Diversität: Trefflich streiten ließe sich über die mangelnde Kontinuität der Handlung, die wechselnde Erzählperspektive und die unklare Haltung gegenüber dem durch die Hauptfigur verkörperten Bösen.

Der zweite Teil des Bandes, der der Rezeption auf deutscher Seite gewidmet ist, wird durch ein Kapitel eingeleitet, das das methodologische Portefeuille in Richtung Kulturtransfer erweitert. Verstärkt gerät nun der Sektor der Vermittlung inklusive der Übersetzung in den Blick; der Fokus verlagert sich zur aufnehmenden Kultur, die den rezipierten Gegenstand neu konstruiert und ihm neue Funktionen zuweist. Wie die Bourdieu-Schülerinnen Pascale Casanova und Gisèle Sapiro mit ihren Arbeiten zur internationalen Zirkulation von Literatur demonstriert haben, lässt sich dieser Zugang sehr gut mit der Feldtheorie vereinbaren.

Die daran anschließenden Fallstudien folgen dieser fortgeschrittenen Theorievorgabe nur sehr bedingt. Der Artikel zur deutschen Zola-Rezeption zeichnet das kritische Echo von der Phase der Entdeckung in den 1870er-Jahren über den Höhepunkt des Ruhms Mitte der 1880er-Jahre und die produktive Rezeption deutscher Autoren und Autorinnen bis zur ‚Überwindung' des Naturalismus durch Symbolismus und Neuromantik nach. Jurt sieht eine Frontstellung von vorwiegend ablehnender Kritik, die Zola in die Nähe von Schmutz und Schund rückt, und der Nachfrage des Publikums. In diesem Zusammenhang ist allerdings zu bedauern, dass die Textgestalt der Übersetzungen ausgeblendet bleibt, und damit der Umstand, dass die um die Jahrhundertwende verbreiteten Ausgaben die Romane auf oft nicht mehr als 200 Seiten kürzten und kaum mehr als extensive Inhaltsangaben boten.

Ein kurzer Artikel über die deutsche Malraux-Rezeption arbeitet vor allem ihre Dürftigkeit und Verspätung heraus. Einen alarmierenden Rückgang des deutschen Interesses an französischer Literatur konstatiert auch der Artikel zur vergleichenden Übersetzungsgeografie der 1990er-Jahre. Während die Übersetzungen aus dem Englischen durch die Decke schossen, ging die Übersetzungstätigkeit aus dem Französischen drastisch zurück. Ein Grund könnte die schiere und daher unübersichtliche Menge an französischen Neuerscheinungen gewesen sein; überraschend und in gewisser Weise tröstlich ist, dass gleichzeitig der übersetzerische Transfer der französischen Philosophie, Soziologie und Literaturtheorie blühte. Den Abschluss des Bandes bildet eine Rekonstruktion der Grass-Affäre, des bekannten kritischen Aufruhrs, den der Roman *Ein weites Feld* auslöste.

Der Gesamteindruck, den die Aufsatzsammlung hinterlässt, ist widersprüchlich. Vorbildlich bleibt die detaillierte Recherche, die jedem Artikel zugrunde liegt und ihn auf die Basis eines annähernd vollständigen Korpus von Dokumenten stellt. Andererseits wird die literarische Rezeptionsforschung weitgehend auf ihren ‚klassischen' Bereich, die Auswertung der Presseerzeugnisse, reduziert. Weder die Übersetzungen in ihrer Textgestalt noch andere Formen institutioneller (Verlage, Bibliotheken...) und individueller Rezeption (Erwähnungen in Tagebüchern, Briefen u. Ä.) werden einbezogen. Auch erweckt der Titel die Hoffnung, dass zwischen französischer und deutscher Rezeption verglichen wird, was im Sinn einer Rezeptionssoziologie sehr ergiebig wäre; Vergleichsmöglichkeiten ergeben sich aber lediglich implizit im Fall von Malraux. Die Abgrenzung des Rezeptionsraums betreffende Unstimmigkeiten ergeben sich im Artikel zur Zola-Rezeption: Der Übersetzer Ernst Ziegler war kein „traducteur allemand" (S. 178), sondern ein Wiener, der sich die Exklusivrechte für die *Germinal*-Übersetzung gesichert hatte. Gerade eine Rezeptionssoziologie sollte solche räumlichen Koordinaten nicht verwischen, immerhin blickte Österreich-Ungarn auf eine spezielle Zensurtradition zurück; die Verlags- und Urheberrechtssituation war nicht mit der des deutschen Kaiserreichs vergleichbar usw. Überdies war die erwähnte ‚Überwindung' des Naturalismus durch Hermann Bahr weniger gegen Zola gerichtet als gegen den deutschen Naturalismus, sie sollte der Profilierung einer lokalen Literaturlandschaft, der Wiener Moderne, dienen. Der nächste Schritt in der Weiterentwicklung der Rezeptionsforschung sollte der verstärkten Beachtung, andererseits auch Überschreitung geografischer Grenzen gelten. Klar ist, dass ein solches Programm komparativer Rezeptions- oder Transferforschung die Kräfte von Einzelforscher*innen schnell übersteigt und Teamarbeit erfordert. Außer Zweifel steht, dass alle künftige Rezeptionsforschung auf Joseph Jurts Vorstößen auf diesem Gebiet aufbauen kann.

Norbert Bachleitner, Wien

Krebs, Roland (Hg.): *Les Germanistes français et l'Allemagne (1925-1949)*. Préface d'Alfred Grosser, Paris 2020, 350 S.

Der französische Germanist Roland Krebs, Emeritus der Sorbonne Université, ist ein ausgewiesener Spezialist für deutsch-französische Kulturbeziehungen. In seiner jüngsten Monografie *Les Germanistes français et l'Allemagne (1925–1949)* geht er aus fachhistorischer Perspektive der Frage nach, wie französische Germanisten und Germanistinnen in dieser „période historique particulièrement troublée, tragique même" (S. 15) auf die aufstrebenden nationalsozialistischen Eliten und den politischen Systemumbruch in Deutschland reagiert haben. Gerade weil die deutschsprachige „Neugermanistik", wie Frank-Rutger Hausmann konstatiert, unter Fachhistoriker*innen heute als diejenige geisteswissenschaftliche Disziplin gilt, deren „Rolle im ‚Dritten Reich' bisher am umfassendsten untersucht wurde"[1], erscheint Krebs' Studie durch seinen korrespondierenden Blick auf die französischen Fachvertreter*innen besonders vielversprechend.

---

1 Hausmann, Frank-Rutger (Hg.): *Die Geisteswissenschaften im ‚Dritten Reich'*, Frankfurt/M.: Klostermann, 2011, 542.

Orientiert an den historischen Zäsuren im deutsch-französischen Verhältnis zwischen 1924 und 1949, gliedert Krebs seine 350-seitige Untersuchung in drei Teile: die französische Germanistik in der Zwischenkriegszeit (I 1925–1939), während des Zweiten Weltkriegs (II 1940–1945) und in der unmittelbaren Nachkriegszeit (III 1945–1949); gerahmt von einem knappen *Avant-Propos* und einem in die Gegenwart führenden *Epilogue*. Hilfreich ist die beigefügte Zusammenstellung der biografischen Rahmendaten von 26 in der Studie prominent gesetzten französischen Germanisten, darunter zwei Germanistinnen (S. 307–315). In exemplarischer Absicht untersucht Krebs in jedem der drei Teile „certain nombre d'études de cas, de parcours individuels, de prises de position et surtout de discours sur l'Allemagne et les Allemands" (S. 15). Methodisch changiert die Arbeit zwischen einem personen- wie institutionengeschichtlichen Interesse an exemplarischen Episoden und einem diskursanalytischen Interesse an den durch die französischen Germanisten und Germanistinnen geprägten ‚Deutschlandanalysen'. Auf eine synthetisierende Zusammenführung hat Krebs, wie Wolfgang Asholt bereits angemerkt hat,[2] leider verzichtet.

Ausgehend von der Unterzeichnung des Locarno-Abkommens widmet sich Krebs im ersten Teil dem politischen Systemumbruch von der Weimarer Republik (Kap. 1 „De l'espoir à l'inquiétude, 1925–1932") zur nationalsozialistischen Machtübernahme und ihren Konsequenzen (Kap. 2 „Face au péril, 1933–1939"). Im Sinne des „Locarno intellectuel" (Heinrich Mann) zeichnet Krebs zunächst diejenigen akademischen, kulturellen und kulturpolitischen Initiativen nach, die sich in den späten 1920er-Jahren um eine kulturpolitische Annäherung bemühten: 1927 begründete etwa Otto Grautoff in Berlin die Deutsch-Französische Gesellschaft, die in beiden Ländern Zweigstellen einrichtete und im Folgejahr ihr französisches Pendant mit der *Ligue des études germaniques* bekam; als Medien reziproker Wissenschaftsbeziehungen gründeten sich die *Revue d'Allemagne et des pays de langue allemande* und die *Deutsch-französische Rundschau*; akademische Austausch- und Lektorenprogramme sowie wechselseitige Vortragsreisen nahmen bis 1933 stetig zu (S. 25–35). Wie sehr diese binationale Wissenschaftskommunikation im sogenannten Dritten Reich ins Spannungsfeld von Politisierung und Widerstand geriet,[3] zeigt Krebs im zweiten Kapitel an der ideologischen Kulturarbeit der Nationalsozialisten um Otto Abetz (S. 45–49). Als Parteigenosse und SS-Mitglied veranschaulicht sein Beispiel eindrucksvoll das propagandistische Bemühen eines

---

2   Vgl. Asholt, Wolfgang: Roland Krebs: Les germanistes français et l'Allemagne (1925–1949), Préface d'Alfred Grosser, in: *Francia recensio* 1 (2021), 07.04.2021, https://journals.ub.uni-heid elberg.de/index.php/frrec/article/view/80024/74035 [16.08.2022]
3   Siehe beispielsweise Albrecht, Andrea [u. a.] (Hg.): *Internationale Wissenschaftskommunikation und Nationalsozialismus. Akademischer Austausch, Konferenzen und Reisen in Geistes- und Kulturwissenschaften 1933 bis 1945*, Berlin, Boston 2021.

„agent d'influence nazi" (S. 45), über den akademischen Austausch in Frankreich hegemoniale Ansprüche NS-Deutschlands zu vermitteln und Einfluss auf die französische Wissenschaftsentwicklung zu gewinnen. Als Kontrastfolie dienen Krebs die lebensgeschichtlichen Porträts französischer Germanisten und Germanistinnen verschiedener Generationen, die sich nach Gastaufenthalten in Deutschland unterschiedlich positionierten: Die Haltungen reichten von faschismuskritischer Ablehnung einer „germanistique de la méfiance"[4] (z. B. Pierre Bertaux, Gilbert Badia, Edmond Vermeil, Michel Rouché, Louis Reynaud) über opportunistische Anpassungen (wie Jean-Edouard Spenlé, der sich Ende der 1930er-Jahre als ein „admirateur de l'éducation nazie" zeigte, S. 88–92) bis hin zu – zumindest zeitweiser – profaschistischer Anerkennung (beispielsweise Maurice Gravier oder Pierre Grappin, der ab 1942 dann dem Widerstandsnetzwerk MUR (*Mouvements unis de la Résistance*) angehörte). Wie komplex eine solche Verhältnisbestimmung im Einzelfall ist, führt das Beispiel Henri Lichtenberger vor: Zwar suchte sich Lichtenberger in seiner ,Deutschlandanalyse' vom Nationalsozialismus zu distanzieren, habe sich aber letztlich doch nur als „observateur trop indulgent du régime nazi" erwiesen (S. 82–87).

Der zweite Teil der Studie untersucht die Jahre 1940 bis 1944 und widmet sich damit zunächst „L'offensive culturelle allemande" (Kap. 3) und dem Engagement der französischen Germanisten und Germanistinnen angesichts dieser „Temps des épreuves, l'heure des choix" (Kap. 4). Krebs zeigt, wie die auswärtige Kulturpropaganda u. a. durch Abetz und das 1940 gegründete und von Karl Epting geleitete Deutsche Institut in Paris gesteuert wurde (S. 114–118). Die Nationalsozialisten intervenierten bei Verlagen, Theater- und Filmprogrammen; Bücher von oppositionellen oder politisch unliebsamen Autoren und Autorinnen wurden verboten. Parallel wurden zahlreiche bilinguale Ausgaben und Übersetzungsprojekte deutscher Werke ins Französische lanciert – unter den Übersetzer*innen finden sich neben Kollaborateure und Kollaborateurinnen (z. B. Pierre Velut) auch zahlreiche Gegner*innen des Vichy-Regimes und der Besatzungsmacht, wie Geneviève Bianquis, die anlässlich von Hölderlins 100. Todestag eine Auswahl seiner Gedichte übersetzte und damit einen Kontrapunkt gegen die ideologische Überfrachtung des Dichters durch die Nationalsozialisten setzte. Auf die deutsche Besetzung Frankreichs im Frühjahr 1940 erfolgte auch die rasche Gleichschaltung der französischen Germanistik. Die akademischen Reihen wurden personell ,gesäubert': Edmond Vermeil (Sorbonne) etwa wurde seines Lehrstuhls beraubt und Geneviève Bianquis (Dijon) in den Ruhestand versetzt. Wie das vierte Kapitel akteurszentriert anhand „quelques parcours individuels durant les années de guerre" (S. 183) aufzeigt,

---

4   Vgl. Espagne, Michel/Werner, Michael (Hg.): *Histoire des études germaniques en France (1900–1970)*, Paris 1994, 8.

reagierte die französische Germanistik auf die propagandistischen Lenkungsansprüche durch individuelle Positionsnahmen: Unangepasstheit, Widerständigkeit oder gar *Résistance* auf der einen (Vermeil, Bertaux, Grappin, Robert d'Harcourt oder der 1942 als *Résistant* erschossene Jacques Decour, S. 187–198), Abwägungen der von Deportation bedrohten NS-Opfer, den *clandestins* (S. 198–203, bspw. A. Grosser), Akkommodation und Kollaboration auf der anderen Seite (André Meyer, 138–142, und Velut, S. 208–210). In institutionengeschichtlicher Hinsicht stellt Krebs als Beispiel das Sorbonner *Institut d'Eudes Germaniques* unter Maurice Boucher vor, der durch zahlreiche Konzessionen immer wieder Interessensallianzen mit dem NS-Regime bildete, die dem Institut zumindest temporär „l'indépendance et la dignité" (S. 212) gesichert hätten – so lautete zumindest die Argumentation der CAE, die nach der Befreiung Frankreichs Boucher in seiner „procédure de l'épuration" freisprach (S. 211–216).

Der dritte Teil der Studie stellt die Nachkriegsentwicklungen in den Jahren 1945 bis 1949 dar und untersucht die neuen Aufgaben und Handlungsbereiche, mit denen sich „Les germanistes français face au nouveau problème allemand" (Kap. 5) am – metaphorisch verstandenen – „Chevet de l'Allemagne" (Kap. 6) konfrontiert sahen: Zentral gestellt werden hier unterschiedliche ‚Deutschlandanalysen', in denen sich die französischen Germanisten der Frage *Que faire de l'Allemagne?* (P. Grappin, 1945) widmeten. So leitete etwa Vermeil, der 1945 seinen verbotenen *L'Allemagne. Essai d'explication* wiederauflegen ließ und eine rigorose Entnazifizierungspolitik der Alliierten forderte, die Kommission der rééducation. Krebs verdeutlicht, wie kontrovers die alliierte rééducation-Politik diskutiert wurde, wobei die Frage nach der Entnazifizierung mittels Kultur und Bildung zum Angelpunkt der intellektuellen Auseinandersetzungen avancierte – wichtiger Impulsgeber sei hier die jüngere Generation von Germanisten und Germanistinnen, allen voran Vermeils „disciples critiques" wie der KZ-befreite Joseph Rovan, gewesen (S. 227–230). Wichtig wurde die nicht abbrechende Reisetätigkeit französischer Germanisten und Germanistinnen – wie René Cheval (S. 257 u. ö.) oder Raymond Schmittlein (S. 264–274) –, die „– souvent jeunes – [...]ont rejoin[t] les services français en Allemagne" (S. 259), um sich als Vermittlerfiguren mit ‚Deutschlandexpertise' in den Dienst der auswärtigen französischen Kulturpolitik zu stellen. An der 1947 von Grappin begründeten Kulturzeitschrift Lancelot, der Bote aus Frankreich, demonstriert Krebs, inwiefern die kulturpolitischen Demokratisierungsbestrebungen auch an die Verbreitung und Instrumentalisierung eines (idealisierten) ‚Frankreichbildes' gebunden waren (S. 277–295). Obgleich die *rééducation*-Praxis, wie Krebs abschließend zeigt, vornehmlich durch Versöhnungsbereitschaft gekennzeichnet war, gründete sie zunächst auf der Machtasymmetrie zwischen der ‚Siegermacht' Frankreich und dem besetzten Deutschland, die sich erst mit den zunehmenden Spannungen zwischen den Alliierten – und später des Kalten Kriegs – zugunsten des „rapprochement franco-allemand" nivellierte (S. 295–302).

Indem Krebs die unterschiedlichen biografischen Trajektorien französischer Germanisten und Germanistinnen, unter besonderer Berücksichtigung ihrer akademischen Sozialisation und Karriereprofile, nachzeichnet, ihre individuellen Haltungen anhand ihrer Publikationen rekonstruiert und auch institutionengeschichtliche wie hochschulpolitische Entwicklungen tangiert, präsentiert er ein anschauliches Panorama der französischen Germanistik zwischen den Jahren 1925 und 1949. Dass Krebs sich dabei exemplarisch auf Archivmaterial stützt, ist positiv hervorzuheben, wenngleich ein umfassenderer Blick auf die ‚akademischen Hinterbühnen'[5] die Signifikanz seiner Untersuchungsperspektive sicherlich lohnend ergänzt hätte. Die Befunde seiner disziplinären Kollektivbiografie umreißen das Bild einer relativ anpassungsresistenten, gar widerständigen Mehrheit, doch es gelingt Krebs zugleich zu veranschaulichen, dass die französischen Fachvertreter*innen dennoch ein breites – und fluides – Spektrum von Verhaltensweisen ausbildeten: von Opportunismus und Akkommodation über Mitläufertum, individuelle wie institutionelle Interessensallianzen, die zumindest temporär politische Differenzen überbrückten, bis hin zu moderatem wie auch engagiertem Widerstand. Diese in der Studie ausschnitthaft untersuchten individuellen Verhaltensprofile liefern mithin einen geeigneten Ausgangspunkt für weiterführende prosopografische Untersuchungen, die etwa Rückschlüsse auf generationelle Verhaltensprofile und Typisierungen ebenso zuließen wie eine netzwerkanalytische Rekonstruktion der Ressourcenensembles von Politik und Wissenschaft. Hierzu müssten dann auch die über den bilateralen Wissenschaftsaustausch gebildeten verflechtungsgeschichtlichen Profillinien zwischen deutschen und französischen Germanisten und Germanistinnen Berücksichtigung finden, die Krebs in seiner Studie ebenso ausspart wie vergleichende Überlegungen zur wechselseitigen Einflussnahme von Vertreter*innen verwandter geisteswissenschaftlicher Disziplinen (etwa französische und deutsche Romanisten und Romanistinnen,[6] wie der erwähnte Karl Epting). Gerade aufgrund dieses Anschlusspotenzials liefert Krebs' Studie einen für

---

5   Siehe bspw. die Forschungsdiskussion: Albrecht, Andrea/Danneberg, Lutz/Mateescu, Kristina/Spoerhase, Carlos (Hg.): Vorder- und Hinterbühnen der Germanistik: Das Verhältnis von öffentlicher und privater Kommunikation aus fachgeschichtlicher Perspektive, in: *Scientia Poetica* 25 (2021), 225–424, insbes. 225–236.
6   Vgl. u. a. Hausmann, Frank-Rutger: Vertriebene und Gebliebene. Ein Forschungsbericht zur Lage der deutschsprachigen Romanistik von 1933–1945, in: *Romanistische Zeitschrift für Literaturgeschichte* 15 (1991), 164–180; ders.: *„Aus dem Reich der seelischen Hungersnot". Briefe und Dokumente zur Fachgeschichte der Romanistik im Dritten Reich*, Würzburg 1993; ders.: *‚Auch im Krieg schweigen die Musen nicht.' Die Deutschen Wissenschaftlichen Institute im Zweiten Weltkrieg*, Göttingen 2002²; ders.: *‚Deutsche Geisteswissenschaft' im Zweiten Weltkrieg. Die ‚Aktion Ritterbusch' (1940–1945)*; Heidelberg 2007³; ders.: *Die Geisteswissenschaften im ‚Dritten Reich'*, Frankfurt/M. 2011.

die Fachgeschichtsschreibung der französischen Germanistik äußerst verdienstvollen Beitrag, der auch für die Fachgeschichte der deutschen Germanistik wichtige Anknüpfungsstellen bietet. Sie trägt auf erfreuliche Weise dem von Frank-Rutger Hausmann schon 1998 identifizierten „dringende[n] Desiderat[...]" Rechnung, durch „vergleichende Studien über verwandte geisteswissenschaftliche Disziplinen in den Nachbarländern, vor allem in Frankreich" eine europäische Vergleichsfolie zu gewinnen, um den „‚Sonderweg' der deutschen Geisteswissenschaften [...] besser zu verstehen"[7].

Sandra Schell, Heidelberg

Lignereux, Cécile/Macé, Stéphane/Patzold, Steffen/Ridder, Klaus (Hg.): Vulnerabilität/La Vulnérabilité. Diskurse und Vorstellungen vom Frühmittelalter bis ins 18. Jahrhundert/Discours et représentations du Moyen-Age aux siècles classiques, Tübingen 2020 (Bedrohte Ordnungen 13), 476 S.

Nur selten kommt es vor, dass Publikationen zur Geschichte und Literatur des Mittelalters und der Frühen Neuzeit bei den Leserinnen und Lesern den Eindruck einer unmittelbaren Resonanz zum aktuellen Tagesgeschehen zu erzeugen vermögen. Die Sammelschrift *Vulnerabilität/La Vulnérabilité* stellt eine bemerkenswerte Ausnahme dar, die mehreren wissenschaftlichen, aber auch konjunkturellen Aspekten geschuldet ist. Obwohl die dem Band zu Grunde liegende, 2015 abgehaltene Doppeltagung des Sonderforschungsbereichs 923 („Bedrohte Ordnungen") der Universität Tübingen und dem Forschungsprogramm „Rhétorique de l'Antiquité à la Révolution" der Université Stendhal – Grenoble 3 schon einige Jahre zurückliegt, erscheinen ihre Thematik, Forschungsobjekte und Ergebnisse im Lichte der mittlerweile mehrjährigen pandemischen Krise, des auch das deutsch-französische Grenzgebiet betreffenden Katastrophensommers 2021 und des allgemeinen Klimawandels von geradezu brennender Aktualität.

Das Thema der Vulnerabilität wird auf in vielerlei Hinsicht innovative Art und Weise behandelt. Wie die Mitherausgeber Klaus Ridder und Steffen Patzold in ihrer Einleitung und mehrere Autoren und Autorinnen in ihren Beiträgen betonen, geht es in diesem Werk darum, ein den Sozialwissenschaften und der interdisziplinären Klima- und Katastrophenforschung entlehntes Konzept auch in geistes- und kulturwissenschaftlichen Feldern auf seine Anwendbarkeit und seinen Nutzen zu

---

7   Hausmann, Frank-Rutger: Auch eine nationale Wissenschaft? Die deutsche Romanistik unter dem Nationalsozialismus, in: *Romanistische Zeitschrift für Literaturgeschichte* 22 (1998), 1–39 u. 261–312, hier 312.

prüfen, wenn nicht zu beheimaten. Darüber hinaus soll der aus der Gegenwartsforschung erwachsene Begriff auch auf entferntere Epochen Anwendung finden, konkret auf die Zeitspanne vom Mittelalter bis zum 18. Jh. Schließlich resultiert die Zusammenarbeit des deutsch-französischen Teams mit komplementären Kompetenzen aus dem gerechtfertigten Bestreben, die Fragestellung nach Vulnerabilität und ‚bedrohten Ordnungen' von Gesellschaften, Gruppen, aber auch Individuen auf die Symptomatik auszuweiten. Tatsächlich gehören zur Verletzbarkeit auch das Bewusstsein dieses Zustands und die zwingende Notwendigkeit der „Selbstalarmierung" und der „Bedrohungskommunikation" (S. 2), also von Mechanismen, welche die Produktion von Texten mit besonders intensiven rhetorischen Mitteln fördern. Gerade im Hinblick auf die literaturwissenschaftlichen Beiträge ist der kurze epistemologische Abriss zum Konzept ‚Vulnerabilität' interessant, kann man doch auch einen literarischen Text als intrinsisch verletzlich ansehen, da er in einer bestimmten Sprache und einem spezifischen kulturellen und historischen Zusammenhang angesiedelt ist und bei Entfernung von diesen Parametern Gefahr läuft, nicht mehr adäquat oder der Intentionalität des Autors entsprechend verstanden zu werden (vgl. S. 10). Das vorliegende Ergebnis des bilateralen Projekts legt also den wichtigen Grundstein für einer bis dato noch fehlende weitgefächerte interdisziplinäre Forschung zu „Vorstellungen von Verletzlichkeit und der Praktiken des Redens und Schreibens über Verletzlichkeit im Mittelalter und Früher Neuzeit" (S. 6).

Die der Einleitung folgenden 28 Beiträge zu Geschichte und Literatur sind in drei unterschiedlich gewichtete strukturelle Einheiten gegliedert. Der erste Teil, der der Dichotomie „Vulnerabilität und Resilienz" gewidmet ist, diskutiert diese grundlegenden Konzepte anhand von wissenschaftshistorischen Überlegungen und Fallstudien. Peter Rückert untersucht umweltgeschichtlich anhand von Klimaforschung und Hydrologie am Beispiel des Oberrheins im Mittelalter die Konsequenzen von Hochwassern und „kleiner Eiszeit" (S. 30) auf die Bevölkerung und stellt klare Zusammenhänge zu Volksaufständen zu Beginn des 16. Jh. in Württemberg her. Der anthropologische Ansatz von Hans-Werner Goetz rekonstruiert mittelalterliches Denken, indem er physische Vulnerabilität in den unmittelbaren Lebensräumen des Einzelnen ansiedelt und vor allem die religiöse Perspektive des Mittelalters herausstellt: Es ist die Sündhaftigkeit des Menschen, die ihn verletzbar und angreifbar macht. Lukas Clemens analysiert die verschiedenen Teilprozesse und möglichen Konsequenzen von Resilienz der gleichen Epoche. Die Verschiebung von „verletzlicher Ordnung" der Artuswelt zu Beginn des Prosa-Lancelots bis hin zur konkret „bedrohten Ordnung" in der *Mort le roi Artu* (vgl. S. 100) arbeitet seinerseits Klaus Ridder heraus. Francis Goyet erforscht das „Pathos der Furcht" (S. 101) in La Boéties *Discours de la servitude volontaire* mit Bezug auf Aristoteles *Rhetorik*. Steffen Patzold und Elena Ziegler interpretieren die Aufstände unter Ludwig dem Frommen als Zeichen missglückten „Qualitätsmanagements" (S. 113) im Kontext von klimatologisch begründbaren, aber theologisch gedeuteten Missernten und

Hungerjahren. Thomas Kohl illustriert Vulnerabilität und Resilienz anhand der Themen Konflikt und Gewalt mit einer kontrastiven Studie von Schriftlichkeit in Frankreich und dem römisch-deutschen Reich des 11. Jh.

Der zweite Teil des Werks, „Selbstalarmierungen: Rhetorische Figuren der Bedrohungskommunikation", wird mit einer Sektion zur menschlichen Verletzlichkeit aus theologischer Sichtweise eröffnet. Eine schöne Einheit bieten hier die Aufsätze von Véronique Ferrer, Claire Fourquet-Gracieux und Loïc Nicolas zur Psalmübersetzung des 16.–18. Jh. bzw. zum Zusammenspiel von rhetorischer Kraft der Predigt und verletzlichem Gotteswort, welche Alain Génetiot mit einem Beitrag zum *discours de la vulnérabilité* (S. 190) bei Malherbe und mit umgekehrten Vorzeichen bei La Fontaine erweitert – barocke Vehemenz und Gewalt Malherbes *versus* manieristische Empathie und Sanftheit seines Schülers (vgl. S. 204).

Im zweiten Kapitel werden „Bitte und Gnade" erörtert, anhand von schriftlichen Bittstellungen, die in der Frühen Neuzeit sehr regelmäßig die ciceronianischen Strukturen von *Petitio* und *Deprecatio* annehmen und sich jene Rede zum Vorbild nehmen mögen, die Juno in Vergils Äneis an Äolus richtet. Die Vulnerabilität des Bittstellers ist pekuniärer Natur bei Roger de Collerye (Pauline Dorio), sowie Clément Marot, Jean-Antoine de Baïf und Pierre de Ronsard (Déborah Knopp), im Kontext der Religionskriege so politisch wie persönlich bei der Princesse de Condé (Claudie Martin-Ulrich) oder Jean de la Taille (Corinne Noirot), theologisch in den Psalmmeditationen von Agrippa d'Aubigné, Jean de Sponde und Théodore de Bèze (Christiane Deloince-Louette) und schließlich in der mütterlichen Hinwendung Mme de Sévignés in den Briefen an ihre Tochter fassbar (Cécile Lignereux).

Analog zur vorhergehenden Sektion werden in drei Untersuchungen „Klage und Tröstung" beleuchtet. Corinne Denoyelle widmet sich der diskursiven Darstellung von Ritterklage im Prosa-Tristan des französischen 13. Jh.. Die lyrischen Klagen von Théophile de Viau und Tristan l'Hermite werden von Véronique Adam nicht nur durch die Analyse ihrer rhetorischen Fülle gewürdigt, sondern auch dort, wo die Vulnerabilität in Schweigen mündet. Des Abbé Jean-Bernard Blancs Bestreben, die Form der *héroïdes*, Klage verlassener Heldinnen, in seinen Elegien der antiken Tragödie näher als dem Epos zu bringen, erscheint im theoretischen und praktischen Kontext des 17. Jh. als einzigartiges Experiment, wie Nicholas Dion darlegt.

Im letzten Teil des Buchs wirft lediglich der Titel „Bewältigungspraktiken: Verletzlichkeit literarisch und theatral bearbeiten" Fragen auf, stellt doch auch Theater eine literarische Praxis dar. Auch ist inhaltlich nicht eindeutig ersichtlich, inwieweit diese Einheit sich in ihrer Fragestellung vom vorherigen Kapitel und seinen drei Rubriken unterscheidet: Alle literatur- und kulturwissenschaftlich orientierten Aufsätze des Sammelbands beleuchten schließlich Resilienztechniken und Bewältigungsprozesse, sei es auch in spezifischen Formen. Allerdings schmälert dieser rein taxonomische Aspekt nicht das Interesse an den acht folgenden Artikeln. Manuel Braun stellt mit seiner weit gefassten Analyse männlicher Verletzlichkeit an Körper und Seele in Artusroman und Minnegesang einen spannenden Bezug zu den *Disability studies* und Intersektionalitätsstudien her. Frank Greiner untersucht, wie der *moraliste* Tristan l'Hermite in seinem *Page disgracié* ein Spannungsverhältnis herstellt zwischen schicksalhafter Verletzlichkeit und dem menschlichen Unvermögen, gegen diese zu kämpfen. Perraults Prosamärchen spiegeln, wie Jean-Pierre de Elslande darlegt, die Position des Moderne wider, insofern, als sie etwaigen antiken Modellen eine klare Absage erteilen, aber auch auf die Verletzlichkeit von Helden ohne jegliche Vergangenheitsbindung hinweisen – gleichermaßen ein Plädoyer für die junge absolutistische Monarchie und eine Warnung an dieselbe. Christopher Cave liest Rousseaus *Emile* als Erziehungsvorschlag, welcher dem *per se* vulnerablen Lebensalter der Kindheit zu Unverletzlichkeit verhelfen soll, aber auch vor dem Hintergrund autobiographischer Aspekte als persönliche Resilienzstrategie des Autors. Carlotta Posth interpretiert Vulnerabilität genderspezifisch im *Donaueschinger Passionsspiel* und in Arnoul Grébans *Mystère de la Passion* und leitet aus der weiblichen negativen „Heteronomie" (Gefühlsbetontheit, die lediglich von der Jesusfigur geteilt wird) die „Legitimation einer patriarchalen Geschlechterordnung" ab (S. 413). Die allegorische Darstellung von Vulnerabilität in den Moralitäten von 1430 bis 1560 bietet Estelle Doudet die Gelegenheit darzulegen, wie das abstrakte Prinzip auf den Einzelnen, Gruppen oder die gesamte Menschheit in seiner und ihrer körperlichen, sozialen und theologischen Verletzlichkeit verweist: Verarmung, Marginalität und körperlicher Verfall sind die Kennzeichen des oft bereits im Titel hervorgehobenen *Homme fragile* oder der *Chrétienté Malade* und werden dramatisch und rhetorisch kraftvoll illustriert. Die antike Figur Psyché erfährt Laura Naudeix zufolge bei Molière eine ganz spezifische Interpretation. Ihre besondere Verletzlichkeit erweist sich den Götterfiguren gegenüber sowohl als Schwäche als auch als Stärke, denn ihre menschliche Natur befähigt die Titelfigur zu Liebe und Mitgefühl. Jean-Philippe Grosperrin untersucht musikwissenschaftlich den kulturellen Transfer von Racines verletzlichen Charakteren Mithridates und Iphigenie zur Opernbühne des 18. Jh.: ruhmvolle Inszenierung bei Mozart (*Mithridates*, 1770), Auseinandersetzung mit Vulnerabilität und dem Konzept des Erhabenen (*sublime*) bei Gluck (*Iphigenie in Aulis*, 1774).

Das Werk verfügt über einige hilfreiche Anhänge, darunter die französischen Zusammenfassungen der einzelnen Artikel, welche der Präsentation der Beiträge in der deutschen Einleitung entsprechen. Dazu finden sich ein Autorenverzeichnis sowie ein Personen- und ein Ortsregister; in Anbetracht der oft anonymen Schriften des Mittelalters wäre auch ein mit Ersterem verbundenes Werkregister nützlich gewesen.

Die unterschiedlichen disziplinären Ansätze – deutschsprachige Geschichtswissenschaft *versus* vornehmlich französische und französischsprachige Literaturwissenschaft – , die in der Natur des bilateralen und von zwei konkreten Institutionen geförderten Projekts begründet liegen, sind dafür verantwortlich, dass der Sammelband eine fundamentale Zweiteilung aufweist, die nur in seltenen Einzelfällen durchbrochen wird. *Vulnerabilität/La Vulnérabilité* ist nicht minder das wertvolle Produkt eines faszinierenden gemeinschaftlichen Forschungsansatzes, der auf erstaunliche, aber auch sehr kraftvolle und inspirierende Weise gleichermaßen Bezüge zur Emotionsgeschichte, Körpergeschichte und selbst zur *histoire événementielle* herstellt und den Blick auf sie zu erweitern vermag.

Beate Langenbruch, Lyon

Raboud, Pierre (Hg.): *Fun et Mégaphones. L'émergence du punk en Suisse, France, RFA et RDA*, Paris 2019, 256 S.

Punk zu verstehen, ist nicht einfach. Aber dieses Buch hilft uns, dieses Phänomen zwischen 1977 und 1982 besser zu beurteilen. In der Tat zeigt uns Pierre Raboud, durch den Vergleich der Entwicklung dieser Stilrichtung in vier verschiedenen Ländern (Schweiz, Frankreich, BRD und DDR), dass, obwohl es möglich ist, Gemeinsamkeiten zu finden, dennoch viele Umfeldunterschiede verbleiben.

Pierre Raboud ist ein Schweizer Historiker, der dem Projekt PIND (Punk is not dead), einer Forschungsgruppe, bestehend aus Musikwissenschaftler*innen, Soziologen und Soziologinnen, Historiker*innen, aber auch aus Akteuren und Akteurinnen der Punkszene, angehört. Geleitet von Prof. Luc Robène und Solveig Serre studiert PIND die Geschichte des französischen Punks von 1976 bis heute. Dieses Buch mit gelb-rosafarbenem Einband erinnert an das Plattencover von *Never Mind the Bollocks* von Sex Pistols und kehrt nicht zum Aufkommen des Punks in England zurück, das Gegenstand einer reichen Geschichtsschreibung ist. Im Gegenteil – seine 253 Seiten erörtern die weniger erforschten Gebiete, auch wenn der Autor „das unbestreitbare Gewicht des englischen Modells zugesteht" (S. 52). *Fun and Megaphones* bedient sich sehr interessanter und vielfältiger Quellen, wie beispielsweise aus dem Bundesarchiv in Koblenz, oder Unterlagen des Staatssicherheitsdienstes der ehemaligen DDR aus Berlin, denn die Punkbewegung ist eine „aussergewöhnliche Archivierungsmaschine" (S. 27). Der Autor studiert außerdem 38 verschiedene Fanzines, von denen hier einige sehr ausdrucksstarke wiedergegeben werden.

Zum besseren Verständnis listet eine informative Tabelle Bands (*Bijou* oder *Camera Silens* in Frankreich, *Wutanfall* in der DDR usw.), Orte, Fanzines (zum Beispiel *Heimatblatt* in Düsseldorf) und Labels (S. 41–45) auf. In allen vier Ländern stellt die Punkbewegung eine originäre Form des politischen und gesellschaftlichen Protests dar. Die unterschiedlichen Ausdrucksformen der Bewegung wie unter anderem Hausbesetzungen, Fanzines oder Musik, die mit traditionellen musikalischen Formen bricht, spiegeln mitunter verschiedene Herangehensweisen an diesen Politisierungsprozessen wider. Punk integriert in der Schweiz breitere

Protestbewegungen, in Deutschland bereits etablierte Gegenkulturbewegungen. In Frankreich teilen sich Punks und Unabhängige besetzte Häuser.

Punk ist ein im Wesentlichen städtisches Phänomen, das Pierre Raboud durch die Fokussierung auf repräsentative Städte wie Paris, Berlin, Düsseldorf, Hamburg, Erfurt, Leipzig, Lausanne, Genf oder Zürich hervorhebt. Allerdings zeigen sich deutliche Unterschiede zwischen diesen Städten, wenn es darum geht, zu analysieren, wie sich die Punkbewegung manifestiert und wie sie sich ausbreitet. Das Buch untersucht auch verschiedene Themen, die den Punkmusiker*innen am Herzen liegen, wie Langweile, die sich je nach ihrer persönlichen Erfahrung oder ihrer eigenen Zugehörigkeit, auf der lokalen Szene auf unterschiedliche Weise ausdrücken. Das enthüllen einige Songs (S. 97–100) wie „Züri brännt" in Zürich (1979), „Squatt" von *Camera Silens* in Bordeaux (1984), „Wie lange noch" von *KFC* in Düsseldorf (1981) oder „Leipzig in Trümmern" von *Wutanfall* (1981).

Natürlich stellt für die drei westlichen Länder die Wirtschafts- und Sozialkrise einen unvermeidlichen Hintergrund dar, während sich in der DDR der politische Kampf gegen die Hochburg des Kommunismus in der Haltung der 500 offiziell identifizierten Punks des Regimes offenbart. Im letzteren Fall ist es nicht verwunderlich, dass die Stasi diese Außenseiter*innen überwacht. Andererseits aber erweist sich die evangelische Kirche als unerwartete und hilfreiche Verbündete für die Punkbewegung.

In einem sehr klaren Stil geschrieben, enthält dieses Buch eine Fülle an Informationen, die die wissenschaftlichen Erkenntnisse zum Thema Punk ergänzen. Darüber hinaus ist dieses Buch in der Musikgeschichtsschreibung wichtig, weil es uns erlaubt, über den Tellerrand und die zahlreichen Arbeiten zum englischen Punk hinauszudenken. Man muss kein*e Spezialist*in für Punk oder gar Rockmusik sein, um dieses Phänomen in einer eher kontinentalen Dimension zu verstehen, die perfekt in die kulturellen und sozialen Entwicklungen der frühen 1980er-Jahre passt. Am Ende ihrer Publikation erläutern uns Pierre Raboud maliziös die Bedeutung des Titels: Die Provokation der Punkakteure und -akteurinnen bezieht sich auf den *fun*, während die Megaphone das öffentliche Wort symbolisieren.

Laurent Grün, Metz

Sanmann, Angela (dir.) : *Die andere Kreativität. Übersetzerinnen im 18. Jahrhundert und die Problematik weiblicher Autorschaft*, Heidelberg 2021, 330 p.

Dans son livre *Die andere Kreativität* (L'autre créativité), Angela Sanmann présente les trajectoires de quatre traductrices du XVIIIe siècle, Luise Gottsched, Marianne Wilhelmine de Stevens, Marie-Elisabeth de la Fite et Sophie de La Roche. Deux d'entre elles, Luise Gottsched et Sophie de la Roche, portent des noms bien connus de l'histoire de la littérature de langue allemande. Toutes avaient participé à la vie intellectuelle de leur époque, certaines en l'organisant dans leur propre salon. Toutes aussi avaient connu la difficulté d'accéder à la reconnaissance de leur travail dans ces cercles réservés aux hommes.

Louise Gottsched (1713–1762) aura rempli pendant plusieurs décennies à côté de son époux Johann Christoph Gottsched une fonction de médiatrice, mais elle était aussi écrivaine. Bien que ce statut semble avoir été assez bien accepté dans la première moitié du siècle (Sanmann indique que cette « tolérance » prendra fin dans la deuxième moitié du XVIIIe), Louise Gottsched est consciente du problème que représente pour ses contemporains sa fonction d'autrice. Elle dira ainsi avoir beaucoup souffert d'avoir été considérée comme une « bête curieuse ». Sa plus importante et signifiante traduction est celle de l'*Epitre chagrine à Mademoiselle* d'Antoinette Deshoulières (1638–1694, Sanmann consacre un long développement à cette dernière). A souligner que Luise Gottsched avait su prendre le risque de transformer le texte original en une sorte de manifeste brocardant avec force accents satiriques la précarité des savants en général, et des femmes (savantes) en particulier.

Marianne Wilhelmine de Stevens (née Mercier, 1734 ?) n'a été redécouverte que récemment, et son œuvre attend encore d'être objet de recherche. Bien qu'ayant perdu la vue à l'âge de douze ans, Stevens publie une traduction des *Fabeln und Erzählungen* (Fables et contes) de Christian Fürchtegott Gellert où elle n'hésite pas, comme Gottsched, à valoriser des personnages féminins. Stevens est par ailleurs l'objet d'une stratégie éditoriale qui met l'accent sur « une traduction en vers par une femme aveugle », ce double handicap se trouvant ainsi exploité à des fins commerciales.

Marie-Elisabeth de la Fite (1737–1794), traductrice et éducatrice, traduit la *Geschichte des Fräuleins von Sternheim* (Histoire de Melle de Sternheim) de Sophie de la Roche. Ce « projet Sternheim » qui semble à première vue contradictoire avec les aspirations émancipatrices de de la Fite poursuit un double but : l'utilité pédagogique pour l'éducation des jeunes filles, et sa reconnaissance personnelle comme autrice. De la Fite se livre comme ses consœurs à une revalorisation des personnages féminins, mais va plus loin encore en dessinant certaines utopies comme le mariage en tant que l'union de deux partenaires égaux… Elle n'évite toutefois pas certains clichés qui rendent parfois ambiguë son œuvre.

Sophie de la Roche (1730–1807), traductrice, éditrice de la revue *Pomona für Teutschlands Töchter* et autrice, est également une observatrice et commentatrice attentive de l'actualité politique de son temps. En s'intéressant notamment à la question de l'abolition de l'esclavage en Amérique et de la servitude en Bohème, elle dépasse les frontières du continent européen. Son œuvre est pour l'essentiel une réflexion sur la notion du citoyen – la citoyenne ? – du monde qu'elle cherche à définir à la suite de Rousseau, Wieland ou Kant.

Ces biographies personnelles et littéraires portent des titres éclairants : « Chances et apories dans la formation de traditions féminines » pour Louise Gottsched, « Misogynie revisited » pour Marianne Wilhelmine Stevens, « Idéaux de la féminité en conflit » pour Marie-Elisabeth de la Fite et « La traduction comme participation politique » pour Sophie de la Roche. Des chapitres consacrés à Luise Kulmus et Antoinette Deshoulières complètent un ouvrage dont la force réside aussi dans la réflexion sur les évolutions mais aussi régressions que subit le statut de la femme tout au long du XVIIIe siècle que Sanmann livre dans les introduction et conclusion. Comme déjà le roman épistolaire, la traduction y est décrite comme une sorte de 'cheval de Troie', une contre-stratégie féminine susceptible de mener à la reconnaissance du statut de la traduction – et des traductrices. Elles acceptent parfois de n'être pas ou très mal rémunérées (à noter le passage sur les variations de salaires d'une traductrice à l'autre qui ne peuvent que rarement vivre de leur activité). Si elles acceptent, c'est en considérant la traduction comme un possible premier pas vers un vrai statut d'autrices. Le contexte semble favorable : à partir des années 1760, nombre de bibliothèques de prêt sont créées et la demande du public pour des livres va croissante.

Les facteurs déterminants de l'écriture et de la traduction féminines au XVIIIe siècle sont, selon Sanmann, « de nature esthétique, sociale et financière », ce que reflètent les questions-clés de son ouvrage : quelle relation entre la marginalisation sociale de la femme et le statut de la traduction littéraire ? Comment justifier une recherche sur la traduction d'un point de vue méthodologique et sous l'angle du genre ? Comment décrire et classer des pratiques féminines de traduction parfois contradictoires ? Sanmann s'inscrit ainsi dans les *Translation Studies* féministes qui se développent à partir des années 1980 et qui considèrent dorénavant les traductrices non plus comme des 'petites mains' se livrant à une activité subalterne, mais comme des autrices pratiquant une réécriture créatrice (« gestaltendes rewriting »). Il s'agit dans ce domaine aussi d'en finir avec l'invisibilité et la dévalorisation qui frappe régulièrement la femme 'savante'. Dans un poème de 1787, Schiller avait décrit celle-ci comme une créature contre-nature tant la compatibilité entre une activité professionnelle féminine et les tâches traditionnelles de la femme au sein du foyer lui avait semblé impossible. Pourtant, dès le XVIIIe siècle, des traductrices s'opposent à l'idée de troquer simplement « l'aiguille contre la plume » en ayant recours à des stratégies diverses : « gestes de modestie » (Sanmann), appel à des soutiens masculins (maris, éditeurs, auteurs célèbres, personnalités connues etc.), mais aussi à des pratiques encore timides de *lobbying*. Sans s'inscrire explicitement dans une lutte pour les droits de la femme, elles soulèvent ainsi la toujours actuelle question de son émancipation sociétale et littéraire.

Ingeborg Rabenstein-Michel, Lyon

Vincent, Marie-Bénédicte (Hg.): *Une nouvelle histoire de l'Allemagne. XIXᵉ-XXIᵉ siècle*, Paris 2020, 411 S.

Es ist wohl kein Zufall, wenn Marie-Bénédicte Vincent zu Beginn ihrer Geschichtsdarstellung an Madame de Staël und deren 1810 erschienene Schrift *De l'Allemagne* erinnert. In diesem Buch geht es weniger um die wissenschaftlich fundierte Analyse eines zu der Zeit noch gar nicht existierenden Staates, sondern eher um subjektive, tendenziell wohlwollende Eindrücke bezüglich der Lebensweise in deutschen Regionen und Städten, vor allem aber um Ausführungen zur Literatur, Philosophie und zur Religion. Charakteristisch ist dabei die Einbettung in eine französische Perspektive, von der aus viele Vergleiche und Bewertungen vorgenommen werden. Hier dürfte auch eine gewisse Verbindungslinie zur *Nouvelle Histoire de l'Allemagne* bestehen.

In ihrer Einleitung erläutert die Verfasserin, worin das Besondere, das Neue ihrer Darstellung liege: In erster Linie komme es darauf an, eine länderübergreifende Sehweise zu praktizieren; es gehe darum, grenzüberschreitende Einflüsse zu berücksichtigen und ihre Auswirkungen in den jeweils interessierenden Bereichen auf nationaler, regionaler und lokaler Ebene mit einzubeziehen. Es handelt sich also um eine erweiterte Kontextualisierung, die folglich auch zu einer neuen Bewertung oder Interpretation der betreffenden Sachverhalte führt:

> Intégrer une perspective transnationale permet-t-il d'écrire une histoire renouvelée de l'Allemagne ? [...] Il ne s'agit pas de proposer une histoire alternative, mais de mettre l'accent d'une part sur les échanges, les circulations, les transferts, qui traversent les frontières politiques, et ce à une échelle infranationale (régionale ou locale, très pertinente pour l'espace allemand tardivement unifié en 1871) et d'autre part d'analyser des processus économiques et sociaux, des courants idéologiques, politiques, culturels, ainsi que des organisations qui transcendent les frontières étatiques et traversent des ensembles plus vastes à l'échelle du continent européen ou du monde. (S. 9)

Als methodologische Orientierung wird u. a. der Name Lucien Febvre ins Spiel gebracht (S. 16), womit man bei der zusammen mit Marc Bloch begründeten Annales-Schule wäre, die insbesondere den interdisziplinären Zugang zu historischen Sachverhalten propagierte. Der skizzierte transnationale Ansatz schließt indes eine chronologische Vorgehensweise nicht aus, wie an folgender Kapitel-Gliederung sichtbar wird:

- Deutschland an der Schwelle zum 19. Jahrhundert
- Wirtschaft und Politik in den Jahren 1830–1860
- Deutschland und die Welt bis zu den 1880er-Jahren
- Das Kaiserreich bis zum Ersten Weltkrieg (1871–1914)

- Deutschland im Ersten Weltkrieg
- Die Weimarer Republik (1918–1933)
- Das nationalsozialistische Regime bis zum Zweiten Weltkrieg (1933–1939)
- Deutschland im Zweiten Weltkrieg (1939–1945)
- Deutschland nach dem Krieg: Entnazifizierung und deutsche Teilung (1945–1961)
- Von der Berliner Mauer bis zur deutschen Wiedervereinigung (1961–1990)
- Das wiedervereinigte Deutschland nach 1990

Ob und inwieweit die favorisierte Darstellungsweise gewinnbringend ist, sei wenigstens kurz anhand zweier Kapitel überprüft. Das vierte Kapitel behandelt die Zeit von der Reichsgründung bis zum Ausbruch des Ersten Weltkriegs (S. 86–115). Ausgangspunkt in den Ausführungen sind jeweils Etappen und Umwälzungen, wie sie in dieser Zeit für das Deutsche Reich bemerkenswert sind. Herausgestellt werden aber ebenso die Einbindung in europäische Verhältnisse und in globale Zusammenhänge. Besonders lohnend erscheint dies bezüglich der wirtschaftlichen Veränderungen: Die Entwicklungen werden nur plausibel, wenn man beispielsweise a) die konkreten Voraussetzungen auf deutscher Seite (Branchenstruktur, Grad der Industrialisierung, Bedeutung der Schwerindustrie, soziale Bedingungen, Demografie) und b) den weltweiten Industrialisierungsschub, die Entwicklung der Transportinfrastruktur, die technischen Neuerungen, einschließlich der Verbesserung des Nachrichtenwesens, mit einbezieht. Ähnliches gilt für andere Bereiche: die Herausbildung von Nationalstaaten, Bestrebungen des Kolonialismus, die Internationalisierung der Arbeiterbewegung oder das Aufkommen des Antisemitismus. Ganz ohne Frage sorgt eine solche Herangehensweise für ein umfassenderes, für ein vertieftes Verständnis der betreffenden Sachverhalte. Und der Verfasserin kann man nur bei der Folgerung zustimmen, die bisherige Historiografie habe allzu oft lediglich das spezifisch Deutsche gesehen, eine Feststellung, die nationale Ausprägungen oder Sonderwege keineswegs auszuschließen braucht (S. 115).

Allerdings – das sei ebenfalls festgehalten – erweist sich der transnationale Beschreibungsansatz nicht in allen Fällen als gleich ergiebig. So ist beim Thema des abschließenden Kapitels „L'Allemagne réunifiée depuis 1990" aus naheliegenden Gründen fast ausschließlich von „nationalen" Phänomenen die Rede. Zum Teil mag dies auch an der Auswahl der herangezogenen Literatur liegen; es kommen hier praktisch nur französische Beiträge zur Sprache.

Insgesamt kann man eine Publikation wie die vorliegende nur begrüßen. Es handelt sich um eine fundierte, reichlich dokumentierte und nicht zuletzt gut lesbare Darstellung zu zwei Jahrhunderten deutscher Geschichte. Verständniserleichternd dürften zudem die regelmäßig vorgenommenen Doppelbezeichnungen für kulturspezifische Einrichtungen und Sachverhalte sein (*années de fondation*/Gründerjahre, *banque d'empire*/Reichsbank, *assemblée de l'empire*/Reichstag, *Conseil fédéral*/Bundesrat). In einer Neuauflage wäre sicher zu begrüßen, wenn visuelle

Veranschaulichungen (Schaubilder, Landkarten, Fotos), ein Abkürzungsverzeichnis und ein Sachregister hinzukämen. Das Gewinnbringende der Ausführungen sei damit jedoch nicht eingeschränkt. Gerade die Einbeziehung zahlreicher oft vernachlässigter Faktoren ermöglicht eine bessere Einordnung deutscher Entwicklungen vor dem Hintergrund des europäischen und internationalen Kontexts.

Heinz-Helmut Lüger, Bad Bergzabern

5. Anhang

Autoren- und Autorinnenverzeichnis

FLORENCE BAILLET
Studierte Germanistik und Theaterwissenschaft an der Ecole Normale Supérieure (Paris) sowie an der Freien Universität Berlin und am Amherst College (USA). Sie promovierte an der Sorbonne Nouvelle im Fach Germanistik und habilitierte an der Universität Nanterre im Fach Theaterwissenschaft. Seit 2012 lehrt und forscht sie als Professorin für deutschsprachige Literatur und Theater an der Sorbonne Nouvelle. Ihre Forschungsschwerpunkte liegen in DDR-Literatur und -Theater, in den Beziehungen zwischen Theater und Politik sowie in den deutsch-französischen Verflechtungen im Bereich des Theaters. Zu ihren jüngsten Publikationen zählen: Robert Menasses Theaterstücke – Zeitgenossenschaft, politisches Engagement und figurenorientiertes Drama, *Text+Kritik* 34 (2022), 41–51; Ezra Pounds und T.S. Eliots Moderne in Wolfgang Hilbigs Lyrik und in Heiner Müllers Theaterstücken, in: Banoun, Bernard [u. a.] (Hg.) : *Wolfgang Hilbigs Lyrik – Eine Werkexpedition*, Berlin 2021, 73–84 ; *L'Arche Editeur – Le théâtre à une échelle transnationale*, Aix-en-Provence 2021 (Hg. mit Nicole Colin).

MICHAEL BERNSEN
Professeur des littératures romanes comparées à l'Université de Bonn. Il a fondé et dirigé de 2009 à 2022 l'école doctorale trinationale « Mythes fondateurs dans la littérature et les arts » commune entre Sorbonne-Université, l'université de Florence et de celle de Bonn. Depuis 2019, il est directeur du CERC (Centre Ernst Robert Curtius – Centre français de l'Université de Bonn). Sa thèse de troisième cycle élucide la peur et la terreur dans la littérature narrative du XVIIIe siècle (*Angst und Schrecken in der Erzählliteratur des französischen und englischen 18. Jahrhunderts*, Munich 1996). Son habilitation traite de La problématisation du parler lyrique au Moyen-Age (*Die Problematisierung lyrischen Sprechens im Mittelalter*, Tubingen 2001). Sélection de ses livres publiés : *Der Mythos von der Weisheit Ägyptens in der französischen Literatur der Moderne*, Göttingen 2011 ; *Geschichten und Geschichte. Alessandro Manzoni I promessi sposi*, Münster 2015 ; *Die indirekte Kommunikation in Frankreich. Reflexionen über die Kunst des Impliziten in der französischen Literatur*, Berlin [u. a] 2022.

Jennifer Blank

Leiterin des Instituts für Bildungstransfer der Hochschule Biberach. Ihre Forschungsschwerpunkte liegen im Bereich der Bildungs- und Hochschulforschung mit Fokus auf Transformationsprozessen und Transformationsforschung. Ihr Arbeitsbereich umfasst die Wissenschaftliche Weiterbildung ebenso wie den Bereich der Hochschuldidaktik, des Studierendensupports und des Qualitätsmanagements. Publikationen: Transformationsanspruch in Forschung und Bildung. Eine Einführung, in: Blank, Jennifer/Sälzle, Sonja/ Bergmüller, Claudia (Hg.): *Transformationsanspruch in Forschung und Bildung – Konzepte Projekte, empirische Perspektiven*, Münster 2023 (mit Claudia Bergmüller und Sonja Sälzle) ; Transformation gestalten, aber wie?, in: *Ökologisches Wirtschaften*, 37/4 (2022), 46–50 (mit. Sonja Sälzle, Esther Baur und Linda Vogt). Kontakt: blank@hochschule-bc.de

Andre Bleicher

Rektor der Hochschule Biberach sowie Professor für allgemeine Betriebswirtschaftslehre, strategisches Management und Organisation. Seine Forschungsschwerpunkte liegen im Bereich Organisationen und Institutionen, Unternehmensführung, Kritische Managementtheorie sowie Industrielle Beziehungen. Publikationen: Transferorientierte Forschung durch Einsatz innovativer Transferformate: Praxisbeispiele aus dem InnoSÜD-Verbundprojekt, in: Pfannstiel, Mario A./Dautovich, Alma (Hg.): *Transferinnovationen und Innovationstransfer zwischen Wissenschaft und Wirtschaft. Grundlagen, Erkenntnisse und Praxisbeispiele*, Heidelberg [u. a.] 2023, 27–56 (mit Thomas Aigle und Marianne von Schwerin); *Entwicklungspfade für Hochschule und Lehre nach der Corona-Pandemie: Eine qualitative Studie mit Hochschulleitungen, Lehrenden und Studierenden*, Baden-Baden 2021 (mit Sonja Säzle [u. a.]). Kontakt: bleicher@hochschule-bc.de

Dominik Brodowski

Seit 2022 Professor an der Universität des Saarlandes. Nach dem Studium der Rechtswissenschaften in Tübingen und Philadelphia wurde er 2016 an der Universität Tübingen promoviert und 2021 an der Goethe-Universität Frankfurt/M. habilitiert; von 2018 bis 2022 war er als Juniorprofessor an der Universität des Saarlandes tätig. Seine Forschungsschwerpunkte liegen auf der Europäisierung des Strafrechts, einschließlich der Errichtung der Europäischen Staatsanwaltschaft (z. B. *European Public Prosecutor's Office*, Baden-Baden 2021, mit Hans-Holger Herrnfeld und Christoph Burchard), auf der Digitalisierung des Strafrechts und der Strafrechtspflege (z. B. *Verdeckte technische Überwachungsmaßnahmen im Polizei- und Strafverfahrensrecht*, Tübingen 2016) und auf Interdependenzen des Strafrechts (z. B. *Die Evolution des Strafrechts*, Baden-Baden 2023).

CLAIRE CRIGNON
Professeur en Histoire et Philosophie des sciences à l'Université de Lorraine. Elle a publié des ouvrages en histoire de la philosophie britannique (*De la mélancolie à l'enthousiasme, Robert Burton (1577–1640) et Anthony Ashley, comte de Shaftesbury (1671–1713)*, Paris 2006) et en histoire et philosophie de la médecine (*Locke médecin. Manuscrits sur l'art médical*, Paris 2016 ; *Médecins et Philosophes. Une histoire*, Paris 2019 (avec David Lefebvre)). Elle a aussi publié dans le champ de la philosophie de la médecine et du soin (sur le vieillissement, sur les relations médecins patient·e·s, sur la propriété du corps humain). Elle a créé des formations et des structures de recherche en humanités médicales. Elle a publié avec Julie Cheminaud en 2023 *Dupuytren, le musée des maladies* (Paris) et elle travaille sur les tensions entre approches populaires et savantes de la santé.

JULIA DITTEL
Studium der Historisch orientierten Kulturwissenschaften und Angewandten Kulturwissenschaften an der Universität des Saarlandes. Seit 2021 ist sie als wissenschaftliche Mitarbeiterin in der Arbeitsgruppe Europastudien in der Fachrichtung Gesellschaftswissenschaftliche Europaforschung an der Universität des Saarlandes tätig. Ihre Forschungsinteressen liegen im Bereich grenzüberschreitender Verflechtungsräume, in den Kulturwissenschaften sowie der Landschaftsforschung. Zu ihren aktuellen Veröffentlichungen zählen: Covid-19 als Zäsur und Chance für grenzüberschreitende Regionen am Beispiel der Großregion, in: Brodowski, Dominik/Nesselhauf, Jonas/Weber, Florian (Hg.): *Pandemisches Virus – Nationales Handeln. Covid-19 und die europäische Idee*, Wiesbaden 2023, 125–148; Mobilfunk ja – aber Masten und Antennen bitte nicht hier! Diskursive Aushandlungsprozesse um die Standortwahl von Sendeanlagen in Deutschland, in: *Raumforschung und Raumordnung/Spatial Research and Planning* 2023 (online first), 1–16 (mit Florian Weber, Karsten Berr und Olaf Kühne); Landschaft in situ. Der Beitrag von Atmosphären zum Verständnis der Konstruktion von Landschaft, in: *Raumforschung und Raumordnung/Special Research and Planning* 80/5 (2022), 559–572 (mit Nora Crossey [u. a.]).

SANDRA DUHEM
Studium der Germanistik, Romanistik und Kunstgeschichte an der Universität Bonn, 1997/2000 Erstes und Zweites Staatsexamen in Deutsch und Französisch für das Lehramt in der Sek. I/II. Lehrerfahrung an verschiedenen Schulformen in Nordrhein-Westfalen sowie langjährige freie Mitarbeit im deutsch-französischen Jugendaustausch und im Kunstauktionshandel. Ab 2000 wissenschaftliche Koordinatorin, 2008 Geschäftsführerin des Frankreichzentrums der Universität des Saarlandes; 2022 zur Akademischen Direktorin ernannt. 2018 Promotion in Kunstgeschichte, Universität Bonn. Aktuelle Buchveröffentlichung: *Deutscher Ex-

pressionismus in Frankreich. Späte Anerkennung im Pariser Musée national d'art moderne 1960–1978 (zugl. Diss., Univ. Bonn, 2017), Berlin [u. a.] 2021.

INES FUNK

Seit 2010 wissenschaftliche Mitarbeiterin in der Fachrichtung Gesellschaftswissenschaftliche Europaforschung und am CEUS | Cluster für Europaforschung an der Universität des Saarlandes. Sie koordiniert den grenzüberschreitenden Master Border Studies. Nach dem Studium der Historisch orientierten Kulturwissenschaften an der Universität des Saarlandes schloss sie 2015 ihre Promotion zur grenzüberschreitenden Patientenmobilität in der Grenzregion Saarland–Lorraine ab. Ihre Forschungsinteressen sind Border Studies, insbesondere grenzüberschreitende Arbeits- und Ausbildungsmärkte, sowie Gesundheitsgeographie. Sie ist Mitglied der Arbeitsgruppe „Arbeit und Ausbildung" des UniGR-Center for Border Studies. Zu ihren aktuellen Publikationen zählen: Cross-Border Vocational Training as Processes of Cross-Border Learning, in: *Europa Regional* 26/2018 (2021), 17–29 (mit Birte Nienaber und H. Peter Dörrenbächer); Der grenzüberschreitende Arbeitsmarkt der Großregion. Der Einfluss der COVID-19-Pandemie, in: *Informationen zur Raumentwicklung* 2 (2021), 74–85 (mit Isabelle Pigeron-Piroth [u. a.]).

ANDREA GRÖPPEL-KLEIN

Univ.-Prof. Dr. Andrea Gröppel-Klein ist seit 2006 Inhaberin des Lehrstuhls für Betriebswirtschaftslehre, insbesondere für den Bereich Marketing, und Direktorin des Instituts für Konsum- und Verhaltensforschung an der Universität des Saarlandes. Nach der mit dem OWL-Unternehmerpreis prämierten Dissertation und der mit dem Büropa-Preis des Stifterverbandes für die Deutsche Wissenschaft ausgezeichneten Habilitation war sie von 1996–2006 Inhaberin des Lehrstuhls für Internationales Marketing, Konsum- und Handelsforschung an der Europa-Universität Viadrina, Frankfurt (Oder). Frau Gröppel-Klein hat mehr als 250 Beiträge in renommierten wissenschaftlichen internationalen sowie nationalen Zeitschriften veröffentlicht und führt das von Prof. Dr. Kroeber-Riel (verstorben 1995) begründete Standardwerk zur Konsumentenverhaltensforschung weiter. Die Forschungen von Frau Gröppel-Klein und Frau Kirsch werden vom Lise-Meitner-Exzellenzprogramm, dem BMBF und der EU gefördert. Drei ausgewählte Publikationen: Geschichte der BWL – Die Konsumentenverhaltensforschung in Marketing und Betriebswirtschaftslehre, in: Matiaske, Wenzel/Sadowski, Dieter (Hg.): *Ideengeschichte der BWL*, Wiesbaden 2022, 179–212; (Hedonic) Shopping Will Find a Way: The Covid-19 Pandemic and its Impact on Consumer Behavior, in: *Marketing ZfP – Journal of Research and Management* 43/1–2 (2021), 95–108 (mit Kenya-Maria Kirsch und Anja Spilski); No Laughing Matter, or a Secret Weapon? Exploring the Effect of Humor in Service Failure Situations, in: *Journal of Business Research* 132 (2021), 260–269 (mit Sarah Kobel).

Daniel Kazmaier

Studium der Germanistik und Romanistik an den Universitäten Tübingen und Lyon 2. Er wurde an der Universität Tübingen promoviert und war danach wissenschaftlicher Mitarbeiter am Lehrstuhl für Frankophone Germanistik und der neueren deutschen Literatur- und Medienwissenschaft sowie Geschäftsführer am Frankreichzentrum der Universität des Saarlandes. Seit 2022 arbeitet er als Juniorprofessor für Etudes culturelles franco-allemandes und Border Studies an der Université de Lorraine in Metz. Seine Forschungsschwerpunkte liegen darüber hinaus in der deutsch-französischen Komparatistik und den Beziehungen zwischen Literatur, Philosophie und Religion. Zu seinen jüngsten Publikationen zählen: *Schicksalhaftigkeit und Zufall in der deutschsprachigen Gegenwartsliteratur*, Baden-Baden 2022 (mit Juliane Blank).

Kenya-Maria Kirsch

M.Sc. Kenya-Maria Kirsch ist seit 2019 wissenschaftliche Mitarbeiterin am Lehrstuhl von Frau Univ.-Prof. Dr. Andrea Gröppel-Klein. Ihr Masterstudium der Betriebswirtschaftslehre, mit dem Schwerpunkt verhaltensorientiertes Marketing und Management, schloss sie an der Universität des Saarlandes ab. Ihre Forschungsinteressen liegen unter anderem im Bereich der Auswirkungen der Covid-19-Pandemie auf das Konsumentenverhalten. Außerdem unterstützt sie Frau Prof. Dr. Gröppel-Klein bei dem EU-Projekt „mEATquality" als Teil der EU-Strategie „Farm to Fork". Publikationen: (Hedonic) Shopping Will Find a Way: The Covid-19 Pandemic and its Impact on Consumer Behavior, in: *Marketing ZfP – Journal of Research and Management* 43/1–2 (2021), 95–108 (mit Andrea Gröppel-Klein und Anja Spilski).

Olaf Kühne

Prof. Dr. Dr. Olaf Kühne ist Professor für Stadt- und Regionalentwicklung an der Eberhard Karls Universität Tübingen. Er promovierte in Geografie (an der Universität des Saarlandes) und Soziologie (an der Fernuniversität Hagen), habilitiert wurde er in Geografie an der Johannes Gutenberg Universität Mainz. In seiner Forschung befasst er sich mit Fragen der neopragmatischen Integration von Theorien, Methoden und inter- sowie transdisziplinären Perspektiven in die Raumforschung, aber auch Landschaftskonflikten und den (insbesondere räumlichen) Voraussetzungen und Konsequenzen der Entwicklung einer offenen Gesellschaft. Zu seinen aktuellen Veröffentlichungen zählen: Contours of a ‚Post-Critical' Cartography. A Contribution to the Dissemination of Sociological Cartographic Research, in: *KN – Journal of Cartography and Geographic Information* 71 (2021), 133–141; *Landscape Theories. A Brief Introduction*, Wiesbaden 2019; *Handbuch Landschaft*, Wiesbaden 2019 (Hg. mit Florian Weber [u. a.]).

UDO LEHMANN
Studium der Theologie und Sozialwissenschaften an den Universitäten Bonn, München und Bochum. Nach langjähriger seelsorglicher Tätigkeit promovierte er über ein wirtschaftsethisches Thema und habilitierte sich später im Bereich der Gerechtigkeits- und Ungleichheitsforschung. Lehr- und Forschungsaufenthalte führten ihn nach Münster, Bonn, Erfurt, Berlin und New York. Seit 2018 ist er Professor für Sozialethik an der Universität des Saarlandes. Sein wissenschaftlicher Schwerpunkt ist derzeit die Politische Ethik. Zu Fragen transnationaler Ethik bzw. Ethik der Grenze zuletzt: Kollektive ‚Quasi-Identität' und die Bedingung ihrer Möglichkeit. Julian Nida-Rümelins Konzept einer normativen Ontologie von Grenzen, in: *Philosophisches Jahrbuch* 126/2 (2020), 92–99; Flucht und Asyl in Deutschland und der Schweiz im Brennpunkt rechtlicher und sprachlicher Kontextualisierung, in: Müller, Wolfgang W./Wagner, Franc (Hg.): *In der Sprache gefangen. Migration und Diskriminierung*, Zürich 2019, 29–52.

HERVE MARCHAL
Professeur de sociologie à l'Université de Bourgogne au sein du département de sociologie. Membre du Laboratoire Interdisciplinaire de Recherches Sociétés, Sensibilités, Soin (LIR3S – UMR CNRS 7366) et chercheur associé au Laboratoire lorrain de sciences sociales (2L2S), il enseigne la sociologie des identités, de l'individu contemporain et des territoires au sein des trois cycles (Licence, Master et Doctorat). Il travaille sur les mobilités, le processus de périurbanisation (dynamiques pavillonnaires, rapport à l'espace, modes d'habiter), les logiques de ségrégation et la construction identitaire de l'individu contemporain. Il a publié plus d'une vingtaine d'ouvrages (seul ou en collaboration), notamment : *Le Pavillon : une passion française*, Paris 2023 ; *La France pavillonnaire*, Paris 2020 (avec M. Gateau) ; *Un sociologue au volant*, Paris 2014 ; *La Diversité en France : impératif ou idéal ?*, Paris 2010. Site laboratoire : http://tristan.u-bourgogne.fr/CGC/chercheurs/Marchal/H_Marchal.html

HELENE MIARD-DELACROIX
Seit 2008 ordentliche Professorin für Deutschlandstudien mit Schwerpunkt Neuere und Neueste Geschichte an der Pariser Universität Sorbonne. Sie ist Mitglied im Forschungscluster UMR SIRICE (Sorbonne-Identités, Relations Internationales et Civilisations de l'Europe). Sie ist Beiratsmitglied von zahlreichen deutschen Forschungsinstitutionen. Ihre Forschungsschwerpunkte sind die Geschichte der Bundesrepublik, die Geschichte der internationalen Beziehungen im 20. und 21. Jh. und die Geschichte der deutsch-französischen Beziehungen in Europa. Aktuelles Forschungsthema: Emotionen in den internationalen Beziehungen am Beispiel des Jahres 1989/1990. Sie schrieb u. a. eine *histoire croisée* der deutsch-französischen Beziehungen im europäischen Aufbauprozess seit den 1960er-Jahren (*Deutsch-französische Geschichte 1963 bis in die Gegenwart. Im Zeichen der Europäischen Einigung*,

Bd. 11, Darmstadt 2011). Vor Kurzem erschien ein Gesprächsbuch von ihr mit dem deutschen Historiker Andreas Wirsching über die Konstruktion der sog. ‚Erbfeindschaft' zwischen Deutschland und Frankreich (*Von Erbfeinden zu guten Nachbarn. Ein deutsch-französischer Dialog*, Stuttgart 2019 (mit Andreas Wirsching)).

MATTHIAS MIDDELL
Professor für Kulturgeschichte an der Universität Leipzig. 1989 Promotion mit einer Arbeit zur Französischen Gegenrevolution Ende des 18. Jahrhunderts. 2002 Habilitation zum Thema Weltgeschichtsschreibung während des 20. Jahrhunderts. Direktor des Research Centre Global Dynamics und seit 2022 Prorektor für Campusentwicklung: Kooperation und Internationalisierung an der Universität Leipzig. Vorstandsmitglied des Comité International des Sciences Historiques sowie der UNESCO-Comission for Philosophy and the Humanities. Zu seinen aktuellen Publikationen zählen: *Intercultural Transfers and Processes of Spatialization*, Leipzig 2021 (Hg. mit Michel Espagne); *Narrating World History after the Global Turn: The Cambridge World History*, Leipzig 2020 (Hg. mit Katja Castryck-Naumann); *Africa's Global 1989*, Leipzig 2020; *Empires reconfigured*, Leipzig 2020 (Hg. mit Alessandro Stanziani); *Gesellschaftlicher Zusammenhalt. Ein interdisziplinärer Dialog*, Frankfurt 2020 (Hg. mit Nicole Deitelhoff und Olaf Groh-Samberg); *The Practice of Global History. European Perspectives*, London 2019; *The Routledge Handbook of Transregional Studies*, London 2019; *Spatial Formats under the Global Condition. Towards a typology of spatial formats*, Berlin [u. a.] 2019 (Hg. mit Steffi Marung).

JONAS NESSELHAUF
Geboren 1987 in Baden-Baden. Studium der Allgemeinen und Vergleichenden Literaturwissenschaft sowie der Kunstgeschichte. 2016 Promotion mit einer komparatistischen Arbeit zur Figur des Kriegsheimkehrers in der Literatur des 20. und 21. Jahrhunderts. Seit 2019 Juniorprofessor im Bereich der Kunst- und Kulturwissenschaften der Universität des Saarlandes. Forschungsschwerpunkte u. a. Kultur/en und Körperlichkeit, Serialität und Populäre Kulturen, Gender Media Studies. Zu seinen aktuellen Publikationen zählen: *Pandemisches Virus, nationales Handeln. Covid-19 und die europäische Idee*, Wiesbaden 2023 (Hg. mit Dominik Brodowski und Florian Weber); *Ästhetik(en) der Pornographie. Darstellungen von Sexualitäten im Medienvergleich*, Baden-Baden 2021 (Hg. mit Norbert Lennartz).

CLAUDIA POLZIN-HAUMANN
Polzin-Haumann ist seit 2006 Inhaberin des Lehrstuhls für Romanische Sprachwissenschaft (Angewandte Linguistik, Didaktik der Mehrsprachigkeit und Interkulturelle Kommunikation) an der Universität des Saarlandes. Sie ist Mitglied verschiedener Forschergruppen, u. a. des GRETI (Groupement de Recherches Transfrontalières Interdisciplinaires, http://www.greti.org) und des UniGR-Center

for Border Studies (http://cbs.uni-gr.eu/de) und arbeitet an zahlreichen auch internationalen Projekten im Bereich der angewandten Linguistik mit. Seit 2016 ist sie Co-Direktorin des Instituts für Sprachen und Mehrsprachigkeit an der Universität des Saarlandes. Von 2013 bis 2017 war sie Leiterin des Frankreichzentrums, von 2017 bis 2021 Vizepräsidentin für Europa und Internationales der Universität des Saarlandes. Ihre Arbeitsschwerpunkte liegen in der synchronen und historischen französischen und spanischen Sprachwissenschaft, u. a. in der Kontrastiven Linguistik, dem Sprachvergleich und der Mehrsprachigkeitsforschung, der Sprachpolitik und Sprachpflege sowie der Sprachreflexions- und Sprachbewusstseinsforschung. Aktuelle Publikationen (Auswahl): Die Frankreichstrategie des Saarlandes: Ein aktueller Blick auf Herausforderungen für das Französische im regionalen Kontext und darüber hinaus, in: *Synergies Pays germanophones* 13 (2020), 73–90 (mit Christina Reissner), https://gerflint.fr/Base/Paysgermanophones13/polzin_reissner.pdf); Geschlossene Grenzen – offene Sprachen? Beobachtungen zum Sprachgebrauch in Deutschland und Frankreich in Zeiten von COVID-19, in: Weber, Florian/Theis, Roland/Terrollion, Karl (Hg.): *Grenzerfahrungen – Expériences transfrontalières. COVID-19 und die deutsch-französischen Beziehungen. Les relations franco-allemandes à l'heure de la COVID-19*, Wiesbaden 2021, 391–400; *Geschlecht und Sprache in der Romania. Stand und Perspektiven*, Tübingen 2022 (Hg. mit Lidia Becker [u. a.]).

VERONIQUE PORRA
Après des études d'allemand et de lettres modernes à l'Université de Limoges, elle a effectué son doctorat puis son habilitation à l'Université de Bayreuth. Entre 1989 et 2002, elle a été successivement chercheuse au SFB 214 *Identité en Afrique* puis enseignante de littératures française et francophones au département de littératures romanes et comparées de l'Université de Bayreuth. Depuis 2002, elle est professeure de littératures française et francophones à l'Université Johannes Gutenberg de Mayence (Allemagne). Spécialiste des littératures francophones hors d'Europe et des écritures migrantes, elle a travaillé récemment sur le discours mémoriel dans les littératures et les cinémas français et francophones. Ses recherches actuelles portent sur la décolonialité et ses influences sur les littératures francophones de l'extrême contemporain (création et réception). Auteure de nombreux articles sur les littératures et les cinémas francophones, elle a publié entre autres un ouvrage intitulé *Langue française – langue d'adoption. Une littérature invitée entre création, stratégie et contraintes*, Hildesheim 2011. Elle a coédité *Les Lieux d'oubli de la Francophonie*, Hildesheim 2015 (avec Danielle Dumontet, Kerstin Kloster et Thorsten Schüller) et *L'Atlantique littéraire : Perspectives théoriques sur la constitution d'un espace translinguistique*, Hildesheim 2015 (avec Jean-Marc Moura) et Le récit de voyage en palimpseste. Contre-narrations et récits de substitution dans les littératures francophones, ds. : *Revue des Lettres Modernes* (2021), 251–267.

CARSTEN PRÄGANG
Studium der Chemie an der Carl von Ossietzky Universität Oldenburg; von 1995 bis 2012 Wissenschaftlicher Mitarbeiter an verschiedenen Universitäten in Deutschland, Großbritannien und den USA; seit 2012 Akademischer Mitarbeiter am Lehrstuhl für Allgemeine und Anorganische Chemie der Universität des Saarlandes. Forschungsschwerpunkte: Molekülchemie der Hauptgruppenelemente, Materialchemie. Ausgewählte Veröffentlichungen: Reactivity in the Periphery of Functionalised Multiple Bonds of Heavier Group 14 Elements, in: *Chemical Society Reviews* 45/4 (2016), 900–921 (mit David Scheschkewitz); Spontaneous Symmetry-Breaking in Halogen-Bonded, Bent-Core Liquid Crystals: Observation of a Chemically Driven Iso-N-N* Phase Sequence, in: *Chemical Communications* 18 (2008), 2137–2139 (mit Adrian C. Whitwood und Duncan W. Bruce); Topomerization of a Distorted Diamond-Shaped Tetraborane(4) and its Hydroboration to a Closo-Pentaborane(7) with a Nido Structure, in: *Angewandte Chemie International Edition* 42/6 (2003) 671–674 (mit Matthias Hofmann [u. a.]).

CHRISTINA REISSNER
lehrt und forscht seit 2009 in der Fachrichtung Romanistik an der Universität des Saarlandes. Sie leitet die Abteilung Frühfranzösisch und das virtuelle EuroComCenter für europäische Mehrsprachigkeit an der Universität des Saarlandes. Ihre Arbeits- und Forschungsschwerpunkte bewegen sich in der Allgemeinen romanischen Sprachwissenschaft (Angewandte Linguistik, Kontrastive und Komparative Linguistik, Historische und Soziolinguistik), der (Europäischen) Mehrsprachigkeit und Interkomprehension sowie der Mehrsprachigkeitsdidaktik. Daneben lehrt und forscht sie in der Sprachlehr- und Sprachlernforschung, der nationalen und internationalen Bildungs- und Sprach(en)politik und den Border Studies. Aktuelle Publikationen (Auswahl): Using Cross-Border Mobility in Vocational Education and Training in the Greater SaarLorLux Region (chapter 27), in: Cairns, David (Hg.): *The Palgrave Handbook of Youth Mobility and Educational Migration*, London 2021, 297–307 (mit Birte Nienaber [u. a.]); Languages and Language Policies in Saarland and Lorraine: Towards the Creation of a Transnational Space?, in: Jańczak, Barbara (Hg.): *Language Contact and Language Policies Across Borders: Construction and Deconstruction of Transnational and Transcultural Spaces*, Berlin 2018, 45–55 (mit Claudia Polzin-Haumann).

JÜRGEN RISSLAND
Sanitätsrat Dr. med Jürgen Rissland MBA erhielt 1995 die Approbation als Arzt und promovierte im gleichen Jahr an der Medizinischen Fakultät der Universität des Saarlandes zum Thema: „Experimentelle Untersuchungen zur Ursache der Funktionellen Sprunggelenksinstabilität". Nach mehreren Stationen im Saarland, in Nordrhein-Westfalen und Rheinland-Pfalz ist er seit 2011 als leitender Oberarzt

und ständiger Vertreter der Institutsdirektorin am Institut für Virologie/Staatliche Medizinaluntersuchungsstelle des Universitätsklinikums des Saarlandes (UKS) tätig. Seit dem 01.07.2023 ist er Projektleiter und Leiter der Geschäftsstelle am UKS für den Aufbau eines Impf-Informationssystems im Saarland, das auch von den Bundesländern Baden-Württemberg, Bayern und Brandenburg unterstützt wird. Für seine Verdienste in der Coronapandemie hat er 2022 von der Landesregierung den Titel „Sanitätsrat" verliehen bekommen. Seine wissenschaftlichen Interessenbereiche umfassen Prävention, Infektionsepidemiologie, Versorgungsforschung und öffentliche Gesundheit. Zu seinen aktuellen Publikationen zählen: German Federal-State-Wide Seroprevalence Study of 1st SARS-CoV-2 Pandemic Wave Shows Importance of Long-Term Antibody Test Performance, in: *Commun Med (Lond)* 2/52 (2022), 1–12 (mit Stefan Lohse [u. a.]); Introduction and Spread of Variegated Squirrel Bornavirus 1 (VSBV-1) Between Exotic Squirrels and Spill-Over Infections to Humans in Germany, in: *Emerging Microbes & Infections* 10/1 (2022), 602–611 (mit Daniel Cadar [u. a.]); HPV Vaccination of Girls in the German Model Region Saarland: Insurance Data-Based Analysis and Identification of Starting Points for Improving Vaccination Rates, in: *medRxiv*, 01.10.2021, https://www.medrxiv.org/content/10.1101/2021.10.01.21264397v1.article-info (mit Anna Marthaler [u. a.]).

Sonja Sälzle
Professorin im Studiengang Soziale Arbeit an der IU Internationale Hochschule, Studienstandort Ulm. Zuvor war sie Teamleiterin im Bereich Bildungsforschung und Qualitätsmanagement am Institut für Bildungstransfer der Hochschule Biberach. Außerdem arbeitete sie als Personalentwicklerin in verschiedenen Unternehmen. Ihre Forschungsschwerpunkte liegen im Bereich des Lebenslangen Lernens, der Bildungs- und Hochschulforschung sowie der Transformationsforschung. Publikationen: *Transformationsanspruch in Forschung und Bildung – Konzepte Projekte, empirische Perspektiven*, Münster 2023 (Hg. mit Jennifer Blank und Claudia Bergmüller); Design Thinking. Eine innovative Methode des Gruppenlernens? Weiterbildung, in: *Zeitschrift für Grundlagen, Praxis und Trends* 5 (2022), 38–40 (mit Isabell Osann und Jennifer Blank); *Entwicklungspfade für Hochschule und Lehre nach der Corona-Pandemie: Eine qualitative Studie mit Hochschulleitungen, Lehrenden und Studierenden*, Baden-Baden 2021 (mit Linda Vogt [u. a.]). Kontakt: sonja.saelzle@iu.org

David Scheschkewitz
Studium der Chemie in Oldenburg von 1991 bis 1996; Promotion zum Dr. rer. nat. 1999 in Marburg; zwischen 2000 und 2003 Forschungsaufenthalte in Toulouse, Kalifornien und Zürich; Habilitation in Anorganischer Chemie 2009 in Würzburg; von 2008 bis 2011 Senior Lecturer am Imperial College London; seit 2011 Lehrstuhlinhaber in Allgemeiner und Anorganischer Chemie an der Universität des Saarlandes.

Forschungsschwerpunkte: Molekülchemie der Hauptgruppenelemente, Oberflächenbeschichtung und neuartige Polymere. Auswahl jüngster Veröffentlichungen: Metathesis of Ge=Ge Double Bonds, in: *Nature Chemistry* 13 (2021), 373–377 (mit Lukas Klemmer [u. a.]); Transition Metal Complexes of Heavier Vinylidenes: Allylic Coordination vs Vinylidene–Alkyne Rearrangement at Nickel, in: *Journal of the American Chemical Society* 143/33 (2021), 13350–13357 (mit Paresh Kumar Majhi, [u. a.]); Equilibrium Formation of Stable All-Silicon Versions of 1,3-Cyclobutanediyl, in: *Angewandte Chemie International Edition* 59/35 (2020), 15087–15092 (mit Cem B. Yildiz [u. a.]); Boron and Phosphorus Containing Heterosiliconoids: Stable p- and n-Doped Unsaturated Silicon Clusters, in: *Journal of the American Chemical Society* 141/49 (2019), 19498–19504 (mit Yannic Heider, Philipp Willmes und Volker Huch).

JEAN-MARC STEBE
Professeur d'études urbaines au sein du département de sociologie de l'Université de Lorraine (site de Nancy). Il enseigne plus particulièrement la sociologie urbaine et la sociologie générale au sein des trois cycles (Licence, Master et Doctorat). Le professeur J.-M. Stébé mène par ailleurs toutes ses recherches dans le cadre du Laboratoire lorrain de sciences sociales (2L2S). Ces recherches portent sur les fragmentations socio-territoriales, la périurbanisation et les utopies urbaines. Il a publié plus d'une vingtaine d'ouvrages (seul ou en collaboration), notamment *La France périurbaine*, Paris 2021 ; *Introduction à la sociologie urbaine*, Paris 2019 ; *Le Logement social en France*, Paris 2022 ; *Les Grandes Questions sur la ville et l'urbain*, Paris 2014 ; *Qu'est-ce qu'une utopie ?*, Paris 2011 ; *La Crise des banlieues*, Paris 2010. Site Internet personnel : http://www.jeanmarcstebe.com

RENATE STRATMANN
Teamleiterin Lehren und Lernen am Institut für Bildungstransfer der Hochschule Biberach. Als Medienpädagogin verantwortet sie die didaktische Beratung, Begleitung und Schulung der Lehrenden. Publikationen: *Entwicklungspfade für Hochschule und Lehre nach der Corona-Pandemie: Eine qualitative Studie mit Hochschulleitungen, Lehrenden und Studierenden*, Baden-Baden 2021 (mit Linda Vogt [u. a.]); Digitalisierung von Weiterbildung im Spannungsfeld zwischen den Anforderungen der Zielgruppen und den Lehrgewohnheiten an Hochschulen, in: *ZHWB* 1 (2018), 17–22 (mit Jennifer Blank und Marina Wiest). Kontakt: stratmann@hochschule-bc.de

LINDA VOGT
Wissenschaftliche Mitarbeiterin am Institut für Bildungstransfer der Hochschule Biberach. Sie forscht im BMBF-geförderten Forschungsprojekt „Q-trans-Qualitätsentwicklung in der Wissenschaft". Ihre Forschungsschwerpunkte liegen auf soziologischen Themen wie Transformation und Bildung. Zudem promoviert

sie zum Thema „Transformationen im wissenschaftlichen Feld". Publikationen: Transformative Forschung wird durch Treiber vorangebracht: Ergebnisse einer empirischen Untersuchung, in: Blank Jennifer/Bergmüller, Claudia/Sälzle, Sonja (Hg.): *Transformationsanspruch in Forschung und Bildung – Konzepte Projekte, empirische Perspektiven*, Münster 2023, 99–109; Promotoren für die Hochschulentwicklung post Corona, in: *Hochschulmanagement* (2023) [im Erscheinen] (mit Jennifer Blank, André Bleicher). Kontakt: vogt@hochschule-bc.de

BIRTE WASSENBERG
Professorin für Zeitgeschichte am Politikwissenschaftsinstitut der Universität Straßburg (Sciences Po). Sie hält einen Jean-Monnet-Lehrstuhl zu Grenznarrativen in Europa, ist Direktorin des deutsch-französischen Jean-Monnet-Exzellenzzentrums und des Masters International Relations – Border Studies. Von 1993 bis 2006 war sie bei der Regionalregierung der Région Alsace für grenzüberschreitende Zusammenarbeit verantwortlich. Ihre Forschungsfelder sind territoriale Zusammenarbeit, Grenzregionen, Euroskeptizismus und die Geschichte europäischer Organisationen, insbesondere der EU und des Europarates. Sie ist außerdem ehemalige Absolventin des Europakollegs in Brügge (Jahrgang 1992/1993, Karl IV). Neueste Publikationen : *Critical Dictionary of Borders and European Integration*, Brüssel 2020 (mit Bernard Reitel); *Mémoire d'Europe. Mémoire de paix. Témoignages de la région frontalière d'Alsace*, Stuttgart 2020 (Philippe Hamman); *Frontières, acteurs et représentations d'Europe*, Brüssel 2022.

FLORIAN WEBER
Studium der Diplomgeographie an der Universität Mainz und Promotion an der Universität Erlangen-Nürnberg. Nach Stationen in Würzburg, Kaiserslautern, Freising und Tübingen forscht und lehrt er seit 2019 als Juniorprofessor für Europastudien an der Universität des Saarlandes. Seine Forschungsschwerpunkte liegen in der Diskursforschung, den Border Studies, Energiepolitiken sowie Stadtentwicklungsprozessen im internationalen Vergleich. Zu seinen Publikationen im Kontext der Thematik des Artikels zählen: Handlungsempfehlungen zur weiteren Gestaltung der grenzüberschreitenden Kooperation im deutsch-französischen Verflechtungsraum/Recommandations d'action pour les orientations futures de la coopération transfrontalière dans le bassin de vie franco-allemand, in: *UniGR-CBS Policy Paper* 4 (2021), 1–46 (mit Nora Crossey); Die Frankreichstrategie des Saarlandes als multisektoraler Impuls für die grenzüberschreitende Zusammenarbeit, in: *UniGR-CBS Thematic Issue* 7 (2022), 23–41 (mit Nora Crossey); *Grenzerfahrungen/Expériences transfrontalières. COVID-19 und die deutsch-französischen Beziehungen/Les relations franco-allemandes à l'heure de la COVID-19*, Wiesbaden 2021 (Hg. mit Roland Theis und Karl Terrollion).

Abbildungsverzeichnis

Rissland

Abb. 1: Anzahl der neu bestätigten COVID-19-Fälle in Deutschland und Frankreich im 7-Tage-rollenden Durchschnitt | 43

Abb. 2: Anzahl der wöchentlichen Neuaufnahmen von COVID-19- Patienten und Patientinnen in Krankenhäusern von Deutschland und Frankreich | 45

Abb. 3: Rate der wöchentlichen Neuaufnahmen von COVID-19-Patienten und Patientinnen pro Million Einwohner*innen in Krankenhäusern von Deutschland und Frankreich | 46

Abb. 4: Anzahl der COVID-19- Patienten und Patientinnen auf Intensivstationen in Deutschland und Frankreich | 47

Abb. 5: Rate der COVID-19-Patienten und Patientinnen auf Intensivstationen pro Million Einwohner*innen in Deutschland und Frankreich | 48

Abb. 6: COVID-19-Stringency Index in Deutschland, Frankreich und Großbritannien von Januar 2020 bis 2. Oktober 2021, Oxford Coronavirus Government Response Tracker (OxCGRT) | 50

Abb. 7: COVID-19-Stringency Index in Deutschland und Frankreich vom 1. Januar 2022 bis 31. Mai 2022 mit Unterscheidung zwischen geimpften und nicht-geimpften Personen, Oxford Coronavirus Government Response Tracker (OxCGRT) | 51

Abb. 8: Prozentanteil der Personen an der Gesamtbevölkerung mit kompletter Grundimmunisierung in Deutschland und Frankreich | 54

Abb. 9: Rate der pro 100 Personen verabreichten COVID-19-Booster-Impfungen in Deutschland und Frankreich | 55

Abb. 10: Bereitschaft zur Impfung gegen COVID-19 in verschiedenen Gruppen (geimpft mit einer Dosis, ungeimpft und bereit zur Impfung, ungeimpft und unsicher wegen der Impfung, Ungeimpft und nicht bereit zur Impfung) von Deutschland und Frankreich | 56

Präsang und Scheschkewitz

Tab. 1: Zulässige Belegung eines Praktikumslabors mit 32 Arbeitsplätzen (Grundfläche 200 m²) | 72

Abb. 1: Vereinfachter Grundriss des Laborbereichs einer Forschungsgruppe bestehend aus einem Syntheselabor (rechts) und zwei Messräumen (links). Die durchgehenden Spritzschutzwände der Arbeitsplätze im Syntheselabor sind zum Schutz von auf gegenüberliegenden Seiten arbeitenden Mitarbeiter*innen herstellerseitig installiert und gesetzlich vorgeschrieben | 75

Abb. 2: Feste Stellwände und Folien-‚Spuckschutz', installiert in Praktikums- und Forschungslaboratorien | 79

Gröppel-Klein und Kirsch

Abb. 1: Kulturdimensionen nach Hofstede: Deutschland vs. Frankreich | 147

Abb. 2: Erklärung des Online-Shopping-Verhaltens in Deutschland | 152

Abb. 3: Erklärung des Online-Shopping-Verhaltens in Frankreich | 153

Abb. 4: Hedonistisches Konsumverhalten zu fünf unterschiedlichen Zeitpunkten | 154

Abb. 5: Utilitaristisches Konsumverhalten zu fünf unterschiedlichen Zeitpunkten | 155

Abb. 6: Entwicklung antizipierter Einkommenseinbußen und Preisorientierung in Deutschland | 156

Nesselhauf

Abb. 1: PBOY (lebt und arbeitet in Paris), Les Trois Grâces (2022), Acryl auf Leinwand, Masken, 190 × 220 cm | 167

Abb. 2: Tägliche Neuinfektionen und Todesfälle während der ersten Corona-Welle in Frankreich | 171

Abb. 3: Tägliche Zugriffszahlen auf PornHub während der ersten Corona-Welle in Frankreich. Die x-Achse zeigt Veränderungen der durchschnittlichen Zugriffszahlen in Prozent | 176

Abb. 4: Titelbild der Ausgabe 2 559: Mit den wechselnden Cover-Illustrationen, die bei jeder Ausgabe ein an den Titel angepasstes, symbolisches wie kitschiges Stockfoto zeigen, sieht auch der Arzt immer wieder ‚anders' aus – und wird so zur persönlichen Projektionsfläche für die Lesenden | 179

Polzin-Haumann und Reissner

Abb. 1: Bildschirmfoto der Startseite der Université de Lorraine (Stand: 20.10.2022) | 240

Abb. 2: Homepage der Université du Luxembourg (Stand: 20.10.2022) | 241

Kühne

Abb. 1: Demonstration gegen den Ukrainekrieg in Florenz | 277

Sälzle, Vogt, Blank, Bleicher und Stratmann

Abb. 1: Möglichkeitsraum für Pfadentwicklungen während und nach der Corona-Pandemie | 291

Funk

Abb. 1: Zusammensetzung der Stichprobe (n = 68) | 300

Abb. 2: Von den befragten Studierenden genannte Einschränkungen während der Pandemie (n = 44) | 302

[transcript]

WISSEN. GEMEINSAM. PUBLIZIEREN.

transcript pflegt ein mehrsprachiges transdisziplinäres Programm mit Schwerpunkt in den Kultur- und Sozialwissenschaften. Aktuelle Beträge zu Forschungsdebatten werden durch einen Fokus auf Gegenwartsdiagnosen und Zukunftsthemen sowie durch innovative Bildungsmedien ergänzt. Wir ermöglichen eine Veröffentlichung in diesem Programm in modernen digitalen und offenen Publikationsformaten, die passgenau auf die individuellen Bedürfnisse unserer Publikationspartner*innen zugeschnitten werden können.

UNSERE LEISTUNGEN IN KÜRZE

- partnerschaftliche Publikationsmodelle
- Open Access-Publishing
- innovative digitale Formate: HTML, Living Handbooks etc.
- nachhaltiges digitales Publizieren durch XML
- digitale Bildungsmedien
- vielfältige Verknüpfung von Publikationen mit Social Media

Besuchen Sie uns im Internet: www.transcript-verlag.de

Unsere aktuelle Vorschau finden Sie unter: www.transcript-verlag.de/vorschau-download